Pädagogisches Handeln professionalisieren

Für Erzieherinnen und Erzieher

von
Cornelia Averhoff
Dr. Lotte Herkommer
Godje Jeannot
Dorothea Strodtmann
Elke Weiß

2., überarbeitete und erweiterte Auflage

Handwerk und Technik – Hamburg

ISBN 978-3-582-04775-5

Verlag Handwerk und Technik G m b H
Lademannbogen 135, 22339 Hamburg, Postfach 63 05 00, 22331 Hamburg – 2010
        Internetadresse: www.handwerk-technik.de
        E-Mail: info@handwerk-technik.de
Layout und Gestaltung: KCS GmbH, Buchholz bei Hamburg
Umschlaggestaltung: www.harrowolter.de
Druck: Offizin Andersen Nexö Leipzig, Zwenkau

Vorwort

Sie halten ein Buch in Ihren Händen, das für Schülerinnen und Schüler der Fachschulen und Fachakademien für Sozialpädagogik geschrieben wurde. Es ist so konzipiert, dass Sie eigenständig damit arbeiten und sich in aufeinander aufbauenden Schritten das jeweilige Kapitel individuell erschließen können. Damit wird es dem Anspruch individualisierten Lernens gerecht. Das Buch möchte Ihnen Hinweise geben, wie Sie persönliche und berufliche Fähigkeiten so weiterentwickeln können, dass Sie in später zu erwartenden Situationen im Beruf angemessen und professionell handeln können. In verschiedenen Schritten will das Buch helfen, Sie in die pädagogische Realität einzuführen und Ihnen damit den Übergang in die berufliche Praxis zu erleichtern.

In den letzten Jahrzehnten haben sich die Anforderungen an den Erzieherberuf stark verändert. Sowohl hinsichtlich der individuellen Voraussetzungen der Schülerinnen und Schüler als auch der Bildungsvoraussetzungen der Klientel haben wir es heute mit einer völlig anderen Situation zu tun: unterschiedliche Familienformen und Weltanschauungen, Einflüsse einer globalisierten Welt, die Biografien der Kinder- und Jugendlichengruppen oder die rasante Weiterentwicklung von objektivem Wissen seien als Beispiele genannt.

Damit Sie, liebe Schülerinnen und Schüler, vor dem Hintergrund der Herausforderungen unserer Gesellschaft gut auf Ihren zukünftigen Beruf vorbereitet werden, sind die Lehrpläne in allen Bundesländern entsprechend verändert worden. Das vorliegende Buch bezieht sich konsequent darauf.

Nach dem heutigen Stand der Lernforschung ist Lernen ein höchst individueller Prozess. Jeder Mensch verknüpft eine neue Erfahrung mit dem, was er schon kennt, neue Informationen werden in bereits bestehende individuelle Systeme eingeordnet. Gesichert ist auch, dass nachhaltiges Lernen an Situationen gebunden ist.

Deshalb beginnt jedes Kapitel dieses Buchs mit einer **Lernsituation**, wie sie in der sozialpädagogischen Praxis vorkommen kann. Von dieser aus wird betrachtet, über welche **Kompetenzen** die Erzieherin oder der Erzieher verfügen muss, um die Situation zu meistern. Zu den Kompetenzen zählt dabei auch der Erwerb von **Fachwissen**. Dieses wird aus wissenschaftlicher Sicht dargestellt und auf die Situation bezogen. **Aufgaben** sollen Ihnen die Möglichkeit geben, das Gelernte zu wiederholen, zu festigen und anzuwenden.

Für den Kompetenzerwerb während der schulischen Ausbildung wesentlich ist das im Buch wiederkehrende Element des **Durchspielens einer vollständigen Handlung** in der Schrittfolge *Analysieren* ➡ *Planen* ➡ *Durchführen* ➡ *Reflektieren und bewerten* ➡ *Dokumentieren und präsentieren*, wobei die Übergänge fließend sind. Unter „vollständiger Handlung" wird ein umfassendes Problem aus der beruflichen Wirklichkeit in seiner Gesamtheit verstanden, dessen Lösung exemplarisch vorgestellt wird und das gleichzeitig die Basis für eine zu erwerbende professionelle Handlungskompetenz in größeren Zusammenhängen bildet.

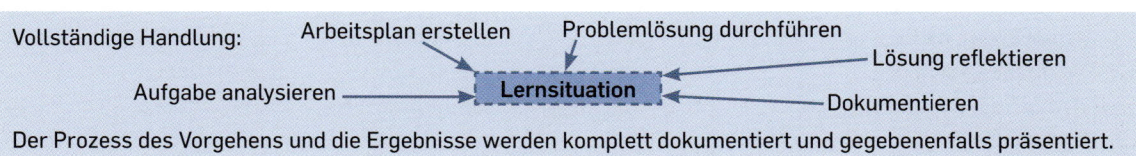

Vollständige Handlung: Arbeitsplan erstellen   Problemlösung durchführen   Lösung reflektieren   Aufgabe analysieren ——— **Lernsituation** ——— Dokumentieren

Der Prozess des Vorgehens und die Ergebnisse werden komplett dokumentiert und gegebenenfalls präsentiert.

Weitere Lernsituationen im Teil B eines jeden Kapitels laden dazu ein, diese nach dem Muster der vollständigen Handlung selbstständig zu bearbeiten. Die pädagogischen Aspekte für die Erziehung, Bildung und Betreuung von Menschen mit Migrationshintergrund und solchen mit einer Behinderung sind überwiegend in die einzelnen Kapitel integriert, weil es um individualisiertes Lernen gehen muss. Bei dieser Herangehensweise wird jeder Mensch als Mensch mit besonderen Stärken und Bedürfnissen angesehen.

Dieses Buch enthält Berufsbezeichnungen teils in männlicher, teils in weiblicher Form, hierbei ist aber auch immer das jeweils andere Geschlecht eingeschlossen. Über Anregungen und Vorschläge zur Korrektur und Weiterentwicklung des vorliegenden Buchs freut sich das Autorenteam.

Autorinnen und Verlag

Inhaltsverzeichnis

Kapitel 7 Kommunizieren, beraten und kooperieren 252

Kapitel 8 Qualität entwickeln 296

Kapitel 1 Sich persönlich und beruflich entwickeln

1 Lernsituation

Als Jana überlegt, was sie nach ihrem Realschulabschluss machen soll, ist für sie klar: etwas mit Kindern. Also wird sie Sozialassistentin, um die Voraussetzungen für den Beruf der Erzieherin zu bekommen. Hier wird ihr bereits klar, dass ein pädagogischer Beruf sehr viel mehr ist, als nur mit Kindern zu spielen. Daher fühlt sie sich im Grunde gut vorbereitet, als sie ihre erste Praxisstelle in der Erzieherinnenausbildung kennenlernt und dort hospitiert. Es handelt sich um

eine Einrichtung mit offener Arbeit in funktionsorientierten Räumen mit Elementarbereich und Hort. So eine Einrichtung hat Jana bisher noch nicht kennengelernt.

Am ersten Tag beobachtet sie nur, was um sie herum geschieht: Kinder kommen und gehen, gruppieren sich nach ihr zunächst nicht durchsichtigen Prinzipien und arbeiten an Projekten mit unterschiedlichsten Aufgaben und Materialien. Erzieher und Erzieherinnen

begleiten sie dabei, beobachten, geben Impulse und lassen den Kindern Raum zum Forschen; bei Fragen der Kinder unterstützen die Erzieherinnen dabei, eigene Antworten zu finden. Alles geschieht mit einer großen Selbstverständlichkeit und Gelassenheit.

Zur Mittagszeit werden die ersten Kinder abgeholt. Jana erlebt, dass einige Elternteile sich in einer Sitzecke unterhalten, andere in einem Regal nach Informationen suchen. Eine Mutter fragt Jana nach den Angeboten für ausländische Mütter. Jana ist überrascht und macht sich mit der Mutter auf die Suche.

Da es Mittagszeit ist, treffen sich alle anwesenden Kinder im Restaurant zum Essen. Die ersten zurückkehrenden Schulkinder gesellen sich dazu. Jana fragt, ob sie die Kinder bei den Hausaufgaben unterstützen

kann. Da eine Kollegin heute krank ist, ist dies ein willkommenes Angebot. Am Nachmittag nimmt sie an einer Teamsitzung teil, auf der sich alle Pädagogen des Hauses Gedanken über die Einrichtung einer Integrationsgruppe machen.

Am Abend geht Jana mit vielen Anregungen, schwirrendem Kopf und sehr nachdenklich nach Hause.

2 Angestrebte Kompetenzen

Der in der Lernsituation vorgestellte Tag in der Kindertagesstätte verdeutlicht eine Vielzahl von Aufgaben, die ein Erzieher oder eine Erzieherin heute bewältigen muss. Dabei ist sie mit ihrer ganzen Person und Persönlichkeit gefordert. Um die unterschiedlichen Aufgabenfelder angemessen zu bewältigen, muss sich eine Schülerin mit der Herausbildung von Sozial-, Personal- und Fachkompetenz beschäftigen.

Das Selbstverständnis des Berufs hat sich geändert, auch wenn die Öffentlichkeit dies nicht immer angemessen wahrnimmt. Heute werden viele Fragen mit dem Kind in die Kindertagesstätte getragen, die bis in die jeweilige Familiensituation hineinreichen und auch gesellschaftliche Änderungen wie unterschiedliche Familienformen, Arbeitslosigkeit oder kulturelle Vielfalt streifen. Hierüber gibt **Punkt 3** in diesem Kapitel weiter Auskunft.

Die Überprüfung der eigenen Motivation und Einstellung zur Wahl dieses Berufs hilft, eine angemessene berufliche Identität zu entwickeln und sich für den notwendigen Erwerb wesentlicher Kompetenzen zu öffnen. Die Auseinandersetzung hiermit findet sich in **Punkt 4**.

Die Arbeitsfelder für Erzieherinnen sind vielfältig: Kinder im Kleinkind-, Elementar- und Grundschulalter besuchen Kindertagesstätten. Diese wiederum präsentieren sich mit den unterschiedlichsten Ansätzen, was die Arbeit durchaus verändert. Zudem sind Aufgabenbereiche in der

- Jugendarbeit,
- Heimerziehung oder auch
- Grundschule

zu finden. Die Vielfalt der Aufgaben fordert die ganze Person und zwingt zur Reflexion der eigenen Kindheit und Erziehung. Dabei sollte sich im Laufe der Ausbildungszeit die Einsicht in eigene Stärken und Ansätze entwickeln, sodass eine berufliche Identität entsteht sowie der rechtliche und pädagogische Rahmen verschiedener Einrichtungen deutlich wird: siehe dazu **Punkt 5**.

Um in einem zeitlich engen Rahmen sowohl den Kindern in verschiedenen Altersgruppen als auch Eltern kompetent zu begegnen, muss eine professionelle Haltung entwickelt werden, die sich aus hoher Fach- und Methodenkompetenz speist. Die Fähigkeit, die eigene Arbeit reflektierend zu hinterfragen und in einem konzeptionellen Entwurf neu zu ordnen, ergänzt diese Professionalität. Dazu weiter in **Punkt 6**.

Die Vielzahl der Eindrücke lässt Jana den Kopf schwirren – mancher Tag im Berufsalltag kann dasselbe Gefühl bei einer Erzieherin auslösen. Daher ist es sehr wichtig, Methoden zur Stressbewältigung und zum Umgang mit Zeit und Anforderungen zu beherrschen. Hierzu führt der **Punkt 7** Weiteres aus.

Gesellschaft verändert sich und damit ihre Mitglieder und Institutionen. Wissenschaft bringt immer wieder neue Erkenntnisse über den Menschen und damit über sich verändernde Bildungsprozesse. Das Selbstverständnis lebenslanger Fortbildung sollte in der Ausbildung bereits wachsen. Zudem entstehen Interessengebiete, in denen Vertiefung und Weiterbildung gesucht werden. **Punkt 8** setzt sich damit auseinander.

3 Gesellschaftlichen Wandel als Hintergrund sozialpädagogischer Arbeit beachten

Die gesellschaftlichen Bedingungen, unter denen Kindererziehung und Bildung zunehmend in außerfamiliäre Hände gelegt werden, haben sich seit Fröbel (s. **Kapitel 4** „Pädagogisches Handeln strukturieren") erheblich geändert. Dies wirkt in alle Arbeitsbereiche von Erzieherinnen hinein und verändert damit sowohl die Arbeit in der Praxis als auch die Anforderungen an die Ausbildung.

Unsere Gesellschaft bietet Kindern und Jugendlichen nur an speziellen Plätzen die Möglichkeit, ihren besonderen Bedürfnissen nachzukommen: Kinderspielplätze, Kinderhäuser, Kindertagesstätten oder Jugendzentren verdeutlichen, dass die gesellschaftlichen Rahmenbedingungen in der Regel nicht die kindliche Entwicklung, sondern Effizienz oder kinderfreie Räume für Erwachsene im Blick hat. Die Verstädterung des Lebensraums hat aber Folgen für Kinder und auch Jugendliche: Weniger Raum zum Sichausprobieren, erhöhte Gefahren, Bewegungsdefizite sind nur einige Stichworte.

AUFGABE Untersuchen Sie Ihr persönliches näheres Umfeld auf Aufenthalts-möglichkeiten für Kinder oder Jugendliche.

Dadurch verändern sich auch Inhalte – Freizeiterfahrungen werden weniger im Erkunden des tatsächlichen Raums vollzogen, sondern virtuell vor Fernseher, DVD oder Computer. Aufenthalte in Kaufhäusern und Konsumzentren gelten – gerade in Großstädten – schon fast als normale Freizeitbeschäftigung. Schnelle Befriedigung und permanenter Reiz lenken von Langeweile ab.

Kindheitserfahrung ist dabei dem Diktat von großer Kontrolle (wo können Klein- und Vorschulkinder noch unbeobachtete Erfahrungen machen?) und zum Teil früher Verselbstständigung (vorverlagerte Pubertät mit erwachsenenorientierten Selbstständigkeitswünschen) unterworfen. Dies gilt umgekehrt im Jugendalter dann, wenn größer gewordene Kinder nicht ausziehen und einer Arbeit nachgehen, sondern noch weit ins Jungerwachsenendasein hinein schulische Laufbahnen und Ausbildungen verfolgen, weil Perspektiven für Arbeit und Zukunft fehlen.

An den vier nachfolgenden Punkten soll gezeigt werden, wie sich die Strukturen unserer Gesellschaft ändern und bis in das Aufgabenfeld einer Erzieherin hineinwirken:

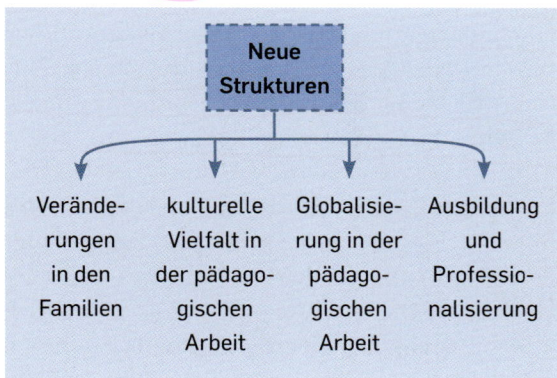

3.1 Veränderungen der Familien

Seit zwei bis drei Jahrzehnten ist die Auflösung der traditionellen Kleinfamilie – Eheleute und Kinder – festzustellen. Viele Ein-Kind-Familien und hohe Scheidungsraten verdeutlichen dies. Kurzzeitehen und Patchworkfamilien gehören in etlichen Regionen bereits zur Normalität. Trennen sich Eheleute und haben Kinder, wird oft eine neue am Muster der Kleinfamilie orientierte Beziehung aufgenommen. Gemeinsame Kinder komplettieren das Muster der Patchworkfamilie. Dies kann im günstigen Fall eine Erweiterung familiärer Beziehungen von der Kleinfamilie auf die Großfamilie und die Verlagerung der Erziehungsverantwortung auf mehrere Schultern bedeuten und zu einer Vielfalt der verwandtschaftlichen (Stief-) Beziehungen führen. Diese positive Seite der veränderten individuellen Entwicklung trägt mit sich (bei mehreren Versuchen der Eltern) aber auch die Hypothek der Trennungen und Neuanfänge. Die skizzierte Entwicklung ist für die Vorschulerziehung nicht neu im Erscheinungsbild, wohl aber in der quantitativen Ausprägung.

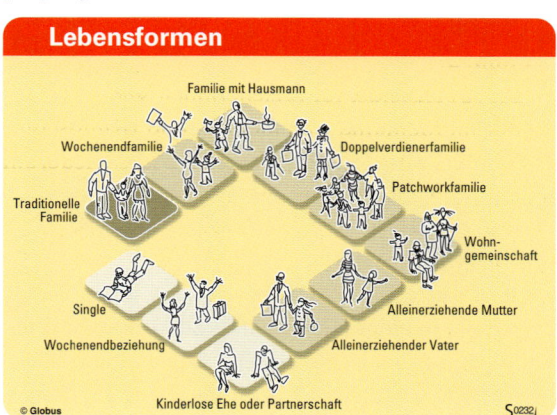

Dabei ist ein weiterer Aspekt zu beachten. Bei Scheidungen bleiben die Kinder häufig bei der Mutter. In den Vorschuleinrichtungen sind es ebenfalls meist Frauen, die dort arbeiten. Die Folge ist, dass die betroffenen Kinder vor allem von Frauen erzogen werden, der männliche Part und die damit verbundenen Aufgaben können nur teilweise übernommen werden. Die Vorschulerziehung muss hier verstärkt eine Aufgabe wahrnehmen, die sie „als etwas Eigenständiges im Sinne gesellschaftlicher Sozialisation begreift und nicht lediglich als familienergänzend" (Büttner, 2004). Wenn eine sichere Beziehung des Kindes eine

Voraussetzung zur positiven Entwicklung ist, muss die Erzieherperson verstärkt eine der Personen sein, an denen Kinder die Übernahme von gesellschaftlicher und sozialer Verantwortung wahrnehmen und lernen können. Dies ist der nächste Lernschritt des Kindes nach dem Heranwachsen in der mütterlichen Beziehung. Die Vorschulerziehung ersetzt damit die Rolle, die sonst der Vater einnimmt, um allmählich der Abhängigkeit zur Mutter zu entwachsen.

Veränderung heißt aber auch, dass sich Haltungen in der Familie verschieben. Eine gewünschte Demokratisierung der Strukturen und Mitsprache aller Familienmitglieder gleiten manches Mal in Orientierungslosigkeit und Nachlässigkeit: Eltern übernehmen keine oder weniger Verantwortung oder Sorge für ihre Kinder, die sich damit selbst überlassen bleiben. Dies hat unter Umständen gravierende Folgen, z. B. für die Ernährung (s. Punkt 3.3) oder bei der Akzeptanz von Grenzen.

AUFGABE

1. Überprüfen Sie Ihr eigenes Verständnis von Familie.
2. Bringen Sie in Erfahrung, wie der Anteil von Erziehern und Erzieherinnen in Ihrer Praxiseinrichtung aussieht. Gibt es geschlechtsspezifisch bedingte Aufgabenzuschreibungen?

3.2 Pädagogische Arbeit und kulturelle Vielfalt

Erziehung in einer Gesellschaft mit kultureller Vielfalt ist eine schon länger bestehende Situation. Neben geglückten Ansätzen ist jedoch immer wieder festzustellen, dass das Arbeiten mit Eltern nicht deutscher Herkunft als schwierig erlebt wird und der Druck nach Anpassung entsteht. Vor allem unterschiedliche Vorstellungen der Geschlechterrollen und damit verbundene Erziehungshaltungen führen zu Irritationen zwischen deutschen und ausländischen Familien. Hier gibt es zum Teil drastisch von unserer (grundsätzlich christlich geprägten) Kultur abweichende Vorstellungen, sodass eine Integration in ein allgemein verbindliches vorschulisches Konzept schwierig sein kann.

Es gibt eine Reihe fruchtbarer und positiver Erfahrungen im Umgang mit anderen Kulturen, Familien und besonderen Beziehungsformen. Dies kann jedoch nicht darüber hinwegtäuschen, dass nach wie vor große Unsicherheit darüber herrscht, was man anderes als die Anpassung an deutsche Kultur erwarten könnte. Unter den derzeitigen Bedingungen der weltweiten Auseinandersetzung gerade auch mit muslimischen Ländern wird die Situation nicht einfacher – Vorurteile, Rückzug auf einseitig nationale Identität und tatsächliche Unvereinbarkeiten erschweren die Suche nach gangbaren Wegen. Diese politische Situation erschwert die bereits vorhandenen Rahmenbedingungen für ausländische Familien: Rechtlich sind sie nicht gleichgestellt, in der Wahrnehmung bleiben sie oft auch nach der Einbürgerung türkisch, griechisch oder anderer Nationalität.

Inzwischen gibt es eine Anzahl von ausländisch–inländischen Erzieherinnen und Erziehern der zweiten und dritten Generation, die mit ihrer Identität aus deutschen und ausländischen Anteilen ein Brückenglied in den Einrichtungen zwischen Kollegen und ausländischen Kindern bilden können und dies zum Teil bereits verwirklichen. Ein verstärktes Selbstbewusstsein in Bezug auf die eigene kulturelle Identität kann dazu beitragen, die Chancen der kulturellen Vielfalt besser in den Alltag zu integrieren, Unverständliches zu klären und für Unvereinbares gemeinsam mit den Kollegen Lösungen zu entwickeln. Sicherlich ist die Aufgabe nicht leicht, einerseits kulturelle und religiöse Vorstellungen unterschiedlicher Familien in ihrem Einfluss auf die Kinder zu berücksichtigen, andererseits auch dem deutschen Grundgesetzanspruch gerecht zu werden, der gleiche Rechte und Chancen für jeden vorsieht. In diesem Balanceakt bewegt sich jedoch jede Erzieherin und jeder Erzieher: Deutschland wird zunehmend ein Einwanderungsland und ist Heimat von Generationen von Menschen mit Migrationshintergrund (mit zum Teil unterschiedlichen Wertvorstellungen), gleichzeitig verfügt es über eine freiheitlich-demokratische Werteordnung, die die Richtlinie des erzieherischen Handelns sein muss.

In der Lernsituation wird deutlich, dass die Einrichtung, in der Jana ihr Praktikum absolviert, über Angebote für Mütter mit multikultureller Herkunft die Zusammenarbeit erleichtern will – sei es, dass es hierfür ein starkes Bedürfnis dieser Frauen in der Gemeinde gab, das die Kindertagesstätte aufgriff, sei es, dass die Kindertagesstätte von sich aus ein Integrationsangebot macht, um die Erziehungspartnerschaft zu stärken.

Der Prozess der interkulturellen Kooperation wird auch von anderer Seite zunehmend gefordert werden können. Wenn der Europäisierungsprozess voranschreitet und europäische Berufskolleginnen sich auch im Ausland einen Arbeitsplatz suchen, kann es zu interessanten Auseinandersetzungen über Erziehungskonzepte (z. B. école maternelle in Frankreich) kommen.

AUFGABE Informieren Sie sich über die Vielzahl kultureller Einflüsse in Ihrer Praxiseinrichtung.

3.3 Pädagogische Arbeit und Globalisierung

Unter den Bedingungen der Globalisierung ist in Deutschland eine verschärfte Arbeitsplatzsituation entstanden. Die deutsche Wirtschaft und Politik haben darauf mit dem vermehrten Angebot von Arbeitsplätzen im Niedriglohnbereich sowie der Umstellung der Sozialhilfe auf Arbeitslosengeld II und Hartz IV reagiert. Die Folgen sind erhöhte Erwerbstätigkeit, aber auch erhöhtes Risiko von Armut für Erwerbstätige im Niedriglohnsektor. Denn die Realeinkommen sanken in den letzten Jahren faktisch. Entstehende Arbeitslosigkeit bedeutet häufig ein stark abgesenktes Niveau des Lebensstandards, das auch die Familien betrifft. Besonders problematisch sind die Folgen für Familien mit hoher Kinderzahl, Ein-Eltern-Familien sowie Familien, in denen die Eltern keinen hohen Bildungsstand haben. Aber zunehmend „wächst" die Arbeitslosigkeit mit Langzeitfolgen auch in die Mitte der Gesellschaft. Auch Familien mit Einkommen sind von der wachsenden Armut betroffen, weil das Geld nicht mehr für einen bedürfnisdeckenden Lebensstandard reicht. Die Folgen tragen vor allem Kinder und Jugendliche; mindestens eine Million Kinder bis 6 Jahre wachsen in Armut auf. Eine Folge kann sein, dass Kinder ohne Frühstück in Kindergarten oder Schule kommen, nur dreimal wöchentlich zu Hause eine warme Mahlzeit erhalten oder zunehmend öffentliche Essensausgaben aufsuchen (s. Punkt 3.1).

Einkommensarmut bedeutet laut AGENDA 21, dass einer Familie weniger als 60 % des durchschnittlichen Haushaltsnettoeinkommens zur Verfügung steht. Die Konsequenz in einem Industrieland heißt häufig,

- ausgeschlossen zu sein von Freizeitvergnügungen der Altersgenossen,
- mangelnde Bildung,
- schlechtere Gesundheitsversorgung und
- Hängenbleiben in einem Kreislauf von Armut und Erwerbslosigkeit.

Angesichts der Wirtschaftskrise ist zu hoffen, dass sich diese Armutsdefinition nicht weiter verschärft.

Für die Vorschulerziehung ist nicht nur ein aufmerksamerer Blick notwendig mit folgendem Versorgungsangebot (eine angebotene und nicht nur mitgebrachte Mahlzeit), sondern es müssen auch Aufgaben übernommen werden, die vormals der Familie zugeschrieben wurden, wie Gesundheits- oder Freizeiterziehung.

Gesundheitserziehung und Mahlzeiten

Langzeitarbeitslosigkeit führt auch bei Erwachsenen zu verminderten Außenkontakten, zunehmender Orientierungslosigkeit und Unselbstständigkeit. In der Auseinandersetzung mit Elternarbeit haben Kindertagesstätten bereits gemerkt, dass neue Wege gesucht werden müssen, um eine Erziehungspartnerschaft zu erreichen. Das wird unter den skizzierten Bedingungen nicht leichter – im Gegenteil. Angebote, wie sie bereits in manchen Vorschuleinrichtungen für Sorgeberechtigte und ganze Familien (Early-Excellence-Centres) existieren, werden in Zukunft zunehmen müssen.

Die Eingangssituation zeigt ein Szenario, in dem die Kindertagesstätte bereits auf Bedürfnisse nach Austausch (Kaffeeecke) und Information (Angebote vor allem für ausländische Familien) reagiert hat.

AUFGABE Informieren Sie sich über das Einzugsgebiet Ihrer Praxiseinrichtung und die allgemeinen Lebensbedingungen dort. Welche Angebote für Familien gibt es in Ihrer Praxiseinrichtung?

3.4 Ausbildung und Professionalisierung

Der Beruf der Erzieherin steht unter einem starken Professionalisierungsdruck. Spätestens ausgelöst durch die Ergebnisse der PISA-Studien, geriet die Vorschulerziehung verstärkt in den Blick. Unterstützt durch neue Erkenntnisse über Kindheit, Bildung sowie Erziehung, bekommt Vorschulerziehung einen Bildungsanspruch, Kinder und Pädagogen werden als Bildungspartner erkannt. Der „12. Kinder- und Jugendbericht der Bundesregierung" von 2006 stellt dazu fest: *„Die Verknüpfung von alltagsweltlichen und bildungssystemspezifischen Strategien, die gleichermaßen für die individuelle und die gesellschaftliche Integration, Reproduktion und Entwicklung erforderlich sind, erscheint deswegen als die eigentliche Herausforderung beim Abbau von ungleichen Bildungschancen."*

Die Aufgabenstellungen für die Erzieherinnen werden anspruchsvoller. Gleichzeitig verdichten sich die Anforderungen und werden komplexer, wie die oben genannten Ausführungen verdeutlicht haben: Die Orientierung am Kind und an der Familie, am individuellen Bedarf und am Gemeinwesen im Sinne

von Vernetzung wird notwendig, der Bildungsauftrag tritt neben den Dienstleistungsauftrag. Größere Autonomie der Einrichtungen und teilweise bereits Konkurrenzdruck durch geringere Nachfrage erhöhen die Notwendigkeit, das „Qualitätsprodukt Erziehung" auf dem Markt anzubieten und mit einer eigenen „Corporate Identity" zu werben.

Das bringt den Ruf nach einer Anhebung des Ausbildungsniveaus auf Fachhochschulebene mit sich. Diese ist notwendig, wenn auch die Politik versteht, wie wichtig die Ressource Bildung für die weitere Entwicklung von Deutschland ist. Damit einhergehen muss eine Anhebung der Entlohnung, um auch Männer verstärkt für diesen Ausbildungszweig zu gewinnen. Hier gibt es verschiedene Ansätze, jedoch noch kein stimmiges Gesamtkonzept, da weiterhin die Fachschulausbildung besteht. Doch die Diskussion wird weitergehen, da die deutschen Erzieherinnen auf dem europäischen Arbeitsmarkt stark eingeschränkte Chancen in der beruflichen Mobilität haben.

Dennoch hat sich die Ausbildung zur Erzieherin auf den Weg gemacht. Um dem Ziel näher zu kommen, den wachsenden Anforderungen der Praxis gerecht zu werden, wurde und wird die Fächerkonstruktion aufgegeben zugunsten einer stärkeren Vernetzung der Fachinhalte. Themen werden von Schülern und Lehrkräften im Gesamtzusammenhang und an Praxisbeispielen (Lernsituationen) orientiert bearbeitet. Diese Arbeit ermöglicht eine Auseinandersetzung mit und eine Vertiefung von komplexen Fragestellungen und hilft, dass sich die deutsche Ausbildung auf den Weg nach Europa begibt.

In der Lernsituation wird deutlich, dass die Arbeit in dieser Einrichtung eine Vielzahl von Fähigkeiten verlangt: Neben der nach neuesten Erkenntnissen ausgerichteten Arbeit mit dem einzelnen Kind bzw. der Gruppe werden konzeptionelle Kompetenzen sowie Umsetzungsfähigkeit in Pädagogik und Raum erwartet. Hintergrundwissen über die Familien und daran ausgerichtete Entwicklung von Informationsangeboten gehören ebenso dazu wie die räumliche Integration von Sorgeberechtigten in die Kindertagesstätte.

4   Persönliche und berufliche Identität ausbilden

In der Rahmenvereinbarung zur Ausbildung und Prüfung von Erzieherinnen vom Januar 2000 hat die Kultusministerkonferenz Qualifikationsbeschreibungen vorgenommen. Demnach fordert die Erziehung, Bildung und Betreuung von Kindern und Jugendlichen

Fachkräfte, ...
- die das Kind und den Jugendlichen in seiner Individualität sehen,
- die deren Bedürfnisse, Entwicklungsmöglichkeiten und Kompetenzen erkennen und daraus entsprechende pädagogische Angebote entwickeln,
- die selbst ethisch und menschlich integer sind sowie ein hohes Maß an sozialer und persönlicher Kompetenz besitzen,
- die fähig zur Zusammenarbeit sind,
- die ganzheitliches und an der Lebensrealität von Kindern und Jugendlichen orientiertes Lernen erkennen und nutzen können,
- die über Einfühlungsvermögen sowie Selbstbehauptungsstrategien verfügen und Vermittlungs- und Aushandlungsprozesse organisieren können,
- die über die notwendige Kommunikationsfähigkeit verfügen,
- die soziale und gesellschaftliche Zusammenhänge kompetent erfassen und in Konfliktsituationen Unterstützung bieten können,
- die im Gemeinwesen vernetzen und kooperieren können,
- die betriebswirtschaftliche Zusammenhänge erkennen und sich einer zunehmenden Wettbewerbssituation pädagogischer Einrichtungen stellen können.

Diese Anforderungen werden im Laufe der Ausbildung angestrebt und sollen in einem fortlaufenden Prozess erworben werden, der die Erzieherin auch in der Ausübung des Berufs in eine Auseinandersetzung mit sich selbst bringt, um sich den genannten Zielen weiter anzunähern, sie zu überprüfen oder zu optimieren.

Um zu einem selbstständigen und eigenverantwortlichen Handeln als Erzieherin zu gelangen, die zugleich die wechselnden Anforderungen der Praxis berücksichtigt, muss sich die Erzieherin um den Erwerb zentraler Kompetenzen bemühen, sich mit neuen

Erkenntnissen und Methoden sowie mit ihrer eigenen Persönlichkeit auseinandersetzen und diese weiterentwickeln. Die angehende Erzieherin sollte die Bereitschaft für diesen Prozess der Auseinandersetzung als Voraussetzung mitbringen. In diesem Zusammenhang stellt sich zunehmend die Frage, wie sich den Bedürfnissen von Jungen im o. g. Sinne angenommen werden kann. Denn es fehlt an männlichen Vorbildern in der Erziehungsarbeit – das heißt, besonders Männer sind gefragt, sich diesem Beruf zu stellen. Gleichzeitig sollen sich Erzieherinnen und Erzieher sehr bewusst mit der Frage nach Geschlechterrollen auseinandersetzen.

4.1   Berufswahlmotive

Die Motive, die zur Wahl des Erzieherinnenberufs führen, unterscheiden sich von dem oben Genannten zunächst erheblich. Wie Armin Krenz in einer Befragung herausfand (Kompetenz und Karriere, 1994), wie dies aber auch nahezu jede Lehrkraft in der Fachschulausbildung schon gehört hat, suchen junge Menschen diesen Beruf, weil sie ...
- nicht im Büro arbeiten wollten,
- sich selbst verwirklichen wollen im Spiel mit Kindern,
- gerne mit Kindern zusammen sind,
- sich darin gut auf die Rolle als Mutter vorbereitet sehen,
- eigene Missstände in der Kindheit für andere Kinder verhindern helfen,
- gefühlsbetonte und kreativ begabte Menschen sind,
- im Kindergarten weniger Stress und selbstbestimmteres Arbeiten erwarten.

Die Entscheidung für einen Beruf hat immer etwas mit eigenen Entwicklungen und Begabungen zu tun. Doch in den genannten Motiven spiegelt sich nicht die Komplexität des Berufsbildes wider – um Enttäuschung und falsche Vorstellungen zu verhindern, soll einmal hinter die Fassade dieser Motive geschaut werden:

Der Wunsch, nicht im Büro arbeiten zu wollen, bedeutet noch keine Entscheidung für diesen Beruf. Unklar formulierte eigene Ziele können hier unweigerlich zu Enttäuschung führen.

Selbstverwirklichung als Motiv beinhaltet den Wunsch, eigene Bedürfnisse und Vorstellungen zu verwirklichen. Dabei besteht die Gefahr, dass Kinder nur zu Randfiguren des Geschehens werden. Dies kann nicht im Sinne einer lebendigen Pädagogik sein.

Wer gerne mit Kindern zusammen ist, trägt eine wichtige Motivation für diesen Beruf in sich. Nicht übersehen darf man jedoch dabei, dass dies nur ein Ausschnitt aus den vielschichtigen Anforderungen ist. Die Arbeit mit Kindern neben der Auseinandersetzung mit Kolleginnen, Eltern, Träger und Öffentlichkeit kann sich gelegentlich in einer Form konzentrieren, die durchaus als Stress erlebt wird und eines guten Selbstmanagements sowie Methoden der Stressbewältigung bedarf.

Nicht selten ist zu beobachten, dass gerade Frauen aus dem Wunsch der Wiedergutmachung eigener Erfahrungen von Ungerechtigkeit und Bedrückung Erzieherin werden wollen. So verständlich dieses Motiv ist, ist es so lange für die Arbeit mit Menschen nicht hilfreich, wie die eigene Vergangenheit unreflektiert in die Beziehung einfließt im Sinne einer zu stark behütenden Sorge: Vor allem Kinder erleben die Welt dadurch als Gefahr und gehen mit weniger Optimismus an sie heran. Der Wunsch zu helfen (dieser wird in Kapitel 5 noch näher beleuchtet) hat noch eine andere Seite: Helfen sollte sich in der Balance mit einer ausgewogenen Eigenwahrnehmung befinden. Werden eigene Bedürfnisse und Gefühle vom Helfersyndrom erdrückt, kann dies mittelfristig zu Frustration und Burn-out führen.

Auch der letzte Grund, als gefühlsbetonter und kreativer Mensch gut für diesen Beruf geeignet zu sein, trägt stimmige Elemente in sich, geht jedoch insgesamt von einer naiven Vorstellung von Pädagogik aus: Die Beziehungsgestaltung zu Kindern und Jugendlichen ist umso echter, je mehr tatsächliches Mitgefühl enthalten ist – jedoch findet es da seine Grenzen, wo Fachlichkeit und Sachwissen sowie didaktisch-methodisches Know-how gefragt sind.

AUFGABE Zur Klärung der eigenen Berufswahlmotive bietet sich eine Übung nach Gudjons an:
Zeichnen Sie auf ein großes Blatt Papier mittig einen Kreis, in den Sie Ihren Beruf eintragen. Fügen Sie um den Kreis herum weitere Kreise mit den Stichworten:
- Familientradition
- Kinderträume
- Verbotene Berufe
- Lebensumstände
- Vorbild
- Meine Clique, Freunde
- Schule, Lehrkraft

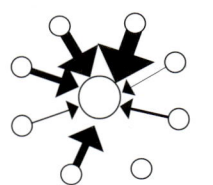

Ein Kreis bleibt frei für Weiteres, was Ihnen vielleicht fehlt. Zu jedem Stichwort schreiben Sie nun, was zur Zeit der Berufsentscheidung in den Bereichen für Sie wichtig war. Zeichnen Sie Pfeile von den Kreisen zur Mitte hin – je größer der Einfluss, umso dicker der Pfeil Betrachten Sie Ihr Werk. Decken Sie einzelne Kreise mit der Hand ab und schauen Sie, was sein würde, wenn dieser Einfluss damals nicht vorhanden gewesen wäre. Werten Sie abschließend in der Kleingruppe aus:
- Wie würde die Entscheidung heute ausfallen?
- Was gefällt mir an der Ausbildung?
- Wie wird sie weitergehen und wovon hängt dies ab?

Und er bewegt sich doch, der Tisch. Es gibt Dinge, die muss man einfach selbst ausprobieren – auf die Gefahr hin, dass man sich blaue Flecken holt.

4.2 Eigene Einstellungen zur Erziehung und erforderliche Kompetenzen

Mehr noch als in anderen Berufen müssen Erzieherinnen sich mit ihrer Persönlichkeit auseinandersetzen. Die Arbeit mit Kindern und Jugendlichen, die in ihr ein Vorbild sehen, erfordert in hohem Maße Zuverlässigkeit und Takt, Einfühlungsvermögen und eine positive Grundeinstellung sowie die Fähigkeit zur Selbstreflexion. Nicht nur die Berufswahlmotive müssen beleuchtet werden, sondern auch die eigene Einstellung zur Erziehung sollte von Beginn der Ausbildung an reflektiert und kritisch hinterfragt werden. Dies kann auch schmerzliche Prozesse auslösen, da man erfahrene Vorstellungen von Erziehung verabschieden oder sich mit unangenehmen Erfahrungen auseinandersetzen muss. Doch nur so entsteht eine lebendige Auseinandersetzung, die zur Entwicklung des angestrebten Kompetenzmodells von Personal-, Fach- und Sozialkompetenz führt.

Die **Humankompetenz** bezeichnet persönliche Fähigkeiten wie eine physisch und psychisch stabile Persönlichkeit, Geschicklichkeit, Spontanität und Kreativität. Geduld und Flexibilität gehören ebenso dazu wie Ausdauer und Verantwortungsbewusstsein. Besonders wichtig sind Offenheit und Kontaktfähigkeit sowie die Fähigkeit zum Kompromiss und Lernen. Die hier zugrunde liegende Einstellung von Erziehung geht von einem lebenslangen Lernen im gegenseitigen Geben und Nehmen aus, d. h., Erzieherinnen lernen mit und von den Kindern wie umgekehrt und sind offen und bereit für diesen Prozess.

In der Lernsituation zeigt Jana einen positiven Ansatz dieser Kompetenz, als sie sich mit der fragenden Mutter offen und flexibel im Kontakt mir ihr auf die Suche nach den gewünschten Informationen begibt.

Die **Fachkompetenz** beinhaltet fachliche Fähigkeiten wie das Wissen über die Entwicklung von Kindern und Jugendlichen, das Beobachten, Wahrnehmen von Veränderungen in der Entwicklung und Wissen um adäquate Angebote für die ganzheitliche Entwicklung junger Menschen. Die Auseinandersetzung mit der Gruppe, die Zusammenarbeit mit Eltern oder das Erkennen eigener Grenzen und Anfordern von professioneller Hilfe, wenn man nicht weiterweiß, gehören ebenfalls dazu. Möglicherweise muss hier die eigene Vorstellung von Erziehung dahingehend neu überdacht werden, dass erkannt wird, welche Kompetenzen bereits kleinste Kinder mitbringen und wie sie diese durchaus zielgerichtet in den Beziehungskontext mit dem Erwachsenen einbringen. Eigene Vorstellungen der stets auf die Erzieherin angewiesenen Bedürftigkeit von Kindern müssen verändert werden.

Hier bringt Jana durch ihre erste Ausbildung bereits eine Basis mit, die sie nun erweitern will. Bereits beim Erkunden der Einrichtung wird ihr dieses deutlich, da sie den Ansatz der Einrichtung noch nicht kennengelernt hatte.

Die **Sozialkompetenz** umfasst sozial-emotionale Fähigkeiten, die eine positive Grundhaltung, Orientierung an Werten und Normen des Zusammenlebens und der Wahrnehmung beinhalten. Wertschätzender Umgang mit dem Kind, es annehmen, wie es ist, sowie empathisch einfühlendes Verhalten und echter eigener Ausdruck verdeutlichen dies. Zuneigung zu geben und anzunehmen ist genauso wichtig wie die Fähigkeit, sich mit schmerzhaften Erlebnissen sensibel auseinandersetzen zu können. Eigene Kindheitserlebnisse schmerzvollen Charakters müssen bearbeitet sein, um Kindern offen und einfühlsam gegenübertreten zu können. Liebevolle Zuneigung muss erlebt oder aufarbeitend reflektiert worden sein, um Kindern einen liebevollen Umgang zu ermöglichen.

Janas positive Grundhaltung wird zunächst im Kontakt mit der Mutter deutlich, da sie sich den Kindern überwiegend als Beobachterin präsentiert.

Wertschätzender Umgang mit dem Kind

4.3 Ethische Grundwerte als Leitlinien sozialpädagogischen Handelns

Erzieherinnen sind Vorbild und erziehen und regeln mit Blick auf zentrale Werte und Normen der Gesellschaft. Daher ist es unabdingbar, sich mit diesen auseinanderzusetzen und eine eigene Position zu bestimmen. Gerade vor dem Hintergrund globaler Auseinandersetzungen und Abgrenzungen, wie sie in Punkt 3.2 und 3.3 genannt wurden, bedarf es einer klaren Besinnung auf die eigene Einstellung und einer Auseinandersetzung mit den ethischen Leitlinien der Gesellschaft.

Das sind die Wurzeln unserer Normen und Werte im Christentum und in der Aufklärung sowie ihre Wei-terentwicklung und gelebte Umsetzung in der von weiteren Kulturen gefärbten Demokratie. Das Einstehen für Freiheit im gleichberechtigten Miteinander gehört dazu, auch die gleichberechtigte Hilfe und Wahrnehmung von Chancen, die gegenseitige Akzeptanz und Anerkennung auch unterschiedlicher Auffassungen. Ebenso das Erlernen demokratischer Regeln von Kindheit an, sei es im Umgang mit Konflikten oder bei der Mitsprache von Gestaltungsspielräumen – dies muss gelten für Groß und Klein, männlichen oder weiblichen Geschlechts, deutscher oder anderer kultureller Herkunft. Für die Umsetzung dieser Werte gibt es demokratische Instrumente wie Wahlen, Mitspracheforen, Mehrheitsprinzip oder Minderheitenrecht, die die Erzieherin kennen und in der Arbeit mit Kindern und Jugendlichen anwenden können muss.

5 Berufliche Aufgabenstellungen erkennen

5.1 Vom Idealismus zur Realität

Auch bei reflektierter Entscheidung für diesen Beruf ermöglicht die Auseinandersetzung mit der Praxisrealität eine Reihe an Einsichten:

- In vielen Einrichtungen sind die Rahmenbedingungen ungünstig: Große Gruppen, wenige Räume, manchmal Personalmangel bedingen wenig Zeit für das einzelne Kind und seine Bedürfnisse; wechselnde Anforderungen der Politik bringen Druck und fordern Energie zur Auseinandersetzung, die wiederum für den jungen Menschen fehlt.
- Je nach Einzugsgebiet bringen die Kinder unterschiedliche Erfahrungen und Probleme mit in die Einrichtung und konfrontieren die Erzieherin mit Themen, denen sie sich stellen muss – sei es Scheidung, Tod und Geburt, fehlende häusliche Unterstützung, emotionale Unterversorgung.
- Die Zahl der Kinder nimmt zu, die fehlende Erfahrung mit anderen Kindern und somit keine Strategien zur Problemlösung mitbringen, denen

- Spiel- und Naturerfahrungen fehlen und die mit eingeschränkten Entwicklungsmöglichkeiten bereits in die Kindertagesstätte kommen.
- Gewaltbereite Auseinandersetzung als einzige Verhaltensmöglichkeit ist nicht nur bei Jugendlichen, sondern auch bereits im Vorschulbereich anzutreffen.
- Die hier aufgezeigte pädagogische Komplexität des Berufsalltags wird ergänzt durch die organisatorischen Aufgaben im pädagogischen Alltag sowie auf Institutionsebene, durch Vernetzungen mit unterschiedlichen Partnern auf verschiedenen Ebenen, was ebenfalls Spannungspotenzial in sich bergen kann, sowie durch konzeptionelle Arbeit im Team zur Weiterentwicklung der Einrichtung und Umsetzung im Alltag.

Durch diese kurzen Schlaglichter auf den Berufsalltag wird deutlich, dass der Beruf der Erzieherin ein sehr verantwortungsvoller Beruf ist, der an der Basis der Gesellschaft agiert und zu ihrer Entwicklung wesentlich beitragen kann.

5.2 Rechtliche Rahmenbedingungen

An dieser Stelle kann nur knapp auf zwei gesetzliche Quellen eingegangen werden. Hinweise auf weitere bedeutende Rechtsquellen gibt es im **Anhang**. Diese werden im Rechtskundeunterricht ausführlich behandelt.

Das Kinder- und Jugendhilfegesetz

Das Kinder- und Jugendhilfegesetz (KJHG) regelt die Erfordernisse für die Erziehung junger Menschen und die Formen ihrer Umsetzung. Dazu heißt es im Einzelnen:

§ 1 Abs. 1 KJHG
Jeder junge Mensch hat ein Recht auf Förderung seiner Entwicklung und auf Erziehung zu einer eigenverantwortlichen und gemeinschaftsfähigen Persönlichkeit.

Hieraus ergeben sich die übergeordneten Ziele (Leitziele) für die Arbeit mit Kindern und Jugendlichen. Diese Ziele sollen in bestimmter Weise in unterschiedlichen Aufgabenbereichen verwirklicht werden.

§ 22 Abs. 3 KJHG
Der Förderungsauftrag umfasst die Erziehung, Bildung und Betreuung des Kindes (...).

Die Aufgaben werden in Kooperation mit der Familie wahrgenommen und als Ergänzung der Erziehung in der Familie gesehen (§22 Abs. 3 KJHG). Mit der Entwicklung eines Anspruchs des Kindes auf einen Kindergartenplatz ist auch die Einsicht in die wünschenswerte außerfamiliäre Erziehung und Bildung gewachsen.

§ 24 KJHG
Ein Kind hat vom vollendeten dritten Lebensjahr bis zum Eintritt in die Schule einen Anspruch auf den Besuch einer Tageseinrichtung.

(SGB VIII Kinder- und Jugendhilfe)

Die einzelnen Länder haben ein Kindergartengesetz aufgestellt, das genauer Auskunft gibt über die Vorstellungen des Landes hinsichtlich der Aufgaben und Ziele der Kindertageseinrichtungen, der Mitwirkung und Beteiligung anderer an der Kinder- und Jugendhilfe, des pädagogischen Personals sowie Fragen finanzieller und verwaltungstechnischer Art.

Das KJHG regelt in § 11 die Ziele für die Entwicklung von Jugendlichen:

§ 11 (1) Jungen Menschen sind die zur Förderung ihrer Entwicklung erforderlichen Angebote der Jugendarbeit zur Verfügung zu stellen. Sie sollen an den Interessen junger Menschen anknüpfen und von ihnen mitbestimmt und mitgestaltet werden, sie zur Selbstbestimmung befähigen und zu gesellschaftlicher Mitverantwortung und zu sozialem Engagement anregen und hinführen.

AUFGABE Informieren Sie sich über das für Ihre Praxiseinrichtung geltende Kindertagesstätten- bzw. Kindergartengesetz oder den Paragrafen der Jugendhilfe. Welche weiteren Aufgaben und Ziele können Sie diesen entnehmen?

Die Aufsichtspflicht

Der pädagogischen Aufgabe, junge Menschen zu eigenverantwortlichen und selbstständigen Persönlichkeiten zu erziehen, wie sie im KJHG geregelt ist, steht die Aufforderung des Bürgerlichen Gesetzbuches (BGB) gegenüber, Minderjährige zu beaufsichtigen. Dazu heißt es:

§ 823 Abs. 1 BGB

Wer vorsätzlich oder fahrlässig das Leben, den Körper, die Gesundheit, die Freiheit, das Eigentum oder ein sonstiges Recht eines anderen widerrechtlich verletzt, ist dem anderen zum Ersatz des daraus entstehenden Schadens verpflichtet.

§ 832 BGB

(1) Wer kraft Gesetzes zur Führung der Aufsicht über eine Person verpflichtet ist, die wegen Minderjährigkeit oder wegen ihres geistigen oder körperlichen Zustandes der Beaufsichtigung bedarf, ist zum Ersatz des Schadens verpflichtet, den diese Person einem Dritten widerrechtlich zufügt. Die Ersatzpflicht tritt nicht ein, wenn er seiner Aufsichtspflicht genügt oder wenn der Schaden auch bei gehöriger Aufsichtsführung entstanden sein könnte.

(2) Die gleiche Verantwortung trifft denjenigen, welcher die Führung der Aufsicht durch Vertrag übernimmt.

Für den Alltag lassen sich daraus zwei Leitlinien ziehen. Um die Persönlichkeit des Kindes zu entwickeln, müssen Eltern und Erzieherinnen dem Kind Freiräume gewähren. Diese Freiräume wachsen mit dem Zutrauen, das der Verantwortliche in die Selbstständigkeit des Kindes hat.

Eine ähnliche Prämisse gilt auch für die auszubildende Erzieherin: Ist diese zuverlässig, umsichtig, verantwortungsbewusst und bei Gefahr entscheidungswillig, ist ihr die Aufsicht über die Gruppe oder Teile der Gruppe in Absprache für einen überschaubaren Zeitraum zuzutrauen. Dies muss jedoch aus der pädagogischen Notwendigkeit erwachsen, der Auszubildenden zunehmend Verantwortung zu übertragen, damit sie mit ihren Aufgaben wachsen kann, nicht aber aus Personalknappheit heraus.

5.3 Aufgabenfelder einer Erzieherin

Den Berufswahlmotiven in Punkt 4.1 war zu entnehmen, dass die Vorstellungen der Öffentlichkeit über die Aufgaben einer Erzieherin häufig nur einen Teilbereich ihrer Aufgabenfelder betreffen. Dabei ist in diesem Beruf eine hohe Anzahl zum Teil sehr unterschiedlicher Aufgaben zu bearbeiten – Erzieherinnen werden im Grunde als „Allroundtalent" gefordert, auch wenn der Schwerpunkt auf den pädagogischen Aufgaben liegt, zugleich jedoch mit der Forderung versehen, eigene Grenzen zu erkennen.

Auseinandersetzung mit der eigenen Biografie

Die eigenen Erlebnisse, Erfahrungen, Gefühle und Gedanken prägen die Persönlichkeit des Einzelnen und beeinflussen somit sein Handeln. Dies fließt in die Auseinandersetzung mit den Menschen ein, denen die Erzieherin im Alltag begegnet. Es beeinflusst ihre Wahrnehmung von Situationen und die Entscheidungen, die getroffen werden.

Betrachtet man Janas Entscheidung aus der Lernsituation für den Beruf, so lassen sich daraus mehrere Fragen ableiten. Sie wollte auf jeden Fall etwas mit Kindern machen. Wenn sie sich mit den Motiven zu diesem Wunsch auseinandersetzt, kann sie z.B. auf folgende Fragen stoßen:

- In welchen Beziehungen hat sie als Einzel- oder Geschwisterkind gelebt? Was hieße das für sie z.B. in Situationen, in denen Kinder sich bewusst zurückziehen wollen und Ruhe suchen?
- Welche Aufgaben musste sie bereits als Kind übernehmen bzw. wurden ihr nicht zugetraut? Was bedeutet das dann für sie, wenn sie Kinder selbst ihren Weg suchen lassen soll, sie begleiten statt führen soll?

Eigene Erfahrungen, Gefühle, Vorstellungen beeinflussen ebenfalls die Auseinandersetzung mit Eltern anderer kultureller Herkunft oder offene, zunächst unübersichtlich wirkende Raum- und Angebotsgestaltung.

- Zu Kindern gehören Eltern, die wiederum ganz unterschiedliche Wurzeln haben. War Janas Wunsch, einen Beruf mit Kindern zu ergreifen,

Mögliche Aufgabenfelder einer Erzieherin	
Kindertagestätte – Krippe (Kinder von 0 – 3 Jahre) – Elementarbereich (Kinder von 3 – 6 Jahre) – Hort (i. d. R. Grundschulkinder)	städtische, konfessionelle, freie Träger, unterschiedliche Konzepte
Vorschularbeit	Kinder 1 Jahr vor Schulpflicht, an Schule oder Kindertagesstätte
Jungen- und Mädchenarbeit	nur Jungen/nur Mädchen, freie oder kommunale Träger
Integrationsgruppen	i. d. R. Kinder mit und ohne besonderen Förderungsbedarf, freie und kommunale Träger
Offene Kinder- und Jugendarbeit	freiwillige Nachmittagsangebote, verschiedene Träger
Jugendarbeit	Nachmittags-/Abendangebote, oft kommunale und kirchliche Träger
Familienzentren	pädagogische und Beratungsangebote für Kinder und Eltern, oft kommunale Träger
Heimerziehung	Kinder aller Altersgruppen, kommunale, konfessionelle und freie Träger
Jugendwohngruppen	Jugendliche zwischen 14 und i. d. R. 18 Jahre, unterschiedliche Träger

eine Entscheidung gegen die Auseinandersetzung mit Erwachsenen?
- Hat sie eigene Erfahrungen mit kreativen Angeboten und setzt sich entsprechend konstruktiv mit deren Weiterentwicklung auseinander? Oder fehlte ihr genau dies in ihrer eigenen Jugend?

Die reflektierende Auseinandersetzung mit sich selbst ist ein wichtiger Aufgabenbereich dieses Berufs, um die Bedürfnisse des Kindes und des Jugendlichen angemessen zu erfassen und eigene davon zu trennen. Durch die Einsicht und die Bewusstwerdung in die eigene Geschichte wird der Weg zur Problemlösung verändert. Immer wieder gibt es auch Situationen, die eher wenig mit der eigenen Biografie zu tun haben. Es gehört jedoch zu einer professionellen beruflichen Kompetenz, zu erkennen, wann pädagogische Entscheidungen allein aus der Notwendigkeit der Situation und nicht aus eigenen Sozialisationserfahrungen heraus angebracht sind.

Dies gilt für alle Berufsbereiche der Erzieherin, besonders jedoch für die Tätigkeit in der Heimerziehung, da die Kinder und Jugendlichen hier ihren Alltag erleben und somit die Erzieherin mit ihrer ganzen Person und all ihren Ressourcen fordern.

Aufgabenfeld Gruppe

Ein großer Aufgabenbereich ist die Gestaltung des Tages in der Gruppe, mit der Gruppe und für deren Mitglieder. Liebevolle Zuwendung und konstruktive Konfliktlösung stehen neben kreativer Gestaltung und vertiefendem Forschen. Die Elemente Erziehung, Bildung, Betreuung prägen den pädagogischen Alltag.

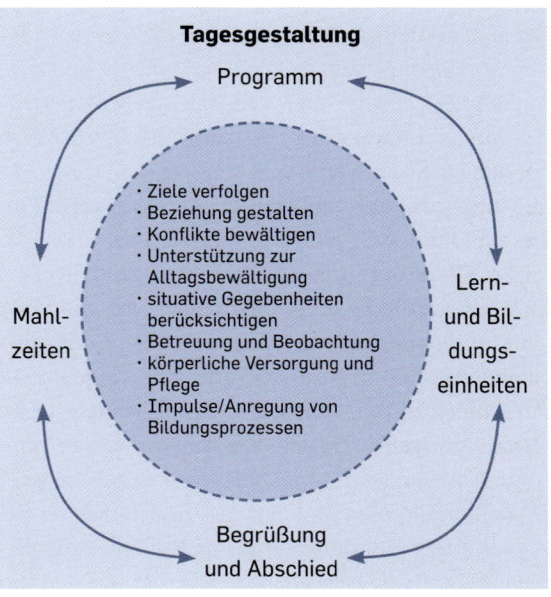

21

Jana erlebt dieses Aufgabenfeld in den forschenden Angeboten, die sie in der Kindertagesstätte findet: Erzieherinnen haben auf der Grundlage ihrer Beobachtungen über die Bedürfnisse und Interessen der Kinder ein Thema gefunden, das die Kinder nun forschend weiterentwickeln. Dazu mussten unterschiedlichste Materialien zusammengestellt werden, Aufgabenstellungen und Methoden überlegt sein. Dieser Prozess kann nur dann in der von Jana festgestellten Gelassenheit geschehen, wenn die Kinder

- an diese Art zu arbeiten herangeführt wurden,
- ihre Interessen aufgegriffen worden sind und
- sie an den Aufgabenstellungen beteiligt werden.

So arbeiten sie aufgrund ihrer eigenen Interessen mit großer Konzentration. Mithilfe von Beobachtungen der Erzieherinnen kann der Prozess begleitet und unterstützt werden. Den Erzieherinnen ist dabei bewusst, welche Bildungsprozesse sie mit diesem Vorhaben angestoßen haben (s. auch Kapitel 3 „Bildungsprozesse erkennen, unterstützen und anregen").

Diese Aufgaben sind am Beispiel der Kindertagesstätte verdeutlicht. Grundsätzlich gelten sie für die Arbeit in allen Aufgabenfeldern. Besonderheiten für einzelne Aufgabenbereiche sollen hier herausgegriffen werden:

- **In der Integrationsgruppe** müssen Prozesse noch genauer und kleinschrittiger geplant und verwirklicht werden, die Gestaltung klarer Strukturen ist hier noch wichtiger für den pädagogischen Alltag.
- **In der Heimerziehung** mit ihren vielfältigen Formen entwickeln sich die Bildungsprozesse direkt bei der Alltagsbewältigung: Das einzelne Kind fordert die Zuwendung noch unmittelbarer und lernt, dass sich z. B. in einer regelmäßigen Mahlzeit eine Form von Zuwendung ausdrücken kann (Näheres dazu in Kapitel 2).
- **In der Jugendarbeit** liegt der Hauptakzent auf der Entwicklung von Selbstständigkeit.
- **In der Jungen- und Mädchenarbeit** werden Fragen nach Freundschaft, Liebe, Sexualität oder Gewalt speziell vor dem Hintergrund der selbst erlebten oder gesellschaftlich erwarteten Geschlechterrolle bearbeitet. Dies geschieht in der geschützten Atmosphäre einer geschlechtshomogenen Gruppe. In dieser Arbeit ist es besonders erforderlich, dass Erzieher und Erzieherinnen sich mit ihrer Identität und ihrem Rollenverständnis auseinandergesetzt haben. Erforderlich sind hier

Männer und Frauen mit Migrationshintergrund, die Geschlechtsrollenbilder der Herkunftskultur mit der der beheimateten deutschen Kultur vereinen können.

Für die weitere Nutzung bei Gesprächen mit Sorgeberechtigten oder Ämtern müssen **Beobachtungen** festgehalten, Entwicklungsverläufe dokumentiert werden (s. auch Kapitel 2 „Beobachten und analysieren").

Neben den pädagogischen Aufgaben ist auch **Organisatorisches** zu bedenken: Essenszeiten müssen eingehalten werden, Material muss beschafft werden. Informationen sollen für die Eltern ausgelegt werden, Ruhe für die Hausaufgaben der Hortkinder muss ermöglicht werden. Dazu gehört auch das Feststellen der Anwesenheit oder die Führung der Gruppenkasse.

Die **Räume** in ihrer Ausstattung und Gestaltung müssen zu der Art des forschenden Lernens passen. Sie wurden in der Beispielsituation von den Erzieherinnen entsprechend umgestaltet. Zudem müssen sie altersgerecht ausgestattet sein und allgemeinen Bedürfnissen der Kinder entsprechen (passend in der Farbgebung, was nicht bunt heißen muss), sie sollen mit Rückzugsmöglichkeiten, guten Lichtverhältnissen und Dokumentationsflächen ausgestattet sein.

Auch das **Außengelände** erfüllt pädagogische Anforderungen: Freiflächen zum Bewegen und Gestalten, Spiel- und Sandbereiche, möglichst mit Wasseranschluss, sollten ebenso gegeben sein wie Büsche und Winkel, die Rückzug ermöglichen.

Außengelände

Aufgaben in der Institution

Auch über die Gruppe hinaus muss die Erzieherin Aufgaben übernehmen. In Dienstbesprechungen werden allgemein interessierende Dinge besprochen. Dabei kann es um den Personaleinsatz gehen oder um konzeptionelle Fragen.

In der Lernsituation geht es um Überlegungen zur Einrichtung einer Integrationsgruppe. Dies wird alle Bereiche in der Kindertagesstätte betreffen, besonders, wenn wie hier offen und in funktionsorientierten Räumen gearbeitet wird.

Je nach Institution müssen die Erzieherinnen zusätzliche Aufgaben beherrschen. Arbeiten sie mit Menschen mit besonderem Förderbedarf bzw. Behinderungen, werden es pflegerische Aufgaben sein. Geschieht dies in Heimen oder Internaten, kommen hauswirtschaftliche Arbeiten dazu. In der Horterziehung müssen Kinder bei schulischen Aufgaben unterstützt werden.

Auch die Zusammenarbeit mit dem Träger kann Aufgaben für die Erzieherin mit sich bringen. Dies ist jedoch von Einrichtung zu Einrichtung verschieden und hängt wesentlich von der Größe der Institution ab. In kleineren Einrichtungen, die möglicherweise nicht pädagogische Verantwortliche in der Leitung haben – dies kann bei Elterninitiativen oder auch kirchlichen Einrichtungen der Fall sein –, sind vielerlei Absprachen zur Koordination und Pädagogik zu treffen. Siehe auch Kapitel 8.

Aufgabenfeld außerhalb der Einrichtung

Öffentlichkeitsarbeit ist die zentrale Aufgabe, die außerhalb von Gruppe und Institution übernommen werden soll. Sie ist die professionelle Präsentation einer Einrichtung und transportiert Aufgaben und Inhalte, die der Einrichtung wichtig sind. Ziel soll es sein, die Arbeit der Einrichtung öffentlich bekannt zu machen, die Aufgaben der Erzieherinnen zu verdeutlichen, Vertrauen zu schaffen und zur Zusammenarbeit einzuladen.

Um zu einer guten Öffentlichkeitsarbeit zu gelangen, ist ein interner Prozess vorauszusetzen.

> Die Mitarbeiterinnen identifizieren sich mit den Zielen der Einrichtung.
>
> ↓
>
> Sie entwickeln ein Zusammengehörigkeitsgefühl.
>
> ↓
>
> Es entsteht ein positives Arbeitsklima mit hoher Motivation.
>
> ↓
>
> Die Bereitschaft zur Öffnung nach außen stellt sich ein.

Öffentlichkeitsarbeit zeigt sich bereits in der Arbeit mit den Eltern. In dem Maße, wie sie Vertrauen in die Einrichtung gewinnen, da sie angemessen und transparent informiert werden, gelingt nicht nur die Erziehungspartnerschaft zum Wohle des Kindes besser, sondern der Ruf der Einrichtung wird positiv.

Nach außen öffnen

Dies setzt sich fort, wenn sich die Einrichtung im Gemeinwesen verankern möchte, wenn sie mit wichtigen Einrichtungen der Kommune/Gemeinde verlässlich und vertrauensvoll zusammenarbeitet bzw. in der Umgebung vernetzt ist. Damit kann sie möglicherweise Aufgaben übernehmen, die andere nicht anbieten, aber für die Einrichtung selbst wichtig sind.

In der Lernsituation sind es die Angebote für Mütter ausländischer Herkunft. Sie tragen zusätzlich zu mehr Information und damit Kompetenz der Erzieherinnen bei, sodass diese sicherer Antwort geben können.

Dazu gehört auch die Vernetzung mit anderen sozial und erzieherisch tätigen Einrichtungen wie Grundschulen, Therapieeinrichtungen, soziale Dienste.

AUFGABE

1. Erkundigen Sie sich nach den Aufgaben in Ihrer Praxiseinrichtung. Ordnen Sie sie nach Bereichen ein.
2. Informieren Sie sich, in welchen Ausbildungsabschnitten diese Aufgabenbereiche näher behandelt werden.

5.4 Konzepte und Strukturen von Einrichtungen erkennen und nutzen

Die Prinzipien der verschiedenen Aufgabenfelder müssen den Gegebenheiten der jeweiligen Einrichtung angepasst sein. So ist deutlich geworden, dass Erzieherinnen mit Kindern, mit Kindern mit besonderem Förderbedarf oder Behinderung, mit Jugendlichen, aber auch mit geistig behinderten Erwachsenen arbeiten können. Jeder Arbeitsbereich hat eine andere Schwerpunktsetzung der Aufgabenfelder, auch wenn sicherlich alle in irgendeiner Form auftreten.

Für die Entwicklung der beruflichen Identität ist es wichtig zu erkennen, welcher Bereich der zukünftigen Erzieherin am meisten liegt. Um dies zu erfahren, werden im Laufe der Ausbildung mindestens zwei Praxisfelder in Form von Praktika kennengelernt.

Jana aus der Lernsituation war bereits klar, dass sie mit Kindern arbeiten möchte. Durch Erfahrungen in anderen Bereichen kann dieser Wunsch gefestigt oder aber auch in Frage gestellt werden – möglicherweise erkennt sie durch die Auseinandersetzung mit der Integrationsgruppe, dass ihr besonderes Interesse hier liegt.

Bleibt sie bei ihrer Entscheidung für den Vorschulbereich, wird sie im Laufe der Ausbildung erkennen, dass es eine Vielzahl unterschiedlicher pädagogischer Ansätze für die Arbeit mit Kindern gibt, die je nach Einrichtung mehr oder weniger stark entwickelt und institutionsabhängig ausgeprägt sind.

Möchte Jana in einer klar an der Montessori- oder Reggiopädagogik ausgerichteten Kindertagesstätte arbeiten oder bevorzugt sie ein funktionsorientiertes Konzept? Liegt ihr mehr eine überschaubare Einrichtung oder findet sie Institutionen, die sich eher als Familienzentren verstehen, interessant?

Auch in der Jugendarbeit müssen Unterscheidungen in der Art der Einrichtung geklärt werden: So erfordert die Arbeit in einem Jugendhaus oder -zentrum die Bereitschaft, eher nachmittags und abends zu arbeiten, und grenzt sich durch ein anderes Klientel von z.B. der jugendlichen Freizeitpädagogik (s. **Kapitel 5** „Beziehungen aufnehmen") ab.

In dieser Auseinandersetzung entwickelt die Erzieherin ihre eigene berufliche Identität.

AUFGABE Beschreiben Sie die Einrichtung, in der Sie zurzeit Praktikum machen. Mit welcher Zielgruppe wird gearbeitet, welche Strukturen in der pädagogischen Arbeit und in der Raumgestaltung erkennen Sie? Erkundigen Sie sich nach dem zugrunde liegenden Konzept.

5.5 Das Praktikum

Das ausbildungsbegleitende Praktikum in der Fachschulausbildung findet statt, um eine Verzahnung von Theorie und Praxis zu gewährleisten. Die Organisation des Praktikums ist in den Bundesländern unterschiedlich. Die Erwartungen an diese Schnittstelle zwischen den Lernorten Schule und Praxiseinrichtung gleichen sich: „Die Studierenden haben in der sozialpädagogischen Institution die Gelegenheit, ihr unter schulischen (...) Bedingungen kognitiv und überwiegend theoriegeleitet erworbenes Wissen in den erzieherischen Alltag umzusetzen. Im Kontakt mit den Berufskollegen können sie ihre Motivation überprüfen und schrittweise eine berufliche Identität entwickeln" (Hofer u. a., 2005).

Die Rolle der Praktikantin

Die Auszubildende begibt sich mit dem Schritt ins Praktikum in ein ganzes „Rollen-Feld", dessen einzelne Rollen zum Teil mit unterschiedlichen Erwartungen verknüpft sind.

- Zunächst ist sie Schülerin und damit in der Ausbildung. In der Regel ist sie erwachsen und hat mehr oder weniger Vorerfahrungen im Umgang mit Menschen in sozialpädagogischen Einrichtungen, je nach Stand ihrer Ausbildung und weiterer Erfahrungen vor der Ausbildung.
- Als Lernende begibt sie sich zeitlich begrenzt unter die Anleitung einer erfahrenen Kollegin. Sie wird damit abhängig von Ausbildungsstätte und Anleitung.
- Sie wird zudem Mitarbeiterin der Einrichtung, eventuell Teammitglied und zukünftige Kollegin.
- Sie wird vor allem auch Bezugsperson für die Zielgruppe, z. B. die Kinder und deren Eltern.

Damit ist sie mit einem Bündel unterschiedlicher Erwartungen konfrontiert:

In der Rolle der **Lernenden** wird von ihr die Erfüllung übertragener Aufgaben erwartet, um das Ausbildungsziel zu erreichen. Bereits hier kann es zu divergierenden Anforderungen kommen: In der Praxis wird zunehmende Selbstständigkeit erwartet und eigenverantwortliches Erkennen von Aufgaben mit anschließender Erfüllung. Ein vorgeschriebener Bildungsplan der Schule und seine didaktische Umsetzung schränken diese Selbstständigkeit jedoch teilweise ein.

Als **Mitarbeiterin** wird Loyalität gegenüber der Einrichtung erwartet. Über Informationen, die sie erhält, ist sie zu Schweigen verpflichtet.

Als **Bezugsperson** werden von ihr zugewandte Kommunikation und angemessener Beziehungsaufbau bei gleichzeitig beginnender professioneller Distanz erwartet.

Nicht zuletzt sei genannt, dass die Auszubildende, obwohl sie erwachsen ist, dennoch oft noch den Schritt von der weniger verantwortlichen Kindrolle in die nun verantwortungsvoll handelnde und Verantwortung übernehmende Rolle der **Erwachsenen** machen muss (nach Schütt, 1997).

Die Praktikantin hat berechtigte Ansprüche auf Anleitung und Berücksichtigung der schulischen Forderungen. Aufgrund ihres Status ist es jedoch nicht sicher, dass diese Ansprüche der Praktikantin bewusst sind und gegebenenfalls auch eingefordert werden.

Nicht verschwiegen werden soll die zurzeit schwierige finanzielle Situation für einige sozialpädagogische Einrichtungen. Dies hat auch Auswirkungen auf die Situation der Praktikantin. Aufgrund der bei einigen Praxiseinrichtungen sehr begrenzten Finanzmittel rückt die Praktikantin mancherorts in eine weitere nicht vorgesehene Rolle, die der **Zweitkraft in der Gruppe** (z. B. der Kindertagesstätte). Hier ist sie in einem Intrarollenkonflikt – einerseits die Erwartung, Aufgaben zu übernehmen, da sie getan werden müssen. Dies erfüllt auch mit Selbstbewusstsein und Stolz, wenn die Aufgabenerfüllung gelingt. Andererseits besteht die Ausbildungsrolle natürlich fort und die mit ihr verbundenen Erwartungen und Einschränkungen, was in der Summe zu Überforderung führen kann.

AUFGABE
1. Klären Sie, in welchen Rollen Sie sich in Ihrer Praxiseinrichtung befinden.
2. Welche Erwartungen werden mit den Rollen verbunden?

Die Rolle der Anleitung

Im Gespräch bleiben

Als Anleitung fungiert meist eine berufserfahrene Person mit einer wenigstens ebenbürtigen sozialpädagogischen Ausbildung. In manchen Bundesländern müssen Anleiterinnen zudem eine Anleiterfortbildung absolvieren. In der Regel handelt es sich bei der Anleitung auch um die Gruppenleitung. Auch die Anleiterin befindet sich in verschiedenen Rollen, die sich auf ihr Anleitungsverhältnis zur Praktikantin auswirken.

Die Anleiterin:
- Sie ist Delegierende, die Aufgaben weitergibt und die Folgen abschätzen kann bzw. dafür Verantwortung trägt.
- Für die Praktikantin wird sie in ihrer Berufsrolle und den vermittelten Werten und Normen Vorbild, wenn nicht gar Identifikationsfigur sein.
- Ebenso ist sie Mitarbeiterin des Hauses mit der damit verbundenen Loyalität gegenüber der Einrichtung. Das bedeutet, dass sie auch Verantwortung trägt für das, was durch die Praktikantin nach außen vermittelt wird (z. B. über Berichte an die Schule).
- Zudem ist sie Bewertende, die die Leistungen der Praktikantin zu beurteilen hat.
- Letztlich ist sie Vertragspartnerin zwischen Praktikantin und Ausbildungsstätte.

Die Anleiterin ist nicht „Kumpel", Mutter, Freundin oder Koalitionspartnerin, die der Praktikantin bei vor allem privaten Schwierigkeiten zur Seite springt oder ihr gegenüber keine Forderungen formulieren kann.

Die erste Aufgabe der Anleiterin ist es, den Anforderungen gegenüber der Zielgruppe gerecht zu werden. Die hier liegende Zuständigkeit und Kompetenz sollen der Praktikantin vermittelt werden; in diese Zuständigkeit soll die Praktikantin einbezogen werden. Dabei geht es nicht um Vermittlung von Perfektion, sondern um Unterstützung des Lernvorgangs in der Praxis.

Die Zusammenarbeit mit der Praxiseinrichtung

Die Motivation, eine Praktikantin zu übernehmen, ist ganz unterschiedlicher Natur. Sicherlich geht es in erster Linie darum, geeigneten Nachwuchs ausbilden zu helfen. Darüber hinaus wird gerade von den Anleiterinnen die Erwartung geäußert, mit einer Praktikantin „neuen Wind" in die Einrichtung zu bekommen – man hofft auf neue Ideen und Zugang zu aktuellem Wissen, das über die Praktikantin von der Schule in die Praxis gelangen solle. Seitens des Trägers wird die Aufnahme einer Praktikantin auch als Entlastung für fehlendes Personal gesehen, was von den Anleiterinnen selbst weniger so gesehen wird (nach Hofer u. a., 2005).

Die Motivation der Praktikantin für ihr Praktikum kann von einer ganzen Bandbreite von Gründen bestimmt sein: angefangen bei der freudigen Erwartung, „endlich" praktisch in dem angestrebten Beruf zu arbeiten, begleitet von Ängsten, ob man den Anforderungen gerecht wird, bis zur gewissen Gelassenheit, da eventuell schon eine Reihe von Vorerfahrungen gemacht wurden.

> Das Praktikum bedeutet dann die Auseinandersetzung mit einer großen Palette von Aufgaben:
> * Der persönliche Kennlernprozess zwischen Anleitung und Praktikantin bedeutet auch das Überprüfen eigener Erwartungen und Abschätzen des Kenntnisstands der Praktikantin.
> * Beide sehen sich konfrontiert mit einer Reihe von Rollenerwartungen, die sie wahrnehmen, annehmen und mit denen sie sich auseinandersetzen müssen.
> * Das tätige Handeln der Praktikantin wird in der Regel durch zwei Anforderungsstränge strukturiert:

> * zum einen durch die Aufgabenstellungen, die seitens der Ausbildungsschule an sie herangetragen werden,
> * zum anderen durch die täglichen Anforderungen der Praxis und der Zielgruppe. Auch hier lässt sich ein aufbauender Prozess feststellen: angefangen von der Komplexität, die die Arbeit mit der Zielgruppe beinhaltet, zur Elternarbeit, über gruppenübergreifende Aufgaben im Haus mit Kollegen bis hin zum Einblick in Aufgaben, die auf Trägerebene liegen.
> * Der letzte Aufgabenkomplex besteht in der Reflexion eigenen Handelns mithilfe der Anleitung und von Zeit zu Zeit der betreuenden Lehrkraft, die in die Praxiseinrichtung geht.

Die Bewältigung der Aufgaben unterliegt einer Einteilung in vier Phasen nach Schütt, nämlich:

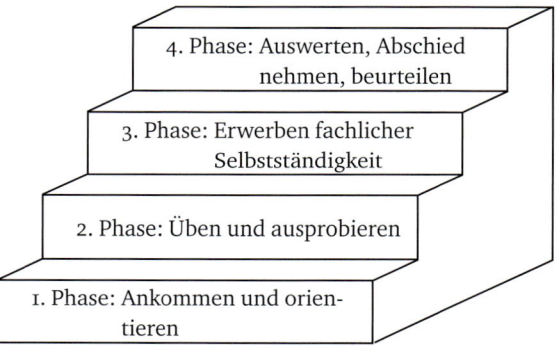

Aufgabenphasen der Praktikantin

Je nach Struktur der Praxisbausteine in der Ausbildung werden diese Phasen in einer Einrichtung oder in unterschiedlichen Praxisstätten durchlaufen. Werden verschiedene Praktika gemacht, verschiebt sich die jeweilige Länge der Phase je nach Ausbildungsstand, wobei Phase 3 zu Beginn der Ausbildung nicht zu erwarten ist.

AUFGABE Mit welchen Erwartungen sind Sie in Ihr Praktikum gegangen? Tauschen Sie sich mit Ihren Schulkolleginnen aus.

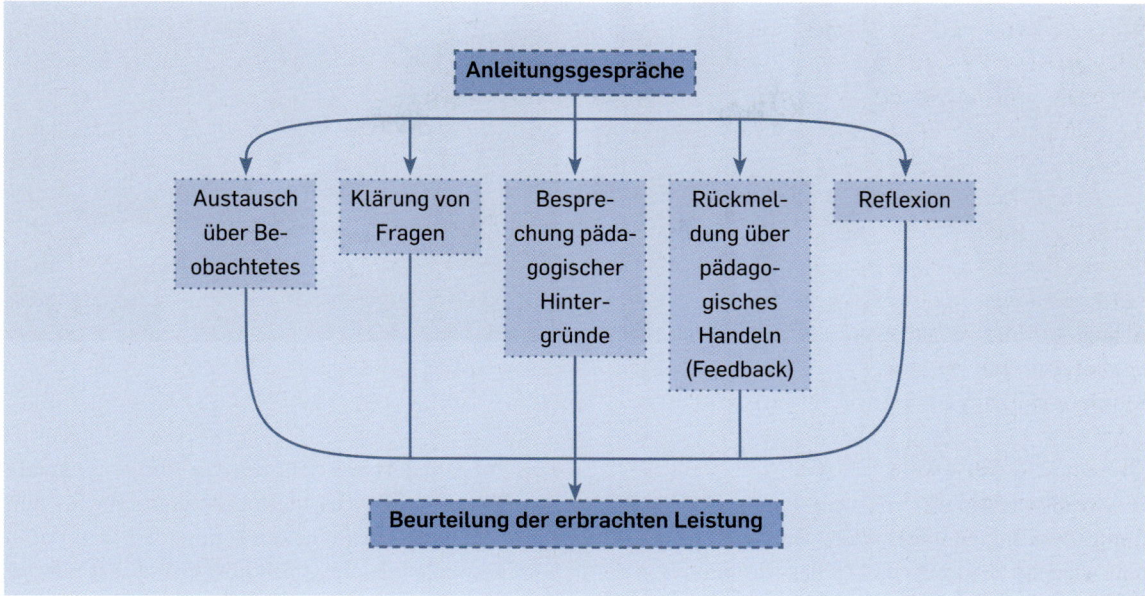

Anleitungsgespräche

Die Arbeit in der Praxis dient den Ausbildungszielen und muss von daher von Zeit zu Zeit kritisch überdacht – reflektiert – werden. Dies soll in regelmäßig stattfindenden Anleitungsgesprächen stattfinden. Diesen Gesprächen kommt eine besondere Bedeutung zu. Sie sollten daher sowohl von der Praktikantin gegenüber der Anleitung als auch durch die Anleitung vom Träger als Zeitressource eingefordert werden.

Vor dem Hintergrund regelmäßiger und verlässlicher Anleitungsgespräche, die intensiv zu Gesprächen mit angemessener Rückmeldung genutzt werden, ist der Akt der Beurteilung weniger schwierig, als er zunächst für beide, Praktikantin und Anleiterin, erscheint. Ist eine offene, kritische aber wertschätzende Atmosphäre zwischen beiden entstanden, müsste die Praktikantin in weiten Teilen selbst in der Lage sein, sich angemessen zu beurteilen. Entsprechende Rückmeldungen durch die Anleiterin sollten dadurch bereits gut vorbereitet sein.

Die Beurteilung orientiert sich an den Forderungen des Ausbildungsplans und den erwarteten Lernschritten in der jeweiligen Ausbildungsphase. Diese liegen für die Praxiseinrichtungen zum Teil in ausdifferenzierter Form seitens der Ausbildungsstätten vor.

Im Laufe der Anleitungsgespräche sollten sich Anleiterin und Praktikantin Teilziele vornehmen und diese in einem abgesprochenen Zeitraum erproben, um zunehmende fachliche Kompetenz und Selbstständigkeit zu erwerben. Die anschließende feedbackge-

leitete Reflexion ermöglicht genauere Aussagen über den erreichten Lernzustand bzw. Lernzuwachs und Prognosen über die weitere Entwicklung der Praktikantin.

Für die das Praktikum abschließende Beurteilung werden damit bereits Bausteine vorbereitet, die für die Praktikantin nachvollziehbar sind.

Für das Beurteilungsgespräch selbst sollte, wie bei jedem anderen wichtigen Gespräch, ein angemessener Rahmen gesucht werden, der Zeit, Ungestörtheit und offene Bereitschaft zum Gespräch beinhaltet.

Eventuell vorliegende Störungen in der Beziehung der zwei Sozialpartner sollten vor der Beurteilung geklärt werden.

Jana sollte in ihrer Einrichtung die Möglichkeit erhalten, diesen ersten Tag im Anleitungsgespräch zu reflektieren – die verschiedenen Eindrücke zu klären, die dabei entstandenen Gefühle wahrzunehmen und erste institutionsbezogene Erkenntnisse für ihre Rolle und die damit verbundenen Aufgaben zu entwickeln.

AUFGABE Bereiten Sie Ihr nächstes Anleitungsgespräch vor. Dokumentieren Sie dazu Aufgaben und Beobachtungen, die Sie in der Zwischenzeit gemacht haben. Entwickeln Sie Fragen und eigene Überlegungen.

Im Klassenverband

Gruppenarbeit

5.6 Ausbildung in der Schule

Die Schule ist für die Erzieherschülerin ein Lernort mit unterschiedlichen Funktionen. Zunächst findet der überwiegend theoretische Teil der Ausbildung in der Schule statt. Hier wird anhand von (der Praxisrealität nachempfundenen) Lernsituationen das notwendige Fachwissen erarbeitet. Die Methoden sind weitgefächert. Neben die Impulsgebung durch die Lehrkraft tritt das selbstständige Lernen und Erarbeiten von Themen in Einzel-, Gruppen- und Projektarbeit. Für die Schülerin bedeutet dies, sich Zeit außerhalb von Unterrichtszeiten und Praktikum für die Ausbildung einzuräumen.

Zugleich ist die Lerngruppe, in der Regel die Klasse, auch ein „Lernfeld" für viele Prozesse, die im Praktikum bei der Zielgruppe gesehen bzw. im Unterricht behandelt werden: Auch in der Klasse gibt es Gruppenprozesse, geht es um das Erreichen von Bildungszielen, werden Gefühle angesprochen, müssen Pro-

zesse organisiert werden, um nur einige Beispiele zu nennen. Dieser Ort kann besonders gut für den Unterricht und zur Reflexion genutzt werden. Dabei wird deutlich, wie die Ausbildung sich direkt mit der Persönlichkeit der Auszubildenden befasst und diese zur Reflexion ihrer eigenen Biografie aufgefordert werden.

Als dritten Bereich hat die Schule die Aufgabe, Kommunikationsprozesse zwischen Praxisanleitung, Schülerin und Schule zu vermitteln und zu gestalten. In der Regel geschieht dies in Form von **Anleitertreffen**, zu denen alle Anleiterinnen der Schülerinnen, eventuell die Schülerinnen selbst und die entsprechenden Fachkollegen zu allgemein interessierenden Themen des derzeitigen Ausbildungsniveaus eingeladen werden. Häufiger sind die Gespräche zwischen Anleiterin, Praktikantin und Fachlehrerin, wo ein gemeinsames Reflektieren des jeweiligen Ausbildungsstands und anschließendes Festlegen der weiteren individuellen Ausbildungsziele geschieht.

6 Strategien zur Berufsbewältigung: Supervision, Zeitmanagement, Stressbewältigung

6.1 Stressfaktoren

Mit dem Berufsbild der Erzieherin wird von außen betrachtet wenig Stress verbunden. Stress gehört danach nicht zum Spiel mit Kindern und zu relativ freier Zeiteinteilung. Gänzlich im Gegensatz zu diesem Vorurteil gehört Stress sogar in hohem Maße zum sozialen Berufsalltag. Neben der Zufriedenheit, die dieser Beruf bringt, entstehen auch Bereiche, die stressanfällig sind:

- Dies ist zum einen der manchmal erhebliche Lärm von Kindern, vor allem, wenn die Räumlichkeiten wenig Differenzierung zulassen.
- Die Forderungen und Ansprüche von Eltern können belastend werden, zumal wenn unzureichende Arbeitsbedingungen wie Personalknappheit, mangelnde Räumlichkeiten hinzukommen.

- Spannungen im Team, schlechte Zusammenarbeit mit dem Träger oder anderen Diensten können frustrierend sein und damit zu Stress führen.
- Idealismus und hohe Anforderungen an sich selbst verschärfen den Zustand und lassen eine permanente Anspannung und Belastung des Organismus entstehen.

Obgleich das Wort Stress allgegenwärtig und im Allgemeinen negativ besetzt ist, hat Stress durchaus auch eine positive Funktion. Eine gewisse Anspannung als Anpassung an Ausnahmezustände ist erforderlich (in bestimmten Situationen sogar lebensnotwendig), um zur Lösung einer schwierigen Situation zu gelangen. Erst wenn Stress als Dauerzustand wahrgenommen wird und Körper und Geist nicht mehr in der Lage sind, sich zu entspannen, schlägt Stress in einen gesundheitsbeeinträchtigenden Zustand um.

Lang andauernder Stress im beruflichen Alltag, der ignoriert wird oder dessen Ursachen nicht beseitigt werden (können), kann auch zum Burn-out-Syndrom führen, das eine weitere berufliche Tätigkeit in diesem Bereich vorerst verhindert (s. Kapitel 5).

Die bereits beschriebene Aufgabenvielfalt erfordert ein gutes Management, um nicht in Dauerstress zu verfallen. Dies gilt insbesondere bei den vielen Erzieherinnen, die in Teilzeit in diesem Beruf arbeiten (müssen) und/oder eine eigene Familie haben, der sie in ähnlicher Weise gerecht werden möchten wie den Kindern im beruflichen Alltag.

Es dreht sich einem der Kopf

6.2 Umgang mit Stress

Um Stress gar nicht erst entstehen zu lassen, gehört zur guten beruflichen Arbeit die realistische Sorge um sich selbst. Das meint kein permanentes Wehleiden bei kleinsten Anforderungen.

1. Ein klarer Einsatz für den Beruf (= die Anspannung) bedarf einer Entspannung, die schon bei einer guten Ernährung, angenehmer körperlicher Bewegung sowie geistiger Anregung beginnt.

2. Ein gutes soziales Netzwerk außerhalb des sozialen Berufsfelds neben erfüllten beruflichen Sozialkontakten hilft, belastende Situationen aufzufangen oder durch andere Anregungen die Gedanken zu entlasten.

3. Ist eine Stresssituation entstanden, sollte die belastende Situation zunächst reflektiert und analysiert werden, sodass die Belastungsursache deutlich wird. Dabei werden Bewältigungsmöglichkeiten und Konsequenzen einander gegenübergestellt, um abzuwägen, welche Verhaltens- bzw. Reaktionsmöglichkeit die Erzieherin für sich sieht. Dies müssen nicht die tatsächlich vorhandenen, sondern nur die von der Erzieherin zu leistenden Möglichkeiten sein.

4. Kurzfristige Maßnahmen zur ersten Entspannung können nach Wahrnehmung von Stress eine kurze Auszeit (ein kleiner Spaziergang und Entfernen aus dem Raum), gezieltes Atmen, Dampf ablassen (auf ein Kissen hauen o.a.) oder positive Selbstinstruktionen (ich schaffe das jetzt) sein.

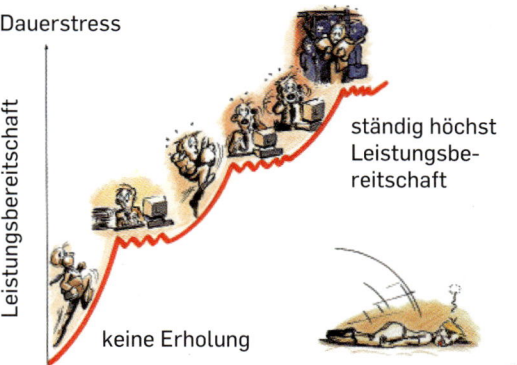

Dauerstress: dauernde Höchstleistung ohne Erholungspausen. Hält diese Fehlregulation an, wird der Mensch krank.

Zeitmangel und Arbeitsdruck sind häufig entscheidende Auslöser für Stress. Eine gute Arbeitsorganisation und Zeitmanagement kann man jedoch lernen.

6.3 Arbeitsorganisation

Eigenständige Planung und Ausführung übertragener Arbeiten führen zu hoher Motivation der Erzieherinnen. Insofern geht es darum, den Handlungs- und Entscheidungsspielraum der Erzieherin zu erweitern. Hierfür ist einerseits der Träger zuständig. Im Gespräch mit diesem sollte geklärt werden, was möglich ist. Das gelingt dann eher, wenn die Erzieherin die eigene Arbeit und die daraus erwachsenen Anforderungen transparent machen kann. Andererseits kann die Erzieherin durch Kreativität und gutes Zeitmanagement sich selbst ihren Spielraum erweitern. Hier ist auch der professionelle Austausch im Team erforderlich. Regelmäßige Termine mit konstruktivem Ablauf – Austausch, Feedback, konzeptionelle Planung – unterstützen einen übersichtlichen Arbeitsrhythmus.

6.4 Zeitmanagement

Um zu einem guten Zeitmanagement zu gelangen, können folgende Schritte gegangen werden:

Schritt 1

Die Erzieherin sollte sich zunächst einen Überblick der anfallenden Aufgaben verschaffen.

Schritt 2

Anschließend sind die zu erreichenden Ziele zu verdeutlichen. Beziehen sie sich auf die Kinder, werden die Ziele im Team festgelegt und sollten schriftlich festgehalten werden. Der Entwicklungsplan eines Kindes enthält zudem langfristig und unmittelbar zu erreichende Ziele. Auch eigene Zielsetzungen sollten schriftlich fixiert werden, um einen Überblick zu behalten.

Schritt 3

Danach gilt es, eine Prioritätenliste zu erstellen: Was muss sofort erreicht/getan werden, was kann delegiert werden und was kann warten? Entscheidend ist hier, Nebensächlichkeiten auch als solche zu erkennen und eigenen Perfektionismus zur Seite zu stellen.

Schritt 4

Wird ein abschließender Plan erstellt, sollte maximal 60 Prozent der Zeit verplant werden. Die restliche Zeit wird für Unvorhergesehenes benötigt, was im pädagogischen Alltag schnell auftauchen kann.

Ein übersichtlich gestalteter Zeitrahmen trägt zur Motivation bei, da Ziele klarer geworden, Prioritäten verdeutlicht sind und damit Zuversicht gewonnen worden ist.

6.5 Hilfe durch Supervision

Stressige Ereignisse können mithilfe von Supervision, wie sie in **Kapitel 5**, Punkt 3.10 beschrieben wird, alleine oder im Team neu betrachtet werden. „Durch eine andere Sicht auf die Konfliktsituation, die möglicherweise auch positive Anteile enthält, lassen sich kreative Vorgehensweisen oder einfache Lösungen entwickeln, die vorher nicht gesehen oder für möglich gehalten wurden: Plötzlich ist eine Weiterbildung nicht mehr undenkbar, ein klärendes Gespräch mit der Kollegin nicht mehr beängstigend oder ein Arbeitsplatzwechsel nicht mehr ausgeschlossen" (Prang, 2002).

Eine Teamsupervision hilft, die gemeinsame Verantwortung in der pädagogischen Arbeit zu klären, oder unterstützt in der konzeptionellen Arbeit, sodass sich jede Erzieherin mit der pädagogischen Vorgehensweise identifizieren kann.

6.6 Professionelle Haltung

Die Entwicklung einer professionellen Haltung sollte das Ziel einer Erzieherin sein. Professionalität meint das Verhältnis von Wissen und Handeln zueinander. Es setzt auf einen Wissensfundus, der sich im angewandten Handeln manifestiert. Professionalität bedeutet zudem, in doppelter Hinsicht verantwortlich zu sein – dem Einzelnen und der Gesellschaft gegenüber. Gelingt es der Erzieherin vorausschauend, Chancen und Risiken ihrer Zielgruppe zu erkennen, entwickelt sie ein hohes Maß an professioneller Haltung. Dies kann sie in der Beziehung zum Einzelnen erreichen, auf den sie ihren Wissenstand immer wieder neu anwendet. Ist sie sich ihrer eigenen Professionalität sicher und kann von daher abwägen, was ihr jetzt und demnächst möglich ist und was nicht – was auch Nein-sagen-Können bedeutet –, schützt sie sich zugleich vor Stress (nach Prang).

7 Fort- und Weiterbildung

Stete gesellschaftliche Veränderungen und neue wissenschaftliche Erkenntnisse erfordern ein lebenslanges Lernen, das sich in einer Auffrischung ehemals gelernter Erkenntnisse, Erkennen neuer Entwicklungen, Vertiefung in spezielle Themen oder der Erweiterung beruflicher Handlungskompetenzen ausdrücken kann.

Weiterbildung bemüht sich um die Erweiterung der beruflichen Handlungskompetenz. Hier ergeben sich eine Reihe von Bereichen:

- Heilpädagogische Zusatzausbildungen sind in unterschiedlicher Form möglich.
- Betriebswirtschaftliche Kenntnisse sind in einer Weiterbildung zum/zur Fachwirt/-in im Sozial- und Gesundheitswesen zu erlangen.
- Verschiedene Zusatzausbildungen in Bereichen wie Musik, Theater, Motorik, Psychomotorik, Sprache sind möglich, z. B. Motopädie, Musikpädagogik.
- Kommunikationskompetenzen oder Gesprächsführung sind weitere Weiterbildungsbereiche.

Fortbildung ist spezieller ausgerichtet und meist auch kürzer im Lernzyklus. Sie vertieft zu einem bestimmten Thema unterschiedliche einzelne Aspekte oder trägt zur persönlichen Entwicklung der Erzieherin bei. Da es eine Vielzahl von Angeboten gibt, sollen Beispiele an dieser Stelle nicht genannt werden. Vielmehr muss sich die Erzieherin einige Fragen stellen, um bei dem großen Angebot das Richtige auswählen zu können:

- Soll es sich um eine Teamfortbildung handeln oder möchte die einzelne Fachkraft sich fortbilden?
- Welchen Bedarf hat das Team oder der Einzelne? Entspricht das dem Bedarf in der Einrichtung? Wird diese Fortbildung interessant sein?
- Was ist zeitlich und finanziell möglich?
- Bei Teamfortbildungen: Ist ein externer Anbieter gerechtfertigt oder bieten die vom Träger vorgeschlagenen Fortbilder auch entsprechende Inhalte?

Werden diese Fragen vor der Fortbildung hinreichend geklärt, wird der Nutzen für die tägliche Arbeit ausreichend groß sein, um nicht die Motivation zu verlieren. Nach Ilse Roosen-Nef ist der Erfolg einer Fortbildung von steuerbaren Faktoren abhängig, nämlich dass

- Erzieherinnen ihr Selbstvertrauen stärken und an ihre Kompetenzen glauben müssen, um den steigenden Anforderungen gerecht zu werden;
- sie Erfolge erleben müssen, die sie ihrer Anstrengung zuschreiben können. Entwicklung von Nahzielen und Bewältigungsstrategien unterstützen diesen Prozess;
- für die Umsetzung der erworbenen Kenntnisse neben der Gewissheit in die eigene Handlungskompetenz das Vertrauen auf ein Netzwerk (= das Team) als unterstützender Faktor erforderlich ist.

So ausgerichtet kann Fortbildung auch ein wichtiger Baustein in der Qualitätssicherung sein. Siehe dazu auch das **Kapitel 8** „Qualität sichern".

Musiktherapie mit Kindern

8 Durchspielen einer vollständigen Handlung

8.1 Analysieren und planen – erste Planung

In der Lernsituation auf Seite 8/9 verdichten sich alle Fragestellungen und Aufgaben der Berufsausbildung bzw. des Berufsalltags. Zu Beginn einer Ausbildung bieten sich drei Bereiche an, die näher zu betrachten sind, um die Ausbildung und Berufswahl von Anfang an „auf solide Füße zu stellen".

Durch ihre berufliche Vorerfahrung ist Jana bereits klar, dass sie als Praktikantin und als Schülerin in unterschiedlichen Rollen tätig ist. Zudem ist ihr das Recht auf Anleitung deutlich und sehr wichtig geworden.

Planen und Ziele formulieren

Jana will als Erstes den Aufgabenbereich als Praktikantin klären sowie Zeit und Form der Anleitung besprechen. Das erste Gespräch mit der Anleitung will sie bereits nutzen, um sich weitere Ziele zu erarbeiten.

Kurzplanung I

Ziel	Handlungsschritte
Anleitung klären	Mit der Anleiterin werden Zeit und Ort der Anleitungsgespräche geklärt.
Umgang mit Berufsfragen	Verständigung über die inhaltliche Struktur

Ein Ausbildungstagebuch führen

Jana sucht das Gespräch mit ihrer Anleiterin. Beide verständigen sich auf einen festen Termin für die Anleitung. Dafür nehmen sie sich eine Stunde Zeit. Es wird geklärt, wer im Fall von Abwesenheit der Anleiterin die Vertretung übernimmt. Für im Alltag auftretende Fragen stellt sich die Anleiterin jederzeit zusätzlich zur Verfügung, wenn es die Situation erlaubt. Diese Gespräche ersetzen jedoch nicht die Anleitungsgespräche. Die Anleiterin regt an, ein **Ausbildungstagebuch** zu führen, um Fragen im Alltag ebenso festzuhalten wie Stichworte, die die Vielschichtigkeit des Alltags verdeutlichen und Vernetzungen erkennen lassen. Diese Mitschriften sollen als Einstieg in die Anleitungsgespräche dienen.

Anschließend soll gezielt eine grundsätzliche Frage erörtert werden, die von beiden vorbereitet wird. Zuletzt werden gemeinsam weitere Schritte geplant, um den Kompetenzbereich zu erweitern. Dies können sein

- bestimmte Übernahme von Aufgaben im Haus,
- Aufgaben mit den Kindern oder
- Aufgaben mit weiteren Personen und Institutionen.

Hier wird sichtbar, dass die Aufgaben im Laufe der Ausbildung verantwortungsvoller werden und zunehmend mit erhöhter Eigenständigkeit verbunden sind. Organisatorische Aspekte sollen an dieser Stelle nur insoweit besprochen werden, wie sie Janas Rolle als Praktikantin betreffen – alles darüber Hinausgehende wird auf den Teambesprechungen mit den anderen Kolleginnen festgelegt.

Nach der Feststellung dieser grundsätzlichen Struktur der Anleitungsgespräche spricht Jana die Anleitung auf die Vielfalt von Eindrücken an, die sie an ihrem ersten Tag hatte. Der Anleitung wird deutlich, dass Jana sich gerne aktiv mit diesem Einstieg auseinandersetzen möchte, aber nicht weiß, wo sie anfangen soll. Sie bietet Jana an, nach der **TZI-Me-thode** (s. Kapitel 7 „Kommunizieren, beraten und kooperieren", Punkt 5.2) die verschiedenen Ebenen zu beleuchten.

Zunächst geht es um Jana, um das ICH:

Jana will klären, was ihre eigene Motivation für diesen Beruf ist, welche Einstellungen sie mitbringt. Der Wunsch, mit Kindern zu arbeiten, ist zwar eine positive Basis, sollte aber noch weiter hinterfragt werden. Die gezeigte Offenheit und Flexibilität sind gute Voraussetzungen: Kann Jana sie als Grundmuster bei sich erkennen? Hilfreich ist auch das Überprüfen der eigenen Erziehung, um zu einer bewussteren Haltung zu gelangen. Was waren ihre eigenen Vorbilder, Werte und Normen?

Als Nächstes sieht sie ihr Arbeitsfeld mit verschiedenen Akteuren, Kindern und Kolleginnen, das WIR:

Die Arbeitsweise der Erzieherinnen erinnert sie an Projektarbeit, die ihr nur ungefähr bekannt ist. Die Komplexität dieses Ansatzes will sie näher kennenlernen. Sie erkennt, dass die Erzieherinnen Aufgaben mit Kindern und Eltern übernehmen: Beides geschieht in einer Weise, die sie sich näher ansehen möchte. Ihr wird deutlich, welche Vielzahl von Aufgabenbereichen innerhalb einer Einrichtung zu meistern ist sowie welche unterschiedlichen Möglichkeiten der Arbeit als Erzieherin es gibt.

Der letzte Bereich vom TZI ist das Thema, das ES:

Das Thema kann für Jana kaum festgelegt werden, so vielfältig sind die Ansätze, die sie verfolgen möchte. Die Anleiterin hilft ihr, sich zunächst jenes als Thema zu suchen, das ihre Aufnahme- und Verarbeitungskapazität unterstützen hilft: Stress und Arbeitsorganisation.

8.2 Weitere Planung

Weitere Ziele formulieren

Die analysierten Ebenen nimmt sich Jana nun mit Unterstützung vor und formuliert Zielsetzungen und Kurzplanungen.

1. a) Die eigene Erziehung soll überdacht werden: hinsichtlich des Bildes vom Kinde, Werte und Normen, Einstellung zu Menschen mit differentem Hintergrund.
b) Bisher vorhandene Kompetenzen werden geklärt und in Bezug gesetzt zur Berufsmotivation.

2. Die Komplexität des Berufsalltags wird erst im Laufe der Zeit klarer; es soll jedoch ein Verfahren erreicht werden, um Eindrücke festhalten und damit später thematisieren zu können.

3. Ein Zeitmanagement soll helfen, größeren Stress zu vermeiden.

Überlegungen zur Umsetzung

Janas Anleiterin ist bewusst, dass am ersten Tag ihres Praktikums eine ganze Reihe vielfältiger Aufgabenbereiche für Jana sichtbar wurden. Dadurch wurde der Schülerin die Komplexität dieses Berufs noch deutlicher, als es ihr durch ihre sozialpädagogische Vorerfahrung bereits war. Dennoch ist der Anleiterin klar, dass sie Jana Zeit und Raum geben will für Austausch, Anleitungsgespräche und Rückmeldungen.

Nicht alles lässt sich sofort klären, aber es soll mit Jana eine Struktur gefunden werden, die Klärungsprozesse ermöglicht. Außerdem sollte Jana Gespräche mit den verschiedensten Menschen führen, um eigene Haltungen zu überprüfen.

33

Kurzplanung IIa

Ziel	Handlungsschritte
Eigene Erziehung überdenken	Sich eigene Erinnerungen zu ausgewählten Stichworten bewusst machen Gespräche mit Eltern/evtl. Großeltern dazu führen Austausch mit Mitschülerinnen

Jana überlegt und schreibt auf, wie sie ihre eigene Erziehung wahrgenommen hat. Was war wichtig für sie, was hat sie gestört? Wie waren die Bedingungen in ihrer Familie? Welches Verständnis von Kind hatten ihre Eltern oder Großeltern? Wie sieht ihr eigenes aus? Was hat sich daran geändert? Welche Institutionen hat sie selbst als Kind kennengelernt? Gab es ethische Leitlinien in ihrer Familie und welche davon sind ihr immer noch wichtig? Inwiefern hatte ihre Familie Kontakt mit anderen Kulturen? Was bedeutet es als Angehörige einer Minderheitenkultur, sich mit anderen Erziehungsvorstellungen auseinanderzusetzen? Wo wird dies deutlich? Wie wurde mit Konflikten in der eigenen Familie umgegangen? Erkennt sie bei sich Verhaltensmuster aus der Familie, die sie eigentlich nicht oder nur bedingt gutheißt?

Jana wird deutlich, dass es zu viele Aspekte sind, um sich einmalig über die eigene Erziehung Gedanken zu machen. Sie legt ein **Tagebuch** speziell für die Eigenreflexion an. Dann versucht sie, mit ihren Eltern über ausgewählte Punkte ins **Gespräch** zu kommen. Ihr ist klar, dass es dabei zu Konfliktgesprächen kommen kann. Daher informiert sie ihre Eltern zunächst darüber, warum ihr diese Gespräche wichtig sind und wozu sie dienen. Sie versucht, mit ihnen eine zeitliche Begrenzung zu finden.

Im Unterricht gibt es gelegentlich Raum für den Austausch mit anderen Schülern zu diesem Bereich. Sie sucht hier bewusst das Gespräch auch mit denen, die ihr auf Anhieb nicht ähnlich sind.

Kurzplanung IIb

Ziel	Handlungsschritte
Eigene Kompetenzen erkennen und Berufsmotivation klären	Sich eigene Kompetenzen bewusst machen und Berufswahlmotive nennen Zusammenhänge herstellen Kompetenzen in Anleitungsgesprächen immer wieder hinterfragen

Jana ist zunächst wieder auf sich allein gestellt. Sie macht sich eine Liste mit den Gründen, warum sie diesen Beruf gewählt hat. Daneben stellt sie eine Liste von Negativgründen. Sie hinterfragt, so gut es geht, wie es zu diesen Gründen kommt.

Anschließend denkt sie anhand der o. g. Tabelle über ihre eigenen Kompetenzen nach. Auch diese schreibt sie auf. Dabei helfen ihre bisherigen Beurteilungen, die sie jedoch nur nach kritischer Prüfung übernimmt. Nun versucht sie Zusammenhänge zwischen ihren Motiven und ihren Kompetenzen zu

finden: Sie hat festgestellt, dass sie offen auf andere Menschen zugehen kann und Anregungen schnell aufgreift (Frage der Mutter nach Infomaterial). Ein Grund für diese Ausbildung war für sie möglicherweise, dass sie Menschen und menschliches Verhalten interessant findet und sehen möchte, wie es sich von klein auf entwickelt. Sie hilft außerdem gerne anderen und hat auch einen offenen Blick dafür, wo Unterstützung gebraucht wird (bietet ihre Hilfe bei der Hausaufgabenbetreuung an, da eine Erzieherin krank geworden ist).

Kurzplanung III

Ziel	Handlungsschritte
Wahrnehmung der eigenen Rolle	Klären der eigenen Rolle mit den damit verbundenen Aufgaben
Erkennen verschiedener Aufgabenbereiche	Beschreiben der Aufgabenbereiche der Kolleginnen

In einem weiteren Gespräch mit der Anleitung reflektiert Jana, welche Erwartungen sie an die Rolle der Praktikantin hat und welche Erwartungen ihre Einrichtung an sie hat. Gemeinsam besprechen sie Unterschiede im Erwartungshorizont. Jana erhält als Aufgabe von der Anleitung, die Aufgabenbereiche der verschiedenen Erzieherinnen (zunächst in ihrer Bezugsgruppe) zu beschreiben. Dies deckt sich mit der Hausaufgabe der Schule. Dazu wird sie verschiedene Gespräche mit ihren Kolleginnen führen und diese genau in unterschiedlichen Aktivitäten beobachten.

Kurzplanung IV

Ziel	Handlungsschritte
Zeitmanagement andenken zur Stressverminderung	Sich informieren über entsprechende Möglichkeiten Ein Gerüst für den eigenen Alltag entwickeln

Durch die klare Regelung und Gliederung der Anleitung erhofft Jana sich auch weniger Stress. Da die Aufgabenbereiche regelmäßig thematisiert werden und Kompetenzzuwächse angestrebt sind, wird ihre Arbeit transparenter.

Für ihren privaten Bereich versucht Jana, sich klare Zeiten für die Bewältigung der anfallenden Schulaufgaben zu verschaffen. Da sie neben ihrer Ausbildung noch jobben muss, ist es besonders wichtig, dass auch noch Zeit zur Entspannung bleibt. Sie macht sich klar, was ihr dabei am meisten hilft bzw. gefällt, und richtet sich dafür einmal in der Woche einen ganzen oder mindestens einen halben Tag ein. Sie überdenkt ihre Schlafgewohnheiten und ihre Ernährung, um sich auch hierüber ausreichend Entspannung zu holen. Da sie ein aufgeschlossener und hilfsbereiter Mensch ist, weiß sie, dass ihre Hilfsbereitschaft sie gelegentlich in Stress bringt – sie mutet sich dann zu viel zu. Sie nimmt sich vor, verstärkt darauf zu achten, auch einmal „Nein" zu sagen, ohne diese positive Eigenschaft grundsätzlich ablegen zu wollen.

8.3 Durchführen

Die angestrebten Vorhaben führt Jana durch. Dabei zeigt sich, dass die Klärung mit der Anleiterin sehr gut verlief, da auch diese sich ähnliche Gedanken zur Umsetzung gemacht hatte wie Jana. Die eigenen Niederschriften waren sehr umfangreich. Jana musste sich erst einmal eine eigene Struktur der Herangehensweise machen, um nicht vor dem Berg an Aspekten zu kapitulieren. Hier war es hilfreich, sich einmal am Tag für einen begrenzten Zeitraum hinzusetzen und eigene Gedanken aufzuschreiben. Diese sollten am besten zu Beginn gegliedert sein. Die Gespräche mit ihren Eltern waren an manchen Stellen unerwartet erhellend, bei anderen Punkten auch mühsam. Manches wussten die Eltern nicht zu benennen, da sie sich bisher weniger detailliert Gedanken gemacht hatten.

8.4 Reflektieren und bewerten

Relativ schnell stellt sich der Vorteil der aufbereiteten Anleitung heraus. In der Regel ist klar, was besprochen werden soll. Jana erlebt sich als aktive Teilnehmerin, da sie Teile des Gesprächs vorbereitet. Dadurch wird sie auch gezwungen, im Alltag genauer hinzusehen und sich Fragen und Stichworte zu notieren, die dann das Verständnis für die einzelnen Aspekte des Berufsalltags wachsen lassen.

Zunächst erscheint ihr das Aufschreiben eigener Fragen und Gedanken eher mühsam und zeitraubend. Nach einigen Wochen kann sie jedoch erkennen, dass ihre Stichworte hilfreich im Gespräch sind: Sowohl in der Anleitung kann sie auf beobachtete Beispiele oder Fragen zurückgreifen als auch im Gespräch mit anderen wie im Unterricht oder mit anderen Praktikantinnen unterstützt es sie. Allmählich bemerkt sie, dass die Notizen ihr helfen, ihre Gedanken zu strukturieren und Zusammenhänge zu erkennen.

Die Gespräche in der Familie helfen ihr, Aspekte ihrer Haltung zu verdeutlichen. Das Verhältnis zu ihren Eltern wird positiv beeinflusst. Sie trifft jedoch auch auf Themenbereiche, die sie lieber verdrängen wollte. Hier hilft ihr das Tagebuch zur Niederschrift damit einhergehender Gedanken und Gefühle.

8.5 Dokumentieren und präsentieren

Die Dokumentation dieses Prozesses geschieht in Form von Aufzeichnungen in Tagebuchform. Diese sind unterteilt in private Bereiche und Aspekte zum Berufsalltag, die ausschnittsweise in den Anleitungsgesprächen präsentiert werden. Eine darüber hinausgehende Präsentation ist nicht sinnvoll, da es sich um die Reflexion zum Teil sehr privater Überlegungen handelt. Es bietet sich jedoch bei passender Gelegenheit (z. B. im Unterricht) an, die Struktur der Aufzeichnungen vorzustellen.

1   Weitere Lernsituationen

Lernsituation A

Jan macht sein Praktikum in einer Grundschulklasse mit Integrationskindern. Außer der Klassenlehrerin ist noch eine Sozialpädagogin anwesend – und seit heute er als Praktikant. Da es ein Montag ist, scheint es besonders laut zu sein – die Kinder flitzen durch die Klasse und springen über die Bänke. Wenn dabei etwas herunterfällt, wird es nicht bemerkt. Jan war bereits vor den Lehrkräften da und wollte sich der Klasse eigenständig und freundlich vorstellen. Aber er wurde gar nicht wahrgenommen – also setzte er sich nach hinten in eine der Bänke.

Plötzlich wird es leise. Frau Schulte und Frau Kraft haben den Raum betreten. Die Kinder gehen zu ihren Tischen und setzen sich. Nach einem Begrüßungszeremoniell wird Jan als neue Unterstützung vorgestellt. Dann weist Frau Schulte auf die Arbeitsaufträge hin, die in den Körben für die Kinder liegen. Frau Schulte

erklärt Jan derweil, dass für jedes Kind ein individueller Arbeitsplan in seinem Körbchen liegt. Jan fragt sich, wann und wie dieser erstellt wurde.

Die Kinder machen sich unterschiedlich schnell an die Arbeit – einzelne malen zunächst, andere fragen, ob sie am Computer arbeiten dürfen. Frau Kraft nimmt Jan mit, wenn Kinder sie um Unterstützung bitten. Dabei stellt er fest, dass die Aufgaben unterschiedliches Niveau haben. Einzelne Kinder sollen eine Schnecke malen – erst nach Vorgabe, dann eigenständig. Jan beobachtet ein Mädchen, das mit großer Konzentration bei der Sache ist und bedächtig den ganzen Arm dabei bewegt. Ein anderes Kind mit der gleichen Aufgabe kann sich gar nicht konzentrieren und springt immer wieder von seiner Arbeit auf. Eine Gruppe von drei Kindern hilft sich gegenseitig am Computer – sie haben einen kleinen Text zum Thema Schnecke aufgeschrieben und wollen diesen nun eintippen. Die ersten

Kinder kommen zu Jan und bitten ihn um Hilfe: Sie wollen Papier, das auf dem Schrank liegt. Alle sind beschäftigt.

Nach einiger Zeit stellt Jan fest, dass es keinen Stundenrhythmus gibt, sondern die Kinder sich die Zeit selbst einteilen. Erst zur Mittagszeit gibt es eine größere gemeinsame Pause. Dazu werden die Arbeitsmaterialien weggepackt und die Pädagogen teilen den Tischdienst ein. Nach dem Essen wird gemeinsam ge-spielt, gesungen und vorgelesen. Wenn die Kinder um 15 Uhr das Haus verlassen, erarbeiten Frau Schulte und Frau Kraft die Arbeitsblätter für den nächsten Tag. Dazu tauschen sie sich zunächst über ihre Beobachtungen der Kinder aus, wozu sie Jan ebenfalls befragen. Für ihn war so viel neu, dass er noch keine zusätzlichen Beobachtungen einzelner Kinder festhalten konnte. Dies nimmt er sich für den nächsten Tag vor, fragt sich aber, wie er das alles behalten soll.

Lernsituation B

Katja ist neu in einem Praktikumsplatz in der offenen Kinder- und Jugendarbeit in einer ländlichen Region. Obgleich auch Jugendliche angesprochen werden, sind es überwiegend Kinder der Grundschule sowie der Klasse 5 bis 7, die die Angebote aufsuchen. An Katjas erstem Tag soll sie die Erzieherin Ulli begleiten, die eine Tanzgruppe anbietet. Zehn Mädchen kommen in den ersten 20 Minuten in den Raum, dabei soll das Angebot bereits um 16 Uhr losgehen. Nicht alle haben Kleidung zum Wechseln mit, obwohl die Kinder schnell ins Schwitzen kommen, denn Ulli „powert" ganz schön los. Als die Gruppenstunde zu Ende ist, guckt Katja noch in die anderen Räume und fragt, was sonst noch angeboten wird. Sie erfährt von einer Hausaufgabenbetreuung, einem Mittagessenangebot zwei Mal in der Woche, sowie von einer Bastelgruppe und einer Kochgruppe, die aber gerade nur spärlich läuft. Als Katja nachfragt, erfährt sie, dass es den Kindern schwerfällt, sich auf die gesunde Küche einzustellen.

Plötzlich hört sie großes Geschrei. Aus einem Raum stürzt ein ca. 13 Jahre alter Junge und schimpft wütend vor sich hin. Kurz darauf folgt ein größerer Junge, läuft ihm nach und tritt ihm von hinten an die Wade. Katja beobachtet, dass der Erzieher Ben die beiden zur Rede stellt. Anschließend geht der Erwachsene in den Raum zurück. Die Praktikantin folgt ihm und findet neun Jungen zwischen 12 und 14 Jahren vor, die offensichtlich Boxen trainieren.

Als sie Ulli wiedertrifft, fragt sie, was sie denn dagegen mache, dass die Kinder so spät zu ihrer Tanzgruppe kommen. Ulli erwidert, dass sie zunächst froh sei, dass die Mädchen überhaupt kommen – alles Weitere würde sie ihr später erklären, sie müsse jetzt los. Etwas später erwischt Katja den Erzieher Ben und erkundigt sich, ob Jugendliche das Haus gar nicht nutzen. Er erklärt, dass zurzeit nur eine Gruppe abends den Musikraum zum Üben nutze, aber das Team gerade überlege, wie sie noch mehr Jugendliche ansprechen können. Dazu diene die Teamsitzung morgen um 11 Uhr – sie sei herzlich eingeladen.

Als Katja gegen 21 Uhr nach Hause geht, fühlt sie sich reichlich verwirrt.

AUFGABE Bearbeiten Sie eine dieser Lernsituationen nach den folgenden Schritten:
- Analysieren
- Planen
- Durchführen
- Reflektieren und bewerten
- Dokumentieren und präsentieren

2   Anregungen zur Selbstreflexion

Zur Selbstreflexion empfiehlt sich eine Übung nach Gudjons, um über nächste Ziele und Schritte in der Berufsplanung nachzudenken. Arbeiten Sie dazu zunächst allein und bei der Auswertung der Ergebnisse in Dreiergruppen.

Schreiben Sie auf ein Blatt Ihre Berufsziele. Notieren Sie alles, was Ihnen einfällt. Nach 3 Minuten reflektieren Sie diese Ziele nach folgenden Aspekten:

* wahrscheinlich erreichbar
* zweifelhaft
* irreal

Drei oder vier der realistischen Ziele schreiben Sie auf ein neues Blatt. Für dieses Blatt gilt die Überschrift „Meine nächsten drei Jahre". Notieren Sie für jedes Ziel, was Sie zum Erreichen dieses Ziels tun müssen.

Ein drittes Blatt wird mit der Überschrift „Meine nächsten sechs Monate" versehen. Verfahren Sie mit jedem Ziel wie zuvor – in ganz konkreten Schritten.

Auf einem vierten Blatt schreiben Sie nun alle erforderlichen Aktivitäten, die sich aus Blatt 3 ergeben.

Erstellen Sie anschließend auf Blatt 5 einen ganz konkreten Handlungsplan mit Terminen, Gesprächen, Entscheidungen.

In der nachfolgenden Dreiergruppe werten Sie aus nach folgenden Gesichtspunkten:

* Widersprüche zwischen Zielbereichen
* Motiv der Auswahlentscheidung
* Gefühle gegenüber diesem Versuch der Berufsplanung
* Verbindlichkeit der Entscheidungen

Kapitel 2 Beobachten und analysieren

1 Lernsituation

Anfang Oktober tritt die Erzieherin Marita ihre neue Stelle in der städtischen Kindertagesstätte an. Bei dem schönen, sonnigen Herbstwetter sind Kinder wie Erwachsene am liebsten den ganzen Tag im Freien. Heute früh fällt Marita folgende Situation auf:

Die 4-jährige Maja und der 5-jährige Robin sind die ersten Kinder im Sandbereich und beginnen damit, einen Graben zu buddeln. Kurz darauf kommen Ole und Peter (beide etwas über 4 Jahre alt) dazu, die so-fort mitmachen wollen. Unter den Anweisungen von Robin entsteht nach und nach ein System von Gräben und Tunneln. Eine Viertelstunde später kommt der 5-jährige Sven dazu, springt in den Sand und ein Tunnel stürzt ein. Robin schreit empört auf. Sven schreit zurück. Dann stehen beide sich mit rotem Kopf und geschwollenen Halsadern gegenüber. Die übrigen drei Kinder verstummen und sehen von einem Jungen zum anderen.

Marita ist unsicher, wie sie sich verhalten soll, denn sie kennt die Kinder noch nicht gut genug. Nun bemerkt sie zusätzlich, dass die kleine Anne schon eine Weile an ihrer Hose zupft: Sie will dringend Hilfe beim Toilettengang haben. Das hat Vorrang!

Als Marita danach wieder nach draußen tritt, ist der Sandbereich verwaist und die Gruppe hat sich offenbar zerstreut. Nur Robin und Sven sieht sie oben im Spielturm, einträchtig kletternd und sich ab und zu etwas zurufend. Marita ist erstaunt und bedauert sehr, dass sie die Weiterentwicklung der Situation nicht beobachten konnte. So befreundet hat sie die beiden noch nie erlebt.

Deshalb will sie eine Beschreibung dieser Szene als Spontanbeobachtung dokumentieren, die sie dann um Arbeitsfragen zur Reflexion im Team ergänzen wird.

Auch ihr Kollege Thomas findet diesen Ausgang bemerkenswert. Er hat den Eindruck, dass die beiden selbstbewussten Jungen sich schon seit einigen Tagen aneinander reiben und auf dem Weg dazu sind, eine gleichberechtigte Freundschaft zu entwickeln. Diese These behält er aber vorerst für sich, um Maritas Wahrnehmung und Erinnerung nicht schon im Gespräch zu verändern. Vielleicht hat sie auch noch andere interessante Einzelheiten wahrgenommen.

Beide verabreden, die weitere Entwicklung im Auge zu behalten und die Szene gemeinsam zu analysieren.

2 Angestrebte Kompetenzen

Mit dieser Verabredung haben die beiden Teamkollegen erste Schritte einer professionellen Beobachtungsmethode gewählt. Für beide ist die Beobachtung kindlicher Aktivitäten ein notwendiger Teil reflektierten Alltagshandelns. Marita wird über die Reflexion ihrer Beobachtung die Kinder genauer kennenlernen und Thomas kann mithilfe ihrer Wahrnehmung seine These überprüfen.

Beobachten ist im sozialpädagogischen Berufsfeld das zentrale Arbeitsmittel – ohne vorherige Beobachtung ist pädagogisches Handeln wenig sinnvoll. Andererseits ist Beobachten nicht einfach die Abbildung von Wirklichkeit. Beobachter müssen etwas über Beobachtungsmethoden, Wahrnehmungsphänomene, mögliche Beobachtungsfehler und Gegenstrategien wissen. Wichtig ist es auch, sich über den Anlass und das momentane Interesse für die Beobachtung im Klaren zu sein. Dies bildet den Hintergrund dafür, dass Beobachten selbstverständlicher Teil einer professionellen, pädagogischen Haltung sein kann. Damit beschäftigt sich der **Punkt 3** in diesem Kapitel.

Es gibt unterschiedliche Interessen und Ziele für Beobachtungen – dazu gehören verschiedene Beobachtungsinstrumente. Sie sind mit bestimmten Intentionen entwickelt worden und sollten für jeweils spezielle Fragestellungen benutzt werden. Wichtig ist es, zu wissen, was man mit dem jeweiligen Instrument „sehen" und erheben kann und wie aufwendig sein Einsatz ist: dazu **Punkt 4**.

Die sinnvolle Dokumentation von Beobachtungen ist ein Bereich, mit dem sich ein Team gründlich auseinandersetzen muss. Dazu gehört die Auswertung der gesammelten Informationen, die für die weitere Arbeit von Nutzen sein sollen. Hinzu kommen noch die Dokumente, die im Alltag entstehen und gern gesammelt werden, beispielsweise Fotos aus dem Gruppengeschehen oder Produkte von Kindern. Diese sehr unterschiedlichen Ergebnisse verlangen nach Struktur, inhaltlicher Einordnung und schließlich einem unaufwendig und leicht verstehbaren Ablagesystem: mehr in **Punkt 5**.

3 Beobachten als pädagogische Haltung

3.1 Beobachtung und Wahrnehmung

Beobachtung ist eine absichtsvolle Tätigkeit. Wer beobachtet, richtet seine Aufmerksamkeit auf ausgewählte Einzelheiten, Verhaltensweisen und Ereignisse mit dem Zweck, etwas herauszufinden. Wer beobachtet, ist aktiv, ist auf der Suche nach Informationen. Dabei steht dem Beobachter als Werkzeug seine Sinneswahrnehmung zur Verfügung. Insofern ist Beobachtung ein Spezialfall von Wahrnehmung – es kommen Interesse, bewusste Konzentration auf einen Ausschnitt aus der Wirklichkeit und Neugierde dazu.

Wahrnehmung

Als Sinneswahrnehmung wird ein Prozess bezeichnet, bei dem Reize

1. von Sinnesorganen aufgenommen,
2. über die Nervenbahnen an das Gehirn weitergeleitet werden,
3. im Gehirn Empfindungen hervorrufen.
   Eine Vielzahl gleichzeitig und nacheinander eintreffender Reize und so entstandener Empfindungen wird zu einer Wahrnehmung verarbeitet. Diese ist auch Ausgangspunkt nächster Wahrnehmungen. Genauer wird der Prozess der Sinneswahrnehmung in Kapitel 3 „Bildungsprozesse erkennen, unterstützen und anregen" beschrieben.

> Als allgemeine Definition gilt:
> Wahrnehmung ist der Prozess und das Ergebnis der Informationsgewinnung und Informationsverarbeitung von Reizen aus der Umwelt und dem Körperinneren.

- Wahrgenommen werden nur ausgewählte Reize, sie sind ein Bruchteil der in der Umwelt vorhandenen Reize. Sie müssen in ihrer Qualität durch die Sinnesorgane verarbeitet werden können: Beispielsweise können Menschen nur Lichtwellen eines engeren Spektrums wahrnehmen, Ultraviolett und Infrarot bleiben für sie unsichtbar.
- Die Reize müssen außerdem in ihrer Stärke eine bestimmte **Schwelle** überschreiten, um wahr-

genommen werden zu können. Und schließlich müssen die Reize in der Konkurrenz mit anderen Aufmerksamkeit erregen: Wer sich mit einem Partner angeregt unterhält, überhört andere Geräusche, die sich erst in einer Gesprächspause in den Vordergrund der Aufmerksamkeit schieben können.

Marita hat die Szene im Freien mit allen ihren Sinnen aufgenommen und sich dabei, ihrem Interesse folgend, mehr und mehr auf diese fünf Kinder konzentriert. Alle anderen Reize, beispielsweise die Morgenkühle und der schon kräftige Sonnenschein, das Vogelzwitschern und die Geräuschkulisse der anderen Kinder im Außengelände, geraten mehr und mehr in den Hintergrund. Die kleine Anne muss schon Mühe aufwenden, um von Marita überhaupt wahrgenommen zu werden.

- Auch im weiteren Sinne ist Wahrnehmung **subjektiv**: Sie wird bestimmt durch Vorerfahrungen und Erwartungen, Werte und Normen, Bedürfnisse und Interessen, Gefühle und Stimmungen.

Berücksichtigt werden muss außerdem, dass das menschliche Gehirn für die schnelle Verarbeitung und Bewertung von Eindrücken optimiert ist. Im Dienste der Verarbeitungsschnelligkeit sind einige Organisationsprinzipien am Werk:

- Neben der **Selektion** der Eindrücke sind das Faktoren, die zur **Vereinfachung** und Generalisierung führen. Statt einzelner menschlicher oder Vogelstimmen hören wir das Zwitschern oder ein Stimmengewirr. Prägnantes, wie eine möglicherweise besonders tiefe Stimme, fällt eher auf, Unvollständiges, wie halb gehörte Wörter, wird ergänzt.
- Wegen der Wirksamkeit von **Konstanzprinzipien** können Dinge unabhängig von Blickwinkel und Perspektive wiedererkannt werden. Der Wahrnehmungsfokus kann willkürlich gewechselt werden, je nachdem, ob der Vordergrund oder der Hintergrund einer Szene von Interesse ist.

Zusammen genommen bewirken diese Mechanismen die menschliche Fähigkeit zur **Gestaltbildung**. Auf der Suche nach Sinn und Bedeutung werden Eindrücke selektiert und kombiniert, sie werden beständig mit den bisherigen Erfahrungen abgeglichen. Passendes wird aufgenommen; was die Grenzen des individuell Fassbaren sprengt, wird ignoriert. Vorsichtige Theoretiker definieren Wahrnehmung als „Kompromiss" zwischen vorhandenen Reizen und den persönlichen Erwartungen.

Man kann es auch radikaler formulieren: Die Organisation der Sinnessysteme und die Arbeitsweise des menschlichen Gehirns sind so beschaffen, dass sich jedes Individuum seine eigene Welt konstruiert und sich stets innerhalb dieser Konstruktion bewegt.

> Wahrnehmung ist die individuelle Konstruktion von Wirklichkeit.

Und so muss man davon ausgehen, dass alle fünf Kinder beim Bauen im Sand etwas Unterschiedliches erlebt und verschiedene Erfahrungen gemacht haben. Das hat auch etwas damit zu tun, dass sie nach und nach dazugekommen sind, dann unterschiedliche Rollen beim gemeinsamen Spiel eingenommen und für sich jeweils individuell gefüllt haben. Solange sich die Interessen und Rollen gut ergänzen, muss das niemandem auffallen. Erst als Sven die Szene betritt, wird klar, dass hier unterschiedliche Wahrnehmungen von Wirklichkeit aufeinandertreffen. Beide – Robin und Sven – sind empört und fühlen sich im Recht. Marita kann (noch) nicht wissen, was beide zu ihrem Handeln motiviert, sie kann deshalb nur von ihren eigenen Erfahrungen ausgehen.

Menschliche Kommunikation hat deshalb immer auch diesen Zweck zu erfüllen: Es ist ein Aushandlungsprozess um die Sichtweise von Situationen, in denen gemeinsames Handeln stattfinden soll. Genaueres zum Thema Kommunikation findet sich im **Kapitel 7** „Kommunizieren, beraten und kooperieren".

Beobachtung

Naive und Gelegenheitsbeobachtung findet im Alltag wie auch in pädagogischen Zusammenhängen mehr oder weniger zufällig und unsystematisch statt. In Handlungssituationen mit Kindern stellen sich die Erziehungskräfte auf deren individuelle Bedürfnisse und Interessenäußerungen ein. Sie lernen die Eigenheiten einzelner Kinder im Laufe der Zeit kennen und stimmen ihr pädagogisches Handeln darauf ab. Die Informationen, die so nebenbei entstehen und nicht dokumentiert werden, sind an die Erfordernisse eines erfolgreichen Alltagshandelns gebunden und bilden einen möglicherweise wenig genauen Eindruck von den Kompetenzen und den Entwicklungsfortschritten eines Kindes.

Häufig werden dabei eher Dinge bemerkt, die nicht glattlaufen, nicht optimal organisiert sind oder die ein Kind (noch) nicht (allein) bewältigen kann. An diesen Stellen gibt es pädagogischen Handlungs- oder Steuerungsbedarf. Was unproblematisch einfach geht, wird dann nicht so aufmerksam registriert. Auf diese Weise bleiben viele Situationen, in denen Kinder kompetent und angemessen handeln, unbemerkt.

Deshalb gehört die **systematische Beobachtung** in einem sozialpädagogischen Arbeitsbereich zu den notwendigen Arbeitsinstrumenten. Mit unterschiedlichen Methoden versuchen Fachkräfte, möglichst vielfältige und genaue Informationen zu erheben. In Kindertagesstätten ist die regelmäßige und zielgerichtete Beobachtung der Kinder die Grundlage der professionellen Gestaltung der Arbeit. Dabei geht es darum, Geschehnisse in der Kindergruppe zu registrieren und das Verhalten einzelner Kinder wahrzunehmen. Die Ergebnisse von Beobachtungen sollen möglichst genaue Auskunft über die Interessen, Selbstbildungsprozesse und Entwicklungsschritte der Kinder geben und die Erzieherinnen dazu befähigen, passende Impulse zu setzen und interessante Angebote zu machen.

Einzelbeobachtung eines Kindes

- Die beobachtende Fachkraft weiß um die Subjektivität ihrer Wahrnehmung und kalkuliert ein, dass ihre Beschreibung einer Situation ihre persönliche Sichtweise widerspiegelt.
- Sie weiß, dass ihre Bewertungen trotz allen Bemühens um Sachlichkeit und Unvoreingenommenheit auch von ihrer aktuellen Befindlichkeit gefärbt sind.
- Zusätzlich ist zu berücksichtigen, dass auch eine noch so genaue und geduldige Beobachtung nur

Verhalten registrieren kann. Wie das Kind die Situation erlebt und welche Absichten es verfolgt, kann etwas ganz anderes sein als das, was die Beobachterin interpretiert.

Womit sind Maja und Robin beschäftigt? Sand ist ein weiches, fließendes Material; es könnte ihnen um die Freude am Gestalten gehen: Kraft ihrer Fantasie wird aus Nichts ein Berg, eine Straße, eine Kreuzung. Aber feuchter Sand hat auch ein Gewicht. Es könnte sein, dass Maja ihre Körperkräfte erproben will. Vielleicht genießt sie es auch, von einem größeren Jungen als Spielpartnerin anerkannt zu werden. Kooperieren die beiden Kinder, gehen Vorschläge und Ideen Hand in Hand oder gibt eines der beiden Kinder Anweisungen?

Die Reihe von Fragen oder Annahmen dieser Art kann man noch weiter fortsetzen. Auf den ersten Blick ist also **nicht genau erkennbar**, welche Interessen für die Kinder im Vordergrund stehen, was also die primären Motive für ihr Handeln sind. Marita ist sich dessen bewusst, sie greift bei der Einschätzung der Situation hilfsweise auf Erfahrungen zurück, die sie mit anderen Kindern gemacht hat.

Eine Beobachterin muss deshalb ihre Sichtweise absichern:
- Sie kann bei einer Einzelbeobachtung das Kind nach dem, was es dort tut, und nach seinen Absichten fragen.
- Sie kann darüber mit ihm in ein Gespräch treten und dabei zu einer ungleich größeren Tiefe der Beobachtung kommen. Zugleich erhält ein Kind, das bereitwillig über sein Tun oder seine Entdeckungen berichtet, im Gespräch mit einem Erwachsenen Resonanz und die Gewissheit, dass seine Sicht der Dinge wichtig und wertvoll ist.
- Eine Beobachtung kann auch dadurch abgesichert werden, dass Kolleginnen ergänzend beobachten und in einer gemeinsamen Reflexion die Sichtweisen vergleichen.
- Als weitere Möglichkeit, mit der Subjektivität von Wahrnehmung umzugehen, können Beobachtungsverfahren gelten, bei denen die schriftliche Reflexion über die Gefühle und Erinnerungen, die eine Situation auslöst, zu den routinemäßig zu absolvierenden Arbeitsschritten gehört.

Beobachten Sie in Ihrer Praxis ein Kind eine Weile bei seinem Tun. Kommen Sie dann mit dem Kind ins Gespräch und lassen Sie es über sein Tun und seine Absichten berichten. Vergleichen Sie das Gehörte mit Ihren ersten Annahmen. Was stellen Sie dabei fest? Machen Sie dieses Experiment mehrfach und erweitern so Ihr Erfahrungswissen.

Und auch insgesamt kommt es auf die Haltung der beobachtenden Fachkraft an, denn die Erwartung steuert den Blick und selektiert die wahrgenommenen Einzelheiten. Die Beobachterin entscheidet, ob es um die Registrierung von Defiziten, darum, was ein Kind (noch) nicht kann, oder um die Entdeckung von Stärken und bisher nicht sichtbaren Kompetenzen geht.

Bei offenen Beobachtungsverfahren gelten ein absichtsloses Interesse und ein neugierig positiver Blick auf die Tätigkeiten des Kindes als Voraussetzung für wirklich neue Ergebnisse.

3.2 Beobachtungen schriftlich festhalten

Beobachtungen sind flüchtig. Wer einen Tag unter Menschen verbringt, seien es kleinere oder größere Kinder, Jugendliche oder Erwachsene, hat viel erlebt und zu verarbeiten. Das führt dazu, dass es am Ende schwerfallen wird, sich an die Erlebnisse ganz genau und im Einzelnen zu erinnern.

Es bleiben Eindrücke, möglicherweise viele Bilder, Urteile und Einschätzungen, aber der genaue Zusammenhang ist verblasst. Deshalb ist es notwendig, Beobachtungen zu dokumentieren. Dabei hat sich die Schriftform bei aller Mühe, die sie bereitet, bewährt, weil sie im Vergleich mit technischen Aufnahmegeräten unaufwendiger zu organisieren und doch ertragreich ist.

1. Auch ein Unterrichtstag kann als Abfolge kleinster zwischenmenschlicher Ereignisse gesehen werden. Notieren Sie gegen Ende eines Schultags, was Sie heute erlebt haben, und vergleichen Sie Ihre Liste der Ereignisse mit der einer Mitschülerin. Gibt es Gemeinsamkeiten und Unterschiede? Wie beurteilen Sie diese?
2. Wählen Sie Beispielsituationen des Schulalltags aus. An welche Einzelheiten erinnert sich jede von Ihnen? Welche Unterschiede, welche Gemeinsamkeiten gibt es?

Die momentane Rolle der Beobachterin muss allen Beteiligten deutlich sein:
- Im Team ist für die Zeit der Beobachtung die Freistellung von anderen Aufgaben verabredet.
- Die Kinder wissen, dass sie heute von dieser Kollegin beobachtet werden und bei Bedarf andere Erzieherinnen ansprechen sollen.
- Die Beobachterin gibt sich die Erlaubnis, nicht einzugreifen, sondern Situationen ablaufen zu lassen (außer bei drohender Gefährdung eines Kindes).

Man unterscheidet folgende Formen schriftlicher Beobachtung:

Die Beobachtung mithilfe von Einschätzskalen und Beobachtungstabellen	Die frei formulierte Beobachtung
Diese lenken und konzentrieren den Blick und helfen, die Beobachtung zu strukturieren. Man spricht in diesem Fall von gezielter oder gerichteter Beobachtung. Dabei steuern die Kategorien der Tabelle die Erwartungen des Beobachters an das Verhalten des Beobachteten. Einige Skalen und Tabellen werden im Punkt 4 vorgestellt.	Auch frei formuliert kann man einerseits **gezielt** und gerichtet bestimmtes Verhalten von Kindern oder typische Situationen dokumentieren. Andererseits kann man auch mit einer **ungerichteten** und absichtslos-**neugierigen** Haltung beobachten: Dabei entwickelt sich der Beobachtungsfokus im Laufe der Beobachtungszeit bzw. während der Dokumentation.

Ein professioneller Beobachter hat sich folgenden Sachverhalt bewusst gemacht: Er kann Verhalten sehen – nämlich die Mimik, die Gestik, die Körperbewegungen und insgesamt eine Abfolge von Handlungen. Er kann hören – Lautäußerungen, d. h. Sprechen oder Singen, auch unspezifische Laute wie Ausrufe oder Seufzer. Er nimmt zusätzliche Informationen mit allen Sinnen auf, die seine Beobachtung vervollständigen und ihr Anmutungen und Gefühle beisteuern.

> Aber: Es sind zunächst einmal die Gefühle des Beobachters.

Was das beobachtete Kind erlebt, fühlt und denkt, kann vom Beobachter nur erahnt und interpretiert werden. Er ist dabei auf seine Empathiefähigkeit angewiesen. Diese ist zwar trainierbar, aber ein Stück Unsicherheit oder auch Projektion bleibt. Selbst die sichtbaren äußeren Anzeichen von innerer Bewegung, wie ein Lächeln, eine Stirnfalte, Tränen oder gerötete Wangen, sind mehrdeutig.

Zum theoretischen Hintergrundwissen eines Beobachters gehört die Erkenntnis, dass alle Gefühle, die menschliches Verhalten so entscheidend steuern, ebenso wie alle möglichen Absichten und Gedanken zum inneren Geschehen eines Menschen gehören.

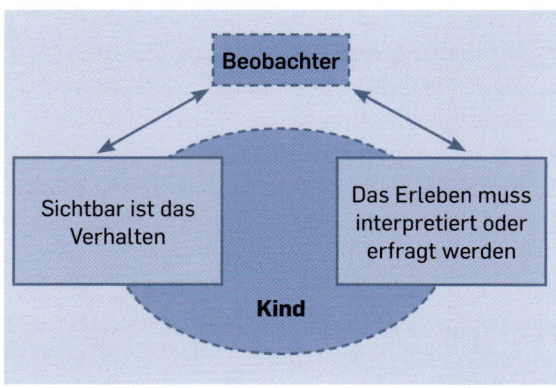

Eine steile Stirnfalte kann ein Zeichen für Konzentration oder für Ärger sein, also für eine ruhige Gemütshaltung oder für eine heftige Emotion.

Die Erzieherin Marita hat als aufmerksame Beobachterin genau registriert, wie sich nach Svens Sprung sein Verhalten und das von Robin weiter entwickelt haben. Sie hat auch kleinste Anzeichen registriert wie die Körperhaltung, mit der sie schließlich einander gegenüberstehen, bis hin zur Kopfhaltung.

Sie kann sogar erkennen, dass beide wirklich einen „dicken" Hals bekommen haben. Diese kleinen Mosaiksteinchen fügt sie zusammen und aufgrund ihrer Empathiefähigkeit vermutet sie, dass beide in diesem Moment sehr wütend sein müssen. Das mobilisiert auch bei ihr entsprechende Gefühle: möglicherweise Erschrecken, Mitgefühl, gespannte Erwartung, aber auch Unschlüssigkeit. Sie verspürt den Impuls, als verantwortliche Erziehungskraft handeln zu sollen. Sie weiß in diesem Moment noch nicht, welche Intervention passend sein könnte …

Und festgehalten werden muss an dieser Stelle: Dies alles spielt sich in Maritas Gedanken und Gefühlen ab. Bisher ist nicht bekannt, was Robin, Sven und die anderen Kinder über diese Situation denken und welche Gefühle sie haben.

> Die Leistung des Beobachtens und sachlichen Dokumentierens besteht nun darin, Sichtbares und Hörbares zu beschreiben und die eigenen Deutungen, Bewertungen und den Ausdruck von vermutetem Erleben davon zu unterscheiden.

Weil man diese sorgfältige Unterscheidung normalerweise im Alltag nicht trifft – wer könnte sich dann noch schnell orientieren und angemessen handeln? –, muss das sachliche Beschreiben trainiert werden. Auch die Konzentration auf das Wesentliche einer Situation, das Unterscheiden von mehr oder weniger wichtigen Einzelheiten sind erlernbar. Möglich ist z. B. diese Steigerung in der Komplexität der Beobachtungsvorhaben:

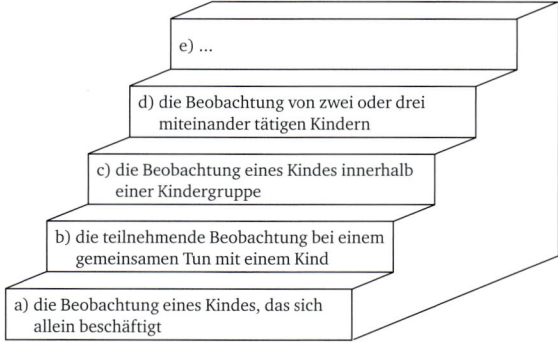

Die Komplexität langsam steigern

Wichtig ist es dabei, die eigene Wahrnehmungsfähigkeit nicht zu überfordern. Eine beliebige Steigerung der Größe der beobachteten Gruppe ist wenig sinnvoll, denn dann gerät die Tätigkeit der einzelnen Kinder und der Sinn ihres Tuns aus dem Blick.

Es gibt auch Verfahren zur Beobachtung einer gesamten Gruppe, beispielsweise unter gruppendynamischen Gesichtspunkten. Dabei kommt es eher auf den Überblick als auf das momentane Tun des Einzelnen an. Ein solches Verfahren wird in Punkt 5 beschrieben.

Um auch bei der Beobachtung eines Kindes mit der Fülle der Eindrücke umgehen zu können, kann eine **Struktur** hilfreich sein. Deshalb empfehlen sich einige Orientierungsfragen für eine freie Beobachtung wie beispielsweise die Folgenden:

a) Wo ist das Kind?
b) Mit welchen Dingen ist es beschäftigt?
c) Was genau tut es?
d) Was sagt es dabei zu sich selbst oder anderen?
e) Ist es für sich allein oder beschäftigt es sich neben anderen Kindern oder mit ihnen?
f) Nimmt es mit anderen Kindern oder Erwachsenen Kontakt auf, und auf welche Weise?
g) Nehmen andere Kinder Kontakt zu ihm auf und wie reagiert es darauf?

Sehr informative Dokumentationen können auch bei der Beobachtung von **Schlüsselsituationen** im Tagesverlauf einer Einrichtung entstehen. Es können unter verschiedenen Fragestellungen einzelne Kinder oder Kindergruppen beobachtet werden:

a) bei der Ankunft und/oder beim Abholen (z. B.: Wie verabschiedet es sich? Wie begrüßt es andere Menschen?)
b) bei einer Mahlzeit (z. B.: Wie selbstständig isst es? Wie genussvoll? Wie geht es mit der sozialen Situation beim Essen um?)
c) bei selbst bestimmten Tätigkeiten in unterschiedlicher Umgebung
   – drinnen/draußen
   – in verschiedenen Räumen/Bereichen
d) allein bzw. in einer Gruppe
e) im Kontakt mit Erwachsenen
f) beim Anziehen/Ausziehen/bei der Körperpflege (z. B.: Wie selbstständig ist es dabei?)

Auch hier können weitere Orientierungsfragen sinnvoll sein. Dabei kommt es darauf an, was und zu welchem Zweck beobachtet werden soll.

Schlüsselsituation Mahlzeit

AUFGABE Wählen Sie Situationen in der Praxis aus und entwickeln Sie Leitfragen für eine Beobachtung. Führen Sie schriftliche Beobachtungen durch. Besprechen Sie Ihren Bericht mit Ihrer Anleitung. Überprüfen Sie dabei auch, ob Ihre Leitfragen geeignet waren oder ob sich andere oder weitere Fragen ergeben.

3.3 Das Beobachtungsinteresse

Für Beobachtung im sozialpädagogischen Berufsbereich gibt es unterschiedliche Motive. Sie ergänzen sich und sind Ausdruck des Bemühens darum, die **Qualität der Arbeit** weiterzuentwickeln und zu sichern, die eigenen fachlichen Kompetenzen zu verbessern und die pädagogische Diskussion im Team zu pflegen.

Zur persönlich wertschätzenden Aufmerksamkeit gehört es, die Kinder besser kennenlernen zu wollen. Wer Kindern zusieht, kann feststellen, mit wie viel Ernst, Konzentration und Freude sie Tätigkeiten nachgehen, deren Sinn sich für Erwachsene nicht sofort erschließt. Gerade dann kann es interessant und hilfreich sein, die **Motive für ihr Handeln** finden zu wollen. Diese geben Auskunft darüber, womit das Kind im Moment beschäftigt ist, man kann auch sagen: welchen Teil seiner Umwelt es sich gerade erobert.

Obwohl sich alle fünf Kinder in der Eingangssituation am gleichen Ort aufhalten und zumindest vier davon anfänglich harmonisch kooperieren, wird bei genauerem Hinsehen deutlich, dass sie individuell unterschiedliche Motive für ihr Handeln haben und durchaus nicht alle das Gleiche tun.

Bei regelmäßiger Beobachtung werden Themen, Herausforderungen und Aufgaben, die sich Kinder in diesem Moment ihrer Entwicklung stellen, erkennbar. Die Erziehungskräfte können so Entwicklungsverläufe in den Blick bekommen und die unterschiedlichen Persönlichkeiten der einzelnen Kinder differenzierter wahrnehmen. Sie können mithilfe normierter Beobachtungsverfahren vermutete Entwicklungsrisiken besser einschätzen (s. auch **Kapitel 6** „Sprach- und Zeichenkompetenz fördern").

Bei sorgfältiger Beobachtung werden auch die **Beziehungen der Kinder** untereinander besser erkennbar. Immer wieder tritt beispielsweise dann erst zutage, dass Kinder, die zunächst als still, schüchtern und eher am Rande der Gruppe stehend wahrgenommen wurden, sich als wichtige, geschätzte, weil aufmerksame und sozial kompetente Spielpartner erweisen. Erzieherinnen, die auch solche Prozesse erkennen, können sich darauf einstellen und damit wirksam das eigene pädagogische Handeln verbessern. Sie haben mehr Anhaltspunkte, um Situationen positiv gestalten zu können.

Im **Austausch mit Sorgeberechtigten** kann es dann zu befriedigenden Gesprächen auf einer respektvollen Ebene kommen. Eine Erzieherin, die die Eltern gut dokumentiert über die im Alltag der Kindertagesstätte beobachtbaren Entwicklungsschritte und Kompetenzen ihres Kindes informieren kann, erwirbt sich eine solide Vertrauensbasis als pädagogische Fachkraft. Eine darauf gründende gute Kooperation erleichtert dem Kind den Übergang in eine neue Welt jenseits seines Elternhauses.

Schließlich liegt es auch im Interesse einer sozialpädagogischen Fachkraft, mit anderen Institutionen kompetent in Kontakt treten zu können. In einem gut ausgebauten sozialen Netz auf lokaler Ebene sollen Kindertagesstätten wichtige **Anlaufstellen und Zentren für Nachbarschaft** und Familien sein. Sie sollen die gesetzlichen Aufgaben der Bildung, Erziehung und Betreuung von Kindern erfüllen und mit den sozialen Fachbehörden, den Gesundheitsdiensten und der Grundschule zusammenarbeiten. (Näheres findet sich in **Kapitel 7**, Punkt 7 „Partizipation".) Das können Erzieherinnen nur dann auf gleicher Augenhöhe realisieren, wenn sie sich ihrer Fachlichkeit sicher sind und begründete Einschätzungen abgeben können.

AUFGABE

1. Befragen Sie Ihre Praxisanleitung nach den hauptsächlich verfolgten Beobachtungsinteressen in Ihrer Einrichtung.
2. Vergleichen und diskutieren Sie im Unterricht Ihre Ergebnisse.

3.4 Der Kontext – der Einfluss des Umfelds der Beobachtung

Jede Beobachtung findet in einem konkreten Zusammenhang statt, der sich auf das Ereignis und das Beobachtungsergebnis in besonderer Weise auswirkt. Stets ist eine Vielzahl von Faktoren wirksam, die das, was die Personen in der Situation tun und auf welche Weise sie miteinander in Kontakt treten, beeinflussen. Auch die Art, in der jede und jeder Einzelne die Situation wahrnimmt und bewertet, hängt von den in der Szene oder Handlungssequenz wirksamen Faktoren ab. Solche Faktoren können längerfristig wirksam sein oder auch nur speziell und jetzt auftreten. Dabei spielt es keine Rolle, ob sich die Handelnden dessen bewusst sind oder nicht.

Im Folgenden sollen einige Einflussfaktoren benannt werden, über deren Existenz sich Beobachter in einem sozialpädagogischen Arbeitsfeld bewusst sein sollten. Nur dann kann man für sich selbst beurteilen oder im Austausch mit Kollegen herausfinden, wodurch und in welcher Weise die Beobachtung des Verhaltens und die Einschätzung der Situation gefärbt ist.

• In einer beobachteten Situation sind zunächst einmal **die aktuell Handelnden** und der oder die Beobachter/-in sichtbar. Dabei kommt es darauf an, ob ein Kind beobachtet wird, das sich allein beschäftigt, oder ob es mit anderen Kindern in Kontakt steht. Jede Veränderung in der Zusammensetzung der Gruppe schafft eine andere Situation. Ein Kind kann sich sehr unterschiedlich verhalten, je nachdem, mit welchen anderen Kindern es zusammen ist und ob es sich mehr oder weniger mit ihnen befreundet fühlt. Auch für kleine Kinder sind sprachliche Ausdrucksfähigkeit und Geschlecht

Was wirkt auf eine Szene?

wichtige Einflussgrößen, sowohl für das individuelle Verhalten als auch dafür, wie es von anderen wahrgenommen wird.

In der Eingangssituation beispielsweise war Marita zunächst mit den beiden Kindern Robin und Maja allein in der Sandspielzone. Marita wird vielleicht aufgefallen sein, wie die beiden nebeneinander gebuddelt haben und sich langsam ein Zusammenspiel entwickelt hat. Sie konnte dann möglicherweise sehen, wie sich mit der Ankunft der weiteren Kinder Robins Rolle verändert und er sich zum Ideengeber entwickelt hat. Entscheidend ist auch, dass sich die Szene draußen im Freien bei sommerlicher Wärme abgespielt hat, bei Regenwetter hätte es andere Spielverläufe gegeben.

• Generell übt der **Ort** einen entscheidenden Einfluss auf das Verhalten der Handelnden aus. Draußen im Freien gibt es mehr Platz und die Bewegungen können raumgreifender sein. Wenn der Platz beengt ist, müssen alle vorsichtiger agieren. In einem Haus bieten unterschiedliche Räume je nach Einrichtung und Mobiliar verschiedene Möglichkeiten und legen verschiedenes Verhalten nahe.

• Auch die **Art der Aktivität** beeinflusst das Verhalten. Beim Buddeln im Sand sind andere Verhaltensweisen angemessen als bei einem schnellen Bewegungsspiel und erst recht andere beim Rollenspiel oder im Atelier. Außerdem kennen alle Kinder Aktivitäten, bei denen sie sich sicherer fühlen als bei anderen. Dementsprechend wird das gleiche Kind im Rahmen seiner Möglichkeiten und Interessen mal etwas selbst herausfinden wollen, mal eher mitmachen und mal dominant auftreten und anderen etwas zeigen.

• Ebenso werden Situationen zu unterschiedlichen **Zeiten** unterschiedlich ablaufen: je nachdem, ob sie sich am Anfang eines Tages, im Verlaufe oder gegen Ende abspielen. Was vorher war und was danach noch zu erwarten ist, übt einen Einfluss aus. Tageslicht wirkt anders auf die Sinne und die Psyche als Kunstlicht. Zu verschiedenen Jahreszeiten stehen unterschiedliche Aktivitäten im Vordergrund. Schließlich ist auch die Woche strukturiert: Es gibt eine Ablaufdynamik von Montag bis Freitag und dann eine Zäsur durch das Wochenende. Deshalb kann es von Belang sein, an welchem Wochentag die Beobachtung gemacht wird.

- Das **Wahrnehmungsvermögen** der beobachtenden Person unterliegt einer **Tagesform** und wird unmittelbar davon beeinflusst, was sie davor erlebt hat und vom Weitergang der Situation und des Tages generell erwartet. Hinzu kommen der eigene Anspruch, die Kenntnisse und die Beobachtungsroutine, die persönliche Geschichte und die eigenen Werte und Überzeugungen, das Geschlecht, das Alter und die Nationalität.
- Eine beobachtende Fachkraft weiß um die **Ansprüche**, die andere an die Ergebnisse ihrer Arbeit stellen. Das können die Kolleginnen und/oder die Leitung des Hauses sein. Es ist ein Unterschied, ob sich jede Erziehungskraft ihren Beobachtungsauftrag und die konkrete Ausgestaltung selbst gibt oder ob sie innerhalb eines Konzepts handelt.
- Es ist auch von Belang, wie **die Einrichtung** selbst organisiert ist: ob sie eigenständig arbeitet oder als Teil eines größeren Trägers, ob sie mit anderen Einrichtungen eine Kooperation eingegangen ist und mit anderen Institutionen im Kontakt steht. Und schließlich ist es von Belang, wo die Kindertagesstätte liegt und wie **die Umgebung** jenseits des Zauns um ihr Außengelände strukturiert ist: Handelt es sich um einen städtischen Ballungsraum? Liegt die Kindertagesstätte mitten darin oder eher am Rand? Oder liegt sie im ländlichen Gebiet? Davon hängt beispielsweise ab, unter welchen Umständen die Kinder sich auch außerhalb der Kindertagesstätte im Freien bewegen können und ob sie dort orientierungssicher sind.

AUFGABE Notieren Sie, welche Einflüsse auf Sie wirken, wenn Sie in Ihrer Praxiseinrichtung tätig sind. Stellen Sie Vermutungen darüber an, in welcher Weise Ihre Sichtweise dadurch beeinflusst werden könnte.

3.5 Fehlerquellen und mögliche Gegenstrategien

Wie aus den vorangegangenen Abschnitten deutlich wird, ist es zunächst einmal wichtig, sich zu vergegenwärtigen, dass eine Beobachtung immer unter dem Einfluss einer Reihe von

- äußeren Voraussetzungen und
- inneren Einstellungen

zustande kommt. Eine Bewertung, eine Aussage ist nur unter Berücksichtigung dieser Umstände gültig und kann nicht davon unabhängig absolut gesetzt werden.

Wenn also Marita an diesem sonnigen Morgen wahrnimmt, dass Robin beim Buddeln im Sand die Aktivitäten der anderen Kinder lenkt, so ist das eine mögliche von mehreren gültigen Aussagen oder Bewertungen. Er ist jetzt und mit diesen Mitspielern und vielleicht nur aus Maritas Sicht „der Bestimmer". Als dann Sven die Szene betritt, wird ihre Wahrnehmung zusätzlich von ihrem Unbehagen bestimmt. Sie hält es vielleicht für realistisch, dass die Konfrontation zwischen den beiden Jungen eskalieren kann und sie schlichtend eingreifen sollte. Andererseits ist sie unsicher, ob und wie dies gelingen kann und ob es richtig ist, den Kindern die Konfliktlösung abzunehmen. Hinzu kann kommen, dass die Beobachterin Marita möglicherweise eine Idealvorstellung von friedlichem Zusammenspiel und gelungener Kooperation im Kopf hat. Diese Vorstellung könnte nun als Maßstab zum Einsatz kommen: Allein daran gemessen, muss sie Sven für ein störend aggressives Kind halten.

Damit kann sich eine Vorstellung oder eine Idee als Fehlerquelle erweisen, als Ursache für die Einschätzung eines Verhaltens, das andere ganz anders sehen. Denn es ist offen, wie die Bewertungen der Situation durch die Kinder ausfallen; die könnten durchaus von Maritas Sicht abweichen.

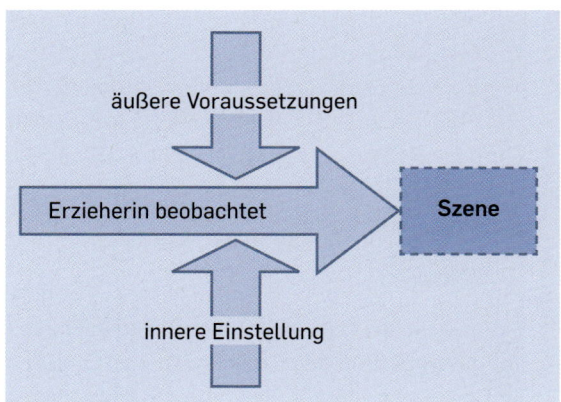

Einfluss auf eine Szene

Immer geht also **das Menschenbild** der beobachtenden Person in die Beobachtung ein. Zum Problem wird dieses Phänomen auf längere Sicht, wenn nicht zwischen dem Bemühen um eine sachliche Darstellung und der Bewertung eines Verhaltens oder einer Szene unterschieden wird.

Vor diesem Hintergrund sind ein Austausch über Beobachtungsinhalte und die Schlussfolgerungen ein unverzichtbarer Arbeitsschritt und eine wichtige **Strategie zur Minimierung von Beobachtungsfehlern**. Das gilt ebenso für die im Folgenden skizzierten Wahrnehmungsfehler, denn: Wenn sie auftreten, so geschieht das in der Regel nicht bewusst.

Eine mögliche Fehlerquelle bei der Beobachtung liegt in der **Unzulänglichkeit des menschlichen Sinnesapparats**. Nicht alle Einzelheiten werden aufgenommen und es ist häufig nicht einfach zu beurteilen, wie stark Beobachtungslücken auf die Bewertung Einfluss nehmen.

Marita kann möglicherweise nicht sagen, wann und auf welche Art die kleine Anne sie zuerst angesprochen hat. Sie hat sie einfach nicht gehört: Sie war mit den Ohren „woanders".

Die Beobachtungsfalle der **selektiven Wahrnehmung** kann je nach der Persönlichkeit eines Beobachters von unterschiedlicher Art und verschieden stark ausgeprägt sein.

Varianten selektiver Wahrnehmung:

· Projektion

Die beobachtende Person ist so stark mit den eigenen Ideen beschäftigt, die eine Situation bei ihr auslöst, dass sie diese (alten) Ideen auf die aktuelle Szene überträgt – eben projiziert, die Ereignisse mit der alten Bedeutung verknüpft und so nur noch „den eigenen Film" sehen kann.

Projektion an sich ist eine überragende menschliche Fähigkeit. Wer eigene Gedanken und Gefühle bei der Wahrnehmung anderer Menschen mobilisieren und sie passend übertragen kann, ist zur Empathie fähig: Er kann das Erleben seines Gegenübers „erraten" und angemessen handeln. Die Projektion eigener Ideen auf die vermutete Gefühlslage anderer muss im weiteren Verlauf dann einen Realitätstest bestehen. Bis dahin sind es Ideen, Annahmen oder Vermutungen.

· Die Kraft des ersten Eindrucks – der Primacy-Effekt

Der erste Eindruck von einer Person oder einer Szene bestimmt die gesamte Bewertung des Geschehens und der Rolle der Handelnden so stark, dass die weitere Entwicklung des Verhaltens nicht mehr wahrgenommen werden kann.

· Ermüdung

Je länger eine Beobachtung dauert, desto mehr Anstrengung verlangt sie einer Beobachterin ab. Sie ermüdet und beobachtet nicht mehr so genau und differenziert wie am Anfang. Deshalb empfiehlt es sich, die Beobachtungsdauer von vornherein zu begrenzen.

· Milde-Effekt

Hier spielt die Beziehung eine Rolle. Die Handlungsweise einer Person, mit der die Beobachterin gute Erfahrungen gemacht hat und/oder die sie mag, wird positiver gesehen und eben milder beurteilt.

· Strenge-Effekt

Umgekehrt ist es bei einer belasteten Beziehung. Hier tendiert die Beobachterin zu einer eher engeren oder strengeren Bewertung.

· Typisierung

Aus einem momentan wahrgenommenen Verhalten wird ein Charakterzug (der „Bestimmer", der „Streithammel", die „Mitläufer"). Es kann dann zu einer sich selbst erfüllenden Prophezeiung kommen: Man sieht nur Verhalten oder Eigenschaften, die man vorher erwartet hat.

> **· Halo-Effekt**
>
> (engl. Halo: Heiligenschein) Im Bemühen um eine schnelle Urteilsbildung neigen Menschen dazu zu vereinfachen. Eine einmal beobachtete Eigenheit wird auf weitere Gebiete übertragen. Ein Kind, das in einer Situation unauffällig mitspielt, gilt beispielsweise dann als generell schüchtern.
>
> **· Implizite Persönlichkeitstheorien**
>
> Wenn ein Beobachter davon überzeugt ist, dass ein Verhalten (oder eine Eigenschaft) immer mit einem anderen Verhalten verknüpft ist, wird es als vorhanden angenommen, obwohl es nicht beobachtet wurde. So können laute, lebhafte Kinder als aggressiv beurteilt werden, ohne dass ein aggressives Verhalten beobachtet wurde.

Wer sich nur selbst und die eigenen Wertvorstellungen als einzigen Wertemaßstab zulassen kann, erliegt notwendigerweise einer selektiven Wahrnehmung. Häufig geht dieses Phänomen mit Unsicherheit einher, die „eng" macht und es der Person nicht erlaubt, auch nur spielerisch eine andere Position einzunehmen.

Die Anlassbeobachtung als Beobachtungsfalle

Wenn Beobachtung von kindlichen Aktivitäten nicht regelhaft zum beruflichen Alltag gehört, wachsen die Gefahr von Beobachtungsfehlern und die Anzahl von Fehlerquellen stark an.

Wenn unregelmäßig und beispielsweise nur in zeitlicher Nähe zu fälligen Elterngesprächen beobachtet wird, fehlt es den Beobachtern an Routine. Daraus erwachsen Stress und das Bedürfnis nach schnellen Einschätzungen.

Wenn dann Beobachtungsphasen als besondere Zusatzaufgabe erscheinen, entsteht subjektiv empfundener Zeitmangel. Häufig beschränkt sich die Beobachtung auf spezielle Situationen, in denen die Beobachtung als besonders einfach oder gut machbar erscheint. So kann es dazu kommen, dass das gesamte Tätigkeitsspektrum und die Verhaltensvariabilität eines Kindes nicht gesehen werden. Die Häufigkeit eines gesehenen Verhaltens wird überschätzt (Kind tobt immer nur oder malt immer nur).

Werden nur einzelne „Problemkinder" beobachtet, verstärken sich zwei ungünstige Effekte: Zum einen sucht der defizitorientierte Blick nach Belegen für Entwicklungsrückstände oder Verhaltensauffälligkeiten – die Stärken des Kindes werden eher nicht gesehen. Zum anderen fehlt das Korrektiv, das durch die Beobachtung von Kindern entstehen kann, die als unproblematisch gelten. Zeigen sie nicht das gleiche Verhalten oder Varianten davon?

Mangelnde konzeptionelle Absprache im Team

Brauchbare und tragfähige Beobachtungsergebnisse können nur entstehen, wenn ein Team sich über das Vorgehen einig weiß. Denn Unsicherheit über das Beobachtungskonzept in einer Einrichtung führt zu einer Sammlung schwer vergleichbarer und einschätzbarer Daten. Wenn eine systematische Auswertung unterbleibt, hat das Auswirkungen auf die Qualität der Beobachtungen: Sie werden nicht reflektiert, geraten zur Beliebigkeit und werden in keinen Zusammenhang gebracht.

AUFGABE Trainieren Sie gemeinsam das Beobachten. Nehmen Sie kleinere Handlungssequenzen mit der Videokamera auf und analysieren sie ganz genau. Tragen Sie Ihre Sichtweisen zusammen und nutzen Sie die technischen Möglichkeiten (wiederholt ansehen, kleinere Ausschnitte prüfen, ein Stillbild erzeugen und analysieren, Ton wegschalten und dann Szene wirken lassen).

Wenn Unsicherheit über die Verwendung der Daten besteht und der Prozess der Auswertung nicht transparent ist, kann kaum sinnvoll erhoben werden. Die Beobachter können sich schwer auf das Geschehen konzentrieren, wenn im Hinterkopf stets die Frage nach der Verwendung eines Protokolls mitläuft. In so einer Situation kann kaum an der Ausbildung von Beobachtungsroutinen und einer vom gesamten Team getragenen Qualitätsverbesserung gearbeitet werden. Beobachtungsfehler, ungenaue Beschreibungen, vorschnelle Urteile und Schlussfolgerungen bleiben unentdeckt, wenn im Team der regelmäßige Austausch nicht möglich ist.

Beobachtungsfehler minimieren

Beobachtungen sind immer subjektiv! Es gibt aber Möglichkeiten, die Gefahr grober Verzerrungen in der Wahrnehmung abzumildern:

Mögliche Fehlerquellen	Strategien zur Vermeidung (→ mind. ein Gesprächspartner benötigt, besser noch im Team)
Das eigene Menschenbild schiebt sich vor die Beobachtung.	Den Austausch pflegen: Welches Bild vom Kind und seinem Sein in der Welt haben wir? Können wir uns auf eine Sichtweise einigen oder leben wir auch ganz gut mit unterschiedlichen Vorstellungen? Herausfinden, ob und wie sie sich auf die Beschreibung einer Szene auswirken.
Beobachtungslücken – keiner kann alles sehen	Bewusst mit mehreren Personen eine Szene beobachten. Eine Szene auf Video aufnehmen, gemeinsam analysieren und dabei vergleichen, was wir individuell wahrnehmen. Mehrfach ansehen.
Selektive Wahrnehmung	Sich das Wissen um die unterschiedlichen Formen aneignen und gemeinsam die Beobachtungsdokumente daraufhin überprüfen.
Fehlende Routine	Sich Übungsphasen zugestehen und nicht sofort Gültiges abliefern wollen.
Es werden nur Problemkinder gesehen.	Sich bewusst vornehmen, bei als problematisch wahrgenommenen Kindern besondere Stärken herauszufinden. (Sicher ist, dass sie vorhanden sind!) Alle Kinder unter ähnlichen Bedingungen beobachten.
Unsicherheit über die Konzeption od. die Verwendung der Ergebnisse	Klare Absprachen im Team treffen und regelmäßig überprüfen, ob sie eingehalten werden und sich als passend erwiesen haben.

Fehlende regelmäßige Beobachtung und mangelnde Absprache können auch dazu führen, dass Erzieherinnen Vorstellungen über die Kompetenzen der Kinder in ihrer Gruppe haben, die überholt sind. Gerade sehr junge Kinder machen in kurzer Zeit viele Entwicklungsschritte (s. Kapitel 3), und es ist für eine qualitativ gute Arbeit wichtig, dass sie bemerkt und berücksichtigt werden.

Wenn die Beobachtung nicht zum regelmäßigen Alltagsgeschäft gehört, gibt es eine geringere Variationsbreite der beobachteten Szenen. Selten ist dann eine Situation unter Beteiligung mehrerer Kinder im Blick, noch seltener eine Aktion zwischen Kind und Erzieherin.

4 Instrumente zur Beobachtung, Dokumentation und Analyse

Beobachtungen und die Auswertung der Ergebnisse kosten Zeit und Mühe und verlangen auch theoretische Kenntnisse. Deshalb ist es wichtig, vorher zu entscheiden, mit welcher Absicht beobachtet wird. Günstig ist es, wenn verabredet wird, wer wann mit welchem Mittel was beobachtet. Vor der Entscheidung für die Beobachtungsinstrumente muss also geklärt werden, was sie leisten können und was genau beobachtet werden soll.

In einer Kindertagesstätte können sich folgende Fragen stellen:
• Sollen aus kindzentrierter Perspektive Handlungsabfolgen dokumentiert werden, um herauszufinden, was das einzelne Kind im Moment interessiert, was seine Themen sind? (s. Kapitel 3)
• Sollen die Lerndispositionen eines Kindes erkannt

und die günstigsten Bedingungen für seine weitere Entwicklung ermittelt werden?
- Soll im Vergleich der Kompetenzen aller Kinder die Qualität der Einrichtung erhoben werden? (s. **Kapitel 8**)
- Geht es darum, mögliche Entwicklungsgefährdungen zu erkennen, um angemessen fördern und ausgleichen zu können? (s. **Kapitel 6**)
- Sollen die Beziehungen der Kinder untereinander und die Dynamik in einer Gruppe beleuchtet werden? (s. **Kapitel 5**)

Marita konnte unter anderem die Entwicklung eines interessanten Zusammenspiels und eines sozialen Gefüges innerhalb einer Kindergruppe sehen, weil sie mit ergebnisoffener, ungerichteter Aufmerksamkeit beobachtet hatte. Daraus ergeben sich für sie und ihren Kollegen einige Fragen, deren Wichtigkeit für die weitere Arbeit sie noch genauer analysieren wollen. Klar ist aber schon jetzt, dass sie wissen wollen, wie sich die Beziehung zwischen den ungefähr gleichaltrigen Jungen Robin und Sven weiter entwickelt. Man könnte auch ganz andere Fragen an diese Szene stellen, beispielsweise die, ob der Sandbereich der Nachfrage entsprechend weitläufig genug ist.

Um auch anderen Erkenntnisbedarf zu berücksichtigen und vor allem nicht einzelne Kinder aus dem Blick zu verlieren, erarbeiten sich die sozialpädagogischen Fachkräfte einer Einrichtung ein **Beobachtungskonzept**. Es handelt sich dabei um die Kombination oder um ein System von unterschiedlichen Instrumenten.

Diese werden in regelmäßigen Abständen eingesetzt und wiederholt. Denn immer gilt:

> Jede Beobachtung ist eine Momentaufnahme in einem ständigen Prozess der Veränderung und die gewonnenen Erkenntnisse haben eine zeitlich begrenzte Gültigkeit. Je jünger die beobachteten Kinder sind, desto schneller verläuft ihre Entwicklung und Beobachtungsergebnisse veralten.

Wenn eine Einrichtung ein Beobachtungskonzept entwickelt und umsetzt, wird über jedes Kind eine Fülle von persönlichen Daten gesammelt. Darüber müssen die Eltern bzw. die Sorgeberechtigten allgemein informiert werden. Zudem müssen Wege verabredet werden, in welcher Form die Eltern und Fachdienste Zugang zu den Daten des Kindes erhalten. Und natürlich muss jede Einrichtung die gesetzlichen Normen

des Datenschutzes beachten. Wenn die Fragestellungen und die Verwendungsabsichten klar sind, ergeben sich Kriterien für die Auswahl von Beobachtungsinstrumenten und Methoden.

Was passiert mit den gesammelten Daten?

In den folgenden Abschnitten werden einige unterschiedliche Beobachtungsverfahren vorgestellt, die anerkannt sind und zurzeit breite Verwendung finden. Es gibt im deutschen Sprachraum eine Fülle von Beobachtungsinstrumenten mit unterschiedlicher Zweckbestimmung und verschiedenen Theorien im Hintergrund. Die Auswahl mag willkürlich erscheinen, sie soll beispielhaft aussagekräftige Verfahren zeigen.

4.1 Spontane Beobachtungen

Eine spontane Beobachtung findet beispielsweise statt, wenn einer Erziehungskraft eine Situation als besonders erscheint, wenn ein Kind ein in ihren Augen auffälliges oder interessantes Verhalten zeigt, wenn sich innerhalb einer Kindergruppe eine besondere Beziehungsdynamik entwickelt. Wenn etwas so Bemerkenswertes geschieht, wäre es wenig sinnvoll, die Situation nicht zu dokumentieren, weil Beobachtung für diesen Moment nicht verabredet ist. Viele bemerkenswerte Handlungen oder neu erworbene Kompetenzen von Kindern werden möglicherweise nicht aufgenommen, weil es gerade niemand bemerkt. Deshalb ist eine grundsätzlich aufnahmebereite Haltung eine pädagogische Kompetenz.

So etwas Bemerkenswertes hat die Erzieherin Marita erlebt. Zusätzlich zur Faszination bei der Beobachtung selbst kam für sie die Überraschung über den Ausgang des Konflikts zwischen den beiden Jungen. Es ist offenbar etwas Bedeutsames geschehen, das festgehalten werden sollte.

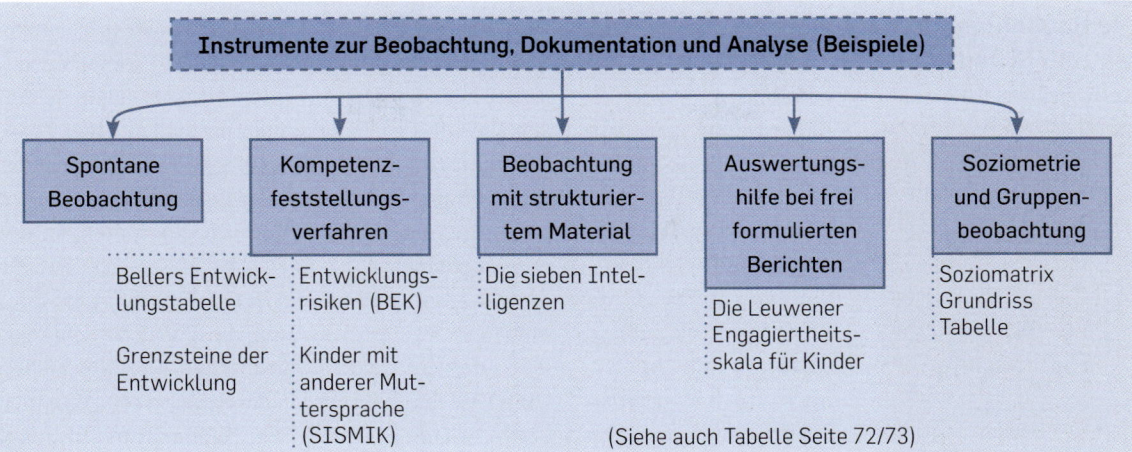

Instrumente zur Beobachtung, Dokumentation und Analyse (Beispiele)

Spontane Beobachtung	Kompetenz-feststellungs-verfahren	Beobachtung mit strukturier-tem Material	Auswertungs-hilfe bei frei formulierten Berichten	Soziometrie und Gruppen-beobachtung
Bellers Entwicklungstabelle	Entwicklungsrisiken (BEK)	Die sieben Intelligenzen	Die Leuwener Engagiertheitsskala für Kinder	Soziomatrix Grundriss Tabelle
Grenzsteine der Entwicklung	Kinder mit anderer Muttersprache (SISMIK)			

(Siehe auch Tabelle Seite 72/73)

Allerdings sind spontane Beobachtungen allein kein ausreichendes Konzept. Dann besteht die Gefahr der Konzentration auf Kinder, die besonders auffallen: entweder durch ihr Verhalten, durch ihre Dominanz oder Lautstärke oder weil die Erziehungskraft einen besondern „Draht" zu diesem Kind hat. Die zunächst unauffälligen Kinder drohen dabei aus dem Blick zu geraten.

Deshalb haben spontane Beobachtungen ihre Bedeutung für eine Fülle interessanter und aussagekräftiger Dokumente, müssen aber um andere Verfahren ergänzt werden.

4.2 Kompetenzfeststellungs-verfahren

Die Beobachtungsverfahren, mit denen festgestellt werden soll, welchen Entwicklungstand ein Kind erreicht hat, bestehen meistens aus Listen oder Tabellen, in denen Beobachtetes eingetragen oder angekreuzt werden soll. Hinter diesen Tabellen stehen Konzepte, also Vorstellungen über die Entwicklung von Kindern. Wenn es sich um seriöse Instrumente handelt, dann enthalten sie in einem Beiheft Erläuterungen zu ihrer Entstehung, zu ihrer statistischen Absicherung und dazu, wie sie verwendet werden sollen. Daneben sind in vielen Einrichtungen selbst entwickelte Ankreuzbögen im Umlauf. Gegenüber ihrer Verwendung ist Vorsicht geboten.

Alle diese Verfahren gehen von einer Norm aus, an der gemessen und bewertet wird. Danach sollen Kinder in den unterschiedlichen Altersphasen eine Abfolge von Entwicklungsstufen erreichen und dazu passende Fähigkeiten und Fertigkeiten zeigen können.

Dabei muss man wissen, dass diese Bewertungen kulturell geprägt sind, sie gelten also nur innerhalb eines Zeitraums und einer Region.
Sie müssen außerdem regelmäßig auf ihre Gültigkeit überprüft und gegebenenfalls verändert werden.

Für die meisten hier verwendeten Kompetenzfeststellungsverfahren und Entwicklungstests wird angenommen, dass sie mindestens für Deutschland, andere auch für den deutschen Sprachraum verwendbar sind.

Für die sozialpädagogischen Fachkräfte, die Kompetenzfeststellungsverfahren anwenden, ist es wichtig zu wissen, dass die Normen kein absoluter Maßstab sind – immer muss auch die individuelle Persönlichkeit eines Kindes gesehen werden.

Es ist allerdings als Warnsignal zu verstehen, wenn ein Kind die für seine Altersgruppe beschriebenen Kompetenzen über einen längeren Zeitraum nicht zeigt: Dann soll davon ausgegangen werden, dass dies ein Anzeichen für eine Entwicklungsgefährdung sein kann. Wenn dieser Befund gesichert ist, sollte eine Einrichtung unbedingt mit den Eltern des Kindes ins Gespräch kommen und weitere Fachleute hinzuziehen.

Kompetenzfeststellungsverfahren sind nicht für spezielle Diagnosen geeignet – sie sollen die sozialpädagogischen Fachkräfte dabei unterstützen, begründete Aussagen über den Entwicklungsstand eines Kindes zu machen.

Die Bobachtung frühkindlicher Entwicklung bis zum Grundschulalter
Kuno Bellers Entwicklungstabelle

Ein breit angelegtes Verfahren ist „Kuno Bellers Entwicklungstabelle". Mit diesem Instrument kann der Entwicklungsstand von Kindern von der Geburt bis zum 6. Lebensjahr in 8 Entwicklungsbereichen erhoben werden. Die Bereiche sind: Körperpflege, Umgebungsbewusstsein, sozial-emotionale Entwicklung, Spieltätigkeit, Sprache, Kognition, Grobmotorik und Feinmotorik. Ausgegangen wird von 14 aufeinanderfolgenden Phasen der Entwicklung, die ersten 4 Phasen sind dem ersten Lebensjahr zugeordnet, danach entspricht jede Phase dem Ablauf von etwa 6 Monaten. Zu jeder Phase in jedem Bereich werden 6 oder auch mehr Feststellungen (Items) benannt. Die beobachtende Fachkraft soll sich mit den über 400 Items vertraut machen und dann das Kind über einen längeren Zeitraum aktiv beobachten, z. T. auch auffordern, ein Verhalten wie zum Beispiel „Stehen auf einem Fuß" zu zeigen. Anschließend soll die Beobachterin mithilfe der Tabelle zu jedem Entwicklungsbereich befragt werden. Dabei beginnt man mit der Phase, die genau unter dem biografischen Alter des Kindes liegt. Zu jedem Entwicklungsbereich soll herausgefunden werden, in welcher Phase das Kind vollständig kompetent ist, also die genannten Tätigkeiten (Kompetenzen) sicher beherrscht. So werden die Entwicklungsphasen nach und nach bearbeitet, bis man zu einer Phase mit ihren Tätigkeiten (Kompetenzen) gelangt, die das Kind erst zum Teil oder noch nicht sicher zeigt. Es wird angenommen, dass ein Kind die Kompetenzen der dann folgenden Phase noch gar nicht erreicht hat. Da die Phasen durchnummeriert sind und aufeinander aufbauen, legen sie die Annahme eines Entwicklungsalters nahe, das vom biografischen Alter abweichen kann. Das Ergebnis wird in der Regel so sein, dass sich ein Kind zum Zeitpunkt der Beobachtung in den 8 Entwicklungsbereichen in unterschiedlichen Phasen befindet. Dann wird ein Entwicklungskorridor sichtbar, der Bereiche bevorzugter und nicht bevorzugter Tätigkeiten zeigt. Die Autoren betonen, dass ein Kind normalerweise in den verschiedenen Entwicklungsbereichen gleichzeitig unterschiedliche Phasen erreicht und sich daran seine Individualität zeigt.

Beller Entwicklungstabelle (die es auch in Form einer übersichtlich gestalteten Plakatserie gibt) ist für die Beobachtung aller Kinder gedacht und soll Hinweise auf besondere Stärken und eventuelle Unterstützungsbedarfe geben. Erzieherinnen, die Kindern in den nicht bevorzugten Entwicklungsbereichen weitere Möglichkeiten anbieten wollen, wird vorgeschlagen, stets einen Bereich besonderer Stärken in einem Förderangebot mitzuberücksichtigen, damit auf die Freude, das Interesse und viele Erfolgserlebnisse gebaut werden kann.

Beispiel für die Phasen und Bereiche nach Beller:

Phase	Umgebungsbewusstsein	Spieltätigkeit	Grobmotorik
6	1. Weiß, wo im Raum Dinge aufbewahrt werden, ist interessiert, sie wieder zurückzulegen. [...] 4. Sammelt Gegenstände, die es auf Spaziergängen findet. [...] 6. Unterscheidet nach Sammelbegriffen (Wauwau für Tiere).	1. Spielt Rollenspiele mit einfachen Handlungen (spricht allein). 2. Sortiert Gegenstände nach Größe und Farbe. [...] 5. Folgt einfachen Modellen (beschäftigt sich mit der Reproduktion von Wahrnehmungen).	1. Wirft einen Ball mit beiden Händen. [...] 4. Ahmt Bewegungen von Tieren nach. [...] 6. Verfügt über gute Kontrolle beim Gehen und Rennen.
7	1. Erkennt und/oder benennt Dinge, die es nicht täglich sieht. 2. Kennt die Bezeichnung für verschiedene Räume. [...] 4. Kennt den Vornamen von Erwachsenen.	1. Nimmt an Gruppenaktivitäten für kurze Zeit teil. [...] 3. Zeigt Geschicklichkeit und Aufmerksamkeitsspanne. [...] 5. Legt verschiedene Formen ins Formbrett.	1. Wirft einen Ball in ein Ziel. 2. Hüpft mit beiden Füßen auf der Stelle. [...] 5. Kriecht nach Aufforderung durch einen Reifen.
8	1. Nennt verschiedene Berufe. 2. Verhält sich siuationsentsprechend. 3. Sagt seinen Namen und weiß, wo es wohnt.	1. Spielt selbstständig. 3. Entwickelt Spielthemen mit Tierfiguren, Puppen und Handpuppen. 4. Erzählt Handlungssequenzen oder Erfahrungen.	1. Bewegt sich im Spiel auf allen vieren. [...] 3. Bewegt sich gut und furchtlos auf einer Rutsche. [...] 5. Kickt einen großen Ball.

Grenzsteine der Entwicklung

Die „Grenzsteine der Entwicklung" nach Richard Michaelis bezeichnen Entwicklungsziele, die von 90–95 % „einer definierten Population gesunder Kinder" (Definition nach Infans) erreicht worden sind. Diese Ziele werden in 6 Entwicklungsbereichen (Körpermotorik, Hand-Finger-Motorik, Sprachentwicklung, kognitive Entwicklung, soziale Kompetenz, emotionale Kompetenz) kurz und stichwortartig formuliert. Die Grenzsteine der Entwicklung sollen in den ersten eineinhalb Lebensjahren nach jeweils 3 Monaten, dann nach einem halben und dann jährlich bis zum Erreichen des 7. Lebensjahres erreicht sein. Dabei soll die beobachtende Fachkraft mit „Ja" oder „Nein" ankreuzen, ob ein Kind die seinem Lebensalter zugeordneten Entwicklungsziele erreicht hat. Ein „Nein" gilt als Auffälligkeit und gibt den Anlass für einen Kontakt mit den Eltern sowie einem Kinderarzt oder einer Frühförderstelle.

Beispiel für Grenzsteine nach Michaelis:

Alter	Grenzsteine der Körpermotorik	Grenzsteine der Hand-Finger-Motorik	Grenzsteine der Sprachentwicklung	Grenzsteine der kognitiven Entwicklung	Grenzsteine der sozialen Kompetenz	Grenzsteine der emotionalen Kompetenz
48 Monate	Dreirad o. Ä. Fahrzeuge werden zielgerichtet und sicher bewegt, Kind tritt und lenkt gleichzeitig, umfährt gewandt Hindernisse ------------------ Hüpfen aus dem Stand mit beiden Beinen gleichzeitig um 30–50 cm nach vorne, mit stabiler Gleichgewichtskontrolle möglich	Hält Mal-/ Zeichenstift korrekt mit den Spitzen der ersten 3 Finger ------------------ Gegenständliches, auch Kopffüßler können gemalt und kommentiert werden	Kind verwendet „Ich" zur Selbstbezeichnung ------------------ Ereignisse/ Geschichten werden in etwa in zeitlicher und logischer Reihenfolge wiedergegeben, meist noch mit und-dann-und-dann-Verknüpfungen	W-Fragen (Warum, wieso, wo, wann, woher?) ------------------ Gleiche Gegenstände verschiedener Größe können unterschieden und benannt werden (z. B. große und kleine Äpfel)	Beginnt und beteiligt sich an Regelspielen (Brett-Karten-Kreis-Bewegungsspiele) ------------------ Kind ist bereit zu teilen	Kind kann seine Emotionen bei alltäglichen Ereignissen meist selbst regulieren. Gewisse Toleranz gegen Kummer, Enttäuschung, Freude, Vorfreude, Ängste, Stress ------------------ Kind weiß, dass es Mädchen oder Junge ist, und verhält sich danach
	Ja – Nein	Ja – Nein	Ja – Nein	Ja – Nein	Ja – Nein	Ja – Nein

Entscheidend ist hier, dass der Einschätzbogen genau zu dem Zeitpunkt ausgefüllt wird, an dem das Kind das entsprechende Alter erreicht hat. Mit den relativ wenigen Feststellungen in 6 Entwicklungsbereichen sind signalgebende Meilensteine benannt. Damit erfüllt das Verfahren die Funktion eines Frühwarnsystems bzw. lenkt den Blick auf die Stärken jedes Kindes in einer Gruppe. Der Vorteil dieses Verfahrens: Es ist schnell machbar und soll trotzdem sehr zuverlässig sein. In der Begleitforschung hat sich herausgestellt, dass diese wenigen Kompetenzen aussagekräftig zur Einschätzung der Entwicklung eines Kindes sind. Andererseits werden schlaglichtartig einzelne Kompetenzen beleuchtet und die individuelle Bandbreite der Stärken eines Kindes muss noch mit anderen Mitteln beobachtet werden.

Spezielle, in Einzelfällen einsetzbare Verfahren
Verfahren bei als gravierend vermuteten Entwicklungsrisiken

Der „Beobachtungsbogen zur Erfassung von Entwicklungsrückständen und Verhaltensauffälligkeiten bei Kindergartenkindern" (BEK) ist nicht für die Beobachtung aller Kinder gedacht. Er soll ausdrücklich bei einzelnen Kindern im Elementaralter das Erkennen der in seinem Titel genannten Schwierigkeiten erleichtern und lediglich dann eingesetzt werden, wenn Auffälligkeiten beobachtet wurden. Sein Sinn besteht darin, sozialpädagogischen Fachkräften die Entscheidung zu erleichtern, ob sie bei einem Kind im Elementaralter Anzeichen für Entwicklungsrisiken beobachtet haben und Fachleute hinzuziehen sollten. Dieser Einschätzungsbogen soll kein Diagnoseinstrument sein und man kann auch keine Aussagen über Ursachen von Störungen machen.

Die Fachkräfte können ihre Beobachtungen in 5 Problembereichen (Sprache und Sprechen, kognitive Entwicklung, Wahrnehmung – Orientierung, Motorik, Verhalten) festhalten. Die Probleme können als unauffällig, leicht oder stark ausgeprägt gekennzeichnet werden. Es gibt Beispiele zur Orientierung darüber, welches Problem gemeint ist, aber auch die Möglichkeit, eigene Beschreibungen hinzuzufügen.

Beispiel für Problembereiche im BEK (Auszug):

		Eigene Beschreibungen und Anmerkungen zu diesen Problembereichen
	1. Problembereich: Sprache und Sprechen	
O* 1 2	1. Lautbildung: bildet Laute (z. B. k, r, s) oder Lautverbindungen falsch; lässt Laute aus oder ersetzt sie durch andere (…)	
0 1 2	6. Sprachverständnis: tut sich schwer beim Verstehen von Begriffen, Anweisungen oder Aufforderungen; zeigt allgemein wenig Interesse für Sprache	
	3. Problembereich: Wahrnehmung – Orientierung	
0 1 2	2. Auditiver Bereich: hat Probleme, Geräusche oder Laute zu erkennen oder die Quellen von Geräuschen ausfindig zu machen (…)	
	5. Problembereich: Verhalten	
0 1 2	1. Aggression in der Gruppe: streitet sich mit anderen Kindern; schlägt, beißt, kratzt andere Kinder; zerstört Spielzeug (…)	

* 0 = unauffällig, 1 = leicht ausgeprägt, 2 = stark ausgeprägt

Zusätzlich können in 3 weiteren Problembereichen (Einzelsymptome, Gesundheit/körperlicher Zustand, familiäre und psychosoziale Belastungen) Beobachtungen angekreuzt werden. Anschließend soll auch stichwortartig notiert werden, welche Konsequenzen aus den Ergebnissen gezogen werden. Wenn mehrere Merkmale als „leicht ausgeprägt" festgestellt wurden, soll die weitere Entwicklung des Kindes auf alle Fälle genauer beobachtet werden.

Wenn mehrere Merkmale als „stark ausgeprägt" eingestuft wurden, ist das ein Hinweis darauf, dass das Problem genauer abgeklärt werden muss, besonders, wenn dies schon längere Zeit beobachtet wurde.

Verfahren bei Kindern, deren Muttersprache nicht Deutsch ist

Auch der von Ulich und Mayr entwickelte **SIS-MIK „Sprachverhalten und Interesse an Sprache bei Migrantenkindern in Kindertageseinrichtungen"** ist nicht flächendeckend für alle Kinder gedacht.

Es sollen auch nicht Sprachstörungen im Sinne einer Entwicklungsstörung aufgedeckt werden. Besondere Aufmerksamkeit soll der Sprachentwicklung von Kindern mit einer anderen Familiensprache als Deutsch in der Kindertagesstättegruppe gewidmet werden. Für diese spezielle Aufgabe, die den Bildungserfolg der Kinder in einer deutschsprachigen Umgebung sichern soll, ist der SISMIK als Hilfsmittel für die Erzieherin gedacht. Einerseits kann damit die Sprachentwicklung systematisch beobachtet und dokumentiert werden. Die Erhebungsbögen sind so konstruiert, dass sie auf Situationen eingehen, die im Kindergartenalltag vorkommen, in denen Sprechen wichtig ist und Sprache gelernt wird. Andererseits erhält die pädagogische Fachkraft mit dem SISMIK genaue Hinweise, welche sprachbezogenen Angebote das Kind im Moment braucht. Damit soll eine Verbindung zwischen der Erhebung und der Förderung geschaffen werden.

Gefragt wird nach dem Interesse der Kinder an Sprache und nach dem Sprachverhalten in einer konkreten Situation wie z. B. am Esstisch, in Gesprächsrunden, im Einzelgespräch, bei der Bilderbuchbetrachtung und beim Erzählen und Vorlesen, bei der Begegnung mit Schrift, bei Sprachspielen und Rollenspielen.

Für jedes Kind wird ein eigenes Heft benutzt, in dem die Beobachtungsbögen zu den Aspekten des Spracherwerbs zum Ankreuzen zur Verfügung stehen. Abgefragt werden 4 Bereiche: Sprachverhalten, sprachliche Kompetenz im engeren Sinn (deutsch), die Familiensprache des Kindes, die Familie des Kindes.

Im Begleitheft wird angeregt, in der Einschätzung vor allem der Bereiche Sprachverhalten und sprachliche Kompetenz neben Ankreuzen auch eigene Anmerkungen hinzuzufügen. Die Bögen sollen auf verschiedenen Ebenen genutzt werden: zur Begleitung der individuellen Sprachentwicklung, zur Reflexion und zur Weiterentwicklung des pädagogischen Angebots und zur systematischen Beobachtung. Deshalb können die Bögen auf zwei Ebenen ausgewertet werden: als unmittelbare Hinweisgeber für die Inhalte von Förderangeboten und quantitativ für die Einschätzung des Entwicklungsstands verglichen mit der Altersgruppe des Kindes anhand von mitgelieferten Tabellen.

Ergebnis einer solchen Beobachtung ist ein umfassendes Bild kindlichen Sprachhandelns, also seiner kommunikativen Kompetenzen und persönlichen Stärken. Dazu gehören genaue Hinweise auf Förderbereiche, besonders im Hinblick auf den Übergang in die Schule und den Schritt von mündlicher zu schriftlicher Kommunikation.

Beispiel für einen Abfragebogen in einer sprachrelevanten Situation:

Tabelle F Verständigungsprobleme/Ausdrucksnot (im Deutschen)	nie	sehr selten	selten	manchmal	oft	sehr oft	Anm.
1. Kind zieht sich zurück, verstummt	◯	◯	◯	◯	◯	◯	
2. wird wütend	◯	◯	◯	◯	◯	◯	
3. versucht sich mit Gesten und Mimik zu verständigen	◯	◯	◯	◯	◯	◯	
4. holt sich Hilfe bei zweisprachigen Personen, die seine Familiensprache sprechen	◯	◯	◯	◯	◯	◯	
Es gibt diese Personen nicht ➡	☐						
5. sucht Ersatzwörter, Umschreibungen	◯	◯	◯	◯	◯	◯	
6. benutzt seine Familiensprache	◯	◯	◯	◯	◯	◯	

4.3 Beobachtungsverfahren mit strukturiertem Material

Die sieben Intelligenzen

Mit einem weiteren strukturierten Beobachtungsverfahren soll der Blick auf individuelle Themen, Interessen und besondere Stärken von Kindern gelenkt werden. Dabei wird davon ausgegangen, dass sich jedes Kind seinen eigenen Weg zur Eroberung seiner Welt sucht. Die Beobachtungsbögen basieren auf der Theorie der „sieben Intelligenzen", mit der der amerikanische Psychologe Howard Gardner die Diskussion um Methodenvielfalt im Schulunterricht und die Bildung in der frühen Kindheit beeinflusst hat. Danach gibt es 7 unterscheidbare Wege zur Welt, die allen Menschen zur Verfügung stehen. Die Unterschiede bestehen darin, dass es individuelle Bevorzugungen gibt, besondere Lieblingswege. Kleine Kinder sind dabei, sie für sich zu entdecken und auszuprobieren. Aufmerksame Erwachsene können dabei die Stärken der Kinder in ihrem Charme entdecken und „Schätze heben", wie einige Autoren es ausdrücken.

Für die Arbeit mit kleinen Kindern wurden im Kindertagesstättenbereich 7 Abfrageskalen formuliert:

- sprachliche Intelligenz
- logisch-mathematische Intelligenz
- Bewegungsintelligenz
- musikalische Intelligenz
- soziale Intelligenz
- praktische Intelligenz
- wissenschaftliche Intelligenz

Der erste Schritt der Beobachtung besteht auch bei diesem Beobachtungsinstrument darin, sich mit den Fragen zu den sieben Intelligenzen vertraut zu machen. Danach sollen die Kinder intensiv beobachtet werden, damit man auf den Bögen ankreuzen kann, was auf das einzelne Kind zutrifft, und eigene Beobachtungen notieren kann. Beobachtet werden kindliche Tätigkeiten und Kompetenzen. Auf einem Resümeebogen kann in 5 Stufen von „kein Interesse" bis „sehr hohes Interesse" eingeschätzt werden, wie häufig und gern sich ein Kind in den unterschiedlichen Zugangswegen zur Welt oder Bildungsbereichen bewegt. Das Ergebnis ist ein einfach herstellbares Interessen- und Stärkenprofil für jedes Kind.

Beispiele für die Kennzeichen der sieben Intelligenzen:

Soziale Intelligenz   *bitte ankreuzen, was zutrifft*

5. Hat das Kind Freunde? ❑
6. Versteht es deren Vorlieben bzw. Abneigungen? ❑
11. Zeigt das Kind, dass es seine eigenen Fähigkeiten, Interessen und Schwierigkeiten kennt? ❑
14. Hat das Kind einen Sinn für Humor? (...) ❑
Was fällt Ihnen im Bereich der sozialen Kompetenz des Kindes noch positiv auf?
16. ... ❑

Praktische Intelligenz

1. Nimmt das Kind gern Dinge auseinander? (...) ❑
9. Benutzt das Kind die Methode von Versuch und Irrtum und lernt es dadurch? ❑
10. Benutzt das Kind ein systematisches Vorgehen beim Lösen mechanischer Probleme (z. B. wenn Schrauben nicht greifen oder Teile nicht passen)? ❑
Was fällt Ihnen im Bereich der praktisch-mechanischen Kompetenz des Kindes noch positiv auf?
11. ... ❑

Wissenschaftliche Intelligenz

1. Bemerkt das Kind häufig Veränderungen oder kleine Details in seiner Umgebung (z. B. neue Blätter an Pflanzen, Insekten an Baumstämmen, eine neue Anordnung von Bildern etc.)? (...) ❑
5. Fragt das Kind regelmäßig, um Dinge erklärt zu bekommen, die es beobachtet hat? (...) ❑
7. Zeigt das Kind Interesse daran, seine Beobachtungen in irgendeiner Form aufzuzeichnen (z. B. durch Zeichnungen oder Abdrücke)? ❑
Was fällt Ihnen im Bereich der wissenschaftlichen Kompetenz des Kindes noch positiv auf?
8. ... ❑

Das so entstehende Profil ist ein erster Schritt zu einer differenzierten Beurteilung von Kompetenzbereichen und bevorzugten Bildungsbereichen eines Kindes. Die Erhebung der sieben Intelligenzen ist für alle Kinder einer Gruppe geeignet. Aus den einzelnen Profilen ergeben sich Hinweise auf die Themen, mit denen jedes der Kinder im Moment beschäftigt ist. Außerdem kann abgelesen werden, bei welchen Interessen es Anknüpfungspunkte für Themen gibt, die das Kind noch nicht für sich entdeckt hat.

4.4 Strukturierte Auswertungshilfen bei frei formulierten Berichten

Beobachtungen mit einer offenen, neugierig-positiven Haltung bieten die Chance, Neues zu entdecken, Handlungsweisen und Kompetenzen von Kindern zu sehen, die möglicherweise abseits der Erwartungen der Erwachsenen liegen. So entstehen frei formulierte Berichte, aus denen die momentanen Interessen und Themen der Kinder ermittelt werden können.

Für diese Beobachtungsform bietet es sich an, mit **offenen Leitfragen** zu arbeiten. Dabei geht es darum, die Beobachtung möglichst vorurteilsfrei zu Papier zu bringen und danach herauszufinden, welche eigenen Anteile die Sichtweise auf die Situation gefärbt haben. In einem nächsten Schritt soll der Versuch gemacht werden, herauszufinden, wie die Kinder die Situation erlebt haben könnten. Erst danach soll im Team darüber beratschlagt werden, mit welchen individuellen Entwicklungsbedürfnissen jedes Kind beschäftigt ist.

Ein Team könnte beispielsweise folgendermaßen vorgehen:

Der Beobachtungsbericht beantwortet die Fragen:
• Was geschieht? Was tun, sagen die Kinder?
Dann beantwortet die Beobachterin folgende Fragen:
• Was macht diese Situation mit mir?
• Welche Reaktionen (körperlich, emotional, z. B. Anspannung, Freude, Interesse, Ärger, Langeweile, Angst) werden bei mir hervorgerufen?
• Was berührt mich, ruft Bilder, Erinnerungen wach, löst Gedanken, Ideen aus? Worauf springe ich an?
Dann erfolgt die Perspektivenübernahme:
• Wenn ich das Kind wäre, welche Bedeutung hätte die Situation für mich?
• Wie fühlen sich die einzelnen Kinder aus meiner Sicht? (Ist das Kind/sind die Kinder engagiert?)
Für die fachliche Reflexion unter Kollegen werden folgende Fragen vorgeschlagen:
• Welche intuitiv begründeten Schlüsse ziehen wir aus der Beobachtung?
• Welche fachlich begründeten Schlüsse ziehen wir aus der Beobachtung?
• Wie deuten wir das, was die einzelnen Kinder tun?

• Was konstruieren die Kinder jeweils für sich und miteinander?
• Mit welchen Themen gehen die Kinder um?
• Welche Schlüsse ziehen wir daraus für unser pädagogisches Handeln (z. B. hinsichtlich des räumlichen, materiellen Angebots, der sozialen Erfahrungen)?
• Brauchen einzelne Kinder neue Herausforderungen oder Unterstützung?
• Welche weiteren Fragen ergeben sich für uns aus der Beobachtung?
• Worauf wollen wir in den nächsten Beobachtungen besonders achten?
(Frageraster nach Laewen, 2002)

Dies ist ein Erarbeitungsprozess, der viel Zeit in Anspruch nimmt, aber sehr lohnend sein kann, denn es entsteht ein sehr umfangreiches Dokument.

Einerseits werden viele Einzelheiten über die beobachteten Kinder deutlich, ihre Interessen und Spielideen, ihre Kompetenzen in den verschiedenen Entwicklungsbereichen, besondere Talente und Vorlieben. Dazu kommt ein genauer Einblick in die Kommunikation zwischen den Kindern, die nicht nur verbal abläuft. Der soziale Zusammenhang zwischen den Kindern in dieser Situation wird sichtbar: Freundschaft, Bestätigung und Freude am Zusammensein ebenso wie soziale Aushandlungsprozesse, gelungene und nicht so ganz gelungene Lösungen für einen Ausgleich der Interessen.

Anderseits ist es eine Gelegenheit, bei der den Erzieherinnen auf sehr persönliche Weise ihre pädagogische Haltung und ihre Wertvorstellungen deutlich werden können. Dies setzt ein Klima zwischen den Kolleginnen voraus, das von Offenheit und gegenseitiger Wertschätzung getragen ist. Auch dies ist sehr lohnend: Die Qualität der pädagogischen Arbeit wächst, denn in einem gut reflektierenden Team wissen alle genau, wie sie handeln und welche guten Gründe bei einzelnen Entscheidungen im Hintergrund stehen können.

Und schließlich ergeben sich sehr viele Informationen für weitere pädagogische Initiativen und Projekte. Bei der Bearbeitung der Frage, was die Ergebnisse der Analyse für die weitere pädagogische Arbeit bedeuten, werden Ideen und Themen entstehen, mit denen die individuellen Bedürfnisse und Interessen der Kinder besser berücksichtigt werden können.

Die Leuwener Engagiertheitsskala für Kinder

Eine weitere Form des Umgangs mit frei formulierten Bobachtungsberichten ist die „Leuwener Engagiertheitsskala für Kinder". Hier wird davon ausgegangen, dass Kinder für ihre Entwicklung ein anregungsreiches Umfeld und eine Atmosphäre einfühlsamer Kommunikation brauchen.

Erkennbar wird ein entwicklungsförderliches Klima an zwei Kennzeichen im kindlichen Verhalten und Erleben, deren äußere Anzeichen man beobachten und einschätzen kann:

1. dem emotionalen Wohlbefinden (well-being)

   Kinder, die sich wohlfühlen, sind entspannt und offen. Sie zeigen Selbstbewusstsein und Vertrauen gegenüber ihren eigenen Fähigkeiten und gegenüber anderen Menschen. Sie wirken in ihrem Verhalten lebendig und angemessen flexibel. Sie passen sich Veränderungen in einer Situation unangestrengt an, ohne dabei ihre eigenen Interessen aufzugeben. Sie können den Moment und ihre Tätigkeiten genießen.

2. der Engagiertheit (involvement)

   Engagiertheit ist eine besondere Qualität menschlicher Aktivität, die an einem freudigen Aufgehen in einer Tätigkeit erkennbar ist. Damit dies eintritt, darf die Tätigkeit ein Kind weder überfordern noch unterfordern. Wenn es mit einer beanspruchenden Tätigkeit beschäftigt ist, dann ist sie mit intensiven sensitiven und kognitiven Erfahrungen verbunden, und das bedeutet, dass intensives Lernen stattfindet. Körperliche und geistige Energien fließen und das Kind vergisst Zeit und Raum. Engagiertheit ist deshalb auch ein Zeichen davon, dass Kinder ihren Entwicklungsbedürfnissen nachgehen. Sie sind dann dabei, ihre Fähigkeiten und Grenzen auszuloten. Engagiertheit ist erkennbar an Konzentration, Ausdauer, Kreativität, Genauigkeit, Begeisterung, Zufriedenheit oder Anspannung.

Bei der Verwendung der Leuwener Engagiertheitsskala sollen die Erziehungskräfte nach einer Beobachtung einschätzen, in welchem Ausmaß sich ein Kind einer Tätigkeit hingibt, wie engagiert es also dabei ist. Sie können sich dabei an einer fünfstufigen Skala orientieren.

Die Stufen sind dabei folgendermaßen definiert:

1. Stufe: Keine Aktivität

   Das Kind ist nicht tätig, es wirkt teilnahmslos und geistesabwesend.

   Oder: Es ist nur scheinbar aktiv, z. B. bei stereotypen Wiederholungen einer immer gleichen Handlung.

2. Stufe: Häufig unterbrochene Aktivität

   Das Kind ist nur während der halben Beobachtungszeit wirklich aktiv.

   Oder: Es geht einer Tätigkeit nach, die es nicht wirklich fordert.

3. Stufe: Mehr oder weniger andauernde Aktivität

   Ein Kind zeigt eindeutig Aktivität, erscheint dabei aber unmotiviert und uninteressiert.

   Oder: Intensive Aktivität wird unterbrochen von nicht aktiven Phasen.

4. Stufe: Aktivität mit intensiven Momenten

   Das Kind ist während der gesamten Beobachtungszeit aktiv und dabei zeigt es mindestens während der halben Zeit deutliche Zeichen von Motivation, Interesse, Zufriedenheit etc.

   Oder: Ein Kind ist konzentriert und ausdauernd aktiv, geht aber einer Routinetätigkeit nach.

5. Stufe: Anhaltend intensive Aktivität

   Das Kind zeigt während der gesamten Beobachtungszeit Konzentration und Begeisterung bei einer Tätigkeit, deren Niveau seinen Fähigkeiten angemessen ist.

(Hegger, o. J.)

Auch mit diesem Verfahren werden Bildungsbereiche deutlich, in denen sich ein Kind gern aufhält, Entwicklungsschritte macht und Ressourcen hat. Man kann mit den Ergebnissen auch herausfinden, in welchen Bereichen ein Kind möglicherweise Unterstützungsbedarf hat oder ob die Einrichtung genügend interessante Herausforderungen und Gelegenheit für neue Erfahrungen bietet.

4.5 Soziometrie und Gruppenbeobachtung

Bei der Gruppenbeobachtung verschiebt sich die Aufmerksamkeit auf ein größeres Gefüge. Es geht dann nicht mehr darum, möglichst genau zu erfassen, welche Interessen und Bedürfnisse das einzelne Kind als Individuum hat und auf welche Weise es was tut, sondern die Aufmerksamkeit richtet sich auf eine Gruppe, auf überindividuelle Zusammenhänge, Trends und soziale Beziehungen.

Das bekannteste Verfahren der **Soziomatrix** nach Moreno wird in Kapitel 5 „Beziehungen aufnehmen" ausführlich dargestellt.

Das Grundprinzip der Soziometrie besteht darin, dass bestimmte Merkmale in größerer Zahl registriert werden, um sich einen Überblick zu verschaffen.

Wenn man beispielsweise wissen will, ob alle Spielorte, die das Gebäude einer Kindertagesstätte, ein Gruppenraum oder ein Bereich bieten, tatsächlich angenommen und genutzt werden, kann man das mithilfe eines Grundrisses dokumentieren. Es wird bepunktet oder angestrichen, wenn sich ein Kind dort länger als eine Minute aufhält. Über mehrere Tage verfolgt, ergibt sich sehr schnell ein aussagekräftiges Bild über die Attraktivität eines Raumes bzw. einzelner Bereiche.

Die Ergebnisse dieser Beobachtungen eignen sich entweder schon offensichtlich dafür, Veränderungsbedarf in der Raumaufteilung zu erkennen, oder sie liefern Kriterien für eine anschließende genauere Beobachtung.

Wenn man sich einen ersten Eindruck darüber verschaffen möchte, was einzelne Kinder im Laufe eines Tages tun und wo sie sich gern aufhalten, kann man dies anhand einer **Stundentabelle** schnell notieren. Auch bei diesem Verfahren ist es notwendig, die Tabelle mehrmals auszufüllen.

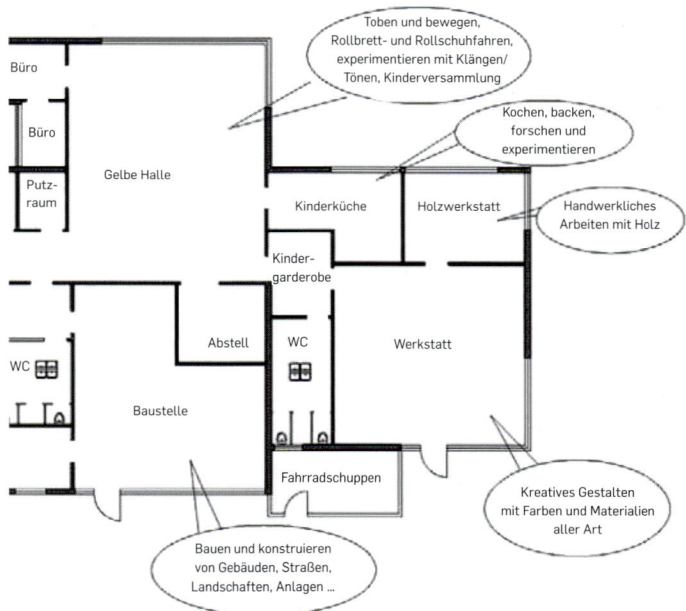

Beispiel für eine Tagesablauftabelle:

Name des Kindes: _____ Alter: _____ Datum der Beobachtung: _____				
Uhrzeit	Wo ist das Kind?	Was tut das Kind?	Mit wem ist es zusammen?	Was ist noch wichtig?
8:00				
9:00				
…				
15:00				
16:00				

5 Dokumentationsverfahren

5.1 Beobachtungsplanung – Kombination verschiedener Instrumente

Zunächst wird sich ein Team darüber verständigen, mit welchem Ziel beobachtet werden soll.

Die folgenden Entscheidungen müssen vorab getroffen werden:

- Welche Informationen sind für eine gute pädagogische Arbeit wichtig? Welche Einzelheiten, welche Phänomene müssen erkannt und in welchen Abständen beobachtet werden?

  Das könnte beispielsweise die Absicht sein, systematisch und gesichert herauszufinden, wofür sich jedes Kind individuell interessiert und mit welchen Stärken es auf die Welt zugeht. Wer dies weiß, kann die Bildungs- und Entwicklungsbedürfnisse jedes Kindes besser berücksichtigen. Es kann auch wichtig sein, bei einzelnen Kindern vermutete Entwicklungsrisiken genauer in den Blick zu nehmen. Und es kann wichtig sein, über den Augenblickseindruck hinaus zu wissen, welches soziale Gefüge, welche Freundschaften in einer Gruppe existieren und welche Kinder möglicherweise nicht gut miteinander auskommen.

  Es ist für die Qualität der pädagogischen Arbeit ebenso wichtig, von Zeit zu Zeit zu überprüfen, ob die materielle Ausstattung der Einrichtung, die Raumaufteilung und das vorhandene Material noch genügend Anregungen bieten. Möglicherweise werden einzelne Bereiche nicht genutzt und für sinnvolle Veränderungen ist es wichtig herauszufinden, was sie derzeit nicht attraktiv erscheinen lässt.

- Als Nächstes müssen Beobachtungsinstrumente gesucht und daraufhin überprüft werden, ob sie für die jeweilige Frage oder Absicht passend sind. Man muss also wissen, mit welchen Instrumenten was gesehen werden kann. In der Regel wird man sich nicht auf eine einzige Form von Beobachtung verlassen, sondern mehrere Verfahren miteinander kombinieren. Eng damit verbunden ist die Frage danach, wie und durch wen die Beobachtungsergebnisse dokumentiert und analysiert werden. Dabei ist auch der Datenschutz zu berücksichtigen; mit Ergebnissen, die einzelne Kinder betreffen, muss in der Regel vertraulich umgegangen werden. Und vor Beginn solcher Dokumentationen müssen die Eltern informiert werden.

- Bei der Entscheidung dafür, wie beobachtet und dokumentiert wird, ist es auch wichtig abzuschätzen, welcher Zeitaufwand jeweils für Beobachtung und die Auswertung veranschlagt werden muss. Diese Zeiten müssen im Team vereinbart und zur Verfügung gestellt werden.

- Im Team soll dann abgesprochen werden, wie die Aufgaben in der Beobachtung sinnvoll verteilt werden können. Möglicherweise müssen sich die Kolleginnen erst einmal mit den Kompetenzlisten oder Einschätzbögen vertraut machen oder sie haben das Bedürfnis, sich in das Beschreiben einzuüben.

- Und schließlich: Wie fließen die Ergebnisse in den Alltag ein? Auch das muss regelmäßig bedacht werden. Am Anfang wird allein die Tatsache, dass die Beobachtung der Kinder systematisch und stetig erfolgt, Veränderungen bewirken. Wer in erster Linie beobachtet und registriert, kann gelassener hinsehen und abwarten, was passiert und wie sich die Dinge entwickeln. Das verändert den Blick auf die Tätigkeiten der Kinder – mit einem genaueren Blick wachsen die Erkenntnisse über die individuellen Vorlieben und bevorzugten Wege, sich die Welt anzueignen.

Beispiel Organisationsraster:

Welches Kind	mit welchem Instrument	in welchem Zeitraum	durch welche(n) Kollegin/Kollegen	wann und wie analysiert

Bei der Planung von Beobachtungen kann man sich mit Organisationsrastern helfen. Raster aller Art sind ein wichtiges Planungsinstrument. Sie unterstützen dabei, systematisch vorzugehen. Die Beobachtungstätigkeit kann bewusst auf die Kollegen verteilt werden. Jeder kennt dann seine Aufgabe. Der Stand der Arbeit kann jederzeit einfach abgelesen werden. Ein Organisationsraster schützt davor, dass einzelne Kinder übersehen werden.

5.2 Bildungs- und Lerngeschichten – Portfolio

Unter einem Portfolio wird im vorliegenden Zusammenhang eine Mappe verstanden, in der die Bildungsgeschichte eines Kindes dokumentiert wird. In ihr werden die im Alltag beobachteten Lerngeschichten gesammelt, also die entstandenen Arbeitsdokumente der Erzieherinnen, Produkte und notierten Kommentare des Kindes, Fotografien, möglicherweise auch Beiträge von Eltern. Die Absicht besteht darin, die Bildungsgeschichte des Kindes mit ihm und seinen Eltern gemeinsam zu dokumentieren.

Portfolio-Mappe

Mit der Dokumentation von Bildungs- und Lerngeschichten soll das Augenmerk auf die Selbstbildungsprozesse von Kindern gelegt werden (s. auch Kapitel 3). Daraus werden auch Erkenntnisse darüber gewonnen, welche Themen einem Kind zugemutet werden, weil die Erzieherinnen davon überzeugt sind, dass sie für die Bildungsbiografie des Kindes von Bedeutung sind.

Die Methode der **Lerngeschichten** wurde von Margret Carr in den 1990er-Jahren in Neuseeland entwickelt. Sie zählt zu den ressourcenorientierten Ansätzen: Im Fokus der Beobachtung stehen die Stärken. Dabei kann man auch bei sehr jungen Kindern 5 Lerndispositionen beobachten, die als grundlegende Voraussetzungen für Lern- und Bildungsprozesse verstanden werden und Merkmale ihrer Auseinandersetzung mit der Umwelt sind:

1. Interesse zeigen: Ein Kind gibt sprachlich oder handelnd zu erkennen, was es interessant findet.
2. Sich auf etwas einlassen, sich eine Zeit lang einem Thema widmen, sich identifizieren und immer besser auskennen.
3. Bei und trotz auftretender Schwierigkeiten eine Tätigkeit weiterführen (dabei entsteht die Chance, Fehler selbst zu erkennen und Abhilfe zu finden).
4. Sich mit anderen austauschen, dabei Ideen und Gefühle ausdrücken.
5. Übernahme von Verantwortung und die Bereitschaft, etwas von einem anderen Standpunkt aus zu sehen; eine Vorstellung von Gerechtigkeit und Unrecht entwickeln; Entscheidungen treffen und um Rat gefragt werden.

Die Erzieherinnen beobachten die Kinder im alltäglichen Geschehen und dokumentieren dabei Lerngeschichten, in denen die 5 Lerndispositionen zum Ausdruck kommen. Die Arbeit mit diesen Lerngeschichten umfasst 4 Schritte: Beschreiben, Diskutieren, Dokumentieren und Entscheiden.

Auch in diesem Verfahren werden die Interessen und Tätigkeiten eines Kindes **beschrieben**. Festgehalten wird dabei, welche Themen sie besonders interessieren und auf welche Weise die 5 Lerndispositionen erkennbar sind.

Die beobachteten Handlungssequenzen werden im Team **diskutiert** und mit den Beobachtungen von Kollegen verglichen. Sie werden aber auch mit dem Kind und den Eltern besprochen. Ziel ist es, zu gemeinsamen Deutungen zu kommen. Die Erfahrungen der Eltern und die Sicht des Kindes werden mit einbezogen. Es soll für alle Seiten erkennbar werden, welche Besonderheiten der Selbstbildungsprozess dieses Kindes hat und welcher Wert ihm beigemessen wird.

Alle Arbeitsschritte werden **dokumentiert** und Teil des Portfolios. Aufgabe der Erzieherin ist es, darauf zu achten, dass die zentralen Fragen des Lernprozesses berücksichtigt werden, beispielsweise „Was hat das Kind in dieser Situation gelernt? Wie können die Interessen des Kindes so unterstützt werden, dass seine Lerndispositionen weiter gestärkt und seine Kompetenzen vertieft werden und an Komplexität gewinnen?".

Daraus folgt dann der vierte Schritt: die **Entscheidung** darüber, was das Kind als Nächstes braucht:

Welche Anreize sind nötig? Welche Lernumgebung ist förderlich? An welchen Themen hat es Interesse bekundet? Welche Angebote wären passend?

Das Dokumentieren von Bildungs- und Lerngeschichten erlaubt den Erzieherinnen einen systematischen Einblick in die Entwicklungsschritte eines Kindes. Sie können zielgenau mit Angeboten und Herausforderungen antworten und sind nicht so sehr in der Gefahr, das Kind zu überfordern oder zu unterfordern. Das Kind ist an der Gestaltung der Mappe und vor allem an der Dokumentation seiner Lerngeschichte beteiligt und erlebt sich selbst auf diese Weise als wichtige und besondere Person, deren Bemühungen die Wertschätzung seiner Bezugspersonen haben. Über die Portfolio-Methode entsteht eine selbstverständlichere und kontinuierliche Form der Zusammenarbeit zwischen Kindertagesstätte und Eltern. Durch den zeitnahen Austausch über wahrgenommene Lernprozesse werden diese besser unterstützt. Schließlich ist es auch hier so, dass ein Team viel genauer miteinander ins Gespräch kommt, denn die Arbeitsschritte Diskutieren und Entscheiden geben das vor.

5.3 Mappen anlegen – unterschiedliche Benutzergruppen

Sinnvoll kann es auch sein, mit den Kindern selbst ihr Portfolio, ihre Bildungsmappe zu gestalten. So be-

stimmt jedes Kind, welche Produkte, welche Bilder und welche Geschichten und Kommentare aufgenommen werden. Diese Mappe steht dann im Gruppenraum jederzeit zur Verfügung, ist schön gestaltet und lädt zum Blättern, Erzählen und Sicherinnern ein. Die Kinder können schon sehr früh nachvollziehen, dass sie ihre eigene Geschichte haben, seit ihrer Geburt gewachsen sind und schon ein breites Spektrum an Kompetenzen und Interessen entwickelt haben.

In einer zweiten Mappe für die Hand der Erzieherin werden dann die Informationen gesammelt, die für die Betreuung und Bildung des Kindes wichtig sind: Das sind die Anmeldebögen, aus denen auch besondere gesundheitliche Informationen hervorgehen, Beobachtungsberichte und -bögen, Auswertungen, Protokolle, Verabredungen mit den Eltern.

5.4 Fotografie und Videodokumentation

Fotografien und Videoaufzeichnungen sind mittlerweile einfach und kostengünstig herzustellen, sodass sie immer häufiger und umfassender benutzt werden. Für die Dokumentation von Bildungsprozessen, also als Hilfsmittel für die Beobachtung, kann man beide Möglichkeiten in unterschiedlicher Weise einsetzen.

Fotos bereichern eine Beschreibung und können – beispielsweise neben den Bericht geklebt – eine weitere Dimension der Erinnerung eröffnen. Als Dokumentationsmittel nützen Fotos nur dann, wenn sie beschriftet sind, also eine Zuordnung zu einer konkreten Situation und zu einem Datum erkennen lassen. Digitale Fotografie erlaubt es außerdem, mit den Kindern sofort und zusammen zu bestimmen, was ein Foto zeigen soll.

Videoaufzeichnungen sind ein ausgezeichnetes Mittel, eine Szene zu konservieren und sozusagen für die Beobachtung bereitzustellen. Sie lässt sich dann wiederholt ansehen, mit und ohne Ton, zwischendurch einfrieren und im schnellen Vor- oder Rücklauf sehen. All diese technischen Möglichkeiten erlauben eine gründliche Analyse und geben die mehrfache Chance, Einzelheiten zu entdecken und unterschiedliche Bewertungen des Gesehenen zu erproben. Teams können gemeinsam Entdeckungen machen, sich in Ruhe auf Einschätzungen einigen oder auch ihre Beobachtungsfähigkeit schulen.

Man muss allerdings berücksichtigen, dass auch

eine Videoaufzeichnung ein vergleichsweise kleiner Ausschnitt aus der Realität ist. Was sich links und rechts neben dem Bildausschnitt abspielt, entzieht sich der Kenntnis derer, die den Film ansehen. Die Beobachterin der lebendigen Szene kann mehr wahrnehmen und flexibler den Fokus wechseln. Oft ist die Tonqualität nicht befriedigend: Was die Kinder miteinander besprechen, ist schwer zu verstehen.

Auch mit den Kindern zusammen können je nach ihrem Alter viele Einzelheiten gesehen und entdeckt werden, insbesondere wenn es darum geht, Kompetenzen zu zeigen und dabei die Kinder in ihrem Selbstbewusstsein zu stärken. Kleinere Kinder reagieren vor allem begeistert darauf, sich und nahe andere Personen im Film zu sehen. Der Aufforderung „Zeig doch mal, was du schon kannst", gehen Kinder im Elementaralter gern nach und schauen sich das Ergebnis ebenso gern und begeistert an.

6 Durchspielen einer vollständigen Handlung

6.1 Analysieren

Die Erzieherin Marita fertigt einen Bericht über ihre Beobachtung an.

Beobachterin: *Marita Müller*	Datum und Uhrzeit: *7. Oktober 8:35 – 8:55 Uhr*
Ort: *Außengelände, Sandbereich*	Situation: *Freispiel – Konstruktionsspiel in einer Gruppe*

Name, Alter und Geschlecht des Kindes/der Kinder:
Maja (4;3 Jahre w.), Robin (5;5 Jahre m.), Ole (4;5 Jahre m.), Peter (4 Jahre m.), Sven (5;3 Jahre m.)

Uhrzeit	Beschreibung von Verhalten und Ablauf des Geschehens
8:35	Maja und Robin knien einander gegenüber im Sand. Sie haben sich die kleinen Schaufeln mitgenommen und buddeln. Sie werfen abwechselnd Sand auf den gleichen Haufen. Robin rutscht ein Stück von Maja weg und gräbt weiter. Sie haben jetzt einen Graben von ca. einem Meter Länge angelegt.
8:38	Ole kommt angelaufen, schwenkt ebenfalls eine der kleinen Schaufeln und ruft: „Ich will mitmachen." Er fängt ein Stückchen entfernt von Robin an zu graben und wirft den Sand ebenfalls auf den Haufen. Alle drei sind jetzt an einem anderen Ende des Sandbereichs beschäftigt und es gibt einige Gräben.
8:40	Peter kommt und schaut eine Weile zu. „Du musst auch eine Schaufel haben", ruft Maja, die jetzt ganz rote Bäckchen hat. „Na logisch", sagt Robin, „dann kannst du auf der Westseite schon mal anfangen." Peter rennt zum Schuppen und kommt gleich mit einer Schaufel in der Hand zurück. „Da", sagt Robin und zeigt auf eine noch ganz freie Stelle im Sandbereich. Peter fängt dort an zu graben und legt einen neuen Haufen an. Robin klopft nun mit seiner Schaufel auf dem großen Sandhaufen herum, Maja tut das Gleiche. Ole klopft auf Peters Haufen, Peter schaufelt weiter Sand obendrauf. Nun gräbt Robin mit der Hand seitlich in seinen Haufen und wirft den Sand hinter sich. Nach einer Weile steht er auf, geht auf die andere Seite und gräbt von dort. Bald hat er einen Tunnel angelegt. Die drei anderen machen es ihm an anderen Stellen nach. Jetzt reden sie kaum noch miteinander und wenn, dann sehr leise.
8:50	Sven kommt quer über die Wiese gerannt und macht einen Satz in den Sand mitten in einen Tunnel. „Eh, spinnst du?", ruft Robin und springt auf. „Ist sowieso alles falsch!", ruft Sven. Jetzt stehen sie sich gegenüber. Die drei anderen Kinder sehen von einem zum anderen. „Das machst du wieder heil!", ruft Robin. „Mach ich nicht!", schreit Sven. „Machst du doch!", schreit Robin, jetzt schon etwas heiser. „Nein!" – „Wohl doch!" So geht das eine Weile hin und her. Beide haben einen roten Kopf und geschwollene Halsadern.

9:00	Die anderen Kinder bleiben stumm. (An dieser Stelle muss ich sofort Anne zur Toilette begleiten.) Der Sandbereich ist leer, kein Kind zu sehen. Da höre ich Robin rufen – aber von weit weg und er klingt für mich gar nicht mehr zornig. Er klettert im Spielturm. Dort ist auch Sven, er scheint Robin etwas zuzurufen. Beide verschwinden hinter der Balustrade.

Weil sie sich so besonders über das Verhalten von Robin und Sven gewundert hat, versucht Marita, dem auf die Spur zu kommen. Sie stellt sich folgende Fragen:

- Wenn ich einer der beiden Jungen wäre, welche Bedeutung hätte die Situation für mich?
- Wie würde ich mich an ihrer Stelle fühlen?

Bei diesem Schritt kommt sie zu folgenden Vermutungen:

Robin könnte folgendermaßen denken und fühlen (Maritas Formulierungen, <u>nicht</u> Robins!):

Ich habe große Lust dazu, im Sand dreidimensional zu bauen: möglichst großflächige, sehr komplizierte Landschaften mit Gräben, Bergen, Kurven und Tunneln. Man muss sehr aufpassen, dass der Sand feucht genug ist und dass die Wände dick genug sind, damit nichts einstürzt. Das finde ich aufregend und interessant. Andere Kinder wie beispielsweise Maja, Ole und Peter können gern mitmachen; die verstehen, was ich will und machen das auch. Dabei geht es mir gut.
Was Sven gemacht hat, ist richtig blöd. Er ist ja kein Baby mehr und weiß ganz genau, dass er vorsichtig in den Sand hätte kommen sollen. Dann hätte er meinetwegen mitmachen können. Ich bin auf ihn sehr wütend.

Sven denkt und fühlt möglicherweise dies:

Ich bin heute später in den Kindergarten gekommen. Deshalb ist im Sand schon alles besetzt. Das ärgert mich sehr. An den vorherigen Tagen habe ich immer angefangen zu bauen und die anderen haben mitgemacht. Das sind meine Freunde! Ich kann es am besten! Robin soll sich ja nichts einbilden! Das macht mich nur noch wütender.

Dann, während Marita im Haus war, ist offenbar etwas passiert. Zehn Minuten später gehen beiden Jungen einer anderen Tätigkeit nach und scheinen sich dabei gut zu verstehen. Die anderen Kinder sind nicht mehr dabei.

Die weitere Analyse ihrer Beobachtung erarbeitet Marita nun gemeinsam mit ihrem Kollegen Thomas, der seine Meinung mit weiteren Beobachtungen begründet. Sie kommen dabei zu dem Ergebnis, dass die ungefähr gleichaltrigen Jungen Robin und Sven offenbar viele Interessen und Kompetenzen gemeinsam haben. Der Sandbereich ist seit einiger Zeit erweitert worden und im Moment ein sehr beliebter Spielort auch für die älteren Elementarkinder. Ebenso wie Robin hat Sven auch schon gezeigt, dass er gern großflächig im Sand baut und dabei als Ideengeber andere Kinder einbeziehen kann. Jetzt fällt als Erstes auf, dass die beiden Jungen sich in ihrer Wut ebenbürtig sind. Solange Marita das Geschehen verfolgen konnte, war keiner von beiden offensichtlich stärker und keiner wollte zurückweichen. Und dann haben sie während Maritas Abwesenheit eine kreative Lösung des Problems gefunden. Sie haben das Feld der Auseinandersetzung verlassen und sich einem anderen Spiel zugewandt. Der Kletterturm fordert sie körperlich heraus und lädt zum Abenteuerrollenspiel ein. Dabei scheinen sich die Konkurrenten anzufreunden.

Damit sind die drei jüngeren Kinder zunächst einmal aus dem Rennen. Sie haben bisher bei diesen Bauaktivitäten eher mitgemacht, sich gern integriert und bereitwillig Ideen übernommen. Jetzt haben sie offenbar wenig Einfluss auf den Ausgang des Konflikts gehabt und das Interesse am Spiel im Sand erst einmal verloren. Wie sie die Situation erlebt haben, können die beiden Erziehungskräfte jetzt nur noch herausfinden, wenn sie die Kinder dazu befragen.

An diesem Beispiel wird ersichtlich, dass die Beziehungen der Kinder unter anderem davon bestimmt sind, wer sich für welche Aktivitäten interessiert und wer welche Rolle im gemeinsamen Spiel übernehmen kann. Außerdem können sich diese Beziehungen verändern und z. B. neue Freundschaften entstehen lassen. Jedes Kind erwirbt ständig neue Kompetenzen, erweitert und verändert seine Interessengebiete in ganz individueller Weise.

6.2 Planen

Mit der Analyse der Spontanbeobachtung haben Marita und Thomas einige Erkenntnisse darüber gewonnen, dass Sven und Robin neue Herausforderungen brauchen und sie sich im Kräftemessen schon verschafft haben. Als verantwortliche Pädagogen sind sich die Kollegen darüber im Klaren, dass sie solche Erkenntnisse auch in Bezug auf die anderen Kinder der Gruppe brauchen.

Deshalb werden sie einen **Beobachtungsplan** nach den folgenden Gesichtspunkten erarbeiten:
- Beobachtung des sozialen Gefüges in der Gruppe
- Ermittlung der Kompetenzen der Kinder
- Ermittlung der Themen der Kinder

Im Gesamtteam der Einrichtung wird das Vorhaben abgesprochen und geplant.

Kurzplanung: Systematisches Beobachten und dokumentieren

Ziele	Handlungsschritte
Beobachtung des sozialen Gefüges in der Gruppe	Tagesablauftabelle für jedes Kind erstellen
Ermittlung der Kompetenzen der Kinder	Grenzsteine der Entwicklung
Ermittlung der Themen der Kinder	Sieben Intelligenzen, ausführliche freie Beobachtungsberichte
Vervollständigen der pädagogischen Mappen	Analysen der regelmäßig eingesetzten Erhebungsverfahren sammeln
Information und Partizipation, Einverständnis der Eltern	Elternabend und Einverständniserklärung, Elterngespräche
Information und Partizipation der Kinder	Gemeinsames Anlegen von Portfolios

Das soziale Gefüge in den einzelnen Gruppen soll mithilfe einer Tagesablauftabelle erfasst werden – sie hat den Vorteil, dass dabei auch dokumentiert wird, welche Räume und Bereiche im Moment von den Kindern wie intensiv genutzt werden.

Um die Interessen und Kompetenzen jedes Kindes möglichst vielfältig zu erfassen, sollen verschiedene Instrumente verwendet werden. Es soll mindestens einmal im Jahr ein ausführlicher Bericht über eine Beobachtungssituation angefertigt und strukturiert ausgewertet werden. Zusätzlich soll mit den „Grenzstei-

nen der Entwicklung" und den „sieben Intelligenzen" gearbeitet werden.

Gleichzeitig werden die Mappen mit den Aufnahmebögen und weiteren Informationen über jedes Kind systematisiert, sodass sich in der Zukunft die Ergebnisse der regelmäßigen Beobachtungszyklen gut einordnen lassen. Mit den Kindern gemeinsam werden Mappen über ihre Aktivitäten und ihre Entwicklung angelegt; darin sollen kleine Berichte, Fotos und Produkte der Kinder gesammelt werden.

Zur Information der Eltern werden Elternabende

vorbereitet. Dort sollen die ausgewählten Instrumente vorgestellt und soll die Art des Einsatzes besprochen werden. Wichtig ist es den Erziehungskräften, den Eltern zu verdeutlichen, dass sie die Beobachtung der Bildungs- und Entwicklungswege der Kinder als gemeinsame Aufgabe betrachten. Dazu gehört der Dialog, die regelmäßige Beratung über die aktuellen Kompetenzen und Bedürfnisse der Kinder. Dabei ist es das Ziel, den neuen Anlauf zu einer integrierten Dokumentation der kindlichen Lern- und Entwicklungswege im Einvernehmen mit der Elternschaft zu machen.

Die Kinder werden informiert, dass ihre Entwicklung und das, was sie über sich mitteilen wollen, in einer schönen Form gesammelt und dokumentiert werden sollen (Portfolio). Das Team geht davon aus, dass sie begeistert sein werden, weil sie schon jetzt gern aktuelle und ältere Fotos von sich ansehen und kommentieren oder sich die dazugehörige Geschichte erzählen lassen.

Jedes Team erstellt einen **Zeitplan**, um die verabredeten Beobachtungsaufträge kollegial zu bewältigen.

6.3　Durchführen

Marita und Thomas teilen sich die Aufgaben auf folgende Weise:

Zunächst legen sie fest, wer von ihnen welches Kind hauptsächlich beobachten wird. Anhand der Geburtstagsliste tragen sie in den Gruppenkalender ein, zu welchem Zeitpunkt und von wem jedes Kind mithilfe der „Grenzsteine der Entwicklung" beobachtet wird.

Mit den Kindern besprechen sie im Morgenkreis ihre Absicht, dass sie in der nächsten Zeit regelmäßig die Aktivitäten einzelner Kinder mit Bleistift und Papier festhalten wollen. Sie erklären ihnen, dass es wichtig und interessant ist, zu wissen, was jedes Kind gern tut und was es vielleicht gut brauchen kann. Die Kinder reagieren auf diese Mitteilung erfreut und interessiert. Einige wollen auch gern „aufschreiben" und mithelfen. Das unterstützen Marita und Thomas gern und stellen den Kindern außerdem ein Modell für eine persönliche Wachstumsmappe (Portfolio) vor.

Innerhalb der nächsten drei Wochen wird jeder von beiden an jedem Tag für ein Kind eine Tagesablauftabelle anfertigen. Die Ergebnisse dieser Untersuchung sollen ihnen einen ersten systematischen Blick auf die Lieblingsorte und die sozialen Kontakte jedes Kindes in der Gruppe erlauben.

Parallel dazu werden beide Kollegen nach und nach für jedes Kind einen ausführlichen Bericht über beobachtete Alltagssituationen anfertigen und mithilfe der „sieben Intelligenzen" die speziell bevorzugten Bildungswege einschätzen.

Mit jedem Kind wird das Portfolio angelegt. Viele Kinder entwickeln dabei eine Leidenschaft für Tabellen, die sie selbst anfertigen und ankreuzen oder in die sie „hineinschreiben", was ihnen an verschiedenen Tagen wichtig war. Neben alten und neuen Fotos und Kommentaren, die die Kinder Marita oder Thomas diktieren, werden die Notizen aus der Hand der Kinder Bestandteil der Portfolios.

6.4　Reflektieren und bewerten

Nach einem Monat liegen Tagesablaufberichte in kurzer tabellarischer Form für jedes Kind der Gruppe vor. Alle Gruppenteams, also auch Marita und Thomas, analysieren die Berichte. Die Ergebnisse sind unter anderem ein Überblick über:
- Lieblingsspiele
- Orte, an denen sich Kinder häufig und weniger häufig aufhalten
- einen Teil der sozialen Bezüge innerhalb der Kindergruppe

Daraus können Schlüsse über die Spielqualität gezogen und mögliche Veränderungen erwogen werden. Diese sollen den Kindern vorgeschlagen und mit ihnen entschieden werden.

Die ersten ausführlichen Beobachtungsberichte und die Ergebnisse der Kompetenzfeststellungsverfahren liegen vor. Für jedes einzelne Kind wird überlegt, wo seine Stärken, Themen und nächsten Entwicklungsaufgaben liegen und welche Angebote ihm gemacht werden können. Die Diskussion schärft auch den Blick auf die anderen Kinder, sodass die pädagogischen Angebote gezielter auf die beobachteten Interessen der Kinder antworten können.

6.5 Dokumentieren und präsentieren

Das Anlegen von Mappen für die Hand der Kinder führt dazu, dass sie sie gern ihren Eltern zeigen. Ihr Stolz ist stark sichtbar und sie sprechen mehr als vorher mit ihren Eltern darüber, was sie tagsüber in der Kindertagesstätte getan haben. Auch untereinander zeigen sich die Kinder gern gegenseitig die Mappen und sprechen darüber.

Die Mappen für die Hand der Erzieher haben an Informationswert gewonnen. Sie sind nun eine gute Grundlage für Entwicklungsgespräche mit Eltern. Aber auch schon während der Beobachtungsphase können die Erziehungskräfte mit Kind und Eltern in der Abholsituation darüber sprechen, welche Situation heute möglicherweise für das Kind wichtig oder auch ein Meilenstein in seiner Entwicklung war. So entwickelt sich eine neue Qualität in der laufenden Teilhabe der Eltern am Geschehen in der Kindertagesstätte. Der Informationsfluss aus dem Elternhaus in die Kindertagesstätte verbessert sich ebenfalls deutlich, es gibt mehr Anknüpfungspunkte für Gespräche und den Austausch von Beobachtungen als vorher.

Der nächste Elternabend steht unter dem Thema „Ein typischer Tag in der Kindertagesstätte". Außerdem berichten die Erziehungskräfte über die Untersuchungsergebnisse bezüglich der Beliebtheit von Bereichen, Räumen und Spielmaterialien und die mit den Kindern verabredeten Veränderungen.

Für die Entwicklungsgespräche mit Eltern liegt solides Material vor, auf das sich die Erziehungskräfte gern beziehen.

Die Instrumente	Bellers Entwicklungstabelle	Grenzsteine der Entwicklung	Sieben Intelligenzen	BEK	SISMIK	Leuwener Engagiertheitsskala	Beobachtung der Themen der Kinder	Gruppenstrukturen (Soziogramme)
Welche Erkenntnisse resultieren aus der Beobachtung?	8 verschiedene Entwicklungsbereiche, Entwicklungsprofil ➡ besseres Verständnis	6 Kompetenzbereiche von Körpermotorik bis emotionaler Intelligenz; jährlich; bei vielen Nein-Antworten ➡ Fachleute holen	Leichter ab 3. Lj. 2 x jährlich sprachliche bis wissenschaftliche Intelligenz: Was kann das Kind besond. gut? 76 Fragen ankreuzen (Ja/Nein)	8 Problembereiche, in denen Entwicklungsgefährdungen erkennbar sind	System. Begleitung; Lust an Sprache und kommunikativen Situationen; Kompetenzen: Wortschatz, Grammatik, Satzbau, Artikulation	Basis: Wygotskis Zone der n. Entw.; Lernen bei Engagement; bewertet wird Prozess nicht Ergebnis ➡ Entwicklungsfortschritt ➡ pädagogische Qualität	Themen der Kinder fördern, Reggio; • möglichst genaue Beschreibung • Was macht die Situation mit mir? • Perspektivwechsel	Für Gruppen mit max. 15 Kindern • Beziehungsstrukturen • isolierte Kinder sind erkennbar • Momentaufnahme!
Wie ist der Beobachtungsfokus?	einzelne Kinder 0–72 Monate Nicht notwendig für alle. Beurteilt wird das Tun! Mehrfach in kurzer Zeit beobachten	einzelne Kinder 4 x im 1. Lj. 3 x im 2. Lj. dann je 1 Woche vor oder nach dem Geburtstag	einzelne Kinder besonders geeignet bei unauffälligen oder negativ auffälligen Kindern	einzelne Kinder Ankreuzen von Auffälligkeiten in 3 Ausprägungen (unauffällig, leicht ausgeprägt, stark ausgeprägt)	Kinder mit Migrationshintergrund zwischen 3,5–6 J. 4 Teile: sprachl. Engagement in Alltagssituation / Kompetenzen u.a. in Grammatik / Familiensprache / Lebenssituation	einzelne Kinder oder auch Gruppe – auch bezüglich der Attraktivität angebotener Aktivitäten	einzelne Kinder oder auch Gruppe 2–3 x pro Woche; alle Themen sind möglich; Freispiel 5–10 Min.; 3 Schritte s. o.	• soziale Einbindung • Freundschaften • Spielpräferenzen regelmäßig machen – halbjährlich
Wie kann dokumentiert werden?	Erhebungsprotokoll Formblatt ➡ Entwicklungsprofil	Einschätzbögen Ja-/Nein-Liste Auswertungsliste	auf 7 Ankreuzbögen und 1 Auswertungsbogen	Ankreuzbögen für 5 Problembereiche; Formulare für 3 Problembereiche, die sich auf Hintergrundkenntnisse beziehen	12 S. Bogen, 96 Fragen; Ratingskalen und frei formulierbar; z.T. müssen die Situationen erst geschaffen werden, den, Bilderbuchgeschichten	vorgefertigte Beobachtungsbögen – eigene sind herstellbar	Beobachtungsbogen	• Kontaktsoziogramm: aktive/passive Wahlen • Spielesoziogramm: an 10 Tagen innerhalb von 5 Wochen; Raumskizze und Notizen

Instrumente zur Beobachtung, Dokumentation und Analyse (Übersicht)

Die Instrumente	Bellers Entwicklungstabelle	Grenzsteine der Entwicklung	Sieben Intelligenzen	BEK	SISMIK	Leuwener Engagiertheitsskala	Beobachtung der Themen der Kinder	Gruppenstrukturen (Soziogramme)
Wie wird ausgewertet?	14 Phasen: 4 fürs 1. Lj. dann ca. 1 pro Halbjahr; Items in 8 Bögen Beginn: eine Phase unter dem Lj. des Kindes; Plakate zur Veranschaulichung	vorgegeben; bei vielen Nein ▶ diagnostische Abklärung	kann die einzelne Erzieherin machen; nicht beantwortbare Fragen sind Hinweis auf mangelnde Gelegenheiten in der Kindertagesstätte	Problembereiche sind direkt ablesbar: ▶ Fachkraft hinzuziehen	· qualitativ ▶ individuelle Betrachtung des Kindes: Vorlieben, Interessen · Vergleich mit der Normstichprobe; 6 Skalen Hinweise auf Fördermöglichkeiten	Mittelpunkt: Wie gut unterstützt die Einrichtung die Entwicklung der Kinder: · Raum · Spielmaterial · Angebote	Fachliche Reflexion: · Schlussfolgerungen · Deutungen · Themen Grundlegende entwicklungspsychologische Kenntnisse	Kontaktsoziogramm: Tabelle oder Grafik Listen: · beliebte Spiele · beliebte Spielorte · beliebte Spielpartner
Wofür werden die Erkenntnisse eingesetzt?	· genaue Kenntnis einzelner Kinder · Planung von Angeboten · Motivationsprogramm: Kombination aus Stärken und Schwächen	Entw.-Verzögerung ▶ taktvolles Elterngespräch sonst wie Beller ▶ kompensatorische Angebote	Grundlage für die weitere Arbeit; besondere Kompetenzen und Themen sind im Elterngespräch als wichtige Stärken benennbar	· Bei vermuteter Entwicklungsgefährdung · Basis für Elterngespräch · Basis für Gespräch z. B. mit sozialen Diensten	Beobachtung ▶ Förderung kann auch die pädagogische Arbeit weiterentwickeln	Fokus auf Qualitätsverbesserung These: Kinder wollen engagiert sein und sich entwickeln	· Grundlage für Bildungsangebote · Erfreuliches für Elterngespräche	Vielzahl von Fragestellungen möglich: · Gruppenzusammensetzung · Raumgestaltung · Regeln
Voraussetzungen für das Verfahren?	Unterlagen: · Tabelle · Protokollbögen · Entwicklungsprofile Zeitkontingente für die Auswertung	· Einschätzbogen · genauer Zeitplan: Geburtstage der Kinder sind Richtschnur	· Ankreuzbögen / Auswertungsbogen · Zeitplan, um alle Kinder zu erfassen	· Ankreuzbögen und Formulare · Zeitplan und Bereitschaft im Team	· Beobachtungsbögen und Begleitheft · 60–90 Min. Zeit im Gruppenalltag · Teamdiskussion zur Klärung	· Manual und Videobeisp. Arbeitsbuch · je 10 Min. Beobachtung · Teamdiskussion	· klare Absprachen im Team · regelmäßige Diskussion · Zeit für Dokumentation	· Formblätter · Raumskizze · mehr als 1x in kurzer Zeit notwendig
Informationen und Anregungen	Beller-Schulungen Plakate	MBJS Brandenburg	Laewen/Andres; Forscher, Künstler, Konstrukteure	Mayr/Ulich – IFP München	Mayr/Ulich – IFP München	Berufskolleg Erkelenz	Laewen/Andres: Forscher, Künstler, Konstrukteure	Viernickel; Laewen

Stärken entdecken → Kompetenzen feststellen → Gruppendynamik/Umgebungsqualität

1 Weitere Lernsituationen

Lernsituation A

Sinje, Sina und Jill (alle drei fast 5 Jahre alt) haben heute Essensdienst in der Kindertagesstätte. Ihre Aufgabe ist es, für das gemeinsame Frühstück die „Vitamingeber" in mundgerechte Stücke zu schneiden. Dafür müssen sie mit scharfen Küchenmessern hantieren. Die Erzieherin hat eine frische Gurke, zwei rote Paprikaschoten und fünf Tomaten auf den Tisch gelegt.

Sinje schiebt schnell die Arme um die Tomaten und Sina greift nach den beiden großen Paprikaschoten. Jill schluckt, eine Träne kullert plötzlich über ihre rechte Wange: „Das ist ungerecht. Ich hab nichts abgekriegt." Schnell gibt Sinje ihr drei Tomaten und sagt zu Sina: „Du auch." Sina bekommt einen roten Kopf und flüstert: „Nein." Da hält ihr Jill die Gurke zum Tausch hin. Sina gibt Jill eine Paprikaschote und nimmt die Gurke. Alle drei Mädchen lächeln sich an und rufen nach der Erzieherin: Sie soll endlich die Messer herausgeben.

Lernsituation B

Peter (3;4 Jahre) fädelt immer noch gern die großen, bunten Holzperlen auf Lederbänder. Beinahe als einziges Kind in der Gruppe hat er sich noch nie eines der vielen Puzzles unterschiedlichen Schwierigkeitsgrads vorgenommen. Manchmal wirkt er bei Bewegungsspielen – insbesondere mit Bällen – scheu und ungeschickt.

Heute fällt Ihnen als Erziehungsfachkraft beim Ansehen eines Bilderbuchs wieder einmal auf, dass Peter sich kaum am Gespräch beteiligt, wenn es darum geht, was auf den schönen Wimmelbildern zu sehen ist. Beim Abholen erzählt er seiner Mutter begeistert von der Geschichte, um die es im Gespräch über das Buch ging.

AUFGABE Bearbeiten Sie eine der Lernsituationen nach den fünf Schritten:
- Analysieren
- Planen
- Durchführen
- Reflektieren und bewerten
- Dokumentieren und präsentieren

2 Anregungen zur Selbstreflexion

1. Schulen Sie systematisch Ihre Aufmerksamkeit und Wahrnehmungskraft:

   - Schließen Sie Ihre Augen für einige Minuten und nehmen wahr, was Sie hören, riechen und auf der Haut fühlen. Wiederholen Sie dieses Experiment an unterschiedlichen Orten, z. B.
     – drinnen / draußen,
     – im eigenen Zuhause,
     – in der Schule,
     – unterwegs.

   - Schauen Sie sich für einen Moment beispielsweise im Klassenraum oder im Gruppenraum Ihrer Praxiseinrichtung um und notieren dann in einer Liste, was Sie gesehen haben. Tauschen Sie sich mit einer Partnerin oder einem Partner über Gemeinsamkeiten und Unterschiede aus.

2. Beobachten Sie ein Kind mit unterschiedlichen Beobachtungsmethoden und vergleichen Sie die Ergebnisse. In welcher Weise unterscheiden sich die dadurch gewonnenen „Bilder" bzw. Einschätzungen?

3. Dokumentieren Sie Beobachtungen in unterschiedlicher Form (z. B. als Tabelle, als Erzählung, als Fotoreihe oder Fotoroman, mit einer Nachbearbeitung über Leitfragen).

Kapitel 3 Bildungsprozesse erkennen, unterstützen und anregen

1 Lernsituation

Marius befindet sich seit heute in der Kindertagesstätte Käferweg im Praktikum. Die Erzieherinnen haben ihm geraten, sich zunächst einmal gründlich umzuschauen, die Kinder und die Kolleginnen selbst im Tagesverlauf zu beobachten, um dann für Aufgaben bereit zu sein und vor allem nachfragen zu können.

Gegen 9 Uhr morgens sind schon viele Kinder anwesend und es wird in einer halben Stunde einen Morgenkreis geben; wie es danach weitergeht, weiß Marius noch nicht. Die Erzieherinnen begrüßen ankommende Kinder, führen zum Teil ein Gespräch mit Eltern oder bereiten Materialien vor. Die Mehrheit der Kinder hat sich in den unterschiedlichen Ecken der Kindertagesstätte verteilt und geht offenbar ihren Interessen nach.

Ab und zu wird eine Erzieherin von einem Kind angesprochen. Marius sieht, dass sie sich dann mit ihm unterhält, und manchmal zeigt ein Kind etwas oder

die Erzieherin geht mit ihm zu der Stelle im Raum, aus der es kam. Ab und zu geht eine Erzieherin zum Ecktisch mit den Unterlagen und Listen und schreibt eine Notiz auf einen der bereitliegenden Blöcke.

Mitten im Raum sitzt der gerade ein halbes Jahr alte Max auf einem Teppich, schaut umher und lutscht auf einem Baustein. Immer mal wieder schaut er zu seiner Mutter, die mit einer Erzieherin am Tisch sitzt. Beide lächeln ihm zu, er strahlt und schaut beim nächsten auffälligen Geräusch in die Richtung, aus der es kommt.

Die 3-jährige Anja legt Holzbauklötze unterschiedlicher Größe aufeinander. Nach einer Weile stürzt das Bauwerk ein. Sie legt die Klötze erneut und anders aufeinander.

Die 18 Monate alte Marie rennt in die Bauecke, wirft dort einen allein stehenden Turm um und jauchzt. Sie bleibt eine Weile stehen und schaut Anja zu. Dann

saust sie zur Murmelbahn und lässt in schneller Folge drei Kugeln hinabrollen.

Der 3-jährige Lucas schiebt eine Holzeisenbahn auf Holzschienen vor sich her und gibt quietschende Geräusche von sich. Die gleichaltrige Jewgenia müht sich, weitere Holzschienen aneinanderzustecken. Als sie die Strecke um zwei Stücke erweitert hat, schiebt Lucas die Bahn mit dem gleichen Quietschen darüber, bis sie auf dem Teppich hängen bleibt. Beide Kinder lachen sich an.

Der 4-jährige Thomas sitzt am Tisch und malt. In seiner Reichweite stehen Schalen mit Buntstiften, Filzstiften und Wachsmalstiften. Mehrere Male nimmt er Stifte zur Hand, malt aber nicht, sondern legt sie in eine andere Schale, so lange, bis es eine Schale mit Buntstiften, eine mit Wachsmalstiften und eine mit Filzstiften gibt.

Meike, Lasse und Sabine, alle 4 Jahre alt, sind im Bällebad beschäftigt. Immer wieder klettern sie auf die erhöhte Abschlussleiste und springen von dort aus ins Bad. Sie bleiben eine Weile darin sitzen und rühren mit den Armen in den Bällen herum. Dann steht Meike auf, schöpft Bälle in einen Eimer und schüttet den Inhalt über Lasse aus. Lasse greift sich Bälle und wirft sie in die Luft. Sabine zuckt zusammen und schaut Meike an. Meike lässt den Eimer fallen und wirft ebenfalls Bälle in die Luft. Dann schnieft Sabine einmal, schiebt ihre Brille hoch und tut es ihnen gleich. Nun lachen sich alle drei an. In der gesamten Zeit hört man sie Kommandos sagen von der Art „Jetzt so" oder „Alle so".

Der 3-jährige Peter zerrt eine Erzieherin zu dem großen Fenster mit der breiten, niedrigen Fensterbank. Nachdem sie ihm aufmunternd zugenickt hat, klettert er hinauf, was ihn offensichtlich etwas Mühe kostet, weil er dabei sein Kuscheltier an sich drückt. Als er endlich oben sitzt, winkt er einer Frau draußen zu, die im Weggehen ebenfalls winkt und dabei einen Kinderwagen schiebt. Er ruft „Tschüss, Mama, tschüss, kleine Lena" und drückt sich noch eine Weile die Nase an der Scheibe platt. Die Erzieherin geht neben ihm in die Hocke und winkt ebenfalls.

Alle Menschen im Raum, große wie kleine, wirken beschäftigt. Marius fragt sich, welche Aufgaben er haben wird und wann er endlich den Kindern etwas beibringen kann.

„Das Beibringen wird nicht so gut funktionieren", sagt seine Anleiterin Britta später dazu. „Kinder sind nicht belehrbar, sie bilden sich selbst."

„Aber was tu ich dann hier?", fragt Marius.

„Oh, unsere Arbeit ist schon sehr wichtig", antwortet Britta, „wir sorgen für einen guten Rahmen, in dem die Kinder offen, neugierig und mutig sein können, denn jedes Lernen braucht Resonanz, Bestätigung und Orientierung. Geh nur so neugierig und offen auf die Kinder zu, wie sie es auch mit dir tun. Es ist für uns Große manchmal gar nicht einfach herauszufinden, mit welchen Fragen ein Kind gerade beschäftigt ist. Aber es wird viele Wege suchen, es dir mitzuteilen. Und natürlich kommt es auch darauf an, dass wir die Räume in der Kindertagesstätte anregend und interessant genug gestalten, dass die Kinder tätig sein und auf ihre Fragen selbst Antworten finden können."

Marius ist sehr beeindruckt und beginnt zu überlegen, was er eigentlich heute schon gesehen hat.

2 Angestrebte Kompetenzen

Um Marius die Aufgaben eines Erziehers im Hinblick auf das kindliche Lernen einsichtig zu machen, muss die Anleiterin ihm zunächst den zentralen Stellenwert selbstbestimmter Aktivitäten für die Entwicklung des Selbstbildungspotenzials von Kindern verdeutlichen.

Die Lernform in der frühen Kindheit ist das Spiel und das selbstbestimmte Tun. Dabei geht jedes Kind in seinem eigenen Tempo seinem Interesse an der Welt nach und entfaltet seine Kreativität bei der Erforschung der Wirklichkeit. Es soll die Möglichkeit haben, selbst zu entscheiden, womit, wie lange und mit wem es sich beschäftigen will, was es also selbstbestimmt tun möchte. Die Erziehungskräfte sorgen für einen sicheren Rahmen, in dem jedes Kind sich wertgeschätzt wohlfühlen kann. Sie sind dazu bereit, mitzumachen oder zu unterstützen, falls Kinder dies wünschen oder es ihnen notwendig erscheint. Die Fachkräfte bieten den Kindern zusätzliches Material an, das neue, interessante Möglichkeiten, Themen und Betätigungsfelder eröffnen kann. In erster Linie sind sie teilnehmend engagierte

Beobachter der ablaufenden Prozesse und gewinnen dabei Informationen zur individuellen Entwicklung und zu den Interessen, den Bedürfnissen und möglichem Unterstützungsbedarf der Kinder. Unter dem Aspekt des Bildungsauftrags einer Kindertagesstätte ist es sinnvoll, alle kindlichen Aktivitäten als Formen des Lernens und der Selbst-Bildung aufzufassen. Mit dieser Sichtweise erhalten kindliche Verhaltensweisen den Sinn von Aneignungsprozessen:

- Kinder lernen ihre Umwelt durch aktives Erobern kennen,
- sie probieren sich und ihre Kräfte aus und
- verbessern, verfeinern ihr Können.

Für das Erkennen und Unterstützen von Lernprozessen kommt es zunächst auf eine respektvolle Haltung der Erziehungskräfte gegenüber dem kindlichen Tun an. Anhand regelmäßiger und genauer Beobachtung der kindlichen Aktivitäten (s. auch Kapitel 2 „Beobachten und analysieren") werden Entwicklungen sichtbar,

Interessen und Themen, die die Kinder über längere oder kürzere Zeiträume verfolgen.

Erziehungskräfte verfügen über Fachwissen und professionelle Handlungskompetenz, die es ihnen ermöglicht, kindliche Lernprozesse erkennen, unterstützen und herausfordern zu können.

Sie haben eine Vorstellung von kindlichen Entwicklungsprozessen, also Kenntnisse über physiologische, motorische, emotionale, kognitive und soziale Prozesse und die Wahrnehmungsentwicklung. Näheres dazu bietet der **Punkt 3** dieses Kapitels.

Sie kennen Erklärungsmodelle für Lern- und Entwicklungsprozesse, orientieren sich mit deren Hilfe bei der Interpretation kindlichen Tuns und wissen im Einzelfall um die Grenzen der unterschiedlichen Modelle – wie dargestellt in **Punkt 4**.

Erzieherinnen haben das Grundwissen und die Handlungskompetenz, um die individuellen Interessen und Themen von Kindern herauszufinden, aufnehmen und weiterführen zu können. Dabei wissen sie um die Wirkung und Funktion einer anregungsreichen Umwelt. Damit ist ebenso eine bewusste Raumgestaltung und Materialauswahl wie auch das Zurverfügungstellen von sozialer Umgebung, Resonanz und Empathie gemeint. Das Anknüpfen an die individuellen Stärken des einzelnen Kindes gehört zu den wichtigsten pädagogischen Grundsätzen. Als übergreifende Handlungsleitlinie kennen sie die institutionellen pädagogischen Aufgaben öffentlicher, familienergänzender und vorschulischer Betreuungs- und Bildungseinrichtungen. Sie kennen den gültigen bundeslandspezifischen Kindertagesstätten-Bildungsplan und setzen die dort formulierten Anforderungen und Anregungen individuell und zur Situation der Kinder ihrer Einrichtung passend um. Sie dokumentieren die pädagogische Arbeit und die Entwicklung jedes Kindes. Sie bieten den Kindern Tätigkeiten und Unternehmungen an, die sie auf grundlegende Weise mit dem kulturellen Umfeld unserer Gesellschaft bekannt machen. All das greift **Punkt 5** des Kapitels auf.

3 Lernen und Denken

3.1 Entwicklung – physiologische Prozesse – Reifung

„Lernen ist Entdecken. Es gibt kein anderes Mittel für wirksames Lernen."
Frederick S. Perls (1974)

Menschen lernen immer – von ihrer frühesten Existenz an, lange vor der Geburt, bis ins hohe Alter. Das Hirn ist ständig damit beschäftigt, Reize zu verarbeiten, zu sortieren und neu zu verknüpfen, sowohl im bewussten Wachzustand als auch während des Schlafes. Neue Eindrücke werden mit gemachten, verarbeiteten und erinnerten Erfahrungen abgeglichen und integriert. Ein wichtiges Kriterium ist dabei die Bewertung des Eindrucks. Gesucht wird stets nach der **Bedeutung**, nach dem Sinn der Informationen, die die Sinnesorgane aus der Umwelt und aus dem Körperinneren liefern. Weiterhin wichtig für die Kenntnisnahme und Weiterverarbeitung von Einflüssen ist der Erhalt der persönlichen Konstanz, das Mit-sich-selbst-identisch-Sein. Um das zu gewährleisten, gibt es für einen Menschen zwei Möglichkeiten: die Ignoranz gegenüber nicht passenden Eindrücken oder das Verändern schon vorhandener Gedächtnisinhalte. Das kann so weit gehen, dass so nicht erlebte, aber häufig als Erzählung (Familiengeschichten) gehörte Inhalte später als Teil der eigenen Vergangenheit wahrgenommen werden.

Die **Geschwindigkeit**, mit der Informationen verarbeitet werden, verändert sich im Laufe des Lebens. Generell scheint die Taktfrequenz von kindlichen Hirnen sehr viel höher als die von Erwachsenen zu sein. Nie wieder im Leben lernen Menschen so rasch und in solchem Umfang wie in der frühen Kindheit und schon relativ früh gilt: Je älter das Hirn ist, desto langsamer arbeitet es. Schon Grundschüler lernen langsamer und mit mehr Mühe als Kinder im Elementaralter, und deren Lerngeschwindigkeit ist schon sehr viel geringer als die von Neugeborenen und ganz jungen Kindern.

Wie kann man sich nun nach heutigem Forschungsstand den Ablauf kindlichen Lernens vorstellen?

Ein Neugeborenes kommt mit komplett ausgebildeten Sinnesorganen zur Welt. Sie sind funktionstüchtig, haben im Mutterleib schon gearbeitet und Erfahrungen produziert. Einzelne Sinnessysteme, beispielsweise der Sehsinn, müssen in ihrer Funktionsweise nach der Geburt noch „nachreifen".

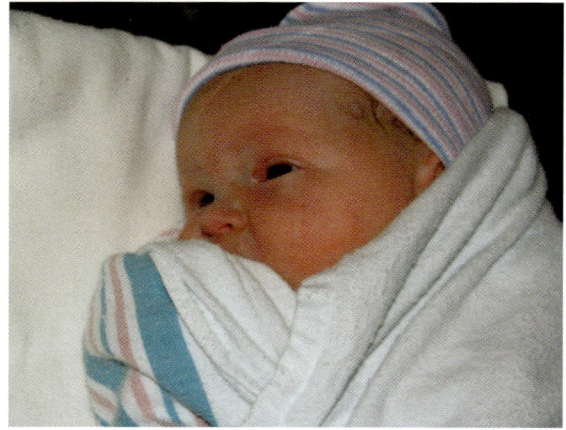

Die Sinnesorgane sind schon vorhanden

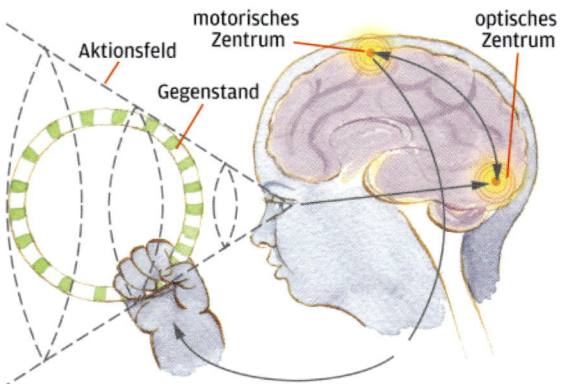

Vernetzung der Hirnstrukturen (nach Radigk, 1982)

Mit der Geburt, dem dramatischen Verlassen des geschützten intrauterinen Umfelds, wird ein umfassender Entwicklungsschub in Gang gesetzt. Die Sinne werden nun mit einer Vielzahl völlig unbekannter Reize bombardiert. Im jungen Gehirn wird während der Verarbeitung dieser Reize die Verarbeitungsstruktur gelegt. In den ersten nachgeburtlichen Lebenswochen schießt der Stoffwechsel im Hirn steil in die Höhe und es bilden sich zwischen den Nervenzellen Myriaden neuer Verbindungen (Axone), Kontaktstellen (Synapsen) und Verästelungen (Dendriten). Einhundert Milliarden Nervenzellen bilden Netzwerke und funktionstüchtige Einheiten – je vielfältiger, desto differenzierter kann der Sinneseindruck verarbeitet werden. Diese Vernetzung ist aktivitätsabhängig: Nur genau jene Nervenzellen schließen sich zusammen, die sich Signale in Form von elektrischen Impulsen schicken. Zusätzlich verstärken sich die Synapsen, je häufiger sie Impulse weiterleiten, also Lernerfahrungen verarbeiten. Dabei werden die Nervenverbindungen ebenfalls dicker und können bei dann erhöhter Leitungsgeschwindigkeit die Informationsverarbeitung wesentlich verbessern.

Die Großhirnrinde verdreifacht im ersten Lebensjahr ihr Gewicht und erreicht im 12. Lebensmonat bereits drei Viertel des Erwachsenengewichts. Auch andere Hirnareale wachsen nach der Geburt noch weiter. In dieser Zeit gehen also die Erfahrungen, die ein Kind macht und die es als Erleben und Erinnerung verarbeitet, mit einem physisch nachweisbaren **Gehirnwachstum** einher. Das Ergebnis dieses Nachreifungsprozesses ist eine individuelle, frühkindlich angelegte Struktur, innerhalb derer sich die Denkprozesse seines weiteren Lebens abspielen werden.

Die Bedeutung dieser Befunde zeigt sich, wenn man den menschlichen Säugling mit anderen neugeborenen Säugetieren vergleicht. Ganz deutlich ist die Differenz zu Huftieren, deren Junge Minuten nach der Geburt aufstehen und laufen können (müssen). Zum Erwerb dieser Fertigkeit braucht ein Mensch mehr als ein Jahr. Auch gegenüber den uns am nächsten verwandten Primaten, den Gorillas und Schimpansen, ist ein Menschenjunges zunächst im Nachteil, weil es motorisch und neurologisch sehr viel weniger weit entwickelt und daher um ein Vielfaches hilfloser ist.

Fohlen können sofort laufen

> Die anfängliche Unreife eines Menschen bei der Geburt wird im Laufe des Lebens zum entscheidenden Entwicklungsvorteil: Durch die offenen Strukturen gibt es von Anfang an eine enge Verknüpfung zwischen Reifung und Lernen.

Alle Verschaltungen, die in der Großhirnrinde dauerhaft angelegt werden, speichern sich auch aus den Erfahrungen, die ein Neugeborenes in motorischer und sensorischer Hinsicht macht. Mit dem Beginn seines Lebens bewegt sich ein Kind auf seine Umwelt zu und eignet sie sich aktiv an. Deshalb ist es von entscheidender Bedeutung, was es in dieser frühen Phase fühlen, sehen, hören, riechen und schmecken kann.

Das Angewiesensein auf Umweltreize für das Anstoßen der nächsten Entwicklungsschübe haben die dramatischen Ergebnisse der Hospitalismusforschung des Schweizer René Spitz und des britischen Forschers John Bowlby in den 1940er-Jahren gezeigt.

> Spitz veröffentlichte ab 1945 Studien zur Intelligenzentwicklung von Kindern, deren Mütter eine Gefängnisstrafe abzusitzen hatten. Bei dauerhafter Trennung erlitten die Kinder Entwicklungsdefizite, die später nicht mehr kompensierbar waren.

Neugeborene verfügen über Nachahmungsfähigkeiten. Die amerikanischen Forscher Andrew Meltzoff und Keith Moore veröffentlichten „... Befunde, die belegen, dass einfache mimische Gesten wie das Herausstrecken der Zunge, das Bewegen des Kopfes und das Öffnen des Mundes schon wenige Stunden nach der Geburt erfolgreich nachgeahmt werden. (...) Diese Fähigkeit scheint angeboren zu sein. Allerdings erfolgt sie nicht reflexartig, sondern meist erst nach intensivem Hinschauen und mehrfachem Probieren, wodurch sie sich immer besser an das Vorbild annähern" (Kasten, 2007).

Über diese Fähigkeit verfügen Neugeborene nur deshalb, weil sie offenbar „wissen", dass sie von derselben Art sind wie ihr Gegenüber - sie kommen mit einem Bewusstsein davon auf die Welt, Mensch unter Menschen zu sein.

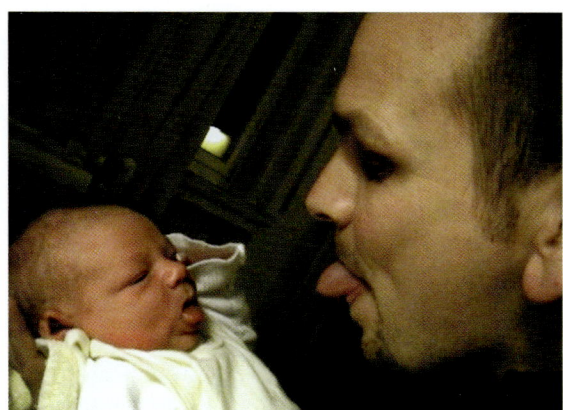

Nachahmen mimischer Gesten

> „Auf der Basis dieses Selbst-Verständnisses entwickeln Kinder in ihren ersten Lebensmonaten und -jahren das, was Forscher eine ‚Theorie des Denkens' nennen: Sie gewinnen eine Fülle von Erkenntnissen darüber, was in ihren Mitmenschen vorgeht – und in ihnen selbst. Sie lernen, mit ihrer Umwelt zu kommunizieren, ihre Bedürfnisse zu äußern. Sie lernen, dass es nicht nur einen Unterschied zwischen Menschen und Dingen, sondern auch zwischen Gedanken und Dingen gibt; und schließlich erkennen sie, dass Menschen Vorstellungen von der Welt haben, die richtig sein können – oder auch falsch" (J. Romberg in: Laewen, 2002).

Häufig bleiben die Meilensteine in der Denkentwicklung von der Umwelt zunächst unbemerkt: Wenn ein Kind etwa zum ersten Mal „so tut als ob" – der Baustein wird über den Boden geschoben mit den entsprechenden Geräuschen eines Fahrzeugs.

Von der ersten Imitation bis zu dem beschriebenen Moment, das ist ein riesiges (Selbst-)Bildungsprogramm, bei dem Kinder Erfahrungen und Kenntnisse auf sämtlichen Wissensgebieten sammeln. Oft gleichzeitig und immer kontextgebunden und anwendungsbezogen erwerben Kinder in den ersten Lebensjahren Kenntnisse über Physik und Chemie, soziale Zusammenhänge und Moral, Sprachen, Selbststeuerung und eigene und fremde Wünsche und Bedürfnisse.

Der 3-jährige Lucas aus der Lernsituation kennt den Unterschied zwischen den Fahrzeugarten sehr genau. Er zeigt sein Wissen nonverbal, nämlich in seiner Tätigkeit. Bahnen fahren auf Schienen und produzieren ganz andere Geräusche als Autos. Jewgenia ist das auch bekannt. Sie weiß im Prinzip, wie die Holzschienen aneinanderpassen und übt im Moment ihre motorische Geschicklichkeit. Sie kann annehmen, dass es Lucas Freude machen wird, wenn sich der Schienenstrang zum Fahren verlängert. Sie verfügt damit über eine soziale Theorie, die ihr hilft, sich auf Bedürfnisse anderer Menschen einzustellen, und sie kann ihre eignen Wünsche nach interessanten Tätigkeiten in der Situation angemessen zeigen. Lucas nimmt ihr Angebot an, indem er die von ihr gelegten Schienen benutzt. Zusätzlich erlaubt er sich einen Scherz, als er die Lok stranden lässt. Neben der Kenntnis der technischen Zusammenhänge wird in dieser Handlung auch seine soziale Kompetenz deutlich: er kreiert ein gemeinsames positives Erlebnis und stärkt seine Beziehung zu Jewgenia.

AUFGABE Beobachten Sie in Ihrer Praxiseinrichtung eine kleine Sequenz zwischen zwei Kindern und notieren Sie, was Sie von deren Tun erkennen können. Mit welchen Lernprozessen in Bezug auf ihre physikalische und soziale Umwelt sind sie beschäftigt?

3.2 Sinneswahrnehmung

Die Sinne sind das Tor zur Welt. Die Reize, die von den Sinnen aufgenommen, weitergeleitet und im Hirn zu Informationen strukturiert werden, sind die Bausteine jeglicher kognitiven Entwicklung.

Wir nehmen die Welt über unsere Sinnesorgane wahr. Dazu gehören beispielsweise die Ohren, die Augen, die Haut oder Nase und Zunge. Diese relativ grobe Aufzählung kann man noch nach einzelnen Wahrnehmungsleistungen differenzieren. Je nach Literatur werden bis zu 13 Sinnesgebiete unterschieden, nämlich:

Gesichtssinn (Sehsinn)	Berührungs- und Drucksinn	Stellungssinn
Gehörsinn	Temperatursinn	Spannungs- und Kraftsinn
Geruchssinn	Schmerzsinn	Lagesinn
Geschmackssinn	Organempfindungen	Drehbewegungssinn

Renate Zimmer schlägt eine Übersicht mit 7 Sinnessystemen vor. Diese Sinnessysteme kann man teilweise einem einzelnen Organ zuordnen, in anderen Fällen sorgen Rezeptoren, die über den gesamten Körper verteilt sind, für den Reiz und die gewonnene Sinnesinformation. Die wahrgenommenen Reize stammen aus der umgebenden Umwelt und aus dem Körperinneren.

Von Anfang an sucht ein Neugeborenes aktiv nach Eindrücken, es wendet sich einer Geräuschquelle zu, reagiert auf optische Reize und schmiegt sich an, sobald es in den Arm genommen wird.

```
        ┌──────────────────────┐
        │   Sinnvoll ist eine   │
        │   Unterteilung in     │
        └──────────────────────┘
           ↙              ↘
┌──────────────────┐  ┌──────────────────┐
│ die körpernahen  │  │ die körperfernen │
│ Sinne (Tasten,   │  │ Sinne (Sehen,    │
│ Bewegungsemp-    │  │ Hören, Riechen)  │
│ findung, Gleichge-│ │                  │
│ wicht, Schmecken)│  │                  │
└──────────────────┘  └──────────────────┘
```

Am Anfang des Lebens spielen die **körpernahen Sinne** für die Orientierung in der Welt die Hauptrolle. Die Haut ist ein Kontaktorgan: Sie markiert die Grenze und die Verbindung zur Welt. Auch die soziale Verbundenheit und das emotionale Aufgehobensein werden in erster Linie über die körpernahen Sinne „erfühlt". Nur auf dieser Basis können weitere Lernerfahrungen auch mit allen anderen Sinnen gemacht werden.

Wir leben heute in einer Welt, in der hauptsächlich die Fernsinne angesprochen werden. Schon Kinder konsumieren die Angebote visueller Medien wie Fernsehen und Computerspiele. Dort ist die Welt auf zwei Dimensionen reduziert. Räumliche Tiefe, taktile

Reize und die Existenz von Kräften und Gewichten können nur symbolisiert oder visuell dargestellt werden. Diese Informationen können nur von jenen Zuschauern sinnvoll verarbeitet werden, die diese Phänomene am eigenen Körper erlebt haben und über eine ausreichende Palette an Erinnerungen verfügen. Deshalb ist es so wichtig, dass Kinder in ihren ersten Lebensjahren ausführlich die Gelegenheit dazu erhalten, körperliche Erfahrungen nach ihrer eigenen Geschwindigkeit zu machen. Nicht beanspruchte Sinne können sich nicht entwickeln und werden abstumpfen, die Empfindungen sind dann weniger differenziert und von geringerer Tiefe.

Die menschlichen Sinnessysteme:

Sinnes- system	Erkenntnis- tätigkeit	Sinnes- organ	Rezeptoren	Reiz	Informationsgewinn
Visuelles System	Sehen	Augen	Fotorezeptoren, Stäbchen, Zapfen	Lichtwellen	Helligkeit, Farben, Form, Beurteilung von Lage von Objekten und Lebewesen
Auditives System	Hören	Ohr	Mechanorezep- toren (akustische Rezeptoren)	Schall- druckwellen	Tonhöhe, Klänge, Lautstärke, Ge- räusche, Sprache, Art und Ort der Schall- ereignisse
Taktiles System	Tasten, Berühren	Haut, Hand, Mund	Berührungs- und Temperaturrezep- toren, Mechanore- zeptoren[1],Schmerz- rezeptoren	Mechani- sche Reize, Hautberüh- rung	Größe, Form, Konsis- tenz, Oberflächen- beschaffenheit von Objekten, Temperatur
Kinästhe- tisches System	Tiefensen- sibilität, Bewegungs- empfindung	Sehnen, Muskeln, Gelenke	Propriozeptoren	Muskelkon- traktion, Eigenbewe- gung	Stellung der Körper- teile, Muskelspan- nung, Kraft des eige- nen Körpers, Gewicht von Objekten
Vestibuläres System	Gleich- gewichts- regulation	Vestibulär- apparat	Mechanorezep- toren	Lineare Beschleu- nigung, Winkel- beschleu- nigung	Lage und Orientierung im Raum, Beschleu- nigung des eigenen Körpers, Gleichge- wichtsempfinden
Geruchs- system (ol- faktorisches System)	Riechen	Nase, Na- senhöhle	Chemorezeptoren, Riechzellen	Gasförmige, chemische Verbin- dungen	Umweltkontrolle, Hygiene, Nahrungs- kontrolle
Ge- schmacks- system (gusta- torisches System)	Schmecken	Mund, Mundhöhle, Gaumen, Zunge	Chemorezeptoren, Mechanorezepto- ren, Geschmacks- knospen	Chemische Reize	Nahrungskontrolle, Steuerung der Nah- rungsaufnahme und -verarbeitung

(R. Zimmer, 2009)

---

[1] Mechanorezeptoren: Auch menschliche Haut ist in der Lage, Schallwellen wahrzunehmen, man spricht auch vom Vibrationssinn. Die Verfei- nerung des Vibrationssinns ist besonders für hörgeschädigte und gehörlose Menschen eine Möglichkeit, die fehlende auditive Wahrnehmung z. B. im Tanz auszugleichen.

3.3   Sensorische Integration

Alle Reize werden durch die entsprechenden Rezeptoren in den Sinnesorganen in elektrische Impulse umgewandelt, diese Informationen werden über das Nervensystem an das Hirn zur weiteren Verarbeitung geleitet. Dort werden die unterschiedlichen Sinneseindrücke zu einem differenzierten Eindruck von einer gesamten Situation verarbeitet. Dabei unterscheidet man

- verschiedene Sinnes-**Modalitäten** (z. B. Sehen, Hören oder Riechen),
- unterschiedliche **Qualitäten** (z. B. süß/sauer, Tonmischungen und Frequenzen, Helligkeiten oder Farben),
- verschiedene **Quantitäten** (Reizstärken).

Mit den aufgenommenen Sinnesreizen verknüpft sich sofort eine Empfindung, zu der eine Deutung der Situation kommt.

> Gelernt und abgespeichert wird eine komplexe Situation einschließlich der dabei entstandenen Gedanken und Gefühle.

Mit diesem Modell lässt sich z. B. erklären, weshalb der Geruch von Zimt bei vielen Menschen auch im Sommer weihnachtliche Gefühle und Kindheitserinnerungen auslöst. Abgespeichert ist das gesamte Weihnachtsfest, gefestigt durch die jährliche Wiederholung mit der besonderen Freude über Zimtsterne.

„Der Verlauf des Wahrnehmungsprozesses kann folgendermaßen beschrieben werden:
- Aufnahme des Reizes durch das entsprechende Sinnesorgan (über die Rezeptoren)

  ↓
- Weiterleitung des Reizes an das Gehirn über aufsteigende Bahnen (Nervenfasern) in die entsprechenden sensorischen Zentren in der Großhirnrinde

  ↓
- Speicherung des Wahrgenommenen im Gehirn

  ↓
- Vergleichen des neuen Reizes mit bisher Gespeichertem. Auswahl und Bewertung der Meldungen aus den Sinnesorganen

  ↓
- Koordination der Einzelreize der verschiedenen sensorischen Zentren im Gehirn

  ↓

- Verarbeitung der Reize und Einordnung in die bisherigen Erfahrungen

  ↓
- Reaktion, Reizbeantwortung (motorische Handlungen, Verhaltensänderungen etc.); absteigende Nervenfasern leiten die Impulse und Befehle des Gehirns zum ausführenden Organ (z. B. in Muskeln oder Sehnen)

  ↓
- die durch den Reiz in Gang gesetzten Reaktionen verursachen weitere Wahrnehmungen."

(R. Zimmer, 2009)

Wahrnehmung findet immer statt. Die Verarbeitung von Reizen aus der Umwelt und aus dem eigenen Körper und die Beantwortung – sei es als äußerlich sichtbare Reaktion, sei es als innerer Prozess – verlaufen multipel, sich überlappend und sich gegenseitig beeinflussend. Dazu verleiht das limbische System jeder Wahrnehmung eine Gefühlsqualität; die Information über einen Sinneseindruck erreicht diesen Hirnbereich schneller als die verarbeitende Großhirnrinde. Parallel dazu muss auch immer eine Selektion stattfinden: Man entscheidet bei der Wahrnehmung der Reize nach ihrer Wichtigkeit: Sie werden entsprechend wahrgenommen und integriert oder ausgeblendet und ignoriert. Dabei spielen die bei der Wahrnehmung stets mobilisierten Gefühle die Rolle eines Filters. Zur selektiven Wahrnehmung sind Menschen von Anfang an in der Lage: Es ist die Fähigkeit, zwischen „Figur" und „Grund" zu unterscheiden, die es erlaubt, sich auf das jeweils Wichtige zu konzentrieren und andere Reize auszublenden. Die Fähigkeit zur Figur-Grund-Wahrnehmung mit der Möglichkeit, den Fokus der Aufmerksamkeit wechseln zu können, schützt vor Reizüberflutung. Dadurch sind wir in der Lage, auch unter sich verändernden Bedingungen flexibel, anpassungsfähig, lernfähig und handlungsfähig zu sein.

Max, das jüngste Kind, das in der Lernsituation am Anfang dieses Kapitels erwähnt wird, ist mit mehreren Herausforderungen gleichzeitig beschäftigt. Er nimmt eine noch eher fremde Umgebung wahr: Er sieht und hört viele ihm unbekannte Menschen und Gegenstände. Er riecht seine Umgebung, fühlt den Teppich, auf dem er sitzt. Sein noch nicht völlig ausgereiftes vestibuläres System verarbeitet ständig Informationen, während er sich darum bemüht, sein Gleichgewicht im Sitzen zu halten – eine Kunst, die er noch nicht lange beherrscht. Dabei übt er, seine Körpermotorik zu koordinieren, und schult sich in der Integration kinästhetischer Wahrnehmungen.

Auch das Lutschen auf dem Baustein erfüllt mehrere Funktionen für Max. Es ist eine motorische Aktivität, die der Erregungsabfuhr und Beruhigung dienen kann. Berührungen an und in der Mundregion kann man aber auch häufig im Zusammenhang mit Konzentration und Informationsaufnahme beobachten. Gleichzeitig ist die Mundregion selbst in taktiler Hinsicht für Kinder in Max' Alter ein bevorzugter Informationskanal. Er befragt sozusagen den Baustein nach seinen Materialeigenschaften. Natürlich nimmt er dabei auch dessen geschmackliche Eigenschaften wahr.

Und immer wieder hört er ein neues Geräusch, das seine Aufmerksamkeit erregt, und er fragt hinblickend nach der Bedeutung dessen, was er hört. Er will außerdem wissen, wie die Geräuschquelle wohl aussehen mag. Alle Reize, die Max in dieser Situation verarbeitet, werden sich zu einem Gesamteindruck

eines seiner ersten Tage in der Kindertagesstätte verdichten und die Struktur seines Denkens ab jetzt beeinflussen. Aber die grundlegenden Kriterien für die Auswahl der Reize, die er wahrnimmt und verarbeitet, stehen ihm seit seiner Geburt zur Verfügung. Er verarbeitet all das gut und nachhaltig, was er emotional positiv besetzt und für interessant und wichtig hält. Damit erfindet Max seine individuellen Kriterien für die Wahrnehmung.

AUFGABE Beschreiben Sie das Verhalten eines sehr jungen Kindes für einen kurzen Zeitraum so ausführlich wie möglich. Achten Sie dabei vor allem auf kleine Zeichen, die Ihnen signalisieren, wofür sich das Kind im Moment interessiert. Analysieren Sie dann Ihre Notizen im Hinblick auf die Erfahrungen, die dieses Kind mit seinen sieben Sinnessystemen möglicherweise macht.

Modellvorstellung: Lernen als Wahrnehmung und Verarbeitung von Reizen

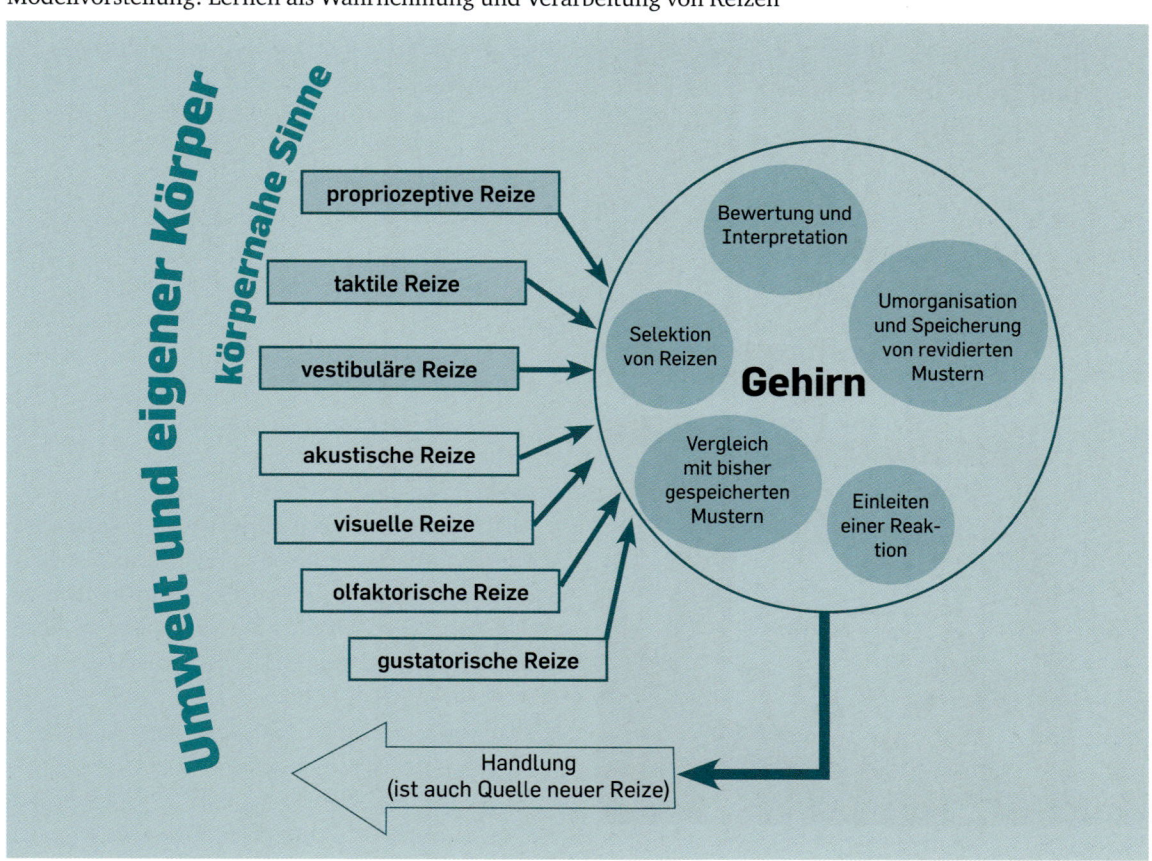

3.4 Bewegung

Bewegung ist die Basis für Wahrnehmungserfahrungen. Kinder bewegen sich auf die Welt zu, sie haben Lust auf sinnliche Erfahrungen. Dabei gewinnen sie ein Bild von ihrer Umgebung und von sich selbst. Sie knüpfen Beziehungen zu anderen Menschen und zu ihrer physischen Umwelt. In den ersten Lebensjahren ist der Wissenserwerb körpernah. Kleine Kinder erfahren in der Bewegung etwas

- über ihre Körpergrenzen,
- über die Lage ihrer Körperglieder im Raum,
- über die Schwerkraft und
- über ihr Gleichgewicht.

Sie loten dabei immer wieder und neu ihre Grenzen aus. Mit zunehmender Beweglichkeit erobern sie mehr Raum und erfahren seine Tiefe, können immer mehr Dinge sehen und erreichen, ergreifen. Sie puzzeln sich Stück für Stück die Welt zusammen und verstehen, d. h. begreifen immer mehr Zusammenhänge. All das spielt sich am Anfang im vorsprachlichen Bereich ab. Die sensomotorischen Erfahrungen sind eine Voraussetzung für die spätere Begriffsbildung.

Körpererfahrungen machen

Dabei gehen Kinder auch immer wieder Risiken ein, sie suchen die Herausforderung. Gäbe es diese Risikobereitschaft nicht, wäre für auf vier Füßen sicher krabbelnde Kinder der unbedingte Drang auf zwei unsichere Beine gewiss nicht so attraktiv. Der Weg zum einigermaßen sicheren Zweibeiner ist mit bitteren Niederlagen und schmerzenden Blessuren gepflastert. Trotzdem lässt sich kein gesundes Kind davon abschrecken.

Das Interesse an neuen Erfahrungen und die Neugier treiben die Kinder voran. Zusätzlich haben sie bis weit ins Jugendalter hinein eine Vorliebe für alles, was den Gleichgewichtssinn herausfordert. Zunächst sind es die Möbel, die erklettert werden müssen. Später sind es Schaukeln, Wippen, Rollbretter, Fahrzeuge aller Art, an denen alles versucht wird, was möglich erscheint. Lust auf die Erweiterung von Bewegungserfahrungen, die immer neue Probe der Geschicklichkeit, treibt Kinder auf Bäume, lässt sie auf Gehsteigkanten und Mäuerchen balancieren, all das verspricht mehr Spaß – und mehr Lernerfahrung als ein glatter, breiter Weg.

Meike, Lasse und Sabine, die drei Kinder im Bällebad, haben zwar vor allem ihren Spaß, sind aber gleichzeitig mit großer Ernsthaftigkeit mit der Synchronisation ihrer Bewegungen beschäftigt. Es hat für sie einen eigenen Reiz, sich aufeinander einzustimmen und das Gleiche zu tun. Damit haben sie das Springen in die Menge der Bälle, das allein schon eine Herausforderung für die Bewegungskoordination darstellt, um eine interessante Variante erweitert. Und sie erfinden weitere Tätigkeiten. So verschaffen sie sich differenzierte Bewegungserfahrungen und festigen ihre Freundschaft. Die sozialen Beziehungen der Kinder sind das Band und die Basis für immer neue spannende Spielsituationen. So lernen die Kinder, ihren Körper zu koordinieren, wiederholen frühere taktile Erfahrungen und erweitern ihre sozialen Kompetenzen.

Und: Auch Erwachsene wissen um die positiven Folgen des lebenslangen In-Bewegung-Bleibens. Der Geist wird in der Bewegung erfrischt, das Gehirn wird besser durchblutet, und nach einer körperlich aktiven Pause ist man zu neuer geistiger Anstrengung befähigt.

AUFGABE Beobachten Sie für ein paar Minuten ein Kind in Bewegung. Was genau tut es? Sprechen Sie mit dem Kind. Was erzählt es Ihnen über seine Tätigkeit?

3.5 Spielen – erforschen – tätig sein

„Neugier ist wie Hunger ein starker und notwendiger Trieb. Ohne die Fähigkeit zum Staunen würde der Verstand verhungern. Wenn man die Neugier sich entfalten lässt, entwickelt sie sich zu jener Leidenschaft für Erkenntnis und Verstehen, die den Ursprung aller Wissenschaft bildet. Nicht nur die Wortwahl, sondern auch die Beweggründe sind bei einem Kind genau die gleichen wie bei einem Physikprofessor, wenn beide fragen: „Warum ist der Himmel blau?“ Sie sind schlicht und einfach neugierig.“
(Hans Christian von Baeyer)

Auch Säuglinge erforschen handelnd und hantierend ihre Umwelt. Sobald sie gelernt haben, dass die vor ihren Augen auftauchenden und verschwindenden Arme und Hände zu ihnen gehören, wenn also die Hirnregionen für das Sehen und das Greifen ansatzweise koordiniert sind, werden die anfangs unbeherrschbar erscheinenden Wedelbewegungen zielgerichteter. Im Verlaufe der ersten Lebenswochen tritt an die Stelle des Greifreflexes das bewusste Zugreifen und danach das Wieder-Loslassen-Können. Von da an greifen auch die Kleinsten zu und bereiten für sich das „Begreifen“ vor. Wenn Gegenstände, Mobiles, Ketten mit Greifspielzeug und alles, was ihnen vor die Augen kommt, erreichbar sind und möglicherweise auch noch interessante Geräusche machen, können sie das Interesse des Kindes langfristig fesseln. Mit dem von Anfang an vorhandenen Bedürfnis nach Aktivität und einer kaum erlahmenden Neugier stellen sie handelnd Fragen, bilden Hypothesen, die sie unter systematischer Veränderung der Bedingungen erproben.

- Beispielsweise wird beinahe alles, was ein Kleinkind im Hochstuhl, in der Karre oder am Rand einer Treppe in die Hand bekommt, einem Herunterfalltest unterworfen. Die Dinge fallen auf unterschiedliche Art zu Boden, bleiben liegen oder rollen weiter, klingen hölzern, metallisch oder wie Kunststoff.
- Auch beim Zugreifen fühlen sich die Dinge unterschiedlich in Temperatur und Oberflächenbeschaffenheit oder aufgrund des spezifischen Gewichts an. Ein Kunststoffbecher kann ebenso groß und glatt wie ein Glas sein, er fühlt sich anders an. Je abwechslungsreicher die Umgebung ist, die Kin-

der erforschen können, desto reichhaltiger werden die Materialerfahrungen sein, desto effektiver wird die Wahrnehmung für feinste Unterschiede trainiert und desto differenziertere Kenntnisse eignet sich das Kind an.

Materialerfahrung machen

Denken ist also zuerst praktisches Handeln. Wie Forscher gehen Kinder dabei auch

vom Einzelfall ➡ zur Verallgemeinerung

vor. Es geht zunächst um einfache Induktion nach dem Muster „wenn ➡ dann“. So muss ein Kind beispielsweise so lange den Zusammenhang zwischen dem Kippen des Lichtschalters und Aufglühen der Lampe ausprobieren und sehen, bis das zu seinem gesicherten Wissensstand gehört.

- Kinder testen dabei auch, inwieweit sie die Umwelt nach ihren Wünschen verändern können oder sich der Umwelt anpassen müssen. Sie erfahren sich ein Stück weit als mächtig, als Verursacher von Veränderungen und sammeln gesichertes, durch Erfahrung erworbenes Wissen. „Kinder sind nicht belehrbar“ – nur über Eigentätigkeit lernen sie gern und gut.

Kindliche Lernprozesse, die Hartnäckigkeit, mit der auch sehr junge Kinder ihre Interessen verfolgen, können für Altersgenossen ein Anlass für Ärger, Kummer oder Widerspruch und für Erwachsene anstrengend sein. Wenn zwei Kinder den gleichen Gegenstand wie beispielsweise ein Fahrzeug beanspruchen, gibt es Ärger und ein Einigungsmodus muss erst erfunden werden. Das auszuhalten ist nicht einfach. Und manchmal brauchen Kinder dabei auch die Unterstützung von Erwachsenen. Zudem setzen verantwortliche Erwachsene Grenzen, wenn beispielsweise die Unversehrtheit eines Kindes bedroht ist; auch das kann ein Kind in manchen Fällen nicht verstehen und reagiert mit Wut und Verzweiflung. Es ist für kleine Kinder immer wieder eine erschütternde Entdeckung, wenn sie feststellen müssen, dass die Mutter als engste Bezugsperson anderer Meinung ist oder nicht versteht, was das Kind möchte.

In der geschützten Umgebung der Kindertagesstätte ist die kleine Marie damit beschäftigt, sich die Gesetze der Schwerkraft anzueignen. Sie setzt in Bewegung und beobachtet sehr genau, was dann passiert. Erwartungsgemäß fallen die Bausteine des Turms nacheinander und mit Gepolter zu Boden und die Kugeln rollen auf der Murmelbahn bis zum Ende. Auch die ältere Anja erforscht handelnd das Materialverhalten der Bausteine unter dem Kriterium des Stapelns in die Höhe. Während Marie das Umwerfen genießt (und möglicherweise einen Erwachsenen zum neuen Turmbau auffordert), experimentiert Anja mit unterschiedlichen Anordnungen der Steine. Sie ist also mehr mit den Feinstrukturen des Bauens und Stapelns beschäftigt. Das heißt nicht, dass Marie keine Vorstellung davon hätte, wie ein Turm ausse-

hen soll, den sie umwerfen möchte. Doch noch verspürt sie keinen Impuls, so etwas bauen zu wollen. Erst wenn sie ihre Körpermotorik feiner koordiniert hat, wird sie damit anfangen, selbst in die Höhe zu stapeln.

AUFGABE

1. Beobachten Sie Kinder im Umgang mit konstruktivem Material. Sie werden feststellen, dass sie Lösungen für konstruktive Probleme suchen (stabil in die Höhe bauen, Brückenkonstruktionen, Überdachungen etc.). Dokumentieren Sie die Versuche und unterschiedlichen Lösungswege der Kinder.
2. Achten Sie in Alltagssituationen darauf, wie Kinder versuchen, Einfluss zu nehmen und ihre Macht als Verursacher von Veränderung zu erproben.
3. Sprechen Sie mit Mitschülerinnen über Ihre Notizen und tauschen Sie sich über Ihre Einschätzungen aus.

4 Erklärungsmodelle für Lern- und Entwicklungsprozesse

Man kann beobachten, dass Menschen sich ganz unterschiedlich entwickeln und sehr verschiedene Fähigkeiten, Fertigkeiten und Talente ausbilden. Dabei werden in unterschiedlichen Gegenden der Welt nicht nur verschiedene Sprachen gesprochen, sondern die Menschen verfügen über spezielle, passende Kenntnisse und Fertigkeiten. Die Annahme, dass sie dies einmal gelernt haben und als Lernaufgabe an ihre Kinder weitergeben, liegt auf der Hand. Dann ist die nächste interessante Frage, wie man sich solche grundlegenden Lernprozesse vorzustellen hat. Es ist die Frage nach einer Theorie über das Lernen und der Bedarf nach einer Modellvorstellung vom Lernen.

Das Ziel bei der Formulierung von Theorien und Modellvorstellungen ist das Verstehen von Prozessen. Der Impuls zur Entwicklung von Lerntheorien entsteht aus dem Bedürfnis von Lehrenden, Instrumente zur Einflussnahme auf den Verlauf von Lernprozessen zu bekommen. Deshalb ist die Erklärungsträchtigkeit eines Modells ein wichtiges Gütekriterium: Es geht

um die Frage, ob die in der Beobachtung von Lernprozessen vorgefundenen Phänomene mit seiner Hilfe befriedigend erklärt und möglicherweise wunschgemäß gesteuert werden können.

4.1 Verhaltenstheoretisch beeinflusste Erklärungsmodelle – Konditionierung

Verhaltenstheoretische Ansätze sind als Gegenkonzepte zu rein philosophischen Auffassungen entstanden. Sie gehen davon aus, dass zur Erklärung von Lernen die Beschäftigung mit inneren Prozessen aus wissenschaftlicher Sicht nicht akzeptabel ist. John Watson gründete in den 1920er-Jahren in den USA eine Forschungsrichtung, die unter der Bezeichnung Behaviorismus die amerikanische und auch die deutsche Psychologie bis in die 1970er-Jahre geprägt hat. Das Hauptziel war die Vorhersage und Kontrolle von

Verhalten. Für das ausdrückliche Desinteresse an Introspektion und die Konzentration auf Beobachtbares als Konzept hat der amerikanische Psychologe B. F. Skinner den Begriff der „Blackbox" geprägt. Er ging davon aus, dass wissenschaftlich seriös nur das beforscht werden kann, was sichtbar ist und beispielsweise im Labor in kontrollierbarer Weise verändert werden kann. Denkprozesse spielen sich im Inneren des Menschen ab, eben in der „Blackbox" seines Gehirns, sie entziehen sich deshalb der Beobachtung und die Beschäftigung damit fällt eher in den Bereich von Spekulation.

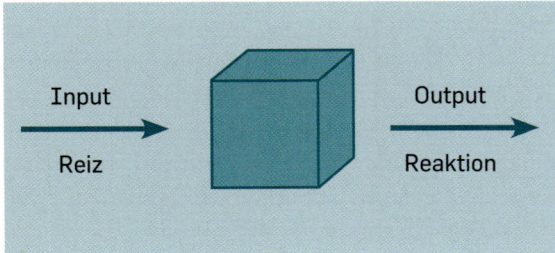

Modell Blackbox

Als die erste entwickelte Lernform gilt das Signallernen oder die **klassische Konditionierung**. Der russische Physiologe Iwan Pawlow hat dieses Phänomen zunächst eher zufällig entdeckt. Er hat dann systematisch bei Hunden das Phänomen erzeugt, dass sie beim Ertönen einer Glocke vermehrt Speichel absondern; eine Reaktion, die ansonsten nur durch den Geruch oder den Anblick von Futter ausgelöst werden kann. Wenn nun beim Darreichen von Futter immer eine Glocke ertönt, verbindet sich der unkonditionierte Reiz „Futter" mit dem konditionierten Reiz „Glockenton". Darauf folgt die Reaktion „Speichelfluss". Nach einigen Durchgängen reicht der Glockenton als konditionierter Reiz aus, um die Reaktion Speichelfluss auszulösen. Die so entstandene Verbindung erwies sich als sehr dauerhaft.

Mithilfe dieses Erklärungsmodells kann man auch bei Menschen körperliche Reaktionen oder Verhalten als gelernt – eben klassisch konditioniert – erklären. Wer zum Beispiel im Kino bei einer bestimmten Art von Musik Herzklopfen bekommt, hat gelernt, dass es nun spannend wird. Angenommen wird, dass es sich hierbei um eine Grundform des Lernens handelt. Ein bestimmter Reiz wird mit einer Erfahrung verbunden – von da an gehören beide zusammen. So freut sich möglicherweise ein Kleinkind stets angesichts seines Lätzchens, das zum Signal für Essen generell geworden ist.

Dieses Modell wurde später um das **operante Konditionieren** erweitert. Bei diesem Erklärungsansatz wird ein sogenanntes Verstärkungslernen bzw. Lernen durch Erfolg oder Misserfolg postuliert. Die Modellvorstellung: Auf eine Handlung folgt ein angenehmes Ereignis. Wenn dies wiederholt eintritt, wird eine besondere Reiz-Reaktions-Kette etabliert. Das Individuum fühlt sich belohnt und wird bald das Verhalten wiederholen, um die belohnende Reaktion zu provozieren. Auch hier wurden die ersten Versuche mit Tieren gemacht. Ratten wurden im Labor durch ein Gängesystem geschickt und stießen dabei auf Hebel, die sie drücken konnten. Wenn die Betätigung einer dieser Hebel Futter ausschüttet, wird ein konditionierter Reiz gesetzt. Die Ratte wird diesen Hebel immer wieder drücken (Erfolgslernen). Nach einiger Zeit muss auch nicht bei jedem Mal die Belohnung folgen, sondern es reicht, wenn hin und wieder eine Belohnung erfolgt.

Tierdressur ist meist operantes Konditionieren

Auf dem Modell des operanten Konditionierens fußt die behavioristische Theorie des **Erfolgslernens**. Dabei geht es darum, erwünschtes Verhalten zu trainieren. Lernen findet statt als das Zeigen von Verhaltensweisen, die wahrscheinlich belohnt werden, oder auch als Vermeiden von Verhalten, das möglicherweise bestraft wird. Für Menschen kann die Belohnung auch in der Anerkennung durch andere und die Bestrafung in der Nichtachtung bestehen. Insbesondere Thorndike und Skinner haben dazu in vielen Varianten Versuchsreihen durchgeführt und eine umfangreiche Theorie zum Verstärkungslernen oder Lernen durch Konsequenzen konzipiert.

Anlage-Umwelt-Debatte

Es hat unter Lerntheoretikern, Psychologen und Pädagogen erbitterte Debatten über die Frage gegeben, ob Entwicklung und Lernen durch Umwelteinflüsse oder das Reifen vererbter Anlagen stattfinden. Mittlerweile hat sich die Anlage-Umwelt-Debatte vor allem durch die neueren Ergebnisse der Neurowissenschaften weitgehend erledigt.

- Die Mehrheit der Wissenschaftler geht heute davon aus, dass ein genetisch gesteuertes Reifungsprogramm bei der Entwicklung des Menschen abläuft, das aber offene Strukturen und Potenzen bereitstellt. Gefüllt und ausgeformt werden sie durch die konkrete, situative Erfahrung.
- Außerdem scheint es so zu sein, dass es an vielen Stellen bedeutsamer Umwelteinflüsse bedarf, um einen nächsten Reifungsschub auszulösen.

Noch nicht alle Schaltstellen und Einzelheiten dieses komplexen Prozesses sind befriedigend erforscht. Aber sicher scheint zu sein, dass sich auch bei der körperlichen Erscheinungsform eines Menschen (bei seinem Größenwachstum beispielsweise) und vor allem in Verhalten, Entwicklung von Talenten und Eigenschaften Reifungs- und Erfahrungsprozesse so untrennbar miteinander vermischen, dass die Frage nach anlage- oder umweltbedingten Eigenschaften sinnlos geworden ist.

Ein weiterer wichtiger Vertreter behavioristischer Lerntheorien ist Albert Bandura (* 1925), der in seinen Experimenten pädagogischen und moralischen Fragestellungen nachgegangen ist. Er konnte zeigen, dass das Lernen am Modell dann besonders wirksam verläuft, wenn ein Beobachter die Person, deren Verhalten er möglicherweise übernimmt, als sozial attraktiv, also beliebt oder mächtig erlebt. Wirksam für die Übernahme, also das Lernen des Verhaltens, ist auch die Beobachtung, dass es belohnt wird. Gelernt wird, so gesehen, mittels zweier Komponenten:

- in einer sozialen Situation und
- durch die kognitive Verarbeitung des Geschehens.

Deshalb werden Banduras Überlegungen als **sozial-kognitive Lerntheorie** bezeichnet. Danach lernen Kinder erfolgsorientiert nur dann, wenn eine Belohnung erfolgt. Zur Erklärung von kindlichem Lernen gilt es demgemäß, die Belohnung bzw. die vermiedene Bestrafung aufzuspüren. Weiterhin kann man die Erkenntnisse dafür nutzen, Lernsituationen so zu konstruieren, dass erwünschtes Verhalten belohnt und unerwünschtes Verhalten möglichst nicht belohnt wird.

4.2 Psychoanalytisch orientierte Modelle

Nach psychoanalytischer Vorstellung kann Lernen nur innerhalb jener Bandbreite stattfinden, die die Entwicklungsphase zulässt, in der sich das Kind gerade befindet. Dabei ist die Libido die treibende Kraft, die sich mit fortschreitender Reifung des Kindes in unterschiedlichen Regionen des Körpers äußert. Danach sind auch die einzelnen Entwicklungsphasen benannt. Wichtig ist dabei die Annahme, dass jeder Mensch von Beginn seines Lebens an ein sexuelles Wesen ist. Nacheinander sind jeweils verschiedene Körperregionen besonders empfindlich und in den aufeinanderfolgenden Phasen erogene Zonen.

In psychoanalytischer Tradition postulierte Robert Havighurst 1948 das Konzept der Entwicklungsaufgaben, das in der Folgezeit bis in die 1970er-Jahre vor allem von Erik Erikson (1902–1994) weiterentwickelt und präzisiert wurde.

Reifung in diesem Sinne bedeutet Folgendes: Genetisch angelegte Strukturen und Funktionen entfalten sich nach ihrem eigenen Rhythmus. Ganz augenfällig ist dies bei der Anlage und dem Wachstum des Körpers mit seinem Skelett, den Organen, Muskeln und der Epidermis. Auch das Gehirn und das Zentralnervensystem reifen nach einem genetischen Programm heran. In Bezug auf Lernen und Entwicklung gilt mittlerweile auch bei psychoanalytisch orientierten Forschern eine Art Ausschluss-Logik: Alle Lernzuwächse und Verhaltenserweiterungen, bei denen man keine Umwelteinflüsse erkennen kann, werden auf Reifung zurückgeführt.

In der aktuellen pädagogischen Diskussion hat das Konzept der Reifung trotz aller entgegenstehenden neueren Forschungsergebnisse noch seinen Platz. **Entwicklungstabellen** geben Auskunft über den Reifestand eines Kindes in seiner Entwicklung. Schulreifetests sollen bei der Entscheidung helfen, ob ein Kind nicht nur in kognitiver, sondern auch in körperlicher, emotionaler und sozialer Hinsicht so weit entwickelt ist, dass der Schulstart erfolgreich verlaufen wird (s. **Kapitel 6**). Obwohl auch gerade in das Konzept der Schulreife gesellschaftliche Normierungen und statistisch ermittelte Größen eingegangen sind, lässt sich beim einzelnen Kind ein Reifungsprozess feststellen. In viel umfassenderem Ausmaß einleuchtend erscheint das Reifungskonzept für die Erklärung der Phänomene in der Pubertät, in der, hormonell gesteuert, die gesamte Persönlichkeit einen deutlichen Entwicklungs- und Veränderungsschub erfährt.

Der Schüler von Anna Freud, Erikson, ging von acht psychosozialen Stadien aus, die jeder Mensch durchlaufen muss und die ihn immer wieder vor phasentypische, wichtige Krisen stellen. Gelingt ihre Überwindung nicht auf eine befriedigende Weise, so hat das beeinträchtigende Folgen für das weitere Leben. Die jeweils im Vordergrund stehenden Konflikte verschwinden niemals vollständig, aber sie müssen vorläufig gelöst werden, damit das psychosoziale Stadium erfolgreich bewältigt werden kann.

Psychosoziale Studien nach Erikson:

Ungefähres Alter	Krise	Angemessene Lösung	Unangemessene Lösung
0–1,5 Jahre	Vertrauen vs. Misstrauen	Grundlegendes Gefühl der Sicherheit	Unsicherheit, Angst
1,5–3 Jahre	Autonomie vs. Selbstzweifel	Wahrnehmung des eigenen Selbst als Person, die ihren Körper kontrolliert und Ereignisse verursacht	Gefühl der Unfähigkeit, Ereignisse zu kontrollieren
3–6 Jahre	Initiative vs. Schuldbewusstsein	Vertrauen auf eigene Initiative und Kreativität	Mangelndes Selbstwertgefühl
6 Jahre bis Pubertät	Kompetenz vs. Minderwertigkeit	Kompetenz in grundlegenden sozialen und intellektuellen Fertigkeiten	Mangelndes Selbstwertgefühl, Gefühl des Versagens
Adoleszenz	Identität vs. Rollendiffusion	Entspanntes Erleben des eigenen Selbst	Das eigene Selbst wird als bruchstückhaft, schwankend und diffus wahrgenommen
Frühes Erwachsenenalter	Intimität vs. Isolation	Fähigkeit zur Nähe und zur Bindung an andere	Gefühl der Einsamkeit, Trennung; Leugnung des Bedürfnisses nach Nähe
Mittleres Erwachsenenalter	Generativität vs. Stagnation	Über die eigene Person hinaus Sorge um Familie, Gesellschaft und künftige Generationen	Hedonistische Interessen; fehlende Zukunftsperspektive
Seniorenalter	Ich-Integrität vs. Verzweiflung	Gefühl der Ganzheit, grundlegende Zufriedenheit mit dem Leben	Gefühl der Sinnlosigkeit, Enttäuschung

(nach Zimbardo, 2008)

Die Lern- und Entwicklungsaufgaben eines Kindes von Geburt an lassen sich dann so skizzieren:

Die erste Lernleistung ist die Entwicklung von Vertrauen – darauf, dass die Welt ein freundlicher Ort ist, dass die Erfüllung der Grundbedürfnisse nach Nahrung, Hygiene und sonstiger körperlicher Fürsorge gesichert ist. Gelernt wird dabei das Vertrauen darauf, dass die primären wichtigen Bezugspersonen wiederkommen, wenn sie zunächst das Blickfeld und dann den Raum verlassen.

Daneben und danach liegt die reifungsbedingte Lernleistung in der Kontrolle, zunächst über den eigenen Körper und dann auch über beeinflussbare Dinge und Personen in der näheren Umgebung. Das Kind entdeckt seinen eigenen Willen und dass es etwas bewirken kann. Damit tun sich in der Regel Konflikte zwischen dem Willen des Kindes und dem der Bezugspersonen auf, die zu bewältigen auch gelernt werden muss. Daran beginnt das Selbstvertrauen zu wachsen.

Das Kind ist jetzt reif dafür, bewusst Initiative zu ergreifen, mit anderen zu konkurrieren und sich zu erproben. Gleichzeitig lernt es, mit Schuldgefühlen und der Angst vor der Zurückweisung umzugehen.

Das Vertrauen in die eigene Kraft, die Entwicklung von Kompetenz und die dauerhafte Leistungsbereitschaft bleiben während der Schulzeit bis zur Pubertät eine ständige Aufgabe.

Bei der Beschäftigung mit Entwicklungsaufgaben fällt auf, dass es sich bei ihren Inhalten keineswegs um anthropologische Grundkonstanten handelt, sondern dass sie kulturell und historisch geprägt sind und in anderen Zivilisationsmodellen durchaus anders aussehen könnten. Deshalb spricht man von normativen Entwicklungsaufgaben, die ein Mensch zu bewältigen hat, sobald die psychischen, sozialen und biologischen Voraussetzungen dafür erfüllt sind.

Für Kleinkinder werden folgende normative Entwicklungsaufgaben unterschieden:

Laufen lernen selbstständig Nahrung aufnehmen sich aus der symbiotischen Beziehung zur Mutter lösen ein Gewissen erwerben (unterscheiden zwischen Gut und Böse) die eigene Geschlechtsrolle erwerben und Geschlechtsunterschiede erkennen	eigene Gefühle zu den Eltern und Geschwistern in Beziehung setzen Symbolgebrauch und Sprechen lernen Körperausscheidungen kontrollieren Bindungen zu weiteren Personen aufbauen physiologische Stabilität erwerben Zusammenhänge zwischen sozialer Umwelt und physischer Realität erkennen

(nach Kasten, 2007)

Wenn man die Lernsituation dieses Kapitels unter dem Blickwinkel der psychosozialen Stadien und der zugehörigen Entwicklungsaufgaben betrachtet, fallen die Anstrengungen von Peter auf. Nun kann man sehen, dass er mit der Entwicklung seiner Autonomie und der Dämpfung von Selbstzweifeln beschäftigt ist: Mithilfe des Nachwinkrituals und unter Unterstützung der vertrauten Person seiner Bezugserzieherin kann er in einer kritischen Situation seine Mutter gehen lassen. Seiner kleinen Schwester bringt er sicherlich ebenso viel Liebe wie Eifersucht entgegen: Seit ihrer Ankunft hat er den Platz als einziges Kind seiner Mutter und damit viel Macht und Einfluss verloren. Das Ritual erlaubt ihm, aktiv zu sein: Er verabschiedet Mutter und Schwester, er winkt ihnen hinterher, er wird sich danach anderen Dingen zuwenden können.

Die Bezugserzieherin wird ihn darin auch weiterhin bestärken und er wird das Kuscheltier so lange wie nötig mit sich herumtragen. Er kann durch Wiederholungen lernen, dass die familiäre Situation auch nach der Geburt der Schwester verlässlich ist und er sich als großer Bruder geliebt fühlen kann. Er wird ein neues

Selbstvertrauen als autonome Persönlichkeit entwickeln und sich den nächsten Entwicklungsaufgaben stellen.

AUFGABE Beobachten Sie Kinder Ihrer Einrichtung bezüglich der Bewältigung von Entwicklungsaufgaben. Tauschen Sie sich mit Ihrer Anleiterin über Ihre Beobachtungen aus.

4.3 Piagets Modell der stufenweisen kognitiven Entwicklung

Der Schweizer Entwicklungspsychologe Jean Piaget (1896 – 1980) hat fast 50 Jahre lang Theorien über das Denken, Schlussfolgern und Problemlösen von Kindern entwickelt. Grundlegend sind dabei mehrere Annahmen:

• Er ging von einer aktiven Aneignung von Wissen durch den sogenannten „aktiven und kompetenten Säugling" aus, der in der Interaktion mit der Umwelt sich in einem selbstkonstruktiven Prozess bildet.

- Die Entwicklung vollzieht sich in Stufen oder Stadien, die von jedem Menschen in der gleichen Reihenfolge, aber in individuellem Tempo durchlebt werden. Jedes Stadium bildet ein integratives Ganzes und bereitet auf die folgende Stufe vor.

Wichtige Begriffe in Piagets Theorie sind Schemata, Assimilation und Akkommodation. Unter einem Schema ist in diesem Sinne eine Denkstruktur, ein mentales Programm, zu verstehen, das einen Baustein für eine entwicklungsbedingte Veränderung ergeben kann. Die ersten Schemata sind die bei der Geburt vorhandenen Reflexe. Die Assimilation ist die Hineinnahme einer neuen kognitiven Struktur, die verändert und zu den bisherigen Schemata passend gemacht wird. Ergänzt wird dieser Prozess durch die Akkommodation, die Anpassung und teilweise Rekonstruktion der schon vorhandenen Strukturen, an die neue Information.

Es werden vier Stadien der kognitiven Entwicklung bis zum Erwachsenenalter angenommen:

Stadium (Alter in Jahren)	Typische Merkmale und wesentliche Errungenschaften
sensomotorisch (0–2)	Das Kind verfügt zu Beginn seines Lebens über eine kleine Zahl an sensomotorischen Sequenzen. Das Kind erwirbt Objekt-Permanenz und die Anfänge symbolischen Denkens.
präoperativ (2–7)	Das Denken des Kindes ist von Egozentrismus und Zentrierung geprägt. Das Kind besitzt verbesserte Fähigkeiten zum Einsatz symbolischen Denkens.
konkret-operativ (7–11)	Das Kind versteht das Invarianzprinzip. Das Kind kann in Bezug auf konkrete, physikalische Objekte schlussfolgernd denken.
formal-operativ (ab 11)	Das Kind entwickelt die Fähigkeit zu abstrakten Schlussfolgerungen und hypothetischem Denken.

(nach Zimbardo, 2008)

Das **sensomotorische Stadium** ist nach Piaget eine Vorstufe zum Denken. Das Kind entwickelt sich in 6 Schritten vom Neugeborenen (das die Bewegungen seines Körpers kaum unter Kontrolle hat) zu einem Zweijährigen, das sich zielgerichtet verhalten kann.

1. Die angeborenen Reflexe – insbesondere der Saugreflex und der Greifreflex – verändern sich in der Anwendung, weil jeder reflexauslösende Gegenstand eine andere Form hat und eine etwas andere Bewegung erfordert.
2. Im 2. bis 4. Lebensmonat entwickelt das Kind einfache Gewohnheiten oder primäre Zirkulärreaktionen: Am Beispiel des Greifens verwandelt sich der Reflex zum zielgerichteten Greifen. Erst danach lernt das Kind das Loslassen. Diese neue interessante Bewegung wird immer wieder geübt und vervollkommnet. Auch das Verfolgen und Suchen einer optischen Besonderheit wie einer Lichtquelle ist nun möglich, ebenso das zufällig entdeckte und dann willkürlich immer wieder eingesetzte Daumenlutschen gehört dazu.
3. Sekundäre Zirkulärreaktionen entwickeln sich ab dem 5. Lebensmonat. Die aktive Wiederholung interessanter Entdeckungen bezieht sich nun mehr auf die Umgebung statt auf den eigenen Körper. Bewegliche und Geräusch produzierende Gegenstände werden wiederholt bewegt, um den Effekt noch einmal zu erleben.
4. Im letzten Drittel des 1. Lebensjahres werden unabhängig voneinander erlernte Verhaltensweisen koordiniert, miteinander verknüpft, um etwas zu erreichen. Das Kind krabbelt auf einen interessanten Gegenstand zu, schiebt Hindernisse weg oder nimmt Umwege in Kauf, um ihn dann zu ergreifen.
5. Im 2. Lebensjahr treten tertiäre Zirkulärreaktionen, eine neue Art von Assimilation und Akkommodation, auf. Das Kind beginnt, aktiv mit Gegenständen zu experimentieren, um ihnen

noch unbekannte Eigenschaften zu entlocken. Es erforscht den differenzierten Gebrauch von Alltagsdingen. Mit einem Löffel kann man beispielsweise nicht nur essen, sondern auch noch unendlich viele andere interessante Dinge tun. Es ist auch die Zeit der intensiven Einfüll- und Umgießexperimente in der Badewanne.

6. Der Abschluss des sensomotorischen Stadiums wird durch den Übergang zum Denken als rein abstrakte Tätigkeit gebildet. Das Kind muss nun nicht mehr alles gegenständlich erproben, sondern kann dies innerlich in seiner Vorstellung tun und dann in einem Schritt zielgerichtet sein Verhalten verändern, um einen gewünschten Effekt zu erzielen.

Ein großer kognitiver Schritt innerhalb der sensomotorischen Phase ist das Erreichen der Objekt-Permanenz. Bis zum 6. Lebensmonat existieren nur jene Dinge, mit denen sich das Kind in diesem Moment beschäftigt. In mehreren Schritten erwirbt sich das Kind die Vorstellung, dass auch die Dinge, die im Moment nicht sichtbar sind, weiterhin existieren. Gegen Ende des 1. Lebensjahres fangen die Kinder an, Dinge aktiv zu suchen. Die Objekt-Permanenz ist eine wichtige Voraussetzung dafür, dass in den folgenden Lebensjahren Vorstellungen von Raum und Zeit sowie Ursache und Wirkung entwickelt werden können.

Das präoperative Stadium hat Piaget der Zeit etwa bis zum 7. Lebensjahr zugeordnet. Nach seiner Theorie lernt das Kind jetzt allmählich zu unterscheiden zwischen

den Dingen ↔ den dafür stehenden Symbolen .

Es versteht, dass das Wort eine für einen Gegenstand gewählte Bezeichnung ist. Es erkennt mühelos Darstellungen und unterscheidet ganz sicher zwischen

Apfel und Bild vom Apfel. Das symbolische Denken erlaubt auch Abstraktionen: Das Kind erkennt, dass es eine Gruppe von Dingen gibt, die rund sind und folglich rollen. Diese Erkenntnis ist ein Baustein in der Fähigkeit, Kategorien bilden zu können. Ein Kind kann aber auch erkennen, dass man mit einem Gegenstand ganz unterschiedliche Dinge tun kann. Und die immer präzisere Entwicklung von Vorstellungsinhalten erlaubt das Darübersprechen und das „So-Tun-als-ob", das Spiel mit Symbolen.

Der Junge Thomas in der Eingangssituation hat eher nebenbei am Maltisch eine Struktur entdeckt oder auch für sich selbst kreiert. Nur mit sich und den Stiften beschäftigt, konnte er in Ruhe die unterschiedlichen Arten und ihre Eigenschaften fühlen, sehen, riechen und in der Handhabung wahrnehmen und registrieren. Thomas hat sich ungeplant eine Lernsituation geschaffen und für Ordnung gesorgt. Kein Erwachsener hat es ihm zeigen oder ihn dazu anweisen müssen. Allein seine Neugier und sein Ausprobieren haben ihn hier weitergebracht. So hat er ein System entwickelt, möglicherweise kann er nun auch berichten, nach welchen Kriterien er die Stifte sortiert hat. Über die Verbalisierung seiner Tätigkeit kann er dies auf einer weiteren kognitiven Ebene verarbeiten und seine Fähigkeit zur Strukturbildung verallgemeinern.

Piaget hat ein Modell der systematischen kognitiven und psychosozialen Entwicklung vorgeschlagen, das lange Zeit unangefochten Bildungspläne und Förderprogramme bestimmt hat. Heute ist die Hauptkritik an seiner Theorie das Hervorheben dessen, was Kinder auf bestimmten Stufen noch nicht leisten können. Zudem gibt es Fähigkeiten und Kenntnisse, die sich Kinder auch viel früher aneignen können, als sein Phasenmodell es ihnen zubilligt. Das gilt beispielsweise für das Abstraktionsvermögen und den kompetenten Umgang mit Symbolen.

In diesem Sinne wissen Lucas und Jewgenia, was sie tun. Die Holzeisenbahn ist Symbol für Schienenfahrzeuge. Sie quietscht nicht so wie die reale Straßenbahn, deshalb erledigt Lucas das eben.

AUFGABE Sammeln Sie Notizen von Situationen, in denen Sie Anzeichen von Denkoperationen bei Kindern festhalten. Ordnen Sie sie den Stadien der Denkentwicklung nach Piaget zu. Diskutieren Sie mit Mitschülerinnen die Tragweite und die Grenzen dieses Modells.

4.4 Systemisch-orientierte bzw. ökologische Modelle

Ausgangspunkt für systemisch-orientierte Modelle des Lernens ist die von Kurt Lewin (1890–1947) entwickelte Feldtheorie. Das „Feld" ist der physikalische und soziale Raum, in dem ein Mensch handelt. Wichtig für das Lernen ist die subjektive Bedeutung der Umwelt. Lernen und Entwicklung sind nach Lewin die schrittweise Exploration und Ausdifferenzierung der Regionen des eigenen Lebensraums.

Auf dieser Basis entwickelte der russischstämmige Amerikaner Urie Bronfenbrenner (1917–2005) den Ansatz einer ökologischen Entwicklungstheorie. Er geht davon aus, dass Menschen in vielfach ineinander verschachtelten Systemen handeln und Kinder sich von Geburt an darin lernend entwickeln. Diese Systeme bilden die Umwelt, die beeinflusst, was auf welche Weise und zu welchem Zeitpunkt gelernt wird.

Systemisch-orientierte Modelle und Denktraditionen haben in der pädagogischen Diskussion den Blick dafür geöffnet, dass jeder Mensch in einer materiellen, kulturellen und sozialen Umgebung lebt. Es wäre sehr erstaunlich, wenn dies ohne Folgen für sein Lernen und seine Entwicklung bliebe. Daraus folgt:

> Die Umwelt eines Kindes muss als umgebendes System berücksichtigt werden, wenn man seine Entwicklung einordnen und seine Lern- und Lebensthemen erkennen will.

Bronfenbrenner unterscheidet fünf Systeme, die Einfluss auf die Entwicklung eines Menschen nehmen und sich dabei selbst verändern:

Das **Mikrosystem** ist der unmittelbare Lebensbereich, die Nahumwelt eines Menschen. Das ist zunächst die Familie, in der erste Lernerfahrungen stattfinden. Dabei kommt es auf das subjektive Erleben von Tätigkeiten, Rollen und zwischenmenschlichen Beziehungen an. Weitere Mikrosysteme sind die Nachbarschaft, die Kindergartengruppe, die Schule oder weitere überschaubare Gruppen, in denen sich ein Kind bewegt und lernt.

Diese Mikrosysteme hängen zusammen und beeinflussen sich gegenseitig. Damit wird ein weiteres System gebildet: das **Mesosystem**. Es „… umfasst die Wechselbeziehungen zwischen den Lebensbereichen, an denen die sich entwickelnde Person beteiligt ist" (Bronfenbrenner, 1981). Tätigkeiten oder Veränderungen in einem der Mikrosysteme wirken auf die übrigen ein, das Mesosystem verändert sich.

Entwicklung bewirkt entweder die Übernahme neuer Rollen – ein Kind wird bei der Geburt des nächsten Kindes große Schwester oder großer Bruder – oder den Eintritt in ein neues Mikrosystem – vom Kindergarten in die Schule. Solche Lebensübergänge werden als **Chronosysteme** bezeichnet. Sie umfassen die zeitliche Dimension der Entwicklung, z. B. markante Zeitpunkte.

Eine weitere Kategorie ist das **Exosystem**. Es ist ein Teil der Umwelt, an dem ein Mensch nicht beteiligt ist, der ihn aber beeinflusst oder davon beeinflusst wird. Für Kinder sind die Arbeitsplätze von Vater oder Mutter Exosysteme: das, was sie lernen, und ihre Entwicklung werden davon wesentlich beeinflusst, obwohl sie persönlich daran keinen Anteil haben. Und es ist eine Wechselbeziehung: Auch das Exosystem Arbeitsplatz wird durch die Kinder verändert, obwohl sie persönlich dort weder anwesend sind noch agieren.

Die letzte zu berücksichtigende Kategorie ist das **Makrosystem**. Es besteht aus dem, was in einer großen Anzahl von Mikro-, Meso- und Exosystemen das Gemeinsame ausmacht: die Kultur und die Subkultur, in der sich die Menschen bewegen und die ihre Lernerfahrungen auf charakteristische Weise färben. Die Umwelt, in der ein Kind seine Lernerfahrungen macht und seine Art zu denken bildet, ist nach Bronfenbrenner als vorwiegend soziale zu sehen. Die Gesellschaft besteht aus einem komplexen Gefüge von Subsystemen, die in geregeltem Kontakt miteinander stehen. Über diese Systeme und Subsysteme werden Traditionen, Kultur, Sprache und ihre speziellen Codes und ethische, philosophische und religiöse Überzeugungen vermittelt.

Die beiden Kinder Max und Peter bewegen sich in einem Chronosystem, sie haben in diesem Moment des Übergangs vieles neu zu lernen. Max lernt neben dem Mikrosystem seiner Familie ein neues

Mikrosystem, die Kindergartengruppe, kennen. In der Zukunft wird er täglich von einem Mikrosystem in ein anderes und wieder zurück wechseln. Das Mesosystem, das aus dem Zusammenhang der Mikrosysteme Kindergarten und der dazugehörenden Familien gebildet wird, verändert sich gleichzeitig durch das Hinzukommen der Familie von Max. Es verändert sich auch dadurch, dass sich das Mikrosystem der Familie von Peter verändert hat. Peter muss lernen, mit einem Rollenwechsel umzugehen: Aus einem Einzelkind ist ein älterer Bruder einer kleinen Schwester geworden. Als Exosysteme werden auch die Arbeitsplätze von Peters und Max' Müttern tangiert. Auch dies hat Rückwirkungen auf das Lernen der Kinder und auf das Mikrosystem Kindergartengruppe. Die Mutter von Max wird nach seiner Eingewöhnung in die Kindergartengruppe ihren Arbeitsplatz, wenn auch vielleicht mit reduzierter Stundenzahl, wieder einnehmen. Sie wird dann wieder stärker mit Dingen beschäftigt sein, die nicht unmittelbar mit Max zu tun haben. Das wird Rückwirkungen auf die Mikrosysteme der Familie von Max und die Kindergartengruppe haben. Die Mutter von Peter ist seit einiger Zeit nicht mehr berufstätig. Ihr Arbeitsplatz ist als Exosystem für Peter im Moment nicht existent. Das kann sich auch wieder ändern, wenn seine kleine Schwester Lena größer geworden ist und die Mutter möglicherweise in die Berufstätigkeit zurückkehrt.

Ökologisches Modell nach Bronfenbrenner –
Das Ineinandergreifen der gesellschaftlichen Systeme am Beispiel Kindertagesstätte:

1. Die Kindertagesstätte bildet als Zusammenkunft von Menschen ein Mikrosystem. Jede Familie bildet für sich ein Mikrosystem.
2. Alle beteiligten Mikrosysteme beeinflussen sich gegenseitig und bilden zusammen ein Mesosystem.
3. Die Kinder sind diejenigen, die stets wechseln und auf Zeit Mitglied im „Mikrosystem Kindertagesstätte" sind, gleichzeitig auch Mitglied des Mikrosystems ihrer Familie. Sie bewegen sich jeweils in einem (zeitlichen) Chronosystem, denn sie müssen im Moment Veränderungen verarbeiten. Dies beeinflusst das Mesosystem.
4. Die Arbeitsplätze der Mütter sind aus der Perspektive der Kinder Exosysteme, sie selbst sind dort nicht anwesend. Trotzdem beeinflussen die Kinder die Exosysteme, dieser Einfluss ist wechselseitig.

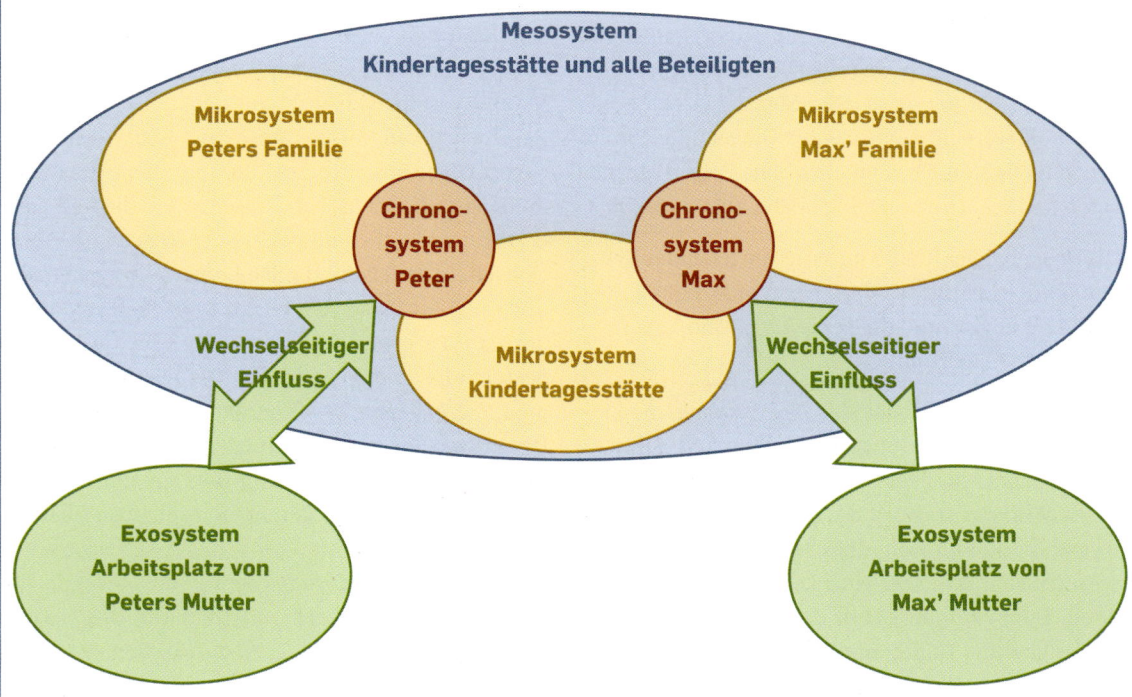

AUFGABE
Betrachten Sie Ihre Lerngruppe oder die Klasse als Mikrosystem. Welche weiteren Mikrosysteme gruppieren sich um dieses Mikrosystem zu einem Mesosystem? Können Sie Einflussfaktoren benennen, die Lernvorgänge provozieren? Können Sie Exosysteme identifizieren, also andere Mikrosysteme, in denen niemand von Ihnen persönlich handelnd vorkommt, die Sie aber trotzdem beeinflussen?

4.5 Neuere Forschungsergebnisse zu Lern-, Theoriebildungs- und Gedächtnisleistungen von Kindern

Im Rahmen der Erforschung der frühkindlichen Entwicklung und des zunehmenden Interesses an der Pädagogik der frühen Kindheit sind in den letzten Jahren eine Reihe von neuen Ergebnissen zum logischen Denken, zum Gedächtnis, zur Unterscheidungsfähigkeit und zum Urteilsvermögen sehr junger Kinder veröffentlicht worden. Mit trickreichen Apparaturen und Versuchsanordnungen wurden vermehrt auch Kinder „befragt", die noch nicht sprechen können. Über video- und computergestützte Aufzeichnungen ihrer mimischen und gestischen Äußerungen konnte auf kognitive Vorgänge rückgeschlossen werden. Auch 4- bis 6-jährige Kinder wurden zu Experimenten eingeladen, in denen sie über komplexe Sachverhalte auf der Handlungsebene oder auch verbal befragt wurden. Gemeinsames Ergebnis der Versuche ist, dass Kinder schon viel früher als bisher angenommen

- Kategorien sicher unterscheiden,
- Analogieschlüsse ziehen,
- Erwartungen über künftige Ereignisse haben

und daraufhin beobachten und urteilen. Kleinstkinder, die kaum sitzen können, reagieren entweder mit Freude, wenn ein Gegenstand zu Boden fällt und damit ein physikalisches Gesetz eingehalten wird, oder verwirrt, wenn dies nicht eintritt, weil er beispielsweise im Versuchslabor auf einer für das Kind nicht sichtbaren Halterung ruht. Diese ersten physikalischen Kenntnisse werden offenbar im Verlauf des Kindergartenalters ausgebaut und differenziert. Das Gleiche leisten Kin-

der bei der Entwicklung ihres Verständnisses von der belebten Natur, von sozialen Zusammenhängen und moralischen Übereinkünften. Beobachtbar ist eine Theoriebildung, die in vielerlei Hinsicht dem Weltverständnis von Erwachsenen sehr nahe kommt.

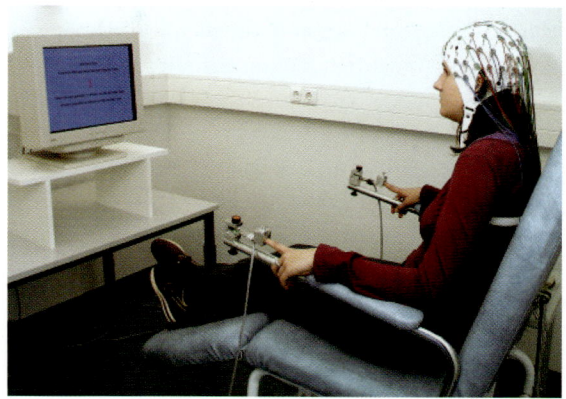

Wie lernen wir?

Diese Versuche auf der Verhaltensebene werden durch die Ergebnisse neurobiologischer Forschungen bestätigt. Es ist möglich, die Hirnfunktionen beim Menschen mittels Elektroenzephalogramm (EEG) und funktioneller Magnetresonanz-Tomografie (fMRT) zu messen und damit gleichsam „dem Gehirn beim Arbeiten zuzusehen". Sichtbar sind Erregungsmuster, die die gleichzeitige Aktivität unterschiedlicher Hirnareale nachweisen. Das Gehirn arbeitet nach dem Prinzip der neuronalen Vernetzung. Eindrücke, Bilder und Informationen werden an verschiedenen Stellen des Gehirns aufgenommen und weiterverarbeitet. Dabei werden sie in vorhandene Strukturen aufgenommen oder es werden neue Strukturen gebildet. Die Häufung ähnlicher Wahrnehmungsmuster führt zu einer Erweiterung des entsprechenden Areals.

Das wichtigste Ergebnis ist: Das Gehirn ist für das Lernen optimiert, kann nichts besser und tut nichts lieber, als ständig zu lernen. Deshalb brauchen Kinder die Chance, möglichst viele und möglichst unterschiedliche Erfahrungen machen zu können.

Ein weiteres Ergebnis der Gehirnforschung ist, dass sich das Gehirn auch stofflich selbst belohnt. Jede neue Erkenntnis, jedes Erfolgserlebnis löst demnach die Ausschüttung eines Hormons aus, das Glücksgefühle vermittelt: den Neurotransmitter Dopamin. Erkenntnis macht Spaß, ist an sich schon eine Freude und allein deshalb bemühen sich Lernende – Kinder wie Erwachsene – darum, etwas Neues herauszufinden. Sie lernen wie alle Lebewesen am besten, wenn sie selbst tätig sind. Dabei werden von Beginn an Kategorien gebildet und Regeln generiert. Regelwissen ist häufig implizit und gehört nicht immer in den Bereich des deklarativen Wissens, über das wir Auskunft geben können. Trotzdem wird ein Verstoß zum Beispiel gegen die Gesetze der Schwerkraft auch von sehr jungen Kindern mit Anzeichen größter Irritation wahrgenommen.

Im Licht dieser Forschungsergebnisse kann sicher festgestellt werden: Marie weiß, welche Effekte sie auslösen will. Der Turm soll einstürzen und die Murmeln sollen herabrollen. Die Freude über den erzielten Effekt drückt sie spontan aus, gleichzeitig kann dies auch ein Motiv für die Wiederholung des Experiments sein. Marie wäre sehr erstaunt, wenn etwas anderes passieren würde. Dieses Regelwissen eignet sie sich handelnd an und festigt es so lange, wie es für sie erforderlich ist. Marie wird, wie die übrigen Kinder auch, an diesem Tag eine Vielzahl von Erlebnissen dieser Art haben, sie sich auch aktiv verschaffen. Viele spezielle Einzelheiten wird sie wieder vergessen, aber die mechanischen Regeln wird sie sich weiter herausdestillieren und verfeinern. Wenn sie auf der Murmelbahn eine größere Murmel erwischt, kann es sein, dass diese nicht – wie erwartet – bis zum Ende rollt. Die Kugel bleibt möglicherweise irgendwo stecken und Marie wird zur Erweiterung ihres Regelwissens neue Experimente starten.

AUFGABE Bewerten Sie Tätigkeiten von Kindern in Ihrer Einrichtung beispielhaft unter dem Gesichtspunkt, dass sie von dem übermächtigen Bedürfnis angetrieben sind, zu lernen und Neues zu erleben. Beschreiben Sie ihr Tun als Abenteuer.

4.6 Die konstruktivistische Lerntheorie als besondere Systemtheorie

Die Vertreter einer konstruktivistischen Lerntheorie sehen sich durch die Ergebnisse der Neurowissenschaften in ihren zum Teil schon vor 30 Jahren publizierten Annahmen über das Lernen bestätigt.

Danach ist Wissenserwerb die individuelle Konstruktion einer Weltsicht. Paul Watzlawick (1926–2007) nennt den Konstruktivismus die „Untersuchung der Art

und Weise, wie wir Menschen unsere eigenen Wirklichkeiten erschaffen". Dies ist nur möglich, nachdem „die Welt" über die Sinnesorgane und die Weiterverarbeitung der Reize in das Bewusstsein eines Menschen gekommen ist. Unter Berufung auf Johann Amos Comenius (1592–1670) kann man sagen, dass „nichts im Verstand ist, wo es nicht zuvor im Sinn gewesen" sei. Als weiterer Effekt kommt hinzu, dass es kaum einen voraussetzungslosen Blick auf die uns umgebenden Dinge gibt. Beinahe immer wird der aktuelle Eindruck in schon vorhandene Gedächtnisinhalte eingeordnet. Dies hat zur Folge, dass nur aufgenommen und verarbeitet werden kann, was „gesehen" und nicht „übersehen" wird. Das führt zu der These, dass sich jedes Individuum ein individuelles und subjektives Bild seiner Umwelt konstruiert.

> Demnach gibt es keine für alle gültige Wirklichkeit, sondern viele subjektive und individuelle Wirklichkeiten. Die so kognitiv konstruierte Welt eines Individuums erhält nur dann allgemeinere Verbindlichkeit, wenn diese Sicht der Dinge von anderen geteilt wird.

In der Lernsituation sind verschiedene kleine Kindergruppen damit beschäftigt, ihre Sicht der Welt abzugleichen und zu synchronisieren: Das ist eine notwendige Tätigkeit für ein befriedigendes Zusammenspiel. Für die drei Kinder im Bällebad ist der Abgleich fast alleiniger Spielinhalt. Jedes Kind ist darauf bedacht, seine Ideen den anderen so mitzuteilen, dass sie sich diese im Mitmachen aneignen können. Damit findet ein Stückchen gemeinsame Wirklichkeit statt, ein Verstehen, das auch glücklich macht.

Eine andere Form der Verständigung und Kommunikation über ihre Sicht der Welt haben die beiden Kinder mit der Holzeisenbahn gefunden: Sie ergänzen sich im Spiel. Beide tun Dinge, die das jeweils andere Kind als passend und sinnvoll erkennt. So entsteht eine Ko-Konstruktion von Welt, in der ein gemeinsames Spiel möglich ist.

So gesehen ist Lernen ein aktiver, selbst gesteuerter, konstruktiver, situativer und sozialer Prozess. Kinder lernen, indem sie selbst tun, die Welt erfassen und begreifen und sich daraus ihr Weltbild mit all seinen Annahmen und Gesetzen konstruieren. Das tun sie stets in Kontexten, also sinnvollen Situationen und sozialen Zusammenhängen. Erst aus einer Reihe von

Erfahrungen entstehen Verallgemeinerungen und es werden Regeln generiert. Wenn Kinder als Konstrukteure und Entdecker ihrer Wirklichkeit sich erfolgreich in der Gesellschaft mit anderen bewegen können sollen, brauchen sie **verlässliche Strukturen**, die ihnen die Konstruktion ihres Wissens ermöglichen. Diesen Rahmen zu setzen ist u. a. die Aufgabe von Bildungseinrichtungen. Auch Kindertagesstätten stellen an jedem Tag den Raum für die Aneignung der Welt zur Verfügung: Räume, in denen es Dinge zum Anfassen und zur Auseinandersetzung gibt, in denen Kinder und Erwachsene als ermutigende Ansprechpartner zur Verfügung stehen. Solche Bedingungen

Gemeinsames Spiel mit Kommunikation

hat beispielsweise auch Maria Montessori gefordert. (s. **Kapitel 4** „Pädagogisches Handeln strukturieren", Punkt 5.2). Kernstück ihrer Methode ist die vorbereitete Umgebung und das strukturierte Material, mit dem sich Kinder selbstständig beschäftigen und handelnd Wissen erwerben. Wegen seiner starken Betonung der Eigenaktivität des Kindes wird teilweise auch Jean Piaget zu den Vertretern des Konstruktivismus gerechnet.

AUFGABE

1. Wie beurteilen Sie Ihre Praxiseinrichtung, wenn Sie sich vorstellen, Sie wären dort ein Kind? Was fällt Ihnen dann auf, was gefällt Ihnen gut? Und wie fällt Ihr Urteil aus, wenn Sie sich vorstellen, dass Sie für die Finanzen der Einrichtung zuständig sind?

2. Setzen Sie sich mit einer Partnerin zusammen und erzählen ihr eine kurze Geschichte über ein Ereignis, bei dem Sie beide anwesend waren. Die Partnerin darf erst danach erzählen, wie sie die Geschichte erlebt hat. Vermutlich werden Ihre Geschichten etwas verschieden ausfallen. Analysieren Sie nun die Unterschiede genauer: Wie sind sie zustande gekommen?

5 Lern- und Bildungsprozesse erkennen, unterstützen und herausfordern

All das, was Kinder tun, ist für sie von Bedeutung – hier und jetzt und im räumlichen und sozialen Zusammenhang.

Die Beobachtung und Dokumentation ihrer Aktivitäten verfolgen das Ziel, ihrem Interesse auf die Spur zu kommen und die persönliche Bedeutung zu erkennen. Was sich die Kinder bei ihrem Tun denken, kann man nicht sehen, und der Sinn erschließt sich möglicherweise auch erst nach längerem oder mehrfachem Beobachten oder gar im Gesamtzusammenhang einer längeren Dokumentation (s. Dokumentationsmethoden im **Kapitel 2** „Beobachten und analysieren").

Man kann gesichert davon ausgehen, dass Kinder stets mit mehreren Themen und Fragen an ihre Umwelt gleichzeitig beschäftigt sind.

Wichtig ist, dass sich die beobachtende Person vergegenwärtigt, dass sie die Interessen des Kindes lediglich erahnen und interpretieren kann. Sie tut im Prinzip das, was auch das Kind tut. Sie setzt auf der Basis der Verarbeitung von Sinneseindrücken ihre Sicht von der Welt zusammen. Ebenso wie das Kind, das sie beobachtet, bemüht sie sich dabei darum, ein sinnvolles Ganzes zu erkennen bzw. zu konstruieren. Deshalb ist es so wichtig, dass sie sich stets darüber im Klaren ist, dass das Kind eine völlig andere Einordnung und Bewertung der gleichen Abläufe und des sozialen Kontextes vornehmen könnte.

Wer also an den Fragen der Kinder interessiert ist, muss sich auf sie einlassen, muss ihre Interessen teilen und ihre Fragen wichtig finden.

5.1 Die Rolle von Bindung und Beziehung

Sicher gebundene Kinder können sich konzentrieren, sie versenken sich in das, was sie beschäftigt. Ebenso engagiert wenden sie sich weltoffen und aufmerksam ihrer Umgebung mit all ihren interessanten Phänomenen zu. Die ersten Bezugspersonen schaffen mit verlässlicher Zuwendung und Sorge um die Befriedigung von Grundbedürfnissen die Basis an emotionaler Sicherheit, auf der Neugier und Risikofreude gedeihen. So können Kinder frühe Bildungsbeziehungen eingehen, auf denen alle weiteren Lernprozesse aufbauen.

Die Bindungstheorie geht zurück auf den englischen Kinderpsychiater John Bowlby. Sie fußt darauf, dass Neugeborene eine Bindung zu ihren Bezugspersonen (in der Regel ihren Eltern) eingehen müssen, denn das sichert ihr Überleben in einer besonders verletzlichen Phase (siehe Punkt 3.1. dieses Kapitels). Entscheidend ist, in welcher Weise die Eltern auf dieses Bedürfnis nach Bindung und liebevoller Zuwendung eingehen, denn dies prägt die Art, wie das Kind im späteren Leben seine Gefühle äußert, welche emotionalen Erwartungen es an seine Mitmenschen hat und ob es selbst in der Lage ist, tragfähige Bindungen einzugehen, Freundschaften zu schaffen und Liebe zu geben.

Dazu hat die Entwicklungspsychologin Mary Ainsworth praktische Forschungen und Beobachtungen durchgeführt und die Bedeutung der Qualität der elterlichen Bindung für die gute Entwicklung eines Kindes, seine spätere Beziehungsfähigkeit und letztlich auch sein Lebensglück nachgewiesen. In Deutschland gelten 60 % aller Kinder als überwiegend sicher gebunden.

Unterschiedliche Arten von Bindung

Unter Bindung wird eine enge und intensive gefühlsmäßige Verbindung zwischen Personen verstanden, die eine besondere Qualität hat und lange Zeit überdauert. Kleinstkinder sind durchaus in der Lage, zu mehreren Personen eine Bindung aufzubauen, die jedoch unterschiedliche Grade an Nähe beinhalten können. Ab dem vierten Lebensmonat entsteht die engste Bindung zwischen dem Kind und den Eltern, die die Basis für das sogenannte Urvertrauen bildet. Mit Ainsworth und Bowlby unterscheidet man heute drei Arten der Bindung von Kindern an ihre engsten Bezugspersonen:

Sicher-gebunden: Sicher gebundene Kinder haben in ihrem Leben erfahren, dass ihre Eltern sich ihnen liebevoll und feinfühlig zugewandt haben und dass ihre Bedürfnisse zuverlässig erfüllt worden sind. Sie fühlen sich voraussetzungslos und um ihrer selbst willen geliebt. Gegenüber ihren engsten Familienmitglieder zeigen sie große Zuneigung und Vertrauen. Von dieser sicheren Basis ausgehend können sie selbstbewusst, unbefangen und furchtlos die Welt erkunden. Diese Kinder sind in der Regel freundlich, ausgeglichen, neugierig und können sich gut konzentrieren.

Unsicher-vermeidend: Unsicher-vermeidend gebundene Kinder haben die Erfahrung machen müssen, dass ihre Wünsche nach Nähe und persönlicher Zuwendung zu wenig erfüllt wurden. Sie können daraus die Vorstellung entwickeln, dass ihre Wünsche grundsätzlich auf Ablehnung stoßen und ihnen kein Anspruch auf Liebe und Unterstützung zusteht. Sie versuchen, von anderen Menschen unabhängig zu werden und Situationen zu vermeiden, in denen sie mit emotionalen Bedürfnissen auf Ablehnung stoßen könnten. Sie ziehen sich emotional aus ihrer Umwelt zurück und unterdrücken ihre Bedürfnisse nach Kontakt, Nähe und Zuwendung. Diese Kinder wirken häufig sehr vernünftig und selbstständig, verhalten sich anpassungsbereit und unauffällig.

Unsicher-ambivalent: Unsicher-ambivalent gebundene Kinder haben die Erfahrung großer Unstetigkeit von Seiten ihrer erwachsenen Familienmitglieder machen müssen. Sie haben liebevolle Zuneigung und die feinfühlige Erfüllung ihrer Bedürfnisse erlebt und ebenso Missachtung und Ignoranz oder Zurückweisung und Kränkung. So gibt es wenig Sicherheit und müssen sie immer auf der Hut sein: Sie müssen sich gegenüber ihren Bezugspersonen einerseits deutlich mit ihren Bedürfnissen in Erinnerung bringen, können aber andererseits nicht sicher davon ausgehen, dass sie damit angenommen werden. Diese Kinder reagieren häufig übermäßig anhänglich mit Anklammern und Trennungsangst, aber auch mit Ärger auf Bezugspersonen.

Auch wenn Kinder sich die Welt in Selbstbildungsprozessen aneignen: Sie brauchen für ihr Lernen **Ansprechpartner**. Sie müssen mit Erwachsenen und anderen Kindern kommunizieren. In der Resonanz mit anderen Menschen kann die Interpretation von Wahrnehmungen (mit-)geteilt und überprüft werden. Von den erwachsenen Partnern ist etwas gefordert, was man „schwebende Aufmerksamkeit" nennen kann, ein absichtsloses Interesse an kindlichen Aktivitäten und Fragen. Weiter gefragt sind sichtbare Großzügigkeit und die Versicherung eines Vertrauensvorschusses und damit das Schaffen einer Atmosphäre, in der Kinder Selbstvertrauen und Freude an ihrer eigenen Kraft entfalten können.

Verlässliche Zuwendung

Mit anderen Kindern stellen Kinder soziale Beziehungen her und handeln Regeln aus. Sie erproben ihren Einfluss in Situationen mit Gleichaltrigen und gewinnen so ein Bild von sich selbst als Interaktionspartner. In der sozialen wie in der materiellen Umgebung geschieht Lernen durch das Ausprobieren – Regeln und Moralvorstellungen entstehen miteinander im gemeinsamen Handeln.

Meike, Lasse und Sabine, die Kinder im Bällebad der Eingangssituation, sind auf der Suche nach Regeln und Vereinbarungen. Dabei ergreifen sie abwechselnd die Initiative und schlagen den beiden anderen eine neue Variante eines Spiels vor. Bereitwillig gehen diese auf den Vorschlag ein und präsentieren danach den nächsten. Das Spiel bleibt nach unausgesprochenen Regeln, über die sich die drei durch das Tun geeinigt haben, im Fluss. Einzig die Startkommandos für eine neue Bewegung geben sie vor. Sie lachen sich an, teilen die Freude an den Experimenten im Bällebad. Das wird ihre Kenntnis übereinander vertiefen und ihre Freundschaft festigen. Gleichzeitig sammelt jedes Kind sensorische Erfahrungen mit dem Material, übt seine motorische Geschicklichkeit und erlebt die Freude und das prickelnde Gefühl beim Sprung in ein Element, das nicht völlig berechenbar ist.

An erwachsene Bezugspersonen stellen Kinder die Frage nach Orientierung. In ihrem Bemühen, sich zu entwickeln und zu bilden, die Welt kennenzulernen und zu verstehen, sich neue Fähigkeiten, Fertigkeiten und Kenntnisse anzueignen und zu üben, dürfen sie nicht allein gelassen werden.

Erwachsene sind als Gegenüber gefragt, die Kinder als Personen ernst nehmen, sich mit ihnen austauschen und über Entdeckungen und Erfolge freuen. Die Erwachsenen sollen

- wahrhaftig rückmelden,
- gegebenenfalls korrigieren oder
- weiter gehende Anregungen geben.

Kinder wollen gern ihren Stolz auf das Erreichte teilen, aber nicht unreflektiert für jede „Kleinigkeit" gelobt werden. Optimales Lernen findet an der Grenze statt: was Anstrengung erfordert, aber zu schaffen scheint. Welche Entwicklungsaufgaben dies sind, hängt von dem individuellen „Stand" des Kindes ab, ist aber auch von der Kultur und dem jeweiligen Kontext abhängig. So nimmt Peter seine Bezugserzieherin an die Hand, damit sie an dem Abschiedsritual Anteil hat und ihn darin bestärkt, etwas Bedeutsames und Wichtiges zu tun. Er kann dabei erfahren, dass er auch in schmerzlichen Momenten handlungsfähig ist und dabei nicht allein bleiben muss.

Auch sehr junge Kinder haben Pläne und nehmen sich etwas vor. Es ist Aufgabe der Erwachsenen, sich für die eigenständigen Gedanken der Kinder zu interessieren. Mit ihren Gedanken geben die Kinder Auskunft über ihren Entwicklungsprozess, zeigen, was sie emotional und kognitiv bewegt. Im Gespräch mit den anderen wächst die Fähigkeit, Gedanken auszudrücken, sich angemessen und immer differenzierter mitzuteilen. Auch dies wollen Kinder üben und fragen nach Partnern, die den Austausch über ihre Beobachtungen, Gedanken und Leistungen ernsthaft mit ihnen pflegen. In der Achtung vor der Eigenständigkeit und

Eigensinnigkeit von Ideen und auch praktischen Lösungen ist es die Aufgabe der Erwachsenen, Kinder dazu zu ermutigen, unterschiedliche Wege auszuprobieren.

Dabei dürfen die „Großen" auch mit ihrem Humor bei der Sache sein. Kinder sind für Scherze gut zu haben – sie lachen ausgesprochen gern. Und hirnphysiologisch gesehen haben sie recht mit ihrer fröhlichen Lernbereitschaft. Alle Lerninhalte, die mit positiver emotionaler Bedeutung aufgeladen sind, verknüpfen sich mit vorhandenen Gedächtnisinhalten vielfältiger und nachhaltiger und werden besser behalten.

AUFGABE Beobachten Sie Kinder beim Zusammenspiel. Wie stimmen sie sich ab und gestalten damit ihre Beziehung?

5.2 Soziale Interaktion und soziales Lernen

Das Angewiesensein auf andere Menschen erfordert auch von sehr jungen Kindern die Fähigkeit, sich auf jemanden außer sich selbst als Person beziehen zu können. Es gibt außerdem Anhaltspunkte dafür, dass Kinder sozusagen „Gut" und „Böse" mit auf die Welt bringen, d. h., sie verfügen über destruktive, aggressive und über konstruktive, prosoziale (also der Gemeinschaft, Gruppe oder Paarbeziehung förderliche) Potenziale. Auf dieser Basis lernen Kinder die soziale Interaktion und die in ihrer Kultur geltenden Regeln des Umgangs und die Normen, an denen „Gut" und „Böse", „Falsch" und „Richtig" gemessen werden. So wissen bereits nahezu alle Kinder im Alter von vier Jahren, dass Stehlen falsch ist oder man einem anderen Kind nichts wegnehmen darf.

Zunächst sind Kinder auch darauf angewiesen, dass Erwachsene ein Klima schaffen, in dem prosoziales Verhalten vorgelebt wird und die Regeln eines fairen Umgangs untereinander eingehalten werden. Der Aufbau eines sozialen Gewissens geschieht dabei stufenweise und muss angemessen unterstützt werden. In den ersten Lebensjahren sind es vor allem direkte Bekräftigungen (Lob oder Ermahnung, Belohnung oder Bestrafung). Bei älteren Kindern werden die „Peers", d. h. die (in etwa) gleichaltrigen Spielkameraden sowie deren Modell- und Vorbildverhal-

ten und direkte Rückmeldungen immer wichtiger für den Aufbau von wertbezogenen Handlungen und Einstellungsmustern. Alle Aushandlungsprozesse im gemeinsamen Spiel können auch als Fragen danach interpretiert werden, welche Regeln in welcher Situation gültig sind, wer sich durchsetzen kann und ob die Lösung für alle beteiligten Kinder fair und gerecht ist.

Nach Lawrence Kohlberg kann man allgemeine Stufen der Moralentwicklung unterscheiden. Von einer egoistischen und eher selbstbezogenen Sicht der Vermeidung von unangenehmen Konsequenzen (ausgeschimpft werden, nicht mehr mitspielen dürfen) entwickeln Kinder allgemeine moralische Grundsätze (das tut man nicht).

In Verlauf des Erwachsenwerdens kann sich ein differenziertes Regelbewusstsein entwickeln. Auch ältere Kinder und Jugendliche können eine Stufe von Regelbewusstsein erlangen, die es ihnen ermöglicht, einen eventuellen Konflikt zwischen Konventionen und menschlichen Werten zu erkennen.

AUFGABE Die Lernsituation am Anfang des Kapitels 2 „Beobachten und analysieren" kann auch unter dem Gesichtspunkt des sozialen Lernen und der Entwicklung von Regelbewusstsein gesehen werden. Zeichnen Sie die sozialen Interaktionen der im Sand spielenden Kinder nach, formulieren Sie die dabei wirksamen Regeln und stellen Sie begründete Vermutungen darüber an, wie auf deren Einhaltung geachtet wird.

5.3 Kinder mit besonderen Bedürfnissen

Fast alle Kindertagesstätten arbeiten heute in mehrfacher Hinsicht integrativ. Eine beträchtliche Anzahl der betreuten Kinder ist von verschiedenen und unterschiedlich schweren Entwicklungsrisiken betroffen. Nicht alle diese Risiken sind bei der Eingewöhnung eines Kindes offensichtlich oder auch nur den Eltern bekannt, und es gehört nicht selten zum Aufgabenbereich der Erziehungskräfte, Anzeichen eines Entwicklungsrisikos zu erkennen und entsprechend zu handeln.

Ungefähr 3–4 %[2] aller Kinder sind „behindert" oder „von Behinderung bedroht" mit zum Teil dauerhaften Beeinträchtigungen wie einer körperlichen oder geistigen Behinderung.

Die von der Zahl her wesentlich größere Gruppe ist die der Kinder mit leichteren Störungen, Entwicklungsverzögerungen, Teilleistungsstörungen und Verhaltensauffälligkeiten. Häufig haben diese Kinder Probleme im Bereich der Sinneswahrnehmung und der Wahrnehmungsintegration, die teilweise erst im Laufe der Kindergartenzeit entdeckt werden. Entwicklungsverzögerungen treten häufig im Bereich von Sprechen und Sprache auf (s. dazu auch **Kapitel 6** „Sprach- und Zeichenkompetenz fördern"). Die Angaben über den Anteil der betroffenen Kinder schwanken zwischen 10 und 35 %.

Eine dritte, ebenfalls eher größere Gruppe von Kindern ist durch die Situation in der Familie oder dem nahen sozialen Umfeld belastet und von Entwicklungsverzögerungen oder Verhaltensauffälligkeiten bedroht. Dabei stellt Armut ein besonderes Entwicklungsrisiko dar. Ebenfalls belastend sind die psychische Erkrankung eines Elternteils, chronische Familienkonflikte oder Suchtprobleme von Bezugspersonen.

Für Kinder mit besonderen Bedürfnissen ist das Zusammensein mit anderen Kindern in einer integrativen Gruppe eine Chance, am positiven Vorbild zu lernen und auf das Verständnis kompetenter Erwachsener zu treffen. So kann sozialer Ausgrenzung und der Gefahr von Stigmatisierung vorgebeugt werden.

Auch für die nicht behinderten Kinder ist integrative Arbeit von Vorteil. Sie profitieren vom Blick auf ihre Stärken, auf die individuell aufmerksame Zuwendung vonseiten der Erwachsenen. Sie können auch ganz persönlich einen Zuwachs an sozialen und emotionalen Kompetenzen entwickeln. Im Zusammenleben mit unterschiedlichen Kindern, die verschiedene Kenntnisse und Temperamente haben, sind Rücksichtnahme, Hilfsbereitschaft und die Achtung vor dem anderen, dem Anderssein gefordert. Nicht in allem sind die „Starken", die als nicht behindert gelten, besser: Gerade geistig behinderte Kinder gehen unbefangener auf andere zu und verbreiten eher Freundlichkeit und Wärme.

Kinder mit besonderen Bedürfnissen sind noch stärker auf ein pädagogisch durchdachtes und persönlich wertschätzendes Klima angewiesen. Dazu gehören

- die Bereitschaft, sich ihnen bei Bedarf zuzuwenden,
- das Einhalten klarer Regeln im Gruppenalltag und
- eine überschaubare Umgebung.

Sie geraten leichter in Stresssituationen und brauchen dann besondere Unterstützung. Die Eingewöhnung sollte besonders sorgfältig gestaltet werden und auch später ist es wichtig, dass sich zum Beispiel Kinder mit Problemen in der Wahrnehmungsintegration in kleineren Gruppen und in klar strukturierten Räumen aufhalten können.

5.4 Gestaltete Umwelt

Kinder brauchen eine Umgebung, die es ihnen erlaubt, ihre Selbstbildungspotenziale zu entfalten. In der Regel ist die Alltagsumgebung der Städte auf die Bedürfnisse von Erwachsenen zugeschnitten und lässt wenig

Nutzung unterschiedlicher Höhen

Raum für selbstständige Entdeckungstouren kleiner Menschen. Durch die Medialisierung auch der öffentlichen Räume gibt es einerseits eine überwältigende Fülle an optischen und akustischen Reizen, bezogen auf die körpernahen Sinne ist diese Welt jedoch anregungsarm, perfekt, fertig und dazu noch tendenziell lebensgefährlich.

So sind mit Kinderzimmern, Spielplätzen und Kindertagesstätten Sonderräume entstanden, in denen eine Vielzahl von Kindern sich mit relativ wenigen Erwachsenen tagsüber aufhält. Die Räume einer Kindertagesstätte müssen daher so beschaffen sein, dass sie einladend, anregend und bildend wirken können.

Das Haus und das Freigelände einer Kindertagesstätte müssen den Bewegungsbedürfnissen unterschiedlicher Altersgruppen entsprechen. Im Freien soll auch die Möglichkeit zur Naturerfahrung bestehen. Bei der Gestaltung der Innenräume sollte die Materialauswahl ästhetischen Kriterien genügen. Solides, angenehmes und belastbares Material für Böden,

Wände und Möbel und eine durchdachte Wahl der Farben sind Bedingung für eine Umgebung, in der sich Kinder auch lange Zeit wohlfühlen können. Entsprechend ihrer Körpergröße soll es Rückzugsmöglichkeiten in kleinere und niedrigere Räume geben. Einerseits muss mit Transparenz dafür gesorgt werden, dass die Kindern sich orientieren können, anderseits muss

Mal- und Bastelbereich

Qualitätskriterien für Raumgestaltung und Materialauswahl

Kriterium/Ziel	Mögliche Umsetzung
Alle sollen sich mit den Räumlichkeiten identifizieren und sich darin wohl fühlen können.	Ideen zur Gestaltung der Räume und des Außengeländes mit den Kindern zusammen entwickeln
Einrichtung als Spiegel unterschiedlicher Kulturen und Traditionen	Spezifische Elemente der jeweiligen Region und der kulturellen Herkunft der Nutzer anbringen
Gegenerfahrungen zur Reizüberflutung und Konsumorientierung ermöglichen	Raumgestaltung und Materialauswahl fördern das ästhetische Empfinden der Kinder
Alltäglicher Kontakt und Verantwortungsübernahme für Natur und Kultur	Pflege von Pflanzen und die artgerechte Haltung und Versorgung von Tieren
Orientierung und frei zugängliches Material	Übersichtliche Anordnung von Spielen u.a. durch passende Regal-/Schubladensysteme
Anregung zum Experimentieren und Forschen, zum eigenständigen Ausprobieren und Gestalten	Passend eingerichtete Räume und vielfältiges Material zur Verfügung stellen
Grunderfahrungen mit verschiedenen Materialien, Werkzeugen und Medien	Passend eingerichtete Räume und vielfältiges Material zur Verfügung stellen
Vielseitige Bewegungserfahrungen auch im Haus	Möglichst räumliche Trennung von ruhigen und bewegungsintensiven Tätigkeiten; variable Möblierung, um unproblematisch Platz schaffen zu können
Außengelände mit vielseitiger Möglichkeit zu Bewegung und Rückzug/Ruhe sowie zur Naturbegegnung	Vielfältiges Außengelände unter Beteiligung von Kindern entwerfen

(nach: Hamburger Bildungsempfehlungen für Bildung und Erziehung von Kindern in Tageseinrichtungen, 2008)

die Möglichkeit bestehen, sich vor Reizüberflutung zu schützen.

Benötigt werden anregungsreiche Materialien zur sensomotorischen Erfahrung, außerdem Material und Platz für Rollenspiel, für das Bauen und Konstruieren, für das Erforschen, Ausprobieren und Entdecken. Diese Materialien müssen so angeordnet sein, dass die Kinder sie erreichen und die Übersicht behalten können.

Die Kinder sollten in ihrem Alter angemessener Weise an der Raumgestaltung beteiligt werden. Ihre fortschreitende Entwicklung bringt einen stetigen Wandel ihrer Bedürfnisse mit sich, sodass auch die Räume und vor allem die Materialanordnung regelmäßig daraufhin überprüft werden müssen, ob ihre Gestaltung noch zu den hauptsächlichen Interessen ihrer derzeitigen Nutzer passen.

(Zur Raumgestaltung s. auch **Kapitel 4** „Pädagogisches Handeln strukturieren".)

AUFGABE Projekt: Entwickeln Sie ein Raumkonzept für eine Kindertagesstätte, die in ihrer Arbeit Grundsätze des Bildungsplans für den Elementarbereich aus Ihrem Bundesland berücksichtigt. Denken Sie dabei auch an das Außengelände.

5.5 Aktivitäten, Projekte und umfangreichere Themen

Angebote, die Erziehungskräfte Kindern machen, können von unterschiedlicher Dauer und in ihrem Inhalt aus verschiedenen Quellen gespeist sein. Die Spanne reicht vom spontanen Aufnehmen eines Interesses an einem Spiel bis hin zum durchgeplanten Thema, das dem Kind neue Entfaltungsmöglichkeiten eröffnen soll.

Die Basis für die Entscheidung über Angebote, die Erziehungskräfte den Kindern machen, ist die Analyse von Beobachtungen und die Dokumentation der Entwicklung, die die Kinder durchlaufen. So lassen sich Ziele formulieren, denen mit dem Angebot nachgegangen werden kann.

Weitere Orientierungsrahmen für die Arbeit und eine Übersicht über die Bildungsarbeit in der Elementarpädagogik bieten der landesweit gültige Bildungsplan für Kindertagesstätten und das Konzept der Einrichtung. Hier werden die Aufgaben und das Verständnis von frühkindlicher Bildung formuliert. Es werden Vorschläge für die didaktische und methodische Gestaltung von Bildungsprozessen in Kindertagesstätten gemacht und Bildungsbereiche skizziert. Damit sollen den pädagogischen Kräften in den Tagesbetreuungseinrichtungen Strukturierungshilfen für die Bildungsarbeit mit Kindern zur Verfügung gestellt werden. In den Bildungsplänen für Kindertageseinrichtungen wird vom kompetenten Kind ausgegangen, das Akteur seiner Entwicklung ist. Seine Interessen, seine Lust darauf, tätig zu sein, und das, was im Moment im Zentrum seiner Aufmerksamkeit steht, sollen an erster Stelle berücksichtigt und als wertvollster Motor des Lernens gesehen werden. Aufgabe der Erzieherinnen ist es, diese Eigenbewegung wahrzunehmen, zu unterstützen und weiterzuführen.

Darüber hinaus werden Themen formuliert, die möglichst an alle Kinder herangetragen werden sollen, damit sie eine Chance auf die gleichberechtigte Teilhabe am Wissen und an den kulturellen Gütern der Gesellschaft haben. Aufgabe der Erziehungskräfte ist es auch, darauf hinzuwirken, dass alle Kinder beim Übergang in die Schule die notwendigen Fertigkeiten für einen erfolgreichen Start erlangt haben, zum Beispiel ein ausreichend differenziertes Sprachverständnis und Sprechvermögen.

Die in den Plänen der Bundesländer genannten Bildungsbereiche variieren und heißen z. B.:

Bildungsplan Nordrhein-Westfalen		Bildungsprogramm Berlin, Hamburg
• Bewegung • Spielen und gestalten, Medien • Sprache(n) • Natur und kulturelle Umwelten	oder	• Körper, Bewegung und Gesundheit • soziale und kulturelle Umwelt • Kommunikation: Sprachen, Schriftkultur und Medien • bildnerisches Gestalten • Musik • mathematische Grunderfahrungen • naturwissenschaftliche und technische Grunderfahrungen

Projekt

Als wichtige Form der nachhaltigen Bildungsarbeit mit Kindern und Jugendlichen gilt die Projektmethode. Projektarbeit ist eine Idee, die bis in die Anfänge des 20. Jahrhunderts zurückreicht und an deren Entwicklung sowohl amerikanische wie auch europäische Pädagogen beteiligt waren. In Deutschland trugen insbesondere Reformpädagogen nachhaltig zu ihrer Entwicklung bei. Als anerkannte Methode etablierte sie sich hierzulande aber erst zehn, zwanzig Jahre nach dem Zweiten Weltkrieg in den Zeiten der „offenen Erziehung" der 1960er- und 1970er-Jahre.

Zum Bildungsverständnis der Projektmethode gehört die dem Lebensalter entsprechend wachsende **Partizipation der Kinder** an der Themenfindung und dem Verlauf von Aktivitäten. In länger angelegten Projekten bietet sich die Chance, teilweise das Alltagsleben zu erforschen und den besonderen Raum der Kindertagesstätte zu verlassen und sich den sozialen Nahraum des Stadtteils zu erobern. Ebenso kann das Interesse der Kinder an Dingen des Alltags wie Einkaufen, Arztbesuchen oder den Berufen ihrer Eltern zu Themen werden, mit denen sich eine Gruppe über einen längeren Zeitraum beschäftigt und zu deren Bearbeitung auch immer wieder Exkursionen gehören.

Merkmale eines Projekts

Ein Projekt ist ein konkretes Unternehmen, das eine Gruppe aushandelt, plant und durchführt. Projekte sind zielorientiert, aber ergebnisoffen. Bei Beginn steht noch nicht genau fest, welche Ergebnisse im Einzelnen erreicht werden sollen. Nach Herbert Gudjons (2008) hat ein Projekt folgende Merkmale:

- Situationsbezug und Lebensweltorientierung
- Orientierung an den Interessen der Beteiligten
- Selbstorganisation und Selbstverantwortung
- Einbeziehung vieler Sinne
- soziales Lernen
- längerfristige Zielsetzung und Beschäftigung

Ein Projekt ist eine längerfristige Untersuchung eines Themas. Bei den Nachforschungen während eines Projekts sind zahlreiche intellektuelle, wissenschaftliche und soziale Fertigkeiten und Kompetenzen gefragt. Je nach Entwicklungsstand sollten Tätigkeiten wie Hantieren mit Material, Darstellen, Malen, der Ausdruck mit kreativen Medien, Geschichten erfinden,

Messen, Schreiben, Zeichnen, Lesen und das Herstellen von Modellen integriert werden. Ein Projekt sollte möglichst dazu beitragen, dass sich die Kinder neues Wissen und neue Konzepte in Bereichen wie Naturwissenschaften, Sozialwissenschaften, Literatur und Kunst aneignen.

Möglicher Ablauf eines Projekts

Folgende Phasen können bei der Durchführung eines Projekts als Orientierung dienen:
1. ein Thema finden
   - Ideen äußern, Einfälle sammeln
   - Sortieren, Eingrenzen
   - Prüfen und Auswählen
   - Entscheidung fällen
2. die Ausführung planen
   - Schritte festlegen
   - Material besorgen
3. das Vorhaben verwirklichen
   - Ergänzungen vornehmen
4. Rückbesinnung, Reflexion, Auswertung
5. Präsentation, Dokumentation

Auf einer Exkursion

Den Weg des Projekts gehen die Erzieherinnen mit den Kindern gemeinsam. Das Wesentliche ist dabei der **Dialog**, der Austausch mit den Kindern und der Kinder untereinander. Je jünger die beteiligten Kinder sind, desto genauer müssen die Erwachsenen den Handlungsrahmen planen. Die Erzieherinnen müssen Sorge dafür tragen, dass die Kinder z. B. angemessene Aufgaben übernehmen, die sie nicht überfordern, da vor allem gelungene Prozesse und eigenständiges Arbeiten für Spaß und eine hohe Lernmotivation sorgen.

Mögliche Kriterien für die Auswahl von Projektinhalten:

- Beobachtbarkeit in der Umgebung, also Teil der realen Welt der Kinder
- Die Kinder haben schon Erfahrungen damit sammeln können.
- Die Kinder können es selbst erforschen (keine potenziellen Gefahren).
- Es lässt sich vor Ort pragmatisch umsetzen.
- Eignung zur kreativen Aufarbeitung (Rollenspiele, Konstruktionen, Bilder, Fotos u. a.)
- Eltern, die sich beteiligen wollen, können ohne große Schwierigkeiten mitmachen.
- Angemessenheit bezogen auf die örtliche Kultur wie auch allgemein kulturell angemessen
- Sie stoßen auf das Interesse der Kinder.
- Sie entsprechen den Bildungszielen der Einrichtung und den Bildungsplänen für Kindertagesstätten.
- Sie bieten Gelegenheit für das Anwenden altersgemäßer Fertigkeiten.

Die Kriterien zeigen, dass in einem Projekt das eigenständige Handeln der Kinder die Erziehungskräfte nicht von der Aufgabe der **Prozesssteuerung** entbindet. Der Erfahrungsvorsprung eines Erwachsenen soll dazu genutzt werden, den Kindern Räume zu verschaffen, die sie selbst in angemessener Weise füllen. Eine geeignete Moderation von Entscheidungsprozessen, gezieltes Hinterfragen von Vorschlägen, strukturierendes Verabreden von Aufträgen und Ähnliches sind hier Elemente erzieherischen Handelns, die viel professionelles Geschick erfordern.

Projektarbeit in der Kindertagesstätte ist begrifflich mit dem Situationsansatz (s. **Kapitel 4**) verbunden. Dieser Ansatz ist so formuliert, dass er auch in der Bildungsarbeit mit älteren Kindern, Jugendlichen und Erwachsenen gut verwendet werden kann.

5.6 Zum Bildungsauftrag von Kindertagesstätten – Zusammenarbeit mit der Grundschule

Erst seit einiger Zeit kann man davon sprechen, dass Kindertagesstätten als Bildungseinrichtungen ernst genommen werden und dass auch sehr jungen Kindern lange vor der Schulzeit ein Anrecht auf Bildung und damit Teilhabe an gesellschaftlich verankertem Wissen zugestanden wird. Einen eigenständigen Bildungsauftrag für Kindertagesstätten gibt es in Deutschland im Kinder- und Jugendhilfegesetz (KJHG) erst seit 1991. Seit 1996 gibt es einen gesetzlich verankerten Anspruch auf die Betreuung in einer Kindertagesstätte für jedes Kind ab seinem 3. Lebensjahr.

In den letzten Jahren haben alle Bundesländer Bildungsempfehlungen oder offene Bildungspläne für den Kindertagesstättenbereich herausgegeben. Nun also ist mit der Anerkennung der Kindertagesstätten als Bildungseinrichtungen für die frühe Kindheit der Anspruch an alle Erziehungskräfte hinzugekommen, dass sie sich in den Kindergruppen um Bildungsprozesse bemühen sollen.

Um diese Aufgabe erfüllen zu können, müssen sie eine Vorstellung davon haben, was Bildung ist. Dazu macht Gerd Schäfer einen – wie er sagt – „ganz einfachen Vorschlag":

„Zur Bildung gehören alle Wahrnehmungs-, Erlebnis-, Erfahrungs-, Handlungs-, Denk- und Wissensbereiche, die wir im Umgang mit innerer und äußerer Wirklichkeit tatsächlich nutzen. Bildung ist das Ergebnis der Geschichte unseres Austausches mit unserer Umwelt, beginnend mit der Geburt und endend mit dem Tod. Bildung ist das Wissen und Können, das so grundlegend in uns verankert ist, dass es die Art und Weise ist, wie wir denken und handeln. (…) Es sind zuerst die allerkleinsten Kinder, die sich ab der Geburt die Werkzeuge für ihre Lebenserfahrung schaffen müssen und sie müssen diese Aufgabe lösen, ohne dass ihnen jemand erklären kann, wie man das macht."

Neu zur Welt gekommene Kinder können Sprache weder verstehen noch können sie selbst sprechen. Sie erwerben sich vorsprachlich die grundlegenden Strukturen ihrer „Lernwerkzeuge" und kommen nach zwei bis drei Jahren als erfahrene und effektive Lerner in die Kindertagesstätte (s. **Kapitel 6**).

So gehen beinahe alle Bildungspläne für Kindertagesstätten davon aus, dass Bildung nicht von außen machbar oder verfügbar ist, aber durch didaktische Inszenierungen gefördert werden kann. Der Auftrag der Erziehungskräfte besteht darin, die lernmethodischen Kompetenzen der Kinder zu erkennen und ihnen Strukturen zu deren Weiterentwicklung anzubieten. Sie sollen an die Erfahrungen der Kinder anknüpfen und ihr forschend handlungsbezogenes und ganzheitliches Lernen begleiten. Damit fördern sie die Entwicklung der Kinder.

> „Leitlinie der Bildungsarbeit ist immer das lebenskompetente Kind mit
> - dem Wissen
>   (nicht nur schulisch unmittelbar relevantem, sondern breitem Wissen in Bezug auf die verschiedensten sachlichen und sozialen Zusammenhänge, einschließlich der Fähigkeit, sich selbstständig Wissen zu beschaffen, Informationen zu bewerten und auszuwählen),
> - den Kompetenzen
>   (z. B. in den Bereichen Motorik, Wahrnehmungs- und Ausdrucksfähigkeit, logisch-mathematische sowie technische Kompetenzen, psychosoziale Kompetenzen wie Kooperations-, Partizipations- und Mediationsfähigkeit),
> - den Dispositionen
>   (z. B. der Bereitschaft, sich auf neue Erfahrungen einzulassen und sich neuen Herausforderungen zu stellen, Kreativität, die Fähigkeit und Bereitschaft, sich realistische Ziele zu setzen und beharrlich zu verfolgen, der Bereitschaft, aus Erfahrung zu lernen) und
> - den Einstellungen
>   (positives Selbstbild, Selbstvertrauen, prosoziale Einstellung),
>
> die es ihm ermöglichen werden, sein Leben ‚in die eigenen Hände‘ zu nehmen und im Rahmen seines Entwicklungsstandes handlungsfähig und sozial verantwortlich zu gestalten" (Strätz, 2003).

Ein Kind ist stets auch damit beschäftigt, sich auf künftige Lebens- und Lernabschnitte vorzubereiten. Der nächste Abschnitt seines Bildungswegs ist für ein Kind im Elementaralter ganz klar die **Grundschule**.

Die Zusammenarbeit von Kindertagesstätten und Grundschulen muss in Deutschland immer wieder bewusst gewollt und organisiert werden. Dabei müssen die Beteiligten berücksichtigen, dass beide Einrichtungen verschiedenen Systemen angehören und durch unterschiedliche gesetzliche Grundlagen geregelt werden. Die Realisierung des jeweils speziellen Bildungsauftrags kann nur gelingen, wenn aus dem Bildungsanspruch reale und fruchtbare Bildungserlebnisse werden. Die handelnden professionellen Kräfte – Erzieherinnen und Grundschullehrerinnen - haben einen unterschiedlichen beruflichen Status. Damit ihre Zusammenarbeit zugunsten der Kinder als gute Kooperation gelingen kann, muss zunächst gesichert werden, dass sich die Mitarbeiterinnen beider Einrichtungen auf gleicher Augenhöhe treffen.

In den letzten Jahren hat es mit der Entwicklung der offenen Unterrichtsarbeit in der Grundschule und der Etablierung der offenen Arbeit und des Situationsansatzes im Bereich der Kindertagesstätten eine weitgehende Annäherung in Bezug auf die pädagogischen und didaktischen Grundüberzeugungen gegeben. Trotzdem sind Kindertagesstätte und Grundschule zwei unterschiedliche Institutionen. Deshalb muss ein für Eltern und Kinder sichtbarer Übergang von beiden Seiten – der Schule und der Kindertagesstätte – gestaltet werden.

Für die Kinder bedeutet der Übergang eine grundlegende Neuorientierung und Veränderung des bestehenden Selbstbilds: Waren sie bisher die „Großen" in der Gruppe in der Kindertagesstätte, so sind sie jetzt die „Kleinsten" in der Schule. Sie müssen sich neue Rollenmuster aneignen und erleben Phasen von Ver-

Grundschule

Kindertagesstätte

unsicherung. Das kann ihrer persönlichen Entwicklung einen fördernden Schub versetzen, sie aber auch zeitweilig in eine Krise führen.

Der Übergang wird jenen Kindern erleichtert, die ein stabiles Selbstwertgefühl und das Bewusstsein haben, selbst etwas bewirken zu können. Sie bewältigen die Situation in der Regel gut, wenn sie das Bewusstsein haben, dafür kompetent und gerüstet zu sein. Sie müssen den Wunsch haben, in die neue Lebenssituation einzutreten, und über Rückhalt, Unterstützung und Begleitung durch das soziale Umfeld und vertraute Bezugspersonen verfügen können.

Je weniger diese Bedingungen gegeben sind, desto schwerer ist es, den betreffenden Übergang produktiv zu bewältigen. Übergänge im Kindesalter sind von zentraler Bedeutung für die zukünftige Entwicklung des Kindes. Durch ihre positive Bewältigung erwirbt das Kind grundlegende Kompetenzen für sein zukünftiges Leben. Krisenhafte Entwicklungen im Rahmen der Übergangssituation können dagegen die kindliche Entwicklung für längere Zeit blockieren (Wilde, 2005).

Hinsichtlich des Übergangs von der Kindertagesstätte in die Grundschule stellen sich zwei Aufgaben:

- Der Kindertagesstätte kommt die Aufgabe zu, Kindern solche Erfahrungen zu ermöglichen, die ihnen eine gute Ausgangsbasis für die Bewältigung des Übergangs ermöglichen.
- Kindertagesstätte und Grundschule sollen gemeinsam dafür sorgen, dass die Kinder beim Übergang in die Grundschule begleitet und unterstützt werden. Diese Begleitung ist vor allem dann notwendig, wenn Kinder besonders ängstlich oder zum Zeitpunkt des Übergangs zusätzlichen Belastungen ausgesetzt sind.

Als Hilfe für die Erzieherinnen werden in allen Bildungsplänen Anregungen für eine gute Zusammenarbeit mit der Grundschule gegeben und das aktive Bemühen darum wird zur Verpflichtung gemacht.

6 Durchspielen einer vollständigen Handlung

6.1 Analysieren

Das Erzieherinnenteam der Kindertagesstätte Käferweg arbeitet mit einer Rahmenkonzeption und einem abgestimmten Beobachtungs- und Dokumentationssystem. Das dabei entstehende Material dient mehreren Zwecken. Zum einen werden die Ergebnisse individuell zugeordnet: Für jedes Kind existiert ein Portfolio, in dem seine Entwicklungsschritte dokumentiert werden. In den Teamsitzungen besprechen die Erzieherinnen die Beobachtungsprotokolle, tauschen sich über ihre Einschätzungen und Bewertungen aus. Diese Unterlage ist ein wesentliches Hilfsmittel bei den regelmäßigen Elterngesprächen.

Außerdem werden die Beobachtungsdokumente hinsichtlich der Themen und Interessen analysiert, die die Erzieherinnen als für die Kinder im Moment im Vordergrund stehend wahrgenommen haben.

Sie werden als Auskunft über den individuellen Entwicklungsstand eines Kindes in einem oder mehreren Persönlichkeitsbereichen aufgefasst. Die folgenden Persönlichkeitsbereiche werden unterschieden (nach Bellers Entwicklungstabelle, 2009):

- Körperpflege
- sozial-emotionale Entwicklung
- Spieltätigkeit
- Umgebungsbewusstsein
- Sprache
- Kognition
- Feinmotorik
- Grobmotorik

Über sein Interesse formuliert ein Kind eine sich selbst gestellte Entwicklungsaufgabe. Es möchte etwas verarbeiten, etwas herausfinden, sich etwas neu aneignen oder etwas festigen, üben, sich bestätigen.

Die Analyse der Beobachtungen in der Morgensituation ergibt Folgendes:

<u>Max</u> (6 Monate): Wird gerade eingewöhnt; dieser Prozess wird noch einige Zeit in Anspruch nehmen. Er bemerkt Gegenstände und Personen und zeigt sein Interesse durch Hinsehen und Lautäußerungen des Wohlseins. Er erkennt offenbar schon seine Bezugserzieherin wieder und freut sich, sie zu sehen. Er greift nach Dingen, die ihm hingehalten werden, und erforscht sie, indem er sie in den Mund steckt. Er kann schon einige Zeit selbstständig sitzen, danach lässt er sich fallen. Er krabbelt bisher nur rückwärts und zeigt dann manchmal Zeichen von Ärger.

Anja (3;2 Jahre): Ist an Statik und Baukonstruktionen interessiert und hat außerdem genügend Hartnäckigkeit entwickelt, dass sie nun anspruchsvoller und komplizierter baut. Sie scheint sich dabei wieder und wieder dem Unterschied zwischen großen und kleinen Bauklötzen zu widmen. Sie spielt selbstständig und kann sich auch im morgendlichen Geräuschpegel in ihre Sache versenken.

Marie (1;6 Jahre): Ist sehr damit beschäftigt, ihre Umgebung zu erkunden. Sie ist meist in den Räumen der Kindertagesstätte unterwegs und untersucht vieles. Von vielen Gegenständen weiß sie inzwischen, wohin sie gehören. Sie spielt noch überwiegend für sich, obwohl erkennbar ist, dass die Tätigkeiten anderer Kinder sie interessieren. Sie erobert sich den Raum und verschafft sich Materialerfahrungen. Immer wieder vergewissert sie sich physikalischer Phänomene: Ein Bauklotzturm kann umfallen, die Kugeln rollen die Murmelbahn hinunter, bis sie unten angekommen sind.

Lucas (3;3 Jahre): Spielt Symbolspiele und imitiert Tätigkeiten. Dabei zeigt er Erfahrungen bzw. Kenntnisse über Fahrzeuge. Er weiß, dass Bahnen nur auf Schienen fahren, und erlaubt sich einen Scherz, als er den Zug auf dem Teppich entgleisen lässt. Er spielt kooperativ und zeigt seine Sympathie für seine Spielpartnerin durch die Akzeptanz des von ihr gelegten Schienenverlaufs und das Angebot, gemeinsam zu lachen.

Auch Jewgenia (3;2 Jahre) zeigt Interesse am Bauen und Konstruieren. Sie hat offenbar eine Vorstellung von der Mechanik der Schienenverbindung und setzt ihre Idee gegen das zunächst widerständige Material durch. Sie ist ebenfalls an Kooperation interessiert, denn sie knüpft an die bereits von Lucas gelegten Schienen an. Sie zeigt damit auch ihre Bereitschaft zur Rücksichtnahme, sie fädelt sich geschickt in ein von Lucas begonnenes Spiel ein. Sie versteht den Scherz oder lässt sich vom Lachen anstecken. Noch vor einiger Zeit hat sie dem Spiel der anderen Kinder eher sehnsüchtig zugeschaut. Sie ist mit ihren Eltern aus Kasachstan gekommen und spricht noch kaum deutsch. Immer mehr haben die Erzieherinnen allerdings den Eindruck, dass sie versteht, was ihr andere sagen, und nicht mehr nur imitierend mitmacht.

Thomas (4;4 Jahre): Hat beim Benutzen ihm schon gut bekannter Alltagsgegenstände eine Regel bzw.

ein Sortierkriterium entwickelt oder wiedererkannt. Es gibt Unterschiede zwischen Buntstiften, Filzstiften und Wachsmalstiften und man kann sie in verschiedene Behälter einordnen. Er zeigt damit, dass er nicht nur einen Oberbegriff für Malstifte hat, sondern an einer Ordnung der Dinge interessiert ist. Dabei schult er sein Verständnis von Differenz und von Mengen, macht also mathematische Grunderfahrungen.

Meike und Lasse (4;5 und 4;1 Jahre): Zeigen ihr Interesse an mehreren Themen gleichzeitig. Ganz auffällig sind ihre sozialen Bedürfnisse: Sie kooperieren, können sich abwechseln, sich einordnen, Vorschläge machen und akzeptieren. Damit zeigen sie einander ihre Freundschaft. Sie erfinden Regeln, die sie auch mitteilen können. Sie begleiten ihre Tätigkeit mit Erläuterungen, die allgemein verständlichen Charakter haben. Ihre grobmotorischen Fähigkeiten sind so weit entwickelt, dass sie ihre Sprungbewegungen kontrollieren und synchronisieren können. Das besondere sinnliche Erlebnis Bällebad bereitet ihnen sichtlich Vergnügen: Sie wiederholen Formen vestibulärer, kinästhetischer und taktiler Wahrnehmung.

Sabine (4;2 Jahre): Kann im Bällebad gleichberechtigt mitmachen, obwohl sie aufgrund einer starken Fehlsichtigkeit motorisch unsicher wirkt. Sie läuft und springt ungeschickt, stolpert und hat sich schon häufig dabei verletzt. Die Erzieherinnen haben die Eltern schon vor längerer Zeit auf ihre Beobachtungen aufmerksam gemacht und zu einer Untersuchung geraten. Erst seit kürzerer Zeit trägt sie eine Brille. Im kleinräumigen und relativ ungefährlichen Bällebad scheint sie sich sicher und wohlzufühlen. So kann sie ihre Freundschaft zu Meike festigen und Beziehungen

Abschiedssituation

Teamkonferenz

zu Lasse aufnehmen. Sie hat in der Vergangenheit auch schon sehr eifersüchtig und missmutig reagiert, wenn Meike sich einem anderen Kind außer ihr zugewandt hat.

Peter (3 Jahre): Braucht im Moment eine Unterstützung beim Abschiedsritual, das er eigentlich seit einem Jahr gut kennt. Er ist dabei, eine Identität als großer Bruder zu entwickeln. Er muss hierbei mit Gefühlen schmerzhafter Eifersucht fertig werden, denn durch die Ankunft der kleinen Schwester ist er nicht mehr das einzige geliebte Kind seiner Mutter. Er hat sich zurzeit enger an seine Bezugserzieherin angeschlossen und kann es nur schwer ertragen, wenn sie sich nicht in seiner Nähe aufhält. Das Stofftier ist ihm eine zusätzliche Stütze; er schleppt es seit Tagen mit sich herum, obwohl es ihn beim Hantieren mit Gegenständen im Spiel behindert. Das Festhalten am Übergangsobjekt Kuscheltier ist sicherlich auch ein Zeichen einer momentanen Regression.

Beim ersten Blick auf die Einzelanalysen zeigt sich, dass bei einem Teil der Kinder im Moment das Bauen, Konstruieren und das Aneignen physikalischer und mathematischer Grunderfahrungen im Vordergrund

stehen. Ebenso deutlich steht das Bedürfnis nach Gemeinsamkeit und Kooperation im Raum. Dabei möchten die Kinder soziale Grunderfahrungen machen und mehr über sich selbst im Verbund mit anderen erfahren. Freundschaft, Liebe, Zuneigung und die Exklusivität von Beziehungen scheinen wichtige Themen zu sein.

Die beispielhaft genannten Analysen werden im Team zusammen mit weiterem Beobachtungsmaterial ausgewertet. Dabei entwickeln die Erziehungskräfte erste Ideen zu beiden Themenbereichen, die im Laufe der Zeit konkretisiert, mit den Kindern abgesprochen, auf ihre Realisierbarkeit geprüft und zur Planung für ein möglicherweise längerfristiges Vorhaben entwickelt werden.

6.2 Planen

Das Team der Kindertagesstätte Käferweg gibt den beiden zusammengefassten Themenbereichen die Arbeitstitel
- „Kooperation, Freundschaft und Liebe" und
- „Bauen, Konstruieren, physikalische und mathematische Grunderfahrungen".

Dazu werden die Erziehungskräfte in der nächsten Zeit weitere mögliche Schlüsselsituationen sammeln, für einzelne Kinder und die Gruppe Ziele formulieren und Ideen für passende Angebote entwickeln. Dabei werden sie berücksichtigen, wie sie die Kinder an der Planung beteiligen und möglichst alle Sinne und Entwicklungsbereiche ansprechen können. Beide Themenbereiche sollen zeitlich parallel bearbeitet werden.

Im Bereich **„Bauen, konstruieren, physikalische und mathematische Grunderfahrungen"** nimmt sich das Team vor, folgende Planung zu verfolgen:

Kurzplanung I
Themenbereich Bauen, konstruieren, physikalische und mathematische Grunderfahrungen

Ziele	Handlungsschritte
• Bauen und stapeln • Kategorien bilden und sortieren • Einen Begriff von Mengen bekommen • Lust auf Umgang mit Zahlen haben • Vorstellungen von Begriffen bekommen und sich sprachlich präzise verständigen können (groß/klein – oben/unten – viel/wenig – darüber/darunter – eckig/rund – lang/kurz)	• Material bereitstellen, das durch die attraktive Anordnung zur Beschäftigung einlädt • Bei passenden Gelegenheiten zum Zählen, Messen und Sortieren anregen (Anwesenheitsliste, Tisch decken, Hantieren mit Material)

Weiterhin beschließt das Team hier die folgende Arbeitsweise:

Um das Interesse der Kinder am Bereich „Bauen, konstruieren, physikalische und mathematische Grunderfahrungen" angemessen berücksichtigen zu können, sollen die vorhandenen Materialien ergänzt werden und mehr Raum bekommen. Es werden Holzbausteine in unterschiedlichen Formen für die Bauecke drinnen und Bretter, Klötze und Baumscheiben für das Spielen draußen beschafft. Außerdem soll es viel zum Messen und Zählen geben, wie beispielsweise Lineale und Maßbänder, Becher unterschiedlicher Größe, Münzen, Würfel, Perlen, Murmeln, verschiedenfarbige Plättchen, Legespiele wie Tangrams und Dominos. Die Kinder könnten an die Sammlung von Natursteinen erinnert werden und sie möglicherweise bei den nächsten Ausflügen ins Grüne ergänzen.

In der nächsten Zeit soll beobachtet werden, welche Entdeckungen die Kinder mit dem neuen oder neu entdeckten Material machen.

Zahlenmaterial

Im zweiten Bereich **„Kooperation, Freundschaft und Liebe"** möchten die Erzieherinnen ein längerfristiges, gemeinsames Projekt anregen und den Kindern auf diese Weise vielfältige Gelegenheiten bieten, sich in einer Gemeinschaft zu fühlen, das ausdrücken und darüber sprechen zu können. Sie wollen den Kindern einen Anstoß geben und dann in einer Beratungsrunde mit ihnen herausfinden, wo das stärkste Interesse liegt und welche Unternehmungen sich dazu anbieten.

Kurzplanung II
Themenbereich Kooperation, Freundschaft und Liebe

Ziele	Handlungsschritte
• Gemeinsamkeiten und Unterschiede erkennen und benennen • Ideen, Bedürfnisse und Wünsche angemessen äußern • Sich zugehörig fühlen • Sich absprechen und Rücksicht nehmen • Rollenwechsel erproben • Kooperieren und arbeitsteilig an einer gemeinsamen Sache arbeiten	• Pläne schmieden für die Bearbeitung dabei entstehender Fragen und Interessen • Thema anregen über ein Rollenspiel • Gruppengespräch über Groß und Klein, Freundschaft und Verwandtschaft • Anregung zum Nachdenken über das Thema: Wer bin ich? Wer sind die anderen? • Gemeinschaftliches Protokoll führen, das alle Kinder „lesen" können

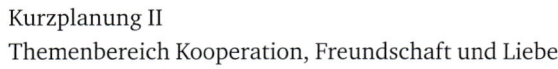

Ideen sammeln, sortieren und auswählen

In der nächsten Morgenrunde führen zwei Erzieherinnen ein kleines **Rollenspiel** vor: Sie gehen als „Kleine" und „Große" (die eine in der Hocke und die andere lang ausgestreckt auf Zehenspitzen) im Kreis der Kinder herum und erzählen sich laut, wie prima das Leben als „Kleine" bzw. „Große" ist. Dabei zeigen sie an verschiedenen Beispielen, dass beides seine Vor- und Nachteile hat. Die „Kleine" findet ständig interessante Dinge am Boden wie beispielsweise Kinderfüße, die sie aber leider nicht einzeln mitnehmen kann. „Schade, schade" ist das, lässt die „Große" aber ziemlich ungerührt: Sie sieht oben auf dem Regal

viel bessere Dinge. Am Ende stolpert die „Große" über ihre eigenen Füße, als sie gerade so schön in die Ferne guckt, und liegt dann noch kleiner als die „Kleine" auf der Nase. Die Kinder amüsieren sich köstlich.

Im anschließenden **Gespräch** berichten die Kinder über ihre Erfahrungen als „Kleine" und als „Große". Viele haben größere oder kleinere Geschwister. Als interessant stellt sich auch die Frage heraus, wann man eigentlich groß ist: Wenn man zur Schule geht? Wenn man heiratet? Wenn man Kinder hat? Waren die Erzieherinnen, waren Mama und Papa auch einmal klein? Wie soll man sich das vorstellen? Was haben sie da gemacht? Und wo stehen die einzelnen Kinder jetzt?

Schließlich waren alle, die in der Runde sitzen, früher einmal kleiner. Die Erzieherinnen notieren Fragen und Ideen, die die Kinder haben, auf einem **Plakat**. Als Erstes verabreden sie mit ihnen, dass alle in den nächsten Tagen ein älteres Foto von sich selbst mitbringen.

Entscheidung fällen, Thema finden

Das Plakat mit den Fragen und Ideen hängen einige Kinder mit einer Erzieherin im Eingangsbereich auf, damit die Eltern es beim Abholen nicht übersehen können. Andere Kinder malen **Erinnerungsbriefe** für die Eltern, auf die eine andere Erzieherin „Bitte ein altes Kinderfoto mitbringen!" schreibt. Einige Kinder möchten nicht „schreiben", andere wollen gern mehr als einen „Elternbrief" produzieren.

Aus dieser Anfangsaktivität entwickelt sich im Laufe der nächsten Tage das **Projekt** mit dem Arbeitstitel „Ich und alle, die ich lieb habe".

Parallel zu den Gesprächen und der Weiterentwicklung des Projekts in der Kindergruppe überlegt das Team passende Angebote, klärt Besuchsmöglichkeiten in Einrichtungen wie dem städtischen Museum, der Bücherhalle, der Kunsthalle (in deren Gemäldesammlung auch Kinderporträts hängen) und dem Standesamt im Rathaus.

Familie früher

Die Erziehungskräfte stellen zum Thema passende Angebote im kreativen Bereich zusammen, suchen in ihrer Sammlung von Bewegungsspielen und Liedern und durchstöbern die in der Kindertagesstätte vorhandenen Bilderbücher und Rollenspielutensilien. Sie besorgen fehlende Materialien und verlassen sich aber auch auf ihre Sammlung an universell einsetzbaren „wertlosen" Gegenständen.

6.3 Durchführen

Viele Kinder fragen ihre Eltern, ob sie auch einmal klein waren. Das führt in den Familien dazu, dass alte Fotoalben hervorgeholt werden. Die Kinder sehen Kinderbilder von ihren Eltern und Großeltern und hören viele Geschichten dazu. In manchen Familien werden auch alte Dinge hervorgeholt wie erste Babyschuhe, Locken, Spielzeug von früher, altmodische Kleidung und andere Erinnerungsgegenstände.

Kurzreflexion und neue Verabredungen in der Kindergruppe

In jeder Morgenrunde zeigen die Kinder nun Fotos und andere Dinge von zu Hause, es tauchen neue Fragen auf, die auf das Plakat geschrieben werden sollen, und es werden Aktivitäten und Ausflüge verabredet.

Vorbereitete Angebote

Einige Kinder sind mit vielen Kinderfotos von Eltern, Onkeln, Tanten und Großeltern gekommen. Mithilfe einer Erziehungskraft fertigen sie Stammbäume ihrer Familien an.

Eine Erziehungskraft mischt mit Kindern Salzteig an. Aus der Masse entstehen Figuren, die angemalt und zu Familien- und Freundesgruppen gestellt werden. Eine Gruppe größerer Kinder baut im Atelier eine Familie aus Maschendraht und Pappmaschee.

Bei einem Ausflug in die städtische öffentliche Bibliothek interessieren besonders Bildbände mit Kinderfotos aus dem vorigen Jahrhundert. Sie werden ausgeliehen.

Im städtischen Museum haben die Erziehungskräfte eine Führung mit Spielaktion in der Sammlung mit historischem Spielzeug verabredet.

Eine Erziehungskraft baut mit den größeren Kindern Holzspielzeug nach. Es entstehen Steckenpferde und Nachziehtiere.

In der Kunsthalle ist die Kindergruppe mit einem Museumspädagogen verabredet und schaut sich ausführlich ein bis zwei Gemälde an, auf denen Kinder in der Kleidung der jeweiligen Epoche abgebildet sind.

Im Atelier der Kindertagesstätte entstehen an der Staffelei eigene Gemälde mit Pinsel und Farbpalette.

Besuch im Museum

An einem Vormittag nimmt die Gruppe der größeren Kinder am Unterricht der ersten Grundschulklasse teil. Bei einem Ausflug ins Rathaus lassen sich die Kinder den Raum für die Trauungen zeigen und die Zeremonie erklären.

Mithilfe einer Erziehungskraft erforschen die Kinder, weshalb es Eheringe gibt, wozu der Brautschleier und Brautstrauß gut sind und weshalb bei einer Hochzeit Reis geworfen wird.

Spontan entstehende Spielaktivitäten der Kinder

Es entstehen viele Zeichnungen und Bilder zu den Themen „Familie" und „Meine Freunde und ich".

Die Kinder schauen sich die ausgelegten Bilderbücher wieder und wieder an und wollen einzelne auch gern vorgelesen bekommen und über den Inhalt sprechen.

Die Kinder verkleiden sich „wie früher" – Kittel, Schürzen, große Schleifen im Haar.

Es werden Rollenspiele zu Themen des Projekts gespielt: heiraten, in die Schule gehen, Familie sein, Babys versorgen.

Die Kinder stellen immer wieder Heiratsurkunden und Pässe her. Eheringe und Freundschaftsbänder werden angefertigt.

6.4   Reflektieren und bewerten

In der Kindergruppe

In den morgendlichen Runden während des Projekts berichten die Kinder, was sie Weiteres im Zusammenhang mit dem Projekt machen möchten, und die Erziehungskräfte stellen ihre Angebote vor. So gibt es in jeder Woche einen Ausflug in eine andere Institution. Jeder Ausflug bringt neue Eindrücke und Erkenntnisse und das Bedürfnis, sie zu verarbeiten und nachzuspielen.

Nach fünf Wochen ziehen die Erziehungskräfte mit den Kindern ein **Resümee** ihrer Aktivitäten und verfolgen noch einmal anhand der im Gruppenraum und im Eingangsbereich hängenden Plakate, mit wie vielen Themen und Einzelheiten sie sich beschäftigt haben. Sie schließen das große Gruppenprojekt an dieser Stelle ab. Am nächsten Tag werden einige Kinder mit einer Erziehungskraft in die Bibliothek gehen und die geliehenen Bildbände zurückbringen.

Einige Kinder beschäftigen sich weiter damit, wie es wohl ist, größer zu sein, zur Schule zu gehen, eine Familie zu sein. Ihr Engagement zeigt sich weiter in Rollenspielen und vielen Bildern.

Im Team

Die Erziehungskräfte haben in ihren regelmäßigen Teamsitzungen über den Verlauf des Projekts gesprochen, Angebote kritisch nachbereitet und überlegt, welche Aktivitäten für welche Kinder jetzt und in den nächsten Tagen passend sein könnten.

Am Ende soll noch einmal auf die eingangs formulierten **Zielsetzungen** eingegangen werden. Inwieweit wurden sie beachtet und verfolgt?

Zum Beispiel „**Gemeinsamkeiten und Unterschiede** erkennen und benennen":

Es gab viele Gelegenheiten für die Kinder, Gemeinsamkeiten ihrer Situation als Kind und Unterschiede in ihren Familien auf den Fotos und den Stammbäumen zu sehen sowie anhand der verschiedenen Geschichten zu hören. Sie konnten weiterhin über ihre Generation hinaus einen Blick in das Leben früherer Kindheitssituationen werfen. All dies haben sie gemeinsam erlebt, immer wieder auch mit Erwachsenen besprochen und vielfach nachgespielt.

Auch die weiteren fünf formulierten **Zielsetzungen** fanden die Erziehungskräfte ausreichend berücksichtigt. In den Aktionen und Besprechungen kam es sehr auf die Sichtweise jedes einzelnen Kindes an. So gab es viele Gelegenheiten, das angemessene **Äußern von Ideen**, Bedürfnissen und Wünschen zu üben. Insbesondere bei Ausflügen muss sich eine Gruppe genau absprechen. Damit alle gut mitkommen, viel sehen und erleben und schließlich heil wieder in der Kindertagesstätte ankommen, müssen alle Rücksicht aufeinander nehmen. Dieses Projekt hat mit Sicherheit allen Kindern dazu verholfen, **sich zugehörig zu fühlen**. Sie haben vieles gemeinsam geplant und erlebt.

Immer wenn es darum ging, etwas Größeres herzustellen, angefangen von den Elternbriefen bis hin zu plastischen Darstellungen, haben die Kinder kooperiert und häufig arbeitsteilig an einer gemeinsamen Sache gearbeitet. Das geht nicht ohne regelmäßigen **Rollenwechsel**: vom Macher zum Helfer und umgekehrt; erzählen und Pläne ausbreiten und zuhören und antworten

Die **Gruppe** ist bei diesem Projekt weiter zusammengewachsen und die Kinder haben auf vielen Ebenen gemeinsam und individuell gelernt. Sie haben sich auf sehr unterschiedlichen Gebieten Wissen angeeignet und in den Gesprächen ihren Wortschatz erweitert. Sie hatten ein weites Übungsfeld, um sich in Absprachen, Erzählungen und Bewertungen verbal auszudrücken. Sie konnten ein Stück **Sicherheit** im Umgang mit fremden Erwachsenen erwerben und haben sich mehrfach im Stadtverkehr zu Fuß und mit öffentlichen Verkehrsmitteln bewegt. Dies ist für viele Kinder, die mit dem Auto ihrer Eltern bewegt werden, ein eher unbekanntes Terrain. Sie haben sich über die Verarbeitung im Rollenspiel viele Erlebnisse wiederholend emotional verfügbar gemacht. Sie haben sich im kreativen und schriftlich-grafischen Ausdruck neue Felder erobert.

Das Projekt hat im Verlauf eine **Eigendynamik** entwickelt, von der sich alle haben mitreißen lassen. Der ursprünglich intendierte Schwerpunkt auf die ganz individuellen Beziehungen, die die Kinder in der Gruppe als Freundschaften und in ihrer Familie haben, ist eher in den Hintergrund geraten. Die interessanten Fragen kreisten eher um die Themen: Wer gehört zu einer Familie? Alle sind einmal Kinder gewesen, wie hat das ausgesehen? Wie geht es bei ausgewählten Institutionen für „Große" zu, der Schule und dem Standesamt? Woran erkennt man das „Großsein"?

Insgesamt ist das Team mit dem Verlauf des Projekts sehr zufrieden. Begleitend dazu wurde immer wieder geprüft, auf welche Weise die Kinder ihre Interessen im Bereich des Bauens und Konstruierens weiterverfolgen. Die Ergebnisse dieser Beobachtungen werden in das nächste größere Projektangebot einfließen.

6.5 Dokumentieren und präsentieren

Im laufenden Prozess haben die Erziehungskräfte verschiedene **Dokumentationsmethoden** verwendet.

1. Alle Ergebnisse der gemeinsamen Beratungen mit den Kindern wurden auf Plakaten festgehalten und mit Datum versehen nebeneinander gehängt. Dazu kamen Fotos, die bei allen Aktivitäten gemacht wurden. Außerdem hingen die Stammbäume, Zeichnungen und selbst gefertigten Urkunden aus. Jedes Kind konnte sich zu jeder Zeit den aktuellen Stand der Dokumentation ansehen. Weil alle Dokumente in der Reihenfolge ihrer Entstehung angebracht wurden, ergab sich daraus eine **Chronologie**. Regelmäßig standen Eltern mit ihren Kindern vor den Plakaten und ließen sich Einzelheiten berichten und erklären.

2. Im Moment wird an die Eltern ein **Fragebogen** zur Resonanz auf das Projekt ausgegeben. Dort soll auch angekreuzt werden, ob ein Interesse an einem zusätzlichen themenbezogenen **Elternabend** besteht.

3. Neben den Beobachtungsprotokollen und Fotos von Aktionen werden auch die Zeichnungen und sonstigen Papierprodukte in die **Portfolios** der Kinder übernommen. Hier haben alle die Möglichkeit der Einsichtnahme. Sie sind außerdem Basis für die Entwicklungsgespräche.

Während der Laufzeit des Projekts stand die Dokumentation des Prozesses im Vordergrund. Damit soll auch sehr jungen Kindern die Möglichkeit gegeben werden, Zusammenhänge zwischen den Unternehmungen und einem Verlauf ihres Lernweges zu erkennen. Die Verlaufsdokumentation ist zudem ein Mittel der Demokratie und der **Partizipation** aller Beteiligten am Geschehen in der Kindertagesstätte. Es wird Transparenz geschaffen, auch die in der Regel nicht anwesenden Eltern haben neben den Erzählungen ihres Kindes eine weitere Möglichkeit, sich darüber zu informieren, was an diesem Tage abgelaufen und was demnächst geplant ist.

Mit Ablauf des Projekts verändert sich der Zweck der Dokumentation. Sie bleibt weiterhin Erinnerungshilfe. Die Plakate werden jetzt nur noch so lange hängen bleiben können, bis der Platz für die Verlaufsdokumentation des nächsten Projekts benötigt wird. Um sich längerfristig zu erinnern, bleiben die Portfolios der einzelnen Kinder, in denen sich Spuren dieses Projekts finden lassen. Möglicherweise werden auch **Projektalben** erstellt. Diese bereichern dann die Auswahl an bereitstehenden Büchern und werden von den Kindern immer wieder gern angeschaut.

1 Weitere Lernsituationen

Lernsituation A

Lina (4;3 Jahre) und David (5 Jahre) spielen auf allen vieren Katze. Sie krabbeln im ganzen Gruppenraum herum und machen „Miau, miau, miau". Lina hat ihren Kopf so hoch gereckt, wie sie nur kann. Mal krümmt sie den Rücken zu einem Buckel und mal reckt sie den Hintern hoch und wackelt damit. David krabbelt zur Erzieherin und schmiegt seinen Kopf an ihr Bein. „Miau, miau!" Sie streichelt über seinen Kopf und er macht „Rrrrrrrr".

Lernsituation B

Auf dem Rückweg von der Schwimmhalle zur Kindertagesstätte kommt die Kindergruppe an einer Baustelle vorbei. Der Rohbau des Hauses steht, es gibt schon einen Dachstuhl, aber ansonsten ist noch nicht viel zu sehen. Obwohl es regnet, bleiben die Kinder auch dieses Mal eine Weile stehen und unterhalten sich über Veränderungen gegenüber der letzten Woche. Einige Kinder stapfen in den Pfützen herum, die sich im losen Sand der Baustelle gebildet haben.

Lernsituation C

Anna (5;2 Jahre) sitzt in der Sandkiste und gräbt eine Mulde. Aus einem Eimer kippt sie Wasser hinein, um einen Teich zu machen, wie sie der Erzieherin erzählt. Dann geht sie zum Außenwasserhahn der Kindertagesstätte und füllt den Eimer wieder auf. Als sie wiederkommt, schaut sie verwundert in die Mulde und entdeckt, dass das Wasser verschwunden ist. Ein anderes Kind hat die Situation beobachtet und fragt laut, wo denn das Wasser geblieben sei. Ein drittes Kind im gleichen Alter kommt hinzu und fängt an, nach dem Wasser zu graben. Doch das Wasser bleibt verschwunden. Die Kinder staunen.

Lernsituation D

Juri und Tim „fläzen" sich im Jugendhaus auf einem durchgesessenen Sofa herum und betrachten missmutig die Wände, die schon von vielen unterschiedlichen, auch übereinander gesprühten „Tags" ihrer Vorgängergeneration übersät sind. „Man, das ist ein Mittelalterscheiß. Das turnt ja nur noch ab", sagt Tim, „hier kann man ja gar nichts mehr machen." Diesen Ausspruch hören Sie gerade, als Sie an der geöffneten Tür vorbeigehen. Die beiden haben Recht, welche

Jugendlichen können sich mit so einer verkommenen Einrichtung noch identifizieren? Sie wissen, dass der kommunale Jugendausschuss Geld zur Renovierung des Jugendhauses zur Verfügung stellen würde, wenn ein schlüssiges Raumkonzept vorgelegt wird. Sie informieren sich über bedürfnisorientierte Raumgestaltung in Jugendhäusern und beziehen die Jugendlichen in die Erstellung eines Konzeptes ein.

AUFGABE Bearbeiten Sie eine dieser Lernsituationen nach den folgenden Schritten:

- Analysieren
- Planen
- Durchführen
- Reflektieren und bewerten
- Dokumentieren und präsentieren

2 Anregungen zur Selbstreflexion

1. Wenn Sie sich an Ihre eigene Kindergarten- oder Grundschulzeit erinnern:
   - Welche Szenen steigen auf?
   - Was war schön und ermutigend?
   - Womit waren Sie beschäftigt?
   - Gab es auch Situationen, in denen Sie sich als Kind nicht wohlgefühlt haben?
   - Was war beeinträchtigend für Ihr Wohlergehen?

2. Wie haben Sie die physikalische Umwelt und die Natur wahrgenommen? Was war Ihr Lieblingsspielzeug? Haben Sie gebaut? Mit welchem Material haben Sie sich gern beschäftigt? Haben Sie Freude am Sortieren gehabt? Wie haben Sie Muster entdeckt?

3. Hatten Sie als Kind eine beste Freundin/einen besten Freund? Haben Sie gern in größeren Gruppen gespielt oder lieber zu zweit oder allein? Welche Menschen waren nach Ihrer Erinnerung für Ihre Entwicklung wichtig?

4. Gab es größere Unternehmungen oder Projekte, die Sie als Kind in der Kindertagesstätte erlebt haben?

5. Können Sie sich daran erinnern, im Rahmen von Jugendfreizeitgruppen, Sportgruppen oder in der Schule an Projekten teilgenommen zu haben?

6. Formulieren Sie mindestens drei wichtige Erkenntnisse, die Sie aus der Auseinandersetzung mit diesem Kapitel gewonnen haben.

Kapitel 4 Pädagogisches Handeln strukturieren

1 Lernsituation

„In deutschen Kindergärten wird doch nur getobt und gespielt!"

Susanna, Erzieherin, 29 Jahre, bringt nicht die Kraft auf, ihrer Freundin vehement zu widersprechen und sie davon in Kenntnis zu setzen, wie wichtig Bewegung und Spiel für die kindliche Entwicklung und das Lernen sind. Susanna steckt in einer Krise. Gerade noch war sie so glücklich, eine Stelle als Erzieherin in der „Kindertagesstätte Teddybär" bekommen zu haben, doch jetzt, eine Woche später, ist sie frustriert.

Sie ist verantwortlich für die „Gummibärchen", eine altersgemischte Elementargruppe mit zwei 2-Jährigen und weiteren 20 Kindern im Alter zwischen 3 und knapp 6 Jahren. Demnächst wird ihr eine Zweitkraft zur Seite gestellt.

Die Kinder kennen die Kindertagesstätte länger als sie. Sie sind inzwischen vielen Personalwechseln aus-

gesetzt gewesen. Die Gruppe ist unruhig und anstrengend. Gespräche in der Ganzgruppe werden oft durch Unruhe und abwertende Bemerkungen gestört, der Lautstärkepegel ist allgemein sehr hoch und das Konzentrationsvermögen der Kinder währt meist nicht länger als einige Minuten.

Susanna fühlt sich von der täglichen Arbeit angestrengt. Sie sieht einen Grund dafür auch in der schlechten Qualität der pädagogischen Arbeit, die zuvor in der Gruppe gelaufen ist. Und so findet sie, dass ihre Freundin auch ein Stück weit recht hat mit ihrer Aussage.

Bisher war Susanna immer in Kindertagesstätten, auf die sie sich grundsätzlich gut einlassen konnte und in denen sie viel gelernt hat. Noch nie war sie jedoch in der Verantwortungsrolle, um pädagogische Strukturen selbst zu etablieren – als Gruppenleiterin hat sie jetzt die Chance. Momentan erscheint ihr dies aber eher als Qual. Sie möchte dennoch ihre Sache gut machen.

Da die Kindertagesstätte ihr keine oder zu wenig geeignete Strukturen vorgibt, muss sie selbst solche installieren, um ihren Qualitätsvorstellungen gerecht zu werden.

2 Angestrebte Kompetenzen

Susanna erscheint die pädagogische Arbeit in der „Kindertagesstätte Teddybär" nicht konzeptionalisiert, und so möchte sie selbst für pädagogisch sinnvolle Strukturen – zunächst in „ihrer" Gruppe – sorgen. Dazu ist es sinnvoll, dass sie sich mit ihrem eigenen **Bild vom Kind** auseinandergesetzt hat, das sowohl durch biografische als auch durch kulturelle und epochale Bedingungen geprägt ist. Der Schritt, sich hier persönliche Zusammenhänge klarzumachen, bietet ihr die Chance, nicht „blind" in Automatismen zu verfallen, sondern pädagogisches Handeln zielgerichtet und begründet einsetzen zu können – eine Vorbedingung für konzeptionelles Handeln, wie es in **Punkt 3** des Kapitels thematisiert wird.

Susanna fragt sich, was sie im erzieherischen Umgang mit Kindern wichtig findet. Worauf möchte sie bei den „Gummibärchen" besonders achten, was kann sie bewusst erzieherisch einsetzen? Hier liegt ein Teil ihres „pädagogischen Handwerkzeugs" in dem Wissen um **Erziehungsmittel**. Ihre Kenntnisse sind eine Vorbedingung für Grundmechanismen und Möglichkeiten

erzieherischen Handelns. Dies wird in **Punkt 4.1** behandelt.

Neben dem alltäglichen Umgang mit den Kindern benötigt Susanna die Kompetenz, Aktionen mit und für die Kinder sinnvoll und angemessen zu planen und auszuwerten. Wie sie hier professionell vorgeht und welche Inhalte und Strukturen es zu berücksichtigen gilt, stellt ein Kernstück ihrer täglichen Arbeit dar. Denn neben der **Planung** und deren **Durchführung** geht es nun auch um die begleitende **Reflexion** pädagogischer Arbeit, siehe dazu **Punkt 4.2**.

Gerade durch die Auseinandersetzung mit **verschiedenen pädagogischen Handlungskonzepten** kann es Susanna gelingen, ihren eigenen Standpunkt zu klären. In diesen stecken viele theoretische und praktische Hinweise, die in das eigene Handeln und Denken einbezogen werden können. Ein Überblick ermöglicht es ihr, bewusst und professionell auswählen zu können: **Punkt 5** des Kapitels.

3 Das Bild vom Kind

Historischer Wandel

Die Vorstellung, dass es so etwas wie Kindheit gibt – eine eigenständige Lebensphase und mit wesentlichen Unterschieden zum Erwachsenenalter – ist eine moderne Vorstellung. Kinder als Kinder zu sehen und nicht als kleine Erwachsene, hat sich erst im Laufe des 16. und 17. Jahrhunderts entwickelt und hängt augenscheinlich mit der Erfindung des Buchdrucks und der Einrichtung von Bildungssystemen zusammen. Die Fähigkeit, lesen zu können, ist eine Entwicklungsfrage, die Kinder und Erwachsene als „Wissende" bzw. „Nichtwissende" zeitweilig trennt. In der Vergangenheit begann die Entwicklung von Büchern extra für Kinder, besonderer Kleidung und besonderer Spielgegenstände. Diese – für unsere Welt – völlige Normalität hatte zur Folge, dass Kinder, die zuvor selbstverständlicher Teil der Erwachsenenwelt waren, nun eigene Räume („Kinderzimmer") bekamen und damit ein Stück aus der Welt der Erwachsenen ausgegrenzt wurden. Auch die idealisierende Vorstellung der Kindheit

im Sinne von Unbeschwertheit, Selbstvergessenheit und wenig Verantwortung fand hier ihren Ursprung. Im Gegensatz dazu wurden Kinder im Mittelalter beispielsweise nach allgemeiner Gesetzgebung bestraft und wurden ab dem 7. Lebensjahr als kleine Erwachsene gesehen.

In den 1980er-Jahren wurde von Neil Postman in seinem Buch „Das Verschwinden der Kindheit" in Frage gestellt, ob man heute überhaupt noch eine kindspezifische Lebensphase ausmachen könne. Er stellte die These auf, dass die Bildmedien (die Kindern ebenso wie Erwachsenen zugänglich seien und keine besonderen kognitiven Fähigkeiten zur Rezeption wie Lesen erforderten) die Trennlinie zwischen Kinder- und Erwachsenenwelt zum Auflösen bringe.

Somit bringt jede historische Epoche ihr eigenes Bild vom Kind hervor, prozesshaft erschaffen durch allgemeingesellschaftliche Veränderungen, zu denen auch die Industrialisierung (dadurch die Notwendigkeit von Kinderbetreuung) oder die veränderte gesellschaftliche Stellung der Frau (Gleichberechtigung) gehört. Die Diskussion um Erziehungsnotwendigkeiten und damit die Frage nach dem „Bild vom Kind" ist nicht nur im historischen Kontext zu sehen, sondern bezieht sich auch auf die grundsätzliche Frage, inwieweit der Mensch erziehungsbedürftig ist.

Anthropologische Grundlagen

Verschiedenste Untersuchungen und Experimente haben immer wieder versucht, Antworten auf Fragen zu geben wie: Wie stark kann ich Einfluss nehmen? Unterliegt der Mensch bestimmten Trieben oder kann er selbst sein Tun lenken? Wie wichtig sind für den Menschen die anderen?

Zum Beispiel konnte durch grausame Experimente mit Kleinkindern von Friedrich I. (dem „Staufer", deutscher Kaiser um 1200 n. Chr.) bewiesen werden, dass der Mensch von Anfang an ein Wesen ist, das ohne Beziehung nicht lebensfähig ist. Wir gehen also davon aus, dass Menschen so angelegt sind, dass sie einander zu ihrem Mensch-Werden brauchen. Sie haben ein existenzielles Grundbedürfnis nach Anerkennung und Zugehörigkeit. Sie benötigen für ihre Entwicklung Vorbilder für ihr Verhalten und damit auch Erziehung. Die Erziehungsbedürftigkeit des Kindes wird auch aus anthropologischer Sicht gestützt.

Wissenschaftlich wird hier im Vergleich von Mensch und Tier festgestellt:
- Der Mensch kommt im Vergleich zu anderen „höheren Säugetieren" biologisch gesehen nach 9 Monaten als „physiologische Frühgeburt" auf die Welt. Der Entwicklungsstand eines Säuglings ist im Hinblick auf z. B. motorische Fähigkeiten so schwach, dass er erst nach einem ganzen Lebensjahr („extrauterines Frühjahr") vergleichbare Fähigkeiten zu jungen vergleichbaren Tieren aufweist (eine artgerechte Fortbewegung – aufrechter Gang).
- Auch verfügt der Mensch über keine besonderen körperlichen Fähigkeiten. Er kann weder besonders schnell laufen, noch sich durch Krallen oder Gebiss sonderlich gut im Kampf erweisen, auch ist er nicht gut durch Fell oder dicke Haut vor Kälte oder Verletzungen geschützt. Rein körperlich betrachtet gilt der Mensch also als unspezialisiertes Mängelwesen, das körperlich schlecht ausgestattet ist, aber durch seine Anpassungsfähigkeit nahezu überall auf der Welt leben kann.
- Der Mensch ist außerdem wenig instinktgesteuert. Vieles, was bei Tieren automatisiert abläuft, muss der Mensch erst erlernen. Dazu gehört beispielsweise das richtige Werben um einen Partner oder das „Futterfinden".

Rein biologisch betrachtet zeigt sich in sehr klarer Weise, dass der Mensch erzogen werden muss. Bestimmte Fähigkeiten, Umgangsformen, Sprache und kulturelle Fähigkeiten entwickeln sich nicht von selbst. Dies beweisen auch die sogenannten „Wolfskinder", also Kinder, die ohne menschlichen Kontakt groß geworden sind. Ihr Verhalten spiegelt oftmals das der Tiere, die sie kennengelernt haben. Beispielsweise fehlt ihnen der aufrechte Gang, die ausgeprägte Mimik oder die Fähigkeit, Laute differenziert zu bilden. Diese starke Prägbarkeit des Menschen zeichnet ihn damit als weltoffenes Wesen aus, das die Eindrücke seiner Umwelt aufnimmt. Frühe kindliche Erfahrungen sind hier sehr bedeutsam für die weitere Entwicklung.

Aktuelle Forschung

Neueste Studien der Bindungsforschung stützen darüber hinaus die Vorstellung, dass der Mensch ein Grundbedürfnis nach Sicherheit hat (vgl. Suess, 2005). Ein Sicherheitsgefühl entsteht dann, wenn Stabilität erfahren wird, wenn Abläufe bekannt sind, und wenn klar ist, wie man sich in bestimmten Situationen zu benehmen hat. Das menschliche Bedürfnis nach Sicherheit und Orientierung zeigt sich hier auch in der Weise, dass Kinder in schwierigen Situationen das Gewohnte suchen. Kennt sich also ein Kind mit Zurückweisung aus, provoziert es sie auch (unbewusst); fühlt sich ein Kind bei Bemutterung sicher, so versucht es, diese zu bekommen.

Prägend für das eigene Menschenbild sind auch individuelle Erfahrungen und maßgeblich kulturelle und gesellschaftliche Werthaltungen
- sowohl innerhalb einer Gesellschaft, die sich über die Zeiten hin verändert,
- als auch in parallelen Gesellschaften, die sich durch ihre Geschichte, ihren Glauben und die Sprache unterscheiden.

Kind, als Erwachsener verkleidet

So war beispielsweise die Einstellung gegenüber Menschen mit Behinderungen in unserer Gesellschaft allein in den letzten hundert Jahren einem starken Wandel unterworfen. Ausgrenzungsstrategien bis hin zum Euthanasiegedanken des Nationalsozialismus in der Mitte des 20. Jahrhunderts haben einem Menschenbild Platz gemacht, das jeden Menschen zunächst als Menschen sieht – als Menschen mit unterschiedlichen Stärken und Schwächen, als liebenswertes Geschöpf, das sich innerhalb individueller Möglichkeiten verwirklichen kann und ein Recht auf Glück und Entwicklung hat.

Eine einzige objektive Wahrheit eines Bildes vom Kind kann folglich nicht ausgemacht werden, dennoch sollen drei Gesichtspunkte aufgeführt werden, die ein „aktuelles Bild vom Kind" umreißen und neuen wissenschaftlichen Erkenntnissen entsprechen:

1. Betrachtet man die mitteleuropäische deutsche Gesellschaft, so lässt sich feststellen, dass sich die Vorstellung davon, dass Kinder wie unvollständige Erwachsene sind, die man durch Zufügen von Merkmalen komplettiert, geändert hat. Heute sieht man Kinder von Beginn an als reiche und immer wieder erneuerte Geschöpfe, die im Vergleich mit Erwachsenen unspezialisiert sind und sich selbst in der Interaktion mit ihrer Umwelt aktiv anpassen.

2. Das aktuelle Bild vom Kind baut eher auf der Vorstellung auf, dass beim Kind die leiblichen und seelischen bzw. gefühlsmäßigen und geistigen Vorgänge weitgehend verschmolzen sind. Gefühlsbewegungen und Köperbewegungen sind so stärker aneinander gekoppelt. Das bedeutet, dass Kinder anders als Erwachsene empfinden und auch ihre Empfindungen anders ausdrücken. Das wiederum bringt es mit sich, dass Kinder andere Bedürfnisse als Erwachsene entwickeln und nach anderen Formen der Befriedigung suchen.

3. Je nachdem, welche Vorerfahrungen ein Kind mit Bezugspersonen machen konnte, ist sein Lernverhalten und damit auch sein Bindungsverhalten geprägt. Dies kann im guten Sinne geschehen sein, dann ist das Kind auch in der Kindertagesstätte ein „unproblematisches" Kind, es zeigt Selbstständigkeit, Interesse und Integrationsfähigkeit und kann infolgedessen auch zu einem guten „aktiven Konstrukteur seiner selbst" (s. Kapitel 3 „Bildungsprozesse erkennen, unterstützen und anregen") werden. Kinder, die ungeeignete Bindungserlebnisse hatten, haben größere Schwierigkeiten, von sich aus geeignete Lernimpulse anzustreben.

Professionelle Pädagoginnen und Pädagogen sollten sich auf jeden Fall mit ihrem persönlichen Menschenbild auseinandersetzen. Denn der Schritt der

Bewusstwerdung ermöglicht es, eine innere Klarheit über angestrebte Lern- und Entwicklungsaufgaben zu gewinnen, die wiederum Hinweise darauf geben, wie man die eigene pädagogische Rolle füllen möchte. Hierbei ist es u. a. wichtig, den Zusammenhang zwischen eigenen Erfahrungen und daraus entstandenen Meinungen über Kinder zu erkennen.

AUFGABE

1. Vervollständigen Sie diese Sätze und beantworten Sie die Fragen zur Selbstreflexion:
   - Kinder sind ...
   - Kinder brauchen ...
   - Als Kind war ich ...
   - Als Kind brauchte ich ...
   - Welche Werte bestimmen für mich das menschliche Zusammenleben?
   - Welches sind für mich wichtige Ziele in der Erziehung?
   - Welche Möglichkeiten und Grenzen sehe ich in der Erziehung?

2. Finden Sie Beispiele dafür, wie sich Vorstellungen vom Menschen (Frauen, Männer, Kinder) über die Zeit hinweg geändert haben oder wie sich diese im Vergleich von heutigen Gesellschaften unterscheiden können.

3. Konkretisieren Sie anhand der anthropologischen Merkmale des Menschen seine Erziehungsnotwendigkeit.

4. Sammeln Sie Gesichtspunkte dazu, was derzeit zu einer allgemeinen Vorstellung von Kindern als solche gehört und wie sich dies gesellschaftlich deutlich macht.

Susannas Bild von den Kindern ist davon geprägt, dass sie in deren unruhigem Verhalten den Wunsch nach Anerkennung und Zugehörigkeit sieht, wie auch die Suche nach Sicherheit. Sie schreibt die Unruhe nicht Unartigkeiten zu, sondern sieht darin das Bedürfnis nach Bewegung und Erfahrung.

Susanna sieht bei sich selbst die Aufgabe, für unterstützende Strukturen zu sorgen und den Kindern dadurch den Raum zu geben, geeignete Lernanlässe zu finden. Dies verdeutlicht auch, dass sie nicht der Meinung ist, dass Kinder alles „aus sich selbst schöpfen" können: Sie sieht sich in der Verantwortung, geeignete Lernbedingungen zu schaffen, und glaubt, dass die Kinder ihre Angebote annehmen werden. Susannas „Bild vom Kind" setzt sich also u. a. aus folgenden Aspekten zusammen:

- Kinder sind bereit, sich zu verändern, wenn man ihnen eine (dauerhafte) Beziehung anbietet
- Kinder brauchen Sicherheit, Orientierung und die Gewissheit, gemocht zu werden.
- Für das menschliche Zusammenleben sind vor allem gegenseitiges Vertrauen, Interesse aneinander und die Bereitschaft, Bedürfnisse von anderen ernst zu nehmen, wichtig.
- Wichtige Erziehungsziele sind für sie „gegenseitiger Respekt", „Selbstständigkeit" und „eigene Fähigkeiten ausbauen".
- Möglichkeiten der Erziehung liegen in dem Bereitstellen von geeigneten Rahmenbedingungen, der Bereitschaft zu zwischenmenschlichen Beziehungen und darin, im eigenen Handeln und Tun ein geeignetes Vorbild zu sein. Grenzen liegen darin, dass es nie vorhersehbar ist, ob ein Kind bestimmte Impulse tatsächlich aufnimmt/aufnehmen kann oder ob zwischenmenschliche Schwierigkeiten konstruktive Prozesse behindern.

4 „Pädagogisches Handwerkszeug"

4.1 Erziehungsmittel

Wenn man sich fragt, womit man erzieht, welche Handlungsweisen man also einsetzt, um dadurch bestimmte Prozesse oder zu bestimmten Verhaltensweisen anzuregen, dann ist dies die Frage nach den Erziehungsmitteln. Dabei schwingt immer das jeweilige Menschenbild bzw. das Bild vom Kind mit und immer sind auch Zielfragen betroffen. Wozu möchte ich anregen? Warum gebe ich bestimmte Impulse? Was möchte ich eigentlich damit erreichen? Wofür setze ich die Mittel ein und welche pädagogische Haltung nehme ich dabei ein?

Äußerlich betrachtet können Erziehungsmittel durchaus als spröde Eingliederungs- und Ordnungsmittel (z. B. Ermahnungen) wirken. Durch eine innere Haltung, die durch Mitmenschlichkeit geprägt ist, werden sie aber zu Medien menschlicher Zuneigung, menschlicher Gesinnung und Zeichen menschlichen Behütetseins. Sie sind demnach mehr als bloße Eingliederungshilfen, sie geben Kindern und Jugendlichen Richtung und Orientierungspunkte.

Auch ist ein Mensch – insbesondere ein junger Mensch – nicht bloß einzugliedern oder „bei der Stange zu halten". Er ist mit den Worten von Friedrich Trost in erster Linie ein Mensch, „der die geistige Berührung mit anderen Menschen braucht, der davon lebt, dass er im anderen Menschen gilt, dass er beachtet wird, anerkannt und geliebt wird". Folglich geht es in diesem Sinne niemals darum, die Willkür eines Erziehers durchzusetzen.

> Erziehungsmittel wollen z. B. helfen,
> 1. sich vertrauensvoll anzuschließen,
> 2. feste Beziehungspunkte zu gewinnen,
> 3. innere Vorbehalte abzubauen,
> 4. bei Fehlhandlungen und Fehlhaltungen zurückzufinden,
> 5. menschliche Beziehungen zu ordnen,
> 6. Klarheit zu gewinnen und
> 7. sich innerhalb der Organisation wohlzufühlen.
> *(nach F. Trost)*

Wenn man sich über Erziehungsmittel informiert, so muss klar sein, dass es sich um Kategorien handelt, die in jedem konkreten Fall subjektiv gewertet werden. Das bedeutet, dass, wenn zwei dasselbe Mittel einsetzen, es nicht dasselbe ist. Jedes Mittel wird von jeder erziehenden Person modifiziert und „beseelt". Denn als erziehende Person handelt man immer aus sich heraus. All das, was an echter Autorität, Beziehungsfähigkeit und Empathie in den Situationen vorhanden ist, prägt das Erziehungsmittel.

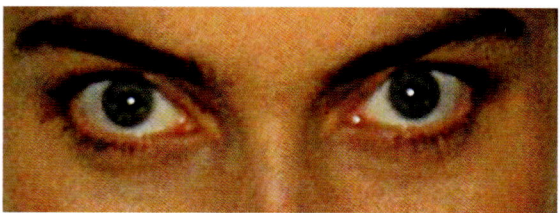

Präsenz zeigen
Das bedeutet, dass schon die bloße Anwesenheit eines (zuständigen) Erwachsenen einen Einfluss auf das Verhalten haben kann. Aufsicht zu führen, auf Kinder zu achten, für Ordnung, Gerechtigkeit und Frieden zu sorgen, diese Punkte wirken sich dabei orientierend aus. Schon ein Blick kann disziplinieren, ermuntern oder beschwichtigen.

Orientierung geben
Nicht nur durch das eigene Beispiel gibt man den Heranwachsenden Richtung und Sicherheit. Auch
- Gebote (hilf dem, der Hilfe braucht),
- Lebensregeln (Ordnung muss sein),
- Ordnungsregeln (Spiele gehören in das Bord, die Bauklötze in die Kiste),
- Vorschriften (im Ruheraum ist man leise),
- Anweisungen (zieh dir bitte die Schuhe an),
- Anordnungen (jetzt räumen wir auf),
- Erinnerungen (denkt morgen an die Kartoffel),
- Ermahnungen (seid in der Kirche leise),
- Appelle (kommt, lasst uns alle zusammen anpacken),
- Aufrufe (wer ist bereit, am Sonntag zu helfen?)

können in diesem Sinne dienlich sein.

Entscheidungshilfen an die Hand geben
Auch wenn die freie Entscheidung von Kindern und Jugendlichen aktuell eine große Bedeutung in der Erziehung hat, bleibt es nicht aus, ihnen in ihrer Entscheidung Unterstützung zu geben. Diese Unterstützung kann verschiedene Gesichter haben. So kann es sich dabei handeln um
- einen Rat (lass lieber die Finger davon),
- eine Bitte (bitte, tu das nicht),
- einen Befehl (lass es!),
- eine Zurede (überleg doch mal – es hätte Vorteile),
- eine Empfehlung (ich an deiner Stelle) oder um
- eine Aufforderung (los, probier es doch).

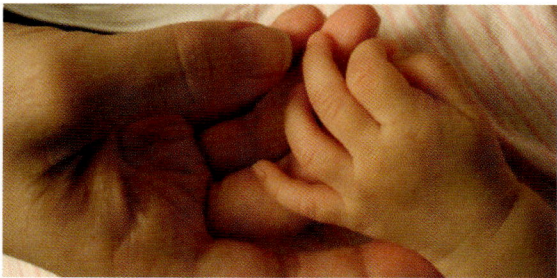

Erweiterungshilfen anbieten

Im Sinne von Bildungs- und Lernfortschritten, aber auch in Fragen des Betragens können verschiedene Möglichkeiten als Lernangebote dienen. Beispielsweise können

- Aufgaben oder Hinweise gegeben (Gabel links, Messer rechts),
- Aufträge erteilt (Thomas, vergleiche bitte die Blattformen und lege ähnliche zusammen) und
- Unterweisungen (z. B. im Bedienen von Geräten)

angeboten werden. Auch die eigene Person kann als Modell dienen, indem man etwas vormacht.

Hilfen zur Situationserfassung geben

Um ein Gespür für bestimmte Situationen zu bekommen, kann man als Pädagoge/Pädagogin richtungsweisende Fragen stellen (was seht ihr hier?) oder etwas mitteilen (hier seht ihr eine Buche). Für besondere Situationen mag eine Ansprache das Richtige sein (Heute ist ein besonderer Tag, denn heute begrüßen wir zwei neue Kinder in unserer Gruppe). Im Straßenverkehr kann eine Belehrung zum korrekten Verhalten angemessen sein.

Vertrauens- und Erwartenshilfen äußern

Oftmals gilt es in der Pädagogik, Wege der Motivation zu finden, um etwas durchzuhalten oder auszuprobieren. An solchen Stellen können

- Versicherungen (ich, weiß, dass du es schaffen kannst),
- Verheißungen (wenn du es geschafft hast, wirst du dich wunderbar fühlen) oder auch
- Versprechungen (wenn du es schaffst, dann darfst du heute die Glocke läuten)

helfen, dieses Ziel zu erreichen.

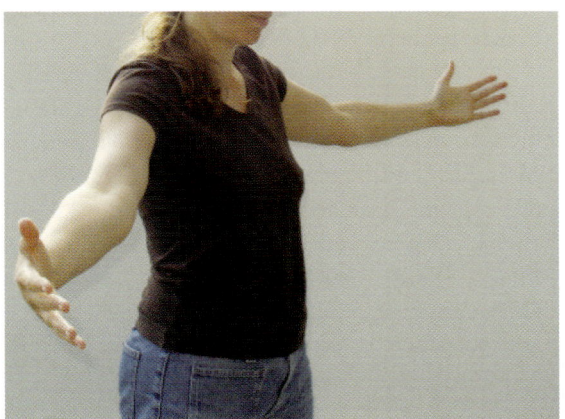

Weisungen in Fehlsituationen aussprechen

Im menschlichen Zusammenleben kommt es nicht selten zu Schwierigkeiten und Konflikten. Dann kann es manches Mal angebracht sein,

- zurechtzuweisen (das war jetzt aber nicht in Ordnung),
- zu warnen (ich warne dich: Lass die Finger davon!),
- zu verwarnen (noch einmal und dann musst du aus der Bauecke heraus) oder
- zu drohen (wenn du jetzt nicht aufhörst, Alex zu ärgern, dann musst du erst einmal an die Seite gehen).

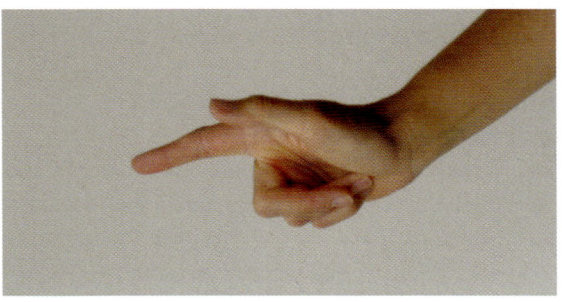

Erzieherische Urteile einsetzen

Ist man in einer pädagogischen Leitungsrolle, so wird man dazu aufgefordert, Verhaltensweisen zu beurteilen – positiv oder negativ. In der Regel ist es sinnvoll, nach Möglichkeiten der positiven Verstärkung zu suchen, d. h. wünschenswerte Verhaltensweisen durch Bejahung, Lob, Belohnung und Zuspruch zu verstärken. Pädagogische Reaktionen auf nicht erwünschte Verhaltensweisen bergen immer das Risiko, dass sie, obwohl sie auf die Vermeidung des Verhaltens abzielen, diese dennoch verstärken können. Gründe für diesen paradox wirkenden Zusammenhang liegen darin, dass **irgendeine** Reaktion der Erziehenden aus Sicht der Kinder und Jugendlichen (unbewusst) immer noch besser erscheint als **keine**. Auch haben Kinder und Jugendliche schon früh ein eigenes Selbstbild entwickelt – und so führt das Bedürfnis, dieses Selbstbild (von außen) bestätigt zu bekommen und dadurch Sicherheit zu erfahren, dazu, auch selbstschädliches Verhalten beizubehalten.

Somit stellen Sanktionierungen ein mögliches Erziehungsmittel dar, doch muss sehr bewusst mit ihnen umgegangen werden.

- Eine geringe Stufe stellt die Verneinung (Nein, Marco!) dar,

- weitere Eskalationsstufen sind Tadel (Das finde ich jetzt nicht in Ordnung!) und
- Strafen (So, jetzt musst du alle Verkleidungssachen alleine aufräumen).

Berücksichtigt werden muss bei Strafen ganz besonders die Qualität: Z. B. erleichtert ein zeitlich naher Zusammenhang das Spüren der Verbindung von Tat und Strafe. Auch inhaltliche Bezogenheit, z. B. in Form von Wiedergutmachung, lässt eine Strafe nachvollziehbar werden. Ebenso sollte immer auf Verhältnismäßigkeit geachtet werden, da eine Strafe sich nur dann positiv auswirken kann, wenn sie mit Einsicht einhergeht. Zudem sind Situationen vorstellbar, die eher durch Nachsicht statt durch Strafe zum gewünschten Ergebnis führen können.

Reale oder fiktive dritte Personen einbeziehen

Der Mensch lernt im Besonderen durch Geschichten. Durch Identifikation mit bestimmten Figuren kann er aus den Geschichten von anderen auch für sich selbst Lehren ziehen und sich Verhaltensweisen, Werte und Normen zu eigen machen. Dabei lassen sich gerade Kinder auch auf nicht reale Personen ein und erleben diese als interessant und aufregend. Folglich ist der Einsatz von Märchen und Geschichten, Handpuppen oder Rollenspielen zur Anschaulichkeit ein geeignetes Mittel in der Erziehung. Traditionelle Beispiele findet man im Nikolaus, der Kinder auf ihre Artigkeit hin prüft, oder Kasperl, der sich für Recht und Gerechtigkeit und richtiges Verhalten im Straßenverkehr einsetzt. Aber auch „Gruppenmaskottchen" wie ein bestimmtes Kuscheltier oder eine Handpuppe lassen sich identifikationsstiftend und animierend einsetzen.

Zeichen und Symbole verwenden

Nicht nur Worte und Verhaltensweisen dienen zur Orientierung, Gleiches kann mit Zeichen und Symbolen erreicht werden – manchmal viel effektiver. Kinder können z. B. ihren eigenen Haken durch Beschriftungen oder Bilder wiederfinden, Gruppen können eine eigene Flagge oder einen Wimpel kreieren, um sich dadurch stärker miteinander zu identifizieren. Eine Trommel kann wirkungsvoll zum Versammeln rufen, eine Glocke zum Aufräumen läuten, ein Adventskranz an das nahende Weihnachtsfest erinnern und so eine gemütliche Atmosphäre und Wohlbefinden schaffen.

Rituale einführen

In aller Regel haben Kindertagesstätten feste Bestandteile im Tages-, Wochen- und Jahresablauf installiert. Weist der Kindergartentag feste, wiederkehrende Elemente wie einen Morgenkreis, Tischsprüche und Verabschiedungszeremonielle auf, so spricht man von einem ritualisierten Tagesablauf. Auch das besondere Gestalten von Situationen durch wiedererkennbare Abläufe trägt zur inneren Entspannung durch den Wiedererkennungseffekt bei, da die feste Struktur zu Rollen- und Aufgabenklarheit beiträgt. Symbolischen Handlungen beizuwohnen und als mögliche Handlungsweisen kennenzulernen birgt ein großes Potenzial für die Bewältigung späterer Herausforderungen und Probleme. Man denke dabei z. B. an den Verlust geliebter Gegenstände, Tiere oder Menschen. Ein Ritual stellt dabei eine Verdichtung von Handlungen und Botschaften dar, die schwer durch schlichte Verbalisierung (im Sinne von Erklärungen oder Trostbekundungen) ersetzt werden kann.

Eine symbolische Handlung

Die meisten dieser Mittel setzt Susanna mehr oder weniger unbewusst und situationsangemessen ein. Selbst geeignete Vorbilder gehabt zu haben und inzwischen über einige pädagogische Erfahrung zu verfügen gibt ihr an so mancher Stelle ein pädagogisches Gespür für das „richtige" Erziehungsmittel als spontane Reaktion. Geht es aber um strukturgebende Mittel wie Rituale oder geeignete „dritte Personen", so gilt es, diese bewusst und überlegt zu installieren. Auch der Umgang mit Strafen erweist sich immer wieder als besondere Herausforderung, und gerade in der schwierigen Anfangssituation, stellt Susanna fest, benötigt sie Fantasie und Selbstbeherrschung, um dieses Mittel nicht zu überstrapazieren, sondern sinnvoll einzusetzen. Sie merkt selbst, dass gerade in Überforderungssituationen der Griff zum „Schimpfen, Meckern, Strafen" schnell geschieht. Sie möchte aber den Teufelskreis wirkungsloser bzw. verstärkender Interaktionen durchbrechen.

AUFGABE

1. Halten Sie fest, was in Ihrer pädagogischen Praxisstelle an Erziehungsmitteln vorrangig eingesetzt wird. Beschreiben Sie drei Inhalte anhand von konkreten Beispielen.
2. Wählen Sie eine Kategorie der Erziehungsmittel, z. B. „Zeichen und Symbole verwenden", und sammeln Sie geeignete Konkretisierungen.
3. Wählen Sie eine selbst erlebte praktische Situation aus und analysieren Sie diese im Hinblick auf den Einsatz verschiedener Erziehungsmittel.
4. Konkretisieren Sie jedes genannte Erziehungsmittel anhand eines selbst erlebten Beispiels.

4.2 Der „pädagogische Dreischritt": planen, durchführen, reflektieren

Die Professionalität erzieherischen Handelns ist in hohem Maße durch den gezielten und damit geplanten Einsatz von Handlungsweisen geprägt. Zudem kann auf der Grundlage der Planung später die konkrete Umsetzung das Geschehens ausgewertet werden. Aufgestellte Ziele können im Hinblick auf ihr Erreichen angesehen werden, Reihenfolgen von Arbeitsschritten können überprüft und Methoden auf ihre Eignung hin untersucht werden. Professionelles pädagogisches Handeln sollte also planvoll umgesetzt und anschließend reflektiert werden.

4.2.1 Planung

Etwas zu planen ist ein vielschichtiger Prozess, der Gesichtspunkte wie

- die Rahmenbedingungen,
- die Gruppensituation,
- den kindlichen Entwicklungsstand,
- die eigene Vorbereitung,
- die Zielfestlegungen,
- die methodischen Überlegungen (wie?),
- die didaktischen Überlegungen (was?) sowie
- das „Setting" (Raumgestaltung, Sitzanordnung)

beinhaltet. Im Folgenden werden solche didaktischen (Ziele, Thema, thematische Einarbeitung) und methodischen (Planungsprinzipien, verschiedene Sozialformen und Aufbau) Gesichtspunkte aufgefächert und erläutert, um die Dimensionen aufzuzeigen, die in Planungen berücksichtigt werden können und sollten.

Lernzielbereiche

Pädagogisches Handeln ist geprägt von Zielen, die bewusst oder auch unbewusst verfolgt werden. Entscheidend ist, dass diese Ziele auf sehr unterschiedlichen Ebenen liegen können und es für die konkrete Planung wichtig ist, aus übergeordneten Zielen solche Ziele zu formulieren, die konkret umsetzbar und auch überprüfbar sind. Diese Ziele, die man auch Lernziele nennt, bezeichnen das, was in angebotenen Aktivitäten, Unterweisungen o. Ä. angestrebt bzw. erreicht werden soll. Sie beschreiben das Verhalten, die Erkenntnisse, Einstellungen, Fähigkeiten und Fertigkeiten, zu dem die Lernenden durch den initiierten Prozess gelangen sollen. Solche Ziele dienen vorrangig

Überblick über Lernzielbereiche:

Kognitiver Bereich	***Denk- und Merkleistungen,*** z. B. Zuordnungen, Text-/Melodielernen, Aufgaben verstehen, Begriffsverstehen, Zusammenhänge erkennen und benennen, Mengenverständnis entwickeln, Wissen, Verständnis, Wahrnehmungsfähigkeit, Denkvermögen, geistige Beweglichkeit, Ideenreichtum, Urteils- und Kritikfähigkeit, Sprachgebrauch
Emotional-affektiver Bereich	***Gefühlsregungen empfinden,*** z. B. Freude, Gemeinschaftsgefühl, Albernheit, Betroffenheit, Spannung, Stolz, Wut, „Gruselkribbeln", Aufregung, Mitgefühl/Empathie, Erlebnisfähigkeit, Selbstbewusstsein, Sensibilität, Ausdrucksfähigkeit von Gefühlen, Werthaltungen, Vorstellungskraft, Fantasie
Motorischer Bereich	***Bewegungsleistungen*** allgemeine Körperbeherrschung, Bewegungen von Kopf, Schultern, Rumpf, Becken, Armen und Beinen (Grobmotorik) und Fingerfertigkeit/Mimik/Sprechen, Zehenbewegungen (Feinmotorik): **grobmotorisch,** z. B. körperliche Belastbarkeit, krabbeln, gehen, laufen, balancieren, klettern, kriechen, raufen, springen **feinmotorisch,** z. B. praktische Fertigkeiten, greifen, festhalten und loslassen, „Pinzettengriff" (Daumen-und-Zeigefinger-Griff), tippen, schneiden, Stift halten, malen und zeichnen, Gegenstände platzieren, sprechen, singen, verschiedene Gesichtsausdrücke
Sozialer Bereich	***Fähigkeiten und Leistungen, die sich auf die Gemeinschaft beziehen,*** z. B. Kooperationsfähigkeit, Regeln verstehen und einhalten, zuhören, die Stimme erheben, warten, folgen, führen, kommunizieren, sich anpassen, sich durchsetzen, Rücksichtnahme, Verantwortungsbewusstsein, Kontaktfähigkeit, Toleranz Auch der Bereich der **Werteerziehung** kann hier zugeordnet werden. Wie wollen wir zusammen leben, gibt es Unterschiede in dem, was wir kennen? Welche Regeln sind uns wichtig, welches Verhalten finden wir richtig, welches falsch? Wie wachsen wir trotz aller Unterschiedlichkeiten als Gruppe zusammen?
Kreativer Bereich	***Erfindungsleistungen,*** z. B. eigene Ideen entwickeln und umsetzen, experimentieren, etwas gestalten, etwas erfinden, sammeln
Sensorischer Bereich	***Sinneswahrnehmungen differenzieren,*** z. B. **genau hinhören** (bestimmtes Geräusch herausfiltern, laut/leise, Richtungshören), **genau hinsehen** (etwas mit den Augen folgen, vergleichen, formen), schnuppern (Gerüche erkennen, Vorlieben entdecken), **schmecken** (etwas erschmecken, Verschiedenes kennenlernen, Veränderungen durch den Kochprozess erschmecken, etwas mit verschlossener Nase schmecken), **tasten** (Oberflächenbeschaffenheiten unterscheiden, Temperaturen unterscheiden), **Gleichgewichtsempfinden trainieren** (Balance halten, rollen, drehen, sich auf den Kopf stellen, hinken) und **Tiefensensibilität fördern** (verschiedene Muskelspannungen erleben, etwas heben oder rühren, Körperbewegungen blind ausführen, an der Bewegungsqualität wie Händedruck, Anmut arbeiten)
Senso-motorischer Bereich	***Verknüpfung verschiedener Sinneswahrnehmungen durch Bewegung,*** z. B. gehen und ausweichen, einem Geräusch blind folgen, tanzen, Tücher schwingen zu Musik, auf Klangsignale reagieren, etwas Gehörtes durch Bewegungen darstellen, etwas Gesehenes durch Klang darstellen

der Orientierung der Erzieherin oder des Erziehers. Sie zwingen einen, in der Planung realistisch und ergebnisorientiert zu denken. Lernziele enthalten verschiedene Dimensionen, z. B. soziale (gemeinschaftsbezogene), kognitive (denkbezogene) und affektive (gefühls- und empfindungsbezogene) Aspekte. Eine solche Aufspaltung der Dimensionen darf dabei nur analytisch verstanden werden, da sie nur theoretisch vorgenommen werden kann. In der Realität gehen diese Dimensionen ineinander über und hängen miteinander zusammen. Beispielsweise dient ein Spiel (z. B. Memory®) sowohl sozialen Aspekten wie „Regeln einhalten", kognitiven „sich etwas merken" und affektiven „Freude und Spannung empfinden". Zudem lassen sich noch weitere Aspekte benennen, die ebenfalls nur beispielhaft aufgeführt werden können, da es strittig ist, welche „Bereiche" des Menschen man in dieser Weise unterscheiden kann: motorische Aspekte (grob- und feinmotorische Leistungen), sensorische Aspekte (Differenzierung der Sinneswahrnehmungen) und kreative Aspekte (Möglichkeiten zur Ausgestaltung eigener Ideen, Erfindungen und Experimente). Auch diese Gesichtspunkte lassen sich im Spiel aufzeigen.

Beim Spiel Memory® ist es z. B. eine grobmotorische Leistung, still zu sitzen, und eine feinmotorische, Karten mit den Fingern anheben zu können, sensorisch ist man visuell gefordert, genau hinzusehen und Bilder mit anderen zu vergleichen, der kreative Aspekt ist relativ gering, zeigt sich aber in der freien Auswahl der Karten und ggf. in spielerischen Nebenschauplätzen wie dem Erfinden von Geschichten zu Abbildungen oder dem Bau von Kartenhäuschen.

Die Unterscheidung dieser verschiedenen Dimensionen ist deswegen so wichtig, weil es Zeiten gibt, in denen man – gleichsam einem „pädagogischen Zeitgeist" folgend – einzelnen Dimensionen einen Vorrang einräumt. Mit der Bewusstheit von **allen** aufgeführten Dimensionen aber kann es gelingen, ungünstige Einseitigkeiten zu vermeiden und die Methoden, mit denen gearbeitet wird, so auszuwählen, dass sie alle Bereiche ansprechen. Kognitives Lernen würde so z. B. verbunden werden mit Sinneserfahrungen, Gemeinschaftsgefühl, Spaß und Raum für eigene Ideen.

Lernzielebenen

Grundsätzlich spricht man von vier Lernzielebenen, die in der aufgeführten Reihenfolge immer stärker konkretisiert werden: Leitziele, Richtziele, Grobziele und Feinziele.

- Die Leitziele liegen auf der obersten bildungspolitischen Entscheidungsebene (z. B. demokratischer, mündig denkender und handelnder Staatsbürger).
- Die Richtziele konkretisieren solche Leitziele (z. B. kognitive Fähigkeiten in geeignete soziale Handlungen umsetzen können).
- Die Grobziele sind so konkret zu halten, dass einige Aspekte hervorgehoben werden und viele andere zunächst ausgeschlossen werden (z. B. Gespräche führen).
- Die Feinziele werden aus den Grobzielen abgeleitet. Sie sind so konkret wie möglich und in Bezug auf ihr Erreichen kontrollierbar (z. B. das Kind kann einem anderen zuhören, antwortet auf Fragen, stellt Fragen, weiß etwas über ein Thema zu sagen).

Den Prozess der Feinzielableitung aus dem Grobziel nennt man Operationalisierung. Bei dieser Operationalisierung, also der Konkretisierung abstrakter Lernziele, ist es wichtig, den Lernstand, die Lernfähigkeit und das Lerntempo der Lernenden zu berücksichtigen. Denn Lernziele sollen die Kinder nicht überfordern, aber auch nicht unterfordern, da beides Langeweile und Frustration hervorrufen kann.

AUFGABE

1. Sammeln Sie verschiedene Grobziele, die sich den Richtzielen „Selbstständigkeit", „Frustrationstoleranz", „Konfliktfähigkeit", „Sprachkompetenz", „(natur-)wissenschaftliche Kompetenz" und/oder „Selbstausdruck" zuordnen lassen.
2. Wählen Sie ein Grobziel und differenzieren Sie dieses in mehrere Feinziele aus.
3. Überprüfen Sie die von Ihnen aufgestellten Feinziele danach, ob Zielvorstellungen aus den Bereichen kognitiv, affektiv/emotional, sozial, sensorisch, motorisch und kreativ vorhanden sind. Ergänzen Sie gegebenenfalls.

Eine Sachanalyse vornehmen

Der Erfahrungsvorsprung von Erwachsenen reicht oftmals nicht aus, um spontan anspruchsvolle Bildungsarbeit zu betreiben. Dies merkt man dann, wenn Kinder etwas fragen, worauf man nicht sicher und umfassend antworten kann, z. B. „Was ist Strom?", „Warum ist der Himmel blau?", „Warum bildet sich eigentlich Haut auf dem Pudding?" oder „Warum ist der Mond mal klein und mal groß?"

Wird eine Aktivität geplant, so ermöglicht eine Sachanalyse im Vorfeld, Hintergründe zu kennen und sich zu überlegen, was Kinder an dem Thema spannend finden und verstehen könnten. Eine Sachanalyse, also die eigene Einarbeitung in ein Thema, versetzt einen selbst in die Lage, innerhalb eines Themas zu gewichten und auszuwählen, welchen Teil man mit den Kindern machen möchte. Man erwirbt also durch die eigene Fachkompetenz zu einem Thema die Fähigkeit, bewusst Schwerpunkte zu setzen und so durch weiterführende Ideen, Fragen, Anregungen und Impulse die Kinder kompetent bei ihren Lernprozessen zu begleiten.

AUFGABE Wählen Sie eine der oben genannten Kinderfragen, eine andere aus ihrer Erfahrung oder auch ein anderes mögliches Thema aus (z. B. „Meerschweinchen", „Sterben", „auf die Welt kommen"). Nehmen Sie eine Sachanalyse vor.
1. Arbeiten Sie sich dafür in das Thema fachlich ein.
2. Stellen Sie sich dann die Frage, was Kinder daran interessant und spannend finden könnten und was sie davon verstehen könnten und sollten.
3. Nehmen Sie schließlich eine eigene Gewichtung dahingehend vor, was sie den Kindern innerhalb des Themas vermitteln wollen.
4. Stellen Sie Ihrer Lerngruppe bzw. Kleingruppe den Weg und die Ergebnisse Ihrer Arbeit in einem kurzen Überblick vor.

Das Thema entwickeln

Die differenzierte Betrachtung dessen, was thematisch mit den Kindern gemacht werden soll, nennt man didaktische Analyse. In Beziehung zur Sachanalyse stellt sich hier also die Frage nach dem Sinn des Themas. Nach Thiesen können die folgenden Leitfragen dazu dienen, ein Thema auf seine Eignung hin zu prüfen:

1. Welche Bedeutung hat der Inhalt für die Kinder? Worin liegt die Bedeutung des Themas für die Zukunft der Kinder?
2. Wie wird die Wahl des Themas begründet (z. B. jahreszeitlich, Impuls durch ein Kind, anlassbezogen)?
3. Wofür soll das Thema exemplarisch, typisch oder repräsentativ sein?
4. Ist das geplante Thema (oder sind Teile davon) den Kindern bekannt? Spielt es eine lebendige Rolle im Leben der Kinder?
5. Wie ist meine innere Einstellung zu dem Thema?

AUFGABE
1. Gehen Sie anhand Ihres für die Sachanalyse gewählten Themas die fünf Fragen der Themenentwicklung durch und entwickeln Sie es ggf. durch Veränderungen und Anpassungen. Geben Sie Ihrem Thema abschließend einen Namen.
2. Benennen Sie im Hinblick auf Ihre Einstellung zum Thema mögliche Auswirkungen bei der Durchführung.

Die vier Planungsprinzipien berücksichtigen

Um die aufgestellten Ziele zu erreichen, werden Angebote geplant. Bei dieser Planung lassen sich vier Prinzipien ausmachen, an denen man sich ganz grundsätzlich orientieren kann:

Logischer Aufbau und Teilschritte: Ein logischer Aufbau von Planungsschritten unterstützt das Sicherheits- und Orientierungsempfinden der Kinder, sie können dem Ablauf dadurch mühelos folgen. Fertigkeiten und Fähigkeiten in sinnvolle Teilschritte zu zerlegen sichert den Weg zum Erfolg, da auf diese Weise das Kind die Chance erhält, Schritt für Schritt zu erfassen und mitzudenken. Für eine Zerlegung in Teilschritte gibt es kein allgemeingültiges Rezept. Sie ist jedem Gegenstand neu anzupassen.

Anschaulichkeit: Im Sinne der Anschaulichkeit geht es immer darum, möglichst das „Echte" zu erleben, zu sehen oder anfassen zu können (reale Gegenstände, Modelle, Abbildungen). Denn konkrete Gegenstände haben den höchsten Aufforderungscharakter – sie sind einer Abbildung oder einem Modell immer vorzuziehen. Ein weiteres Mittel der Anschaulichkeit stellt dar, sprachliche Vorgänge durch Handlungen vorstellbar zu machen (Situationen nachspielen), durch (sprachliche) Bilder die Fantasie anzuregen (wie ein Tiger schleichen) oder auch durch direktes Vormachen für Anschaulichkeit zu sorgen.

<u>Mehrkanaliges Lernen:</u> Lerneindrücke sind besonders dann intensiv, wenn Sinne, Gefühle, Körper und Verstand beansprucht werden. Je mehr man diese Bereiche einbinden und anregen kann, desto besser wird die Qualität des Lernangebots. In der Planung sollten deswegen folgende Teilschritte berücksichtigt werden: Sinneserfahrungen (anfassen, hören, sehen, schmecken, riechen, heben, raufklettern), Emotionen anregen/Betroffenheit wecken, das Denken anregen (Gemeinsamkeiten und Unterschiede erkennen, Ursachen und Folgen benennen, Zusammenhänge suchen) und das Handlungsbedürfnis befriedigen (sich bewegen, etwas ausprobieren, herstellen).

<u>Offenheit und Beteiligung:</u> Nicht alle Vorgänge sind planbar, auch sind sie darauf angewiesen, dass die Kinder sich beteiligen. In den geplanten Abläufen sollte folglich Raum gelassen werden, der verschiedenartige Schwerpunkte, individuelle Bedürfnisse und Wünsche und freie Gestaltungsmöglichkeiten einbezieht.

(nach Jaszus u. a., 2008)

AUFGABE

1. Entwickeln Sie zu „Ihrem" Thema konkrete Ideen zur Durchführung mit einer Kindergruppe oder einigen Sie sich in einer Kleingruppe auf ein Thema, zu dem Sie gemeinsam konkrete Ideen entwickeln. Berücksichtigen Sie dabei alle vier Planungsprinzipien:

   a) Benennen Sie einen groben logischen Aufbau in Ihrem Vorgehen.

   b) Führen Sie Möglichkeiten an, wie Sie mit den Kindern anschaulich arbeiten könnten.

   c) Entwickeln Sie Ideen, wie Sie den Kindern ein „mehrkanaliges" Lernen ermöglichen können.

   d) Überprüfen Sie Ihr Vorgehen im Hinblick auf mögliche Freiräume und legen Sie ggf. „Räume" dafür fest.

2. Stellen Sie Ihre Ergebnisse in der Lern- bzw. Kleingruppe vor und stellen Sie Ihre Vorschläge zur Diskussion: Was überzeugt? Wo gibt es weitere Anregungen/Ideen? Was erscheint realisierbar – was nicht?

Sozialformen bewusst einsetzen

In der Planung von Vorgängen und Aktivitäten können verschiedene Sozialformen Berücksichtigung finden und bewusst eingesetzt werden:

- **Einzelarbeit** bedeutet, dass jedes Kind für sich etwas übt oder ausprobiert. Auch in arbeitsteiliger Form können die Kinder eigene Aufgaben bekommen (z. B. Martha schneidet den Schnittlauch und Bert rührt den Quark).

- **Partnerarbeit** heißt, dass zwei Kinder zusammen einen Auftrag bekommen. Solche Partneraufträge gelingen am besten, wenn sie wirklich nur zu zweit erledigt werden können (einer hält das Band fest, der andere schneidet es durch).

- **Eine eigenständige Kleingruppenarbeit** ohne Erwachsene ist in der Vorschularbeit fast nie möglich. Übertragen auf die Situation in der Kindertagesstätte bedeutet das z. B., dass die Hälfte der Gruppe etwas zusammen mit einem Erwachsenen tut.

- **Gesamtgruppe** bedeutet die Anwesenheit aller, die zur Gruppe gehören. Ein Treffen in der Gesamtgruppe findet z. B. im Stuhlkreis und in Morgen- und Abschlusskreisen statt.

Die „Dreiheit der Einheit"

Um eine in sich stimmige und damit „runde" Einheit zu planen, empfiehlt es sich, eine grundsätzliche Struktur anzustreben, die sich in die Dreiheit von Einstieg, Hauptteil und Schluss gliedert. Eine solche Struktur wird dem menschlichen Bedürfnis gerecht,

- sich auf eine neue Situation einzustellen und sich „anzuwärmen", sich zu interessieren und sich von anderen Vorhaben zu lösen (Einstieg),

- an einer Beschäftigung aktiv teilzunehmen, etwas zu lernen oder zu erschaffen (Hauptteil),
- nach einer Schaffensphase das Geschaffene zu würdigen, es zu präsentieren, nochmals zu erleben oder sich in ritualisierter Form zu lösen, um sich dadurch frei auf Neues einlassen zu können (Schluss).

1. Der Einstieg

Der Einstieg dient der Motivation. Hier sollte jedes Kind auf das Thema eingestimmt werden. Dies wird dann möglich, wenn die Kinder einen gefühlsmäßigen Bezug zum Thema finden. Es sollen Neugierde, Freude, Begeisterung, Staunen oder Wissensdurst geweckt werden. Bei Kindern erfolgt dies vor allem über Sinneswahrnehmungen, siehe Tabelle. Die Kinder bekommen eine Vorstellung davon, worauf sie sich gerade einlassen sollen, und verstehen, warum sie sich mit dem Thema beschäftigen.

AUFGABE Überlegen Sie sich ein Thema und erfinden Sie einen motivierenden Einstieg.

Sehen	Gegenstände, Bilder, Modelle, Vorgänge, Pantomime
Hören	Geräusche, Töne, Lieder, Erzählungen, Stille
Spüren	Ertasten von Beschaffenheiten und Formen, Bewegungen spüren, Temperatur spüren
Riechen und schmecken	Nahrungsmittel, Düfte und Gerüche
Bewegen	Gleichgewicht, Orientierung im Raum, Spannungsabbau

2. Der Hauptteil

Das eigentliche Thema wird im Hauptteil schrittweise verfolgt. Eine logische Abfolge wird geplant und der Aufbau durchdacht. Der Hauptteil stellt das Kernstück einer Aktivität mit Kindern dar, in der ein Thema mit unterschiedlichen Methoden und Handlungsschritten erarbeitet oder erfahren wird. Unterschiedliche Aufgaben, Rollen und Handlungsschritte werden von Einzelnen, in Paaren oder der Gruppe umgesetzt. Die erfolgte Planung des Aufbaus dient dabei als Raster, das situativ durch sinnvolle Zwischenschritte, Auslassungen oder spontane Ergänzungen verändert werden kann, um so unterschiedlichen Bedürfnisse der Kinder, unerwarteten Besonderheiten und spontanen Einfällen Raum geben zu können.

AUFGABE Erstellen Sie zu einem eigenen oder einem der folgenden Themen einen sinnvoll strukturierten Ablauf: Gespräch über Winterkleidung – Verhalten im Straßenverkehr – Erstellung von Kressequark – Laternenbasteln – musikalische Gestaltung eines Lieds.

3. Der Schluss

Die Anspannung des Hauptteils wird in eine Entspannung übergeleitet, in der das Erlebte gewürdigt, ein abschließendes Erfolgserlebnis ermöglicht wird oder Erkenntnisse aus dem Hauptteil vertieft bzw. reflektiert werden.

Kinder lernen einen Bauernhof kennen

Beispiele:

- Hergestellte Gegenstände finden eine Anwendung (mit den Rasselröhrchen wird musiziert).
- Werke werden gemeinsam betrachtet („Was können wir in dem Farbenklappbild erkennen?").
- Erkenntnisse werden praktisch ausprobiert (Geschmack entsteht vor allem in der Nase: Schmecken mit offener/geschlossener Nase).
- Es wird eine Zusammenfassung vorgenommen („Heute konnten wir miterleben, wie Butter gemacht wird.").
- Körperliche Anstrengung wird zur Entspannung geführt (nach Wettspielen wie Tauziehen und Sackhüpfen folgt eine gegenseitige „Wettermassage" des Rückens).

- Geistige Anstrengung wird mit körperlicher Bewegung ausgeglichen (nach der Vorlesegeschichte und dem Gespräch über Igel kullern alle Kinder wie die Igelkinder aus dem Buch).

AUFGABE Finden Sie zu jedem Schlussbeispiel ein weiteres passendes.

Gebundene und freie Angebote

Ein pädagogisches Angebot kann gebunden oder frei sein. Bei einem freien Angebot entscheiden die Kinder selbst, ob sie mitmachen möchten, bei einem gebundenen setzt die Erzieherin die Gruppe zusammen. Dabei gibt es folgende phasenbezogene Unterschiede:

[handschriftlich: gelenkt /geschlossen]
[handschriftlich: offenen]

Gebundenes Angebot	Freies Angebot
Momentanes Erleben der Kinder	
(Ein Kind baut an seiner Burg, eins kocht für sein Puppenkind, eins malt ein Bild.)	
Übergang Der Spielschluss wird angekündigt, um die Möglichkeit zum Fertigspielen zu geben.	**Übergang** Die Kinder werden auf die Tätigkeit aufmerksam.
Einstieg/Motivation Die Erzieherin stellt einen gefühlsmäßigen Bezug her zwischen Kindern – Thema – sich selbst (Erzieherin). **Überleitung** Die Kinder erfahren das Thema und eine Begründung.	**Einstieg/Motivation** Aus dem Anreiz, den die Tätigkeit auf die Kinder ausübt, ergibt sich die Motivation. Sie sehen oder hören, was gemacht wird. Sie interessieren sich dafür und möchten mitmachen. *[handschriftlich: →Viele Impulse setzen in form von Ideen, Material...]*
Hauptteil	
Die Erzieherin führt die (geplanten) Schritte in einer logischen Reihenfolge durch und beachtet dabei, dass • auf jedes Kind eingegangen wird, alle Kinder aktiv mitmachen können, • anschaulich und kindgemäß vorgegangen wird, • lebensnah gestaltet wird (vom Bekannten zum Unbekanntem, vom Leichten zum Schweren).	
Übergang Kinder erleben, dass die Aktivität zu Ende geht. **Abschluss** Die Erzieherin führt eine (geplante) gemeinsame Aktivität durch, die zu einer Entspannung führt oder erkennen lässt, welchen Sinn die Anstrengung hatte.	**Übergang und Abschluss** Meist entscheidet jedes Kind für sich, wie lange es mitmachen möchte, und beendet die Tätigkeit, wenn es kein Interesse und keine Ausdauer mehr hat (Ausnahme: Es wird vorher anders vereinbart). Ein frei werdender Platz kann von einem anderen Kind besetzt werden. *[handschriftlich: →muss nicht fertig machen.]*
Weiteres Erleben der Kinder	
Von den Kindern werden möglicherweise vertiefende Tätigkeiten oder ein Ausgleich gewünscht.	

[handschriftlich: → gibt auch Mischvormen: offen halten, aber jedes Kind muss sein Produkt fertig machen (geschlossen).]
[handschriftlich: → Bestimmte Rahmen, die man vorgibt.]

Planungsübersicht

Die folgende Übersicht fasst angesprochene Planungs-
gesichtspunkte zusammen und kann als Raster für eigene Planungen dienen:

Thema	Einordnung der einzelnen Aktivität in ein größeres Ganzes; Angaben dazu, wie das Thema entstanden ist und was/wie es an die Kinder herangebracht werden soll; Äußerungen zur persönlichen Einstellung dem Thema gegenüber
Aufgabe	Begründung für die Wahl der Aufgabe: Schwierigkeitsgrad, Interesse der Kinder
Lernziele	Formulieren Sie ein Grobziel und leiten sie daraus der Aktivität entsprechende Feinziele ab. Oder: Ordnen Sie den sieben vorgestellten Lernzielbereichen inhaltliche Ziele zu.
Wann?	z.B. während der Freispielzeit, nach dem Morgenkreis
Wie lange?	geplante Zeitangabe zwischen 15 und 45 Minuten
Angaben zur Gruppe	Anzahl, Alter und Geschlecht; Angaben zu bereits vorhandenen Kenntnissen im Hinblick auf die geplante Beschäftigung; Besonderheiten
Raumgestaltung und Raumskizze	Beleuchtung; Belüftung; Anordnung der Sitzgelegenheiten; Größe; Veränderungen, die vorgenommen werden
Vorbereitung zu Hause	Durchdenken, beschreiben, möglichst selbst ausprobieren, Ablauf planen, Zubehör rechtzeitig anfertigen, Rahmenbedingungen mit der Anleiterin absprechen
Vorbereitung im Kindergarten	Vorbereitung des Raums; Vorbereitung bzw. Schutz von Arbeitsflächen; Vorbeugung von Gefahren (intaktes Werkzeug, Wassereimer bei Kerzeneinsatz etc.); Kinder sollten vorher „ausgetobt" sein; Kinder und ihre Kleidung vorbereiten (Schürzen, Kittel, Hände waschen, Toilettengänge); bei Ausflügen Zettel mit Kindergartenanschrift an die Kinder verteilen; Teilnehmerzahl überprüfen
Material	Aufforderungscharakter; Verschiedenartigkeit; leicht zu bearbeiten; genügend in Anzahl und Menge; übersichtlich angeboten; wiederholt angeboten; funktionierende Arbeitsgeräte
Geplanter Verlauf	**Einstieg** Wie soll die Aktivität begonnen werden? Wie werden die Kinder motiviert? methodische Hinweise und Begründungen **Hauptteil** Chronologische Beschreibung des Ablaufs mit methodischen Hinweisen und Begründungen **Schluss** Wie wird die Aktivität beendet? Wie kann ein harmonischer oder kommunikativer Ausklang gestaltet werden? Methodische Hinweise und Begründungen

4.2.2 Durchführung

In der Durchführung wird der geplante Ablauf (nach Möglichkeit) umgesetzt und ggf. anschließend dokumentiert. Die Durchführung bietet dabei die Chance, zuvor Erdachtes anhand der Realität zu prüfen und selbst pädagogische Erfahrungen zu sammeln. Mit der Dokumentation ruft man sich im Anschluss daran den Verlauf in Erinnerung und beschreibt das Geschehen. Orientiert an geplanten Abläufen wird so geschildert, wie es tatsächlich gelaufen ist, wie die Kinder reagiert und agiert haben, welche Verhaltensweisen man selbst gezeigt hat und welches eigene Erleben ggf. eine Rolle gespielt hat. So können in die Schilderung durchaus eigene Gedanken und Gefühle, Wahrnehmungen, Bedürfnisse und Motivationen eingeflochten werden.

> **AUFGABE** Führen Sie einen geplanten Ablauf mit Klassenkameraden oder mit einer Kindergruppe durch und tauschen Sie sich anschließend über den Ablauf des Geschehens aus, ohne schon zu bewerten.

4.2.3 Reflexion

Die Reflexion pädagogischer Handlungen bildet die Grundlage dafür, das eigene pädagogische Handeln zu verbessern und zu erweitern. Durch die Reflexion formuliert und vertieft man Erkenntnisse, sie ist für eine pädagogische Professionalität unerlässlich. Neben dem grundsätzlichen Gegensatzpaar „Was war gut?" und „Was war schlecht?" kann im Prinzip jede Theorie herangezogen werden.

Im Rahmen des Dreischritts von Planung, Durchführung und Reflexion bietet es sich an, die Reflexion auf die pädagogische Planung und die Durchführung zu beziehen. Dieses kann in allgemeiner Form geschehen, indem man sich kritisch, d. h. mit positiven und negativen Angaben zu folgenden Punkten äußert:

1. Wie habe ich die Situation mit den Kindern erlebt?
2. Gab es Abweichungen vom geplanten Verlauf?
3. Wie habe ich mich selbst verhalten?
4. Was würde ich bei einer Wiederholung ggf. ähnlich oder anders machen?

Folgende Frageimpulse können dabei unterstützen:

Einstieg	Wie wurde motiviert? Wirkte die Einführung motivierend? War die Motivation originell? War sie zielgerichtet? Stand sie im richtigen Verhältnis zu Hauptteil und Schluss?
Hauptteil	War der Aufbau klar gegliedert? Wurde in sinnvolle, nachvollziehbare Lernschritte gegliedert? Wurde zu viel auf einmal verlangt? War die Sitzordnung richtig gewählt? Hatte jedes Kind genügend Spiel- und Arbeitsfläche?
Schluss	Wie war der Schluss gestaltet? • abrundend, stimmungsvoll • künstlich gezwungen • plötzlicher Abbruch
Erzieherverhalten	Wie habe ich gewirkt (unsicher, überheblich, freundlich, locker)? Wie war der Kontakt zu den Kindern (lebhaft, freundlich, gleichgültig, verhalten, erzwungen, herzlich)? War ich mit Einsatzfreude dabei? Wie bin ich mit Konflikten umgegangen? War ich einfühlsam? Habe ich die Kinder gelobt? Habe ich sinnvoll unterstützt? Wie?
Sprache	Wie habe ich gesprochen und erklärt (kindgemäß, kindlich, sehr anspruchsvoll)? Wie war meine Ausdrucksweise (anschaulich, abstrakt)? Wie war meine Sprechweise (deutlich/undeutlich, stockend/fließend, lebendig/monoton, humorvoll, natürlich, zu laut, zu leise, zu schnell)?
Ziele	War die Zielsetzung dem Entwicklungsstand der Kinder angemessen? Wurden die angestrebten Ziele erreicht? Welche Ziele wurden zusätzlich erreicht? War die Zielsetzung sinnvoll?

Auch Schwerpunktsetzungen aus dem Planungsvorgehen bieten geeignete Möglichkeiten zur reflexiven Vertiefung.

Beispielhaft können dafür folgende Fragestellungen aufgeführt werden:

- Inwieweit war ich inhaltlich vorbereitet? An welchen Stellen konnte ich durch meine Sachanalyse gut auf die Kinder eingehen?
- Inwieweit war die Themenauswahl gelungen?
- Inwieweit wurden die Planungsprinzipien in geeigneter Form berücksichtigt? Womit bin ich zufrieden? Wo sehe ich Verbesserungsmöglichkeiten?
- Inwieweit stellt sich der Aufbau von Einstieg, Hauptteil und Schluss als gelungen dar? Welche Verbesserungsmöglichkeiten sehe ich?
- Gibt es Rahmenbedingungen, die ich mir für ähnliche Vorhaben anders wünschen würde?

AUFGABE Reflektieren Sie die Durchführung einer Planung anhand der Reflexionstabelle und ergänzen Sie die Inhalte durch eine der vertiefenden Fragestellungen.

Zurzeit ist Susanna (noch) nicht zufrieden mit ihrer eigenen pädagogischen Arbeit. Die Angebote, die sie den Kindern bisher gemacht hat, waren von vielen Störungen geprägt. Auch hat sie das Problem, dass es durch personelle Engpässe schwierig ist, mit kleineren Gruppen zu arbeiten. Um nicht an den schlechten Rahmenbedingungen oder an dem eigenen hohen Anspruch zu scheitern, ist es wichtig, z. B. eine Zielanalyse durchzuführen. So kann mit kleinen konkreten Schritten begonnen werden und in der ganzen (problematischen) Komplexität auf Schwerpunkte geachtet werden.

5 Pädagogische Handlungskonzepte

Im Laufe von fast zweihundert Jahren entstanden zahlreiche Handlungskonzepte zur professionellen Kleinkinderziehung. Im Folgenden werden wichtige vorgestellt.

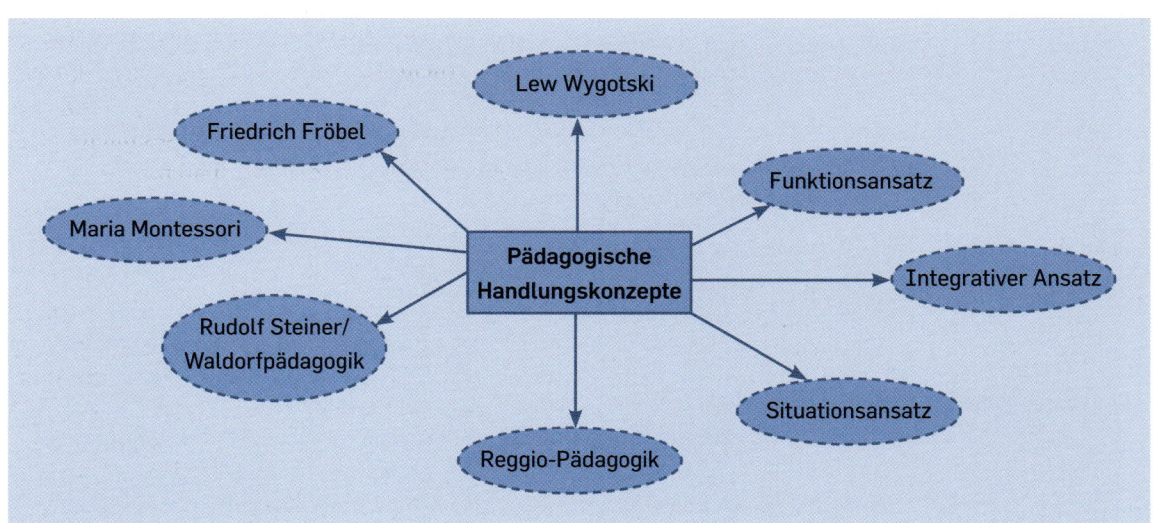

5.1 Friedrich Fröbel: Gar hoher Sinn liegt oft im kindischen Spiel

Friedrich Fröbel (1782 – 1852) gilt als „Vater" des Kindergartens. Auf ihn ist die Pädagogisierung der Kleinstkinderziehung zurückzuführen, indem er nicht nur den Namen „Kindergarten" erschuf, sondern im Spannungsfeld von Aufbewahrung und Schulpädagogik Grundideen für eine eigenständige Erziehungs- und

Bildungseinrichtung für Kleinkinder formulierte und verwirklichte. Fröbel knüpfte in seinen Überlegungen dabei an den Gedanken der „mütterlichen Erziehung" Johann Heinrich Pestalozzis (seinen Zeitgenossen und Kollegen) an, indem er dieses Prinzip der Selbsttätigkeit für jüngere Kinder anpasste. Sein Ziel war es, die frühkindliche Erziehung im Elternhaus ergänzend zu unterstützen, dem Bildungsbedürfnis des Vorschulkinds gerecht zu werden und eine „Schule des Spiels" zu etablieren.

Theoretische Kerngedanken und ihre praktische Umsetzung

Erst greifen, dann begreifen

Es ist Friedrich Fröbels Verdienst, die Bedeutung des kindlichen Spiels erkannt zu haben. Vehement setzte er sich dafür ein, das kindliche Spiel nicht als Spielerei oder Müßiggang abzuqualifizieren. Vielmehr sei das Spiel „im Grund nichts anderes als Vorbild und Nachbild des gesamten Menschenlebens". Er wies dem Erwachsenen die Rolle zu, dem Kind im Spiel anerkennend und achtend zu begegnen und das Spiel als Voraussetzung gesunder Entwicklung zu begreifen. Auch sah er im Spiel von Eltern und Kindern die entscheidende Möglichkeit, familiäre Bande zu knüpfen und darüber zur „Lebenseinigung" zu gelangen.

Familienspiel

Fröbel vertrat die Anschauung, dass es in der Kleinkindererziehung nicht darum gehen dürfe, zu belehren oder rein verbal zu vermitteln, sondern dass eine erziehende Haltung erforderlich ist, die sich an der kindlichen Entwicklung ausrichtet und die Selbsttätigkeit im Mittelpunkt hat. Nach Fröbel ging es darum, Spiel- und Beschäftigungsmittel bereitzustellen, die das Denken der Kinder entwickeln. Die Rolle der Erzieherin ist es an dieser Stelle, die Kinder im Gebrauch der Spielmittel zu unterweisen. Fröbels Leitgedanke

ist somit die „freie Selbsttätigkeit und Selbstbestimmung" des jungen Menschen. Kinder sollen aus eigener Anschauung heraus lernen, aus ihrer Erfahrung.

Fröbelsterne

Für Fröbel ist alles in der Welt ein Symbol des Göttlichen, dem Ehrfurcht gebührt und dessen Sinn erforscht werden muss. Das Grundprinzip menschlichen Erkenntnisgewinns sieht er dabei im Verstehen von Gegensätzen. So kommen Kinder mit Ahnungen um den symbolischen Gehalt der Dinge, die in und um sie sind, auf die Welt. Die Ahnungen gilt es zu geklärten Begrifflichkeiten zu entwickeln. Dieser Prozess entwickelt sich aus der Verbindung von Erleben und Sprache, indem die Erwachsenen dieses Interesse erwecken und zu Begrifflichkeiten führen.

Fröbels Pädagogik lebt einerseits von dem Zutrauen in das kindliche Spiel, in dem das Kind sich selbst auf die Herausforderungen des Lebens vorbereitet, und andererseits von der Idee, Kinder in Spiele einzuführen und ihnen einen Gebrauch vorzugeben, den sie selbst im wiederholenden Spiel üben.

Die pädagogischen Mittel, die er dazu an die Hand gibt, stellen für ihn eine Vergegenständlichung des Grundgesetzes allen Lebens dar und gliedern sich in drei Bereiche:

1. das Spiel mit den „Gaben" und „Beschäftigungs- und Bildungsmitteln"
2. die Kreis- und Bewegungsspiele
3. die Gartenarbeit

Beschäftigungs- und Bildungsmittel

Für die praktische Umsetzung seiner Ideen schuf Fröbel eigene ergänzende Spielmittel, mit denen er das kindliche Fühlen, Ahnen, Denken und Erkennen sowie seine Motorik, Fantasie und Kreativität aktivieren wollte. Diese Spielmittel werden als „Fröbelgaben" bezeichnet. Fröbel gibt zudem eine durchdachte Reihenfolge vor. Zu den Fröbelgaben gehören Wollbällchen, Holzkugel, Holzwürfel und Holzzylinder. Ferner gibt es in verschiedenen Graden ausdifferenzierte Holzbausätze, z. B. Würfel, die aus verschiedenen Formen zusammengesetzt werden können (aus acht oder mehr Würfeln oder acht rechteckigen Säulen o. a.).

Neben diesen Spielgaben setzte Fröbel manuelle Beschäftigungen ein, die ebenfalls vom Konkreten zum Abstrakten überleiten sollten:

- Spiele mit Flächen: Falten, Schneiden, Zusammenbinden und Kleben, Legen (Tafel, Papier)
- Spiele mit Linien: Stäbchen, Papierstreifen, gepresstes Stroh, gezeichnete Linien
- Spiele mit Punkten: Erbsen, Perlen, Knöpfe, Lochen und Nähen

Fröbelgaben

Kreis- und Bewegungsspiele

Durch das gemeinschaftliche Spielen erlebt sich das Kind als „Gliedganzes" und lernt spielerisch, sich in eine Gruppe einzufügen. Das gemeinsame „Von-einer-Sache-Ergriffensein" stärkt das Gemeinschaftsgefühl, wobei sich durch die Kreisform die Zugehörigkeit des einzelnen Kindes symbolisch deutlich macht. Die Spiele sind nach Fröbel: „... bildend für die Sprache und den Gesang, sie erwecken Aufmerksamkeit, Sinn für Ordnung, Anstand und Schönheit. Vor allem aber bewirken sie ein freudiges und zufriedenes Zusammenleben". Zu den Spielen gehören darstellende Kreis- und Bewegungsspiele, Nachahmungsspiele, Laufspiele, Gehspiele und reine Kreisspiele.

Ein Garten für Kinder

Zur Aneignung biologischer Grundkenntnisse war für Fröbel ein Garten unverzichtbar. Hier sollte möglichst jedes einzelne Kind ein eigenes Beet zur Bearbeitung

haben. Denn „... auf das den Kindern eigens eingeräumte Beetchen können sich die Kinder pflanzen, was und wie sie wollen; auch mit den Pflanzen umgehen, wie sie es wollen, damit sie aus unstatthafter Behandlung selbst erfahren, dass man auch sorgsam und gesetzmäßig mit Gewächsen umgehen müsse". Fröbel entwarf einen ausführlichen Plan zur Gestaltung, Bepflanzung der Beete entsprechend den Jahreszeiten.

AUFGABE
1. Führen Sie mit der Gruppe das Taubenhaus-Spiel (s. nächste Seite) durch.
2. Äußern Sie sich schriftlich dazu, was Sie als aktuell von dem Konzept in Ihrer Praxis erkennen.

Im Sinne Fröbels fehlt es den „Gummibärchen" in all ihrem Gerangel an gezielten Beschäftigungen, in denen sie selbsttätig werden können. Sie brauchen Lernherausforderungen und die Gelegenheit, ihre Fertigkeiten auszubauen, auch die Sorge um eigene Pflanzen könnten ihrem Verantwortungsgefühl (im individuellen Erfolg und Misserfolg) dienlich sein. Dabei spielt auch das Gemeinschafts- und Gruppenerleben eine große Rolle, das durch entsprechende Spielangebote unterstützt werden würde. Im Sinne Fröbels wäre Susanna gefordert, durch entsprechende Spielmittel und Beschäftigungen die Energie der Kinder ins Konstruktive zu kanalisieren und durch gemeinsame rhythmisch-musikalische Angebote und Spiele für eine Gruppenatmosphäre zu sorgen. Auch die Begegnung mit der Natur, ein ehrfurchtsvoller Umgang mit ihr und das schrittweise Verstehen von Zusammenhängen durch einen handelnden Umgang wären fröbelsche Elemente.

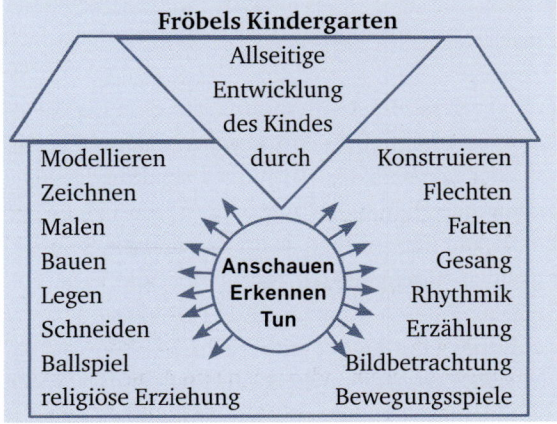

Wir öffnen jetzt das Taubenhaus

1. Enger Stehkreis in Handfassung: „Täubchen" sitzen „schlafend" in der Mitte.
2. Langsam auseinandergehen und Arme heben; die „Täubchen" fliegen hinaus.
3. „Täubchen" kehren zurück, der Kreis wird wieder eng und geschlossen.

5.2 Maria Montessori: Selbstständigkeit durch Selbsttätigkeit

Die Italienerin Maria Montessori (1870–1952) promovierte 1886 als erste Frau Italiens im Fachbereich Medizin. Während ihrer Zeit als Assistenzärztin erwachte ihr Interesse an Kindern mit geistigen Behinderungen. Die damaligen Lebensbedingungen für die als „schwachsinnig" und „geisteskrank" bezeichneten Kinder waren an heutigen Bedingungen gemessen unvorstellbar schlecht und unwürdig: bar jeder Anregung zur Entwicklung. Sie wurden in vollgepferchten Räumen „verwahrt" – nur auf die nötigste Versorgung hin abzielend. Nach näherer Beschäftigung mit diesen Kindern vermutete Montessori in der „geistigen Minderwertigkeit" kein medizinisches, sondern ein pädagogisches Problem. Sie ging diesem Gedanken nach und stieß auf das Werk des französischen Arzts Séguin, der schon Mitte des 19. Jahrhunderts sonderpädagogisches Material entwickelt hatte.

Maria Montessori vertrat öffentlich die Auffassung, dass „zurückgebliebene Kinder" keine außergesellschaftlichen Wesen seien, sondern vielmehr genauso viel, wenn nicht größeres Anrecht auf Erziehung hätten als „normale Kinder". Dieser für Italien damals völlig neue Gedanke sorgte für die Gründung einer staatlichen „Schwachsinnigen-Schule", deren Leitung man Maria Montessori übertrug. Aus der Verbindung dieser pädagogischen Arbeit mit Fortbildungsreisen entwickelte sie Lern- und Arbeitsmethoden, die zahlreiche Kinder dieser Anstalt in die Lage versetzten, das gleiche Niveau im Lesen und Schreiben zu erreichen wie Kinder der Regelschulen. 1907 übernahm sie die Leitung eines Kinderhauses im Elendviertel von Rom. Hier erhielt sie die Möglichkeit, ihr nach wissenschaftlichen Grundsätzen erdachtes Material anfertigen zu lassen, das dem für die Kinder mit geistigen Behinderungen ähnelte. Aus der Arbeit mit den Kindern leitete Maria Montessori durch sorgfältige Beobachtung wichtige Erziehungsgrundsätze ab, die in aller Welt viel Aufmerksamkeit fanden, teilweise heftig bekämpft wurden (vor allem von diktatorischen Regimes) und auf die bis heute zurückgegriffen wird.

Theoretische Kerngedanken und ihre praktische Umsetzung

<u>Hilf mir, es selbst zu tun</u>

Ziel von Maria Montessori war der mündige Mensch, der selbstständig, selbsttätig im Leben steht sowie kreativ, offen und risikobereit Aufgaben bewältigt.

Ihr Bild vom Kind stellt die Kompetenz des Kindes in den Vordergrund. Diese kindlichen Fähigkeiten gilt es zu wecken, zu beobachten und zu begleiten. Maria Montessori stellt in diesem Sinne die Beobachtung als erzieherische Kompetenz in den Mittelpunkt ihrer Pädagogik und verbindet dies mit der grundlegenden Bereitschaft der Pädagoginnen, sich von vorgefassten Meinungen zu lösen. Darüber hinaus hat die Pädagogin die Rolle einer Materialpflegerin, einer Unterweiserin in den Materialien, einer Beziehungsknüpferin zwischen Kind und Umgebung, einer Unterstützerin, einer Zuhörerin, einer Zeitgeberin für Phasen der Ruhe und der „Arbeit", einer Respektiererin von kindlichen Fehlern, einer Anbieterin von bisher abgelehntem Material und einer liebenden erwachsenen Person, die bei Bedarf da ist. Nach Montessori geht es darum, einen führenden Erwachsenen in den Hintergrund treten zu lassen. Nur da, wo es erforderlich ist, soll geholfen werden und dies nur in dem Sinne, dass zu weiterer Eigenständigkeit verholfen wird.

<u>Die vorbereitete Umgebung</u>

Nach Montessori haben Kinder ein intensives Bedürfnis nach Betätigung. Um dieses Bedürfnis zu befriedigen, ist das Kind insofern auf die Erwachsenen angewiesen, als diese ihnen die Vielfalt der Lebensmöglichkeiten zugänglich machen. Dabei geht es nicht

Platz für selbstständiges Arbeiten

darum, Kinder zu beeinflussen oder zu unterrichten, sondern man muss die entsprechende Umgebung bereitstellen, in der es sich frei entfalten kann. Montessori geht davon aus, dass Kinder (wie alle Lebewesen) die Fähigkeiten besitzen, aus der Umgebung genau das zu wählen, was notwendig ist, um das Leben zu gestalten und zu erhalten. D. h., dass jedes Kind sich genau das Material wählen wird, das gerade zu diesem Zeitpunkt für seine Entwicklung am wichtigsten ist.

Sensitive Phasen

Aus ihren Beobachtungen leitete Maria Montessori Phasen ab, in denen Kinder für bestimmte Themen und Entwicklungsaufgaben besonders empfänglich sind.

Montessori unterscheidet folgende sensitive Phasen:

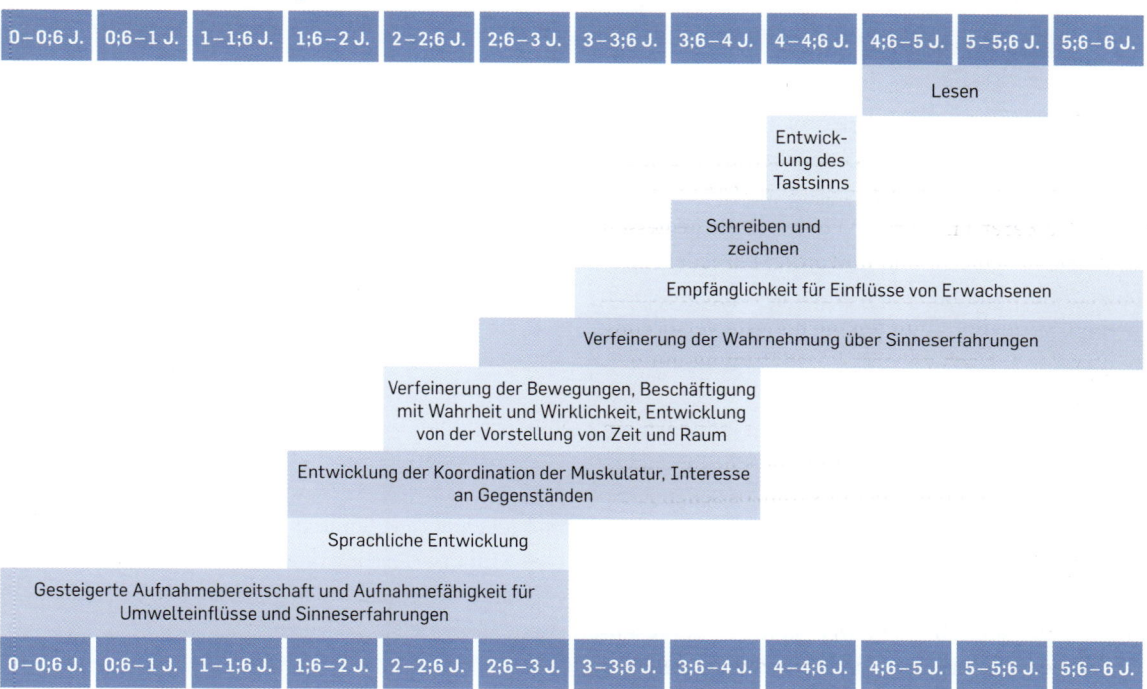

Das Sinnesmaterial

Maria Montessori ging davon aus, dass das Kind seine Umwelt mit den Sinnen studiert. Sie nannte ihr Material „materialisierte Abstraktion", da das Kind über die Erfahrung mit dem Material zu klaren Begrifflichkeiten kommen kann (gößer/kleiner, schwerer/leichter, A/B/C). Das Ergebnis des Umgangs mit den Materialien ist also nicht bloß Geschicklichkeit und die Unterscheidung von den Gegenständen, sondern die Welt des Kindes wird durch die gemachten Erfahrungen geordnet. Durch die Erfahrung mit den eigenen Händen wird das Kind zur Abstraktion hingeführt. Das Material soll dabei kein Ersatz für Erfahrungen in und mit der Natur sein. Es stellt aber eine Art Schlüssel dar, durch den das Kind fähig wird, die empfangenen Eindrücke in nahezu wissenschaftlicher Art und Weise zu ordnen. Montessori hat das Material so konzi-

piert, dass immer eine Eigenschaft durch das Material isoliert und die Aufmerksamkeit so gelenkt und fokussiert wird. Zudem bieten die Materialien die Möglichkeit zur Selbstkontrolle und weisen aufeinander aufbauende Schwierigkeitsgrade auf.

Zu den Sinnesmaterialien gehören:

Einsatzzylinder in verschiedenen Größen, Würfel mit abnehmenden Kantenlängen (rosa Turm), Quader mit abnehmendem Querschnitt (braune Treppe), Stangen in abnehmender Länge (rote Stangen), farbige Zylinder, Gegenstände für Tastübungen (Brettchen mit aufgeleimtem Sandpapier, welche verschiedene Rauheiten und Formen aufweisen, Sammlung verschiedener Stoffstückchen), Materialien für Farben, Gewicht, Geräusch, Töne, Geruch, Geschmack usw.

Farbplättchen, Geräuschdosen, Waage, Glocken

Messbecher

Verschiedene Zylindersätze

Montessori selbst gibt keine Reihenfolge für den Materialgebrauch an, schlägt aber vor, diejenigen als Erstes anzubieten, bei denen die Kinder mechanische Fehlerkontrollen haben und bei denen nur ein Sinn beteiligt ist (z. B. Gewichtsplättchen). Sie verweist aber immer wieder darauf, dass eine Kindergruppe nicht im Gleichschritt lernen kann.

Übungen des praktischen Lebens und der Handgeschicklichkeit

Neben dem Sinnesmaterial gibt Montessori auch viele verschiedene Übungen an die Hand. Sinn dieser Übungen ist es, Kindern die Möglichkeit zu geben, zweckfrei zu üben, um Sicherheit und Unabhängigkeit zu erlangen. Wenn es sich beispielsweise den Knopfrahmen holt, kann es ohne zeitlichen Druck, der in realen Aufbruchs- und Anziehsituationen besteht, das Knöpfen üben. Es findet eigenständig zum Erfolg und kann dann in Alltagssituationen überraschen. Neben der Anpassung an das tägliche Leben übt es sich in Motorik und Koordination. Weitere Beispiele:

- Pflege der eigenen Person, z. B. Hände waschen
- Pflege der Umgebung, z. B. Metalle reinigen, Blumen pflegen, Tiere füttern, Böden säubern
- Pflege der sozialen Beziehungen
- Analyse und Kontrolle der Bewegung, z. B. töpfern, rhythmische Übungen

Nach Montessori würde man die Kinder der Gruppe „Gummibärchen" an das Sinnesmaterial heranführen. Man würde ihnen den richtigen Umgang (Gebrauch und Pflege) zeigen und ihnen am Anfang bei der Auswahl helfen. Hat man schließlich entsprechende Normen und Werte etabliert, so könnten die Kinder selbstbestimmt auswählen und mit dem Material umgehen. Auch gemeinsame Aktionen, bei denen beispielsweise gesammelt wird (z. B. verschiedene Wald- oder Baumfrüchte, Muscheln oder Steine, um diese schließlich zu sortieren und zu benennen), bieten Vorgehensweisen nach Montessori. Das selbstständige Spiel der Kinder kann Susanna dann schließlich für gezielte Beobachtungen dienen, um einen Einblick in den jeweiligen Entwicklungsstand der Kinder zu bekommen. Außerdem würde sie mit den Kindern modellieren und rhythmisch-musikalische Angebote machen.

AUFGABE

1. Vergleichen Sie die Fröbelpädagogik mit dem Ansatz von Montessori. Wo sehen Sie Ähnlichkeiten, wo Unterschiede?
2. Basteln Sie ein Geräuschmemory aus Filmdosen. Denken Sie sich eine Möglichkeit der Selbstkontrolle aus.
3. Halten Sie schriftlich fest, was Sie an dem Konzept Montessoris überzeugt.

5.3 Rudolf Steiners Waldorf-pädagogik: Rhythmus und Wiederholung

Rudolf Steiner wurde 1861 geboren und starb 1925. Sein Leben ist geprägt von vorwärtsstrebendem Schaffen, großem breit gefächerten Wissens- und Forschungsdrang und praktischer pädagogischer Umsetzung. Er studierte sowohl alle klassischen Naturwissenschaften wie auch Medizin und Philosophie. Eine zentrale Frage war dabei für ihn, die Spaltung von Natur- und Geisteswissenschaften zu überwinden. Er entwickelte die Erkenntnis, dass der Mensch sich nicht von einer äußeren Macht Gesetze geben lässt, sondern sein eigener Gesetzgeber ist und ihn gerade dies zum Menschen macht. Damit besteht Gott für ihn nicht im Außenleben, sondern im Inneren des Menschen. Dies bedeutet eine hohe Verantwortung für den einzelnen handelnden Menschen gegenüber der Natur und der Gesellschaft.

Nach seinem Studium arbeitete Rudolf Steiner als Hauslehrer für einen behinderten Jungen und arbeitete parallel u. a. an seiner Dissertation. Neben Aufsätzen zu literarischen Themen engagierte er sich für eine freiheitliche individuelle Gesinnung und wandte sich gegen den aufkommenden Antisemitismus.

Ab 1899 lehrte er an der von dem Kommunisten Wilhelm Liebknecht gegründeten Arbeiterbildungsschule in Berlin und gründete die Anthroposophische Gesellschaft (Anthroposophie: geisteswissenschaftliche Lehre vom Menschen).

Kern seines Schaffens wurde die Überzeugung, Begriffe erleben zu lassen. Den pädagogischen Schwerpunkt seines Wirkens bildet die Erschaffung der „Waldorfschule", die er 1919 mit finanzieller Hilfe und auf Initiative der Stuttgarter „Waldorf-Astoria-Zigarettenfabrik" gründete.

Theoretische Kerngedanken und ihre Umsetzung in die Praxis

Der Entwicklung Zeit und Raum geben
Rudolf Steiner ging von einem 7-Jahres-Rhythmus im

menschlichen Leben aus. Die jeweiligen Lebensabschnitte dienen entsprechenden Entwicklungsschritten, die ihre Zeit brauchen. Das Sich-Ineinanderfügen oder Sich-Entfalten von Geist, Seele und Leib vollzieht sich hierbei in Stufen, für die Steiner sehr genau festlegt, was ein Mensch im jeweiligen Alter für seine optimale Entwicklung benötigt. Nach Steiner vermag das Kind beispielsweise im ersten Jahrsiebt noch nicht Gut und Böse oder Richtig und Falsch zu unterscheiden. Ob die Entwicklung gut verläuft, hängt hier entscheidend von den Sinneseindrücken und den Vorbildern ab. Hauptaufgabe der Erziehenden ist es in dieser Phase, dem Kind eine friedliche, harmonische Umgebung zu schaffen und ihm ein gutes Vorbild zu sein, in dem die tägliche Arbeit mit Freude verrichtet wird. Dem Kind muss genügend Zeit gelassen werden, mit den Materialien der Natur und des Alltags umzugehen, Umwelteindrücke zu verarbeiten und seine Fantasie auszuleben. Dabei entwickelt sich das kindliche Spiel von der Freude an der Tätigkeit selbst (aufheben, öffnen, bauen) hin zu Spielfantasie und Rollenspiel.

Spiel mit Tüchern

Lernen durch Rhythmus, Nachahmung und Vorbild

Nachahmung und Wiederholung sind nach Steiner das bestimmende Lernprinzip der frühen Kindheit. Das Kind lernt dabei über Tätigkeiten, seinen Körper zu beherrschen. Seine Entwicklung wird durch Nachahmung geführt, und so sollen Fachkräfte selbst tätig sein. Nicht ein gemeinsames Spiel steht im Zentrum des Miteinanders von Erwachsenen und Kindern, sondern die Tätigkeit, die Arbeit an sich und die Freude an ihr. Die Kinder lernen im Laufe des Jahres auch durch vielfältige Festvorbereitungen sehr viele verschiedene handwerkliche Tätigkeiten kennen. Extra eingerichtete Bastelstunden kommen dabei äußerst selten vor. Gelegentlich unterbricht die Erzieherin ihre Arbeit, um zu helfen oder sich an einem Rollenspiel der Kinder zu beteiligen. Die Orientierung an wiederkehrenden Elementen im Tages-, Wochen- und Jahresablauf sowie (handwerkliche) Tätigkeiten, Feste und Rituale spielen hier eine bedeutsame Rolle. Auch der Ernährung wird eine besondere Bedeutung zugewiesen. So wird z. B. das zweite gemeinsame Frühstück im Kindergarten zubereitet. Es orientiert sich an jahreszeitlich passenden Früchten und Nahrungsmitteln. Die verschiedenen Getreidegerichte (Brot, verschiedene Breie und Grützen) sind jeweils bestimmten Wochentagen zugeordnet, um durch diese Regelmäßigkeit zur Orientierung der Kinder beizutragen. Überhaupt weisen der Tages-, Wochen- und Jahresrhythmus klare, immer wiederkehrende Elemente auf: Freispielzeit, Singen, Musizieren und rhythmische Spiele, Gartenarbeit und Märchenerzählungen. Im Wochenablauf sind feste Zeiten für künstlerische Tätigkeiten wie Eurhythmie (Bewegungsabfolgen zu Musik), Plastizieren, z. B. mit Bienenwachs, vorgesehen.

Räumlichkeiten und Spielmittel

Der Waldorfkindergarten legt besonderen Wert darauf, dass sich die Menschen in den Räumen wohlfühlen. Die Räume sollen sich „anschmiegen" und nicht hart und kantig sein. Deswegen wird möglichst auf rechte Winkel verzichtet und werden Pastellfarben aus natürlichen Inhaltsstoffen eingesetzt.

Im Waldorfkindergarten wird als Spielmittel viel Naturmaterial angeboten und wenig ausgestaltetes oder technisches Spielzeug, um so die Fantasiefähigkeit der Kinder anzuregen. Echte Dinge werden bevorzugt, weil sie die Sinne nicht „belügen" und auch direkt „aus dem Wachstum der Schöpfung" hervorgegangen sind. Die nur angedeuteten Gesichtszüge der Puppen werden in der Fantasie der Kinder vollendet und sind im Ausdruck nicht festgelegt. Die in Handarbeit hergestellten Puppen sind ohne anatomische Details zu allen Lebensäußerungen fähig: Sie können schlafen, essen und gepflegt werden, sie sind weich und anschmiegsam.

Außerdem gibt es eine Vielzahl von unspezifischen Materialien wie Fäden zum Fingerhäkeln, Knüpfen oder Flechten, Tücher, Wäscheklammern zum Häuserbau und Verkleiden, bunt gefärbte Schafswolle zum Bilderlegen, einfache Puppen, und auch das Mobiliar dient dem Tun der Kinder.

Ergänzung zum Elternhaus – Elterneinbindung

Explizit sind nicht nur die Erzieherinnen in den Konzepten Steiners benannt, sondern gleichfalls die Erziehungsberechtigten und andere Mitglieder der Familie.

Waldorfpuppe

Der Kindergarten soll das Kind nicht der Familie „entreißen", sodass es sich bei Waldorfeinrichtungen in aller Regel immer um eine Halbtagseinrichtung handelt. Hausbesuche, Elternabende und Erziehungsberatung sowie gemeinsamen Projekte, die die Waldorfeinrichtung durch den Austausch und gemeinsame Aktivitäten, wie Lesen, Basteln, Vortragsveranstaltungen und Festvorbereitungen, zu einem kleinen „Kulturzentrum" machen können, verbinden Sorgeberechtigte und Einrichtung.

Die Waldorfpädagogik bietet eine Vielzahl von Strukturen an, die Susanna bei ihren „Gummibärchen" einsetzen könnte:

- die Strukturierung des Tagesablaufs
- die eigene Arbeit als Vorbild, um das Interesse der Kinder am schaffenden Tun zu fördern
- künstlerische Angebote, um die innere Ruhe und Ausgeglichenheit zu fördern
- rhythmisch-musikalische Angebote, um Merkleistungen und die Freude am gemeinsamen Tun zu fördern
- jeden Tag bei Wind und Wetter hinausgehen, um den Kindern echte Möglichkeiten zu bieten, sich auszutoben
- auf die Auswahl von Spielmitteln achten
- Märchen erzählen, um die Aufmerksamkeit einer ganzen Gruppe zu binden, beim Vortragen z. B. die Märchenharfe einsetzen

Märchenharfe

AUFGABE

1. Erzählen Sie sich gegenseitig Märchen.
2. Erzählen Sie in Ihrer Praxiseinrichtung ein Märchen und wiederholen Sie es ggf. an den darauffolgenden Tagen. Begleiten Sie sich ggf. auf einem Instrument.
3. Ertasten Sie blind eine normale Plastikpuppe und anschließend eine Waldorfpuppe oder einen Naturgegenstand und ein Plastikspielzeug. Benennen Sie gefühlte Unterschiede.
4. Diskutieren Sie die Aussage Steiners, dass vorgefertigte Spielzeuge die Sinne belügen und die Fantasie einschränken. Halten Sie die Aussage für richtig? Welche Ziele erreicht man durch den Einsatz von Naturspielzeug und reduziert vorgestaltetem Spielmaterial?
5. Schreiben Sie eine persönliche Stellungnahme zu dem Thema „Vorbild in der Freude am handelnden Tun (Arbeit)".

5.4 Lew Wygotski: Der kindlichen Entwicklung immer ein wenig voraus

Lew Semjonowitsch Wygotski wurde 1896 im damaligen Russland geboren und wuchs in der Stadt Gomel auf. Als Kind gebildeter Juden erfuhr er eine umfassende Bildung, erlernte acht Sprachen, schloss nach einem kurzzeitigen Medizinstudium ein Studium in den Fächern Rechtswissenschaft, Geschichte, Philosophie, Psychologie und Literatur erfolgreich in Moskau ab und kehrte 1917 nach Gomel zurück. Er arbeitete zunächst als Lehrer, gründete dann ein psychologisches Laboratorium am pädagogischen Institut in Gomel und wurde schließlich 1924 nach Moskau gerufen, um dort u. a. als Direktor eines psychologischen Laboratoriums sowie als Professor und Dekan verschiedener Akademien und Institute zu arbeiten. Wygotski starb nach noch nicht einmal 40 Lebensjahren 1934 in Moskau, kurz nachdem er Direktor der „Psychologischen Sektion des nationalen Instituts der experimentellen Medizin" geworden war. Er veröffentlichte in seinem kurzen Leben mehr als 180 Bücher und Artikel und gilt, obwohl er keine formalen Qualifikationen auf dem Gebiet der Psychologie erworben hat, als einer der einflussreichsten Psychologen seiner Zeit.

Da er in seinem Schaffen auch nach Lösungen für die damaligen großen sozialen Probleme suchte (hohe Quote der Analphabeten, viele vernachlässigte und verwahrloste Kinder, unzureichende Förderung blinder, gehörloser und geistig eingeschränkter Kinder), wurde er auch zum „Vater der Psychopathologie und Sonderpädagogik" in der Sowjetunion. Seine Lehren wurden unter Stalin verboten und erst Mitte der 50er-Jahre wieder zugelassen. In den Ländern des ehemaligen Ostblocks erlebten seine Theorien dann eine umfassende Renaissance. Aktuell erfahren seine Konzepte in den USA und der Bundesrepublik Deutschland große Beachtung, da sie gängige Theorien über kindliche Entwicklungsprozesse fundamental infrage stellen und konstruktive Beiträge zu Erkenntnissen frühpädagogischer Prozesse anbieten.

Theoretische Kerngedanken und ihre Umsetzung in die Praxis

Kognitive Entwicklung durch den kulturellen Kontext
Wygotski entwickelte den Gedanken, dass das Kind nur dadurch zu einem denkenden Wesen wird, indem es sich durch die Interaktion mit einer „kompetenteren Person" kognitive Grundkompetenzen aneignet. Diese werden dann erprobt und geübt, bis sie selbstständig und effektiv angewendet werden können. Zwar bauen höhere geistige Funktionen auf den angeborenen und sich entwickelnden Anlagen, wie Wahrnehmung und Merkfähigkeit, auf – sie entstehen aber erst durch eine Interaktion und Verinnerlichung erlebter kultureller Strukturen. Während in anderen Theorien meist das Kind als Individuum im Mittelpunkt der Betrachtung steht, bezieht Wygotski immer den sozialen und kulturellen Kontext mit ein. Nach Wygotski erwirbt ein Kind psychische Strukturen, Wissen und Denkweisen eben nicht durch individuelle Reifung, eigenständiges Lernen oder selbsttätiges Kreieren, sondern durch sein Erleben in und die Interaktion mit der Umwelt. Die Kulturaneignung ist dabei aber kein einseitiger Prozess, bei dem das Kind nur aufnimmt. Seine kognitive Entwicklung ist als „gemeinsame Konstruktion" von Kind und „kompetenterer Person" zu verstehen.

Das Kind wird als aktiv lernend gesehen. Das, was es aufnimmt, verarbeitet es geistig und bildet es um. Es muss selbst handeln und lernen. Es geht also immer um die Zusammenarbeit von Lehren und Lernen. Das entscheidende Mittel und Voraussetzung für die Entwicklung höherer geistiger Prozesse ist die Sprache.

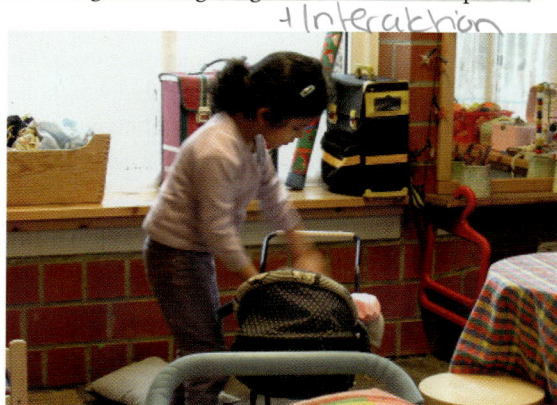

Kind im Rollenspiel

Die Bedeutung des (Rollen-)Spiels
Das Spiel ist die vorherrschende Aktivität von Kindern und für ihre Entwicklung die wichtigste. Im Spiel werden höhere psychische Funktionen wie Denken, Abstrahieren, Erinnern und Kreativität ausgebildet. Wygotski analysierte die Bedeutung des kindlichen Rollenspiels in folgender Weise:

1. Im Rollenspiel gelingt es dem Kind, sich von dem unmittelbaren realen Kontext zu lösen und diesen auf eine neue Ebene zu heben. So kann z. B. aus einem Holzstück eine Puppe oder aus einem Stock ein Pferd werden. Eigene Ideen, Vorstellungen und Gedanken werden nicht mehr von äußeren Gegebenheiten bestimmt. Auf diese Weise wird der **Weg zum abstrakten Denken** bereitet, der auf dem Verwenden von Symbolen beruht.
2. Durch das Rollenspiel wird die **Fantasie** des Kindes gefördert – zum einen in Form des inneren Sprechens, zum anderen als kreatives Handeln.
3. Das Rollenspiel ermöglicht es, viele der vorhandenen **Wünsche und Bestrebungen** mithilfe der Fantasie zu befriedigen.
4. Im Zusammenspiel mit anderen Kindern lernt das Kind **Selbstkontrolle und die Einhaltung von Regeln**.
5. Gleichzeitig erfährt es auch die **Freude an der Zusammenarbeit** mit anderen.
6. Durch das Erlernen solcher Normen und Regeln, ihre Übertragung auf andere Situationen und auch das **Erkennen der Rollenspielsituation** als solche wird zugleich die kognitive Entwicklung gefördert.
7. Zudem kann sich das Kind Verhaltensweisen aneignen, die seinem derzeitigen Entwicklungsstand oder seiner Rolle gar nicht entsprechen. In diesem Sinne kann es im Spiel „seiner Zeit voraus" sein und sich **zukünftige Rollen, Normen und Leitbilder** aneignen.

Das Interesse der Kinder berücksichtigen
Bis etwa zu einem Alter von zwei Jahren durchläuft das Kind ein vorsprachliches Stadium in der Entwicklung des Denkens, dann erfolgt eine Verbindung der beiden Entwicklungslinien. Die Folge ist, dass Sprache nun bewusst gedacht wird und Denken versprachlicht wird. Denken und Sprache beeinflussen sich nun wechselseitig. Über das Erlernen einzelner Wörter und deren Übertragung auf Ähnliches fangen Kinder an zu denken und erkennen später vielschichtige

Bedeutungen und symbolische Funktionen von Begriffen. Mit zunehmender Sprachbeherrschung bzw. Versprachlichung des Denkens kann sich das Kind immer besser selbst steuern und lernt, exemplarische Erfahrungen zu verallgemeinern, bis es selbst Richtlinien und Prinzipien für sein Verhalten aufstellen kann, die auf den übernommenen Regeln und Normen aufbauen.

Entscheidend für die Auswahl des „Lernstoffs" ist, dass nach Wygotski Kinder von 0–3 Jahren „spontan" nach ihrem eigenen Programm lernen und den Lernstoff ihrer Umwelt direkt entnehmen, z. B. die Sprache. Schulkinder hingegen sind in der Lage, sich der Auswahl eines anderen anzupassen. Sie können „reaktiv" anhand eines angebotenen Programms lernen. Kinder von 3–6 Jahren lernen „spontan-reaktiv". Sie lernen in Abhängigkeit davon, wie sehr das Programm einer Erzieherin zu ihrem eigenen wird. Je älter sie werden, desto leichter können sie sich „fremden" Programmen anpassen.

Denkentwicklung

Kleinere Kinder können also nur das tun, was mit ihren eigenen Interessen übereinstimmt. Das Vorschulkind tut das, was es will, es will aber auch schon das, was derjenige will, der es anleitet. Schulkinder können das tun, was die Lehrerin will. Aktivitäten im Kindertagesstättenbereich müssen also auch immer die Interessen der Kinder berücksichtigen, aber ebenso für die Kinder sinnvoll sein.

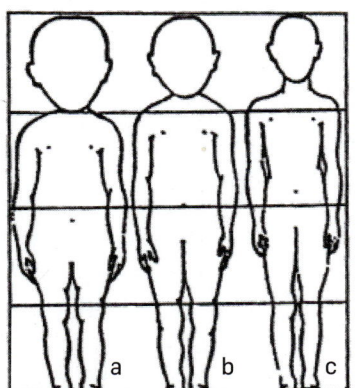

Die drei Stadien

a Kleinkind spontan
b Vorschulkind spontan – reaktiv
c Schulkind reaktiv

Die Zone der nächsten Entwicklung

Das Kind kann durch Nachahmung mehr erreichen als das, wozu es selbstständig in der Lage ist. Gleichzeitig ist aber seine geistige Nachahmungsfähigkeit an den jeweiligen Entwicklungsstand geknüpft. In diesem Zusammenhang schuf Wygotski den Begriff der „Zone der nächsten Entwicklung". Sie meint das potenzielle Entwicklungsniveau im Vergleich zum aktuellen Entwicklungsstand: *„Was das Kind heute in Zusammenarbeit und unter Anleitung vollbringt, wird es morgen selbstständig ausführen können.(...) Wenn wir also untersuchen, wozu das Kind selbstständig fähig ist, untersuchen wir den gestrigen Tag. Erkunden wir jedoch, was das Kind in Zusammenarbeit zu leisten vermag, dann ermitteln wir seine morgige Entwicklung."*

Nur wenn man das aktuelle und das potenzielle Entwicklungsstadium erfasst, bekommt man einen umfassenden Eindruck von den Fähigkeiten und Kompetenzen des jeweiligen Kindes.

Nach Wygotski sind erzieherische und bildende Maßnahmen nur dann sinnvoll und Erfolg versprechend, wenn sie in diese Zone der nächsten Entwicklung fallen. Denn liegen sie auf dem aktuellen Entwicklungsniveau, lernt das Kind nichts Neues. Liegen sie aber oberhalb dieser Zone, so ist das Kind überfordert und frustriert. Es geht also darum, immer nur ein wenig „voraus" zu sein, um so das Kind herauszufordern, aber auch zum Lernen zu motivieren.

1. Stufe	Vormachen und nachmachen lassen
2. Stufe	Etwas beginnen und zu Ende führen lassen
3. Stufe	Eine schwierige Aufgabe in Zusammenarbeit lösen lassen
4. Stufe	Hilfestellung beim eigenständigen Lösen geben

Die Rolle der pädagogischen Fachkraft

Es lassen sich folgende Rollenbeschreibungen für pädagogische Fachkräfte herauskristallisieren:

- **Beobachter und Bewerter**: Um die Zonen der nächsten Entwicklung ausfindig zu machen, beurteilen die Fachkräfte die Entwicklung der Kinder anhand regelmäßiger Beobachtungen.
- **Aktivitäten- und Umweltgestalter**: Entsprechend den ermittelten Zonen wählen die Fachkräfte für einzelne Kinder und/oder Kleingruppen oder die Gesamtgruppe geeignete (entwicklungsfördernde) Aktivitäten aus, reichern Gruppen- und Nebenräume mit weiteren Materialien an und passen ihre Interaktion den Erfordernissen an.

- **Dialogpartner:** Um das Denken der Kinder anzuregen, sollen in der Interaktion mit den Kindern neue Bedeutungen von Begriffen vermittelt werden.

- **Aktive Teilnehmer an Lernprozessen:** Die Fachkräfte beteiligen sich aktiv an Lösungsprozessen von Aufgaben und Problemen, wobei sie die Kinder nur so weit wie nötig unterstützen und anleiten. Beispielsweise helfen sie den Kindern, ihre Gedanken und Ideen zu ordnen, selbst Antworten auf Fragen zu finden, geeignete Beobachtungs- oder Experimentieraufgaben zu finden, verschiedene Problemlösungsstrategien auszuprobieren, notwendige Fertigkeiten zu entwickeln und sich neue Kenntnisse anzueignen. Sie fungieren quasi als Brückenbauer zwischen Bekanntem und Unbekanntem.

- **Spielpartner:** Erzieherinnen sollen aktiv am Spiel der Kinder teilnehmen, um innerhalb dieser zentralen Aktivität von Kleinkindern deren Entwicklung in der Interaktion gezielt zu beeinflussen.

- **Lehrmeister und Verhaltensmodelle:** Die Fachkräfte sind durch sich selbst Repräsentanten der Gesellschaft und ihrer Kultur. Sie vermitteln ihre Kenntnisse und Fertigkeiten und führen die Kinder dabei immer mehr zur Selbstkontrolle.

Beispiel: → Lernen am Modell

Würde Susanna die Gedanken Wygotskis in ihre Arbeit einfließen lassen, so würde sie sehr stark an ihrer eigenen Rolle arbeiten und großen Wert auf die Beobachtung der Kinder legen.

Sie würde sich den Kindern einzeln zuwenden und sie anhand ihres Interesses (was auch durch Susanna selbst geweckt worden sein kann) bei der Lösung von „Aufgaben" unterstützen. Dies könnte je nach Bedarf und Entwicklung des Kindes im Vormachen bestehen (z. B. Blau und Gelb zu Grün mischen), was dann nachgeahmt wird. Wenn das Kind dadurch unterfordert wäre, würde sie mit einer Handlung beginnen (verschiedene Schattierungen mischen und aufmalen) und sie dann vom Kind weiterführen lassen. Als Nächstes würde sie eine schwierige Aufgabe in Zusammenarbeit lösen lassen (Farben ineinander fließen lassen) und schließlich Hilfestellung beim eigenständigen Lösen geben (einen Regenbogen malen).

Sie würde bei der Begleitung viel Gewicht auf Gespräche legen und immer versuchen, die Kinder darin zu unterstützen, ihre Gedanken zu ordnen und selbst Antworten auf Fragen zu finden. Susanna würde ihnen zur Lösung von Fragen geeignete Beobachtungs- und Experimentieraufgaben geben (mit dem Wasserschlauch einen Regenbogen produzieren).

AUFGABE Beschreiben Sie mit eigenen Worten, worin Unterschiede, aber auch Ähnlichkeiten von Wygotskis Aussagen zu den bisher vorgestellten Konzepten bestehen. Beachten Sie dabei folgende Gesichtspunkte:
- Entwicklungsprozesse von Kindern
- Rolle der Erwachsenen

5.5 Reggio-Pädagogik: Dialog zwischen Kindern und Erwachsenen

Die sogenannte Reggio-Pädagogik erhält ihren Namen nicht durch einen Menschen oder ein inhaltliches Konzept, sondern durch einen norditalienischen Landstrich: Die Reggio Emilia, ein Ort im Zentrum des Städtedreiecks Mailand-Venedig-Florenz. Die Reggio-Pädagogik ist nach der Montessori-Pädagogik das zweite in Italien entwickelte pädagogische Konzept, das international Einfluss auf elementarpädagogische Theoriediskussionen und die Praxis gewonnen hat. In den späten 1960er-Jahren beschloss die Bevölkerung dort – in Reaktion auf den Zweiten Weltkrieg – einen Kindergarten zu gründen, der eine Generation erziehen sollte, die zukünftige Kriege zu vermeiden lernt. Wichtige Zielsetzungen waren demzufolge eine Erziehung zu Demokratie, sozialer Gerechtigkeit und Solidarität. Diese politische Dimension durchströmt das Konzept der Reggio-Pädagogik. Die Kinder sollten in einem friedfertigen und künstlerischen Umfeld Bildung erleben. Als wichtige Begleiter des Reggio-Konzepts gelten zum einen der Grundschullehrer **Loris Malaguzzi** (1920 – 1994), der den ersten Reggio-Kindergarten leitete, Mariano Dolci, der als Puppenspieler in den reggianischen Einrichtungen arbeitete, und schließlich Gianni Rodari, der sich als Kindergedichtautor und Befürworter einer konsequenten ästhetischen Erziehung einsetzte. Seit den 1980er-Jahren wurden die Außenwirkung und der internationale Austausch gefördert, z. B. durch die Wanderausstellung „Die hundert Sprachen der Kinder". Seitdem hat ihre Verbreitung und Beachtung in der Welt stark zugenommen.

Theoretische Kerngedanken und ihre Umsetzung in der Praxis

Der Kindergarten als Kommunikations- und Erfahrungsstätte

Die Reggiokindergärten verstehen sich nicht als Schutzzonen oder Lernfabriken, sondern als Kommunikations- und Erfahrungsstätten, die alle Beteiligten und deren Alltag einbeziehen. Sie möchten in ständiger Interaktion mit dem Umfeld stehen: „Erziehung von Kindern ist eine Sache von Familien, öffentlichen Einrichtungen und der Gesellschaft." Auf diese Weise soll ein Bewusstsein für gesellschaftliche Zusammenhänge entstehen, wodurch Mündigkeit und Emanzipation ermöglicht werden.

Dialog zwischen Kindern und Erwachsenen

In der Reggio-Pädagogik geht es um einen dialogischen Lernprozess zwischen Kindern und Erwachsenen, indem Eindrücke und ihre Wertungen vielfältig ausgedrückt und gestaltet werden. Der Prozess verläuft dabei über das Bemerken, Staunen und Fragen im gemeinsamen Entdecken, Suchen und Experimentieren, wodurch Themen und Erscheinungen des Lebens verstehbar, handhabbar oder veränderbar werden. Auf diese Weise sollen die kreativen Fähigkeiten des Kindes, mit der Umwelt zu kommunizieren, unterstützt werden. Ausgangspunkt für diesen Prozess sind beispielsweise Fragestellungen und Problemsituationen aus der Lebenswelt des Kindes, auf die sowohl die Kinder als auch die Fachkräfte/Erwachsenen nach Lösungen suchen.

Lernen durch Spielen

Nach Rodari ist das Spiel „... schöpferische Aufarbeitung, ein Prozess, durch den das Kind die Gegebenheiten der Erfahrung miteinander verbindet, um eine neue Realität zu konstruieren. (...) Mit den Dingen zu swpielen dient dazu, sie besser kennenzulernen. Und ich sehe keinen Sinn darin, die Freiheit des Spiels einzugrenzen, weil das heißen würde, zu leugnen, dass es die Funktionen der Bildung und Erkenntnisfähigkeit besitzt". Dabei lassen sich drei bevorzugte Arten des Spiels in reggianischen Einrichtungen ausmachen:

- **Das Bauspiel:** Hier werden Holzbauklötze und LEGO-Elemente offen präsentiert, sie können situativ durch andere Gegenstände und Materialien (Natur, Wegwerf-Materialien, Spielsachen) ergänzt werden. Dabei gibt das Material Impulse für gestaltete Spielhandlungen oder die Gestaltung einer Spiellandschaft, bei der auch soziale Dimensionen, wie das Aushandeln und territoriale Kämpfe, eine zentrale Rolle spielen können.

- **Das Erkundungsspiel:** Hier werden Geräte bereitgestellt, die der experimentellen Begegnung mit Licht, Schatten und Farben dienen (z. B. Leuchttisch, Overhead- und Diaprojektor, Lupen, Filmleinwände). Der Umgang mit optischen Geräten bietet eine Verknüpfung von Physik und Fantasie.

- **Das darstellende Spiel:** Gemeint ist im weitesten Sinne des Wortes eine Vielzahl von sozialen Erfahrungen: Deuten und Gestalten von Interaktionssituationen, spielerisches Inszenieren, Aushalten und Lösen von Konflikten, Perspektivwechsel, Ertragen gegenläufiger Interessen, Erleben emotionaler Nähe und Distanz oder das Ausprobieren ungewohnter Rollen. Angeregt werden die Kinder hierzu durch Verkleidungsutensilien, unterschiedliche räumliche Bereiche (verschiedene Grade an Intimität und Öffentlichkeit), Handpuppen, Marionetten und andere Gegenstände.

Das Kind ist Konstrukteur seiner selbst

In der Reggio-Pädagogik gilt das Kind weder als biologisch vorbestimmt noch als vollkommen von der Umwelt bestimmbar. Auch stellt man sich seine Entwicklung nicht als ein in Stufen linear ablaufendes Schema vor, bei dem es zu einer fortschreitenden Ansammlung von Wissen, Fertigkeiten und Fähigkeiten kommt. Für Reggianer läuft ein Kind von Anfang an, es spricht sofort – wenn auch noch nicht mit Worten –, da sein ganzes Tun sich auf den Erwerb solcher Fähigkeiten richtet, und es trainiert. Das Kind bringt sein „Rüstzeug für die Welt" durch sein Bedürfnis mit, die Welt kennenzulernen, zu ihr in Beziehung zu treten und „so viele Gesprächspartner" wie möglich zu haben.

Damit hat die Reggio-Pädagogik ein optimistisches Bild vom Kind als ein Wesen, das sich aktiv mit seiner gegenständlichen, seiner sozialen Welt und sich selbst auseinandersetzt. Das Kind wird so als Konstrukteur seiner eigenen Entwicklung und seines Wissens betrachtet (s. Kapitel 3).

Allerdings ist das Kind aber ebenfalls auf Ressourcen und **Impulse von außen** angewiesen. Solche Impulse bestehen zwischenmenschlich aus Vertrauen und Zuneigung, Sicherheit, Geborgenheit, Rückmeldung,

Handlungsanstößen und gewährten Freiräumen. Auch braucht es eine Peergroup für gemeinsame Spielhandlungen und Projekte.

In Bezug auf Materialien bedarf es solcher Gegenstände, die die Komplexität der Welt repräsentieren, zu Experimenten anregen, dem Ausdruck der eigenen Person dienen oder für die Kommunikation zu nutzen sind. In diesem Sinne wird das Kind wie auch der Erwachsene gleichzeitig als vollständiger und als sich entwickelnder Mensch betrachtet.

Im Spiegelzelt

Ein Kind ist aus hundert gemacht
Ein Kind hat
Hundert Sprachen
Hundert Hände
Hundert Gedanken
Hundert Weisen zu denken
Zu spielen und zu sprechen.
Immer hundert Weisen
Zuzuhören
Zu staunen und zu lieben
Hundert Weisen zu singen und zu verstehen
Hundert Welten
Zu erfinden
Hundert Welten zu träumen.
Ein Kind hat hundert Sprachen
Doch es werden neunundneunzig geraubt.
Die Schule und die Umwelt trennen ihm den Kopf vom Körper.
Sie bringen ihm bei
Ohne Hände zu denken

Ohne Kopf zu handeln
Ohne Vergnügen zu verstehen
Ohne Sprachen zuzuhören
Nur Ostern und Weihnachten zu lieben und zu staunen.
Sie sagen ihm, dass die Welt bereits entdeckt ist
Und von hundert Sprachen rauben sie dem Kind neunundneunzig.
Sie sagen ihm
Dass das Spielen und die Arbeit
Die Wirklichkeit und die Fantasie
Die Wissenschaft und die Vorstellungskraft
Der Himmel und die Erde
Die Vernunft und der Traum
Dinge sind, die nicht zusammengehören.
Sie sagen also, dass es die hundert Sprachen nicht gibt.
Das Kind sagt: „Aber es gibt sie doch."

(von Loris Malaguzzi, 1985)

Der Raum als „dritter Erzieher"

Der Raum ist in der Reggio-Pädagogik Teil des pädagogischen Konzepts. Dabei sind nicht nur Kindertagesstättenräumlichkeiten und deren Ausstattung gemeint, sondern ebenso das Umfeld (Straßen, Plätze, öffentliche Gebäude, Parks, Gärten, Gewässer). Eine solche Öffnung des Tagesstättenalltags zum Leben im Dorf, in der Stadt und zur Erwachsenenwelt kommt auch in der Architektur der Gebäude zum Ausdruck: große, tief heruntergezogene Fensterflächen und ein einladender Eingangsbereich mit Fotowänden, Wandzeitungen und Projektdokumentationen. Die Räume der Einrichtung dienen einer Atmosphäre des Wohlbefindens, einer Förderung der Kommunikation. Sie stellen Material für Spiel- und Projektaktivitäten zur

Verfügung und sollen Impulse für die Bereicherung von Kinderaktivitäten geben.

Die Rolle der Erzieherin

Die Erzieherin in der Reggio-Pädagogik versteht sich als Begleiterin und Dialogpartnerin der Kinder. Sie ist dafür verantwortlich,

1. eine Atmosphäre des sozial-emotionalen Wohlbefindens zu schaffen, in der sich die Kinder angesprochen fühlen, Ängste überwinden und eigentätige Spiel- und Erkundungsaktivitäten entwickeln;
2. zu beobachten und zuzuhören. Hier soll sie im Sinne eines „dritten Auges bzw. eines dritten Ohres" (Malaguzzi) Gesten, Mimik und Worte der Kinder feinfühlig wahrnehmen und verstehen.

Diese Beobachtungen sollten möglichst umgehend dokumentiert werden, um der Interpretation zu einem späteren Zeitpunkt zugänglich zu sein;

3. Kinder aktiv zu begleiten. Dies meint, die Ausdrucksformen der Kinder aufzunehmen, zu verarbeiten, zu interpretieren und darauf aufbauend unterschiedlichste Ressourcen bereitzustellen;

4. pädagogisch zu planen innerhalb des Begleitungsprozesses. Hier sollen Beobachtungen anhand der Frage interpretiert werden, was die einzelnen Kinder für ihre Entwicklung brauchen;

5. sich wechselseitig im Team zu beraten und in die Beratung bzw. den Austausch mit Eltern zu gehen;

6. sich selbst in Bereichen der Pädagogik und Psychologie sowie den Feldern des persönlichen Interesses oder des aktuellen Kompetenzbedarfes weiterzuqualifizieren.

Im Sinne der Reggio-Pädagogik könnte Susanna auf vieles achten:

Sie müsste sich in ihrer Rolle ganz klar auf die Fragen der Kinder einlassen und sie bei ihren Lernprozessen begleiten. Sie würde versuchen, sie über Impulse anzuregen, indem sie z. B. Möglichkeiten für Experimente mit dem Licht über Spiegel, OHP, Diaprojektor oder Leuchttisch schafft. Auch würde sie viele Projekte mit den Kindern durchführen, bei denen sie z. B. zu eigenem bildnerischen Ausdruck kommen und zu eigenen Erkenntnissen angeregt werden.

Susanna würde versuchen, sehr aufmerksam im Umgang mit den Kindern zu sein und sich stark auf ihre Fragen und Ideen einlassen. Sie würde ihnen Raum und Zeit zum Experimentieren geben, sie im Einzelnen beobachten und das Verhalten der Kinder (auch durch Aufnahmen) dokumentieren. Der Kontakt zu den Eltern und deren Beteiligung, die Öffnung des Kindergartens der Umgebung gegenüber, wären weitere wichtige Bestandteile ihrer Arbeit.

AUFGABE

1. Experimentieren Sie selbst in der Gruppe mit verschiedenen Materialien und optischen Geräten (Mikroskop, Lupen, Projektoren und Spiegeln).

2. Vergleichen Sie die Bedeutung der „Dialogpartnerin" bei Wygotski und in der Reggio-Pädagogik.

3. Diskutieren Sie innerhalb der Klasse die reggianische Aussage: „Das Kind weiß am besten, was es braucht, und verfolgt eigenständig und energiereich seine eigene Entwicklung."

5.6 Situationsansatz versus Funktionsansatz: Erfahrungszusammenhänge berücksichtigen

Anders als bei den zuvor dargestellten pädagogischen Handlungsansätzen ist es bei den gebräuchlichen Bezeichnungen „Funktionsansatz" und „Situationsansatz" schwieriger, ein geschlossenes bzw. einheitliches Konzept herauszuarbeiten und die Konzepte klar an eine konkrete Person oder einen konkreten Entstehungszusammenhang zu knüpfen. Im Prinzip ist es auch nicht möglich, von „dem" Funktionsansatz zu sprechen, genauso wie auch „der" Situationsansatz nicht als in sich geschlossenes Konstrukt existiert. Folglich geht es an dieser Stelle vor allem darum, eine Polarisierung vorzunehmen und Unterschiede herauszuarbeiten, um daran die verschiedenen Herangehensweisen an die Gestaltung pädagogischer Situationen zu verdeutlichen.

Der Funktionsansatz

Der Funktionsansatz ist grundsätzlich als eine pädagogische Haltung zu verstehen, die darauf abzielt, bestimmte festzulegende Funktionen bei Kindern anzubahnen, zu schulen, zu fördern und/oder zu intensivieren. Ziele sind dabei die selbstständige Lebensbewältigung sowie Gesichtspunkte sozialer und kulturtechnischer Bildung, siehe Schaubild.

Die pädagogische Planung innerhalb eines Funktionsansatzes geht vom Grundsatz her von zu erreichenden Persönlichkeitsmerkmalen aus. Sie orientiert sich an Bildungsplanvorgaben und Lebensherausforderungen.

Der Situationsansatz

Erste Anfänge des situationsorientierten Ansatzes liegen in der Bewegung der sogenannten Kinderläden in Hamburg und Berlin zu Beginn der 60er-Jahre. Es entwickelte sich eine Bewegung, die sich eine oppositionelle Haltung gegenüber vielem, was Regeln setzte

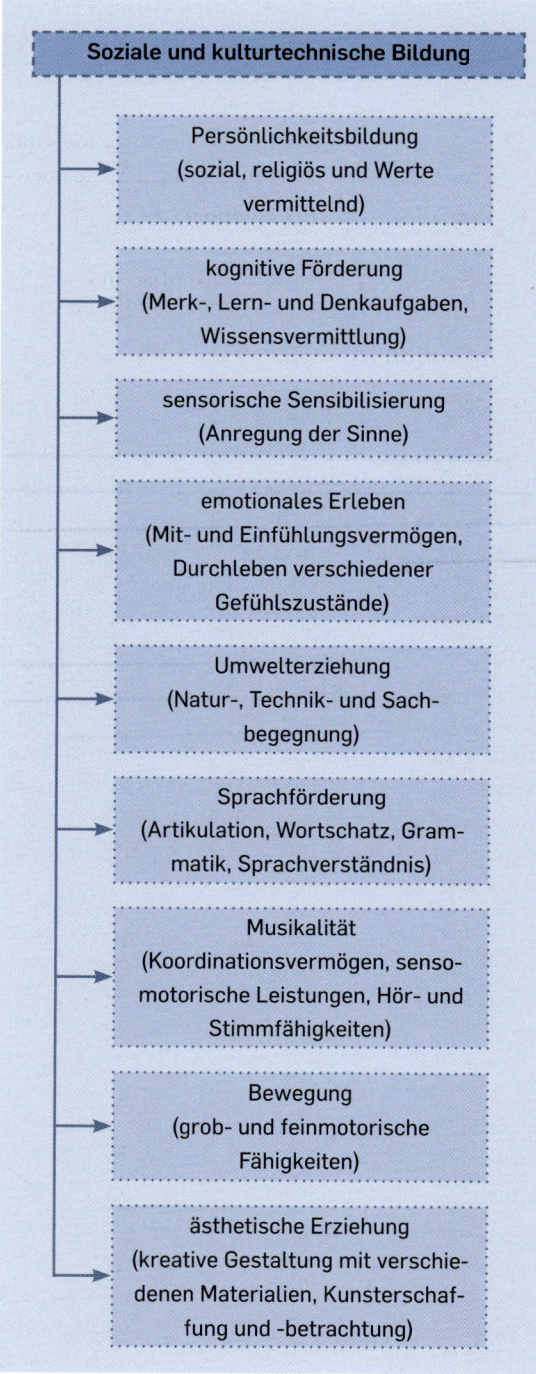

Ziele des Funktionsansatzes

den Willen und Wunsch der Kinder in das Zentrum der Pädagogik rücken. Als Reaktion auf das Etablieren festgelegter Abläufe in den Kindergärten erteilte der aufkommende Situationsansatz dann dem Funktionsansatz in den 70er-Jahren eine klare Absage. Erster definiert sich eher methodisch durch Distanzierung zu fachdidaktisch organisierten Bildungs- und Lernangeboten. Wissen soll problemorientiert organisiert werden.

Wie auch im Funktionsansatz geht es z. B. um die Vermittlung von Sozial- und Sachkompetenz, doch die Planungsschritte sollen mit den Kindern gemeinsam entwickelt und umgesetzt oder konkret an ihre Lebenssituation angebunden werden.

Im Situationsansatz wird die Kindheit als eigenständige Phase der individuellen Entwicklung gesehen, nicht als Vorbereitungsphase auf das Erwachsenenalter. Das Kind ist eine aktiv handelnde Persönlichkeit, die sich mit der Umwelt auseinandersetzt und dabei Kompetenzen erwirbt. In diesem Sinne versucht man im Situationsansatz sachbezogenes Lernen mit sozialem Lernen zu verbinden und interpretiert die Bildungsaufgabe von Kindertagestätten als Betonung der kindlichen Eigenständigkeit.

Für die Pädagogin oder den Pädagoge gilt demnach, aus den konkreten Situationen heraus zu planen. Der Situationsansatz gibt nicht vor, <u>wie</u> aus den konkreten Situationen heraus geplant und gearbeitet werden soll. Wichtig bleibt es aber, sich dieser „Situation" zuzuwenden, sie zu betrachten und auszuwerten.

Der Situationsansatz betont das Freispiel, da in dem freien Spiel der Kinder eine selbstbestimmte Aneignung von Bildungsinhalten geschieht – auch offenbaren sich hier das Interesse und der Bildungsstand des Kindes. Anders als in der Schule können Erzieherinnen – von diesen Interessen ausgehend – Angebote und Programme entwickeln, die weiterführen. Und gerade dieses Weiterführen ist so wichtig, da sich die Kinder ja nicht ohne Hilfe in eine über Jahrhunderte gewachsene Kultur „einspielen" können (s. auch Kapitel 3).

Im Funktionsansatz würde der Gegenstand solcher weiterführenden Programme vorgegeben werden und z. B. an den Jahreszeiten orientiert sein. Ausgehend von Situationen würden ebenfalls „didaktische Einheiten" geplant und umgesetzt werden, nur würde

oder autoritär anmutete, zu eigen machte. In Deutschland wollte man die Idee der antiautoritären Erziehung, die sich am Konzept ihres Begründers Alexander Sutherland Neill (1883–1973, Gründer der Summerhill-Schule in England 1921) orientierte, und damit sich der Inhalt an von den Erzieherinnen wahrgenommenen Erlebnissen der Kinder entfalten, z. B. wenn ein Geschwisterchen geboren wird.

AUFGABE Skizzieren Sie zu dem Thema „Die Milch kommt von der Kuh – wo kommt die Milch her?" sowohl in funktionsorientierter Weise wie in situationsorientierter Weise. Benennen Sie die Unterschiede für die pädagogische Arbeit.

5.7 Der integrative Ansatz: Individualität, Selbstverständlichkeit und Kooperation

Anfang der 1970er-Jahre begann in der Bundesrepublik Deutschland, wie zuvor in den USA, Großbritannien und in skandinavischen Ländern, die Diskussion um die Integration behinderter Menschen in die „Gemeinschaft Nichtbehinderter". Aus dieser Diskussion entstanden regionale Ansätze für integrative Kindertagesstätten. Die Integration von Kindern mit einer Behinderung sollte dabei dem Abbau von Vorurteilen und dem gegenseitigen Verständnis dienen. Ein wesentliches Ziel war aber auch, die Fixierung der Pädagogik in sogenannten Regeleinrichtungen auf „Normalität" in der Entwicklung, d. h. auf überzogene abstrakt-normative Vorstellungen, was Kinder zu einem bestimmten Zeitpunkt ihrer Entwicklung zu leisten haben, grundsätzlich in Frage zu stellen. Eine ähnliche Fixierung bestand ebenso in der Sonderpädagogik in Bezug auf „Defekte", die sich in der Regelpädagogik als Einschätzung von Entwicklungsverzögerungen und Verhaltensauffälligkeiten wiederfinden. Für beeinträchtigte Kinder, die medizinisch feststellbare Defekte haben, stellte die psycho-

logisch-entwicklungsgemäße „Abweichung" das Maß dar, an welchem sie gemessen und bewertet werden. Diese Orientierung an der Behinderung führte in der Regel zu einer Aussonderung dieser Kinder aus den regulären Spiel- und Lernprozessen. Kinder mit einer Behinderung wurden – und werden auch heute noch – kategorisiert (z. B. „Körperbehinderte", „Geistigbehinderte", „Sprachbehinderte", Blinde, „Hörbehinderte" usw.) und in Gruppen zusammengefasst, in der dann keiner gehen, sehen, hören oder sprechen konnte.

Beispiel:
Eine integrativ arbeitende Gruppe hat Besuch von Kindern aus einer Nachbareinrichtung. Man beschäftigt sich dort mit der Frage der Integration und auch die Kinder wissen, dass hier Behinderte sind. Das Miteinander ist zwanglos. Man erprobt den Rollstuhl und Gehhilfen eines Mädchens, erklärt einem anderen Kind wiederholt und in immer neuer Version und mit vielfältigen Versuchen der Demonstration, was es an einer Sache zu tun habe, bis es endlich klappt. Alle Kinder arbeiten an derselben Aufgabe und dennoch, sie tun nicht das Gleiche. Erwachsene arbeiten mit, leiten an, bestärken die Kinder, helfen.
Ich beobachte ein „Gast-Kind". Es ist ausdauernd mit einem recht schwer behinderten Kind beschäftigt; eigentlich die ganze Zeit über. Man redet über Blicke, mit Zeichen, deutet; es führt die Hände, erreicht Aufmerksamkeit durch Anpusten, nickt bekräftigend, streichelt den Partner nach gelungenem Ergebnis. Die Besuchszeit ist nach ungefähr 90 Minuten um. Das Kind, das ich beobachtete, kam kurz vor dem Weggehen auf dem Flur nach draußen zu mir und fragte: „Wo sind denn nun die Behinderten?"

(Georg Feuser: Integration muss in den Köpfen beginnen, 1984)

Dieses Beispiel zeigt ein Kind, das nicht versteht, warum ein Mensch in seiner Eigenart der Kategorie „Behinderter" zugeordnet wird. Eine solche Erfahrung ist typisch für die integrative Arbeit und zeigt, worum es vor allem geht: Vorurteile, Ausgrenzung und Aussonderung gar nicht erst im Kopf entstehen zu lassen und den anderen in seiner Eigenart als das zu akzeptieren, was er ist.

Im Alter von 3 bis 6 Jahren werden Kinder vom Individuum zum Subjekt, d. h., die Kinder erwerben in dieser Zeit die Grundbausteine ihrer Persönlichkeitsentwicklung, indem sie sich soziale Gesetzmäßigkeiten menschlicher Gemeinschaft und gesellschaftliche Erfahrungen und Traditionen aneignen. Lernen und leben also behinderte und nicht behinderte Kinder zusammen, so eignen sie sich ganz selbstverständlich das Bild vom anderen und von sich selbst so an, wie sie es erleben, und integrieren es in ihre Erfahrungen. In ihrem Bewusstsein wird die Individualität des anderen erkannt und damit der Begriff der „Behinderung" als eine soziale Kategorie überwunden.

Eine Selbstverständlichkeit

Integration bedeutet in diesem Sinne eine gemeinsame Tätigkeit: Spielen und Lernen am gemeinsamen Gegenstand oder Produkt in Kooperation von allen Kindern. Es gilt, eine Situation zu schaffen, in der sich alle Kinder einer Gruppe ihren aktuellen Möglichkeiten entsprechend aufeinander beziehen können und aktiv handelnd an den Gruppenaktivitäten im Sinne ihrer Kompetenzerweiterung teilnehmen. Bei diesem Prozess wirklich niemanden auszuschließen, sondern zu beteiligen, ist dabei nicht immer leicht. Denn nur echte Kooperation in der Kindergruppe und eine individuell angepasste pädagogische Differenzierung lassen ein Nebeneinander zu einem Miteinander werden, bei dem niemand zu kurz kommt. Das bedeutet, dass für eine echte integrative Arbeit viel pädagogisches Geschick, ein Know-how von geeigneten methodischen Vorgehensweisen und eine subjektorientierte Einstellung jedem Menschen gegenüber notwendig sind – eine Einstellung, die auch von den Kindern gelernt werden soll.

Beispiel:
Eine Erzieherin lobt ein Kind, das für seine Verhältnisse ein recht strukturiertes Bild gemalt hatte. Emmy kommt dazu und fragt: „Findest du wirklich schön, was die da macht?" Die Erzieherin erwidert:

„Wenn du das machst, ist es vielleicht nicht so gut, aber für Petra ist das ganz toll."
In einer anderen Situation bringt Robert begeistert das Bild eines geistig behinderten Jungen zur Erzieherin. Dieser hatte eine erkennbare Blume gemalt. Robert konnte also die Leistung des anderen als etwas ganz Wichtiges anerkennen, obwohl er selbst „viel besser" malen kann.
(Projektgruppe Integration von Kindern mit besonderen Problemen, 1981)

Augenfällige Merkmale einer integrativen Kindertagesstätte sind die behindertengerechte Einrichtung, kleinere Gruppen, Therapieangebote und eine intensive Elternarbeit.

Zwar gibt es in der „Gummibärchen-Gruppe" der Eingangssituation keine als „behindert" eingestuften Kinder. Dennoch würde es im Sinne des integrativen Ansatzes für Susanna darum gehen, möglichen Beeinträchtigungen gegenüber offen zu sein und diese nicht auszugrenzen. Sie würde an den Stärken der Kinder arbeiten und dafür sorgen, dass sie auch den anderen Kindern klar werden. Es sollte für sie immer darum gehen – unabhängig davon, ob es Kinder in ihrer Gruppe gibt, die „Auffälligkeiten" zeigen –, sich den individuellen Lernschritten zuzuwenden und die Unterschiedlichkeit der Kinder für das Lernen sozialer Akzeptanz zu nutzen. Sie sollte sich methodisch überlegen, wie sie Kinder mit den verschiedensten Fähigkeiten an gemeinsamen Vorhaben beteiligen kann.

AUFGABE

1. Diskutieren Sie, inwieweit die Verwendung des Begriffs „Behinderung" zu einer Stigmatisierung beiträgt: Gehen Sie im Klassengespräch der Frage nach, was sich durch das Ersetzen des Worts „Behinderter" durch die Formulierungen „behindertes Kind" bzw. „Mensch mit Behinderung" oder „Kind mit Beeinträchtigung" verändert bzw. nicht verändert.

2. Versetzen Sie sich in die Rolle eines behinderten Kindes: Stellen Sie mögliche Vorteile einer integrativen Kindergruppe möglichen Nachteilen für dieses Kind gegenüber.

Exkurs: Heilpädagogik

„Die politischen Parteien anerkennen die Rechte von Menschen mit Behinderung auf Bildung. Mit dem Ziel, dieses Recht auf Antidiskriminierung auf der Basis von Chancengleichheit zu verwirklichen, werden die politischen Parteien ein umfassendes Bildungssystem auf allen Ebenen und für ein lebenslanges Lernen sicherstellen."
(Artikel 24 der UN-Konvention; seit März 2009 auch für Deutschland verbindlich)

Integration und Inklusion

Wie bereits beschrieben, begann Anfang der 1970er-Jahre in Deutschland die Diskussion um die Integration behinderter Menschen – zunächst im Kindergartenbereich, dann in der Grundschule und heute noch als Diskussionspunkt bezogen auf weiterführende Schulen. Wurden behinderte Kinder bis dahin in Sondereinrichtungen getrennt gefördert, gewann nun die Vorstellung Oberhand, nicht-behinderte und behinderte Kinder zusammen aufwachsen und lernen zu lassen. Der Spagat zwischen einer optimalen individuellen Förderung und gleichzeitiger gesellschaftlicher Integration ist theoretisch nicht vollständig geklärt und zudem in der Praxis aufgrund der Rahmenbedingungen häufig nicht einfach umzusetzen (Eberwein 1994; Hinz 1993).

Damit ist gemeint, dass das Ziel der Integration, ein echtes Miteinander, zwar unstrittig ist, dass aber der Weg, wie dieses Miteinander von Menschen mit und ohne Behinderung gelingen kann, kontrovers diskutiert wird. Der Ansatz, auf Sondereinrichtungen zu setzen, dort optimal zu fördern und so eine gelungen Integration anzubahnen, oder der Ansatz, von Anfang an integrativ vorzugehen und begleitend zu fördern, stehen sich hier einander widersprechend gegenüber.

Stärker als bei der Arbeit in Kindertageseinrichtungen geht es in der Arbeit mit älteren Menschen mit Behinderungen darum, nicht nur die Integration zu sehen – sprich: die mögliche Eingliederung des Einzelnen in die Gesellschaft, die Gemeinschaft oder in Alltagsabläufe – sondern es rückt auch stärker der Aspekt der **Inklusion („Einbeziehung")** in den Vordergrund.

Dieser Begriff ergibt sich aus der Auffassung, dass eine Gesellschaft aus Individuen besteht, die sich alle mehr oder weniger unterscheiden. Der Mensch mit Behinderung *ist* Mitglied unserer Gesellschaft und muss in diese nicht erst integriert werden. Er hat die gleichen Rechte und Pflichten wie jeder andere Bürger. Auf dieser Basis ist die volle Teilhabe am gesellschaftlichen Leben zu gewährleisten. Um dieser Tatsache gerecht zu werden, muss die Gesellschaft dafür Sorge tragen, dass der Zugang aller Bürger zu Institutionen und Dienstleistungen ermöglicht wird unter Berücksichtigung ihrer individuellen Möglichkeiten. Während das Prinzip der **Integration** die Eingliederung behinderter Menschen in die bestehende Gesellschaft anstrebt, soll durch Inklusion die Veränderung bestehender Strukturen und Auffassungen dahingehend erreicht werden, dass die Unterschiedlichkeit der einzelnen Menschen die Normalität ist. Jeder Mensch, unabhängig davon, ob er behindert, krank, alt oder jung ist, soll die Unterstützung und Hilfe erhalten, die er für die Teilhabe am gesellschaftlichen Leben benötigt.

Wendet man die Forderung der Inklusion auf das Schulsystem an, so bedeutet dies, dass die Ursachen für Lernschwierigkeiten nicht zuerst beim Kind gesucht werden, sondern in den Hürden, die durch die Schulen dem einzelnen Kind entgegengestellt werden. Einher damit gehen Forderungen einer inklusiven Pädagogik, die alle Lehrkräfte beherrschen sollen.

Arbeitsbereiche

Da Kinder mit Beeinträchtigungen oftmals über ihr Kindergartenalter hinaus der Begleitung und Unterstützung bedürfen, gibt es für Erzieherinnen und Erzieher vielfältige Arbeitsmöglichkeiten mit Menschen mit Behinderungen. Dazu gehören die Schule und die Vorschule, Tagesstätten, Internate, Heime und Wohngruppen sowie spezielle Fördereinrichtungen. Ähnlich wie im integrativen Ansatz beschrieben, gilt hier durchgängig das Prinzip, *nicht* die Behinderung, sondern den einzelnen Menschen im Vordergrund zu sehen.

Als „behindert" gelten Menschen, die durch eine angeborene oder erworbene Beeinträchtigung in der Ausübung der im entsprechenden Lebensalter üblichen Funktionen „behindert" sind, und/oder Menschen, die Einschränkungen unterliegen, welche sich auf den gesamten Lebenskontext oder auf die Wahrnehmung oder Fortsetzung ihrer sozialen Rolle (z. B. bei psychischen Erkrankungen) beziehen (Gößling-Brunken u. a., 2009).

Pädagogische Tätigkeitsbereiche ergeben sich somit in allen menschlichen Lebensbereichen: Wohnen, Bildung, Arbeit und Freizeit.

Für den Lebensbereich des Wohnens bestehen verschiedene Arbeitsbereiche:

Betreutes Wohnen – hier besteht das Ziel darin, die Verselbstständigung der Klienten zu erreichen. Gewählt wird diese Wohnform meist von Menschen mit leichten psychischen, geistigen und/oder körperlichen Behinderungen.

Stationäres Wohnen – Ziel ist hier, eine Assistenz rund um die Uhr zu gewährleisten, um Menschen mit schweren körperlichen und/oder geistigen Beeinträchtigungen zu unterstützen.

Pädagogische Betreuung im eigenen Wohnraum – Ziel ist es hier, einen Menschen mit Behinderung in seinem eigenen Wohnumfeld zu belassen und für die weitere Einbindung durch den Aufbau eines Netzwerkes zu unterstützen.

Im Bereich der Bildung geht es darum, dass die besondere Situation durch die Behinderung Berücksichtigung findet und ggf. besondere methodisch-didaktische Konzepte angewendet werden. In Zusammenarbeit mit Lehrkräften ist das Ziel, dass eine Umgebung geschaffen wird, in der das Kind bzw. der Jugendliche seinen Möglichkeiten entsprechend lernen kann. Dazu gehört beispielsweise die Organisation des Arbeitsplatzes in der Schule und zu Hause und auch die Unterstützung in der Vermittlung von Lerninhalten sowie der Kontakt mit den Eltern.

Auch die Erwachsenenbildung stellt einen möglichen Einsatzbereich dar. Hier ist es die Aufgabe, Bildungsinteressen bei Menschen mit Behinderungen zu erkennen, zu wecken, zu fördern und diese zu realisieren. Die Inhalte reichen dabei von Kochkursen über kreative oder Sportangebote bis hin zur Arbeit mit Medien (computergestütztes Arbeiten) und zum Aufbau von Selbsthilfe- und Interessengruppen (z. B. Gewerkschaftsarbeit für Werkstattmitarbeiter).

Der Lebensbereich Arbeit ist ein ausgesprochen wichtiger Teil des menschlichen Lebens. Durch sie wird Anerkennung erfahren, der Einzelne findet durch sie ihren Platz in der Welt und kann seinen Beitrag für den eigenen Lebensunterhalt erbringen. Dies gilt natürlich ebenso für Menschen mit Behinderung. In der Regel sind Arbeitsplätze aber nicht an pädagogische Unterstützung geknüpft. Erst wenn der therapeutische Wert einer regelmäßigen Tätigkeit in den Vordergrund tritt, öffnen sich Arbeitsfelder für Erzieher z. B. in Werkstätten für Menschen mit Behinderung oder in Tagesförderstätten. Das Ziel der Werkstätten ist aber auch hier, für die Mitarbeiter Arbeitsplätze auf dem ersten Arbeitsmarkt zu finden (siehe Inklusion).

Der Lebensbereich Freizeit ist dadurch gekennzeichnet, dass er nicht explizit zielgerichtet ist. Es geht es um Freiwilligkeit, Selbstbestimmung und Spontaneität. Erzieherisches Handeln zielt hier auf Motivation und Interessenserkennung. Dazu müssen die Klienten gut gekannt, deren Kompetenzen gut eingeschätzt und ein hohes Maß an eigenem Wissen über Freizeitgestaltung mitgebracht werden.

AUFGABE Diskutieren Sie die Forderung nach der Umwandlung unseres Schulsystems in ein inklusives Schulsystem, in welchem eine Überweisung von Schülern an Förder- oder Sonderschulen (solange diese noch existieren) nicht ohne Einwilligung der Eltern vorgenommen werden kann. Welche Chancen und welche Risiken sehen Sie?

Erwachsener mit Behinderung in Arbeitssituation

5.8 Übersicht zur geschichtlichen Einordnung

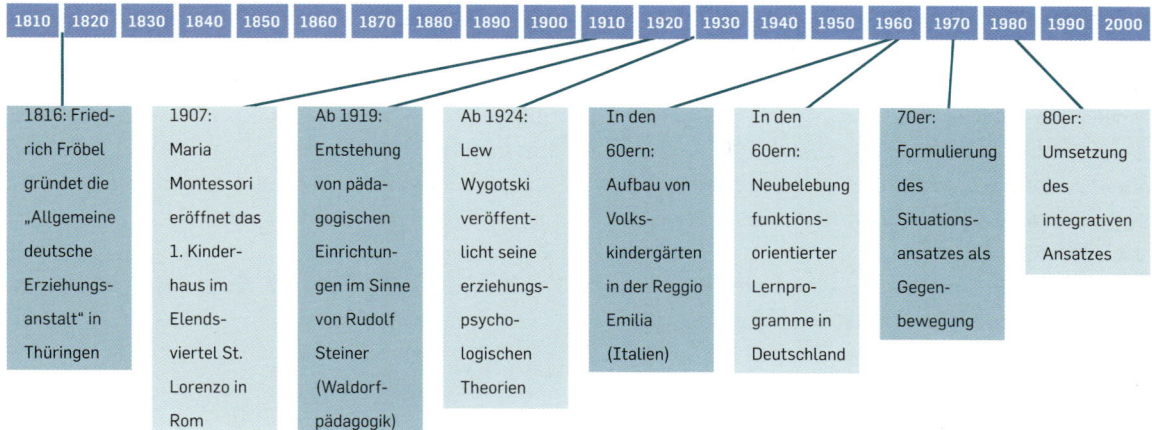

| 1810 | 1820 | 1830 | 1840 | 1850 | 1860 | 1870 | 1880 | 1890 | 1900 | 1910 | 1920 | 1930 | 1940 | 1950 | 1960 | 1970 | 1980 | 1990 | 2000 |

1816: Friedrich Fröbel gründet die „Allgemeine deutsche Erziehungsanstalt" in Thüringen

1907: Maria Montessori eröffnet das 1. Kinderhaus im Elendsviertel St. Lorenzo in Rom

Ab 1919: Entstehung von pädagogischen Einrichtungen im Sinne von Rudolf Steiner (Waldorfpädagogik)

Ab 1924: Lew Wygotski veröffentlicht seine erziehungspsychologischen Theorien

In den 60ern: Aufbau von Volkskindergärten in der Reggio Emilia (Italien)

In den 60ern: Neubelebung funktionsorientierter Lernprogramme in Deutschland

70er: Formulierung des Situationsansatzes als Gegenbewegung

80er: Umsetzung des integrativen Ansatzes

AUFGABE

1. Erarbeiten Sie (ggf. arbeitsteilig) die Kerngedanken der einzelnen Konzepte und stellen Sie die Inhalte anhand der folgenden Gesichtspunkte einander gegenüber: Bild vom Kind – Rolle der Erzieherin – Charakter des Spielmaterials – Mitbestimmung der Kinder – angestrebte Lern- bzw. Entwicklungsziele – Überprüfbarkeit der pädagogischen Arbeit.

2. Vertiefen Sie sich in einen weiteren pädagogischen Ansatz, den Sie anderen innerhalb eines Referats näher bringen. Beispiele: Janusz Korczak (Das Recht des Kindes auf Achtung), Anton S. Makarenko (Lernen im Kollektiv), Celestin Freinet (Das Kind in den Mittelpunkt stellen) oder die Kibbuz-Pädagogik (Kinder der Gemeinschaft).

3. Äußern Sie sich erneut zu Ihrem eigenen Bild vom Kind. Was hat Sie überzeugt, wo hat sich Ihre Position erweitert, wo verfestigt?

6 Durchspielen einer vollständigen Handlung

6.1 Analysieren

Susanna geht nicht davon aus, dass die „Gummibärchen-Gruppe" eine zufällige Ansammlung besonders anstrengender Kinder ist. Sie schreibt ihre Eigenschaften nicht einem angeborenen Charakter zu, sondern sie erkennt in dem Verhalten der Kinder ein Bedürfnis nach Sicherheit und Orientierung. Sie glaubt nicht, dass die „Gummibärchen", so wie sie den Kindergartenalltag erleben, glücklich sind und das Chaos und den Lärm genießen, ihn sozusagen frei gewählt haben. Susanna geht davon aus, dass die Kinder eigentlich lieber ihre Energie kanalisieren würden und Herausforderungen brauchen, die sie weiterbringen.

Sie weiß, dass sie hier gefragt ist, sinnvolle Strukturen zu schaffen, um das Leben von allen angenehmer und zufriedener zu gestalten. So setzt sie sich zunächst hin und analysiert die Situation: Was nehme ich als Problem wahr, was fehlt meiner Ansicht nach und was möchte ich erreichen?

Susanna definiert für sich als derzeitiges Hauptproblem die Unruhe der Kinder in einem unstrukturierten Tagesablauf:

- Es gibt kein gemeinsames Gruppenfrühstück. Die Kinder essen über den ganzen Vormittag hinweg selbst mitgebrachte Dinge, die nur selten ein gesundes Frühstück darstellen.
- Spielzeug steht zuhauf herum, eine Fülle von „Kram" füllt den Raum und seine Wände.
- Es gibt keinen Morgenkreis.
- Es wird nicht täglich an der frischen Luft gespielt.
- Beim Freispiel sitzen die Erzieherinnen herum, unterhalten sich und führen nur gelegentlich Beobachtungsprotokolle.
- Die Kinder haben kein Liederrepertoire.
- Für das Abräumen von Geschirr nach dem Mittagessen sind die Praktikantinnen zuständig.

Da Susanna in der Einrichtung selbst ganz neu ist, scheut sie zunächst davor zurück zu versuchen, das ganze Kollegenteam mit „ins Boot" zu holen. Sie möchte nicht gleich als „Meckertante" und „idealistischer Neuling" verschrien sein. Sie hat Angst, die anderen mit Kritik vor den Kopf zu stoßen. So beschließt sie, zu-

nächst erst einmal selbst in ihrer Gruppe anzufangen, um ggf. durch Erfolge zu überzeugen und dadurch Austauschgespräche anzuregen. Daher ist es vorerst ihr Ziel, einen gut strukturierten Alltag in ihrer Gruppe zu installieren, der den Kindern hilft, sich zurechtzufinden, und ihnen das Erleben eines angenehmen Miteinanders ermöglicht. Susanna macht sich klar, dass sie nicht alles auf einmal erreichen kann, und setzt sich **drei erste Schwerpunkte**:

1. Den Tagesablauf strukturieren und Frischluftphasen berücksichtigen
2. Den Raum gestalten
3. Zu Aktivitäten anregen

6.2 Planen

Tagesablauf

Zuerst möchte Susanna einen regelmäßigen Tagesablauf etablieren. Auf diese Weise möchte sie den Kindern Sicherheit und Orientierung geben. Innerhalb des Tagesablaufs will sie Rituale unterbringen, die die Gemeinschaft fördern und den Kindern vermitteln, dass sie etwas Besonderes sind und gemocht werden. So möchte sie einen **Morgenkreis** einrichten als gemeinsamen Anfang des Tages, in dem jedes Kind wahrgenommen wird. Innerhalb des Morgenkreises soll ein Kind die Mittelkerze anzünden dürfen und eine Gesprächsrunde soll mit **„Redestein"** erfolgen. Innerhalb des Morgenkreises soll festgestellt werden, wer vielleicht krank ist. Diesen Kindern soll durch einen Stehkreis, bei dem sich alle die Hand reichen und reihum einen Händedruck-Impuls weitergeben, ein „Sonnenstrahl" geschickt werden, um sie gesund werden zu lassen. Auch eine Handpuppe soll im Begrüßungskreis vorkommen, Susanna erhofft sich dadurch eine Auflockerung und Interesse der Kinder. Außerdem fehlt ihr zurzeit ja eine Kollegin, sodass sie die Puppe auch für „Dialoge" nutzen kann. Susanna wählt ein Begrüßungslied, das die Handpuppe singt und bei dem jedes Kind namentlich begrüßt wird.

Innerhalb des Tagesablaufs möchte Susanna Phasen unterbringen, in denen **thematisch gearbeitet** bzw. gespielt werden kann: Bastelaktivitäten, Werkaktivitäten, Liederrunden, Spielkreise, Wahrnehmungsspiele, Küchenaktivitäten, Experimente und Rollenspiele, um den Kindern dadurch Impulse geben zu können. Denn ihre bisherigen Beobachtungen zeigen, dass viele Kinder Schwierigkeiten haben, eigene Spiele zu entwickeln und konstruktiv miteinander umzugehen.

Auch die **frische Luft** spielt in ihren Überlegungen eine Rolle, sie hat den Eindruck, dass die Kinder motorisch nicht richtig ausgelastet sind und z. T. auch mit den Eltern am Nachmittag nicht nach draußen gehen. Zwar findet sie dies gerade bei unangenehmem Wetter persönlich unbequem, doch weiß sie um die Wichtig-

keit: Abhärtung, akustische Entlastung, Stärkung des Herz-Kreislauf-Systems, kontrollfreiere Räume, vielfältigere Bewegungsgelegenheiten, Wahrnehmungsvielfalt durch „echte" Dinge (Berührung mit Pflanzen, Erde, Luft, Wasser) und schließlich auch das selbstständige An- und Ausziehen. Sie selbst möchte auch während dieser Zeiten tätig sein – vielleicht einen Garten anlegen, eine Feuerstelle schaffen, ein Fahrrad reparieren, aufräumen, fegen, Geräte reparieren – und den Kindern ggf. geeignete Spielimpulse geben oder Aufträge erteilen, in denen diese z. B. etwas Bestimm-

Susanna plant folgenden Tagesablauf:

Phase/Uhrzeit	Geschehen
8:00 bis 9:00 Uhr „Eintrudelphase", Freispielzeit	Um den Kindern den Einstieg in Spiele zu erleichtern, möchte sie Angebote aufbauen: Puzzles und andere Ordnungsspiele (z. B. Perlenschnüre), die man auch gut allein spielen kann.
9:00 bis 9:05 Uhr Frühstücksvorbereitung	Frühstücksvorbereitung. Vor dem Morgenkreis bekommen alle Kinder die Aufgabe, ihr Frühstück auf einen Platz zu legen. Die Milch- und Kakaokannen werden auf den Tischen platziert. Eine Tischdekoration wird arrangiert.
9:00 bis 9:30 Uhr „Morgenkreis"	Gemeinsamer Tagesbeginn mit Begrüßungslied, Handpuppe, Spielen, Erzählrunde, „Sonnenstrahl"
9:30 bis 10:00 Uhr gemeinsames Frühstück	Aus dem Morgenkreis gehen alle gemeinsam und ruhig an die Tische, um dort das mitgebrachte Frühstück zu verzehren. Es gibt einen kleinen Anfangsspruch, dann wird gemeinsam begonnen. Für die eigene Dose ist jeder beim Abräumen selbst zuständig, die eigene Tasse wird selbstständig auf den Teewagen gebracht. Für das Tischabwischen und das Abräumen der Kannen bestimmt Susanna wechselnd jeweils zwei Kinder.
10:00 bis 10:30 Uhr	Zähneputzen und sich wetterfest anziehen
10:30 bis 11:30 Uhr Draußenzeit	Täglich hinausgehen, anschließend mindestens einmal in der Woche ab 11:00 Uhr: Modellieren mit Ton oder Knete
11:30 bis 12:00 Uhr	Liederkreis und Märchenrunde
12:00 bis 12:30 Uhr	Mittagessen mit gemeinsamem Anfang und selbstständigem Aufräumen
12:30 bis 13:00 Uhr	Pausenzeit: Alle gehen leisen Beschäftigungen nach.
13:00 bis 13:30 Uhr Verabredungsrunde	Alle versammeln sich. Susanna stellt ein Angebot vor, andere Interessen werden benannt und Verabredungen getroffen.
13:30 bis 14:30 Uhr	Durchführung des Angebots oder Freispiel
14:30 bis 14:45 Uhr	Abschlusskreis für die ganze Gruppe, da anschließend schon Kinder abgeholt werden
14:45 bis 15:45 Uhr	Draußenzeit und Abholphase

tes suchen (ein gefallenes Blatt), sammeln (Zweige und Äste) oder bewältigen (auf einem Baumstamm balancieren).

Raum

Susanna ist mit der Unübersichtlichkeit des Raums und dem Materialangebot sowie den Spielzeugen unzufrieden. Sie beschließt, mit den Kindern gemeinsam das Spielzeug zu sortieren und in entsprechenden Kisten unterzubringen. Auf diese Weise möchte sie die Menge der täglichen Spielsachen verringern und mehr Übersichtlichkeit erreichen. Sie fängt an, Materialien zu sammeln oder sammeln zu lassen, und verstaut diese in durchsichtigen Behältern, um dadurch die Kinder zum Gebrauch anzuregen. Sie stellt den Kindern zusätzlich zu den Verkleidungssachen Tücher und Decken zur Verfügung. Sie reduziert den Wandschmuck und richtet Fächer ein, in denen die Kinder ihre Werke sammeln. Sie gibt eine Anfrage an die Eltern: „Hat jemand eine alte Leinwand, einen Diaprojektor oder Kassettenrekorder, mit denen man direkt Kinderstimmen aufnehmen kann?" Sie plant, auf der nächsten Teamkonferenz den Wunsch nach Lupen und einem Overheadprojektor zu äußern.

Aktivitäten

Susanna sucht einige Lied- und Spielideen für den Morgenkreis heraus (Gutenmorgenlied mit Handpuppe, Fingerspiel, „Baummassage mit Jahreszeiten" und „Obstkorb").

Schließlich überlegt sie sich eine gelenkte Gestaltungsaktivität, bei der die Kinder mit FIMO-Masse kneten.

Planung:

Thema	FIMO-Perlen herstellen
Ziele	Handgeschicklichkeit fördern, Stolz auf eigene Erfolge entwickeln, Anweisungen befolgen lernen, Farbzuordnungen vornehmen, mit Knetmasse experimentieren, Knetmasse fühlen, riechen, den Händedruck variieren
Gruppe	Öffnung für alle, die Lust haben
Wann?	Montagnachmittag
Wo?	Im Gruppenraum an den Tischen (zum großen Tisch zusammengestellt)
Material	FIMO-Paste (FIMO: Knetmasse, die durch den Backvorgang hart wird), Zahnstocher und Aufkleber, um darauf Namen zu schreiben, Ofenbleche mit Backpapier und Stift für Kennzeichnung der jeweiligen Abschnitte für die Kinder, Elternbriefe
Verlaufsplanung	**Einstieg:** Ich nehme ein FIMO-Stück, rolle es zu einer Wurst und sage „Schaut einmal meine neue Nase an." Dann halte ich sie vor den Mund „Na, wie geht es mir heute?" und biege die Wurst nach oben und unten. Ich rolle die Wurst zu einer Kugel: „Was kann denn das sein?" Ich erwarte Antworten von den Kindern wie „ein Pickel" oder „ein drittes Auge". Ich gebe jedem Kind ein vorbereitetes Stück FIMO und fordere alle auf, auch etwas daraus zu machen und immer wieder etwas Neues zu formen. Nach einer Weile kündige ich an „Jetzt macht noch mal etwas fertig". Alle sollen ihr Werk vor sich halten und ansehen, was die anderen gemacht haben. Wir legen die Werke vor uns auf den Tisch und beklatschen uns. Während die Kinder formen, mache ich Fotos. **Hauptteil:** Wir nehmen unser FIMO-Stück und rollen es zwischen unseren Händen oder auf dem Tisch zu einer Kugel, möglichst glatt und schön. Wir halten sie vor uns. Danach mache ich vor, wie ich mit einem Zahnstocher ein Loch durch die Kugel steche. Jedes Kind versucht, es mir nachzumachen. Diese hergestellten „Perlen" werden auf den Tisch gelegt, es kann einander geholfen werden. Fertige Perlen werden auf dem Backblech gekennzeichnet abgelegt.

Verlaufsplanung (Fortsetzung)	**Schluss:** Wir suchen uns eine freie Stelle im Raum und versuchen, uns so zusammenzukugeln, wie vorher die FIMO-Knetmasse. Ein Kind kann ein anderes, das sich gerade kugelt, vorsichtig drehen. Wenn alle etwas gedreht wurden, fassen wir uns in einer Reihe stehend an den Händen – wie eine Perlenkette. Wir betrachten nun das gefüllte Backblech, schauen, ob eine Farbe überwiegt, und überlegen, womit man eine Kette mit Perlen noch ergänzen könnte (z. B. Muttern, Lochsteine, Nudeln, Holzstückchen). Wir nehmen uns vor, Dinge dafür zu sammeln. Ich gebe einen Zettel für die Eltern aus, der auf unsere Kettenherstellung aufmerksam macht und darum bittet, dem Kind ein Gefäß zum Sammeln (z. B. leere Kaffeedose) mitzugeben. Außerdem frage ich im Elternbrief nach einem Rekorder und/oder einem Diaprojektor. Den Kindern teile ich mit, dass die FIMO-Perlen jetzt gebacken werden und danach hart sind.

Für den Liedkreis wählt sich Susanna drei Lieder aus, die sie selbst gut beherrscht, damit sie diese den Kindern beibringen kann, ohne einen Zettel zu benötigen.

Nachdem sich bei dem letzten Bewegungslied alle tüchtig ausgetobt haben, möchte sie das Märchen von den sieben kleinen Geißlein von den Brüdern Grimm erzählen und sich dabei selbst mit Klängen auf der Trommel begleiten. Sie möchte die Erzählung durch die Klänge spannender machen. Und sie möchte nicht vorlesen, sondern erzählen, da auch auf diese Weise mehr Spannung aufgebaut werden kann und ihr Kontakt zur Gruppe größer ist. Für die nächsten Tage plant sie, die Märchenerzählung mit dem gleichen Märchen zu wiederholen und den Kindern dann auch das passende Märchenlied von Hans Poser beizubringen.

Planung:

Thema	Märchenerzählung
Ziele	Fantasieanregung, Zuhören lernen, Zusammenhänge erkennen, Betroffenheit und Freude spüren, gemeinsames Erlebnis schaffen
Gruppe	Gesamtgruppe
Wann?	nach der Draußenzeit
Wo?	im Gruppenraum auf dem Teppich
Material	Trommel
Verlaufsplanung	**Einstieg:** „Ihr wisst ja, dass der Wolf ein gefährliches Tier ist. Wollt ihr mal hören, wie er heult? Uuuuuh! Macht mal alle mit! Und wenn ein Wolf spricht, dann spricht er ganz tief und gefährlich. Rrrrrrr! Mal alle: Rrrrrrrrrr! Wölfe fressen gerne Ziegen. Die machen ...? meck, meck, meck. Eine Ziege hat eher eine hohe hübsche Stimme. Ich möchte euch jetzt eine Geschichte von einem Wolf erzählen, der gerne die sieben kleinen Kinder einer Ziege einfach auffressen wollte. Ich erzähle euch das Märchen von dem Wolf und den sieben kleinen Geißlein.“ Trommelwirbel. **Hauptteil:** Erzählung mit Trommeluntermalung **Schluss:** Alle wiederholen gemeinsam den Spruch der Geißenfamilie: „Der Wolf ist tot, der Wolf ist tot, der Wolf, der Wolf, der Wolf ist tot! Meck, meck, meck, meck, meck!" Alle klatschen dazu mit den Händen.

6.3 Durchführen

Es ist der erste Morgen nach dem Wochenende, an dem Susanna ihren Tagesablauf geplant hat. Sie ist etwas aufgeregt. Werden die Kinder gut mitmachen und ihre Angebote annehmen, werden sie die Neuerungen akzeptieren?

Die vorbereiteten Spiele nehmen die Kinder, die morgens in den Raum kommen, sehr gut an. Sie stehen nicht wie sonst verloren herum, sondern finden schnell einen Platz, einige suchen sich auch etwas anderes oder gesellen sich zu Susanna, die Knetmassestückchen für später vorbereitet, und stellen Fragen.

Als fast alle Kinder da sind, verschafft sich Susanna mit einer Klangschale Aufmerksamkeit und kündigt die Frühstücksvorbereitung an. Die Kinder wuseln daraufhin zu ihren Rucksäcken, holen sich ihre Dosen und Getränke. Es gibt kaum Gerangel um Plätze. Susanna stellt mitgebrachte Blumentöpfe mit Primeln auf die Tische und ruft alle in einen Kreis.

Die Gruppe fasst sich an den Händen und lässt sich im Kreis auf den Teppich nieder. In der Mitte hat Susanna eine schöne große **Kerze** aufgebaut. Es liegen große Streichhölzer daneben. Außerdem steht dort eine kleine Wasserschale. Susanna fragt bewusst nicht, wer die Kerze anzünden möchte, sondern wählt Charline aus und unterstützt sie beim Anzünden der Kerze.

Nun holt sie die **Handpuppe** hervor: das Schweinchen Rudi Rüpel. Es stellt sich selber vor und sagt, dass es mit ihnen ein neues Lied singen und alle kennenlernen möchte. Die Silbenanzahl der Namen wird gemeinsam geklatscht. Die Kinder schauen gebannt auf das Schweinchen und nennen im Lied bereitwillig ihre Namen. Susanna entspannt sich innerlich. Schade ist nur, dass sie nicht gleichzeitig Gitarre spielen kann.

Dann legt Susanna die Handpuppe beiseite, denn jetzt kommen die **Spiele**. Susanna bringt den Kindern „Wir gehen auf Löwenjagd" bei und es kommen gute Vorschläge für „Hindernisse" aus der Gruppe. Die Baummassage ist für alle neu und Dennis geht etwas zu grob mit Joachim um, als sich das „Wildschwein" am Baumstamm reibt. Die Stimmung bleibt aber gut und Susanna sagt dann, als das Eichhörnchen folgt, zu Dennis „Schau, wie gut du das kannst, so vorsichtig." Der „Obstkorb" bringt allen viel Spaß, und es herrscht eine ausgelassene Spielstimmung.

Anschließend gibt Susanna einen **Redestein** herum: Jedes Kind darf etwas von seinem Wochenende erzählen. Sie merkt schnell, dass die Kinder es nicht gewöhnt sind, einander länger zuzuhören oder vor der ganzen Gruppe zu sprechen. Es kommt Unruhe auf, und Lasse kann es nicht lassen herumzualbern. Susanna ermahnt ihn und weist darauf hin, dass er sich selbst auch ein nettes Verhalten von anderen wünscht. Als er selbst dran ist, fragt Susanna interessiert nach und macht ihn darauf aufmerksam, dass ihm die anderen gut zugehört haben. Insgesamt kommt Susanna die Runde sehr lang vor.

Da Sigrid und Kosja krank sind und fehlen, erklärt Susanna den Kindern den **Sonnenstrahl**. Beim Probedurchlauf wirkt es noch ungewohnt, aber es klappt. Filine schickt für Sigrid den „Strahl" herum und für Kosja darf dies Lasse tun. Alle Kinder sind dabei aufmerksam und still und schaffen es, den Impuls im geschlossenen Handkreis weiterzugeben.

Nun bittet sie sie, leise zu den Tischen zu gehen: „Mal sehen, ob wir es heute schaffen, so lange ganz leise zu sein, bis wir alle sitzen und den Tischspruch sprechen." Jedes Kind findet flink seinen Platz – einige kichern und flüstern, alle fassen sich an den Händen und Susanna beginnt rhythmisch vorzusprechen: *„Die Sonne ist ein Lutschbonbon, schmeckt sicher nach Zitrone, doch leider hab' ich nichts davon, weil ich hier unten wohne. Guten Appetit!"* Dann beginnen alle mit dem Essen.

Susanna bestimmt für das Abräumen Kevin und Roland. Beide maulen etwas, doch sie fügen sich. Susanna sagt ihnen, dass es jeden Tag zwei andere Kinder sein werden. Alle Kinder bringen ihre Dosen zu den Rucksäcken und stellen ihre Tassen auf den Teewagen. Einige Kinder muss Susanna mehrmals auf diese Aufgabe aufmerksam machen. Weiter geht es zum Zähneputzen. Dann ziehen sich alle für draußen an. Ein großes Gewusel beginnt. Viele Kinder strecken Susanna die Füße entgegen: „Ich kann das nicht." Susanna versucht, Ruhe zu bewahren und sich nicht zeitlich unter Druck zu fühlen. Sie versucht, eher zu ermutigen als den Kindern die Handgriffe abzunehmen, und fordert sie auch auf, sich gegenseitig zu helfen.

Schließlich sind alle fertig angezogen und auf geht es nach draußen. Heute ist ein stürmischer kühler Tag, manche Kinder mögen zuerst gar nicht ins Freie treten. Doch spontan ruft Susanna alle, die Lust haben, für ein Kreis-Tick-Spiel zusammen und geht im Anschluss auf Entdeckungsreise auf dem Gelände. Auf diese Weise finden schließlich alle Kinder in eigene Spiele und wollen, als es Zeit für das Mittagessen wird, gar nicht ins Haus.

Nach dem Essen „ruft" Susanna mit der Klangschale alle zusammen, gibt einen Überblick über mögliche Aktionen (Bauecke, Bücher, Murmelbahn) und stellt ihr freies Angebot vor. Viele Kinder haben Lust, sich an der Perlenherstellung aus FIMO zu beteiligen. So werden die Tische zu einem großen zusammengeschoben, Schondecken darübergebreitet, und jeder sucht sich einen Platz. Die Aktivität beginnt und die Kinder finden Susannas Idee mit der neuen Nase witzig. Als sie selbst formen, albern sie miteinander herum, Lasse sorgt für einige Turbulenzen. Susanna setzt sich zu ihm und lässt sich seine Ideen zeigen. Sie lobt seinen „Gammelzahn". Das Kugelrollen gelingt fast allen sehr gut, bei einigen unterstützt Susanna den Kugelanfang. Das Lochstechen erweist sich gerade für die jüngeren Kinder als relativ schwierig, Susanna gerät kurzzeitig etwas in Stress, doch auch durch die Hilfe größerer Kinder kommen hier alle zum Erfolg.

Schließlich wird zum Aufräumen „geläutet" und alle kommen im Abschlusskreis zusammen. Sie fassen sich an den Händen und lernen den Spruch „Es war ein schöner Tag, so wie ich es mag. Tschüs bis morgen!"

Susanna notiert sich, welches Kind heute welche Aufgabe übernommen hat, um so auch über die Wochen hinweg Aufgaben gerecht zu vergeben.

6.4 Reflektieren und bewerten

Susanna ist geschafft. Hat sich ihre Arbeit gelohnt? Ja! Sie freut sich. Zwar ist sie nach dem heutigen Tag müde, da sie kontinuierlich sehr viel Präsenz zeigen musste –, doch es ist ein ganz anderes Gefühl als neulich im Gespräch mit der Freundin. Sie sieht an der Durchführung, dass sie noch Kleinigkeiten verändern sollte: Z. B. will sie am nächsten Tag nicht alle Kinder im Gesprächskreis erzählen lassen, sondern nur drei, um die Geduld von allen erst allmählich zu entwickeln.

Auch empfindet sie Aktivitäten mit so vielen Kindern äußerst anstrengend – so möchte sie es nicht jeden Tag haben. Sie findet ihre Idee mit der Perlenherstellung immer noch gut, auch da sich weitere Aktionen daran anschließen. Beim nächsten gestalterischen Arbeiten möchte sie aber verstärkt freie Elemente einbauen, die die Feinmotorik nicht ganz so stark fordern. Eine Trennung von Kleineren und Größeren scheint ihr hier angebracht. In Anbetracht der Situation findet sie jedoch ihre Entscheidung für ein offenes Angebot richtig, denn so konnte sie für alle Kinder Offenheit signalisieren und niemand musste sich ausgeschlossen fühlen. Zum Glück wird bald eine Kollegin dazukommen, sodass sie im Team arbeitsteilig vorgehen können.

Der Junge Lasse macht ihr noch etwas Gedanken. Zwar ist sie heute mit ihrer Besonnenheit ihm gegenüber zufrieden, doch möchte sie ihn in der nächsten Zeit genauer und auch kriteriengeleitet beobachten – zu einem Zeitpunkt, wenn sich der Tagesablauf eingespielt hat. Sie sucht nach Möglichkeiten, wie ihm zu mehr Ruhe verholfen werden kann.

Der Tagesablauf erscheint ihr im Prinzip schlüssig: Vor dem Mittagessen war ihr die Zeit heute zwar etwas zu knapp, doch hofft sie, dass das Anziehen für die Draußenzeit auf Dauer schneller umzusetzen ist.

Allgemeines Fazit: Gut so und weiter so! Gib den Kindern Zeit, sei mit kleinen Schritten zufrieden.

6.5 Dokumentieren und präsentieren

Angetrieben durch ihren Ehrgeiz und die Erfolge in der Gruppe, schafft Susanna es recht kontinuierlich, die Arbeit mit den Kindern zu dokumentieren. Gute Dienste leistet dabei ihr Fotoapparat. Sie erstellt gemeinsam mit den Kindern und parallel zu deren Spiel Fotowände, die sie im Flur aushängt, und erzählt auf dem Elternabend von den Ereignissen in der Gruppe sowie von ihrer Arbeitsweise und Struktur. Als die Perlenketten fertig sind, werden auch diese ausgestellt, ebenso wie andere Werke der Kinder. Aus dem Geißlein-Märchen hat sich inzwischen eine szenische Darstellung entwickelt, die zuerst nur als Spiel in der Gruppe umgesetzt wurde, die die Kinder aber inzwischen gerne als „Theaterstück" präsentieren möchten.

1 Weitere Lernsituationen

Lernsituation A

Lutz arbeitet seit ca. zwei Jahren im Haus der Jugend. Er ist ausgebildeter Erzieher und liebt seine Arbeit. Es bringt ihm Spaß, mit den Jugendlichen zu quatschen, sich ihre Probleme anzuhören und sie zu unterstützen. Insgesamt ist der Umgangston im Haus sehr locker. Alle dürfen ihn duzen und er bietet regelmäßig Angebote als Nachmittagsgestaltungen an, die gut angenommen werden. Die klassische Dreiteilung in Einstieg, Hauptteil und Schluss hat ihm dabei gute Dienste geleistet.

Einen wichtigen Grund für seine Arbeit sieht er darin, „leere" Freizeit sinnvoll zu füllen. Denn viele der Jugendlichen haben kein eigenes Hobby, ihre selbst gewählte Freizeitgestaltung besteht aus Einkaufen, Herumhängen und Rauchen. Für diese Bedürfnisse hat Lutz zwar Verständnis, doch sieht er sich in der Rolle, durch niedrigschwellige Angebote für Abwechslung zu sorgen und Impulse zu setzen – für philosophische Fragen, Suchtprävention, Gemeinschaftsgefühl und Persönlichkeitsentfaltung. Lutz entwickelt ein Angebot.

Lernsituation B

In dem Dörfchen Süderfelde wird eine Kindertagesstätte von der Kirchengemeinde eingerichtet. Gisela Cordes ist für die Leitung der neuen Kindertagesstätte bestimmt worden. In den Vorgaben des finanziellen Rahmens hat sie nun die Aufgabe, wichtige konzeptionelle Überlegungen im Hinblick auf Raumausstattung und pädagogisches Konzept anzustellen. Sie macht sich an die Arbeit.

Lernsituation C

Weihnachten steht vor der Tür. Im „Kindergarten Nestchen" geht es wie alljährlich darum, die Weihnachtszuwendung des Trägers sinnvoll einzusetzen. Klar ist, dass wie jedes Jahr keine Einzelgeschenke an die Kinder gegeben werden, sondern dass die Ausstattung des Kindergartens durch „Gruppengeschenke" erweitert werden soll. In den letzten Jahren wurden verschiedene Bau- und Konstruktionssysteme angeschafft, die sich die Gruppen auch wechselseitig ausleihen. Nun geht es darum zu entscheiden, was dieses Jahr mit der nicht geringen Summe geschehen soll.

Die Meinungen hierzu sind unterschiedlich. Die einen möchten gerne eine Puppenecke einrichten, die anderen finden den Kindergarten insgesamt viel zu vollgestopft und möchten das Geld lieber in eine geeignete Aktion fließen lassen. Wieder andere möchten aber etwas Bleibendes, doch auf gar keinen Fall „Plastikkram" …

Ulrike schwirrt der Kopf. Sie ist erst seit kurzem Erzieherin im „Nestchen" und deswegen etwas unsicher, inwieweit sie die Diskussion mitbestimmen soll. Doch sie spürt, dass es ihr ein großes Anliegen ist, pädagogisch fundiert zu argumentieren und zu entscheiden. Sie möchte über den Tellerrand der eigenen Gruppe hinausschauen und Ideen erarbeiten, die sich nicht nur an persönlichen Vorlieben der Einzelnen orientieren. Insofern geht es ihr nicht nur um die Frage, was angeschafft werden soll, sondern auch um die Diskussion, warum und wozu dies getan wird.

AUFGABE Bearbeiten Sie eine dieser Lernsituationen nach den folgenden Schritten:
- Analysieren
- Planen
- Durchführen
- Reflektieren und bewerten
- Dokumentieren und präsentieren

2   Anregungen zur Selbstreflexion

Schreiben Sie an sich selbst einen Brief, der sich an den folgenden Gesichtspunkten orientiert. Versiegeln Sie ihn und geben Sie ihn (frankiert) Ihrer Lehrerin oder Ihrem Lehrer, damit er Ihnen kurz vor Beendigung Ihrer Ausbildung entweder zugeschickt oder überreicht wird.

<u>Brief an mich selbst</u>

- Datum:
- Meine derzeitige Stimmungslage ist:
- Ausbildungszeitpunkt:

- Die Beschäftigung mit dem Thema: „Pädagogisches Handeln strukturieren" fand ich …
- Besonders wichtig fand ich folgende Inhalte:
- Diesen Inhalten würde ich gerne in Zukunft weiter nachgehen:
- Wenn ich mir überlege, welches pädagogische Handwerkszeug ich bereits einsetze, so bin ich vor allem damit zufrieden, …
- In diesen Bereichen würde ich mich gerne noch verbessern:
- Wenn ich Angebote plane, werde ich in Zukunft mehr darauf achten, dass …
- Was ich mir außerdem noch mitteilen möchte:

Kapitel 5 Beziehungen gestalten

1 Lernsituation

Marion, 19 Jahre alt, arbeitet seit sechs Wochen in einer Wohngruppe mit acht Jugendlichen. Es ist ihre erste Anstellung nach ihrer Ausbildung als Erzieherin. Die Gruppe lebt in einem separaten Haus und gehört zu einer Einrichtung, in der es sechs solche relativ eigenständigen Wohngruppen gibt.

In Marions Gruppe arbeiten noch ein Erzieher (Hans, 30 Jahre, seit drei Jahren in dieser Gruppe tätig), ein Sozialpädagoge (Christian, 25 Jahre, seit einem Jahr in dieser Gruppe tätig), eine Erzieherin (Sabine, 35 Jahre, seit zwei Jahren in der Gruppe) und eine Kinderpflegerin (Ursula, 52 Jahre, seit 25 Jahren in dem Heim tätig) im Schichtdienst.

Im Allgemeinen sehen die Schichten so aus, dass man um 12:00 Uhr in den Dienst kommt und bis zum nächsten Tag um 14:00 Uhr bleibt. So gibt es eine Überschneidungszeit von zwei Stunden, in der mit den Kindern gegessen wird und eine Dienstübergabe erfolgen kann.

Marion war bisher, da sie noch so neu ist, immer zum Tagesdienst von 12:00 bis 19:00 Uhr eingeteilt.

Nun ist Sabine plötzlich krank geworden und Ma-

rion wird gefragt, ob sie sich schon einen Sonntagsdienst von 8:00 bis 16:00 Uhr zutraue. Marion will den Dienst gern übernehmen, zumal sie das Gefühl hat, inzwischen einen „Draht" zu den Jugendlichen zu haben. Außerdem möchte sie gern einmal ausprobieren, wie es ist, alleine in der Gruppe zu sein.

Vor einer Woche hat Marion begonnen, die Akten der Kinder zu studieren. Dadurch kann sie nun manches Verhalten der Jugendlichen besser verstehen:

Mustafa (15 Jahre) lebt seit seinem 8. Lebensjahr im Heim. Seine Familie stammt aus dem Osten der Türkei. Mustafa lebte als Säugling und Kleinkind zeitweise von seiner Mutter getrennt, die, während sie in Deutschland arbeitete, ihn in der Familie in der Türkei zurücklassen musste. Er ist Bettnässer, hat Hospitalismussymptome, stottert in manchen Situationen und

braust manchmal völlig unangemessen auf. Er besucht die 9. Klasse der Förderschule. Außerhalb des Heims hat er keine Bezugspersonen. Ursula gegenüber, die schon seit 25 Jahren in dieser Einrichtung arbeitet und die Mustafa von Anfang an kennt, verhält er sich sehr anhänglich.

Lutz (13 Jahre) kam mit 5 Jahren in eine Pflegefamilie. Das Pflegeverhältnis wurde beendet, als er 9 Jahre alt war. Danach kam er in eine zweite Familie, dieses Pflegeverhältnis scheiterte bereits nach anderthalb Jahren. Seither lebt er hier in der Wohngruppe. Er besucht die 5. Klasse der Hauptschule. Wegen seiner vielen Umzüge und Schulwechsel fasst er nur schwer Fuß in der Klasse. Er schwänzt außerdem sehr häufig die Schule. Lutz lässt sich nur von den männlichen Erziehern etwas sagen. Er ist häufig aggressiv gegenüber Erwachsenen. Für Melanie hingegen scheint er alles zu tun.

Patrick (14 Jahre) und **Pepita** (12 Jahre) sind Geschwister. Ihre Mutter, die in einer Nachtbar arbeitet, kommt alle vier bis fünf Monate einmal vorbei, überschüttet die beiden mit Geschenken, beschimpft die jeweils diensthabenden Erzieher, sie kümmerten sich nicht ordentlich um ihre Kinder, und lässt dann ihre ihr sehnsüchtig nachblickenden Kinder wieder zurück. Die beiden sind schon seit 5 Jahren in der Wohngruppe.

Lilli (14 Jahre) geht zur Realschule. Sie lebt seit gut einem Jahr in der Gruppe. Sie ist intelligent und stark suizidgefährdet. Regelmäßig ritzt sie sich die Haut auf. Sie will mit der Gruppe nichts zu tun haben und hält es für eine Strafe, mit diesen – wie sie sagt – „primitiven" Menschen zusammenleben zu müssen. Das Benehmen der anderen bei Tisch ekelt sie an. Ihre Mutter, mit der sie vorher allein lebte, war mit ihr überfordert. Marion glaubt, zu Lilli einen guten Zugang zu haben.

Thomas (15 Jahre) lebt seit 3 Jahren in der Wohngruppe, seitdem seine Mutter starb. Thomas' Vater schaut regelmäßig vorbei und an den Festtagen, an einigen Wochenenden und in den Ferien ist Thomas häufig bei ihm zu Hause. Thomas ist Einzelgänger. Er ist vor kurzer Zeit beim Haschischdealen erwischt worden.

Melanie (16 Jahre) ist der Kopf der Gruppe. Sie hat vor allem Lutz im Griff, der fast unterwürfig allerlei Dienstleistungen für sie erledigt oder bei Konflikten den aggressiven Beschützer spielt. Melanie besucht die Schule für ein Berufsvorbereitungsjahr. Sie lebt seit 3 Jahren in der Gruppe und hat so gut wie keinen Kontakt mehr zu ihrer Familie. Ihre Mutter lebt mit drei Halbgeschwistern von Marion und einem neuen Ehemann 600 Kilometer weit entfernt.

Kerstin (15 Jahre) lebt seit einem Jahr hier. Sie hat sich sehr schnell integriert, versteht sich gut mit Melanie. Ihre Mutter ist Alkoholikerin. Kerstin leidet darunter, dass ihre Mutter noch kein einziges der vielen Versprechen eingehalten hat, die sie ihr immer wieder macht.

Marion hat den Nachtdienst abgelöst, der diesmal von einer Aushilfe übernommen worden ist. Außer Thomas sind alle Jugendlichen anwesend. Nun deckt sie einen gemütlichen Frühstückstisch für das Sonntagsfrühstück. Sie hat extra Blumen besorgt und eine Tischdecke mitgebracht, ihr ist die Atmosphäre sehr wichtig. Es gefällt ihr nicht, wie die Jugendlichen sonst frühstücken. Gegen 10:00 Uhr tauchen endlich **Melanie** und **Kerstin** auf. In Unterwäsche, ungewaschen und unfrisiert, mit einer Decke als Umhang machen sie sich über den Frühstückstisch her. Sie begrüßen Marion nicht, sind stattdessen lauthals dabei, einen sehr brutalen Film, den sie in der Nacht als Video gesehen haben, in allen Einzelheiten nachzuerzählen. Marion wird es schlecht. Ihr ist der Appetit vergangen. Das merken die beiden und nun schmücken sie die brutalen Szenen umso deutlicher aus, Marions angewidertes Gesicht genießend. Nach und nach kommen die anderen zum Frühstück. Der Fernseher wird angemacht und man macht es sich auf den Sofas mit Nussnugatcreme-Brötchen und Kakao gemütlich.

Lilli kommt dazu, schaut sich um, sieht Marion an und zieht die Augenbrauen hoch. „Tja, so hab ich mir ein gemütliches Sonntagsfrühstück mit euch vorgestellt!", meint Marion enttäuscht. „Das geht in dieser Behindertengruppe nicht, siehst du ja!", stellt **Lilli** befriedigt fest. Sie macht sich ein Brötchen zurecht, schenkt sich Saft ein und zieht sich wieder in ihr Zimmer zurück. **Mustafa** kommt zum Schluss dazu. Es ist kein Ei mehr für ihn übrig. Er rastet aus und wirft das Nussnugatcreme-Glas an die Wand. **Lutz** legt sich mit ihm an und wirft aus Wut ein ganzes Regal um. Das alles geschieht so schnell, dass Marion von dem Geschehen völlig überrascht wird und handlungsunfähig ist. Jetzt weiß sie, warum man sie vor Sonntagsdiensten im Heim gewarnt hat.

2 Angestrebte Kompetenzen

Wenn sich eine Erzieherin für das Arbeitsfeld „Hilfe zur Erziehung" entscheidet, wie es bei Marion der Fall ist, so muss sie sich vielleicht mehr noch als in anderen pädagogischen Bereichen mit ihrer ganzen Person, mit ihren Stärken, Schwächen, Vorlieben und Abwehrhaltungen auf die Beziehung mit den ihr anvertrauten Kindern und Jugendlichen und mit den Teammitgliedern einlassen. Natürlich darf und muss sie ihren persönlichen Bereich schützen. Ihre „blinden Flecke" (Eigenschaften und Eigenarten, die man von sich selbst nicht kennt, die nur andere wahrnehmen) sollten jedoch nicht zu groß sein, sodass ihr die Abgrenzung zwischen privatem, persönlichem und professionellem Bereich gelingt.

Die Professionalität besteht in der Heimarbeit also gerade darin, dass der Pädagogin der angemessene Umgang mit Distanz und Nähe gelingt: Ohne Nähe kann kein pädagogischer Bezug entstehen, ohne Distanz fehlt die Metaebene in der Kommunikation. Die notwendigen Kompetenzen, die Marion in diesem Zusammenhang benötigt, sind der Humankompetenz, der Fachkompetenz und der Sozialkompetenz zuzuordnen. Der erste Abschnitt des vorliegenden Kapitels beschäftigt sich damit, woher der Begriff „Pädagogischer Bezug" kommt und mit dem sogenannten „therapeutischen Milieu" (**Punkt 3.1 und 3.2**), mit dem Phänomen des Helfersyndroms, das mit der Unfähigkeit, sich abgrenzen zu können, zusammenhängt (**Punkt 3.3**), und mit dem Thema Übertragung und Gegenübertragung (**Punkt 3.4**).

Was sind „Hospitalismussymptome"? Wieso ist Mustafa Bettnässer? Hat es etwas damit zu tun, dass Mustafa als kleines Kind teilweise von seiner Mutter getrennt lebte? Man kann davon ausgehen, dass die meisten Kinder, die Hilfe zur Erziehung in Anspruch nehmen müssen, keine liebevolle frühe Kindheit erleben durften. Die Mutter-Kind-Beziehung war in den meisten Fällen gestört und es dürfte traumatische Erlebnisse gegeben haben. Daher gehört es auch zum Handwerkszeug, d. h. zur Fachkompetenz einer Erzieherin, fundierte Kenntnisse über die Primärbeziehung des Kindes zu haben – hierzu siehe **Punkt 3.5**. Mustafa hat nicht nur die Trennung von seiner Mutter verarbeiten müssen, auch musste er mit unterschiedlichen Kulturen zurechtkommen, da er als Kind aus dem Osten der Türkei nach Deutschland kam. Dies ist ein zusätzlicher Bruch in seiner Sozialisation. Hierauf geht der **Punkt 3.6** ein.

Welchen Unterschied macht es, ob in der Gruppe nur Mädchen oder nur Jungen leben? Wie ist der Einfluss von weiblichen oder männlichen Erziehern auf die Jugendlichen? **Punkt 3.7** beschäftigt sich mit der Geschlechterrollen-Thematik.

Ein hilfreiches Instrument zur Analyse von Beziehungen und zur Verbesserung der Kommunikation kann die Transaktionsanalyse sein. Auf das Eingangsbeispiel bezogen ist es hilfreich zu fragen, welche Rolle Marion den Mädchen Melanie und Kerstin gegenüber einnimmt, als diese von dem brutalen Film erzählen. Außerdem sollte Marion dringend hinterfragen, wie sie ihren „Zugang" zu Lilli gestaltet. Dadurch kann Marion ihre Professionalität deutlich erhöhen. Kenntnisse hierüber und Übungen dazu stärken die Handlungskompetenz. Sie finden sich im **Punkt 3.8**.

Marion findet eine Gruppe mit eigenen Strukturen, Kommunikationsmustern und eigener Geschichte vor, gleichzeitig verändert sie mit ihrem Hinzukommen das System. Mit diesem Prozess beschäftigt sich **Punkt 3.9**.

Der jungen Erzieherin Marion ist zu wünschen, dass ihr die Möglichkeit zur Supervision gegeben wird. Sie muss unbedingt – am besten mit jemand Außenstehendem – über diesen Sonntagmorgen sprechen können. Ihren Kolleginnen wird sie diese Situation vielleicht aus Angst, man halte sie noch nicht für kompetent genug, nicht offen erzählen wollen, es sei denn, dies kann in einem dafür institutionalisierten Rahmen, z. B. einer Supervisionssitzung, geschehen. Über die Notwendigkeit von Supervision in diesem Arbeitsfeld und über die unterschiedlichen Arten von Supervision berichtet **Punkt 3.10**.

Im Fallbeispiel heißt es, Kerstin habe sich schnell in die Gruppe integriert oder Thomas sei Einzelgänger. Was ist das für eine Gruppe, mit der wir es da zu tun haben? Sie leben nicht freiwillig zusammen, aber sie müssen sich arrangieren – und jede Gruppe organisiert sich nach bestimmten Gesetzen. Es sind immer bestimmte Gruppenphasen erkennbar, Rollen bilden sich aus und es gibt implizite und explizite Gruppenregeln. Entscheidungen werden in spezifischer Weise getroffen, Konflikte werden in für die Gruppe typischer Weise ausgetragen. Rituale werden eingeführt, bestimmte Abläufe wiederholen sich. Es gibt gute und schlechte Gruppengeheimnisse. Aus einem Wirgefühl entwickelt sich im guten Fall eigenständiges erwachsenes Verhalten der Gruppenmitglieder. Im schlechten Fall entwickeln sich Abhängigkeiten. Wie kann man als Gruppenleiter erreichen, dass eine Gemeinschaft entsteht, auf deren Basis die einzelnen Mitglieder sich ihren individuellen Möglichkeiten entsprechend in guter Weise weiterentwickeln können? Wie erreicht man Regeln des Miteinanderumgehens? Wie verhält man sich als Gruppenleiter bei Konflikten und wie implementiert man in der Gruppe Konfliktlösungsmuster, die für alle akzeptabel und praktikabel sind?

Der Mikrokosmos einer Wohngruppe ist eingebettet in einen gesellschaftlichen und rechtlichen Rahmen. Die Regeln in der Wohngruppe sind gesellschaftlichen Regeln und Normen unterworfen. Gleichwohl haben Heimkinder mit Verhaltensweisen in bestimmten Systemen gut überlebt, mit denen sie in anderen Systemen Schwierigkeiten bekommen. Normen, unausgesprochene und ausgesprochene Regeln gelten zunächst nur für das jeweilige System. Da besonders Heimkinder aber bereits in vielen Systemen nacheinander und parallel leben mussten und müssen, werden an sie hohe Anforderungen bezüglich ihrer Flexibilität und Anpassungsfähigkeit gestellt, denen sie nicht immer genügen. Man denke an die meist hohe Mitarbeiterfluktuation im Heim und die Schichtwechsel.

Ein System verändert sich mit jedem neuen Mitglied. Hier sei an Lutz aus dem Fallbeispiel, mit seinen gescheiterten Pflegeverhältnissen erinnert: Jede Familie hatte ihre spezifischen Regeln. Einen mit Liebe gedeckten Frühstückstisch kann Lutz vielleicht gar nicht erkennen und wertschätzen, zumal Marion von ihm möglicherweise ohnehin als eine Erzieherin eingeordnet wird, die nur vorübergehend da ist. Wer könnte ihm diese Einstellung übel nehmen?

Die Biografien mancher Jugendlicher weisen solche tiefgreifenden Verletzungen auf, dass auch die Betreuung in einem heilpädagogischen Heim keine Erfolge zeigt. Wenn Jugendliche bereits straffällig geworden sind, müssen unter Umständen besondere Maßnahmen ergriffen werden. Hier helfen in einigen Fällen erlebnispädagogische Projekte, die die Jugendlichen aus ihrem gewohnten Umfeld herausholen und es ihnen ermöglichen, neue Erfahrungen zu machen und ihr Verhalten zu ändern.

Von der Arbeit mit Gruppen handelt ausführlich der **Punkt 4** (s. auch **Punkt 3.9**).

3 Sich einlassen und sich abgrenzen können

3.1 Pädagogischer Bezug

In der beschriebenen Situation haben wir es mit einer professionellen Erziehungssituation in einem Kinderheim zu tun.

Die Wohngruppe ist das Zuhause für die Jugendlichen. Sie ist keine familienergänzende Einrichtung wie eine Kindertagesstätte, sondern eine familienersetzende.

Für die Pädagogen ist die Wohngruppe nicht das Zuhause, sie ist die Arbeitsstätte. Während die

In einer Jugendwohngruppe

Jugendlichen in die Wohngruppe nach ihrer Schule oder Arbeit „nach Hause" kommen, fängt in derselben Wohnung für die Erzieher die Arbeit an, für die sie bezahlt werden. Letzte haben die Möglichkeit, sich den Beziehungen zu entziehen. Sie können sich z. B. krankmelden und fernbleiben, sie können kündigen.

Manche sind nur für eine bestimmte Zeit dort, z. B. für die Dauer des Praktikums.

Die Kinder und Jugendlichen müssen dort bleiben, sie haben wenig Möglichkeiten, das Heim zu verlassen. Sie haben in der Regel zahlreiche Erziehungspersonen kennengelernt, diese kommen und gehen

„Natürliche" Beziehungen in einer Familie	„Professionelle" Beziehungen in einer Heimerziehung
grundsätzliche Beständigkeit der Personen und der Rollen trotz Veränderungen	Personen und Konstellation sind nur für eine bestimmte Zeit gültig.
Selbstverständlichkeit; Erziehungspersonen zahlen für Betreuung, die sie zeitweise in Anspruch nehmen.	Erziehungspersonen werden für die „Beziehungsarbeit bezahlt.
Betreuung rund um die Uhr	Schichtdienst, Wechsel der Personen
Die Wohnung ist das gemeinsame Zuhause.	Die Wohnung ist nur das Zuhause der zu Betreuenden.
eher situativ reaktive Pädagogik	eher langfristig geplante Pädagogik
Erziehung findet im privaten Raum statt (Öffentlichkeit, z. B. Nachbarn, greift nur bei ganz auffälligem Verhalten ein).	Erziehung findet unter öffentlicher Kontrolle statt.
grundsätzlich starke Bindung (Identifikationen, Projektionen)	grundsätzlich schwache Bindung (eher rational)
implizite Erziehungsziele (eigene Sozialisation der Eltern beeinflusst auch das Erziehungsverhalten)	explizitere Erziehungsziele, Konzept für die Einrichtung und Hilfepläne für die zu Betreuenden
rechtlicher Rahmen für die Erziehungspersonen: Sorgerecht	rechtlicher Rahmen für die Erziehungspersonen: Aufsichtspflicht
persönlicher Erfahrungsvorsprung der Erziehenden	fachlicher Erfahrungsvorsprung der Erziehenden
eher intuitives Verhalten	eher reflektiertes Verhalten
Gegenseitiges Vertrauen ist grundsätzlich vorhanden.	Vertrauen muss erst aufgebaut werden.
Das Miteinander wird durch zahlreiche unausgesprochene Regeln bestimmt.	Auf die Einhaltung expliziter Regeln wird geachtet.
Die Eltern stehen in einem engen persönlichen Verhältnis zueinander, sei dies nun gut oder schlecht.	Die Erziehungspersonen haben eine sachliche, professionelle Beziehung zueinander mit klar geregelten Zuständigkeiten.
Selbst bei Patchworkfamilien sind die Beziehungen überschaubar, ist das System geschlossen.	Da jedes Kind „natürliche" Eltern hat, zu denen es unterschiedlich enge Beziehungen pflegt, und die Pädagogen ebenfalls ihre persönlichen Beziehungen haben, wirken auf das System Heimgruppe eine Vielzahl unüberschaubarer Einflüsse ein.
Lebensform entspricht gesellschaftlichem Standard ➡ gesellschaftliche Anerkennung	Lebensform wird in der Gesellschaft als defizitär betrachtet ➡ Stigmatisierung

sehen, sich auf die unterschiedlichsten Menschen eingelassen, Beziehungen aufgebaut. Immer wieder müssen sie Abschied nehmen. Sie werden beobachtet, analysiert, verglichen, therapiert, sie müssen sich an Regeln halten, auf die sie selbst oft keinen Einfluss hatten und die sich mit neuen Erzieherteams wieder ändern. Sie müssen mit den anderen Kindern in ihrer Gruppe auskommen, deren Eigenarten ertragen, nicht selten sogar ein Zimmer mit ihnen teilen. Sie müssen „beziehungsfähig" sein – meinen jedenfalls die Erzieher, die eine Beziehung zu ihnen aufbauen, die ihr Vertrauen erlangen wollen.

> **AUFGABE** Diskutieren Sie die Behauptung: „Eine schlechte Familie ist für das Kind immer noch besser als das beste Heim."

Aus der Gegenüberstellung wird deutlich, dass der zentrale Unterschied der Systeme Familie versus Heimgruppe in der Art der Beziehungen liegt. Pädagogik ist heute ohne die Reflexion über die Beziehung des Erziehenden zum zu Erziehenden und umgekehrt nicht mehr denkbar.

Der Begriff „Pädagogischer Bezug" stammt ursprünglich von **Hermann Nohl** (1879–1960), einem Pädagogen, der 1919 eine beispielhafte Volksschule in Jena gegründet hatte. Er gehörte der pädagogischen Reformbewegung an, die um 1900 eine einzigartige Hinwendung zum Kind einleitete.

Das Kind wurde gleichsam neu entdeckt. Die damalige Schule und deren autoritäre Erziehungs- und

Unterrichtsweise wurde von den Reformpädagogen kritisiert und für dringend reformbedürftig erachtet. Pädagogik sollte nun von den Bedürfnissen des Kindes ausgehen.

Der pädagogische Bezug war für Nohl die Grundvoraussetzung, die Basis, auf der Erziehung erst möglich wurde. Eingebettet waren Nohls Ideen in die hermeneutisch geisteswissenschaftliche Pädagogik des beginnenden 20. Jahrhunderts. Bis heute gibt es in der Pädagogik ein grundsätzlich unterschiedliches Verständnis von Wissenschaft: Die Hermeneutiker sehen die Pädagogik als eigenständige Wissenschaft. Sie arbeiten mit den Methoden der Analyse und Interpretation. Die Empiriker dagegen verstehen die Pädagogik als Teil der Sozialwissenschaft und arbeiten mit empirischen Methoden, wie Beobachtungen, Befragungen und Experimenten. Hermann Nohl war Hermeneutiker.

Für Hermann Nohl bedeutet das pädagogische Verhältnis den Kern geisteswissenschaftlicher Pädagogik. Erzieherisches Handeln wird für Nohl daran gemessen, ob es sich am Kind orientiert. Der Pädagoge muss die Anforderungen der Kultur und Gesellschaft so umwandeln, dass das Kind zu seinem Recht kommt, sein Lebensziel erreicht.

Hermeneutik	Empirie
Analyse und Interpretation	Erforschung von
• geschichtlicher Gegebenheiten,	• Faktoren,
• gesellschaftlicher Gegebenheiten,	• Zusammenhängen und
• konkreter Erziehungssituationen	• Gesetzmäßigkeiten,
	• Lern- und Entwicklungsprozessen,
im Hinblick auf	• Steuerungsmöglichkeiten,
• die Selbstbestimmung des Menschen,	• Verhaltensweisen,
• die Ziele der Pädagogik,	• Abhängigkeiten von inneren und äußeren Ursachen,
• die Aufgaben der Erzieher	• Wirkungen
↓	↓
Autonomie der Pädagogik gegenüber anderen Wissenschaften	**Pädagogik als Teil der Sozialwissenschaft**

Hermeneutik (Forts.)	Empirie (Forts.)
Theorie: Nicht verallgemeinerbare pädagogische Ideen, Einrichtungen oder Handlungsweisen, die aus geschichtlich-gesellschaftlichen Zusammenhängen und Situationen entstanden sind.	Theorie: System von in sich widerspruchsfreien Gesetzesaussagen und Ableitungszusammenhängen, die objektiv und allgemeingültig sind. Beschreibung von Ursache-Wirkungs-Zusammenhängen auf der Grundlage empirisch-quantitativer Forschung.
Pädagoge ist Anwalt des Kindes und der Gesellschaft.	Pädagoge versucht auf der Grundlage der wissenschaftlichen Erkenntnisse, sein Erziehungsverhalten so effektiv wie möglich zu gestalten.
Vertreter: Wilhelm Dilthey Eduard Spranger Hermann Nohl Theodor Litt Wolfgang Klafki Wilhelm Flitner	Vertreter: Klaus Hurrelmann Jochen Grell Anne-Marie und Rheinhard Tausch Hans-Günther Rolff Helmut Fend

Pädagogik unterliegt dem historischen Wandel, und die Ziele müssen in jeder geschichtlichen Situation neu ausgelegt werden (hermeneutische Methode). Der pädagogische Bezug wird definiert als das „leidenschaftliche Verhältnis eines reifen Menschen zu einem werdenden Menschen, und zwar um seiner selbst willen, dass er zu seinem Leben und seiner Form komme" (Nohl, 1948).

Vonseiten des Kindes bedarf es des Vertrauens zum Erzieher. Das Vertrauen kann nicht erzwungen werden. Die Beziehung zum Kind muss vom Pädagogen von Anfang an so gestaltet werden, dass das Kind sich schrittweise wieder lösen und selbstständig werden kann. Nohl spricht in diesem Zusammenhang vom „pädagogischen Takt", das bedeutet, dass der Erzieher die Eigeninitiative des Kindes fördern soll.

Im pädagogischen Verhältnis muss sich der Erziehende einerseits an der gegenwärtigen Verfassung des Kindes orientieren und gleichzeitig an seinen Potenzialen. Das Ziel des pädagogischen Bezugs ist die „Mündigkeit des Zöglings".

In die heutige Sprache übersetzt heißt das, dass der Erzieher eine Beziehung zum Kind herstellen will, um es auf seinem Prozess zur Selbstständigkeit begleiten zu können. Genau darum geht es in der Pädagogik auch heute noch. Dass in der professionellen Erziehungspraxis auch Methoden angewandt werden, die erwünschtes Verhalten verstärken und unerwünschtes Verhalten löschen sollen (Ergebnisse empirischer Wissenschaft), widerspricht dem Anspruch an Beziehungsarbeit nicht.

Was bedeuten diese Erkenntnisse nun für Marion aus der Eingangssituation?

Marions Aufgabe nach Nohl ist es, zuerst einen Bezug zu den Jugendlichen in der Gruppe herzustellen. Realistischerweise gelingt ein solcher pädagogischer Bezug nicht zu allen Jugendlichen in der Gruppe. Schafft sie es, zu Beginn eine Beziehung zu einem Jugendlichen aufzubauen, wäre das schon ein sehr guter Anfang. In der Heimerziehung ist es üblich, dass sich die Erzieherinnen die Kinder in sogenannte „Bezugskinder" aufteilen, dieses wird im Team abgesprochen. Natürlich muss sich eine Erzieherin, wenn sie allein im Dienst ist, um die ganze Gruppe kümmern. Aber auch die Kinder haben unterschiedlich gute Beziehungen zu den Erwachsenen in der Gruppe und warten oft ab, bis ihre Bezugsperson Dienst hat, um bestimmte Dinge zu besprechen.

Wie ist eine solche Beziehung zu gestalten? Der erste Schritt für Marion müsste sein, sich in einen

Jugendlichen hineinzufühlen, sich dafür zu interessieren, wie es ihm geht, seine Geschichte kennenzulernen, und aufzuspüren, welche Potenziale in ihm oder ihr stecken.

Wenn Marion glaubt, zu Lilli einen guten Zugang zu haben, so wäre es sinnvoll, sich mit ihr näher zu beschäftigen. Dieses darf sie jedoch nicht in dem Sinne eines „Bündnisses" gegen die Gruppe tun, in der sich Lilli nicht wohlfühlt. Vielmehr sollte sie an Lillis Potenzialen ansetzen: Sie wird als intelligent beschrieben und aus ihrer Ablehnung des Verhaltens der anderen lässt sich ein kultiviertes Benehmen ableiten. Wenn Marion sich die Zeit nimmt, mit Lilli zu reden, kann sie vielleicht Vertrauen aufbauen, sodass Lilli sich ihr gegenüber öffnet und Marion an die Ursachen ihres autoaggressiven Verhaltens herankommen könnte. Oft reicht es schon, wenn die Jugendlichen über ihre Schwierigkeiten mit einer Person ihres Vertrauens sprechen können. Blockaden können sich lösen und Potenziale werden freigesetzt.

Diese Potenziale ausfindig zu machen und sie hervorzulocken, ist nach Nohl Aufgabe des Erziehers. Dieser begleitet das Kind schließlich auf dem Weg in ein selbstbestimmtes Erwachsenenleben und macht sich am Ende selbst überflüssig.

3.2 Therapeutisches Milieu

Großen Einfluss auf die Arbeit im Erziehungsheim hatte **Bruno Bettelheim** (1903 – 1990). Er wurde in Wien als Kind liberaler Juden geboren. Früh kam er mit den Schriften Sigmund Freuds in Berührung. Er studierte Germanistik, Kunstgeschichte und Philosophie. 1928 begann er eine Psychoanalyse bei Richard Streba, einem der ersten Schüler Freuds.

Mit seiner ersten Frau nahm Bettelheim 1932 ein autistisches Kind aus Amerika bei sich auf, dem bis dahin niemand helfen konnte. 1938 kam Bettelheim in das Konzentrationslager Dachau, später nach Buchen-

wald. Nach 10 Monaten wurde er freigelassen mit der Auflage, nach Amerika zu emigrieren. Dort unterstützte ihn dann die Mutter des autistischen Mädchens.

1940 bekam er eine Stelle als Forschungsassistent an der Universität Chicago.

Seine Erfahrungen im Konzentrationslager schrieb er 1943 in der Studie „Individuelles und kollektives Verhalten in Extremsituationen" nieder. Ab 1944 leitete er die „Sonia Shankman Orthogenic School", ein Heim für emotional schwerstgestörte Kinder. Der Schwerpunkt dieser Heimschule lag in der Arbeit mit autistischen Kindern.

Wichtige Werke von Bruno Bettelheim sind u. a.:

- „Liebe allein genügt nicht" (1950, Studien zur Milieutherapie, die auf der Arbeit der Orthogenic School beruhen)
- „So können sie nicht leben" (1955, Erfahrungen aus der Orthogenic School auf der Grundlage der Psychoanalyse)
- „Kinder brauchen Märchen" (1975, eine psychoanalytische Deutung der Volksmärchen)
- „Ein Leben für Kindererziehung in unserer Zeit" (1987)

1990 nahm Bettelheim sich das Leben. Nach seinem Tod geriet er in heftige Kritik von ehemaligen Schülern der Orthogenic School, die veröffentlichten, er sei ein autoritärer Tyrann gewesen.

Bettelheim hat auf der Grundlage der Psychoanalyse, seiner eigenen biografischen Erfahrungen, vor allem im Konzentrationslager, und aufgrund seiner Erfahrungen mit autistischen Kindern seine Milieutherapie entwickelt. Diese beinhaltet eine sensible auf das einzelne Kind und mit diesem abgestimmte Gestaltung der räumlichen Umwelt. In seinem Buch „Liebe allein genügt nicht" beschreibt Bettelheim, wie einflussreich auf das Wohlbefinden die Einrichtung und Gestaltung der Räume sind, wie bedeutsam das Essen ist.

Um einen kleinen Einblick in die pädagogische Arbeit im Sinne des therapeutischen Milieus zu geben, sei hier ein Ausschnitt aus James K. Whittakers Abhandlungen „Das tägliche Aufstehen" zitiert:

Frühstückszeit

Nahrungsmittel sind ein entscheidendes Austauschmedium im therapeutischen Milieu, und zwar eines, das zu dieser frühen Tageszeit eine besondere Bedeutung hat.

Die Kinder haben sich nun von dem Schlafzimmer in die größeren Wohnräume nach unten begeben. Ein kleines Grüppchen sitzt vielleicht vor dem Fernseher, ein anderes macht noch Schularbeiten, ein drittes unterhält sich mit dem Erzieher, in einem vierten wird ausgehandelt, wer wo vor dem Fernseher sitzen darf oder in welcher Reihenfolge die Jungen beim Vorbereiten des Frühstücks helfen sollen usw.

Wenn die Kinder noch fernsehen und nicht hungrig zu sein scheinen, setzt der Erzieher sich meist mit einem Becher Kaffee in der Hand zu ihnen und erzählt, was es alles zum Frühstück geben wird. Dieser geschickte Wettkampf mit dem Fernsehprogramm führt allmählich zum Sieg; die Kinder fangen an, sich das gewünschte Frühstück zu bestellen bzw. selbst vorzubereiten. Wenn zwei Erzieher gleichzeitig im Dienst sind, wäre es gut, wenn sich einer in der Küche und Speisezimmergegend aufhielte, während der andere noch in den Schlafräumen den letzten Nachzüglern hilft.

Ein Erzieher verstand es, die Küche zu dieser Zeit besonders vorteilhaft ins Spiel zu bringen. Einige Kinder unterhielten sich vielleicht ruhig, während sie auf das Frühstück warten. Ein anderes Kind, das mit der Gruppe Streitigkeiten hatte, mag allein am Tisch sitzen und warten, bis der Erzieher Zeit hat, es anzuhören und sich mit ihm zu befassen. Vielleicht legt der Gruppenleiter manchmal Papier und Schere zurecht für ein Kind, das gerne einfache Bastelarbeit macht, bevor es zur Schule geht oder während es auf das Frühstück wartet. So manchen Morgen hat er viel friedliche Kinder bei sich in der Küche sitzen und unterhält sich mit ihnen, vielleicht sogar über Probleme, während er das Frühstück fertig macht. Es kann vorkommen, dass der Erzieher sich gleichzeitig mit der ganzen Gruppe und einem Kind im Besonderen unterhält, während er mit der Arbeit fortfährt. *(aus: Trieschmann, 1984)*

Für Bettelheim gehört zum therapeutischen Milieu vor allem der psychische **„Beziehungsraum"**. Die Beziehung der Betreuerinnen, die bei Bettelheim jeweils Bezugskinder haben, für die sie verantwortlich sind, ist die Grundlage dafür, dass emotional gestörte Kinder lernen können, wie man ein gesellschaftlich nützliches und emotional befriedigendes Leben führt.

Dies ist eine konsequent vom Kind ausgehende Pädagogik. Das Kind soll in allem, was es tut und was es möchte, ernst genommen werden.

Auch wenn die von Bettelheim entwickelte Theorie über die Ursache und Genese vom Autismus inzwischen als überholt gilt, so haben seine Schriften über das „Therapeutische Milieu" im Kinderheim seit den 1970er- und 1980er-Jahren auch im deutschsprachigen Raum nachhaltigen Einfluss auf die Heimerziehung gehabt.

AUFGABE Arbeiten Sie heraus, woran in der Situation „Frühstückszeit" das therapeutische Milieu zu erkennen ist.

Was kann Marion aus dieser Theorie lernen? Ihr Ansatz, eine gute Atmosphäre vor allem bei den Mahlzeiten zu schaffen, ist richtig. Auch ist richtig, dass sie sich als Erzieherin für die Rahmenbedingungen (z. B. beim Frühstück) verantwortlich fühlt.

Bei ihrer Planung darf sie allerdings nicht an ihren eigenen Vorstellungen von einem gemütlichen Sonntagsfrühstück anknüpfen, sondern sie muss sich die Erfahrungen, die die einzelnen Jugendlichen bisher mit Mahlzeiten und insbesondere mit Frühstücken an Sonntagen gesammelt haben, sowie die aktuellen Bedürfnisse der Jugendlichen vor Augen führen, vielleicht erfragen, um eine zielgerichtete Planung zu machen. Die Planung sollte sie am besten vorher im Team absprechen.

Denn ein therapeutisches Milieu ist ein ganzheitlicher Ansatz, der vom gesamten Team gewollt und getragen werden muss. Es geht dabei um die Einführung und Einhaltung von Ritualen bei den Mahlzeiten, beim Wecken, beim Schlafengehen, beim Einrichten der Räume, beim Umgang mit Zerstörungen und weiteren Regeln des alltäglichen Zusammenlebens im Heim.

3.3 Helfersyndrom

Eine Erzieherin, die das Arbeitsfeld Erziehungsheim wählt, weiß, dass sie sich auf intensive zwischenmenschliche Beziehungen einlassen muss, und nicht nur das: Sie tritt mit ihrer ganzen Person in den Kontakt ein. Persönliche Schwächen, Vorlieben, aktuelle Empfindlichkeiten lassen sich auf solch engem Raum nur schwer verstecken.

Die Anforderung, die eigene Person als professionelles „Instrument" für eine pädagogische Beziehungsarbeit einzusetzen, erfordert eine ständige Gratwanderung zwischen Nähe und Distanz.

Nähe bietet für das Kind Schutz, Sicherheit, Rückhalt und Verständnis, kann aber auch in Abhängigkeit, Kontrolle und Machtmissbrauch abdriften.

Distanz beinhaltet die Fähigkeit des Sich-Trennen-Könnens, die Erfahrung von Selbstständigkeit, im negativen Fall wird aus Distanz Bindungslosigkeit, Oberflächlichkeit und Isolation.

Auf eine Gefahr des Bedürfnisses von zu großer Nähe hat Wolfgang Schmidbauer Mitte der 1970er-Jahre aufmerksam gemacht: auf das **Helfersyndrom**. Schmidbauers Theorie basiert auf dem Persönlichkeitsmodell von Sigmund Freud. Das Helfersyndrom tritt danach in Helferberufen auf, z. B. bei Pflegern, Seelsorgern, Ärzten, Lehrkräften, Sozialarbeitern und Anwälten.

Die Theorie sei im Folgenden vereinfacht und zugespitzt dargestellt, damit die Grundidee deutlich wird.

> Selbstverständlich kann diese Theorie nicht als definitive Wahrheit stehen bleiben. Sie kann aber wichtige Hinweise auf die Motivation von Berufswahlen geben und auf die Notwendigkeit, gerade in Helferberufen die Motive des eigenen Handelns immer wieder zu reflektieren, um den professionellen Abstand zu erhalten.

Die Theorie besagt, dass Menschen in Helferberufen nur deshalb diesen Beruf gewählt haben und vor allem deshalb Menschen helfen, weil sie damit ihre eigenen Schwächen und Probleme relativieren können. Sie sehen nämlich, dass es anderen noch viel schlechter geht als ihnen selbst. Unbewusst sind die Helfer auch nicht ernsthaft daran interessiert, dass ihre Hilfe erfolgreich ist, da sie somit die Möglichkeit verlieren, ihre eigenen Probleme zu relativieren.

Die Menschen mit Helfersyndrom kann man nach Schmidbauer daran erkennen, dass sie kontaktscheu, schwach, ängstlich und hilfsbedürftig sind, was sie allerdings verleugnen. Scheinbare Stärke und Sicherheit bekommen sie von Schwächeren, die sich an sie wenden. Manchmal drängen Helfer ihre Hilfe auch anderen Menschen auf. Dagegen fällt es ihnen selbst schwer, Hilfe anzunehmen.

Sie glauben daran, dass sie die Einzigen seien, die sich selbst und anderen helfen können. Oft helfen sie bis zur völligen Selbstaufgabe. Das Helfen kann zu einer Art Sucht werden, weil die Helfer von den Hilfesuchenden Dankbarkeit bekommen. Nach dieser Dankbarkeit sehnen sie sich, sie wollen für ihr Verhalten geliebt werden.

Schmidbauer sieht die Ursachen für das Helfersyndrom in der frühen Kindheit. Wenn eine Mutter z. B. häufig in der Weise mit ihren Kindern redet wie

- *„Mama hat jetzt Kopfschmerzen, weil du eben so frech warst."*
- *„Weil du so schlecht in der Schule bist, muss ich zu Hause bleiben und kann nicht arbeiten gehen.",*

dann kann sich im Unterbewusstsein des Kindes festsetzen:

→ *„Ich bin schuld, wenn es anderen schlecht geht."*
→ *„Ich bin für das Wohlergehen meiner Mutter verantwortlich."*

Aus dieser Art von Kommunikation zwischen Eltern und Kindern kann sich eine Persönlichkeitsstörung entwickeln, die sich auf die Wahl des Berufs (Helferberuf), auf die Beziehung zu den Klienten, zu den Berufskollegen und auf das private Leben auswirken kann. So suchen sich Menschen mit Helfersyndrom oft einen schwächeren und hilfsbedürftigen Lebenspartner. Sie empfinden Beziehungen mit nicht Hilfsbedürftigen als lästig und störend und sie können ihre eigenen Wünsche oft nur indirekt äußern, z. B. durch psychosomatische Krankheiten. Im schlimmsten Fall leiden Menschen mit Helfersyndrom irgendwann unter der Unfähigkeit, sich zu erholen, oder unter dem **Burn-out-Syndrom**.

> Burn-out heißt übersetzt „ausgebrannt". Darunter versteht man einen Zustand der inneren Leere, der seelischen Verausgabung, der Kraftlosigkeit und Erschöpfung, bei der die Betroffenen in ihrer Substanz angegriffen und geschädigt sind.

Wie kann man der Falle des Helfersyndroms entgehen? Bevor man einen Helferberuf ergreift, sollte man sich die Fragen stellen:

- Was ist meine ganz persönliche Motivation für diesen Beruf?
- Warum möchte ich Erzieherin werden?

Wenn dabei herauskommt, dass man den Kindern und Jugendlichen helfen will, so sollte man sich fragen, warum:

- Was ist für mich persönlich attraktiv daran, jemandem zu helfen?
- Was bedeutet für mich „Helfen" genau?

Vielleicht kommt bei dieser Selbsterforschung heraus, dass es tatsächlich nicht um die anderen, sondern um einen selbst geht. Zeichen der Professionalität ist dann, es zu erkennen und daran zu arbeiten. Beratung, Therapie, Coaching und Supervision (s. Punkt 3.10) sind Möglichkeiten, die helfen können, Privates und Berufliches voneinander zu trennen. Auch das Einlegen und Nutzen von Regenerationsphasen, die Stärkung der eigenen Gesundheit und die Professionalisierung des beruflichen Handelns zielen in die Richtung.
In diesem Zusammenhang sei auf Marions „gute Absicht", den Jugendlichen einen schönen Sonntagmorgen bereiten zu wollen, hingewiesen. Bei genauer und ehrlicher Betrachtung ihrer Motive muss sich Marion vielleicht eingestehen, dass es ihr dabei weniger um die Jugendlichen als um sie selbst ging.

> **AUFGABE** 1. Woran kann man in der konkreten Arbeit am Helfersyndrom leidende Menschen erkennen?
> 2. Woran kann man am Burn-out-Syndrom leidende Menschen erkennen?

3.4 Übertragung und Gegenübertragung

Ein Kapitel über Beziehungen im sozialpädagogischen Kontext wäre nicht vollständig, wenn nicht auf das Phänomen der Übertragung und Gegenübertragung hingewiesen würde. In der Eingangssituation haben wir es grundsätzlich mit einer komplementären Beziehung (s. die Theorie von Watzlawick u. a. in **Kapitel 7**) zu tun, d. h., es besteht eine gewisse Abhängigkeit des Kindes oder Jugendlichen von der Erzieherin. Wenn man den tiefenpsychologischen Theorien folgt, die auf der Psychoanalyse basieren, so prägen die Primärbeziehungen (vor allem die Beziehung zur Mutter) das ganze weitere Leben.

> Die Theorie von der **Übertragung** besagt, dass es geschehen kann, dass man Gefühle, die man ursprünglich für seine ersten Bezugspersonen empfunden hat, unbewusst auf sein Gegenüber überträgt. Dieser Person gegenüber verhält man sich unbewusst so, wie man sich vielleicht gern seiner Mutter oder seinem Vater gegenüber verhalten hätte.
> Bei der sogenannten **Gegenübertragung** nimmt z. B. die Erzieherin diese ihr unbewusst zugewiesene Rolle wiederum unbewusst an, verspürt entsprechende Gefühle und verhält sich entsprechend.

Die Kommunikation in dieser Beziehung bezieht sich dann nur scheinbar auf die tatsächlichen Personen. Im Hintergrund sind weitere Kommunikationspartner als „Schatten" bedeutsam, auf die sich in Wirklichkeit das Gesagte richtet. Viele Konflikte in der Kommunikation basieren letztendlich auf einer Übertragungssituation oder auf Übertragung und Gegenübertragung.

Um solche komplizierten Beziehungsstrukturen verstehen zu können, benötigt man mindestens die Reflexion im Team darüber, im idealen Fall besteht die Möglichkeit der Supervision.

Übertragung

Die Situation, in der Melanie und Kerstin genüsslich von dem brutalen Film erzählen und in der sie sich der Wirkung auf Marion voll bewusst sind, könnte eine Übertragungssituation sein. Aus der Lernsituation geht das allerdings nicht eindeutig hervor, dazu müsste man mehr über die Beziehung der Mädchen zu Marion wissen. Möglicherweise steht Marion für die Mutter einer der beiden oder beider, an der sie sich gerne rächen wollen. Wäre es eine Übertragung, dann könnte Marion Gefahr laufen, unreflektiert auf das Kampfangebot einzusteigen, und sich damit auf das „Glatteis" der Gegenübertragung begeben: Das heißt, sie nähme unbewusst die ihr auch unbewusst zugewiesene Rolle an und reagierte aus diesem Gefühl heraus, hier geschwächt und angeekelt.

Zusammenfassend lässt sich sagen, dass die Aufnahme einer vertrauensvollen Beziehung zu einem Kind oder Jugendlichen die Voraussetzung für dessen Entwicklung zur Selbstständigkeit ist. Der Erwachsene trägt die Verantwortung für die Ausstattung der Beziehung. Von seiner Professionalität ist es abhängig, wie gut ihm die Balance zwischen Distanz und Nähe gelingt. Er muss auch dafür sorgen, dass er zu seinen Erholungspausen kommt, und muss die Grenze zwischen privatem und beruflichem Bereich für die Kinder und Jugendlichen und Kollegen klar definieren.

AUFGABE In pädagogischen Zusammenhängen kommt es nicht selten vor, dass sich Heranwachsende in eine Erzieherin oder einen Erzieher verlieben. Erklären Sie dieses Phänomen mithilfe der Übertragungstheorie.

3.5 Hospitalismus

Spätestens seit den Forschungen von **René Spitz** in den 1950er-Jahren ist der wissenschaftlichen Fachwelt die Bedeutung der frühen Mutter-Kind-Beziehung bekannt (s. Tabelle auf der nächsten Seite).

Hospitalismus

Hospitalismus ist inzwischen ein Sammelbegriff für Entwicklungsstörungen, die bei der Ablehnung oder Vernachlässigung einer Person entstehen. Mangelnde emotionale Zuwendung und Reizvermittlung durch Fehlen der Bezugsperson, durch Aufenthalt im Krankenhaus, Heim, im Altersheim oder in einer Anstalt führen zu Verkümmerungserscheinungen und Störungen.

Symptome und Folgen können sein:

- Weinerlichkeit
- erhöhtes Abhängigkeitsgefühl
- depressive Zustände
- gehemmte Motorik
- starke motorische Unruhe
- Ersatzbefriedigungen, z. B. Daumenlutschen, Nägelbeißen
- Verlangsamung der körperlichen und geistigen Entwicklung bei Kindern
- schlechter Gesundheitszustand, z. B. Anfälligkeit für Infektionen, Magen-Darm-Störungen, Ernährungsstörungen, Hauterkrankungen
- Aggressivität
- Schaukeln mit Kopf oder Körper
- zunehmende Passivität
- Scheu vor Alltagsanforderungen
- Autismus

Seither gibt es Forschungen über die Auswirkungen der Schwangerschaft und der Geburt auf die Mutter-Kind-Beziehung. Außerdem wurden in der sogenannten Bindungsforschung Bedingungen für eine gute Mutter-Kind-Beziehung herausgefunden. Darüber, dass die erste Beziehung des Kindes alle weiteren Beziehungen des Menschen prägt, ist man sich einig.

Aufgrund der Untersuchungen von Spitz und weiteren Forschungen zum Hospitalismus wurden Bedingungen in Krankenhäusern, Anstalten und Heimen enorm verbessert. Es setzte sich z. B. auf Geburtsstationen und in Kinderkliniken das sogenannte Rooming-in durch, auch der Wert von psychologischer Betreuung wurde erkannt und das Pflegepersonal darin geschult.

Untersuchungen von René Spitz

Spitz führte Untersuchungen in Waisenhäusern und auf einer Säuglingsstation eines Frauengefängnisses in den USA durch. Die Kinder wurden medizinisch und hygienisch gut versorgt und ausreichend ernährt. Allerdings war die emotionale Zuwendung der Pflegerinnen bzw. der Mütter ungenügend oder fehlte vollkommen. Spitz und seine Mitarbeiter beobachteten die Kinder und konnten folgendes Verhalten feststellen:

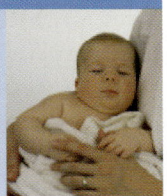

Im ersten Monat der Untersuchung
Die Kinder werden weinerlich und versuchen, sich an den Besucher zu klammern.

Im zweiten Monat
Die Kinder schreien und es kommt zu Gewichtsverlusten.

Im dritten Monat
Die Kinder brechen den Kontakt ab und liegen den ganzen Tag teilnahmslos in ihren Bettchen.

Nach weiteren Monaten
Die Kinder weisen erhebliche Entwicklungsrückstände auf.

Nach zwei Jahren
Der Entwicklungsrückstand ist nicht mehr aufzuholen.

Von Mustafa wird berichtet, dass er Hospitalismussymptome aufweise. Es heißt in der Lernsituation auch, Mustafa sei anhänglich gegenüber Ursula. Dass Mustafa solche Symptome hat, verwundert nicht, da er im Säuglings- und Kleinkindalter mehrere Trennungen von seiner Mutter erleiden musste. Vermutlich war für seine Ernährung und hygienische Versorgung hinreichend gesorgt, aber die Bezugspersonen wechselten häufiger, und die Mutter-Kind-Beziehung war offensichtlich so gestört, dass Mustafa mit 8 Jahren in ein Heim gegeben wurde – was seine Defizite vermutlich noch verstärkt hat.

AUFGABE Recherchieren Sie Ursachen und Erscheinungsformen von Hospitalismussymptomen in Altersheimen.

3.6   Menschen mit Migrationshintergrund

Mustafa wurde in der Türkei geboren, in einer Zeit, als seine Mutter bereits zeitweise in Deutschland lebte. Dieses oder ein ähnliches Schicksal teilt er mit vielen Menschen, die in unserem Land leben.

Deutschland ist eine Einwanderungsgesellschaft. Jeder Dritte unter 35 Jahren hat Migrationserfahrung, d. h., dass er selbst Einwanderer ist oder das Kind von Einwanderern. Die Migration der letzten 50 Jahre hat die deutsche Gesellschaft grundlegend verändert. Deutschland ist ethnisch, sprachlich, kulturell und religiös vielfältiger geworden. Jede fünfte Eheschließung ist heute binational, jedes vierte Neugeborene hat mindestens einen ausländischen Elternteil. In einigen Ballungsgebieten stammen schon heute 40 % der Jugendlichen aus Migrantfamilien – mit steigender Tendenz. Nicht nur die Gesellschaft insgesamt, auch die Migrantenbevölkerung ist vielfältiger geworden und hat sich ausdifferenziert. Längst handelt es sich nicht mehr um eine reine „Gastarbeiterpopulation".

Migranten in Deutschland, das sind heute
- Einwandererkinder der dritten Generation,
- alte und neue EU-Bürger,
- ausländische Senioren und ebenso
- junge Akademiker.

Erzieherinnen und Erzieher sind vor allem mit Einwandererkindern der dritten Generation beschäftigt. In einer **Studie über Familien in Deutschland** untersuchten Merkle und Wippermann 2006 bis 2007 verschiedene Lebenswelten, u. a. auch die von Migrantenfamilien. Dabei zeigte sich, dass es die *typische* Migrantenfamilie nicht gibt. Im Vergleich zu den Milieus deutscher Familien sind die Migrationskulturen noch vielschichtiger. Das liegt daran, dass sich die

Lebenswelt von Einwanderern von der von Nichtmigranten mindestens in drei Punkten unterscheidet:

1. durch die eigene oder die Migrationserfahrung der Eltern oder Großeltern
2. durch den Status „Ausländer", auch wenn der/die Betreffende einen deutschen Pass besitzt
3. durch das Leben in mehreren Kulturen, wobei die Kultur der Einwanderer eine andere ist als die des Herkunftslandes und die Kultur des Aufnahmelandes häufig unreflektiert und bruchstückhaft übernommen wird

Merkle und Wippermann unterscheiden acht unterschiedliche Migranten-Milieus in Deutschland:

- das religiös-verwurzelte Milieu
- das traditionelle Gastarbeitermilieu
- das statusorientierte Milieu
- das entwurzelte Flüchtlingsmilieu
- das intellektuell kosmopolitische Milieu
- das adaptive Integrationsmilieu
- das hedonistisch-subkulturelle Milieu
- das multikulturelle Performermilieu

Diese Milieus werden von den Autoren je nach **Grundorientierung**–angefangen von „Tradition" über „Modernisierung" bis hin zu „Neuidentifikation" – und **sozialer Lage** in folgendes Schaubild eingeordnet:

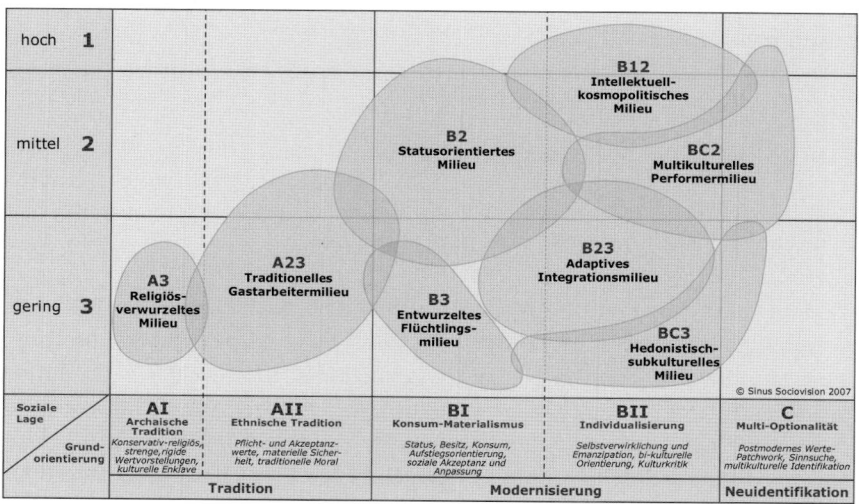

Die Migranten-Milieus in Deutschland 2007, Soziale Lage und Grundorientierung

Wenn man den Wandel von Werten und Lebensstilen betrachtet, so ergibt sich folgende Einordnung:

Der langfristige Wandel von Werten und Lebensstilen

■ Traditionelle Werte und religiöser Dogmatismus (oft: islamisch) ■ Patriarchalisches Weltbild, überkommene Familienwerte und Zwangsnormen ■ Rigide-konventionalistischer Lebensstil, strenge Moral ■ Kulturelle Enklave, keine Integrationsbereitschaft	■ Selbstverständnis als (dauerhafter) "Gast" – auf niedrigem Integrationsniveau ■ Traditionelle Pflicht- und Akzeptanzwerte, Sparsamkeit, Bescheidenheit ■ Materielle Sicherheit, bescheidener Wohlstand als Lebensziel ■ Festhalten an den Traditionen und Gebräuchen des Herkunftslandes, aber Respektieren der deutschen Mehrheitskultur	■ Soziale und kulturelle Entwurzelung, materialistische Ersatzwerte ■ Streben nach Besitz und Status, Konsum und Genuss ■ Bemühen um soziale Akzeptanz und Anpassung, Aufstiegsorientierung	■ Individualisierung der Überzeugungen und Lebensstile, Selbstverwirklichung als zentraler Wert ■ Kritische Auseinandersetzung mit der Herkunftskultur ■ Streben nach Aufklärung und Emanzipation ■ Bi-kulturelle Orientierung	■ Aufhebung kultureller Identitäten und Gruppen-Zugehörigkeiten ■ Unsicherheit als Grunderfahrung, Sinnsuche ■ Postmodernes Werte- Patchwork, Flexibilität und Mobilität ■ Multikulturelle Identifikation, Subkultur-Bildung
Parallelkultur	**Arbeitsmigrantenkultur**	**Teilhabekultur**	**Integrationskultur**	**Multikultur**
AI Archaische Tradition	**AII** Ethnische Tradition	**BI** Konsum-Materialismus	**BII** Individualisierung	**C** Multi-Optionalität
Tradition		**Modernisierung**		**Neuidentifikation**

Pluralisierung von Migrationskulturen

Je nachdem, in welchem Milieu die Einwandererkinder der dritten Generation aufwachsen, wird ihnen eine Integration in die Aufnahmegesellschaft schwerer oder weniger schwer gemacht. Der familiäre Hintergrund wirkt sich auch auf die Identitätsbildung der Heranwachsenden, auf das Geschlechtsrollenverhalten, auf das Selbstbewusstsein, das soziale Verhalten und natürlich auf die schulischen Leistungen aus.

So wird die Erziehung im **religiös-verwurzelten Milieu** auf Dinge Wert legen wie:

- Achtung der Familiendisziplin
- Einhaltung der religiösen und moralischen Gebote
- gute Bildung/Ausbildung der Kinder (Jungs dürfen studieren, Mädchen sollen einen Frauenberuf erlernen)
- stark geschlechtsspezifische Erziehung der Kinder (Verwöhnen der Jungs, Mädchen sollen Pflichten im Haushalt übernehmen)

Die Erziehung im **traditionellen Gastarbeitermilieu** setzt auf:

- autoritäre Erziehungsleitbilder der Männer und eine warmherzige Erziehungspraxis der Mütter
- mehr Freiraum, Liebe und Unterstützung, als man selbst erfahren hat
- Erziehungsziele wie Gehorsam, Respekt, Höflichkeit, Anstand und Treue, aber genauso Ehrlichkeit, Selbstständigkeit, Freiheit, Verantwortungsbewusstsein und Hilfsbereitschaft
- gute Ausbildung der Kinder
- keine so strenge geschlechtsspezifische Erziehung, Jungs haben allerdings mehr Freiheiten

Das **entwurzelte Flüchtlingsmilieu** zeichnet sich aus durch:

- rigide, autoritäre Rollenvorstellungen der Männer
- Ablehnung der deutschen Sitten und Gebräuche
- strenge Erziehung bis hin zu körperlicher Züchtigung
- nostalgische Erziehungsvorstellungen
- Überhäufung der Kinder mit materiellen Dingen
- ethnische, religiöse und familiäre Traditionen, die von den Kindern eingehalten werden sollen

Beim **statusorientierten Milieu** steht Folgendes im Vordergrund:

- Beide Eltern beteiligen sich an der Erziehung. Wichtige Entscheidungen werden gemeinsam getroffen.
- wichtigstes Ziel für die Kinder: gute Bildung und Ausbildung, sozialer Aufstieg
- Vorbereitung der Kinder auf das Leben in Deutschland, Achten auf den „richtigen" Umgang der Kinder

- Mädchen und Jungs werden bis zur Pubertät gleich erzogen, danach stärkere Kontrolle der Mädchen
- Erziehungsstil autoritativ, aber starker Leistungsdruck

Die Erziehung im **adaptiven Integrationsmilieu** wird wie folgt beschrieben:

- Die Väter engagieren sich für das Familienleben, sie verbringen in ihrer Freizeit viel Zeit mit den Kindern.
- freie, offene und selbstbestimmte Erziehung
- Werte wie Achtung vor anderen, gutes Benehmen, Befolgen von Regeln werden in einer Atmosphäre von Geborgenheit und Liebe vermittelt, die angstfrei ist.
- intensives Kümmern um die schulische Laufbahn der Kinder

Die Erziehung im **intellektuell-kosmopolitischen Milieu** legt Wert auf:

- freie Entfaltung der Kinder, Unbeschwertheit, Glück
- liebevollen Erziehungsstil mit Laissez-faire-Tendenz
- Kinder dürfen den Beruf wählen, der ihren Talenten entspricht und der ihnen Spaß macht.
- vielseitige Förderung der Kinder
- Erziehungsziele: Eigenständigkeit, Selbstbewusstsein, Weltoffenheit, die allseitig gebildete Persönlichkeit

Im **multikulturellen Performermilieu** und **hedonistisch-subkulturellen Milieu** findet man nicht viele Eltern. Angehörige dieses Milieus sind oft noch auf der Suche nach eigener Identität oder haben ihre berufliche Weiterentwicklung im Blick.

Kinder und Jugendliche aus Migrantenfamilien, die nach dieser Einordnung im religiös-verwurzelten Milieu (das sind vor allem türkische Kinder), im traditionellen Gastarbeitermilieu (hier handelt es sich um Türken und Südeuropäer) und im entwurzelten Flüchtlingsmilieu (Migranten aus Ex-Jugoslawien) aufwachsen, leben in zwei sich diametral entgegengesetzten Welten. Im Elternhaus müssen sie sich einem autoritären, patriarchalischen, geschlossenen, rigiden Wertesystem unterordnen. Ihre Eltern werden auf einem starren Geschlechtsrollendenken, der Einhaltung von traditionellen und religiösen Bräuchen, Riten und Regeln bestehen und nicht zuletzt wird in der Familie die Muttersprache gesprochen. Deutsche Lebensstile und Anforderungen an die Kinder, zum Beispiel von der Schule, die nicht in die Tradition passen, werden abgelehnt, verteufelt oder tabuisiert. Das Herkunftsland wird aus der Ferne idealisiert und Traditionen werden unreflektiert von dort übernommen, die im Herkunftsland selbst oft bereits überholt sind.

In der Kita, in der Schule oder in anderen deutschen Kinder- und Jugendeinrichtungen gelten vollkommen andere Werte, hier wird von den Kindern und Jugendlichen verlangt, sich an Werten wie Selbstbestimmung, Selbstständigkeit, Selbstwirksamkeit, Selbstbewusstsein, Toleranz gegenüber Andersartigkeit, Entscheidungsfreiheit, Chancengleichheit und Emanzipation zu orientieren. Auch wenn nicht alle dieser Ziele in den pädagogischen Einrichtungen der Mehrheitsgesellschaft erreicht werden, so wird den Heranwachsenden eine große Auswahl von Menschen mit unterschiedlichen Lebensentwürfen als Vorbilder angeboten, die mitunter im krassen Widerspruch zu den Vorbildern zu Hause stehen.

Wenn Elternhaus und Schule für diese Kinder so unterschiedliche Kulturen darstellen, in denen sie sich zurechtfinden sollen, so verwundert es nicht, dass auch bei der letzten PISA-Studie von 2007 die zweite und dritte Generation von Einwanderern in Deutschland besonders schlecht abgeschnitten hat. Diese Einwandererkinder können sogar deutlich schlechter lesen und rechnen als Einwanderer der ersten Generation. Damit es den Kindern aus diesen Milieus überhaupt ansatzweise gelingen kann, in dem Widerspruch zwischen diesen Kulturen zu leben, ihre Identität zu entwickeln und die Unvereinbarkeit der Ansprüche beider Lebenswelten auszuhalten, muss ihnen mehr Zugang zur Bildung gewährt werden – was bislang offensichtlich noch nicht gelungen ist. Nur so kann eine emotionale und kognitive Verarbeitung der Konflikte gelingen.

Jugendliche Migranten erreichen in Deutschland zurzeit überproportional keine oder nur niedrige Bildungs-

abschlüsse. Diese schlechteren schulischen Abschlüsse führen für die bildungsbenachteiligten Jugendlichen zu einer Ausgrenzung aus der Arbeitswelt. Diese wiederum ist die wichtigste Ursache für das Entstehen von fundamentalistischen Subkulturen im Migrantenmilieu. (nach: Merkle/Wippermann, 2008)

Eine Werteorientierung jenseits von Fundamentalismus und relativistischer Gleichgültigkeit ist ein anspruchsvoller Prozess. Werteorientierung vollzieht sich in der Auseinandersetzung mit geschichtlichen und lebenden Vorbildern. Wenn der Heranwachsende aber in solch unterschiedlichen, sich widersprechenden Kulturen lebt und ihm eine freie Wahl durch die eine Kultur verboten wird, fällt eine Orientierung, wie überhaupt die Identitätsentwicklung, schwer.

Mehr als bisher müssen Pädagogen auf dieses Problem eingehen. Lehrkräfte, Sozialpädagoginnen und Erzieherinnen müssen sich noch mehr als bisher in der **Elternarbeit** engagieren, die Familien besuchen und so „Brücken" zwischen den Kulturen bauen, über die die Kinder von einer zur anderen Welt gelangen können. Beide Systeme müssen mehr voneinander kennenlernen, damit gegenseitiges Vertrauen aufgebaut werden kann und damit den Kindern der Prozess der eigenen Entwicklung, der Zugang zur Bildung und die Integration in die deutsche Gesellschaft erleichtert wird. Von einem solchen Prozess können auch Heranwachsende des Herkunftslandes profitieren. Deshalb richtet sich **interkulturelle Pädagogik** an alle Kinder und Jugendliche.

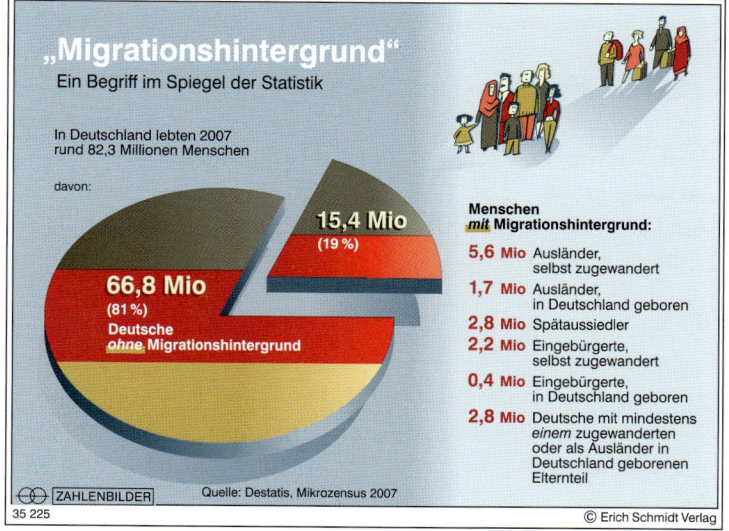

„**Migrationshintergrund**"
Ein Begriff im Spiegel der Statistik

In Deutschland lebten 2007 rund 82,3 Millionen Menschen

davon:

15,4 Mio
(19 %)

66,8 Mio
(81 %)
Deutsche
ohne Migrationshintergrund

Menschen
mit Migrationshintergrund:

5,6 Mio Ausländer, selbst zugewandert

1,7 Mio Ausländer, in Deutschland geboren

2,8 Mio Spätaussiedler

2,2 Mio Eingebürgerte, selbst zugewandert

0,4 Mio Eingebürgerte, in Deutschland geboren

2,8 Mio Deutsche mit mindestens *einem* zugewanderten oder als Ausländer in Deutschland geborenen Elternteil

ZAHLENBILDER
35 225

Quelle: Destatis, Mikrozensus 2007

© Erich Schmidt Verlag

Ziel der interkulturellen Pädagogik ist die Entwicklung einer Persönlichkeit, die ihre eigene kulturelle Herkunft reflektiert und Fremdheit nicht nur aushalten, sondern für sich nutzen kann.

Dies kann durch die **biografische Methode** erreicht werden. Bei dieser Methode geht es um die Entdeckung der eigenen Lebensgeschichte, um ein Selbstverstehen, und dadurch um eine Weiterentwicklung der subjektiven Potenziale. Die Methode der biografischen Selbstreflexion geht davon aus, dass Erfahrungen lebenslang aufgeschichtet werden und in gegenwärtiges Handeln bewusst oder unbewusst einfließen. Während bestimmter Lebensphasen in bestimmten Kontexten bilden sich so Verarbeitungs- und Handlungsmuster heraus, die das Individuum meist unbewusst auf spätere Lebensphasen und andere Kontexte überträgt. Durch das Verstehen dieser eigenen Konditionierungen lassen sich Kräfte freilegen, die für die Entwicklung neuer Handlungsperspektiven genutzt werden können.

Es wird davon ausgegangen, dass es neben einem psychischen auch ein Körpergedächtnis gibt. Die subjektiven Erfahrungen hinterlassen auch im Körper Spuren.

Es gibt verschiedene Zugangsweisen, um Erfahrungen der Lebensgeschichte wieder in Erinnerung zu rufen:

- Durch rationale Herangehensweisen werden Ereignisse beschrieben, die auf der bewussten Ebene gespeichert sind.
- Durch narrative Methoden, indem „Geschichten" aus dem eigenen Leben erzählt werden, wird das Gedächtnis auf der vorbewussten Ebene aktiviert.
- Durch projektive Verfahren, z. B. Fantasieren und Visualisierung, können Ereignisse hervorgeholt werden, die ins Unbewusste verdrängt worden sind.

Was bedeutet das nun für die Arbeit mit Mustafa und der Gruppe?
Mustafa braucht sicherlich ergänzend therapeutische Hilfsangebote, damit er die traumatischen Ereignisse seiner Kindheit verarbeiten kann. Da er eine Bindung zu Ursula aufgebaut hat, könnte auch Ursula diejenige sein, der er von seinen Erinnerungen an die frühe Kindheit in der Türkei erzählt. Dadurch könnte er Ereignisse reaktivieren, die verdrängt waren. Vielleicht kann Ursula auch eine Brücke für Mustafa zur Gruppe bilden und durch das Schaffen einer guten Atmosphäre in der Gruppe den Jugendlichen das Erzählen von früheren Erlebnissen erleichtern. Wenn es gelingt, dass die Jugendlichen einander zuhören und sich füreinander interessieren, ist ein wichtiger Schritt für die individuelle Entwicklung und die Entwicklung in der Gruppe getan.

3.7 Geschlechterrollen und Jugendarbeit

In der Heimgruppe leben die Jungen Mustafa, Lutz, Thomas und Patrick und die Mädchen Kerstin, Lilli, Melanie und Pepita – vier Jungen und vier Mädchen. Es gibt männliche und weibliche Erzieher. Man erfährt, dass sich Lutz nur von den männlichen Erziehern etwas sagen lässt, er für Melanie aber fast alles tut. Für die Jugendlichen in einer Heimgruppe macht es einen großen Unterschied, ob sie in einer geschlechtshomogenen oder in einer gemischten Gruppe leben.

Aktuell werden in Deutschland Geschlechterthemen besonders in Bezug auf Menschen mit türkischem Migrationshintergrund diskutiert. Die Medien thematisieren das Kopftuch, die Zwangsverheiratungen, die Ehrenmorde und männliches Machotum.

Gender Mainstreaming ist in der Mehrheitsgesellschaft auch noch lange nicht umgesetzt. So sind immer noch 70 % der deutschen Führungskräfte männlich und hochqualifizierte Frauen verdienen in Deutschland im Durchschnitt 27 % weniger als ihre gleich qualifizierten männlichen Kollegen. Das ist nur die Seite der Frauen. Ungerechtigkeiten aufseiten der Männer gibt es natürlich auch, zum Beispiel, wenn es um die Rechte von (unehelichen) Vätern geht. Seit Ende der 1990er-Jahre beschäftigt Gender Mainstreaming in unserem Land alle Empfänger öffentlicher Mittel.

Was bedeutet „Gender"? Unter „Gender" versteht man das soziale und psychologische Geschlecht im Unterschied zum biologischen Geschlecht. „Gender" ist eine soziokulturelle Konstruktion. Je nachdem, in welcher Gesellschaft und in welcher Kultur ein Mensch lebt, wird ihm als Frau oder als Mann eine bestimmte Geschlechtsrolle zugewiesen. Sie oder er lernt im Laufe ihrer oder seiner Sozialisation durch Erziehung, Ge- und Verbote und durch männliche und weibliche Vorbilder bewusst und unbewusst, wie sie sich als Mädchen oder als Frau und er sich als Junge oder Mann zu verhalten hat. Zur Frauen- bzw. Männerrolle gehören äußere Merkmale, z. B. Kleidung, Gebräuche und Rituale oder das Verhalten gegenüber Älteren, Jüngeren und Gleichaltrigen sowie gegenüber Männern und Frauen in der Familie und im gesellschaftlichen Umgang.

Dieses alltägliche Verhalten und Erleben macht Jungen dann zu Männern und Mädchen zu Frauen in der jeweiligen Gesellschaft, Kultur und Subkultur in dem Sinne, dass auch ihre Interessen und Vorlieben, ihre Gefühle, ihre Sexualität, ihre persönlichen Glaubenssätze und Wahrheiten weibliche bzw. männliche werden. Diese Geschlechtsrollen, die soziokulturell konstruiert sind und tradiert werden, nennt man „Gender".

In der professionellen Sozialarbeit muss das Geschlechterverhältnis berücksichtigt werden. Aus dieser Erkenntnis heraus entwickelte sich die sozialpädagogische Gruppenarbeit in geschlechtshomogenen Gruppen. Diese Arbeit begann zunächst mit der **Mädchenarbeit**, etwa in den 1960-/1970er-Jahren. Mädchenarbeit bedeutet konkrete sozialpädagogische Arbeit **mit** Mädchen und Öffentlichkeitsarbeit und politische Arbeit **für** Mädchen. Vor allem in der offenen Jugendarbeit etablierten sich Mädchengruppen, die von Sozialpädagoginnen betreut wurden.

Prinzipien der Mädchenarbeit sind:
- Parteilichkeit
- Ganzheitlichkeit
- das Bieten von (Schutz- und Frei-)Räumen, in denen sich Mädchen entfalten können
- Eintreten für Mädcheninteressen
- Öffentlichkeitsarbeit

Ziele der Mädchenarbeit sind:
- Erhöhung des Selbstbewusstseins und Selbstwertgefühls von Mädchen
- Abbauen von Benachteiligungen
- Partizipation
- Chancengleichheit
- Stärken der Persönlichkeit
- Bildung

Themen, mit denen sich Mädchengruppen beschäftigen, sind z. B.:
- mädchengerechte Kultur
- Freizeitgestaltung

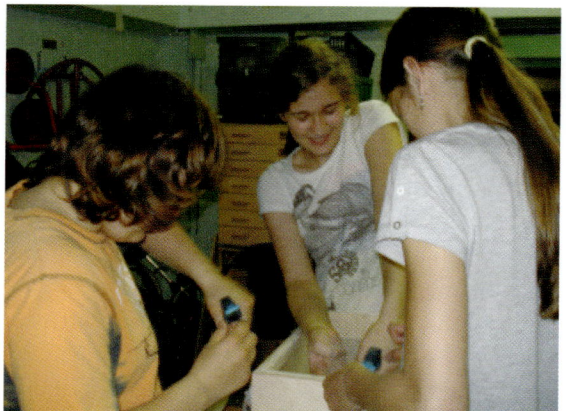
Mädchenarbeit

- Sexualität
- sexuelle Gewalt
- Süchte (z. B. Essstörungen)
- mädchengerechte Konzepte der Lebensweltorientierung
- Autoaggression

Die Frauenbewegung löste wichtige Diskussionen über die Erziehung von Mädchen aus. Stillschweigend nahm man bei all den Bemühungen, Benachteiligungen von Mädchen abzubauen, an, dass es den Jungen gut ginge, dass Jungen frei, zufrieden und gesund aufwüchsen. Ende der 1980er-Jahre wurde dann die gesellschaftliche Aufmerksamkeit verstärkt auf die **Situation von Jungen** gelenkt, weil es immer deutlicher wurde, dass es Jungen in unserer Gesellschaft offensichtlich nicht immer gut geht:
- Die Mehrzahl der „schwierigen" Kinder sind Jungen.
- Jungen sind häufiger krank als Mädchen und zwar sowohl körperlich als auch seelisch.
- Die Sterberate in jeder Altersgruppe ist bei Jungen höher.
- In Erziehungsberatungsstellen, Sonderschulen, in der Kinder- und Jugendpsychiatrie und in Jugendgefängnissen sind Jungen weitaus häufiger anzutreffen als Mädchen.
- Sozial sind Jungen erheblich auffälliger als Mädchen.
- Die schulischen Leistungen von Jungen sind häufig deutlich schlechter als die von Mädchen.
- In den PISA-Studien schnitten Jungen in einigen Kompetenzbereichen erheblich schlechter ab als Mädchen.

Ursachen dafür, dass Jungen in unserer Gesellschaft offensichtlich große Probleme damit haben, ein Mann zu werden, könnten unter anderem auch darin zu suchen sein, dass in der Kindertagesstätte und auch in der Grundschule männliche Erzieher und Lehrer Mangelware sind. So ist zu vermuten, dass in der Kindheit eher weibliche Interessen in den Blick genommen werden, dass eher weibliche Kompetenzen gefördert und gefordert werden, und dass sich die weiblichen Pädagoginnen eher auf Mädchen einstellen können. Umgekehrt haben Mädchen ausreichend erwachsene Vorbilder, während die Situation für Jungen hier bedeutend schwieriger ist. Auch zu Hause ist die Erziehung überwiegend in der Hand von Frauen.

Gender Mainstreaming, so ist spätestens seit den 1990er-Jahren klar, bedeutet also nicht nur die Lebenssituation von Mädchen und Frauen zu berücksichtigen, sondern auch die von Jungen und Männern.

Jungen- und Männerarbeit

Die Sozialarbeit reagierte auf die Benachteiligungen von Jungen und Männern in unserer Gesellschaft mit **Jungen- und Männerarbeit.** Jungenarbeit ist pädagogische Arbeit mit geschlechtshomogenen Gruppen. In heterosozialem Kontext neigen Jungen wie Mädchen leicht zu Stereotypisierung. In einer reinen Jungengruppe kann männliches Imponiergehabe wie bei der Anwesenheit von Mädchen wegfallen. Jungenarbeit wird vornehmlich von männlichen Pädagogen angeleitet. Voraussetzung ist, dass die Pädagogen eine geschlechtsbezogene Kompetenz und eine geschlechterreflektierende Haltung nachweisen und diese pädagogisch und methodisch umsetzen können. Jungenarbeit ist speziell auf die Sorgen und Wünsche von Jungen zugeschnitten.

Es geht um Themen wie:
- das Selbstverständnis als Junge/Mann
- die persönliche Lebenssituation
- Gewalterfahrungen
- Sexualität
- Sprechen über Gefühle
- Authentischsein
- Sorgen, Wünsche, Ängste
- Männlichkeit als kulturell konstruiertes Phänomen, das sich in stetiger Entwicklung befindet

3.8 Transaktionsanalyse

Die Transaktionsanalyse (kurz TA) wurde von dem amerikanischen Psychiater **Eric Berne** (1910–1970) entwickelt. Sie ist eine aus der Psychoanalyse abgeleitete Theorie.

Sie beschreibt u. a. ein Ich-Zustands-Modell und analysiert Kommunikationsverläufe (Transaktionsanalyse zwischen verschiedenen Ich-Zuständen).

> Die Transaktionsanalyse geht von drei Grundanschauungen aus:
> 1. Die Menschen sind in Ordnung.
> 2. Jeder hat die Fähigkeit zum Denken.
> 3. Der Mensch entscheidet über sein eigenes Schicksal und kann seine Entscheidungen auch ändern.

Alle drei Ich-Zustände sind immer gleichzeitig präsent, allerdings werden sie in der Kommunikation mit einem anderen Menschen unterschiedlich stark angesprochen und aktiviert.

- Das Eltern-Ich (EL) lässt sich noch in das **kritische** und **fürsorgliche** Eltern-Ich unterteilen.
- Beim Kind-Ich ist das **natürliche**, **rebellische** und **angepasste** Kind-Ich möglich.

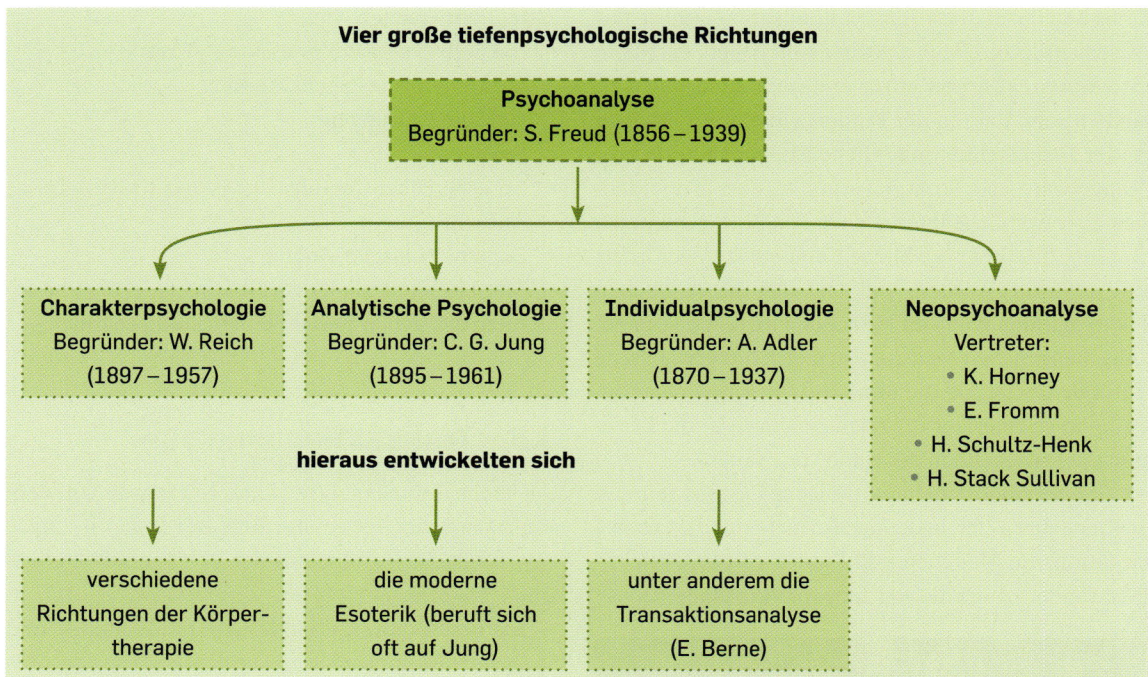

Vier große tiefenpsychologische Richtungen

Psychoanalyse
Begründer: S. Freud (1856 – 1939)

| **Charakterpsychologie** Begründer: W. Reich (1897 – 1957) | **Analytische Psychologie** Begründer: C. G. Jung (1895 – 1961) | **Individualpsychologie** Begründer: A. Adler (1870 – 1937) | **Neopsychoanalyse** Vertreter: • K. Horney • E. Fromm • H. Schultz-Henk • H. Stack Sullivan |

hieraus entwickelten sich

| verschiedene Richtungen der Körper-therapie | die moderne Esoterik (beruft sich oft auf Jung) | unter anderem die Transaktionsanalyse (E. Berne) |

Das Ich-Zustands-Modell der TA besagt, dass jeder Mensch aus drei verschiedenen Ich-Zuständen heraus reagieren kann, die er bereits in der Kindheit entwickelt hat. Die drei Ich-Zustände nennt Berne auch „psychische Organe".

Es handelt sich um den:

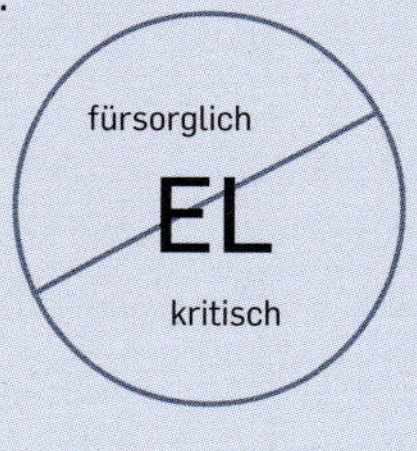

EL
fürsorglich
kritisch

ER

K
natürlich
rebellisch angepasst

• **Eltern-Ich-Zustand = EL**
In diesem Zustand fühlt, denkt oder handelt der Mensch, wie er es von anderen Autoritätspersonen früher (Eltern) oder gegenwärtig übernommen hat.

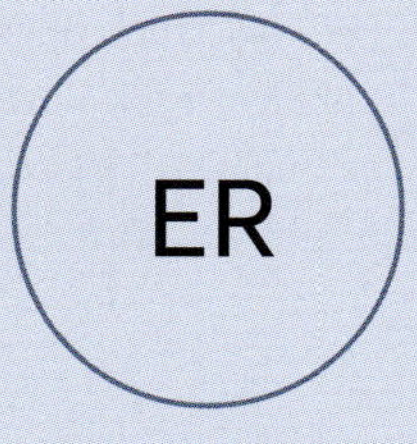

• **Erwachsenen-Ich-Zustand = ER**
In diesem Zustand fühlt, denkt oder handelt der Mensch, wie er es in der Gegenwart nach den Gesichtspunkten der Situation und der Realität selbst bewusst entschieden hat.

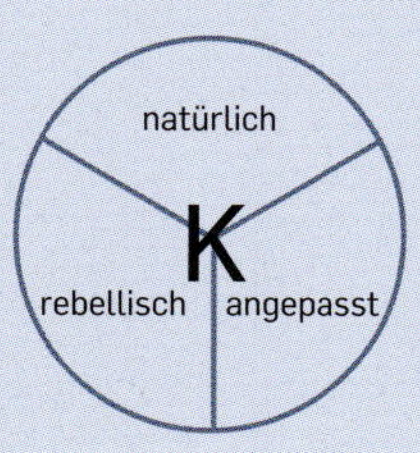

• **Kind-Ich-Zustand = K**
In diesem Zustand fühlt, denkt oder handelt der Mensch, wie er es als Kind aufgrund seiner Lebenssituation unbewusst oder bewusst selbst beschlossen hat zu tun.

Interessant wird das Modell, wenn die Kommunikation zweier Menschen mit diesem Modell analysiert wird. Dadurch wird es möglich, dass man sich des eigenen Kommunikationsverhaltens bewusst wird und man es ändern kann.

Die Kommunikation wird in der Transaktionsanalyse analysiert, indem jeweils eine Äußerung einer Person A und die direkte Reaktion von Person B betrachtet wird. Es sind parallele oder überkreuzte Transaktionen oder verdeckte Kommunikationen möglich.

Im ersten Beispiel wendet sich die Mutter an das Kind im fürsorglichen Eltern-Ich: „Zieh dir eine Jacke an, es ist kalt draußen." Sie spricht in ihrem Gegenüber das Kind-Ich an. Die normale Reaktion darauf ist, dass das Kind auch aus dem Kind-Ich heraus reagiert. Es kann in dieser Situation angepasst oder rebellisch reagieren. In diesem Beispiel reagiert es eher rebellisch. Es spricht mit seiner Aussage das Eltern-Ich der Mutter an und reagiert damit erwartungsgemäß, d. h., die Transaktion verläuft parallel.

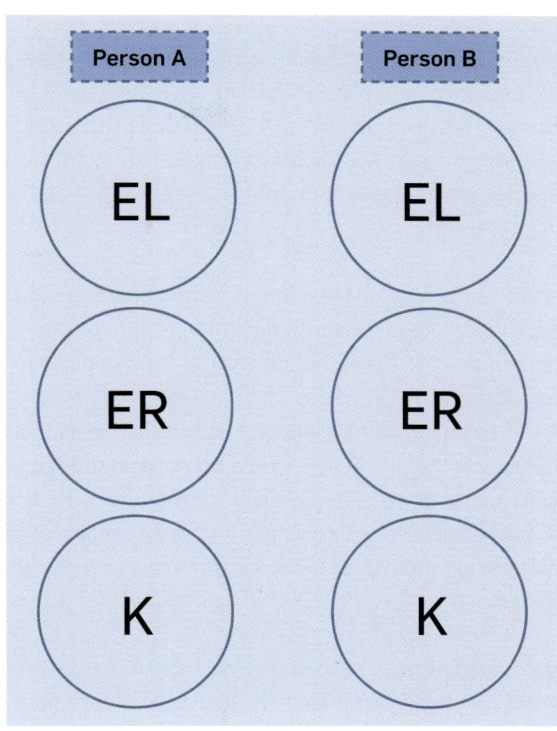

Beispiel für eine parallele Kommunikation:

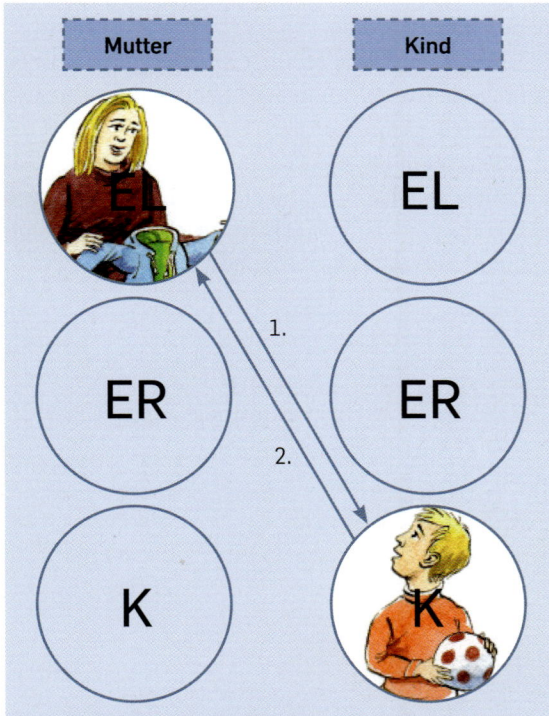

1. Mutter zum Kind: „Zieh dir eine Jacke an, es ist kalt draußen."
2. Kind zur Mutter: „Max ist auch ohne Jacke rausgegangen, dann brauch ich auch keine."

Beispiel für eine überkreuzte Kommunikation:

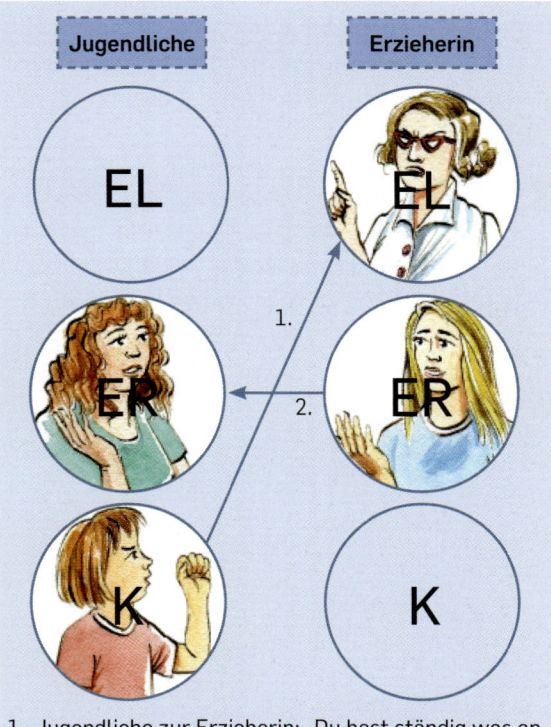

1. Jugendliche zur Erzieherin: „Du hast ständig was an mir auszusetzen!"
2. Erzieherin zurück: „Wie meinst du das? Das verstehe ich nicht! Lass uns mal darüber reden!"

Im zweiten Beispiel durchkreuzt die Erzieherin die Kommunikation der Jugendlichen, indem sie anders als erwartet reagiert. Sie spricht mit dem Satz „Lass uns mal darüber reden!" von Erwachsenen-Ich zu Erwachsenen-Ich. Durch überkreuzte Transaktionen können gewohnte Kommunikationsmuster durchbrochen werden.

Auch wenn die Beispiele etwas klischeehaft gewählt sind, muss betont werden, dass die Mutter ebenso einen Kind-Ich-Zustand besitzt wie das Kind den Eltern-Ich-Zustand.

In der Transaktionsanalyse geschulte Menschen haben die Möglichkeit, eigenes Kommunikationsverhalten zu analysieren und mehr Klarheit über die Beziehungsebene einer Kommunikation zu erhalten. So können sie ihre Kommunikationsmuster gezielt verändern.

Von **verdeckten Transaktionen** spricht man, wenn unter einer offenen Botschaft noch eine zweite liegt, die meist nonverbal aus einem anderen Ich-Zustand als dem der offenen Botschaft vermittelt wird.

In der Kommunikation mit den Jugendlichen sollte sich Marion daraufhin beobachten, in welchem Ich-Zustand sie mit den Jugendlichen spricht und welche Wirkung das hat.

AUFGABE Erfinden Sie einen kurzen Dialog zwischen Marion und Kerstin aus der Situation heraus. Analysieren Sie den Dialog anschließend mithilfe des Instruments der Transaktionsanalyse.

3.9 Systemtheorie

Ein Mann läuft, ständig in die Hände klatschend, durch die Straßen einer Stadt. Es begegnet ihm ein anderer Mann, der ihn erstaunt fragt:
„Warum klatschst du dauernd in die Hände?"
„Weil ich die wilden Elefanten vertreibe."
„Aber es sind doch gar keine wilden Elefanten da."
„Da kannst du sehen, wie gut es wirkt!"

Verhaltensweisen von Menschen und die Beziehungen zwischen Menschen hängen von der jeweiligen Situation und der Umgebung ab. So kann sich ein Kind zu Hause ganz anders verhalten als zum Beispiel in der Schule. Eltern wundern sich manchmal über das Verhalten ihres Kindes, wenn z. B. die Lehrerin davon berichtet, welche Rolle ihr Kind in der Klasse spielt.

Im der eingangs geschilderten Situation handelt es sich um eine Gruppe in einem Kinderheim. In dieser Gruppe, in der die Jugendlichen viel Zeit miteinander verbringen und wo sie die intimsten Dinge voneinander erfahren, bilden sich im Miteinander bestimmte Verhaltensweisen heraus, die für den Einzelnen und für die Gruppe eine bestimmte Bedeutung genau in diesem Kontext haben.

Die Systemtheorie eröffnet durch ihre analytische Herangehensweise an menschliche Systeme immer neue Sichtweisen.

Während in physikalischen Systemen linear-kausale Zusammenhänge wirken (z. B. Ich lasse den Stein los, er fällt zu Boden), sind in lebenden Systemen eher zirkuläre Interaktionen wirksam:

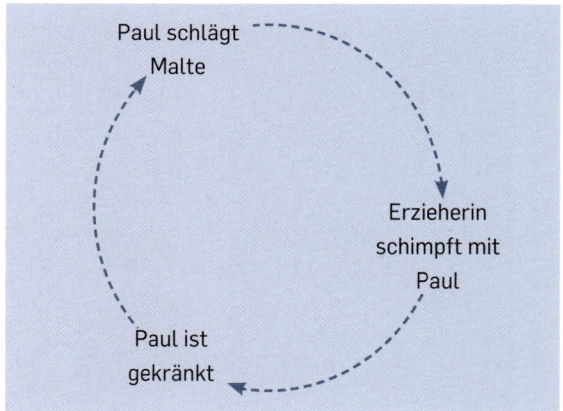

Zirkuläre Interaktion

Die Systemtheorie geht davon aus, dass das Problem das System und das System das Problem bestimmt, daher muss das Problem jeweils im Kontext des relevanten Systems gesehen und bearbeitet werden. Jedes Teil eines Systems ist mit den anderen Teilen so verbunden, dass eine Änderung in einem Teil eine Änderung in allen Teilen und damit dem ganzen System verursacht.

Das System der Familie war im Gleichgewicht. Als ein weiteres Geschwisterchen dazukam, geriet das System zunächst ins Ungleichgewicht. Die Familie hat nun damit zu tun, ihr System wieder ins Gleichgewicht zu bringen. Alle Rollen und Beziehungen verändern sich, das bisher jüngste Kind wird nun zum mittleren Kind.

Das System Familie kann zum Beispiel als Mobile folgendermaßen aussehen:

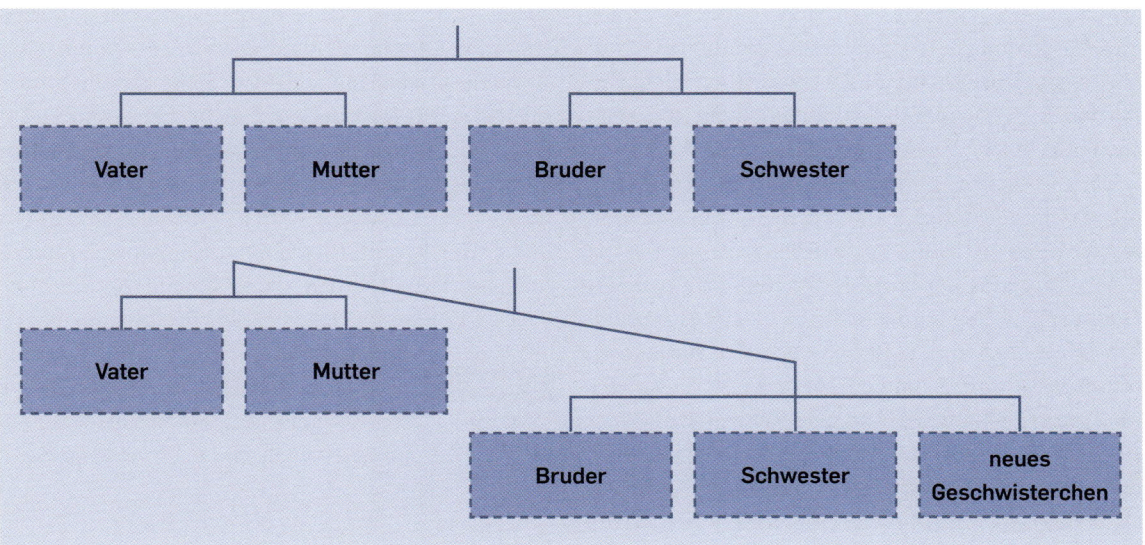

Das heißt, ein System verhält sich nicht wie eine einfache Zusammensetzung voneinander unabhängiger Elemente, sondern als ein zusammenhängendes untrennbares Ganzes.

Das Verhalten jedes Menschen ist sozial, d. h., alle Reaktionen müssen im Zusammenhang mit ihrem sozialen Kontext gesehen werden. So wird das Verhalten eines Individuums von der Gruppe, in der es sich befindet, gesteuert und kontrolliert. Gleichzeitig beeinflusst der Einzelne das Verhalten der anderen Gruppenmitglieder. Verändert sich der Kontext in einer Gruppe, so verändern sich die Erfahrungen und Reaktionen aller Gruppenmitglieder.

Die Ursache eines problematischen Verhaltens eines Einzelnen kann nach dieser Einsicht nicht mehr nur in der Person selbst gesucht werden, sondern es müssen die Systeme betrachtet werden, in der die Person sich bewegt.

Das Problem für Marion sind die Missachtung des von ihr liebevoll gedeckten Sonntagsfrühstückstisches und die Erzählungen von dem brutalen Film während des Essens. Für Melanie und Kerstin ist möglicherweise Marion das Problem, die eine neue Essenskultur in der Gruppe einführen will und damit „nervt".

Marion hätte gut daran getan, zunächst einmal
- das **Heim als die übergeordnete und regelsetzende Instanz** zu analysieren,
- dann sich die **Kommunikationsstruktur in der Gruppe** sowie
- die **ausgesprochenen und unausgesprochenen Regeln**, die dort herrschen, anzuschauen.

Außerdem fragt die Systemtheorie zuerst nach dem Selbstwert der einzelnen Mitglieder einer Gruppe oder anders ausgedrückt: Sie fragt danach, wie sich jedes Mitglied des Systems in diesem System fühlt. Geht es nämlich einem Mitglied schlecht, sagt dies etwas über das ganze System aus.

Zum **Heim** als regelnde Instanz ist hier zu sagen, dass es in der Einrichtung noch fünf weitere relativ eigenständige Gruppen gibt. Es wird eine Heimleitung geben und einen Träger, der bestimmte Ziele verfolgt. Davon wird auch das Zusammenleben in der Gruppe beeinflusst. Der Träger wird nach wirtschaftlichen Gesichtspunkten arbeiten und mehr oder weniger dafür sorgen, dass die Heimplätze belegt sind. Dies hängt wiederum von der gesellschaftlichen Situation ab, die selbstverständlich auch einen Einfluss auf das Mikrosystem, nämlich die Gruppe, hat. Der Träger entscheidet üblicherweise gemeinsam mit der Heimleitung über die Einstellungen. Der Arbeitsplatz von Marion ist also ebenfalls abhängig davon, was wiederum die Arbeit von Marion beeinflussen dürfte.

Die Arbeit ist in Schichten organisiert. Zusätzlich gibt es die Möglichkeit, Nachtdienste von Aushilfen übernehmen zu lassen. Schichtdienst beeinflusst die Kommunikationsstruktur in der Heimgruppe insofern stark, als Jugendliche, die zu einer bestimmten Erziehungsperson eine Beziehung aufgebaut haben, oft tagelang warten müssen, bis diese Person wieder im Dienst erscheint. Oder im umgekehrten Fall gehen sie vielleicht einer Erziehungsperson, die sie nicht mögen, gezielt aus dem Weg. Auf diese Weise entwickelt sich eine bestimmte Kommunikationsstruktur in der Gruppe.

Die **Kommunikationsstruktur** muss einmal mit und einmal ohne die Erzieher betrachtet werden. Außerdem ist sie abhängig von den Außenkontakten, die die Einzelnen zu ihren Familien und Freunden haben.

Von **Mustafa** wird gesagt, dass er besonders anhänglich gegenüber Ursula sei und außerhalb des Heims keine Bezugspersonen habe.

Melanie ist Star der Gruppe. Lutz ist abhängig von ihr. Zu ihrer Familie hat sie wenig Kontakt.

Lutz lässt sich nur von männlichen Erziehern etwas sagen.

Kerstin ist Melanies Freundin. Sie leidet darunter, dass ihre Mutter sie im Stich lässt.

Genauso enttäuscht ist das Geschwisterpaar **Patrick** und **Pepita** von seiner Mutter.

Lilli fühlt sich in der Gruppe nicht wohl, versteht sich aber mit Marion.

Thomas ist in der Gruppe Einzelgänger. Er hat noch einen guten Kontakt zu seinem Vater.

Ausgesprochen wurde unter den Erzieherinnen, dass Sonntagsdienste in der Gruppe anstrengend seien. **Unausgesprochen** scheint es Regel in dieser Gruppe zu sein, dass man sich während des Essens vor den Fernseher setzen oder sich mit dem Essen in sein Zimmer zurückziehen darf. Außerdem erscheint man in dieser Gruppe nicht unbedingt angezogen und gewaschen zum Frühstück.

Auch wenn es nicht explizit erwähnt wird, so ist davon auszugehen, dass das **Selbstwertgefühl** der Jugendlichen eher schlecht ist. Alle leiden unter bestimmten Symptomen und unter der Situation, dass sie im Heim leben müssen. Es ist wahrscheinlich, dass sie sich selbst für ihre Lage, nicht mehr in ihrer Familie leben zu können, die Schuld geben. Nun leben diese Jugendlichen zusammen in einem System. Sie verursachen in diesem System bestimmte Strukturen und sind gleichzeitig betroffen von diesen Strukturen. Auch die Teammitglieder sind Teile dieses Systems. Sie beeinflussen es und werden beeinflusst.

AUFGABE Zeichnen Sie zwei Schemata des Systems der Heimgruppe, eins mit und eins ohne die Erzieher und Erzieherinnen.

3.10 Supervision

Die wörtliche Übersetzung des Begriffs Supervision, der sich aus dem Lateinischen von „super videre" ableitet, ist „etwas von oben her überblicken". Unter Supervision versteht man eine berufsbezogene Beratung von Personen, deren berufliches Handeln auf zwischenmenschliche Beziehungen gerichtet ist, also z. B. von Ärzten, Therapeuten, Lehrkräften, Erziehern und Managern.

- Die Person, die die professionelle Beratung anbietet, nennt man **Supervisor/-in**.
- Die Person, die die Supervision in Anspruch nimmt, nennt man **Supervisand/-in**.
- Die Personen, mit denen der Supervisand arbeitet, nennt man in diesem Zusammenhang **Klienten/Klientinnen**.
- Das Verb heißt **supervidieren**.

Supervision findet im Spannungsfeld Person-Klientel-Institution statt. Sie dient
- der Förderung professionellen Handelns,
- der Erweiterung der emotionalen Kompetenz,

- der Verstärkung systemischer Sichtweisen und
- der Unterstützung bei der Stärkung bzw. Wiedergewinnung eigener Kräfte und Fähigkeiten im Arbeitsfeld.

Je nach dem konkreten Fallerlebnis fokussiert Supervision besonders:
- **die Institution**, d. h., es werden die institutionellen Rollenerwartungen an den Supervisanden betrachtet,
- **die Klientel**, hier geht es um die besondere Betrachtung der Beziehungsdynamik zwischen Klienten und Supervisanden,
- **die Person des Supervisanden** mit besonderer Aufmerksamkeit auf die Anteile der Persönlichkeit, die in der beruflichen Tätigkeit aktualisiert werden.

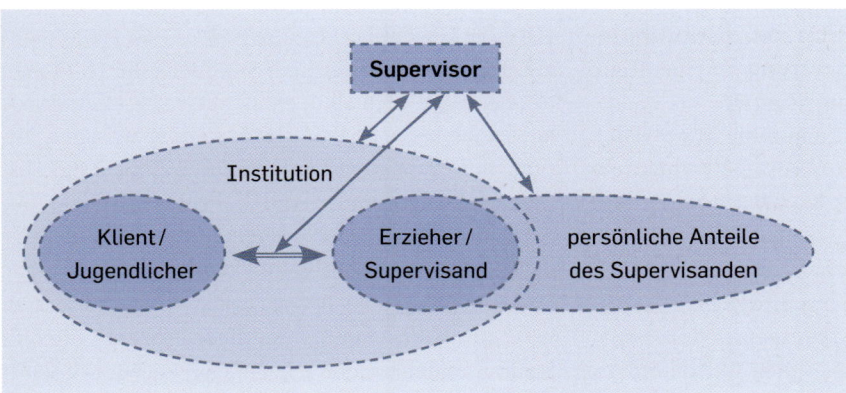

Supervision und ihre Bestandteile

Formen der Supervision sind
- Einzelsupervision,
- Gruppensupervision,
- Teamsupervision,
- Lifesupervision und
- Coaching.

Bei der **Einzelsupervision** sucht der Supervisand oft auf eigene Kosten einen Supervisor auf, weil er berufsspezifische Probleme bearbeiten, sich individuell mit seiner beruflichen Rolle auseinandersetzen und sein persönliches Arbeitsverhalten reflektieren will. Der Schwerpunkt liegt hier beim Fühlen und Erleben des Einzelnen. In einigen Berufen – z. B. bei Therapeuten – ist das in der Anfangszeit der Berufstätigkeit sogar vorgeschrieben.

Gruppensupervision wird von mehreren einzelnen Kollegen aus unterschiedlichen Institutionen in Anspruch genommen. Sie zielt auf die gemeinsame Reflexion der verschiedenen Aspekte der jeweiligen Berufsarbeit ab und ist stark prozess- und personenorientiert. In der Berufsausbildung hat man es zumeist mit Gruppensupervision zu tun. Die eigenen Kompetenzen werden durch die Mitarbeit an „fremden Fällen" erweitert. Eigene reflektierte Erfahrungen in der Gruppendynamik erhöhen die Sensibilität gegenüber Prozessen in Gruppen. So können Probleme mit Abgrenzung, Ausgrenzung, Konkurrenz, Leistungsstress, Überforderung und Selbstbehauptung in einem geschützten Rahmen geäußert und Lösungen gefahrlos „durchgespielt" werden. In einer Gruppe lässt sich mit Gedanken und Verhaltensweisen experimentieren, von denen dann manche in den Arbeitsalltag übertragen werden können.

Eine kontinuierliche Mitarbeit in einer Supervisionsgruppe ist notwendig. Der Vorteil gegenüber einer Teamsupervision ist der, dass die eigene subjektive Sichtweise von der Zusammenarbeit im Team sich anders gestaltet und durch den Einblick in Teams anderer vergleichbarer Einrichtungen die eigene Lage relativiert wird.

Teamsupervision nehmen Kollegien oder Teilkollegien in Anspruch, die ein gemeinsames Anliegen haben, z. B. die Verbesserung der Kommunikation untereinander, Umstrukturierung ihrer Einrichtungen, aktuelle Konfliktsituationen, oder neue Teams, die sich gemeinsam eine funktionierende Struktur geben wollen. Hier geht es also um Kooperation, Verbesserung des Arbeitsklimas und Offenlegung von Unausgesprochenem. Durch Metakommunikation ist es möglich, vergangene Situationen zu reflektieren und Strukturen zu erkennen. Kompetenzen können klar definiert und isoliertes Arbeiten kann in Zusammenarbeit umgewandelt werden. Die Arbeitszufriedenheit kann durch die gewonnene Offenheit gesteigert werden.

Die Supervision ist beendet, wenn bestimmte Probleme gelöst, Projekte in Gang gebracht oder vorher gesetzte Ziele erreicht worden sind. Teamsupervision kann auch berufsübergreifend sein, wenn ein Team aus Kollegen unterschiedlicher Berufe zusammengesetzt ist.

Unter **Lifesupervision** versteht man das Supervisieren des Supervisanden in einer Realsituation. Der Supervisor nimmt z. B. an einem Therapie- oder Beratungsgespräch des Supervisanden mit seinen Klienten teil. Eventuell greift der Supervisor sogar in das Geschehen mit ein. Meist wird jedoch die Situation im Anschluss reflektiert.

Eine weitere Form der Lifesupervision ist die, dass der Supervisor das Geschehen durch eine Scheibe aus dem Nachbarraum beobachten kann.

Da Supervision manchmal mit „Kontrolle" und „Aufsicht" verwechselt wird, werden auch Begriffe wie **Praxisberatung**, **Teamberatung**, **Institutionsanalyse** oder **Organisationsberatung** für eine Arbeit verwendet, die eigentlich Supervision ist.

Unter **Coaching** versteht man eine Supervision von Führungskräften, meist in Wirtschaftsunternehmen. Hier wird z. T. auch der Begriff **Managementtraining** verwendet.

In den letzten Jahren ist die Nachfrage nach Supervision in den pflegerischen, therapeutischen, pädagogischen und sozialarbeiterischen Berufsfeldern sprunghaft angestiegen. Dies ist einerseits eine Folge von einem veränderten Verständnis in der Sozialarbeit – von Administration und Ausgrenzung hin zu Sozialisierung, Resozialisierung und Integration – und andererseits Folge von immer problematischer werdender Klientel. Schlagworte wie „Erziehung in der Krise", „Gewalt in der Schule", „Burn-out-Syndrom", „hilflose Helfer", „Konsum- und Computer-Kids" deuten solche Tendenzen an.

Insofern ist es sinnvoll, in allen Institutionen, in denen Kinder betreut werden, Supervision einzuführen.

Da jede psychologische Richtung ihren eigenen Supervisionsansatz entwickelt hat und jeder Supervisor sein Schwergewicht je nach Ausbildung auf bestimmte Methoden legt, gibt es viele unterschiedliche Methoden der Supervision. Ein guter Supervisor besitzt ein großes Methodenrepertoire, damit er offen und kreativ auf die jeweilige Situation reagieren kann.

Eine eher **psychoanalytisch** ausgerichtete Supervision fokussiert sehr stark die Phänomene der Übertragung und Gegenübertragung (s. Punkt 3.4), d. h., es geht um die Prozesse, die sich zwischen Klient und Supervisand abspielen. Der Supervisor hilft dem Supervisanden dabei, seine Beziehung zum Klienten genauer zu betrachten, zu schauen, wo er, der Supervisand, eine besondere emotionale Ladung verspürt und wie er damit professionell umgehen kann.

Für den Supervisor ist hierbei das Spiegelphänomen zu bedenken, d. h., der Supervisand spiegelt im Verhältnis zum Supervisor die Beziehungskonstellation wider, die er in der Institution hat, beziehungsweise die er mit seinem Klienten hat. So kann zum Beispiel der Supervisand im Supervisionsprozess unbewusst in die Rolle des Klienten „rutschen", während der Supervisor in die Rolle des Supervisanden kommt.

Aus der Kenntnis dieser Prozesse setzt der Supervisor die Gegenübertragung bewusst als Instrument ein. Dies vermittelt er dem Supervisanden im Laufe der Beratung auch als Technik, die er in seiner Praxis anwenden kann. So wechselt er ständig zwischen Distanz und Probeidentifikation. Die Fähigkeit zur Distanz und Abgrenzung ist dabei sehr entscheidend, damit die Spiegelfläche – um im Bild zu bleiben – klar bleibt und präzise reflektieren kann.

In einer psychoanalytisch orientierten Supervision wird die Wahrnehmung auf diese Prozesse gelenkt. Supervisanden werden z. B. angehalten, bei sich selbst zu überprüfen, auf welche typischen Merkmale von Personen sie selbst mit Übertragung reagieren.

Marion würde in einer psychoanalytisch ausgerichteten Supervision z. B. gefragt, welches Verhalten von welchem Jugendlichen sie besonders stört, wo sie die größte emotionale Ladung hat. Wenn sie das beantworten kann, wird sie möglicherweise aufgefordert, sich genau anzusehen, was sie daran schlimm findet. Wenn sie das Gefühl richtig spürt, käme die Frage, ob sie sich erinnern könne, so ein Gefühl früher gegenüber einem anderen Menschen schon einmal gehabt zu haben. Damit soll nachgespürt werden, ob es sich um eine Übertragungsreaktion handelt.

In einer Supervision, die mit Methoden des **Psychodramas** arbeitet, werden intra- und interpsychische Konflikte im dramatischen Spiel nachgestellt. Dadurch wird eine Distanz erreicht, die andere Perspektiven ermöglicht und neue kreative Lösungen offenbart.

Man geht davon aus, dass jedes Individuum in seinem Leben bestimmte Verhaltensmuster gelernt hat, die sich eine ganze Zeit lang bewährt haben und deshalb nicht ständig überprüft werden mussten, sodass diese Muster unbewusst weiter eingesetzt werden.

Dies funktioniert so lange, bis dieses Verhalten mit den Verhaltensweisen anderer Individuen derart aufeinandertrifft, dass es zu Konflikten kommt – an dieser Stelle ist dann der Zeitpunkt gekommen, an der das eigene Verhaltensmuster überprüft werden muss.

Vor allem muss sich das Individuum nun überlegen, ob es nicht angemessenere Reaktionsweisen in einer bestimmten Situation gibt. Spontaneität bedeutet also die Fähigkeit, in einer neuen, bisher unbekannten Situation nicht die alten Reaktionsweisen unreflektiert anzuwenden, sondern eine neue Situation schnell zu erfassen, die Folge von eigenem Handeln auf die Dynamik zu antizipieren und bewusst und verantwortungsvoll zu handeln. Auch bei schon bekannten Situationen kann die Fähigkeit trainiert werden, unbewusste Reaktionen durch mehr bewusste Aktionen zu ersetzen.

Psychodrama, eine spielerische Form der Metakommunikation, trainiert die Fähigkeit der Spontaneität. Wenn spontan und kreativ gehandelt wird, findet keine Übertragung und Gegenübertragung mehr statt.

Beim Rollenspiel in der Supervision

Marion, die noch neu in ihrem Beruf ist, läuft Gefahr, in Konfliktsituationen in der Heimgruppe so zu reagieren, wie sie im Privatleben auch reagieren würde. Supervision mit der Psychodramamethode könnte ihr helfen, neue noch nicht erprobte Reaktionen im Rollenspiel auszuprobieren. Damit würde ihr Handeln bewusster und somit professioneller.

Es gibt auch Supervisoren, die ihren Schwerpunkt in der **Themenzentrierten Interaktion** (TZI) haben. Die Themenzentrierte Interaktion ist eine Methode des Gruppenleitens, die in vielen Bereichen gut eingesetzt werden kann. TZI stammt aus der humanistischen Psychologie. Sie bietet gleichzeitig Handwerkszeug für die Praxis der Supervisanden.

Ausgehend von drei Axiomen, existenziellen Postulaten wie „Leite dich selbst“, „Störungen haben Vorrang“ und dem Strukturmodell (s. **Kapitel 7**), hat

die Psychoanalytikerin und Begründerin der TZI **Ruth Cohn** eine Reihe von ganz konkreten Hilfsregeln für die Kommunikation in Gruppen aufgestellt. Geübte Gruppen weisen sich gegenseitig auf die Beachtung dieser Regeln hin, sodass ein verantwortungsbewusstes und respektvolles Umgehen miteinander erreicht wird.

Eine Supervisionssitzung nach den Regeln der TZI sieht etwa folgendermaßen aus:

Die Teilnehmerinnen äußern sich zu Beginn, indem sie berichten, wie es ihnen zurzeit geht, und jede nennt ein Thema (*Es*), das sie in der Supervision bearbeiten möchte. In der Anfangsrunde werden auch Änderungen und Ergebnisse bezüglich der vorangehenden Sitzungen besprochen, sodass die Arbeit in ein zeitliches Kontinuum eingebettet ist.

In der Regel wird nach der Runde entschieden, welches der genannten Themen in dieser Sitzung intensiver bearbeitet werden soll. Nach der Entscheidung berichtet die Protagonistin über ihren „Fall“. Durch Nachfrage der Gruppe wird die Aufmerksamkeit auf andere Teilfragen, Hypothesen oder scheinbar unwichtige Informationen gelenkt. Am Ende dieses Prozesses wird das Thema von der Protagonistin neu formuliert, indem sie einen realistischen Bezugsrahmen (*Globe*) auch für mögliche Lösungen mit einbezieht und sich selbst in der Fragestellung nennt. Es ist wichtig, schon bei der Fragestellung darauf zu achten, dass sie ein **positives** Ziel enthält und realistische Lösungen ermöglicht (s. hierzu auch Kapitel 7, Punkt 5.2).

Die Bearbeitung des Themas ist dann der nächste Schritt. Hier arbeitet eine TZI-Supervision im Allgemeinen mit Anleihen aus anderen Schulen, z. B.

Psychodrama oder Psychoanalyse. Durch die Anteilnahme und Solidarität, die die Protagonistin in einer solchen Gruppe erlebt, kann sie zu eigenen Lösungen gelangen. Andere Supervisoren nehmen die **Transaktionsanalyse** zur Grundlage (s. Punkt 3.8). Transaktionsanalysen sind Erklärungsmuster, die für die Analysen von Praxissituationen in Supervisionssitzungen herangezogen werden können, wenn die Theorie den Beteiligten bekannt ist.

Eine auf der **Gestalttherapie** aufbauende Supervision geht davon aus, dass Menschen stets als Einheit von Körper, Seele und Verstand agieren. Ein Bereich von Zielen ist es deshalb, die Dimensionen ihres leiblichen, gefühlshaften und intellektuellen Handelns zu erfassen und individuelle, noch ungenutzte Potenziale freizusetzen.

Der Interaktionsstil zielt auf echte Subjekt-Subjekt-Begegnungen und einen in seiner Form immer intensiver werdenden Kontakt zwischen Menschen ab. Man spricht dabei vom Hier-und-Jetzt-Prinzip; es geht um das Erleben des Augenblicks der Gegenwart und die in der Situation vorhandenen Phänomene.

Die Gestaltpsychologie geht davon aus, dass der Mensch die Phänomene in übergeordneten „Gestalten" wahrnimmt; das sind Sinn oder Bedeutung tragende Einheiten. Das heißt, dass der Mensch in allem, was er wahrnimmt, einen Sinn erkennt. Der Mensch nimmt danach die Dinge nie objektiv wahr, sondern er verknüpft das Wahrgenommene immer mit subjektiven Vorerfahrungen und aktuellen Befindlichkeiten.

Das Handeln des Menschen wird grundsätzlich von zwei unterscheidbaren Kräften bestimmt. Vorrang hat ein im Vordergrund stehendes aktuelles Bedürfnis: Dieses bestimmt das Denken, Fühlen und die Wahrnehmung – und zwar so lange, bis es erledigt ist.

Als Alltagsbeispiel kann „Hunger" dienen. Diese augenblickliche Unterversorgung lässt das Denken nicht los, es stellt sich ein Mangelgefühl ein und es geraten in der Wahrnehmung der Umwelt jene Einzelheiten in den Vordergrund, die mit Essen zu tun haben oder geeignet sind, dem Mangel abzuhelfen. Sobald der erste Hunger gestillt ist, tritt das Bedürfnis in den Hintergrund, neue Gestalten können auftauchen, um dann ihrerseits das Denken, Fühlen und die Wahrnehmung zu bestimmen.

Eine weitere bestimmende Kraft sind unerledigte Vorgänge aus der Vergangenheit und (häufig daraus

Der Hunger steht hier im Vordergrund

resultierende) ängstliche Erwartungen bezogen auf die Zukunft. Das sind nicht abgeschlossene Gestalten, unerfüllte Wünsche, nicht erledigte Aufgaben, nicht verarbeitete Erfahrungen oder ungesühnte Kränkungen. Die Kraft zur Bestimmung von Gedanken, Gefühlen und Wahrnehmung resultiert aus einem spezifischen Bedürfnis, der Tendenz zur Bildung von geschlossenen Gestalten.

In der Zusammenarbeit in einem Team oder in der erzieherischen Arbeit kann es zu Missverständnissen oder Meinungsverschiedenheiten kommen, die Wünsche (nach Harmonie) unerfüllt lassen oder Kränkungen produzieren. Diese können dann das weitere Geschehen möglicherweise untergründig, aber wirksam bestimmen.

Möglich ist auch, dass in einem aktuellen Konflikt unbewusst an noch ältere offene Gestalten, d. h. an frühere Kränkungen im bisherigen Leben, erinnert wird. Das kann dazu führen, dass die damit verbundenen Emotionen so heftig werden, dass sie dem Anlass nicht mehr angemessen zu sein scheinen.

Diese Kräfte können sowohl die echte Begegnung zwischen Menschen als auch den Zugang zu den eigenen Talenten und Potenzialen blockieren: Sie wirken als Kontaktunterbrecher. Die Situation kann steif, gezwungen, beklemmend oder aggressiv werden.

Der Supervisor spürt solche Blockaden auf, indem er mit dem Supervisanden am Phänomen der Kontaktunterbrechung arbeitet und den konkreten Charakter der Blockade untersucht. Dabei dient die Supervisionssituation als Spiegel der zu supervidierenden

Situation. Der Supervisor kann sich als Modell oder als Verbündeter anbieten. Ziel der Anstrengung ist das Auffinden und Auflösen der Blockaden.

Mit dem Schließen der Gestalt ist die Wiederherstellung des Kontakts zu den eigenen Ressourcen und Potenzialen möglich und es kann wieder ein Kontakt im Hier und Jetzt hergestellt werden.

In einer **systemischen Supervision** erkennt der Supervisor als außen stehender Beobachter die Kommunikationsmuster. Diese werden oft als „Spiele" bezeichnet. Er macht sie der Gruppe, dem Team, dem Supervisanden bewusst. Dabei ist auch klar, dass der Supervisor nicht ganz außen vor bleiben kann. Indem er mit den Mitgliedern des Systems arbeitet, beeinflusst er das System. Seine Beobachtungen sind nicht neutral, sie sind durch ihn selbst beeinflusst.

Das System ist ein anderes durch die Anwesenheit eines Beobachters. In der systemischen Supervision

er die Möglichkeit, auf verschiedenen Ebenen durch **Störung** des Prozesses neue Ideen einzuführen, wie das System besser funktionieren könnte. Er sucht nach vorhandenen Regeln und Mustern und fragt nach deren Funktion.

Bei der **Verstörung** soll der Supervisor neutral bleiben und nicht beim alten Spiel mitspielen. Wäre er parteilich, würde er die Regeln des Spiels, die er verändern will, bestätigen. Da davon auszugehen ist, dass auch Supervision ein Spiel ist, läuft der Supervisor immer Gefahr, ein Mitspieler des bestehenden Systems zu werden, vor allem wenn man bedenkt, dass die interessiertesten Kollegen meist den Supervisor engagieren. Im schlechtesten Fall verbündet sich der Supervisor unbewusst mit denen, die am engagiertesten sind, und bestätigt so bestehende Spielregeln, anstatt sie störend zu verändern.

Eine Aufgabe der Supervision ist es auch, die verschiedenen Kontexte auseinanderzuhalten. In der pädagogischen Arbeit hat man es mindestens mit drei Kontexten zu tun:
- dem Kontext des Klienten,
- dem Kontext des Pädagogen und
- dem Kontext der Institution.

Hier kann es zu einer Konfusion kommen. Jeder Kontext hat schließlich andere Spielregeln,

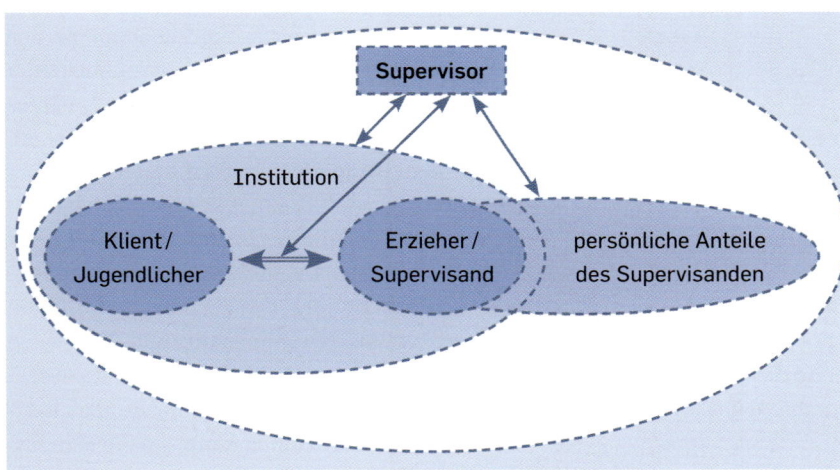

Systemische Supervision – auch der Supervisor beeinflusst das System

wird diese Erkenntnis mit in die Arbeit integriert, d. h., dies wird gemeinsam mit den Mitgliedern der jeweiligen Gruppe beachtet und reflektiert.

Jeder Mensch und so auch jedes System hat eine Selbstorganisation und Selbstheilungskräfte. Die Beachtung des Selbstwerts, der Verantwortlichkeit, der Entscheidungs- und Handlungsfähigkeit aller Beteiligten ist ein wichtiger Bestandteil der Systemtheorie.

Der Supervisor ist gleichzeitig Beobachter, Ideenproduzent, Interaktionsteilnehmer und Mitkonstrukteur eines Interaktionsmusters. Er ist nicht im Besitz einer Lösung für die Supervisanden, sondern überlässt ihnen selbst die Chance zur Veränderung.

Als vorübergehender Teilnehmer des Systems hat

die aufeinandertreffen und in den seltensten Fällen bewusst reflektiert werden. Von der Supervision wird hier verlangt, dass sie offenlegt, wenn solche verschiedenen Kontexte sich vermischt haben. Durch diese Bewusstmachung wird oft schon eine Auflösung der Problematik erreicht.

Damit
- eine Analyse der Kommunikationsstruktur innerhalb der Gruppe gelingen kann und Konfusionen mittels Metakommunikation reflektiert werden können sowie damit
- Kompetenzunklarheiten im System benannt und aufgelöst werden können,

muss Supervision extern sein, d. h., der Supervisor darf nicht institutionell gebunden sein, er muss unabhängig von der Institution sein, für die er Supervision anbietet. Während der Kontext des zu beobachtenden Systems analysiert wird, muss immer gleichzeitig der Kontext der Supervision Gegenstand der Beobachtung sein. Eine folgerichtige Konsequenz ist, dass auch ein Supervisor Supervision braucht.

4 Mit Gruppen arbeiten

4.1 Von der sozialen Gruppenarbeit zur Systemtheorie

Die drei klassischen Methoden der Sozialarbeit sind:

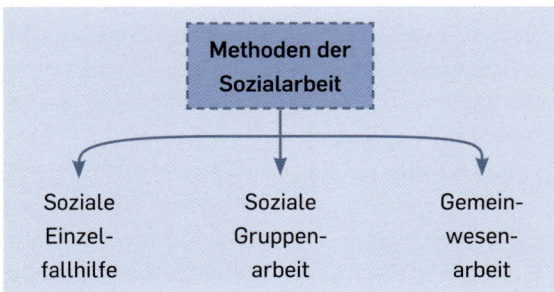

Die **soziale Einzelfallhilfe** ist eine individualisierende professionell helfende Intervention, die die Ich-Stärkung des Klienten zum Ziel hat. Schon um 1900 gab es in den größeren Städten Deutschlands Beratungsstellen für Gesundheits- und Rechtsfragen, z. B. die Seemannsfürsorge oder die Auswandererberatung. Staatliche Fürsorge und private Wohlfahrtspflege hatten in den Anfängen der Sozialarbeit Einzelne oder einzelne Familien im Fokus ihrer Hilfsangebote.

Die **soziale Gruppenarbeit**, die sich aus der Jugendbewegung, der Reformpädagogik und dem Unternehmen „Reeducation[1]" entwickelte, hatte den Einzelnen als soziales Wesen im Blick. Dieser sollte mit den Methoden der Gruppenarbeit und durch das Lernen in Gruppen soziale Kompetenzen erlangen.

Vor allem in der Jugendarbeit wurden Gruppen eingerichtet, Gruppendynamikprozesse erforscht und geeignete Methoden erprobt. Konzepte der humanistischen Psychologie fanden Eingang in das Feld der Gruppenpädagogik, so zum Beispiel die Themenzentrierte Interaktion (TZI) nach Ruth Cohn, das Psychodrama nach Jacob L. Moreno, die Konzepte der Gestalt-

arbeit nach Fritz Perls oder die Transaktionsanalyse (TA) nach Eric Berne.

Eine Politisierung der Sozialarbeit unter dem Leitziel der Emanzipation fand in den 1970er-Jahren statt. In dieser Zeit entwickelte sich auch die **Gemeinwesenarbeit**. In sozialen Brennpunkten wurden Hilfsangebote für die dort Lebenden miteinander vernetzt. Gemeinwesenarbeit hat nicht nur die Verhaltensänderung Einzelner als Ziel, sondern sie versucht in Zusammenarbeit mit möglichst vielen Betroffenen, die Lebensqualität im Stadtteil zu verbessern, die Probleme eines Gemeinwesens aufzugreifen und mit den dort lebenden Menschen nach Lösungen zu suchen.

Seit den 1980er-Jahren haben die **Systemtheorie** und der **Konstruktivismus** auch in der Sozialarbeit zu einem Paradigmenwechsel beigetragen. Der einzelne Mensch wird im Kontext seiner Lebenswelt betrachtet. Die Entstehung der Probleme wird nicht individuell, sondern als Systemstörung gesehen. Prozesse der Wahrnehmung, des Lernens, der offenen und der verborgenen Kommunikation und der offenen und latenten Konflikte sind Gegenstand der Analyse.

Der **Konstruktivismus** geht davon aus, dass jeder Mensch nur das wahrnehmen kann, was in sein bisheriges Weltbild passt. Jeder Mensch hat sich durch die Erlebnisse und Erfahrungen in seinem Leben bestimmte Schemata der Erklärung für Phänomene zurechtgelegt. In diese Schemata sortiert er zunächst alle weiteren Wahrnehmungen ein, die ihm beachtenswert erscheinen. Vieles nimmt er, weil es keinen Anknüpfungspunkt für ihn gibt, überhaupt nicht erst wahr. Seit Piaget weiß man, dass Lernen nichts anderes bedeutet als einerseits die Einordnung neuer Wahrnehmungen in bereits vorhandene (Denk-)Schemata und andererseits die Veränderung der Schemata, weil neue Wahrnehmungen nicht mehr einzuordnen sind.

Das bedeutet, dass Wahrnehmung und damit auch Lernen höchst individuelle Prozesse sind. Die Antworten der Pädagogik darauf sind individualpädagogische Maßnahmen und individualisierte Lernkonzepte.

---

1 Die von den USA unterstützte Reeducation hatte das Ziel, die Deutschen nach dem Zweiten Weltkrieg umzuerziehen und zu demokratisieren.

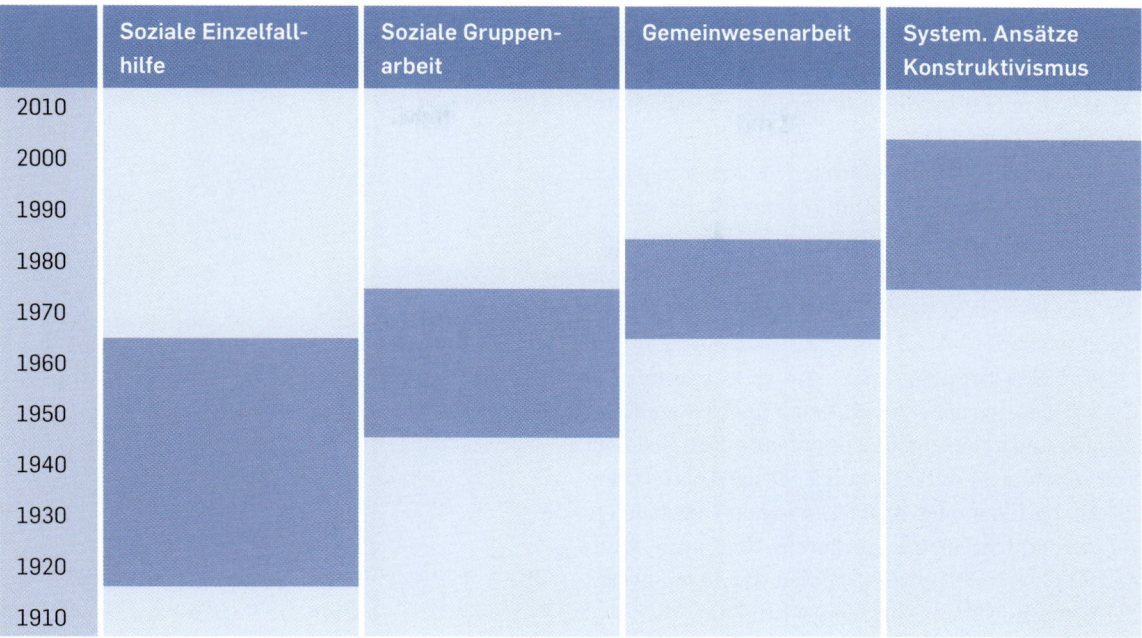

	Soziale Einzelfall-hilfe	Soziale Gruppen-arbeit	Gemeinwesenarbeit	System. Ansätze Konstruktivismus
2010				
2000				
1990				
1980				
1970				
1960				
1950				
1940				
1930				
1920				
1910				

Hoch-Zeiten der Methoden der Sozialarbeit

Dennoch bleibt Leben und Lernen ein sozialer Prozess, der in sozialen Systemen stattfindet (s. Kapitel 3).

Die **Systemtheorie** lenkt die Aufmerksamkeit auf die Tatsache, dass das Verhalten des einzelnen Menschen immer im Kontext mit dem System zu sehen ist, in dem er sich gerade befindet oder in dem er sich befunden hat und das ihn noch beeinflusst. Jedes System, sei es eine Familie, eine Schulklasse oder eine Heimgruppe, hat die Tendenz, sich zu erhalten und immer ein Gleichgewicht herzustellen. Dass das System funktioniert, geht manchmal auf Kosten eines einzelnen Mitglieds. Das heißt, wenn z. B. ein Kind verhaltensauffällig wird, wird nicht nur das Kind behandelt, sondern man schaut sich heute die Familie an, in der das Kind lebt. Vielleicht hat das Symptom des Kindes für die Stabilität des Gesamtsystems einen Sinn.

Neben der Analyse von Kommunikations- und Lernprozessen bieten der Konstruktivismus und die Systemtheorie Lösungsansätze für effektivere Prozess-, Organisations- und Teamentwicklung.

4.2 Primärgruppe Familie

Der Mensch ist ein soziales Wesen. Er gehört gleichzeitig und nacheinander verschiedenen Gruppen an. Gruppen, die einem gefühlsmäßig sehr nahestehen, die die Persönlichkeitsentwicklung durch intensiven, häufigen und frühen Kontakt beeinflussen, nennt man

Primärgruppen. Gruppen, die einem nicht so nahestehen, auch wenn man zu ihnen gehört, werden **Sekundärgruppen** genannt. Bei den Primärgruppen ist vor allem an die Familie zu denken.

Das System Familie wurde von der Familientherapeutin **Virginia Satir** (1916 – 1988) besonders gut analysiert. Bei der Analyse sind ihr vier Aspekte wichtig:

- der Selbstwert,
- die Kommunikation,
- die Offenheit oder Geschlossenheit des Systems,
- der gesellschaftliche Rahmen.

Unter dem Begriff „**Selbstwert**" versteht Satir, wie sich jedes einzelne Familienmitglied fühlt. Geht es einem Familienmitglied schlecht, so sagt das etwas über das ganze System aus. Denn der Einzelne ist in den meisten Fällen nur der Symptomträger – krank ist das System.

Die **Kommunikation** wird nach der Struktur von Watzlawick (s. K apitel 7) untersucht. Es geht auch um Kommunikationsmuster in einer Familie und um „Spiele", um kongruente und inkongruente Kommunikation, um ausgesprochene und unausgesprochene Regeln in der Familie.

Ein **geschlossenes** Familiensystem schirmt sich möglichst vollständig von äußeren Einflüssen ab und die Familienmitglieder haben starr festgelegte Rollen.

In einem **offenen** Familiensystem steht der Selbstwert an erster Stelle, d. h., er ist Macht und

Pflichterfüllung übergeordnet. Veränderungen sind willkommen und werden als normal betrachtet. Ein offenes Familiensystem ist in der Lage, darauf zu reagieren.

Bei der Betrachtung eines jeden Systems spielen die äußeren Rahmenbedingungen eine Rolle. Die Beziehungsmuster in einer Familie werden von **gesellschaftlichen Rahmenbedingungen** beeinflusst. Andererseits bildet die Gesamtheit aller Familien die Gesellschaft.

Eine **Sekundärgruppe** ist die Peergroup, die Gleichaltrigengruppe. Im mittleren und späteren Kindesalter und im Jugendalter orientieren die Individuen sich zunehmend stärker an Gleichaltrigen als an ihren Eltern. In den letzten 50 Jahren haben Gleichaltrige für Jugendliche immer stärkere Bedeutung gewonnen. Das zeigen Vergleichsstudien des Jugendwerks der Deutschen Shell (Shell-Jugendstudie).

Die Kinder und Jugendlichen verbringen ihre Freizeit mit Gleichaltrigen, sie erproben für sie neue Verhaltensweisen, machen neue Erfahrungen auf unterschiedlichen Gebieten, überprüfen ihre vom Elternhaus übernommenen Ansichten, reflektieren ihre Erziehung, lernen neue Freiheiten kennen und erleben sich in anderen Rollen. Insofern übernehmen Gleichaltrigengruppen bei Kindern und Jugendlichen wichtige Sozialisationsfunktionen und dienen der Emanzipation vom Elternhaus. Auch bei Konflikten mit den Eltern können Peergroups wichtige Funktionen übernehmen.

Der Übergang ins Erwachsenenalter wird in diesen Gruppen gleichsam erprobt. Nicht selten werden einige Attribute des Erwachsenenstatus angeeignet, die begehrt sind, den Jugendlichen aber offiziell verweigert werden. Hierzu gehören z. B. Rauchen, Alkohol und Sexualität.

4.3 Soziogramm

In jeder Gruppe gibt es eine offizielle, formelle und eine inoffizielle, informelle Struktur.

Oft ist die untergründige, gefühlsmäßige Beziehungsstruktur in einer Gruppe bedeutsamer als die formelle Rollenstruktur. Deshalb ist es für den Umgang mit Gruppen sehr wichtig zu wissen, welche Zuneigungen und Abneigungen zwischen den Mitgliedern bestehen und welche informelle Machtstruktur eine Gruppe hat.

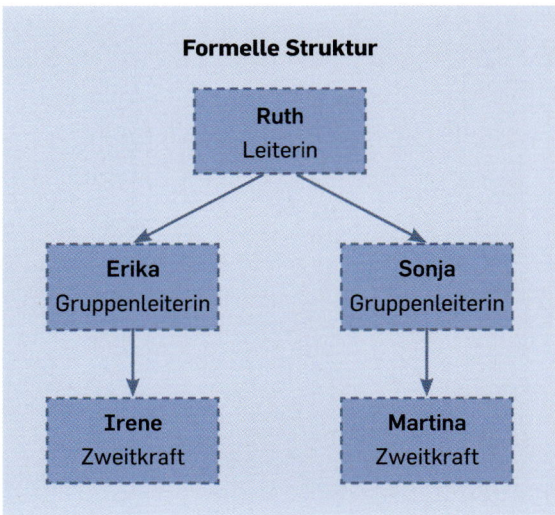

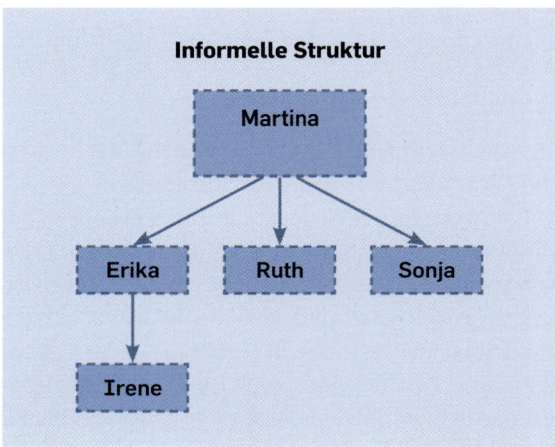

Mit soziometrischen Verfahren kann man die informelle Struktur einer Gruppe erfassen.

Eine Möglichkeit ist der soziometrische Test. Bei dieser Methode müssen alle Mitglieder einer Gruppe z. B. aufschreiben, wen sie aus der Gruppe am meisten bzw. wen sie am wenigsten mögen. Die Fragen können natürlich auch indirekt formuliert werden. Die Auswertung nimmt man dann entweder in einer Tabelle vor oder man fertigt eine Zeichnung an (s. auch Kapitel 2, Punkt 4.5).

Bei der Auswertung ist zu beachten, dass das Soziogramm immer nur eine Momentaufnahme der Gruppe darstellt und die Daten im Hinblick auf die spezielle Fragestellung hin gedeutet werden müssen. Deshalb sollte ein soziometrischer Test nie isoliert betrachtet werden, sondern es sollten immer auch andere Beobachtungen und Informationen herangezogen werden.

Beispiel Soziomatrix:

Wähler \\ Gewählte	Anne	Anja	Ines	Marie	Malte	Ole	Florian	Nils	Boris	abgegebene Stimmen	positiv	negativ
Anne		+			−					2	1	1
Anja	+				−					2	1	1
Ines						−		+		2	1	1
Marie			+			−				2	1	1
Malte						+			−	2	1	1
Ole							+	−		2	1	1
Florian						−		+		2	1	1
Nils			+			−				2	1	1
Boris					−		+			2	1	1
erhaltene Stimmen	1	1	2	0	3	5	2	3	1			
positiv	1	1	2	0	0	1	2	2	0			
negativ	0	0	0	0	3	4	0	1	1			

Beispiel Soziogramm:

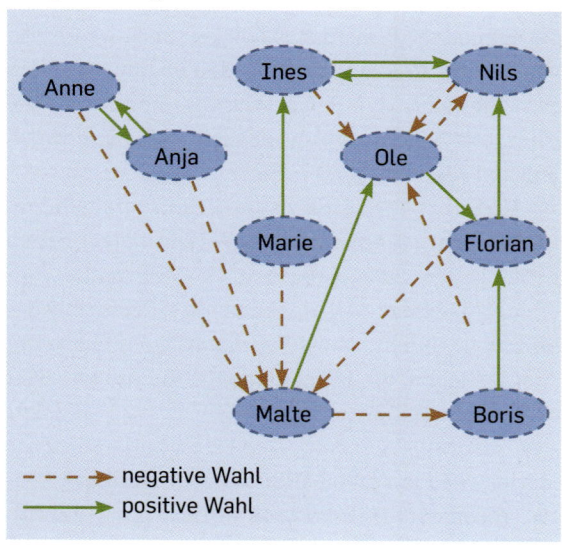

- - - ▶ negative Wahl
——▶ positive Wahl

Beispiel:
Die Mitglieder einer Jugendgruppe (Anne, Anja, Ines, Marie, Malte, Ole, Florian, Nils, Boris) wurden gefragt:
• Dir wird eine Reise geschenkt und du darfst aus der Gruppe noch eine Person mitnehmen. Wen nimmst du mit?
• Wen nimmst du auf keinen Fall mit?

AUFGABE Erstellen Sie ein Soziogramm für die Personen in der Eingangssituation des Kapitels.

4.4 Rollen

Eine soziale Rolle definiert sich einerseits durch den Platz, auf dem eine Person innerhalb der Gesellschaft oder einer Gruppe steht, und andererseits durch die Erwartungen der anderen an diese Person auf dieser Position. Der Platz, auf dem sich eine Person befindet, kann ein zugeschriebener (z. B. Mann oder Frau) oder ein erworbener (z. B. Leiterin einer Kindertagesstätte) sein. Er wird auch soziale Position genannt. Eine Person nimmt unterschiedliche Plätze in der Gesellschaft und in verschiedenen Gruppen ein. Eine Rolle ist demnach ein Verhalten eines Menschen in einer bestimmten Situation und Umgebung. Sie beschreibt nicht sein gesamtes Verhalten.

Marion ist 19 Jahre alt. Seit sechs Wochen ist sie Erzieherin im Heim. Bis vor Kurzem war sie noch Erzieherschülerin und in dieser Zeit war sie auch Praktikantin in einer Einrichtung. Wie sie lebt, wissen wir nicht. Ob sie zum Beispiel noch bei ihren Eltern wohnt oder eine eigene Wohnung hat, ist nicht bekannt.

In ihrem Privatleben nimmt sie in jedem Fall weitere Rollen ein:
- Frau
- Tochter
- evtl. Schwester
- Enkelin
- Freundin
- Kundin
- u. a.

Wie sie diese Rollen ausfüllt, weiß man nicht, ob sie eine brave Tochter o. Ä. ist. In jedem Fall wird sie ihre Rollen individuell ausfüllen und dadurch weitere Rollen einnehmen, z. B. die der Beschützerin.

Auf ihrer Arbeitsstelle ist Marion u. a.
- die Neue im Team,
- die Kollegin,
- die Erzieherin.

Als Neue traut sich Marion bereits zu, alleine den Sonntagsdienst zu übernehmen. Das Verhalten, das man zeigt, wenn man neu in eine Gruppe kommt, kann sich schnell zu einer Rolle verfestigen. Die anderen haben bestimmte erste Eindrücke und daran geknüpft bestimmte Erwartungen, die sie bestätigt sehen wollen. Durch die misslungene Frühstückssituation wurde Marion in eine Rolle gebracht, aus der sie wahrscheinlich so schnell nicht wieder herauskommt.

An Frauen werden in der Gesellschaft andere Erwartungen gestellt als an Männer, auch wenn die Frauenrolle und Männerrolle von den jeweiligen Personen ganz unterschiedlich ausgefüllt wird. Das Ausfüllen der Frauen- bzw. Männerrolle hängt auch wesentlich von der gesellschaftlichen Position ab, die diese Person einnimmt, vom Beruf, vom Familienstand, vom Alter, vom Wohnort, vom sozialen Status und vielen anderen Faktoren.

Als Frau hat Marion in der Gruppe eine andere Rolle als ihr männlicher Kollege. Die Jugendlichen haben andere Erwartungen an sie. Vielleicht erwarten die Mädchen, dass sie ihnen ein gutes weibliches Vorbild ist und ihnen zuhört, wenn sie Probleme mit Jungen haben. Vielleicht erwarten die Jungen, dass sie sie bedient …?

Marion wird hin und wieder in Rollenkonflikte geraten. Dabei sind **Intrarollenkonflikte** von **Interrollenkonflikten** zu unterscheiden.

Unter **Interrollenkonflikten** versteht man die Konflikte, die eine Person mit zwei verschiedenen Rollen und den damit verbundenen sich widersprechenden Erwartungen hat.

So ist Marion einerseits Erzieherin und andererseits hat sie ein Privatleben. Wenn sie gefragt wird, ob sie spontan einen Sonntagsdienst übernehmen könne, aber an diesem Tag bereits eine Unternehmung mit ihrem Freund geplant hat, gerät sie in einen Interrollenkonflikt.

Auch innerhalb einer Rolle kann es zu Konflikten kommen. Als Erzieherin kann sie zwischen den Ansprüchen eines Jugendlichen und eines Kollegen stehen und muss sich entscheiden. Z. B. könnte ein Jugendlicher einen Film zu Ende sehen wollen, im Team gibt es aber die Abmachung, dass dieser Jugendliche nur eine bestimmte Zeit am Tag fernsehen darf. Diese Zeit hat er bereits überschritten. Hier handelt es sich um einen **Intrarollenkonflikt**.

Rollen in Gruppen kann man unterscheiden in:

* Rollen, die sich danach richten, wie Aufgaben in Gruppen bearbeitet werden:
  Hier kann jemand die Rolle übernehmen, Vorschläge zu machen, jemand anderes die Rolle zu moderieren, wieder jemand, alles aufzuschreiben, jemand, kritische Fragen zu stellen usw.
* Rollen, bei denen es um den Gruppenzusammenhalt geht:
  Hier hat vielleicht jemand die Rolle übernommen zu ermutigen, jemand anderes fordert zum Hinhören auf, jemand kann gut zuhören und auf andere eingehen, wieder jemand hat die Rolle, einen Angegriffenen zu schützen usw.
* sogenannte negative Rollen:
  Diese Rollen tragen nicht zur Weiterentwicklung in einer Gruppe bei. Gemeint ist z. B. feindselig sein, andere angreifen, rivalisieren, ständig den Clown spielen, sticheln, andere lächerlich machen usw.

Eine Rolle ist zunächst ein beschreibender Begriff. Eine Bewertung bekommt sie erst dann, wenn die Bedeutung für den Einzelnen und die Gruppe angesehen wird. Eine Rolle bedeutet auch, einen Platz in der Gruppe zu haben. Rollen können je nach Situation und Entscheidung ganz bewusst eingenommen werden.

Die Erfahrung lehrt, dass Menschen auch dazu neigen, sich in einer Gruppe auf bestimmte Rollen festzulegen:

* Mustafa braust manchmal völlig unangemessen auf.
* Lutz ist häufig aggressiv gegenüber Erwachsenen. Für Melanie tut er alles.
* Die Mutter von Patrick und Pepita überschüttet ihre Kinder mit Geschenken und beschimpft die Erzieher.
* Lilli fühlt sich bestraft, dass sie in dieser Gruppe leben muss.
* Thomas ist Einzelgänger.
* Melanie ist der Star der Gruppe.

Man kann eine Rolle übernehmen, weil sie einem liegt oder sie der Eigenart entspricht. Die Reaktionen der anderen haben ebenfalls einen großen Einfluss auf das Rollenverhalten. Eine Rolle entsteht in der Wechselwirkung zwischen dem Rolleninhaber und den anderen Gruppenmitgliedern.

Rolleninhaber ⟵⟶ andere
Wechselwirkung
lässt Rolle entstehen

Die Erwartungen der anderen an den Rolleninhaber und das Verhalten des Rolleninhabers können sich gegenseitig verstärken.

Beispiel: Ein Kind, das neu in die Gruppe kommt, schneidet vielleicht aus Unsicherheit Grimassen. Die anderen Kinder finden das witzig und lachen. Das Kind freut sich über die Aufmerksamkeit, denkt sich noch witzigere Grimassen und Gesten aus und sagt vielleicht zusätzlich etwas Witziges mit verstellter Stimme. Die anderen Kinder sind nun erst recht begeistert und erwarten weitere unterhaltsame Gags. Das neue Kind erwirbt so seine Rolle als Clown. Wenn die Erzieherinnen erreichen wollen, dass sich diese Rolle nicht verfestigt, müssen sie überlegen, welche Bedürfnisse des Kindes hinter seinem Verhalten stehen und welche Vorteile es von diesem Verhalten hat. Die **Vorteile** der Rolle des Gruppenclowns könnten sein:

* Anerkennung,
* Aufmerksamkeit der ganzen Gruppe,
* Zuwendung,
* Verhaltenssicherheit,
* Verstecken der wahren Gefühle.

Dahinter verbirgt sich vielleicht das Bedürfnis nach Zuwendung, geliebt zu werden, gesehen zu werden, und die Angst, nicht so sein zu dürfen, wie man eigentlich ist, in der Gruppe nicht anerkannt zu werden. Natürlich hat so eine Rolle auch **Nachteile**, z. B.:

- Anstrengung, immer witzig zu sein,
- sich immer verstellen müssen,
- der Versuch, ernsthaft zu sein, wird nicht ernst genommen.

Das Kind wird aber die Rolle erst aufgeben können, wenn es seine Bedürfnisse in der Gruppe auch anders befriedigen kann und es durch geeignete Angebote die Chance bekommt, andere Verhaltensweisen zu zeigen.

Richtet sich jemand in einer Rolle ein, so hat er **Gedanken, Gefühle und Verhaltensweisen**, die zu dieser Rolle passen. Ein Mädchen, das in der Gruppe als „Heulsuse" stigmatisiert ist, wird vielleicht **denken**: *„Wie gemein, dass mir Malte die Puppe weggenommen hat!"*

Es wird vielleicht dabei **fühlen**: *„Aua, das tut weh, wie er sie anfasst!"*

Und dann wird es sich wahrscheinlich so **verhalten**, wie alle es von ihm erwarten – es wird weinen.

AUFGABE Überlegen Sie, welche Rolle Lilli aus der Lernsituation in der Gruppe hat. Versuchen Sie sich in ihre Gedanken und Gefühle hineinzuversetzen. Welche Vorteile und welche Nachteile entstehen aus der Rolle?
Wie sehen Sie in diesem Zusammenhang Marions Verhalten zu Lilli?

4.5 Phasen

Seit den Veröffentlichungen von **Bernstein** und **Lowy**, die in den USA in den 60er-Jahren Forschungen zur sozialen Gruppenarbeit betrieben, findet man in der Literatur immer wieder die fünf Phasen, die die gruppendynamische Entwicklung in einer Gruppe von Beginn bis zur Auflösung beschreiben:

1. Voranschluss- und Fremdheitsphase
2. Machtkampf- oder Kontrollphase
3. Intimitätsphase
4. Differenzierungsphase
5. Abschlussphase

Ebenso wie sich in jeder Gruppe Rollen herausbilden, verläuft ein Gruppenprozess immer mehr oder weniger in diesen Phasen. In welcher Phase sich eine Gruppe gerade befindet, lässt sich erkennen

- am Verhalten der Mitglieder untereinander und zur Gruppenleitung,
- an den Rollen,
- am Gefühl der einzelnen Mitglieder zur Gruppe,
- am Umgang mit Konflikten,
- an den Entscheidungsprozessen in der Gruppe und
- am Umgang mit Nicht-Gruppenmitgliedern und mit anderen Gruppen.

Aufgabe der Gruppenleitung ist es, wahrzunehmen, wo die Gruppe, steht und dieses bei der Planung von Vorhaben zu berücksichtigen.

4.5.1 Voranschluss- oder Fremdheitsphase

Wenn sich eine Gruppe neu bildet oder mehrere neue Mitglieder aufnimmt, ist das Verhalten der Einzelnen normalerweise zuerst einmal eher abwartend, zögerlich, vielleicht sogar schüchtern.

- „Will ich in dieser Gruppe bleiben?"
- „Was sind das für Leute?"
- „Mag ich die?"
- „Mögen die mich?"
- „Was wird hier von mir verlangt?"
- „Wie muss ich mich verhalten?"
- „Welchen Vorteil habe ich von der Gruppe?"
- „Gefällt mir die Leitung?"
- „Woran erinnert mich das, was hier geschieht?"

Aller Anfang ist schwer

Solche Gedanken mögen den Einzelnen durch den Kopf gehen. Man ist sich noch keineswegs sicher, ob man sich dieser Gruppe anschließen möchte. Erfahrungen und damit verbundene Gefühle aus anderen Gruppen kommen wieder hoch, möglicherweise machen sich Ängste breit. In dieser Phase hat man es mit Zaungästen zu tun, Personen, die innerlich oder auch sprichwörtlich am Rande bleiben, mit der Möglichkeit, jederzeit wieder gehen zu können.

Kennt man schon jemanden in der Gruppe oder kommt man mit jemandem zusammen neu in die Gruppe, so hält man sich in dieser Phase an der bekannten Person fest.

Ein Soziogramm einer Gruppe in der Voranschlussphase könnte so aussehen:

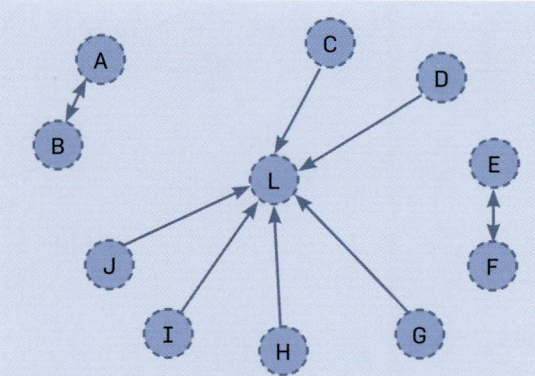

Die Personen A + B und E + F kannten sich vielleicht schon, als sie in die Gruppe kamen. C, D, G, H, I + J kennen einander noch nicht und orientieren sich zunächst einmal an der Leitung (L).

Die Aufmerksamkeit aller Gruppenmitglieder ist am Anfang auf die Leitung ausgerichtet. Diese muss einen klaren Rahmen vorgeben, die ersten Aktivitäten planen und vorschlagen und den Einzelnen Gelegenheit geben, sich innerhalb eines festen äußeren Rahmens kennenzulernen. In der Anfangsphase empfiehlt es sich, in dem Raum zu bleiben, der für die Gruppe vorgesehen ist. Der Raum bietet genauso wie die anderen Rahmenbedingungen die notwendige Orientierung.

Regeln und Normen, die in der Gruppe gelten sollen, müssen bereits in dieser Phase vorgegeben werden. Da sich die Gruppenmitglieder noch stark an der Gruppenleitung orientieren, ist es einfach für diese, **Gruppenregeln** aufzustellen und ein entsprechendes Verhalten einzufordern. Es ist äußerst schwierig, Gruppenregeln nachträglich einzuführen.

4.5.2 Machtkampf- oder Kontrollphase

Wenn nach der ersten Phase klar ist, wer bleibt, tritt die Gruppe in eine neue Phase ein, die Machtkampfphase.

Bereits in der ersten Phase bildeten sich Rollen heraus. Es gibt die Mutigeren, die schnell das Wort ergreifen, und die Abwartenden, die noch vorsichtig sind und erst einmal beobachten. In dieser zweiten Phase beginnt nun in einem Klima der mehr oder weniger offenen Konkurrenz ein Wetteifern um Status, Anerkennung und Durchsetzung von Interessen. Die Anerkennung erhofft man sich in dieser Phase von der Gruppenleitung und auch von den anderen Gruppenmitgliedern. So bilden sich die einzelnen Rollen in der Gruppe heraus.

Je nachdem, welche Möglichkeiten die Gruppenleitung eröffnet, kann dieser Prozess so flexibel gestaltet werden, dass alle sich auch in unterschiedlichen Rollen ausprobieren können. Im schlechtesten Fall verfestigen sich die Rollen in dieser Phase. Das ist vor allem für die negativ besetzten Rollen, wie z. B. die Sündenbockrolle oder die Außenseiterrolle, fatal. Spätere Phasen eignen sich nicht mehr so gut für Interventionen, die der Rollenfestlegung entgegenwirken.

Gut wäre es, wenn die Gruppenleitung ein abwechslungsreiches Programm anbieten würde, damit jedes Gruppenmitglied einmal seine besonderen Stärken präsentieren kann. Die Rahmenbedingungen sollten so gestaltet sein, dass der Fokus auf unterschiedliche Fähigkeiten ausgerichtet und somit die Aufmerksamkeit auf unterschiedliche Gruppenmitglieder gelenkt werden kann.

Ein Soziogramm in dieser Phase könnte so aussehen:

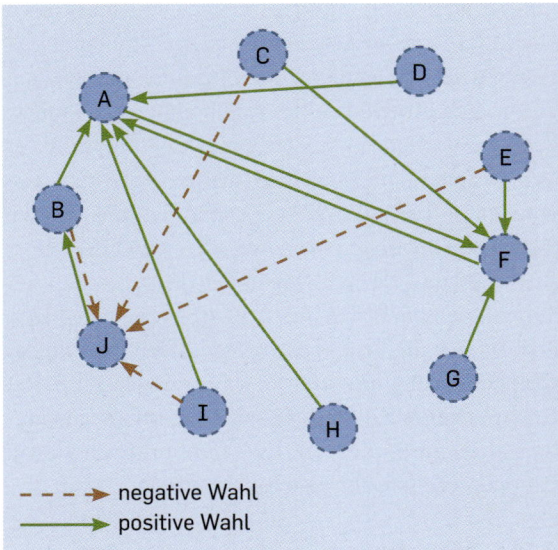

A und F sind hier die beliebtesten Personen. Sie wählen sich auch gegenseitig. A vereinigt 5 Wahlen auf sich, F 4. A, der B schon vorher kannte, wird auch von B gewählt, er wählt selbst aber F. Ähnlich wie B ergeht es E. Die Personen, die selbst nicht gewählt werden, orientieren sich an einem der beiden „Stars" in der Gruppe, außer J, der B wählt. J könnte sich zum Sündenbock der Gruppe entwickeln. Er wird sogar von B abgelehnt, obwohl J B wählt. Für die Rolle des Außenseiters bieten sich noch mehrere Personen an: C, D, E, H, I und G. Das Paar A und F könnte gefährlich werden, wenn es seine Macht nicht im positiven Sinne für die Gruppe nutzt oder wenn die beiden veröffentlichen, wen in der Gruppe sie möglicherweise beide ablehnen. Hier ist die Gruppenleitung L nicht aufgeführt, um die Dynamik in der Gruppe besser zu verdeutlichen. Wäre L mit dabei, würde L wahrscheinlich von den Gruppenmitgliedern gewählt, die noch keinen rechten Platz in der Gruppe gefunden haben.

- - - ▶ negative Wahl
——— ▶ positive Wahl

4.5.3 Intimitätsphase

Wenn jeder seinen Platz in der Gruppe gefunden hat und weiß, was von den anderen zu erwarten ist, bildet sich allmählich ein Zusammengehörigkeitsgefühl heraus. Die Gruppenmitglieder fühlen sich geborgen in der Gruppe und grenzen sich von anderen Gruppen ab. Vielleicht sind sie stolz, zu dieser Gruppe zu gehören. In der Gruppe bilden sich Cliquen, man verabredet sich auch außerhalb der Gruppe. Die Gruppenmitglieder sind bereit, sich über das notwendige Maß hinaus für die Gruppe zu engagieren. Es finden vertrauliche Gespräche in der Gruppe statt, Vertrauensspiele sind möglich und die Gruppenleitung wird oft als Mutteroder Vaterfigur empfunden.

Geborgenheit und Vertrauen

Das, was in der Gruppe geschieht, hat für den Einzelnen eine hohe emotionale Bedeutung. Entscheidungen werden oft so getroffen, dass man die Gruppenharmonie nicht gefährdet. Gruppenziele werden über eigene individuelle Ziele gestellt.

Aufgabe der Gruppenleitung ist es in dieser Phase, Gruppenmitglieder, die abseits stehen, in das Gruppengeschehen zu integrieren, der Cliquenbildung entgegenzuwirken und gemeinsame Gruppenerlebnisse zu schaffen. Außerdem besteht in dieser Phase die Chance, dass Konflikte offen angesprochen und gelöst werden können.

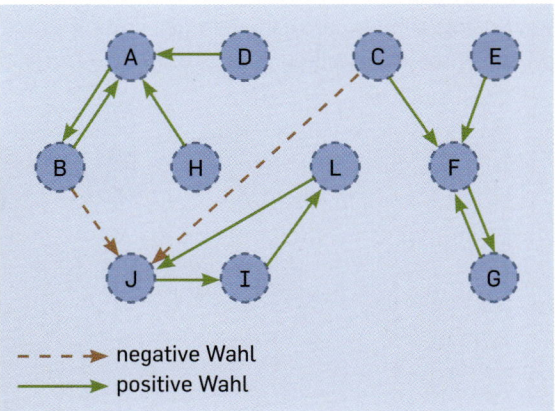

- - - ▶ negative Wahl
——— ▶ positive Wahl

Intimitätsphase

4.5.4 Differenzierungsphase

Wenn eine Gruppe es schafft, diese Phase zu erreichen, dann hat man das Gefühl, als sei sie erwachsen geworden. Die Gruppe ist stabil, man hält zusammen, löst

Konflikte durch Gespräche und akzeptiert einander in seiner Unterschiedlichkeit. Jeder pflegt auch Kontakte nach außen und muss deshalb nicht befürchten, in der Gruppe abgelehnt zu werden. Niemand ist mehr in einer bestimmten Rolle gefangen. Jeder darf so sein, wie er eben ist, und jeder darf ein neues Verhalten ausprobieren. Die Gruppenleitung kann sich in dieser Phase mehr und mehr zurückziehen und aus einiger Entfernung beobachten, eventuell Hilfen zur Selbsthilfe geben. Vieles regelt die Gruppe alleine. Die Gruppe hat es gelernt, Entscheidungen herbeizuführen und ihre eigenen Prozesse zu moderieren. Ebenfalls hat sie es gelernt, Konflikte zu lösen.

Aufgabe der Gruppenleitung könnte es in dieser Phase sein, Kontakte zu anderen Gruppen herzustellen.

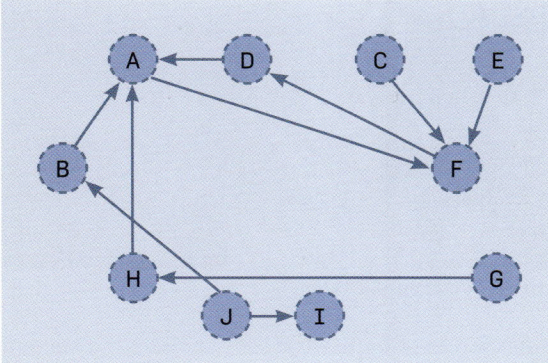

Differenzierungsphase

4.5.5 Abschlussphase

Wenn klar ist, dass sich die Gruppe auflösen wird, beginnt die Abschlussphase. In dieser Phase tauchen ungeordnet und manchmal plötzlich Verhaltensweisen aus den vorherigen vier Phasen auf. Man erinnert sich, man verhält sich plötzlich wieder wie am Anfang, man will nicht auseinandergehen, man gibt sich unselbstständig, produziert unnötige Konflikte, klammert an der Gruppenleitung. Dann ist man wieder ganz „vernünftig" oder freut sich sogar, dass es bald ein Ende hat mit der Gruppe.

Aufgabe der Gruppenleitung in dieser Phase ist es, die Auflösung der Gruppe oder den Abschied von einzelnen Gruppenmitgliedern oder den eigenen Abschied rechtzeitig anzukündigen, damit die Gruppe Zeit hat, sich zu verabschieden. Es ist gut, noch einmal gemeinsam auf die Zeit in der Gruppe zurückzublicken. Die Einzelnen brauchen Zeit, Perspektiven für

die Zeit danach zu entwickeln und sich allmählich von der Gruppe abzulösen.

Auch Treffen nach Abschluss der Gruppe sollten schon vorher geplant werden. Nicht zuletzt kann die gemeinsame Planung eines Abschlussfests den Schmerz der bevorstehenden Auflösung der Gruppe mildern.

Nicht immer werden alle Phasen während eines Gruppenprozesses durchlaufen. Einzelne Gruppenmitglieder können die Phasen auch unterschiedlich erleben. Manche Gruppen bleiben in der Machtkampfphase stecken und müssen sich dann irgendwann auflösen. Viele Gruppen erreichen die Differenzierungsphase nie. Wie lange die einzelnen Phasen dauern, hängt von der Gruppe und den Rahmenbedingungen ab.

Die Gruppenleitung muss in der Lage sein, diese Prozesse zu durchschauen, damit die Gruppe sich weiterentwickeln kann. Wenn neue Mitglieder in die Gruppe kommen, ist der Prozess der Integration auch davon abhängig, in welcher Phase sich die Gruppe gerade befindet. Durch neue Mitglieder fällt oft die ganze Gruppe wieder um eine oder mehrere Phasen zurück.

Wenn man die Heimgruppe in der Lernsituation betrachtet, so besteht diese Gruppe abgesehen von Marion erst seit einem Jahr in dieser Zusammensetzung: Ursula arbeitet schon seit 25 Jahren in diesem Heim, Hans seit 3, Sabine seit 2 und Christian erst seit einem Jahr. Von den Jugendlichen ist Mustafa am längsten da, seit 7 Jahren. Dann kommen Patrick und Pepita, sie sind seit 5 Jahren in der Gruppe. Thomas und Melanie sind seit 3 Jahren da, Lutz seit 2 ½ Jahren. Und Lilli und Kerstin sind erst seit einem Jahr dabei.

Daraus und aus dem Verhalten der Gruppenmitglieder kann man schließen, dass sich die Gruppe noch in der Machtkampfphase befindet.

AUFGABE Welche konkreten Aktivitäten könnte man für die Heimgruppe in dieser Phase anbieten, um den Gruppenprozess zu fördern und die Atmosphäre in der Gruppe zu verbessern?

4.6 Erlebnispädagogik

> „Es gibt nicht nur ansteckende Krankheiten, sondern auch ansteckende Gesundheiten."
> (Kurt Hahn)

Ebenso wie die soziale Gruppenarbeit hat die Erlebnispädagogik Wurzeln in der Reformpädagogik. **Kurt Hahn** (1886–1977) gilt als der Urvater der deutschen Erlebnispädagogik. Er wiederum war beeinflusst von Jean Jacques Rousseau (1712–1778), der in seinem Erziehungsroman „Emile" damals bereits für eine natürliche Erziehung plädierte, und David Henry Thoreau (1817–1862), der über ein bedürfnisloses Leben in der Natur zum eigentlich Wichtigen vorstoßen wollte.

Kurt Hahn war ein jüdisch-deutscher Pädagoge. Hahn entwickelte ein ganzheitliches Erziehungs- und Bildungskonzept, das durch unmittelbare Erlebnisse in der Natur, durch körperliche Herausforderungen und Gruppenerfahrungen Schlüsselqualifikationen trainieren sollte. 1920 gründete er das Internat Schloss Salem in der Nähe des Bodensees. Dieses Internat besteht auch heute noch in der Tradition seines Gründers.

Hahn leitete das Internat bis 1933. Dann wurde er wegen seiner jüdischen Abstammung von den Nationalsozialisten nach Schottland ausgewiesen, wo er 1934 die „British Salem School" in Gordonstoun aufbaute. 1941 gründete er seine erste Kurzschule, in der man mehrwöchige Kurse belegen konnte.

1946 wurde in London der „Outward Bound-Trust" gegründet, 1951 in Deutschland der „Verein Outward Bound" auf Initiative von Kurt Hahn, Minna Specht und Marion Dönhoff.

„Outward Bound International" betreibt heute über 50 Einrichtungen in 35 Ländern. Die Organisation bietet Outdoor-Seminare für unterschiedliche Zielgruppen an, z. B. für Schüler, Studenten, Auszubildende, Jugendliche aus Verbänden, Vereinen und Heimen oder für Führungskräfte. Ziel ist das Lernen mit Kopf, Herz und Hand im Lernfeld Natur und in der Gruppe.

Erlebnispädagogische Aktion

Hahn sah die Gesellschaft sehr kritisch. Mit seinem Erziehungskonzept wollte er möglichst viele Jugendliche erreichen und damit den Verfallserscheinungen seiner Zeit entgegenwirken, die seiner Meinung nach waren:

* Mangel an menschlicher Anteilnahme,
* Verfall körperlicher Tauglichkeit,
* Mangel an Initiative und Spontaneität,
* Mangel an Sorgsamkeit.

Für seine Internate stellte Hahn damals die „Sieben Salemer Gesetze" auf:						
1. Gebt den Kindern Gelegenheit, sich selbst zu entdecken.	2. Lasst die Kinder Triumph und Niederlage erleben.	3. Gebt den Kindern Gelegenheit zur Selbsthingabe an die gemeinsame Sache.	4. Sorgt für Zeiten der Stille.	5. Übt die Fantasie.	6. Lasst Wettkämpfe eine wichtige, aber keine vorherrschende Rolle spielen.	7. Erlöst die Kinder reicher/mächtiger Eltern vom entnervenden Gefühl der Privilegiertheit.

Auf diese Mängel sollte mit erlebnispädagogischen Methoden reagiert werden. Dazu gehörten:

- **körperliches Training** (Leichtathletik, Natursportarten wie Segeln, Kanufahren, Bergwandern),
- **Dienst am Nächsten** (z. B. Küstenwache, See- oder Bergrettungsdienst),
- **Projekte** (Aufgabenstellung mit hoher, aber erreichbarer Zielsetzung bei selbstständiger Planung und Durchführung im handwerklich-technischen bzw. künstlerischen Bereich),
- **Expeditionen** (meist mehrtägige Berg- oder Skitouren, Floßfahrten etc., bei denen es neben der natursportlichen Aktivität auch um lebenspraktische Alltagserfahrungen ging, wie Versorgen, Transportieren, Nachtlager bereiten).

Die Nachhaltigkeit der Methode hängt für Hahn von der **Erlebnisqualität** ab. Je mehr die Teilnehmer die Aktionen als außergewöhnliche Erlebnisse wahrnehmen, umso größer ist die Wirkung. Diese beruht darauf, dass man sich später noch an die Bewältigung von schwierigen Situationen erinnert. Diese Erinnerung hilft dann aktuelle Herausforderungen zu meistern.

Weitere Bedingungen für die Wirksamkeit von erlebnispädagogischen Maßnahmen sind für Hahn, dass es sich um echte, direkte, unmittelbare und ernsthafte Situationen handelt, vor die der Teilnehmer gestellt ist. Diese Erlebnisse müssen sich nach Hahn vom Alltäglichen abheben.

Die Unmittelbarkeit und Authentizität des Erlebens und physische und psychische Anstrengungen

---

Merkmale der heutigen Erlebnispädagogik sind:

- **Handlungsorientierung und Ganzheitlichkeit**
D. h., Wissen, Fähigkeiten und Werte werden über die tätige Auseinandersetzung mit einer Aufgabe erarbeitet. Angesprochen sind Körper, Geist und Seele des Menschen.
Auf einem Segelschiff sind beispielsweise sowohl körperlicher Einsatz als auch Kenntnisse in Navigation gefragt. Gleichzeitig dürften einzigartige Erlebnisse die Seele ansprechen.

- **Lernen in Situationen mit Ernstcharakter**
D. h., Aufgaben und Anforderungen müssen sich als natürlicher Sachzwang ergeben.
Auf einer Schlittenhundetour durch Kanada ergeben sich natürliche Sachzwänge: Die Hunde müssen gefüttert, ihre Pfoten eingerieben werden. Dies muss zu bestimmten Zeiten geschehen, sonst werden die Hunde leiden und ihren Dienst versagen.

- **Gruppenorientierung**
Es geht in der Erlebnispädagogik um die Förderung sozialer Kompetenzen, deshalb finden die Angebote überwiegend in Gruppen statt. Bei einer Klettertour ist einer vom anderen abhängig und muss sich darauf verlassen können, dass jeder die Seile gut absichert und sich gegenseitig hilft.

- **Erlebnischarakter**
D. h. Distanz zum Alltag. Außergewöhnliche Situationen ermöglichen Grenzerfahrungen. Dadurch wird die Chance erhöht, dass ein Ereignis ein nachhaltig wirkendes Erlebnis wird. Es muss sich nicht immer um Extremsituationen handeln. Für einen Stadtmenschen kann es eine außergewöhnliche Erfahrung sein, eine Kuh zu melken oder Kartoffeln zu ernten und sie über einem offenen Feuer zu braten, das man selbst angefacht hat.

- **Freiwilligkeit**
Die Teilnehmer werden ermutigt und angespornt, sich in Lernsituationen zu wagen. Möchten sie das nicht, wird die Entscheidung von den Pädagogen akzeptiert.

- **Pädagogisches Arrangement**
Erlebnispädagogisch geschulte Begleiter planen und realisieren gezielt bestimmte Angebote. Sie sind als Begleiter immer ansprechbar und reflektieren mit den Teilnehmenden das Erlebte.

sind auch in der heutigen hoch technisierten, durch-mediatisierten und versicherten Welt seltene Erfahrungen. Das führt zu einem erhöhten Erlebnishunger und einer gesteigerten Risikobereitschaft vor allem bei Jugendlichen, die sich zum Teil ihren „Thrill" bei Drogenkonsum, S-Bahn-Surfen oder waghalsigen Autorennen holen. Erlebnispädagogik kann auch heute noch (und gerade heute) eine Antwort auf diesen allgemeinen Mangel an körperlicher Aktivität, Unmittelbarkeit, Spannung, Echtheit, Gruppenerfahrung und persönlicher Herausforderung sein.

Ein Erlebnis ist höchst subjektiv und persönlich. Es ist weder planbar noch voraussagbar. Damit wird der Begriff „Erlebnispädagogik" in sich widersprüchlich, da Pädagogen im Allgemeinen planen und Verhalten voraussagen wollen.

Erlebnispädagogik kann zwar planen, Situationen konstruieren und das „Setting" beeinflussen und begleiten – damit ist die Wirkung dieses Arrangements für den Einzelnen aber noch nicht vorherzusehen. Das heißt, die Pädagogen können eine Situation so planen, dass die Teilnehmer bestimmte Erfahrungen machen. Ob diese Erfahrungen aber als Erlebnis wahrgenommen werden und wie dieses Erlebnis individuell verarbeitet wird, steht nicht mehr unter dem Einfluss der Fachkräfte.

Ziel moderner Erlebnispädagogik ist es, das Setting so zu gestalten, dass bestimmte Erfahrungen möglich oder sehr wahrscheinlich werden. Der Einzelne soll dabei lernen, sich selbst wahrzunehmen und einzuschätzen – vor allem im Hinblick auf seine Rolle in der Gruppe und im gesellschaftlichen Umfeld.

Die Palette erlebnispädagogischer Settings reicht heute vom einfachen bedürfnislosen Landleben bis hin zu Extremsportarten mit technisch ausgefeiltem Equipment, von individualpädagogischen Maßnahmen bis hin zu Großgruppenveranstaltungen.

Es lassen sich heute verschiedene Richtungen in der Erlebnispädagogik ausmachen. Diese unterscheiden sich zum Beispiel darin, ob und in welchem Umfang eine anschließende Reflexion des Erlebten mit zur Konzeption gehört und wie diese Reflexion aussehen soll.

Das „The Mountains Speak for Themselves"-Modell sieht keine Reflexion vor, da es ganz auf die Sachzwänge der Natur vertraut und das Erlernte nach diesem Modell notwendige Folge des Handelns ist. Dem „Outward Bound Plus"-Modell wurde wegen seiner Betonung der anschließenden Reflexion vorgeworfen, dass es sich zu einer therapeutischen Methode entwickle. Das „Metaphorische Modell" hat zurzeit die größte Verbreitung. Es befürwortet Reflexion, ohne aber die Erfahrungen und Erlebnisse überfrachten und zerreden zu wollen. Die Lernsituationen sollen sich an der Realität der Teilnehmer orientieren. Beispiele, Geschichten und Metaphern können in die Reflexion mit einbezogen werden.

Ob die Ziele erlebnispädagogischer Maßnahmen erreicht werden, hängt davon ab, inwiefern ein Transfer in die Lebenszusammenhänge und Alltagssituationen der Teilnehmer gelingt. Hierfür sind klare Ziel- und Erwartungsabsprachen, eine zielgerechte Zusammensetzung der Teilnehmergruppen, eine längerfristige Vor- und Nacharbeit und die bewusste Anwendung von Transfertechniken notwendig. Erlebnispädagogische Maßnahmen werden im Rahmen der „Hilfen zur Erziehung" in besonderen Fällen zum Beispiel für straffällig gewordene Jugendliche angeboten. Häufig stellt dies die letzte Chance für diese Jugendlichen dar, aus ihrem gewohnten Umfeld herauszukommen und alternative Verhaltensweisen zu erlernen.

Der Bundesverband Erlebnispädagogik schätzt die Zahl der betreuten Jugendlichen im Ausland auf derzeit etwa 1.000 bis 1.200. In der Presse gibt es zwar immer wieder Sensationsberichte über offensichtliche Misserfolge von erlebnispädagogischen Maßnahmen im Ausland für straffällig gewordene Jugendliche. Mit Recht wird auch so manche Maßnahme kritisiert – es gibt durchaus unseriöse Anbieter. Diese sollten aber den Blick nicht auf gute und erfolgreiche Projekte verstellen.

So ist in der „Baltischen Rundschau", einer Monatszeitschrift für Estland, Lettland und Litauen, vom Tuletorn-Projekt in Estland die Rede. Es betreut ca. 14 Jugendliche in individualpädagogischen Maßnahmen.

Die Jugendlichen leben durchschnittlich zwei Jahre lang in sorgfältig ausgewählten Gastfamilien auf dem Land. Die Gastgeber müssen Deutschkenntnisse haben und es muss eine geeignete Bezugsperson vorhanden sein. Die Gastfamilien und die Jugendlichen werden von Pädagogen des Projektes regelmäßig begleitet.

In dem Artikel ist von einem Jugendlichen, **Moritz**, die Rede, der aus seiner Familie nur Gewalt als einziges Konfliktlösungsmittel kannte. In der Schule wurde er aufgrund seiner „asozialen Herkunft" gehänselt. In solchen Situationen wehrte er sich mit Schlägen, wie er es gewohnt war. Er fand die falschen Freunde, rauchte Haschisch und beging die ersten Straftaten: Mit seinen Freunden überfiel er Kioskbesitzer und knackte Autos. Mit 12 Jahren geriet er in die Hände eines Pädophilen, der ihn zwei Jahre lang regelmäßig vergewaltigte. Nach ein paar Wochen in einem sächsischen Heim, einem Intermezzo in einem Erziehungsheim in Frankreich und zwischenzeitlichen Aufenthalten bei seinem Vater nahm sich das Tuletorn-Projekt seiner an:

Moritz kam nach Estland auf einen Bauernhof in einem 500-Seelen-Dorf.
Der Landwirt ist ehemaliger erfolgreicher Ringer. Das beeindruckt Moritz. Er hilft heute dem Landwirt morgens in der Landwirtschaft und lernt nachmittags für seinen Hauptschulabschluss.
Moritz geht zum ersten Mal in seinem Leben einem geregelten Tagesablauf nach. Früher war er es gewohnt, erst gegen Mittag aufzustehen. Moritz fühlt sich in seiner Gastfamilie geborgen und er weiß, dass Estland seine letzte Chance ist. Diese nutzt er, auch wenn das Leben in der estnischen Provinz mit seinem traditionellen Lebensrhythmus und seiner Abgeschiedenheit nicht sehr abwechslungsreich ist.

Das „Erlebnis" für Moritz ist die körperliche Arbeit als Gehilfe des Landwirts. Die Anforderungen in dieser Arbeit haben einen natürlichen Sachzwang. Tiere müssen gefüttert, die Ernte muss eingeholt werden. Für Moritz, der bisher nur das Stadtleben kannte, ist der sinnlich erfahrbare Bezug zum ursprünglichen Leben auf dem Land eine völlig neue Erfahrung.

6 Durchspielen einer vollständigen Handlung

6.1 Analysieren

Marion hatte an diesem Sonntag Ursula angerufen. Diese war sofort zu Hilfe gekommen und hatte die Situation gerettet. Die Heimleitung hat Marion angeboten, dass sie sich 10 Stunden externe Supervision nehmen könne, um als Berufsanfängerin diese Situation aufzuarbeiten und für ähnliche Situationen besser vorbereitet zu sein. Nach einigen Telefonaten findet Marion eine **systemisch arbeitende Supervisorin**, mit der sie zusammenarbeiten möchte.

Die Ziele der Supervision sind für Marion:
- Analyse der Situation beim Sonntagsdienst,
- Planung von konkreten Handlungsschritten, um als Neue im Team und vor allem in der Gruppe akzeptiert zu werden,
- Planung von konkreten Handlungsschritten zur Verbesserung des Klimas in der Gruppe,
- Begleitung bei den nächsten konkreten Schritten und deren Reflexion.

Mit der Supervisorin analysiert sie zunächst die systemischen Hintergründe:

Team
Als Neue arbeitet sie in einem Team mit zwei Männern und zwei Frauen. Die Teammitglieder haben drei unterschiedliche Ausbildungen: Hans ist Erzieher, Christian Sozialpädagoge, Sabine ist Erzieherin, Ursula Kinderpflegerin und sie selbst ist Erzieherin.

Christian arbeitet erst seit einem Jahr in der Gruppe. Er ist aber, da er formal die qualifizierteste Ausbildung hat, vom Heimleiter offiziell als Gruppenleiter eingesetzt worden. Das ist vor allem Ursula, die schon seit 25 Jahren in diesem Heim arbeitet und als Einzige von den Jugendlichen geachtet und respektiert wird, ein „Dorn im Auge". Christian ist abgesehen von Marion außerdem der Jüngste im Team. Er wird von Ursula, die seine „modernen" Erziehungsmethoden überhaupt nicht schätzt, nicht ernst genommen.

Hans und Sabine haben ähnliche Ansichten wie Christian. In Teamgesprächen hält sich Ursula meist zurück. In der Arbeit mit den Jugendlichen hat sie ihren eigenen Stil. Den macht sie für die anderen nicht so transparent. Ursula spielt für die Kinder eine sehr bedeutende Rolle – ihr vertrauen sie ihre Sorgen an. Sie hören auf sie, wenn sie etwas sagt. Sie wissen, dass sie sich auf Ursula verlassen können.

Marion selbst ist die Neue im Team. Ihr helfen die Teamsitzungen, auf denen sich das Team auf einheitliche Regeln und Prinzipien verständigt. Dennoch würde sie sich bei Schwierigkeiten mit den Jugendlichen immer an Ursula wenden, wie sie es in der konkreten Situation ja auch getan hat.

Gruppe

In der Gruppe der Jugendlichen ist Melanie die Anführerin. Lutz ist ihr ergebener Fan. Mustafa, Patrick und Pepita sind am längsten in der Gruppe. Sie haben schon einige Jugendliche und Erzieher kommen und gehen sehen. Thomas hält sich aus dem Gruppengeschehen heraus. Lilli will gar nicht in der Gruppe sein, während sich Kerstin, die genauso wie Lilli erst ein Jahr in der Gruppe ist, sich bereits eingelebt hat.
Als Ganzes befindet sich die Gruppe in der Machtkampfphase.

Marion versteht sich gut mit Lilli, die eine Außenseiterrolle hat. Melanie und Kerstin nehmen Marion nicht einmal wahr. In der Situation machen sie sich lustig über sie. Marion hat ihr „gemütliches Frühstück" vollkommen an den Bedürfnissen der Jugendlichen vorbeigeplant.

- Sie hat weder ihre Rolle im Team noch die informelle Gruppenstruktur der Jugendlichen beachtet.
- Unbewusst hat sie sich mit der Außenseiterin Lilli verbündet.
- Bei der Planung des Frühstücks wollte sie ihre eige-

nen Vorstellungen verwirklichen. Unreflektiert hat sie ihre eigenen biografischen Hintergründe zum Maßstab genommen und eine „normale" Familiensituation auf die Heimsituation übertragen.
- Sie hat sich vorher nicht auf die ausgesprochenen und unausgesprochenen Regeln des Zusammenlebens der Gruppe eingestellt.
- Sie hat sich auch nicht vergegenwärtigt, welche Bedeutung Essen und Essenssituationen für Jugendliche haben, die aus frühkindlichen Entwicklungsphasen starke Defizite mitbringen.

Bei der Analyse wird Marion klar, dass sie im nächsten Schritt daran gehen will, einen besseren Kontakt zu den Jugendlichen zu bekommen. Dazu muss sie sie noch besser kennenlernen.

6.2 Planen

Gemeinsam mit der Supervisorin plant Marion ihre nächsten Schritte.

Mit den Jugendlichen zusammen möchte sie die vergangene Frühstückssituation reflektieren. Dabei möchte sie diese besser kennenlernen und deutlich machen, dass ihr etwas an ihnen liegt. Dazu plant sie ein **Gruppengespräch**. Sie wählt einen Zeitpunkt, an dem alle Jugendlichen der Gruppe Zeit haben, an einem Nachmittag in der Woche. Sie plant, hierzu außerhalb ihres Dienstes ins Heim zu kommen, damit sie nicht durch Alltagsgeschäfte abgelenkt wird. Sie kündigt das Gruppengespräch rechtzeitig an und sagt den Jugendlichen, worum es bei dem Gespräch gehen soll.

Da alle gerne Kuchen essen, plant sie, einen Kuchen zu backen, und zwar in der Gruppenküche, damit schon der Duft von Frischgebackenem eine gute Atmosphäre erzeugt.

Marion hat vor, das Gespräch damit einzuleiten, dass sie das missglückte Frühstück aus ihrer Sicht beschreibt. Sie will dann die Jugendlichen reden lassen. Sie will fragen, wie sich die einzelnen Gruppenmitglieder ein schönes Sonntagsfrühstück vorstellen, und mit ihnen verabreden, wie es beim nächsten Mal laufen sollte.

Ihre Ziele sind: Schaffen einer angenehmen Atmosphäre in der Gruppe bei Tee und Kuchen und ein besseres gegenseitiges Kennenlernen. Ihr Vorhaben bespricht sie vorher im Team und holt sich von ihren Kolleginnen und Kollegen Anregungen.

6.3 Durchführen

Da Marion einen leckeren Apfelkuchen gebacken hat, erscheinen alle Gruppenmitglieder zur Besprechung. Über das missglückte Frühstück wollen die Jugendlichen nicht mehr sprechen. Aus ihrer Sicht war das nichts Besonderes. Ein Sonntagsfrühstück scheint ihnen sowieso nicht so wichtig zu sein. Marion hört zu und bemüht sich, das Ganze nicht zu bewerten. Lutz schlägt vor, ein Kartenspiel zu spielen, und alle haben Lust. So wird bis zum Abendessen gespielt.

Marion hat das Gefühl, ein kleines Stück mehr von der Gruppe akzeptiert worden zu sein, auch wenn der Nachmittag anders gelaufen ist, als sie es geplant hat.

Kurzplanung

Ziel	Handlungsschritte
Hilfe von außen holen	Supervision
Schaffen von Gruppenatmosphäre	Gruppengespräch: Reflexion der Frühstückssituation
Einbeziehung des Teams	Teambesprechung
Sich langsam auf den Weg machen	• Schauen, wo die Gruppe steht, und sie mitnehmen • Akzeptieren der eigenen Grenzen und der Grenzen anderer • Würdigung erster Schritte
Beziehungen aufbauen	gemeinsame Erlebnisse schaffen
• Besseres Kennenlernen der Gruppe • Reflexion eigenen Verhalten	Tagebuch anlegen
Gruppengefühl verbessern	Aktivitäten für alle sichtbar dokumentieren

6.4 Reflektieren und bewerten

Die Situation wird in der Supervision und in der Teambesprechung reflektiert. Marion ist klar geworden, dass sie zunächst einmal als Beobachterin und Zuhörerin in der Gruppe fungieren muss. Bis sie in der Gruppe als Erzieherin akzeptiert ist, braucht es noch einige Zeit. Allein Dienst machen, das ist ihr klar geworden, möchte sie so schnell noch nicht wieder. Marion hat von erlebnispädagogischen Projekten gehört und will bei einer der nächsten Teamsitzungen vorschlagen, vielleicht in den nächsten Sommerferien mit der Gruppe an einer erlebnispädagogischen Unternehmung teilzunehmen.

6.5 Dokumentieren und präsentieren

Marion entschließt sich dazu, mit dem Schreiben eines **Tagebuchs** zu beginnen. In dieses trägt sie die Erlebnisse und Situationen des Heimalltags ein. Sie schreibt auch auf, wie sie sich in den einzelnen Situationen verhalten hat und ihre Gefühle und Gedanken dazu. Wenn ihr bei einzelnen Jugendlichen etwas auffällt, notiert sie auch das und ihre Gefühle und Gedanken dazu. Das Tagebuch nimmt sie zur Supervision und in die Teamsitzungen mit, in denen auch regelmäßig Fallbesprechungen gemacht werden.

Vor den Sommerferien (zu Lernsituation A)

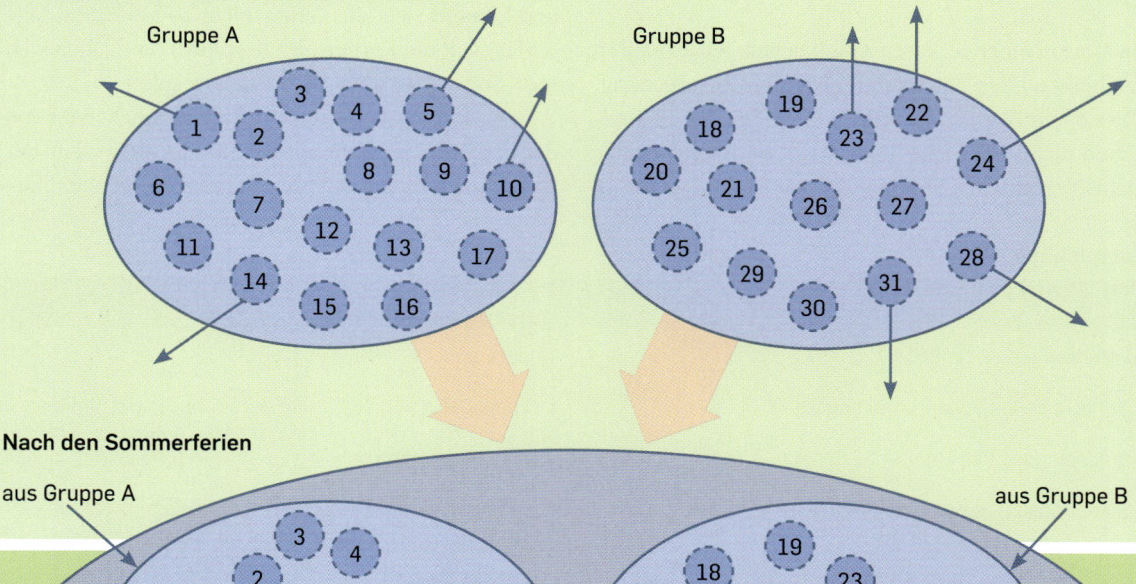

Nach den Sommerferien

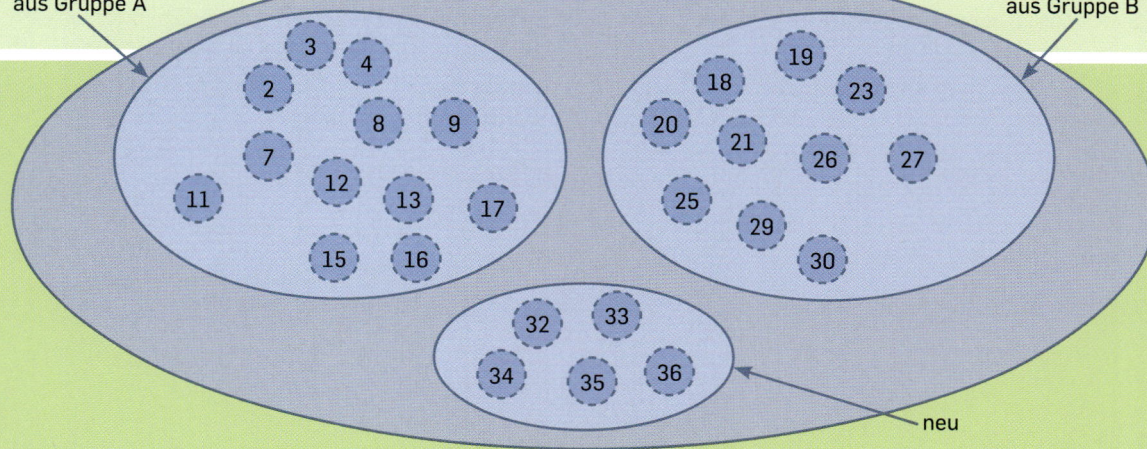

1   Weitere Lernsituationen

Lernsituation A

Die Erzieherinnen Sarah und Marie arbeiten seit ein paar Jahren in der Hortgruppe einer Kindertagesstätte zusammen. Sie haben ein – wie sie finden – gutes Konzept, in dem die Kinder die notwendige Hausaufgabenhilfe erhalten, aber auch noch Zeit für Gruppenunternehmungen bleibt. Aus Kostengründen wurde die parallele Hortgruppe zum Sommer aufgelöst: Die beiden Gruppen sind nun zusammengelegt worden. Zum Schuljahresbeginn sind 5 neue Kinder hinzugekommen, 9 Kinder hatten vor den Sommerferien den Hort verlassen. In der neu zusammengesetzten Gruppe sind 27 Kinder (s. Abbildung oben).

Für den ersten gemeinsamen Horttag haben Sarah und Marie einen Ausflug in den nahe gelegenen Wald geplant. Beim Räuber-und-Gendarm-Spiel sollen sich die Kinder besser kennenlernen. Dieses Spiel war in Sarahs und Maries alter Gruppe sehr beliebt.

Die alte Gruppe war am Schluss recht homogen. Die Kinder kannten sich schon länger, die meisten schon aus der Kindertagesstätte. Sie hatten ähnliche Interessen, sie liebten vor allem Spiele im Freien.

Lernsituation B

Maria Müller (40 Jahre) ist Leiterin der Kindertagesstätte in Eschbach. Diese Einrichtung der Kirchengemeinde hat drei Halbtagsgruppen und eine Ganztagsgruppe. In jeder Gruppe, alle umfassen etwa 22 Kinder, arbeitet eine Erzieherin. Zusätzlich sind noch zwei Kinderpflegerinnen und regelmäßig eine Praktikantin beschäftigt.

Jonas, der 4-jährige Sohn von Frau Müller, ist in einer der Halbtagsgruppen bei Frau Schäfer (19 Jahre) untergebracht. Er ist seit einem halben Jahr in der Einrichtung und hat es noch nicht geschafft, sich dort einzuleben. Immer, wenn es für ihn schwierig wird, und das passiert ständig, rennt er zu seiner Mutter und will nicht mehr zurück in seine Gruppe. Die junge Erzieherin Frau Schäfer nimmt sich vor, dieses Problem einmal mit Frau Müller zu besprechen.

Lernsituation C

Der Erzieher Sven arbeitet seit zwei Jahren im Jugendzentrum Hirschpark. Ins Jugendzentrum kommen überwiegend ausländische männliche Jugendliche, den größten Teil machen türkischstämmige Jugendliche aus, gefolgt von jungen Männern russischer Herkunft.

Die wenigen Mädchen, die ins Jugendzentrum kommen, sind überwiegend Deutsche. Der Umgang der jungen Männer mit den Mädchen ist aus Svens Sicht und aus der Sicht seiner Kolleginnen eine Katastrophe.

Es besteht schon seit längerer Zeit eine Mädchengruppe, die von einer Kollegin von Sven geleitet wird, bisher aber nicht so gut angenommen wurde.

Sven installierte vor einem halben Jahr eine Männergruppe, die einmal wöchentlich stattfindet. Erstaunlicherweise treffen sich in dieser Gruppe seit zwei Monaten zehn Jungen regelmäßig – sechs Jungen mit türkischem, einer mit afghanischem und drei Jungen mit russischem Hintergrund. Die jungen Männer sind zwischen 16 und 22 Jahren alt. Drei von ihnen gehen noch zur Schule, einer ist in einer Ausbildung und sechs sind arbeitslos bzw. jobben zeitweise. Die Stimmung in der Gruppe ist, wenn sie das „Gemackere", das sie nach außen hin zu zeigen gewohnt sind, für die Zeit der Gruppenstunden ablegen, sehr resignativ. Keiner von der Jugendlichen hat eine richtige Perspektive.

Sven überlegt sich, ob er mit der Gruppe im Sommer einmal an einem erlebnispädagogischen Projekt teilnehmen soll. Die Mittel dafür wären vorhanden und das Team würde ihn unterstützen. Aber welche Maßnahme käme für diese Gruppe infrage und was wären seine Ziele für die Gruppe?

AUFGABE Bearbeiten Sie eine dieser Lernsituationen nach den folgenden Schritten:
- Analysieren
- Planen
- Durchführen
- Reflektieren und bewerten
- Dokumentieren und präsentieren

2   Anregungen zur Selbstreflexion

1. Erstellen Sie ein Soziogramm über die informelle Struktur einer Gruppe, die Sie kennen oder deren Mitglied Sie sind. Nehmen Sie zum Beispiel das Team einer Institution, in der Sie ein Praktikum gemacht haben, Ihre Klasse, Lerngruppe oder Familie.
Überlegen Sie dann, wie sich eine Veränderung auf dieses System auswirken würde.

2. Denken Sie an ein Kind aus Ihrem Praktikum, das Sie besonders mögen. Reflektieren Sie, was der Grund für ihre besondere Zuneigung sein könnte.

Forschen Sie dazu in Ihrem eigenen Inneren.

3. Überlegen Sie, bei welchen Gelegenheiten Sie an sich Merkmale des Helfersyndroms entdecken können.

4. Analysieren Sie eine Ihnen bekannte Gruppe und überlegen Sie, in welcher Gruppenphase sich diese gerade befindet.

Kapitel 6 Sprach- und Zeichen- kompetenz fördern

1 Lernsituation

Olaf ist 3;6 Jahre alt. Er wirkt in seinen Bewegungs-abläufen recht tapsig und zu groß im Verhältnis zu seinen motorischen Fähigkeiten. Beim Laufen streckt er den Kopf auffällig vor, die Oberarme hält er eng am Körper, sodass sich sein Oberkörper beim Laufen stark hin und her bewegt.

Häufig ist es schwer, mit ihm in Kontakt zu kommen. Olaf malt und bastelt nicht gern mit den anderen Kindern. Wenn es zu Streit kommt, reagiert er oft-mals recht grob. Einmal hat er aus Versehen einem kleineren Kind in einer Abwehrreaktion die Nase blu-tig geschlagen. Er kann sich sprachlich kaum zur Wehr setzen oder argumentieren.

Olaf spricht ausschließlich in sehr kurzen Sätzen, und das sehr wenig. Wenn man ihn anspricht, scheint er manches Mal die Frage nicht zu verstehen. Auch Re-gina, seine Erzieherin, hat Schwierigkeiten, mit dem

Jungen in Kontakt zu treten – es fällt ihr schwer, ihn zu mögen.

Die Eltern von Olaf findet Regina hingegen sympathisch. Die Mutter ist Dänin, der Vater Deutscher. Regina erlebt beide als freundlich, gebildet und spürbar an ihrem Sohn interessiert. Olaf ist das einzige Kind der beiden und Regina vermutet, dass den beiden die Entwicklung von Olaf „normal" erscheint.

Bei dem Versuch, mit den Eltern ins Gespräch zu kommen, erfährt die Erzieherin, dass der Arzt meint, dass sich „alles zurechtwachsen" werde. Zudem betont die Mutter, dass die langsame Sprachentwicklung in der Familie nicht unbekannt sei und dass Olaf zweisprachig aufwächst.

Regina ist verunsichert: Nimmt sie ein Problem wahr, das gar nicht existiert?

Wie kann sie Olaf gezielt helfen? Soll sie in einem weiteren Gespräch mit den Eltern auf eine erforderliche Diagnose hinweisen? Zu welchen Experten sollte sie gegebenenfalls die Eltern schicken?

2   Angestrebte Kompetenzen

Regina hat Schwierigkeiten, sich auf Olaf einzustellen. Sie ist verwirrt und fühlt sich – wie auch Kinder der Gruppe – zurückgestoßen. Auch ihr fällt es nicht leicht, im Kontakt mit ihm zu bleiben. Damit Regina der Tendenz, dass sich Olaf zurückzieht und ungeliebt fühlt, entgegensteuern kann, ist es wichtig, dass sie sich mit der **Bedeutung von Sprache** für soziale Bindungen des Menschen auseinandergesetzt hat. Dadurch wird es ihr möglich, Kontaktschwierigkeiten mit Olaf nicht nur auf der persönlichen Ebene anzusiedeln, sondern zu erkennen, welche fachlichen Konsequenzen folgen müssen: Der **Punkt 3.1** im vorliegenden Kapitel handelt davon.

In der Eingangssituation hat Regina es mit Eltern zu tun, welche die sich andeutende Entwicklungsverzögerung ihres Sohns bagatellisieren. Um die Eltern zu überzeugen, ist es für die Erzieherin wichtig, fachkompetent argumentieren und Hintergründe zu Parallelen von Motorik und Sprachentwicklung erklären zu können. In diesem Fall heißt dies zu wissen, wie sprachliche Lernschritte vollzogen werden und welche Abläufe dazu im Gehirn stattfinden bzw. stattfinden müssen. Regina braucht hier **Fachwissen über sprachliche Lern- und Entwicklungsprozesse**. Darüber hinaus muss die Hinführung auf die Schulfähigkeit vonseiten der Kindertagesstätte berücksichtigt werden. Ergeben sich bei entwicklungsverzögerten Kindern schon früh Förderansätze, kann ein Kind besser unterstützt werden. Das Wissen um die Zusammenhänge von Gehirnentwicklung, Sinneswahrnehmung sowie Sprach- bzw. Bewegungsentwicklung auch unter dem Gesichtspunkt zweisprachiger Erziehung schafft die argumentative Grundvoraussetzung für Gespräche mit den Eltern: Siehe hierzu die **Punkte 3.2 bis 3.6**.

Olaf ist Regina in seinem kommunikativen Verhalten aufgefallen. Es scheint sich eine Außenseitersituation anzubahnen, sein sprachliches wie auch motorisches Verhalten scheint auf den ersten Blick im Vergleich zu den anderen Kindern der Gruppe nicht entwicklungsgemäß. Um sich Klarheit zu verschaffen, gilt es für

Regina, einen **Entwicklungsabgleich** durch gezielte Beobachtungen und deren Beurteilung vorzunehmen. Auch sie trägt die Verantwortung dafür, zu prüfen, ob sich Olafs Abweichungen tatsächlich in einem Rahmen bewegen, der von der Mutter und dem Kinderarzt vertreten wird, oder ob Zweifel daran berechtigt sind: mehr dazu in **Punkt 4.1**.

Die Frage der Schulfähigkeit wird sich in einigen Jahren auch für Olaf stellen. Regina muss also nicht nur seinen derzeitigen Entwicklungsstand, sondern auch zur gegebenen Zeit seine **Schuleignung** beurteilen können. Die Zeit, die jetzt im Elementarbereich mit Olaf vor ihr liegt, kann bedeutsame Impulse für seine Zukunft geben. Aufgrund ihrer Beurteilungskompetenz kann sie diese nutzen, wie die Inhalte von **Punkt 4.2** zeigen.

Olaf weist Besonderheiten auf wie zweisprachiges Aufwachsen, Auffälligkeiten in seinen Bewegungsabläufen, Verlangsamung seiner Reaktion und ein Nichthören oder Nichtverstehen in manchen Situationen. Regina ist gefordert, mögliche **Ursachen** für das gezeigte Verhalten zu benennen, um anhand derer einzuschätzen, ob das Kind an weitere Fachkräfte verwiesen werden sollte oder ob Fördermaßnahmen in der Kindertagesstätte ausreichen: Siehe hierzu **Punkt 5**.

Wie geeignete **Fördermaßnahmen** konkret aussehen könnten, wie ganz grundsätzlich sprachfördernd gearbeitet werden kann und was speziell im Fall von Olaf angemessen ist, muss Regina kompetent einschätzen und nach Möglichkeit umsetzen: **Punkt 6**.

Von sich aus scheint Olaf Aktivitäten mit Stift und Schere nicht anzustreben. Doch im Hinblick auf die Funktion der Kindertagesstätte als Vorbereitung auf die Schule gilt es, dem Jungen spielerische Möglichkeiten anzubieten, um sich **für Buchstaben und andere Zeichen zu interessieren**. Regina muss sich also damit auseinandersetzen, ob sie Olaf gegebenenfalls besonders in dieser Richtung fördern muss und wie sie dies tun könnte: Davon handelt der **Punkt 7**.

3 Spracherwerb

„Die Grenzen meiner Sprache bedeuten die Grenzen meiner Welt." (Wittgenstein)

3.1 Zur Bedeutung von Sprache und Sprachförderung

Sprache zu verstehen und sprechen zu können, sind wichtige Kompetenzen für das menschliche Miteinander. Über Sprache nehmen Menschen Kontakt miteinander auf, teilen sich mit, handeln aus, bieten an, verabreden, erklären, trösten und lösen Konflikte ohne handgreifliche Auseinandersetzung. Ein Mensch, der sich sprachlich gut ausdrücken kann, bekommt dafür Wertschätzung und Anerkennung. Weist man aber Mängel im Sprachgebrauch auf, ist oftmals soziale Ausgrenzung die Folge. So entstehen leicht Minderwertigkeitsgefühle. Solche Ausgrenzungserlebnisse führen oftmals dazu, dass ein sprachauffälliges Kind seine kommunikative Eigenaktivität von sich aus einschränkt. Das Kind sorgt somit selbst für weniger Kontakt und Interaktion. Dadurch kann ein Teufelskreis entstehen, wie das Schaubild zeigt:

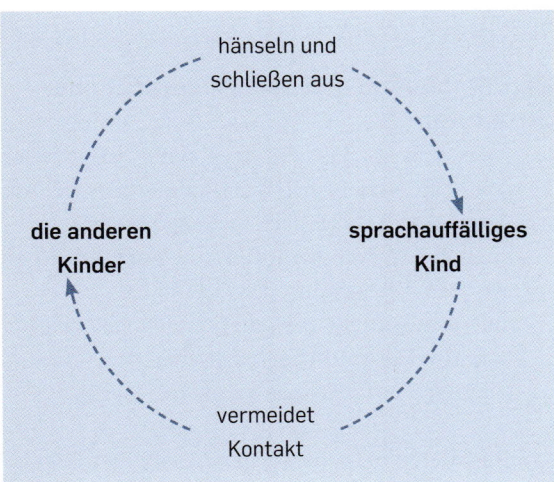

Fördert man ein Kind in seinem Sprachgebrauch, so fördert man gleichzeitig seine Persönlichkeitsentwicklung. Zudem beinhaltet die Sprache mehr als nur die Worte allein. Sie wird begleitet, gestaltet und belebt durch nonverbale Ausdrucksmittel und gewinnt durch die Stimme Klang. Gestik, Mimik, Körperhaltung, Tonfall und Klangfarbe bieten für die Mitmenschen

Einschätzungsmöglichkeiten des sprechenden Menschen auf unterschiedlichen Ebenen. Dabei geht es nicht nur um die korrekte Interpretation der Mitteilung, sondern auch um Informationen über die sprechende Person selbst – ihre seelische Verfassung, ihr Selbstbewusstsein, ihren energetischen Zustand und ihre Stimmung.

> Wer ohne Unsicherheit und Angst seine Stimme erhebt, wirkt kontaktfreudiger und kommunikativer und entsprechend reagiert die Umwelt – freies, ungehemmtes und deutliches Sprechen wirkt so gleichzeitig persönlichkeitsstärkend auf das Individuum zurück (Prang, 2000).

Das Ausdruckspotenzial eines Kindes ist damit immer auch die Basis für die Reaktionen der anderen, z.B. der Gleichaltrigen, und gleichzeitig Basis für die Einschätzung durch Fachkräfte wie Erzieherinnen und Erzieher.

Olafs eingeschränkte Sprachfähigkeit gibt deutliche Hinweise – nicht weil er bestimmte Laute nicht sprechen könnte, sondern weil er seine Sprache so wenig einsetzt und kaum verbal kommuniziert.

AUFGABE

1. Entwickeln Sie für Olaf ein Teufelskreisschema.
2. Berichten Sie von einem eigenen Erlebnis, bei dem sie Ihre Stimme als charakteristisch für Ihre damalige Stimmung erfahren haben.
3. Beschreiben Sie eine Situation, in der Sie selbst oder andere für Mängel im sprachlichen Ausdruck verspottet wurden.

3.2 Lernprozesse des Gehirns

Unterscheidung von Ausnahme und Regel

Der Spracherwerb an sich ist ein struktursuchender und zugleich ein strukturbildender Prozess, bei dem das (kindliche) Gehirn im Wechselspiel mit den Eindrücken, die der Säugling wahrnimmt, „reift" und durch diese Reifung weiter gehende Eindrücke

verarbeiten kann. Das menschliche Gehirn ist so angelegt, dass es beständig
- einerseits nach etwas Neuem (Neugier) und
- andererseits nach dem Regelhaften in der Welt sucht.

Das Gehirn sucht Muster

Das Gehirn versucht also Regelhaftes von der Ausnahme zu unterscheiden. Dies gilt auch beim Spracherwerb. Folglich geht es von Anfang an darum, das Erlebte zu strukturieren und gleiche bzw. ähnliche Muster zu entdecken.

> In einer Studie mit Kindern diesen Alters konnte gezeigt werden, dass Säuglinge, die zwei Minuten lang „*ga ti ti*" und andere ABB-Lautformen gehört hatten, von „*wu fe fe*" gelangweilt waren, von „*wu fe wu*" (= ABA-Form) aber nicht. Dies lässt sich nur dadurch erklären, dass sie die Struktur der Lautkombinationen gelernt haben und dann eine neue Struktur als interessanter erleben.
> (nach Spitzer, 2002)

Gleichzeitig sorgt das Erlebte über die Anregung der Sinnesorgane dafür, dass sich Strukturen im Gehirn bilden und verschiedene Gehirnbereiche miteinander verknüpft werden. Das Erfahren der Welt ist die Grundlage für das Lernen und damit auch für den Spracherwerb. Kinder bzw. ihre Gehirne erkennen Regeln in jeglichem „Input", der auf sie einströmt. Zu diesem Input gehört auch die Sprache der anderen. Nach drei bis vier Jahren lernen Kinder z. B., die Vergangenheitsform von Verben zu bilden. Dies geschieht schrittweise. Zunächst benutzen sie vor allem sogenannte schwache Verben, die sich in der Vergangenheitsbildung nur *schwach* verändern (z. B. spielen: ich spielte, wir haben gespielt) und lernen dies durch Imitation.

Anschließend meinen sie, die Regel erkannt zu haben, und wenden diese auch bei den „starken" Verben an, die sich folglich *stark* verändern (z. B. schlafen), und bilden dann die Vergangenheitsform „ich schlaf-

te" statt „ich schlief". Ähnliches gilt für den Einsatz bestimmter Wörter in ungewohntem Zusammenhang wie „Das Auto lichtet" statt „Das Auto blinkt".

In diesen „falschen" kindlichen Ausdrücken zeigt sich aber kein Defizit in Form einer fehlenden Gehirnreife, sondern ebenso ein kreativer Akt des Kindes im Experimentieren und Erproben. Denn genau durch dieses Ausprobieren können weitere Lernschritte erfolgen. Nach weiteren Reifungsschritten wird die bisher praktizierte Regel also weiter ausdifferenziert und schließlich z. B. das Bilden der Vergangenheitsformen von Verben vollkommen beherrscht.

Hierbei muss hervorgehoben werden, dass dieses „Regellernen" nicht bewusst geschieht und die gelernten Regeln somit auch nicht reflektiert und benannt werden können. Es handelt sich hier ganz klar um implizites Lernen, d. h., sprachliche Regeln werden angewandt und auf diese Weise **gekonnt**, nicht explizit **gewusst**.

Betrachtet man Olaf, so stellt man fest, dass er kaum in der Lage ist, grammatikalische Strukturen in seinem sprachlichen Ausdruck zu berücksichtigen, z. B. Vergangenheitsformen zu verwenden. Hinzu kommt, dass er wenig mit Sprache zu experimentieren scheint. Gerade dies ist aber eine Bedingung für einen gelungenen Spracherwerb.

Begriffsbildung und Lernen sprachlicher Strukturen

Das, was man als „Lernen" bezeichnet, ist physisch betrachtet mit dem Begriff der „Reifung" des Gehirns beschrieben. Der körperliche Vorgang besteht
- einerseits in dem **Knüpfen von Verbindungen** zwischen den Nervenzellen des Gehirns,
- andererseits in der fortschreitenden **Faserisolierung der Verbindungen** zwischen den verschiedenen Nervenzellen durch den Stoff Myelin.

Myelin ist eine nervenfaserspezifische Fett-Eiweiß-Verbindung, deren Wirkweise man sich genauso wie eine Kabelisolierung vorstellen kann, durch die die Kabel deutlich leistungsstärker, d. h. störungsfreier und schneller funktionieren.

Bewirkt wird die Reifung des Gehirns durch Sinnes- und Bewegungserfahrungen. Folglich ist jedes Lernen und damit auch das Lernen von Sprache stark mit solchen Erfahrungen verknüpft.

Nur das, was wir im wahrsten Sinne des Wortes „be-griffen" haben, können wir auch begreifen, d. h. verstehen, da wir uns durch die Erfahrung ein inneres Bild machen können. Dabei sind nicht nur taktil-kinästhetische Wahrnehmungen gemeint, sondern alle Sinnes- und Bewegungserfahrungen. In diesem Sinne sind Kinder, die von sich aus solche Erfahrungen eher vermeiden und motorischen Herausforderungen aus dem Weg gehen, durch dieses Verhalten auch in ihrer sprachlichen Entwicklung stärker gefährdet.

Dies gilt ebenso für Olaf und bedeutet, dass – wenn die Reifung des Gehirns bei ihm langsamer verläuft – er umso mehr wie kleinere Kinder Dinge anfassen, in den Mund nehmen und mit ihnen experimentierend umgehen muss – etwas, was seine Umwelt ihm vielleicht nicht zugestehen möchte.

Das Lernen der Muttersprache

Die Laute der Muttersprache werden vom Embryo schon ab dem 6. Schwangerschaftsmonat über das vollständig entwickelte Ohr wahrgenommen. Durch diese Erfahrung wird der Säugling zunehmend sensibler für die lautlichen Unterschiede seiner Muttersprache – auf Kosten von Lauten, die nicht gehört werden. Diese Auswahlfunktionen des Gehirns, das durch seine fehlende Reife viele Eindrücke gar nicht verarbeiten kann, bildet die Grundlage dafür, dass man überhaupt die Muttersprache erlernt. Diese allmähliche Reifung des Gehirns ersetzt so einen Lehrer. Denn das Erlernen der Muttersprache kann durch die Umwelt nicht so aufbereitet werden wie in Schule oder Universität: Die Wirklichkeit ist komplexer. Wir kommen auf die Welt und sind einer Vielzahl verschiedenster Reize ausgesetzt. Durch unsere biologischen Voraussetzungen, der erst nach und nach erfolgenden Reifung des Gehirns, verlaufen die Lernfortschritte aber auf natürliche Weise vom Einfachen zum Schweren.

Da das Kind nicht nur das Verstehen der Sprache lernt, sondern auch das **Sprechen**, muss ebenfalls das Erlernen dieser feinmotorischen Fähigkeit hinzukommen. Die differenzierte Bewegung im Zusammenspiel von Lippen, Zunge, Zähnen und Gaumen stellt eine große feinmotorische Leistung dar. Spezifische Laute und Lautkombinationen sind gefordert und müssen ebenso wie andere motorische Herausforderungen geübt werden. Das Sprechenlernen folgt, wie auch z. B.

das Laufenlernen, einer inneren Logik vom Leichteren zum Schwereren. Bestimmte Laute gehen anderen voraus. Die Feinmotorik baut auf der groben auf. Genau aus diesem Grund kann man oftmals eine Koppelung von motorischer Entwicklung und Sprachentwicklung (wie bei Olaf in der Situation) feststellen.

3.3 Sensorische Integration

> *Die Motorik ist der Motor der Entwicklung.*
>
> *„Wahrnehmung und Sprache entwickeln sich miteinander, nicht nacheinander."* (Axel Holtz)

Die Nervenzellen des Gehirns sind darauf spezialisiert, sogenannte Repräsentationen („Abbildungen" der „Welt") in Abhängigkeit von der Umgebung zu bilden und zu verändern. In gewisser Weise stehen die Nervenzellen selbst damit für bestimmte Aspekte der Umgebung, die man sich als eine Art „inneres Bild" von der Realität vorstellen kann, z. B. für Oberflächenbeschaffenheiten, einen Geschmack, bestimmte Menschen, Klänge, Orte, für Bedeutungen, Pläne, Wünsche und Werte.

Genauso repräsentieren sie aber auch Handlungen (z. B. Jacke anziehen), Zusammenhänge (Schnee und Kälte bringen Glatteis), Werte (Freunde halten zusammen), Ziele (Ausbildung beenden), und auch die **Sprache** wird durch das Zusammenspiel der Nervenzellen repräsentiert. Selbst der eigene Körper mit seiner räumlichen Beschaffenheit und seinen physischen und emotionalen Zuständen wird durch die Neuronen im Gehirn abgebildet.

Körperlich betrachtet entspricht die „Abbildung" im Gehirn nicht den äußeren Proportionen. Die Körperteile, in denen besonders viele Nervenzellen sind und mit denen der Mensch folglich besonders gut wahrnehmen kann, wie Hände, nehmen entsprechend viel Raum ein.

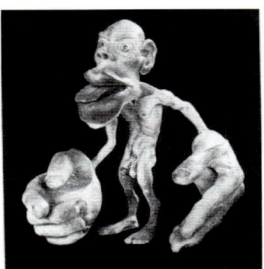

Das Aussehen des „penfieldschen Homunkulus" demonstriert, wie die Berührungsempfindungen des menschlichen Körpers im Gehirn angelegt sind.

Emotional betrachtet bildet das Gehirn nicht nur Gefühle oder Empfindungen ab, sondern man ist durch sogenannte Spiegelneuronen auch in der Lage, sich in andere Menschen hineinzufühlen und mit ihnen zu fühlen. Diese Neuronen müssen ebenfalls durch Myelinisierung und Verbindungen in die Gehirnabläufe eingebunden werden. Hier wird deutlich, dass das Erlernen sozialer Fähigkeiten wie Empathie stark an das Erleben von anderen Menschen und an das Leben mit ihnen gekoppelt ist.

Die Sinneszellen der Wahrnehmungsorgane (Stäbchen und Zapfen, Fotorezeptoren des Auges, akustische Rezeptoren des Ohrs, Berührungs-, Schmerz- und Temperaturrezeptoren der Haut, Muskelspindeln und Stellungs- und Druckrezeptoren der Sehnen, Muskeln und Gelenke, die Riechzellen der Nase und die Geschmacksknospen im Mundbereich, s. Kapitel 3) sind darauf spezialisiert, Licht, Schall, Druck und Stoß oder chemische Eigenschaften in Impulse umzuwandeln. Diese Impulse werden über das periphere Nervensystem ins Zentralnervensystem geleitet und schließlich im Gehirn verarbeitet.

Erst wenn ein Kind ausreichend Erfahrungen gemacht hat und damit eine Grundlage für das Erfassen von Begriffen entstanden ist – zunächst alles an real existierenden Dingen orientiert –, kann die geistige Leistung entstehen, sich etwas vorstellen zu können, z. B. einen Gegenstand, der vom Tisch fällt und der für das Kind danach, ohne dass es ihn sieht, vorhanden ist (**Objektkonstanz**). Der Gegenstand ist nun als Begriff – als Abbild der Wirklichkeit – im Kopf vorhanden.

Oder das Kind denkt sich aufgrund zuvor gemachter Erfahrungen etwas aus oder handelt nach geordneten Abläufen. Es entwickelt also erste Handlungsketten, Einordnungen und zeitliche Abläufe, vorausschauendes Denken und planvolles Vorgehen – eine Voraussetzung für grammatikalische Leistungen, die von Olaf anscheinend kaum umgesetzt werden, da er in abgehackten Worten spricht und über seine Sprache kaum Sinnzusammenhänge schafft.

Dabei ist es wichtig zu unterscheiden, ob es sich dabei um einen wirklichen Dysgrammatismus oder eine entwicklungsbedingte unausgereifte Grammatik handelt. So findet sich in dem Satz „ich habe getrinkt" eine grammatikalische Struktur. Bei einer Aussage wie „Lotz legen Fenster auf" fehlt dies und macht deutlich, dass das Kind (noch) keinen Sinn für grammatikalische Bedeutungen entwickelt hat. Demzufolge müsste bei Olaf beobachtet werden, ob er Aussagen wie „ich dir Ball gegebt" macht oder ob alles eher nach dem Muster „Ball geben dir" abläuft.

Praktische Intelligenz durch Sinneseindrücke

Der Körper verfügt über sieben verschiedene Sinnessysteme (s. Kapitel 3, Punkt 3.2), deren Sinneseindrücke im Zentralnervensystem verarbeitet werden.

Wichtig ist es, hier zwischen den Sinnesorganen selbst und dem Sinnessystem zu unterscheiden, da das Organ nur die „Datenüberlieferung" übernimmt. Entscheidend für die Wahrnehmungsleistung ist aber die „**Datenverarbeitung**" im Gehirn, also das, was man von den Eindrücken tatsächlich verarbeiten und damit auswerten und verstehen kann. So übermitteln die Augen beispielsweise sowohl bei einem echten Apfel als auch bei einem Bild von einem Apfel den Seheindruck eines Apfels. Das Gehirn muss aber im Laufe seiner Entwicklung lernen, beides voneinander zu unterscheiden. Dieser Prozess erfolgt z. B. über das Anfassen und Schmecken des Gegenstands, sodass sich verschiedene Sinneseindrücke miteinander verknüpfen und man schließlich auch ohne den direkten Kontakt beides voneinander unterscheiden kann.

Gleiches gilt für alle anderen Sinneseindrücke, die auf den Menschen einströmen. Beim Hören lernt man beispielsweise, sich auf einen bestimmten Höreindruck zu konzentrieren und andere damit in den Hintergrund rücken zu lassen (selektives Hören) oder Geräusche auf die Entfernung der Geräuschquelle hin einzuschätzen. Gerade das Ohr, welches für den Spracherwerb von besonderer Bedeutung ist, weist als Sinnesorgan interessante Besonderheiten auf, da es z. B. zwei Wahrnehmungsorgane (Gehör und Gleichgewichtsempfinden) beherbergt und seine Faserverbindungen zum Gehirn schon gleich nach der Geburt vollständig myelinisiert sind.

Sinnes- und Bewegungserfahrungen stehen im direkten Zusammenhang mit der Förderung der Sprachentwicklung, da durch sie das Gehirn reift und ein Netz ausbildet, das die geistige Grundlage für das Denken und damit auch für die Sprache liefert. Ohne eine solche gelungene **Integration aller Bewegungs- und Wahrnehmungserfahrungen** ist ein befriedigender Spracherwerb nicht möglich.

Das Entwicklungsziel „sensorische Integration" ist dann erreicht, wenn alle Abschnitte des Zentralnervensystems miteinander zusammenarbeiten. Man spricht bei solchen sensomotorischen Leistungen auch von „praktischer Intelligenz". Beispiele hierfür sind:

- Gleichgewicht halten,
- geschickt fallen,
- sich flüssig bewegen,
- tanzen u. v. m.

Die sensorische Integration bildet die Grundlage für die sprachliche Entwicklung und muss im modernen medialen Zeitalter als besonders wichtig hervorgehoben werden, da nur die Erfahrung mit unmittelbaren Reizen (= nicht medial) und das Erlernen komplexer Bewegungsmuster (nicht Sitzen) für eine gute Ausbildung der Wahrnehmungsfähigkeit sorgen können.

„Glotzen" ist schädlich

3.4 Sensible Phasen in der Gehirnreifung

Für die verschiedenen Entwicklungsaufgaben gibt es bestimmte Phasen, in denen die einzelnen Aufgaben besonders gut gelernt werden können, also die erforderlichen effektiven Gehirnverbindungen besonders gut entstehen. Solche Phasen nennt man auch kritische oder sensible Perioden (s. dazu Maria Montessori, **Kapitel 4**). Diese sensiblen Perioden liegen vor allem in der Kindheit. Vieles, was man als Kind relativ leicht erlernen kann, z. B. das Spielen von Musikinstrumenten, fällt einem als Erwachsener ungleich schwerer.

Die Myelinisierung der Faserverbindungen von den Augen in das zugehörige Gehirnareal in der äußeren Gehirnschicht (visueller Kortex) geschieht während der ersten fünf Jahre in Abhängigkeit von den Seheindrücken, die von beiden Augen an das Gehirn geliefert werden. Wer also mit einem etwas schlechter sehenden Auge geboren wurde, bekommt zur Therapie das gesunde Auge zeitweise verschlossen, damit auch die Verbindungen des schlechter sehenden Auges zum Gehirn eine Chance haben, sich auszubilden.

In Bezug auf das Hören und die Fähigkeit, verschiedene Laute voneinander zu unterscheiden, ist festzustellen, dass schon im Alter von 10 – 12 Monaten nur noch die Laute der Muttersprache unterschieden werden können. Dies bedeutet allerdings nicht, dass die Fähigkeit zum Lernen dieser Unterschiede für immer verloren ist. Denn man kann auch z. B. als erwachsener Franzose die Aussprache des „H" lernen, obwohl dieser Laut nicht in der Muttersprache vorhanden ist.

Das „**Zeitfenster**" der sensiblen Periode bedeutet vor allem, dass in dieser Phase besonders leicht in dem jeweiligen Bereich gelernt werden kann – später bedeutet der gleiche Lernschritt sehr viel mehr Aufwand (s. Abschnitt zu Montessori, **Kapitel 4**).

Das Erleben verschiedener Sprachen auch im vorsprachlichen Alter ist also im Hinblick auf das Anlegen der Lauterkennungsfähigkeit einer breiten Palette von Lauten sinnvoll.

Die Gehirnreifung währt sehr lange. Der Mensch kann lebenslang lernen. Doch die erste Phase des Spracherwerbs ist spätestens mit dem 11. Lebensjahr abgeschlossen: Die Muttersprache kann nur in den ersten fünf oder höchstens zehn Lebensjahren perfekt gelernt werden. Gleichzeitig bietet sie für alle späteren sprachlichen Fähigkeiten die Grundvoraussetzung.

3.5 Sprachliche Entwicklungs- verläufe

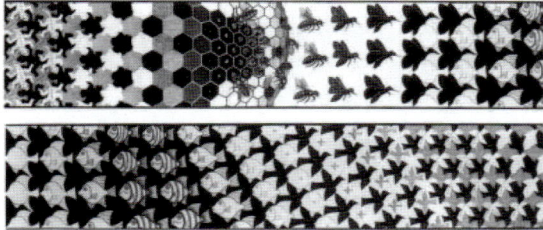

Metamorphose

- Ein Kind kann schon direkt nach der Geburt die Sprache seiner Umgebung erkennen. Seine eigene „Sprache" beginnt mit dem Schrei.
- Im 1. Lebensmonat werden die späteren Sprechwerkzeuge z. B. durch Saugen (an der Brust mehr als an der Flasche) trainiert und der Säugling bildet verschiedene Laute. Nach einem Monat weist das Schreien Unterschiede auf und kann Aufschluss über den Gefühlszustand des Kindes geben.
- Ab dem 2. Lebensmonat beginnt das Kind zu brabbeln (undifferenzierte Laute) und schon einen Monat später spielt es mit unterscheidbaren Lauten. Ungefähr ab dem 9. Lebensmonat ahmt das Kind Klänge nach, die es hört.
- Ab ca. einem Jahr verschwindet der Saugreflex, das Baby wiederholt nun seine eigenen Laute und verändert ihre Lautstärke und Höhe. Schließlich schleicht sich eine Sprachmelodie in die Äußerungen ein (Lallen). Gehörlose Kinder beenden in dieser Phase ihre aktive Sprachentwicklung. Ab dem 11. bis 13. Lebensmonat werden Begriffe mit Inhalt gefüllt, anschließend lernen Kinder Ortsangaben (Präpositionen wie auf, unter, hoch). Jetzt werden durch einzelne Wörter ganze Sinnzusammenhänge geäußert (Einwortsätze).
- Mit ca. 1 ½ Jahren lernt das Kind laufen, die Sprachentwicklung verlangsamt sich jetzt. Ungefähr ein halbes Jahr später kann es „Zweiwortsätze" sprechen. Gerade jetzt können die Unterschiede zwischen einzelnen Kindern in der sprachlichen Entwicklung sehr groß sein.
Jona, 2 Jahre: „Ti haben!"
Henrike, 2 Jahre: „Ich möchte bitte ein Franzbrötchen."

- Ab dem 3. Lebensjahr versteht das Kind die Sprache schon sehr gut, kann aber leicht in Wut geraten. Jetzt findet der größte Zuwachs an Vokabeln statt. Oft beginnen Kinder jetzt zu stottern, weil sie noch nicht so schnell reden können, wie sie denken. Schließlich bildet sich durch das Begreifen zeitlicher Reihenfolgen das Verständnis für Satzbau und Grammatik (erst den Schneeanzug anziehen, dann die Schuhe).
- Mit ca. 4 Jahren beherrscht ein Kind die Sprache gut und kann auch die Grammatik gut anwenden. Es ist gesprächig und spielt mit Wörtern. Manche Laute bzw. Lautkombinationen können noch Schwierigkeiten bereiten.
- Mit 6 Jahren bildet das Kind lange und komplizierte Sätze und interessiert sich für das Lesen und Schreiben.

3.6 Mehrsprachigkeit und Integration fremdsprachiger Kinder

Bi- oder multilinguales Aufwachsen

In binationalen oder multinationalen Familien kann man ein Kind von Anfang an mehrsprachig erziehen. Dies hat den immensen Vorteil, dass in der frühen sensiblen Phase für verschiedene Laute eine größere Bandbreite angelegt wird und das Kind zwei Sprachen auf ganz natürliche Art und Weise erlernen kann. In aller Regel bildet sich hierbei eine „Hauptsprache" heraus.

Eine weitverbreitete Meinung ist es bisher, dass sich die Sprachentwicklung eines Kindes durch mehrsprachiges Aufwachsen verlangsamt. Auch Bedenken bezüglich einer möglichen Überforderung der Kinder wurden wissenschaftlich gestützt. Aktuelle (sorgfältigere) Studien, die auch Vergleiche mit einsprachigen Altersgenossen anstellten, konnten eine ursächliche Verknüpfung mit mehrsprachigem Aufwachsen und sprachlichen **Entwicklungsverzögerungen ausschließen**. Inzwischen besteht in der Forschung zur kindlichen Mehrsprachigkeit Übereinstimmung darin, dass Kinder, die zwei oder mehr Sprachen von Geburt an lernen, diese ohne besondere Mühe trennen.

Alter	Grammatik	Artikulation	Wortschatz	Beispiele
½ Jahr	Lallen, Gurren, Schreien			*gr, gr, ech-ech*
1 Jahr	Erste Wörter, breite Palette von Lauten, Silbenverdoppelung, Lallen			*ba,ba,ba , Mama, mimi, wau-wau*
1 ½ Jahre	Einwortsätze (Frage durch Betonung)	Beginn gezielter Lautbildungen bei der Wortproduktion	Einzelne Wörter	*Ball; mein; ham*
2 Jahre	1. Fragealter mit Satzmelodie. Zwei- und Dreiwortsätze	Es kommen weitere Laute hinzu, z.B.: W, F	bis 50 Wörter, Substantive, einfache Verben und Adjektive	*Mama Arm, Papa heia? B(R)ot aufessen*
2 ½ Jahre	Zunahme der Mehrwortsätze, Endungen an Haupt- und Tätigkeitswörtern beliebig. Erster Gebrauch von „ich"	K, G, Ch, R kommen hinzu.	Wortschatz nimmt zu; Wortschöpfungen	*„Da (k)tommen Briefmann"* *„Anna nicht tönnen (sch)lafen"*
3 Jahre	2. Fragealter (z.B. warum, wie, was). Einfache Sätze können gebildet werden. Beginn von Nebensatzbildungen.	Kind beginnt, schwierige Lautverbindungen zu lernen (z.B. kn, bl, gr).	Wortschatz nimmt erheblich zu.	*„Da is ne F(r)au, die guckt aus'n Fenster. Warum?"*
4 Jahre	Bildung komplexer Sätze, schwierige Satzkonstruktionen können noch fehlerhaft sein. Nebensätze können gebildet werden.	Bis auf evtl. Zischlaute und schwierige Konsonantenverbindungen (z.B. kl, dr) beherrscht das Kind die Laute der Muttersprache. Evtl. entwicklungsbedingtes Stottern.	Wortschatz wächst weiter an. Farben und Fürwörter werden verwendet.	*„Gestern war ich mit Mama beim Doktor. Die Sp(r)itze, die er mir gegebt hat, tat nicht weh."*
6 Jahre	Grammatik wird weitgehend beherrscht, Gedankengänge können variiert ausgedrückt und verschiedene Zeit- und Pluralformen angewendet, Geschichten nacherzählt werden.	Alle Laute werden korrekt gebildet.	Wortschatz ermöglicht differenzierten Ausdruck. Auch abstrakte Begriffe werden auf kindlichem Niveau sicher gehandhabt.	*„Als ich noch kleiner war, bin ich noch nicht alleine in den Kindergarten gegangen."*

(nach Wendlandt, 2006)

Zweisprachiges Aufwachsen

Die Regel „eine Person – eine Sprache" erweist sich zwar durchaus als sinnvoll, aber in der Praxis nicht als die einzige Möglichkeit für den Erwerb gelungener Mehrsprachigkeit. Das Allerwichtigste in der Sprachentwicklung – eben auch bei der Entwicklung von Mehrsprachigkeit – ist, dass alle Familienmitglieder miteinander sprechen und dass sie dies gerne und viel tun.

Olaf befindet sich der Situation, dass seine Mutter mit ihm in ihrer Muttersprache (Dänisch) spricht, sein Vater spricht Deutsch und die Familie lebt in Deutschland. Gut ist es, wenn auch sein Vater Dänisch versteht, damit einem gemeinsamen Tischgespräch nichts im Wege steht.

Lebhaftes Tischgespräch

Festzuhalten bleibt, dass Kinder die Sprache nur so gut erlernen, wie ihre Bezugspersonen es vorleben. Das bedeutet, dass die gesprochene Sprache möglichst gut von den Erwachsenen beherrscht werden muss und man sich damit wohlfühlen und sich selbst in dieser Sprache zu Hause fühlen sollte. Selbst wenn verschiedene Sprachen miteinander vermischt werden, verkraften Kinder das ggf. besser, als man bisher angenommen hat. Doch sollte in diesem Fall ein Augenmerk darauf gelegt werden, dass die Kinder auch **einsprachige Unterhaltungen** führen können und lernen, die verschiedenen Sprachen zu trennen. Dies ist besonders mit Blick auf die Schule bedeutsam.

Neben dem Modell der Mehrsprachigkeit in einer Familie gibt es häufig die Situation, dass die ganze Familie zwar die gleiche Sprache, aber eine andere Sprache als die Umgebung spricht. Hier benutzen die Eltern dann eine andere Sprache als das Umfeld des Kindes. Dies wird schnell von den Kindern erkannt. Früher gab man hier oft den Rat, dass die Eltern mit ihren Kindern die Sprache der Umgebung sprechen sollen, um den Kindern den Landessprachenerwerb zu erleichtern. Doch die eigenen Unsicherheiten in der Grammatik und ein eingeschränktes Vokabular wirken sich sehr negativ auf die Sprachentwicklung der Kinder aus. Es besteht die große Gefahr, dass **keine** Sprache gelernt wird und auch **kein** Verständnis für (komplexe) grammatikalische Strukturen entsteht. Einem befriedigenden Erwerb weiterer Fremdsprachen sind so nahezu unüberwindbare Blockaden in den Weg gelegt. Dementsprechend muss es darum gehen, dass die Kinder die Umgebungssprache durch Menschen lernen, die diese Sprache vollkommen beherrschen: über die Kindertagesstätte, die Freundschaften und andere Kontakte.

Sind die Kinder noch klein, so ist es folglich sehr wichtig, ihnen den Landessprachenerwerb durch ihren Aufenthalt in Kindertageseinrichtungen zu ermöglichen. Es ist für sie dabei besonders bedeutend, gerade in Bildungseinrichtungen auf gute Vorbilder zu treffen: Bezugspersonen, die deutlich und richtig Deutsch sprechen können.

Zudem ist es die Aufgabe von Erzieherinnen und Erziehern, Eltern darauf hinzuweisen, dass sie selbst nicht „radebrechend" versuchen, ihrem Kind die neue Sprache zu vermitteln. Die Eltern sollten den Hinweis bekommen, dass ihr Kind seine Muttersprache möglichst gut erlernen sollte, damit es eine gute sprachliche Grundlage für den Zweit- und Mehrsprachenerwerb ausbildet. Betroffene Eltern sollten zur Unterstützung der deutschen Sprache ihres Kindes dazu aufgefordert und ermutigt werden, dass sie aktiv den Kontakt zu anderen Familien des neuen Heimatlands suchen oder ihren Kindern gezielte Freizeitangebote (z. B. Sportverein) ermöglichen, um darüber entsprechende Spracherfahrungen zu fördern.

> Je besser ein Kind eine Muttersprache beherrscht, desto leichter erlernt es auch andere Sprachen.

Integration in multikulturellen Gruppen

Kulturelle Unterschiede sind in unserer modernen Gesellschaft der Normalzustand. Folglich ist die Frage zu stellen, was pädagogisch unter dem Begriff „Integration" angestrebt wird. Wollen wir Integration als **Eingliederung und Einpassung** in etwas Bestehendes verstehen oder ist das Ziel eher das **Miteinander verschiedener Kulturen** unter dem Motto „grundsätzliche Gleichheit und Verschiedenheit in Teilbereichen"?

Im ersten Fall wird von Migranten die Anpassung an die deutsche Gesellschaft sehr viel deutlicher gefordert, im zweiten Fall wird zunächst mehr Toleranz ausgedrückt, indem es um ein gemeinschaftliches Nebeneinander gehen soll. Für Menschen ist es oftmals schwer, Unterschiedlichkeit auszuhalten und die daraus entstehenden Spannungszustände zu ertragen. Die Fähigkeit dazu kann gelernt werden und sie ist von Mensch zu Mensch verschieden stark ausgeprägt. Man spricht hier von **Ambiguitätstoleranz**. Kinder wie Erwachsene – auch Pädagogen – werden in heterogenen Gruppen in diesem Sinne herausgefordert. Schnell entsteht hier der Widerspruch zwischen der sozial erwünschten Solidarität und den individuellen Abgrenzungsbedürfnissen. Die Situation, dass einerseits offen für Toleranz plädiert wird und andererseits das „Fremde" über Klischeebildung abgewertet wird, ist dabei nicht selten.

Sprachlich gesehen gilt es, sich bewusst zu machen, dass man Mehrsprachigkeit in unterschiedlichen Zusammenhängen auch sehr unterschiedlich bewertet. So wird es oftmals z. B. sehr begrüßt, wenn spielerisch Englischeinheiten in der Kindertagesstätte angeboten werden – ein Kind aber in seiner natürlich entstehenden Zweisprachigkeit zu begleiten, wird von Pädagogen manchmal als anstrengend und wenig wertvoll erlebt.

Englisch vs. Türkisch

Von größter Bedeutung ist an dieser Stelle die Persönlichkeit der Pädagogen. Sie beeinflusst Einstellungen und Bewertungen in einer Gruppe enorm und prägt das soziale Klima entscheidend. Um die eigene Professionalität auszubilden und auszuweiten, gilt es somit, eigene Haltungen und Wertmaßstäbe zu reflektieren und sich mit ihnen auseinanderzusetzen.

Das Erleben der Muttersprache ist sehr wichtig für den Zweit- und Mehrsprachenerwerb. Verbote für den Einsatz der Muttersprache im Spiel und der Rat an die Eltern, sich möglichst in der Landessprache mit ihren Kindern zu unterhalten, wirken vor diesem Hintergrund fehl am Platz. Zwar ist die Aufgabe von Erziehungseinrichtungen durchaus auch im Bereich der Sprachvermittlung der Landessprache zu sehen, doch darf dies nicht über eine Abwertung der Muttersprache geschehen oder zu einer starken Verminderung des Spracheinsatzes überhaupt führen.

Mithilfe der Sprache entdeckt das Kind seine Welt – verbunden mit den ihm am nächsten stehenden Menschen. Es erwirbt mit ihr und durch sie ein großes Stück Kultur, entwickelt sein Selbstbild und erfährt durch sie Sicherheit und Orientierung. Sprach- und Persönlichkeitsentwicklung gehen Hand in Hand.

Das Wichtigste überhaupt ist an dieser Stelle, dafür zu sorgen, dass sich Kinder in ihrer Sprache zu Hause fühlen. Die Ablehnung und Unterdrückung der Muttersprache erweist sich in diesem Sinne als überaus problematisch. Das Ziel muss immer sein, das Kind mehrsprachig aufwachsen zu lassen, falls sich die Muttersprache von der Landessprache unterscheidet. Durch diese Mehrsprachigkeit erwirbt das Kind wichtige soziale, kommunikative, kognitive und emotionale Fähigkeiten (Böhm, 2001).

Die Arbeit in einem Team, durch das vielleicht zumindest zwei gängige Gruppensprachen präsent sein können, kann hier sehr wichtige Impulse setzen. Hat man diese Gelegenheit nicht, bieten sich Möglichkeiten über

- ausgewählte Lieder und Reime,
- Projektthemen,
- Feste oder auch
- mehrsprachige Begrüßungswörter, die man von den Eltern lernen kann.

Doch wie kann neben der grundsätzlichen Sprachförderung das Erlernen der **deutschen Sprache** in der Kindertagesstätte gefördert werden? Denn es bleibt heute eine zentrale Aufgabe der Kindertagesstätte, die deutsche Sprache zu vermitteln und dadurch fremd-

sprachige Kinder auf die Schule vorzubereiten und ihnen die Möglichkeit zu geben, sich in unsere Gesellschaft zu integrieren – im Sinne der Anpassung.

Hier kann ganz grundsätzlich auf den Abschnitt in diesem Kapitel „Grundregeln förderlicher Interaktion" (s. Punkt 6.1) verwiesen werden. Denn immer geht es darum, Spracherwerb in natürliche Situationen einzubinden, z.B. indem man Handlungen sprachlich begleitet, korrektives Feedback (Wiederholung des Gesagten in korrekter Form) gibt, sich selbst mit Kindern unterhält und sie zum Gespräch ermutigt, eine angenehme Atmosphäre schafft und in Spielen den sprachfördernden Aspekt hervorhebt.

Dabei muss die pädagogische Fachkraft durch ihr eigenes Sprechen korrektes Deutsch vermitteln. Sie selbst muss sich sicher in dieser Sprache bewegen und diese Sprache mit Sinn und Kommunikation versehen. Ganz wichtig ist es, dabei zu berücksichtigen, dass Spracherwerb nicht auf einen Vokabelerwerb reduziert werden kann. Der Wortschatz erweitert sich immer parallel zu grammatikalischen Fähigkeiten, und Kinder erlernen eine Sprache durch die komplexe Erfahrung der vollständigen Gestalt.

Handelt es sich um Kindertagesstätten, in denen von der Mehrzahl der Kinder korrekt Deutsch gesprochen wird, so übernehmen auch die Kinder eine Sprachvermittlungsrolle, da es ihre Sprache ist, die untereinander verbinden kann und die im Spiel mit Sinn gefüllt wird. Ist dies nicht der Fall, also geht es um Einrichtungen, die z.B. hauptsächlich Migrantenkinder betreuen, so kommt der eigenen Sprachkompetenz der Erzieherinnen und Erzieher eine ungleich wichtigere Rolle in der Sprachvermittlung zu.

AUFGABE

1. Versuchen Sie, den Prozess der eigenen Aufwertung durch die Abwertung des anderen nachzuvollziehen:

   a) Benennen Sie zwei mögliche Abwertungen des anderen/Fremden, die Sie persönlich dazu nutzen könnten, sich selbst aufzuwerten.

   b) Wechseln Sie nun in die Perspektive des abgewerteten Gegenübers und formulieren Sie zwei mögliche Abwertungen aus dessen Sicht, die sich gegen Sie richten.

2. In der Praxis trifft eine Vielzahl unterschiedlicher Muttersprachen oft auf eine Abwehrhaltung. Es ist manchmal nicht leicht, diese Vorbehalte abzubauen und eine offene Haltung einzunehmen.

a) Sammeln Sie mögliche Argumente, die eine Kindertagesstätte gegen eine aktive Förderung fremder Muttersprachen vorbringen könnte.

b) Setzen Sie diesen Vorbehalten theoretisch fundiertes Fachwissen entgegen und verfassen und halten Sie eine überzeugende Gegenrede.

3. Formulieren Sie die Grundqualifikation von Erzieherinnen, die im Hinblick auf deutsche Sprachförderung notwendig ist.

4. Konkretisieren Sie mögliche Angebote zur Deutschförderung.

4 Beobachtung und Beurteilung von sprachlichen Entwicklungsschritten

4.1 Beobachtungsanlässe und -fragestellungen

Die Darstellung einer „normalen" Sprachentwicklung hat vor allem das Ziel, bei Abweichungen gegebenenfalls genauer hinzuschauen. Da es sehr entscheidend ist, sprachliche Auffälligkeiten eines Kindes möglichst früh zu erkennen, werden zunächst spezielle für bestimmte Altersstufen wichtige Beobachtungsfragen gestellt:

Altersstufen	Beobachtungsfragen
3 Monate	Reagiert das Kind auf ein plötzliches Geräusch? Wendet es sich zur Geräuschquelle? Bildet es Laute? Sieht es Sie an, wenn Sie mit ihm sprechen? Lächelt es zurück?
6 Monate	Produziert das Kind verschiedene Laute? Sucht es Ihre Aufmerksamkeit, indem es Sie ansieht und Laute produziert? Produziert es Geräusche und lächelt als Antwort auf Ihren Gesichtsausdruck?
9 Monate	Streckt das Baby einem Erwachsenen die Arme entgegen, um hoch genommen zu werden? Lallt es? Plappert es, wenn es alleine spielt? Dreht es sich um, wenn es Sprache hört? Gefällt es dem Baby, wenn Sie mit ihm spielen? Reagiert es bei „Nein!"?
12 Monate	Zeigt das Kind auf Dinge in der Umgebung? Benutzt es Gesten wie „winke, winke"? Teilt es seinen Willen über Laute und Handlungen mit? Bringt es Gegenstände, um sie zu zeigen? Versteht es einfache Sätze wie „Komm bitte"?
15 Monate	Schaut das Kind Sie an, während Sie mit ihm sprechen? Wiederholt es Wörter? Sagt es ein oder zwei miteinander verbundene Wörter? Versteht es einfache Fragen wie „Wo ist der Ball?"?
18 Monate	Sieht das Kind erst Sie an und dann das, worüber es spricht? Sagt es etwa 10 Wörter? Versteht und benutzt es die Namen gewohnter Gegenstände wie Ball, Licht, Bett, Auto? Antwortet es manchmal auf die Frage „Was ist das?"? Wechselt es sich im Spiel mit einem Partner ab? Benutzt es Spielzeuge?
2 Jahre	Zeigt das Kind auf Körperteile? Benutzt das Kind Eigenschaftswörter wie „hungrig, dick, heiß"? Benutzt es Zweiwortsätze wie „Luisa Durst"? Stellt es Fragen wie „Was'n das?"? Hört es gern einfache Geschichten an? Kann es m, b, p, d, f, l, n, t, w richtig aussprechen?

3 Jahre	Befolgt das Kind zwei kombinierte Aufforderungen wie „Geh bitte in die Küche und hole deinen Becher"? Nimmt es an kurzen Unterhaltungen teil? Benutzt es Sätze mit drei oder mehr Wörtern? Erzählt es von Dingen in der Vergangenheit? Stellt es Warum-Fragen? Verstehen Menschen, die nicht zur Familie gehören, etwa die Hälfte von dem, was das Kind sagt?
4 Jahre	Spricht das Kind in ganzen Sätzen, ähnlich wie ein Erwachsener? Kann es eine Geschichte verständlich erzählen? Fragt es viel? Fragt es Wer-, Wie-/Wie-viele-Fragen? Benutzt es „ich", „du", „er" und „sie" korrekt? Beginnt es eine Unterhaltung und bleibt eine Zeit lang beim Thema? Benutzt es die Sprache, um Spielsituationen herzustellen? Kann es schwierige Konsonanten wie „r" richtig aussprechen? Verstehen Personen außerhalb der Familie etwa drei Viertel des Gesagten?
5 Jahre	Erklärt das Kind, wie ein Gegenstand gebraucht wird? Fragt es „Wann" und „Warum"? Redet es über vergangene, zukünftige und vorgestellte Ereignisse? Nimmt es an langen und detaillierten Unterhaltungen teil? Bildet es die Sätze meist richtig? Kennt es die Farben? Bildet es alle Laute richtig? Verstehen Nichtfamilienangehörige fast alles, was das Kind sagt?

(aus: *Toronto Preschool Speech and Language Services*)

Zusammenfassend können nach Ylva Ellneby diese Beobachtungen als Hinweis auf Probleme dienen – wenn Kinder

- unabhängig von ihrem Alter immer still sind,
- Angst vor dem Sprechen haben,
- mit einem Jahr laufen, aber nicht sprechen können,
- keine Sätze mit so vielen Wörtern bilden können, wie sie Jahre alt sind,
- mit 3 Jahren noch so unartikuliert sprechen, dass Erwachsene sie nur mühsam verstehen,
- im Alter von 5 bis 6 Jahren noch Schwierigkeiten mit der Grammatik haben,
- in einer Umgebung leben, in der eine andere als ihre Muttersprache gesprochen wird,
- Eltern haben, die sich Sorgen um die Sprachentwicklung ihrer Kinder machen.

Nicht nur die Artikulation, die Grammatik und der Wortschatz offenbaren das **Sprachverhalten** eines Kindes, sondern sein gesamtes **Kommunikationsverhalten**. Wie äußert ein Kind beispielsweise seinen Wunsch mitzuspielen? Spricht es die anderen Kinder an? Rutscht es scheu immer näher oder fängt es eine Rauferei an? Mit dem Lernen, dass man mit Worten seine Ziele erreichen kann, beginnt eine wirkungsvolle Sprachförderung – auch in der Kindertagesstätte.

Beobachtungsbögen wie der nachfolgende können konkret als Raster dienen.

Fragebogen zur Beobachtung eines sprachauffälligen Kindes

Was fällt Ihnen an dem Kind auf? Bitte kreuzen Sie alle zutreffenden Aussagen an.

1. Das Kind spricht so wenig Laute richtig, dass es kaum bzw. nicht zu verstehen ist. ❑
2. Das Kind spricht mehrere Laute nicht bzw. fehlerhaft, ist aber zu verstehen. ❑
   Falls herausgehört werden kann, welche Laute nicht/fehlerhaft gebildet werden, bitte auflisten:

   _____
3. Es spricht einen Laut nicht bzw. fehlerhaft, und zwar:

   _____
4. Die Sätze werden nicht richtig gebildet: Wörter werden unverbunden aneinandergereiht (z. B. „Da Auto Papa." „Mama Eis Tasche."). ❑
   Sätze werden häufig oder ständig verdreht (z. B. „Ich Hunger hab." „Ich ein Bild mal."). ❑
   Mir ist etwas anderes aufgefallen:

   _____
5. Es versteht Arbeitsanweisungen u. Ä. häufig nicht oder falsch. ❑
6. Das Kind reagiert häufig erst auf mehrmaliges Ansprechen. ❑

7. Der Mund wird ständig oder häufig geöffnet gehalten. ❑

8. Es kennt im Vergleich zu anderen Kinder nur sehr wenig Begriffe. ❑

9. Es wiederholt ständig Laute, Silben oder Wörter (z. B. „ba-ba-ba-bald bin ich fünf"). ❑

10. Es presst Laute hervor, zeitweise bekommt es den Laut gar nicht heraus (z. B. „iiiiich"). ❑

11. Es spricht fast gar nicht mit den anderen Kindern. ❑

12. Es spricht nicht oder nur ungern vor der Gruppe. ❑

13. Es spielt im Freispiel ständig oder überwiegend allein. ❑

14. Bei Turnübungen zeigen sich große motorische Unsicherheiten (z. B. kann es nicht auf einer Bank balancieren). ❑

15. Auch auf dem Spielplatz fällt das Kind durch Unsicherheit in der Bewegung auf. ❑

16. Es hat feinmotorische Probleme (Basteln, Malen, Fingerspiele). ❑

17. Sonstiges: _____

_____

Die Eltern sind mit einer eventuellen Überprüfung einverstanden. ❑
(IPTS, 1993)

AUFGABE

1. Halten Sie in Ihrer Praxisstelle Ausschau nach einem Kind, das mindestens ein Kriterium von Ellneby erfüllt, und stellen Sie die Situation dieses Kindes Ihrer schulischen Lerngruppe vor.

2. Wählen Sie ein Kind aus Ihrer Praxisstätte aus, ordnen Sie es altersentsprechend ein und beantworten die zugehörigen Fragen aus der Tabelle.

4.2 Einschätzung der Schulfähigkeit

Ungefähr 20 % der Schulkinder sind von Sprachstörungen betroffen. Aus solchen Sprachstörungen erwachsen sehr oft persönliche, schulische und selbst berufliche Entwicklungsbeeinträchtigungen:

- bei der sozialen Kontaktaufnahme,
- Lese- und Rechtschreibstörungen,
- Lernschwierigkeiten und
- Einschränkungen bei Berufsfindungen.

Von den Kindertagesstätten erwarten die Schulen (nach Elke Oellerich), dass sie Kindern die Möglichkeit bieten, ihr Selbstbewusstsein zu steigern und sich im Regelverhalten zu üben. Hinzu kommt, dass die Kindertagesstätte die Pflicht hat, Entwicklungsauffälligkeiten rechtzeitig zu erkennen und die Kinder entsprechend zu fördern bzw. andere Unterstützungsmaßnahmen in die Wege zu leiten.

Zur Rolle der Erzieherin gehört es folglich,

- zum einen solche **Sprachauffälligkeiten mit aufzudecken** und für eine möglichst frühe Förderung zu sorgen, da auf diese Weise die spätere Schulfähigkeit früh unterstützt werden kann.

- Zum anderen hat sie auch die Aufgabe, Eltern in Bezug auf die Einschulung ihrer Kinder zu beraten. Sie muss also ein Kind auch in seiner (sprachlichen) **Schulfähigkeit einschätzen** können.

Zur Schulfähigkeit gehören, anders als vielleicht pädagogische Laien denken mögen, nicht schulleistungsnahe Fertigkeiten wie Lese-, Schreib und Rechenkompetenz. Diese gilt es, in der Schule zu erlernen. Zur Schulfähigkeit gehören vor allem Fähigkeiten, die ein Kind in die Lage versetzen, erfolgreich mitzuarbeiten.

Ganz wesentlich sind in dieser Hinsicht folgende Kompetenzen:

- **Gruppenfähigkeit**, also soziale Kompetenzen, wie z. B. Anpassungsfähigkeit, Kontaktfähigkeit, Einfühlungs- und Durchsetzungsvermögen, Geduld, Vertrauen, Hilfsbereitschaft, Fairness, Entscheidungsfähigkeit, Konflikte austragen können, Fähigkeit zur Kooperation.

- **Neugier**, als Grundkompetenz für das Lernen überhaupt. Die Kinder brauchen für die anstehenden gesteuerten Lernprozesse ein lebendiges Interesse an den Dingen der Welt. Ein Interesse von Kindern an Buchstaben und Zahlen entwickeln Kinder in diesem Sinne von sich aus.

- **Regel- und Aufgabenverständnis** ist die Grundfähigkeit für die Umsetzung schulischer Arbeitsweisen in einem Rahmen, der wenig Raum für Einzelzuwendung bietet und in dem

Anweisungen gehört, verstanden und umgesetzt werden sollen.

- Hinzu kommen **grob- und feinmotorische Fähigkeiten**. Das Kind sollte seine Bewegungen koordinieren und das Gleichgewicht halten können, auch Erfahrungen im Kneten, Schneiden, Basteln und Malen erleichtern den Schulstart. Bei Defiziten in diesen Bereichen ist besondere Förderung erforderlich.
- In kognitiver Hinsicht lassen sich **Merkfähigkeit und Konzentrationsfähigkeit** anführen, ergänzt durch Gesichtspunkte wie **Mengenverständnis und Sprachverständnis**.
- Im sensorischen Bereich sind besonders **visuelle und akustische Differenzierungsfähigkeit** von Bedeutung.

- Zuletzt bleibt zu erwähnen, dass die Grundvoraussetzung für all diese Fähigkeiten darin liegt, dass ein Kind über **Selbstbewusstsein und Selbstsicherheit** verfügt. Es muss sich etwas zutrauen können.

Betrachtet man Olaf in dieser Hinsicht, so muss zuerst festgestellt werden, dass für ihn die Schule noch weit entfernt ist und es nicht darum geht, seine Schulfähigkeit zu beurteilen. Und doch machen die entscheidenden Gesichtspunkte deutlich, wie wichtig es schon jetzt ist, sich seiner anzunehmen und ihm dadurch Chancen offenzuhalten. Allein die Wichtigkeit seiner Selbstbehauptungsfähigkeit in Bezug auf die Schule steht im engen Zusammenhang mit der Förderung seiner sprachlichen Fähigkeiten.

Beurteilungskriterien für Schulfähigkeit – Beobachtungssituationen (Auszug):

A Kognition	
Denkstruktur	• allmählicher Übergang zur realistischen Weltschau, die sich dem naturwissenschaftlichen Denken annähert • verschiedene Faktoren einer überschaubaren Situation können zueinander in Beziehung gesetzt werden • erkennt, dass Mengen nach einer Umordnung der Elemente gleich bleiben
Visuelle/Auditive/ Taktile Wahrnehmung	• (...)
Sprach- und Sprechfähigkeit	
Mengenverständnis	
Gedächtnis- und Merkfähigkeit	
B Grob- und Feinmotorik	
(...)	• (...)
C Emotion/Motivation/Sozialverhalten	
Anstrengungsbereitschaft und Ausdauer	• möchte etwas leisten, auch wenn die Aufgabenstellung nicht ganz einfach ist • lässt sich von Misserfolgen nicht gleich entmutigen
Selbstsicherheit	• wirkt angstfrei • äußert angemessen seine Wünsche • wehrt sich angemessen gegen ungerechtfertigte Anschuldigungen • benötigt selten Rückmeldung von anderen
Selbstkontrolle	• drängelt sich nicht vor • kann Bedürfnisse zurückstellen, z. B. Bewegungsbedürfnis im Stuhlkreis
Gruppenfähigkeit	• kann mit Gleichaltrigen gemeinsam handeln • hilft anderen Kindern, lässt sich helfen
Neugierde	• (...)
Selbstständigkeit	
Kontaktfähigkeit	
Konfliktfähigkeit	

(Amelie Ruff, Arbeitsgruppe Innovationsvorhaben Bildung/ Sprachförderung, o. J.)

Um die Schulfähigkeit einschätzen zu können, werden diagnostische Beobachtungssituationen an die Hand gegeben (siehe links nach A. Ruff), die als Kriterien zur Einschätzung dienen können. Hier wird nicht nur der sprachliche Entwicklungsstand in den Blick gerückt, sondern ein Gesamtüberblick verschafft. Denn sprachliche Defizite stehen meist im Zusammenhang mit anderen Problemen im Wahrnehmungs-, Bewegungs- oder Sozialbereich.

AUFGABE

1. „Richtig wütend werde ich, wenn wir Kinder aus Kindergärten in die Schule bekommen, die z. B. im Wahrnehmungs- oder motorischen Bereich nicht altersentsprechend

entwickelt sind, und keiner hat's gemerkt" (E. Oellerich). Diskutieren Sie die Berechtigung dieser Aussage der Grundschullehrerin.

2. Entwickeln Sie anschließend anhand der Beobachtungskriterien eine Aufgabenreihe, mit der Sie in der Praxis ein Vorschulkind im Hinblick auf seine Denkstruktur und Selbstkontrolle beobachten. Stellen Sie die Ergebnisse später der Klasse (ausgewählt) vor.

3. Stellen Sie Fördermöglichkeiten für Olaf im Hinblick auf seine Vorbereitung auf die Schule zusammen.

5 Auffälligkeiten und ihre Ursachen

„Das Schlimmste, was einem Kind mit verzögerter Sprach- und Sprechfähigkeit geschehen kann, sind Erwachsene, die sagen ‚abwarten und weitersehen.'" (Y. Ellneby)

In der sprachlichen Entwicklung gibt es wie in der Entwicklung anderer Bereiche auch individuelle Besonderheiten. Ein Kind muss also nicht, nur weil es sich nicht wie die Tabellendaten entwickelt, schon auffällig sein. Die Darstellung eines „normalen" Entwicklungsverlaufs kann aber dabei helfen, beobachtetes (Sprach-)Verhalten einzuordnen. Ähnliches gilt für die Liste nachfolgender Gesichtspunkte, die Anlass dafür geben können, genauer hinzusehen.

5.1 Sprach- und Sprech-
auffälligkeiten

Dyslalie

Die Dyslalie bedeutet eine Artikulationsstörung. Bestimmte Laute werden weggelassen (*Blume* ➡ *Lume*) oder verändert bzw. falsch gebildet (*Schule* ➡ *Lule*). Dies ist bei Kindern bis zu 3 Jahren normal, hingegen würde man bei Kindern zwischen 4 und 5 Jahren hier von einer Sprachentwicklungsstörung sprechen (Prang, 2000).

Dysgrammatismus/Agrammatismus

Der Dysgrammatismus bedeutet regelmäßig auftauchende Fehler in der Satzstruktur, der Agrammatismus das grundsätzliche Fehlen von grammatikalischen Strukturen. Bei beiden Auffälligkeiten ist die Reihenfolge der Wörter im Satz falsch, „ich" wird nicht benutzt, es wird nur ein geringer Wortschatz verwendet, es kann auch von mangelnder Redefreude gesprochen werden. Sehr deutlich wird dieses Symptom im sogenannten „Telegrammstil", wenn nur durch einzelne unzusammenhängende Wörter kommuniziert wird, z. B. *„Spielen? Nein! Gucken das lieber. Hunger! Ärgern nein!"*

Bei fremdsprachigen Kindern ist diese Auffälligkeit oft zu beobachten, allerdings gibt sich dieses Problem meist nach einiger Zeit durch die nahezu automatische Übung der Sprache im sozialen Kontakt. Wichtig ist es, einen „echten" Dysgrammatismus von einem physiologisch bedingten zu unterscheiden. Unterschiede bestehen z. B. darin, dass bei der entwicklungsbedingten Abweichung meist eine grundsätzliche Übernahme von Satzstrukturen vorliegt. Ist eine solche Struktur nicht zu entdecken, besteht der Verdacht auf Dysgrammatismus bzw. Agrammatismus.

Poltern

Beim Poltern verschlucken Kinder ganze Wörter, Laute und besonders Endsilben. Es kommt zu einer Überstürzung der Rede.

Stottern

Das Stottern beschreibt eine Störung des Redeflusses. Es äußert sich individuell verschieden und ist unterschiedlich stark ausgeprägt. Manche Kinder wiederholen Worte, Silben oder Laute, andere machen Sprechpausen, dehnen die Laute oder haben Blockaden im Sprechfluss. Auch kann es sein, dass Tonhöhe und Lautstärke des Lautes ansteigen, bevor das Kind ein Wort beendet. Dabei zittern manchmal die Muskeln um Mund und Kiefer. Je nach Situation und Anspannung strengt sich ein Kind sehr stark an. Dabei wird das Sprechmuster verzerrt (Prang, 2000).

Mutismus

Der Mutismus beschreibt ein Symptom, bei welchem Kinder gegenüber bestimmten Menschen schweigen. Sie kommunizieren dann vielleicht rege mit der Mutter, verschießen sich aber anderen Personen gegenüber.

Störungen des Stimmklangs

Störungen des Stimmklangs können sehr unterschiedlich sein. Sie können sich auf die Tonhöhe des Sprechens oder auf den Klang der Stimme beziehen, wie bei Heiserkeit. Die Heiserkeit ist dabei kein Sprech-, sondern ein Stimmproblem (Ellneby, 1998), das eine wachsende Anzahl von Kindern betrifft. Meist handelt es sich um besonders gesprächige und aktive Kinder, es gibt aber auch scheue, die durch das Zurückhalten ihrer Stimme die Stimmbänder dehnen. Die Kinder leiden meist selbst nicht darunter, in seltenen Fällen können sich Knoten in den Stimmbändern bilden, die meist spätestens in der Pubertät verschwinden.

5.2 Ursachen für Sprach-auffälligkeiten

Die Sprachentwicklung ist ein Teil der Gesamtmotorik und so gehen sprachliche Verzögerungen oftmals mit einer verzögerten Motorik einher, die ihrerseits unterschiedliche Ursachen haben kann.

Insgesamt gibt es drei Ursachenbereiche:
- **organische Ursachen** (körperliche Ursachen, z. B. Zahnfehlstellungen, oder Beeinträchtigungen des Gehirns bzw. der Wahrnehmungsmodalitäten)

- **psychische Ursachen** (geistig-emotionale Ursachen, z. B. Unsicherheit und Gehemmtheit)
- **soziale Ursachen** (auf den Kontakt mit anderen Menschen bezogene Ursachen, z. B. das späte Erlernen einer weiteren Sprache oder schlechte Vorbilder)

Manchmal sind Sprach- und Sprechdefizite also auf **psychosoziale Faktoren** zurückzuführen: schlechte Vorbilder (z. B. undeutlich und wenig sprechende Eltern), belastende Erlebnisse in der Familie (Umzug, Scheidung, Tod), fehlende Sprechgelegenheiten (z. B. wenig Zeit der Familienmitglieder füreinander oder die Konzentration von Erwachsenen auf eigene Probleme). Negative Sanktionierungen des Sprechens, z. B. durch Verbesserung, Ungeduld und Spott, wirken sich sprachhemmend aus. Auch der Fernsehkonsum stellt eine bedeutende Komponente bei Mängeln in der Sprachentwicklung dar. Das Fernsehen nimmt heute einen relativ großen Raum im Familienalltag ein: „Die Zeit, die heutige Kinder mit Fernsehen verbringen, nimmt im Gesamtumfang der Freizeitaktivitäten den größten Teil ein" (Rolff/Zimmermann, 2001).

In Bezug auf die Sprachentwicklung gibt es hier zwei grundlegende Problemfelder zu benennen:
- Zum einen fehlt es grundsätzlich an abwechslungsreichen Umgebungsanreizen zur Integration der Sinne,
- zum anderen hören die Kinder beim Fernsehen zwar viel Sprache, das Fernsehen animiert jedoch nicht zum eigenen Sprechen.

Ein Kind lernt die Sprache aber nur durch die aktive Auseinandersetzung in einem kommunikativen Alltag.

Lachen, gestikulieren, sprechen

Auch **organische Ursachen** können für Sprachentwicklungsverzögerungen verantwortlich sein:

- Hörstörungen, Anomalien der Sprechorgane (Lippen-Gaumen-Spalte, schwache Muskulatur der Zunge und des Mundes, schlechte Nasenatmung usw.),
- eine geistige Beeinträchtigung oder auch
- genetische Dispositionen.

Sprachliche Entwicklungsstörungen gehen oft mit anderen Entwicklungsstörungen einher, nicht selten sind erhebliche Defizite in anderen Bereichen zu beobachten.

Für Hörstörungen sind häufig wiederholte Mittelohrentzündungen oder auch Anomalien des Ohres verantwortlich. Selbst eine vorübergehende Schädigung oder Beeinträchtigung des Gehörs kann eine Verzögerung des Sprechens nach sich ziehen.

Auch **soziale Ursachen** können für Hörstörungen infrage kommen. So schützen sich Kinder z. B. vor ständiger Berieselung durch Radio, Fernseher und Tonaufnahmen, indem sie „einfach abschalten". Dies kann auch als Reaktion auf ständige Ermahnungen, Bevormundungen, d. h. ein verbales Zudecken des Kindes, entstehen. Eine mögliche schwerwiegende Folge ist, dass Kinder das selektive Hören (die Fähigkeit, aus einer Geräuschkulisse bestimmte Hörereignisse herauszufiltern) nicht erlernen – eine Grundvoraussetzung für das Lernen in der Schule. Denn hier müssen Anweisungen und Aufgabenstellungen durch die Lehrkraft parallel zu einer Vielzahl von Höreindrücken (z. B. durch Arbeiten an Gruppentischen) wahrgenommen werden.

Die Vielfalt möglicher Ursachen zeigt, wie wichtig es ist, die tatsächliche Ursache zu diagnostizieren, um die richtigen Fördermaßnahmen zu ergreifen. Denn z. B. bei Schwerhörigkeit können mundmotorische Übungen das Problem nicht an der Wurzel packen. Außerdem kann es schwierig sein, die richtige Diagnose zu stellen.

Versteht Olaf die Fragen, die an ihn gerichtet werden, deshalb nicht, weil er schlecht hört oder weil sein Sprachverständnis aufgrund von verlangsamten Hirnreifungsprozessen entwicklungsverzögert ist?

Insofern liegt die genaue Diagnose einer Sprachauffälligkeit bei den entsprechenden Fachkräften (Logopäden, Sprachheiltherapeuten, Stimm- und Sprechlehrkräfte, HNO-Mediziner, Physiotherapeuten).

> Der Impuls dafür, eine Sprach- und Sprechauffälligkeit genauer untersuchen zu lassen, liegt auch im Zuständigkeitsbereich pädagogischer Fachkräfte (z. B. Erzieherinnen und Erzieher sowie Lehrkräfte oder Sozialpädagogen).

Beispiel: *„Destern waren wir im Tierpart, da waren auch Fafe wie bei Opa, da wollte ich noch lande bleiben."*

Dieser Satz kann entwicklungsbedingt eine „normale" Aussage darstellen. Wenn das Alter eines Kindes aber nicht mehr ausreicht, um die Artikulationsschwächen zu erklären, ist es wichtig, Eltern darauf aufmerksam zu machen, dass sie ihr Kind beim HNO-Arzt untersuchen lassen, um dann die Überweisung zu einer Logopädin zu erreichen oder über ein Hörgerät ggf. das Hören spezifischer Laute zu verbessern, falls das Kind hier organische Einschränkungen hat.

AUFGABE

1. Bestimmen Sie für die Aussage „Destern waren wir im Tierpart, da waren auch Fafe wie bei Opa, da wollte ich noch lande bleiben" die Art der Sprachauffälligkeit und arbeiten Sie die Altersangemessenheit heraus.

2. Arbeiten Sie heraus, auf welche Defizite Olafs Verhalten schließen lässt, und beschreiben Sie die Aufgaben und Möglichkeiten der Erzieherin. Beachten Sie die verschiedenen Ebenen (Elternkontakt, eigene Maßnahmen, Überweisung).

6 Fördermaßnahmen

> „Sprache steht immer in Verbindung zu emotionalen, kognitiven, zu sensorischen und zu motorischen Leistungen." (Axel Holtz)

6.1 Grundregeln förderlicher Interaktion

Sprechen zu lernen ist ein Vorgang, der sich in der Interaktion mit der Umwelt, sprich im Kontakt mit anderen Menschen, vollzieht. Dabei kann man selbst als Teil dieser Umwelt auf bestimmte Umgangsformen achten, um die Sprachentwicklung von Kindern zu fördern. **Langsames und deutliches Sprechen in einfachen Sätzen**, bei dem man sich dem Kind zuwendet, damit es die Lippenbewegungen verfolgen und nachahmen kann, ist hier sehr unterstützend.

Hierbei sollte selbst **nicht in Babysprache** gesprochen werden, damit das Kind am Vorbild die richtigen Wörter lernen kann:

Bestätigende Rückmeldung

Hilfreich ist es, die eigenen, aber auch die **Handlungen** des Kindes **mit Sprache zu begleiten** („Ich decke den Tisch", „Du malst eine Blume – ah, jetzt kommt noch eine Schnecke"). Auch die direkte Reaktion auf Äußerungen des Kindes als Bestätigung (Kind:

Da ist ein Ball ➡ Ja, da ist ein Ball) oder zustimmende Erweiterung (Kind: Da ist ein Auto ➡ Ja, ein großes Auto) gibt dem Kind eine Rückmeldung auf sein Sprechen und fördert dieses.

Kinder sollten selbst zum Sprechen animiert werden. So sollte man es Kindern nicht „zu leicht" machen, sondern Fragen stellen, die nicht nur mit „Ja" oder „Nein" zu beantworten sind (Oder-Fragen: Möchtest du Wasser oder Milch?; W-Fragen: Was möchtest du essen?, Warum, Wie, Wer). Auch sollte man es vermeiden, auf ein bloßes Deuten des Kindes zu reagieren. Es sind Wege zu finden, Kinder zum Sprechen zu bringen und Redeanlässe zu schaffen. Dies sollte möglichst spielerisch geschehen. Nicht im Sinne eines Trainings sollte also geübt werden, sondern im Spiel, sodass quasi „nebenbei" die Lernfortschritte gemacht werden (z. B. über „Ich sehe was, was du nicht siehst", durch Reime, Fingerspiele und Erfindung von Geschichten).

Eine **positive Sprechatmosphäre** ist zu schaffen. Ganz grundsätzlich geht es bei der Sprachförderung von Kindern – ob diese auffällig sind oder nicht – darum, zu motivieren (lass uns doch), statt zu befehlen (jetzt mach endlich), und zu ermutigen (das schaffst du, los), statt zu kritisieren (du konzentrierst dich nicht!). Auf Belehrungen sollte verzichtet werden (das heißt aber ...) und stattdessen mit dem Kind zu sprechen (ach, du meinst ...). Um Freude am Sprechen und damit an der Kommunikation mit anderen zu gewinnen, gilt es, sich zu unterhalten. Ein Kind zu korrigieren läuft diesem Ziel, diesem Sinn von Sprache zuwider und bewirkt eher, dass es sich in sich selbst zurückzieht. Auch ist wichtig, die Kinder selbst Erfahrungen machen zu lassen, anstatt ihnen die Dinge aus der Hand oder das Wort aus dem Mund zu nehmen und es selbst „perfekt" vorzumachen.

Um Sprache zu fördern, muss man mit Kindern sprechen. Dabei kann man auch selbst auf die Art und Weise achten, **wie man spricht**. Oftmals sprechen Erwachsene recht monoton. Da Kinder aber gerade höhere Frequenzen gut wahrnehmen können und als interessante Stimmlage empfinden, sollte man das eigene Sprechverhalten ggf. in angenehmem Maße darauf abstimmen.

Sprache muss mit Sinn gefüllt werden: mit dem

Sinn der Kommunikation selbst (es bringt Spaß, etwas zu erzählen, wenn gelauscht wird) und mit dem inhaltlichen Sinn (dadurch, dass ich darum bitte, wird mir etwas gegeben). Sprache zu fördern beginnt schon damit, Kindern zu vermitteln, wie Gespräche geführt werden, dass nämlich beispielsweise das **Einanderzuhören** dazugehört. Gesprächsrunden mit einem Redestein, feste Rituale, die den Gruppenzusammenhalt und die Atmosphäre positiv beeinflussen, bieten hier Möglichkeiten.

So kann es hilfreich sein, mit **Büchern und Geschichten** zu arbeiten. Diese sollten dem Sprachniveau und dem Erfahrungshorizont entsprechen. Orientiert man sich in der Auswahl von Büchern zu sehr an den ältesten Kindern, kann dies dazu führen, dass die Kleineren „abschalten", sobald sie dem Text nicht mehr folgen können. Ein kleines Kind braucht verstärkt Bilder, um veranschaulicht zu bekommen, was es hört. Zudem kann man Bücher auch noch anders nutzen als zum reinen Vorlesen, indem man mit dem Buch und aus der Geschichte heraus Gesprächsanlässe entwickelt: die Geschichte oder Teile davon mitsprechen oder nachspielen.

Wie könnte die Geschichte vielleicht weitergehen? Was können wir auf dieser Seite alles sehen? Was träumt/denkt/fühlt denn diese Person?

Schon mit dem, was wir Kindern gegenüber sagen, wie wir auf ihre Fragen und Äußerungen reagieren, beeinflussen wir die uns anvertrauten Kinder. Sprachliche Förderung bezieht sich damit ganz grundsätzlich auf den eigenen Umgang mit den Kindern.

Will die Erzieherin Regina also Olaf sprachlich fördern, so ist dies auch ganz grundsätzlich zu verstehen. Sie muss sich Zeit nehmen und mit ihm sprechen und ihn zum Sprechen animieren, ihm Anlass dazu geben. Um dies zu erleichtern, muss sie auch die Atmosphäre berücksichtigen und Regeln etablieren, die Abwertungen vermeiden.

AUFGABE
1. Stellen Sie heraus, welche konkreten Maßnahmen von der Erzieherin gerade für Olaf ergriffen werden können.
2. Stellen Sie eine Spielesammlung zusammen und entdecken Sie in den Spielen den sprachfördernden Aspekt.
3. Besorgen Sie ein Bilderbuch, das Ihnen als Kind gefallen hat, und entwickeln Sie Ideen, wie man dieses außer zum Vorlesen noch in Bezug auf Sprachförderung verwenden kann.

6.2 Bewegungs- und Wahrnehmungsförderung

Zu sprechen erfordert feinmotorische Bewegungsleistungen der Sprechorgane. Im Laufe ihrer Entwicklung lernen Kinder immer ausgefeilter, ihre Bewegungen fein aufeinander abzustimmen. Sie lernen, die notwendige Kraft zu dosieren und die für die Aussprache richtigen Mundstellungen und Spannungszustände der Muskulatur herzustellen. Es geht also um zweierlei: zum ersten um die Fähigkeit zur Feinkoordination und zum zweiten um Spannungszustände in den Muskeln. Die menschliche Feinmotorik baut auf der Grobmotorik auf und die grundsätzliche Körperspannung wirkt sich auch auf die Stimme und Sprechorgane aus. Somit sind sportliche Aktivitäten und Aufgaben zur Bewegungskoordination wichtige Bereiche, um Sprache und Sprechen zu fördern.

Bewegungsanreize bieten

Da es bei der Entwicklung der Sprache und des Sprechens um das Zusammenwirken der Sinnessysteme geht, kommt der Erfahrung von Sinneseindrücken in Verbindung mit Bewegungen eine besondere Bedeutung in der Sprachförderung zu. Sensorische Erlebnisse sind mit motorischen Erfahrungen verbunden: Z.B. reibt man mit der Hand über ein Material, um seine Oberflächenbeschaffenheit zu erfühlen, man dreht seinen Kopf der Geräuschquelle zu oder man verfolgt ein Objekt mit seinen Augen. Man spricht auch von **sensomotorischer Förderung**, wenn besonders darauf hingewirkt wird, dass sich die unterschiedlichen Wahrnehmungen der Sinnessysteme durch Bewegung verknüpfen. Denn erst diese sensomotorischen Grundlagen ermöglichen den späteren „Überbau" der Sprache.

Im Sinne einer gesamtmotorischen Förderung, die damit auch die Sprachmotorik betrifft, sind gezielte Bewegungsanreize anzubieten, z. B.

- Matschen, Kneten,
- Schneiden,
- Malen mit dicken Stiften,
- Fingerspiele,
- Tanz- und Rhythmusspiele,
- Reim- und Klatschspiele.

Alle aufgezählten Aktivitäten verbinden verschiedene Sinneseindrücke durch Bewegung miteinander. Beispielsweise wird beim Kneten das taktil-kinästhetische System über das Formen mit der Anregung des Sehsinns verbunden – klopft man mit der Knetkugel darüber hinaus auf den Tisch, kommt der Höreindruck dazu. Zudem hat Knete einen Geruch und wer sie einmal in den Mund gesteckt hat, wird es wahrscheinlich nicht wieder tun, ist aber um diese Erfahrung reicher.

Auch Wahrnehmungsspiele (Kim-Spiele, benannt nach R. Kiplings Roman „Kim"), z. B. Geräuschmemory spielen, Gerüche oder Geschmack erraten, eine Fühlkiste betasten, verschiedene Untergründe/Gegenstän-

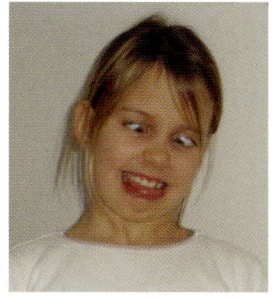

de mit den Füßen ertasten, Liedmelodien erraten, unterschiedlich gefüllte Sandeimer heben oder bei einer Anzahl von Dingen ein fehlendes herausfinden, bieten gute spielerische Unterstützungsmöglichkeiten für die verschiedenen Wahrnehmungsbereiche.

Aber nicht nur das Anbieten solcher Bewegungs- und Wahrnehmungsangebote fördert die Sprachentwicklung, auch das **Vermeiden bewegungs- und sprachhemmender Einflüsse**, wie z. B. des Fernsehens und des Einsatzes von Hörspiel-CDs, können hier wichtige Impulse bieten.

Regina könnte in diesem Sinne die Eltern auf möglicherweise zu starken Fernsehkonsum und eine fehlende Kommunikation in der Familie ansprechen sowie dazu anregen (und selbst dafür sorgen), dass Olaf vielfältige Sinneserfahrungen machen kann.

AUFGABE
1. Führen Sie eine Wahrnehmungsübung mit der Klasse durch.
2. Führen Sie ein Kim-Spiel mit der Gruppe durch.
3. Singen Sie mit der Gruppe ein Lied und klatschen Sie dazu in die Hände.
4. Klatschen Sie einfache Rhythmen vor, lassen Sie nachklatschen.

6.3 Gezielte Sprach- und Sprechförderung

Je nach Ursachen ist es sinnvoll (außer der grundsätzlichen Förderung durch Gespräche, Bewegungs- und Wahrnehmungsförderung), auch **gezielt sprachlich** zu fördern. Diese Förderung kann sich auf verschiedene Bereiche beziehen:

Ausdrucksfähigkeit

Geht es eher um die Schwierigkeit, sich sprachlich auszudrücken, bilden Kinder also unvollständige Sätze, haben einen geringen Wortschatz, vergessen Wörter und Präpositionen (Dysgrammatismus), sind vor allem, wie oben beschrieben, Geduld und Ruhe erforderlich in der Kommunikation mit Erwachsenen, die sich Zeit zum Zuhören und zum Miteinandersprechen nehmen. Betroffene Kinder benötigen viele Gelegenheiten, um zu spielen, sich Geschichten auszudenken oder einfach geschriebene Bücher mit klaren Sätzen zu lesen oder vorgelesen zu bekommen. Dasselbe Buch sollte dabei durchaus immer wieder gelesen werden.

Vorlesen fördert die Sprache

Stimmklang

Beim Sprechen sind wir nicht nur mit dem Denken beteiligt, sondern die Stimme entsteht durch unseren Körper, so findet sich gleichfalls unsere seelische Verfassung darin wieder und offenbart sich anderen. Gesprochene Sprache ist damit auch immer Stimme – und durch die Stimme Klang und Stimmung. Gemütszustände lassen sich folglich sehr gut an der Art und Weise ablesen, wie gesprochen wird.

Ist also vor allem die Art und Weise auffällig, wie ein Kind spricht, z. B. weil es unangenehm hoch oder laut spricht, ist dies problematisch. Denn es beeinträchtigt zum einen seine Sprechorgane, zum anderen hat das Kind größere Schwierigkeiten, von anderen als angenehm empfunden zu werden, da sich die Stimme auch stark auf das Empfinden des Gegenübers auswirkt. Gezielte Übungen in Bezug auf eine gute Körperhaltung, richtige Atemführung und melodisches, leises, nicht zu tiefes Singen (bis Tonhöhe d') können hier hilfreich eingesetzt werden. Auch sollte Situationen vorgebeugt werden, die einen solchen Einsatz der Stimme fördern, wie fehlende Aufmerksamkeit und keine individuelle Zuwendung.

Geht es um das Problem der Heiserkeit, sollte in der Gruppe dazu ermutigt werden zu <u>sprechen</u>, nicht zu schreien. Auch Atem- und Entspannungsübungen sind hilfreich. Schon die Kinder <u>vom Schreien abzuhalten</u> verbessert automatisch die Stimme. Hier kann es in der Kindertagesstätte sinnvoll sein, schreiende Kinder in einer Gruppe zusammenzufassen und mit ihnen gezielt zu üben, wie sie ihre Stimmen richtig einsetzen.

Rufen vs. Schreien

Sprachfluss

Gerade bei stotternden Kindern hat es wenig Sinn, am Symptom zu arbeiten. Wichtig ist es, mit den Kindern geduldig und zugewandt umzugehen und ihnen Sicherheit zu vermitteln, damit sie sich akzeptiert fühlen. Das gilt auch für die Gruppenatmosphäre und die Regeln, die man im Hinblick auf Gespräche etabliert. Grundsätzlich gilt, dass beim Stottern die Aufmerksamkeit vom Sprechen weggelenkt werden sollte, z. B. indem man sich auf einen Rhythmus konzentriert (Gedichte, Lieder, Sprüche). Beim Poltern ist es umgekehrt. Hier gilt es, sich auf das Sprechen zu konzentrieren und dadurch deutlicher zu werden.

Sprachverweigerung

Bei der Sprachverweigerung (Mutismus) handelt es sich um ein schwerwiegendes Symptom, das normalerweise therapeutisch betreut wird. Doch grundsätzlich gilt auch wie bei Störungen des Redeflusses, dass eine Atmosphäre der Akzeptanz, Zugewandtheit und Sicherheit positiv wirkt. Besteht erst einmal eine Vertrauensbasis, so kann darauf aufbauend und personengebunden mit kleinen Lernherausforderungen gearbeitet werden, indem bestimmte Wünsche, z. B. nur durch das Anwenden von Sprache, Erfolg haben.

Wange an Wange

Artikulation

Eine gezielte Förderung der Artikulation wird meist von Logopäden wie auch Sprachheiltherapeuten übernommen. Viele dieser unterstützenden Spielideen können Spaß machen und Anlass für das Spiel mit Einzelnen oder einer ganzen Gruppe sein, sodass sie auch im Kindergartenalltag Raum finden können.

Diese Förderung der Artikulation findet auf verschiedenen Ebenen statt:

1. Mundgefühl

Lippen, Zunge und Mundraum werden durch interessante Eindrücke stimuliert. Z. B. werden Temperaturen mit den Lippen erfühlt, Krümel abgeleckt oder es wird etwas erschmeckt. Es wird auf verschiedene Art und Weise experimentiert: Kammblasen, Gurgeln und Pfeifen. Viele „Spiele" zur Entwicklung des Mundgefühls werden von Kindern normalerweise von selbst ausprobiert. Verbote können Gründe dafür sein, dass bestimmte Entwicklungsschritte zu einem späteren Zeitpunkt einfach nachgeholt werden müssen (z. B. verschiedene Gegenstände mit dem Mund erfühlen).

2. Mundmotorik

Um die Muskeln in der Zunge und in den Lippen zu trainieren, kann gesaugt, geschleckt und gepustet werden. Auch Grimassen sind dazu sehr geeignet. Folgende Spiele sind mögliche Ansatzpunkte:

- Papierkugeln, Tischtennisbälle oder Wattebäusche auf einem Tisch zu einem anderen Kind blasen – das Gleiche mit einem ausgeblasenen Ei in einer Schüssel mit Wasser.
- Mit einem Strohhalm ein Papiertaschentuch ansaugen und es auf ein Tablett fallen lassen.
- Wasser oder andere Getränke mit einem dünnen Strohhalm saugen.

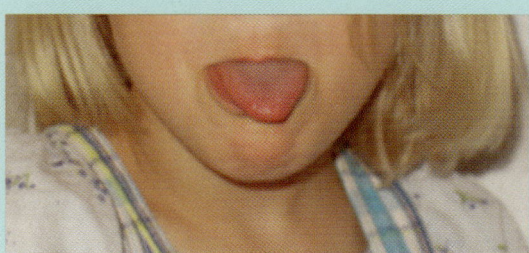

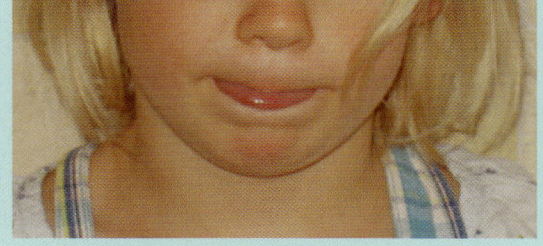

Zungengymnastik

3. Auditive Wahrnehmung

Die Welt ist voller Geräusche. Eigentlich hört man viel zu viel. Umso wichtiger ist es zu üben, genau hinzuhören. Dazu einige praktische Beispiele:

- Hören, ob die Töne hoch oder tief sind, und dies mit den Armen anzeigen.
- Tierstimmen nachahmen.
- Töne suchen (wo höre ich was – sich mit geschlossenen Augen zu einer den Ort wechselnden Geräuschquelle drehen).
- Eine versteckt tickende Uhr suchen.
- Verschiedene Töne vergleichen, z. B. Reis und Erbsen in verschiedenen Gläsern schütteln.
- Die Stimmen der Kinder auf Kassette aufnehmen und anhören.

4. Atem- und Stimmübungen

Wie der Atem fließt und wie man die Luft zur Erzeugung von gesprochener Sprache einsetzt, ist entscheidend von der Art und Weise der Atmung abhängig. Folglich kann sie mit Übungen positiv beeinflusst werden. Auch Singen bedeutet, den Luftstrom zu regulieren und gezielt einzusetzen.

(nach Ellneby, 1998)

AUFGABE

1. Stellen Sie einen konkreten Übungsablauf zur Artikulationsverbesserung des s-Lauts zusammen (siehe Tabelle, „Lispeln").
2. Erfinden Sie eine konkrete Geschichte, die zu Bewegungsnachahmungen mit der Zunge einlädt (Katze, Teddybär, Frühjahrsputz etc.)
3. Führen Sie eine Atemübung mit der Gruppe durch.
4. Versuchen Sie, mit einem Korken im Mund möglichst deutlich zu sprechen. Beschreiben Sie den Sinn dieser Übung.

Symptom	Mögliche Ursachen	Fördermaßnahmen
Dyslalie (Artikulationsstörung)	• verspätete oder unterentwickelte auditive Wahrnehmung bzw. verminderte Hörfähigkeit (auch: nur bestimmte Frequenzen/Laute oder Geräuschfilterung) • Gehirnschädigung • mangelnde Motivation Bei Lispeln: Zahnfehlstellung, verminderte Bewegungsfähigkeit der Zunge, zu kurzes Zungenband, Nachahmungsfehler (ggf. Hörfehler), Daumenlutschen, langes Schnullern	• Überprüfung der Hörfähigkeit • „Überdosis" sprachlicher Stimulierung • Mundgymnastik, Zungenbrecherreime, Saug- und Blasespiele • Überprüfung der Hörfähigkeit (der s-Laut ist der erste Laut, der beim Nachlassen der Hörfähigkeit verschwindet)
Dysgrammatismus (Störungen im Gebrauch der Grammatik)	• niedriges Anregungsmilieu • hochgradige Wahrnehmungsstörung • neues Sprachumfeld	• Geduld/Ruhe in der Kommunikation, miteinander sprechen • Geschichten ausdenken • Bücher mit klaren Sätzen verwenden, gleiches Buch immer wieder nutzen
Poltern (überstürzte, silbenverschluckende Rede)	• psychosoziale Schwierigkeiten • schlechte Vorbilder	• Technikvermittlung, um geordneter und langsamer zu sprechen • Konzentration auf das Sprechen lenken
Stottern (Störung des Redeflusses)	• normale Entwicklungserscheinung (80 % aller Kinder im Alter zwischen 2 und 6 Jahren stottern) • ein Kind denkt schneller, als es sprechen kann ➡ Stottern Bei nicht entwicklungsbedingtem Stottern: vermutlich psychische Vorgänge (Darauf achten, <u>wie</u> ein Kind etwas sagt, nicht <u>was</u>. So lassen sich ggf. Rückschlüsse auf die Zusammenhänge ziehen.)	• geduldig sein • Gesprächserziehung der Gruppe durch Zuhören und Atmosphäre • Aufmerksamkeit vom Sprechen weglenken, z. B. durch rhythmisches Sprechen/Singen, Konzentration auf Musik oder andere Wahrnehmungserlebnisse • nicht am Symptom arbeiten • geduldig und zugewandt umgehen und Sicherheit vermitteln • Eltern darauf aufmerksam machen
Mutismus (Sprech- und Sprachhemmung)	• Reaktion auf mütterliche Überfürsorge • traumatische Erlebnisse	• Verzicht auf Sprechzwang (da aussichtslos) • Geduld, Ausdauer, Einfühlungsvermögen • Sicherheit und Stabilität, um Vertrauen zu gewinnen • Zusammenarbeit mit Erziehungsberatungsstelle
Rhinophonie (offenes und geschlossenes Näseln)	Beim offenen Näseln werden alle Laute bis auf die Zischlaute durch die Nase gesprochen. Dies ist eine Schonhaltung und kann z. B. nach dem Entfernen der Gaumenmandeln auftreten. Sollte sich nach 2 bis 3 Wochen geben. Beim geschlossenen Näseln („Stockschnupfensprache") ist meist eine zu enge Nasenöffnung verantwortlich.	• abwarten und beobachten • operative Behebung nach fachärztlicher Diagnose
Kindliche Dysphonie (Störungen des Stimmklangs in Tonhöhe und Lautstärke)	Versteifungen oder Dehnen der Stimmbänder, z. B. durch Schreien oder auch Scheu	• zum Sprechen statt Schreien ermutigen • Atem- und Stimmübungen • leises, nicht zu tiefes melodisches Singen

7 Zeichen als Kommunikationsmittel

Zu Lesen bedeutet, Zeichen zu erkennen und ihnen Bedeutung zu verleihen.

Lesen kann man aber nicht nur in Büchern, sondern auch in Gesichtern anderer Menschen, in Spuren im Wald oder auch in den Händen. Zeichen sind Bedeutungsträger, sie stehen „für" etwas, symbolisieren etwas. Verkehrszeichen weisen z. B. auf bestimmte erforderliche Verhaltensweisen hin. „Hier anhalten und gut gucken" ‚sagt' das Stoppschild, „Halten verboten" das rote Kreuz auf blauem Grund.

Zeichen sind damit nicht schon der Sinn selbst, sie ermöglichen nur den Weg zur Bedeutung: Einen Fußabdruck im Schnee wahrzunehmen heißt noch nicht, zu wissen, dass es sich um Kaninchenspuren handelt. Um den Zeichen die richtige Bedeutung zu geben, muss man dies lernen, und zwar von Anfang an: Wir lernen, Gesichtsausdrücke bestimmten Stimmungen zuzuordnen, wir lernen, Kaninchenspuren von Gummistiefelabdrücken zu unterscheiden, und spätestens in der Schule lernen wir etwas über Schriftzeichen: über Zahlen, Buchstaben und Liednoten.

☺	☐	☹
A	B	C
1	2	3

In Gesellschaften, die eine Schriftkultur entwickelt haben, kann individuelles oder gemeinschaftliches Wissen und Denken in Symbolen festgehalten werden. Durch Zeichen können Menschen (z. B. in Briefen) zu einem sprechen, obwohl sie nicht anwesend sind.

Lesen zu lernen stellt somit im Hinblick auf die Menschheitsgeschichte einen wichtigen Schritt dar, um am kollektiven Gedächtnis teilzuhaben. Vergangene Zeitepochen sind vor allem durch schriftliche Aufzeichnungen zugänglich und erforschbar.

7.1 Lese- und Schreibkompetenz fördern

In der Gesellschaft ist es üblich, das Lesen- und Schreibenlernen in die Schule zu verlagern. Es erscheint einem falsch, Kinder schon vorher zu unterweisen – zu sehr erinnert es u. a. an den im Situationsansatz kritisierten „Leistungsdrill" (s. **Kapitel 4**). Man befürchtet eine „Verschulung" des Kindergartens. Inzwischen diskutiert man unter dem Stichwort „Emerging Literacy" Ansätze für eine allmählich entstehende Lese- und Schreibfähigkeit – zumal davon auszugehen ist, dass jedes Kind vor Schulbeginn längst Erfahrungen mit der Schrift und mit der Kommunikation mithilfe von Zeichen gemacht hat. Kinder versuchen, Sinn aus Zeichen zu ziehen, von denen sie umgeben sind. Sie tasten sich an die kulturellen Formen heran, in denen Schriftlichkeit in ihrer Umgebung erscheint.

Schrift ist überall

Mündlichkeit ist immer ein wesentlicher Bestandteil der Schriftlichkeit. Expressive und literarische Formen von Mündlichkeit (das Imitieren von Geräuschen, Tierlauten, Sprechstilen, erste Reime und Zungenbrecher) sind eine wichtige Unterstützung auf dem Weg zur Schriftlichkeit. Auch Singen fördert die „phonologische Bewusstheit", die Wahrnehmungsfähigkeit von Silben und Lauten. So beinhaltet die Alphabetisierung von Kindern: Hören, Sprechen, Singen, Lesen und Schreiben. Die Förderung jeder dieser Fähigkeiten fördert zugleich die anderen.

Die Anfänge des Lesen- und Schreibenlernens liegen somit weit vor dem Schulbeginn. An dieses natürliche Interesse kann auch von Kindertageseinrichtungen angeknüpft werden. Kinder erfahren ab dem Krippenalter, dass Buchstaben und Zeichen

- Informationen vermitteln,
- Eigentum bezeichnen,
- als Markenzeichen ein Qualitätsurteil über Gegenstände abgeben,
- Botschaften versenden,
- ein Lied wiedergeben,
- eine Geschichte erzählen.

Schriftsprachenerwerb ist also ein Entwicklungsprozess, der schon lange vor der Einschulung beginnt.

Durch das Vorlesen von Büchern können Kinder beispielsweise lernen, dass Schrift Wiederholbarkeit ermöglicht, da die Botschaft gleich bleibt. Sie lernen auch etwas über die Beziehung zwischen Bildern und Text und über gebräuchliche Erscheinungsformen, z. B. ein Titel als Vorschau zu einem Text.

Kinder lernen dies aber nur, wenn ihnen ihr Umfeld einen Zugang dazu vorlebt, ihnen Erfahrungen mit Schrift und Zeichen ermöglicht und sie gegebenenfalls dazu anregt. Wenn dies nicht im Elternhaus geleistet wird, ist die Bedeutung der Kindertagesstätte hier besonders groß. Somit gilt es, Wege zu entdecken, um auf spielerische und natürliche Weise Angebote für Kinder zu entwickeln, die fördernd wirken.

Olafs Eltern sind Reginas Ansicht nach gebildet, sodass man meinen könnte, Reginas Rolle sei hier nicht wichtig. Doch sollte sie sich bewusst machen, dass den Eltern die eigene Rolle vielleicht nicht klar ist, weil das Kind von sich aus keine Interessen hat und keine bestimmten Beschäftigungen einfordert. Regina könnte die Eltern also dazu ermuntern, das Lesen, Sprechen und Singen mit ihrem Sohn ernst zu nehmen.

Olafs Schwierigkeiten mit feinmotorischen Herausforderungen könnten durch großes Nachschreiben einzelner Buchstaben im Sand, an einer Tafel oder durch Erfühlen von Sandpapierbuchstaben verbessert werden. Ebenso könnte das Symbolverständnis spielerisch mit ihm angegangen werden: „Wenn du ein Apfelstückchen willst, dann malst du einen Strich. Wenn du eine Birne möchtest, zwei Striche."

7.2 Den Bildungsauftrag praktisch umsetzen

Kinder auf ihrem Weg in eine gelungene Schriftlichkeit zu begleiten, sie gut auf die Fähigkeit des Lesens vorzubereiten, ist eine kostbare Unterstützung, die Kindertageseinrichtungen bieten können. Dies hat nichts mit überforderndem Leistungsanspruch zu tun, sondern etwas damit, Kinder beim Hineinwachsen in unsere Welt zu begleiten. Unsere Welt ist eine Welt, in der Schriftzeichen eine wichtige Rolle spielen. Mit ihnen umgehen zu können ist eine zentrale Kompetenz, die es zu erlangen gilt. Kindertageseinrichtungen können viel dafür tun, den Weg dahin organisch zu gestalten.

Grundsätzlich sind zwei Herangehensweisen sinnvoll:

- zum einen Erfahrungen mit der Schriftsprache zu ermöglichen,
- zum anderen die Fähigkeit zu fördern, Sprache als Zusammensetzung wiederkehrender Laute zu begreifen (phonologische Bewusstheit).

Erfahrungen mit Schriftzeichen ermöglichen

Erfahrungen mit der Schriftsprache lassen sich spielerisch besonders gut in **Rollenspielen** umsetzen. Die Kinder greifen hier ganz automatisch auf den Einsatz von Schrift zurück, wenn es zu den Rollen passt: Als Polizist wird ein Strafzettel ausgestellt und als Arzt ein Rezept. Dies gilt es, über das Materialangebot zu fördern und bei Beobachtung ggf. als Anregung in ein Spiel der Kinder einzubringen, z. B. wenn es darum geht, dass die „Mutter" einkaufen geht und vorher eine Einkaufsliste geschrieben werden könnte. Die generelle Wertschätzung von Schreibexperimenten, z. B. bei Erhalt eines „Kritzelbriefes", setzt hier wichtige Impulse.

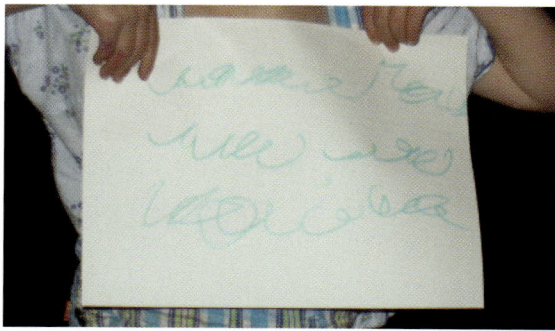

Kritzelbrief

Über Rollenspiele hinaus gilt es, Buchstaben und Worte als **bedeutungsvoll erfahrbar** zu machen: So könnten schon in der Krippe Notizen in großer Schrift auftauchen – durchaus in verschiedenen Sprachen. Bilder der Kinder mit den Zahlen ihres Geburtstags, ein Briefkasten für jedes Kind, Bücher und Schreibecken, die nicht nur Papier und Schreibgeräte, sondern vielleicht auch Taschenrechner, Kalender, Grußkarten, Briefumschläge, Schiefertafeln, Stempel u. v. m. bieten. Bilder werden mit **großen Druckbuchstaben** betitelt und mit den Kindernamen gekennzeichnet.

Zudem gilt es, Bereiche zu entdecken, in denen **Schrift** eine Rolle spielt, sei es im Spiel oder verbunden mit bestimmten Orten oder Tätigkeiten. Hier einige Beispiele, inspiriert durch Donata Elschenbroich:

- ein „Schreibspaziergang", auf welchem in der Luft, im Sand oder im Schnee der eigene Name oder ein Buchstabe geschrieben wird
- eine „Buchstabenjagd" durch die Straßen (Heute suchen wir das M)
- Schnitzeljagden, wo Botschaften den Weg weisen
- Beschreiben beschlagener Fensterscheiben
- Besuch eines Friedhofs – Erinnerung an die Verstorbenen durch Schrift
- etwas mit dem eigenen Namen im Sinne der eigenen unverwechselbaren Handschrift unterschreiben
- Führen eines gemeinsamen Kindergartentagebuchs

- ein Buch selbst binden
- eine E-Mail verschicken
- eine Einladung an die Eltern selbst tippen

Förderung der phonologischen Bewusstheit

Die Grundbausteine der Sprache sind Laute, die wiederkehrend in unterschiedlichen Kombinationen auftauchen. Die Schriftsprache fußt auf der Nachbildung der gesprochenen Sprache durch Zeichen für diese Laute. Um zu verstehen, wie Schrift funktioniert, ist es somit eine unabdingbare Vorausetzung, gleiche Laute in verschiedenen Wörtern als gleich zu erkennen.

> Diese Fähigkeit lässt sich auf verschiedene Weise unterstützen:
> 1. Reime sprechen, Fingerspiele spielen und Lieder singen (nicht die Bedeutung eines Wortes steht im Vordergrund, sondern sein Klang)
> 2. Regelspiele auf Sprachlaute hin verändert einsetzen (ich sehe was, was du nicht siehst, und das beginnt mit „O")
> 3. Geschichten erzählen, in denen bestimmte Laute eine hervorgehobene Rolle spielen (der badende Bär Bobo)

Die aufgeführten Beispiele zeigen, dass es sich keinesfalls um überforderndes, aufzuzwingendes Leistungslernen handelt. Vielmehr geht es bei allem darum, Kindern einen positiven Zugang zur (Schrift-)Sprache zu ermöglichen, ihr Interesse zu wecken und auch den praktischen Sinn von Schriftzeichen zu eröffnen.

Mit Olaf sollte man wahrscheinlich, um Überforderungen zu vermeiden, in dieser Hinsicht nicht zu forsch umgehen. So ist es zwar möglich, als Erzieherin Angebote zu machen, doch besteht bei zu viel Druck die Gefahr der Interessenerlahmung. Würde Olaf schon in der Kindertagesstätte der Kontakt mit Zeichen verleidet werden, könnte dies negative Auswirkungen auf seine spätere Haltung dem Lernen und der Schule gegenüber haben.

AUFGABE
1. Sammeln Sie Abzählverse.
2. Finden Sie einen Kinderreim, den Sie gerne mögen.
3. Erinnern Sie sich an ein Fingerspiel aus Ihrer eigenen Kinderzeit und recherchieren Sie ggf. Text und Ablauf.
4. Sammeln Sie Kinderlieder.
5. Erdenken Sie eine neue Variante zu

einem bekannten Regelspiel (z. B. Karten aus Memory® dazu nutzen, um Wörter mit gleichem Anlaut zu finden). Spielen Sie.

6. Schreiben Sie eine kleine Lautgeschichte zu einem selbst gewählten Laut.

8 Durchspielen einer vollständigen Handlung

8.1 Analysieren

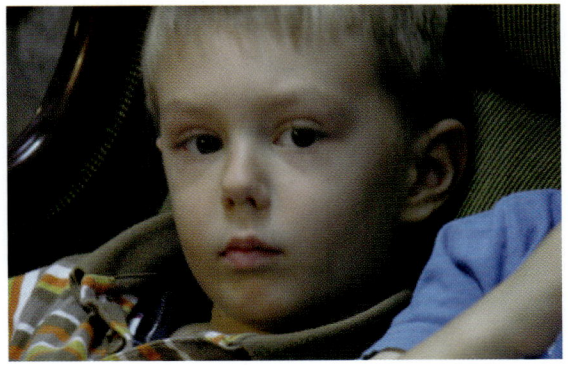

Olaf fällt seiner Erzieherin Regina nicht nur durch seinen kargen Spracheinsatz, Schwierigkeiten in der Kontaktaufnahme und erschwerte Ansprechbarkeit auf, sondern auch durch eingeschränkte motorische Fähigkeiten. Sein Laufstil mutet eigenartig an, er scheint seine Kraft in Bewegungen nicht angemessen steuern zu können und er weicht feinmotorischen Herausforderungen, wie dem Umgang mit Schere und Stift, regelmäßig aus.

Olafs sprachliche Schwierigkeiten liegen demnach wahrscheinlich nicht im Bereich der Artikulationsstörungen, sondern seine Ausdrucksfähigkeit und seine Fähigkeit, Sprache als Ausdrucks- und Kommunikationsinstrument zu nutzen, scheinen im Vergleich mit anderen Kindern seines Alters (stark) verzögert. Anhand einer Tabelle zu einem „normalen" Entwicklungsverlauf lässt sich beispielsweise feststellen, dass er fast zwei Jahre „zurückliegt", wobei das rege Interesse eines 1;6 Jahre alten Kindes an der Bedeutung der Dinge der Welt bei ihm bisher nicht zu beobachten war.

Als Ursache kommen mehrere Möglichkeiten infrage:
- So könnte Olaf z. B. durch Sauerstoffmangel bei seiner Geburt oder während der Schwangerschaft Gehirnschäden in der Art davongetragen haben, dass sein Gehirn langsamer reift.

- Auch genetische Beeinträchtigungen mit ähnlichen Auswirkungen auf die Hirnreife sind denkbar.
- Eine weitere naheliegende Möglichkeit wäre ein eingeschränktes Hörvermögen. Dies müsste unbedingt in einer gründlichen Untersuchung in Verbindung mit einem differenzierten Hörtest geprüft werden.

Außerdem könnten permanentes Fernsehen und schlechte sprachlich-kommunikative Vorbilder als Ursache infrage kommen. Doch hier spricht in Olafs Fall dagegen, dass Reginas Eindruck von Olafs Eltern eher nicht in diese Richtung weist. Allerdings könnte sie die Eltern auf dieses Thema durchaus gezielt ansprechen.

Das von der Mutter angesprochene zweisprachige Aufwachsen des Jungen ist nach neuen Erkenntnissen **kein möglicher Grund** für verzögerte Sprachentwicklung, zumal die motorische Auffälligkeit in Kombination mit seinen Sprechauffälligkeiten dies auch unwahrscheinlich macht. Bei ihm ist es ja eben nicht ein Dysgrammatismus, der sich daraus ergibt, dass ein Kind in ein ihm fremdes Land kommt und die dortige Sprache nicht versteht und spricht. Olaf wächst mit zwei Sprachen auf, der Sprache der Mutter und der Sprache des Vaters, die in diesem Fall die Umgebungssprache ist. Folglich ist auch ein Neue-Sprache-Lernen nicht die Ursache.

Das Argument der Mutter, dass eine „normale genetische Langsamkeit" vorliegen könnte, die sich somit bald von allein beheben wird oder laut Arzt „herauswachsen" wird, reicht in diesem Fall kaum aus. Denn es handelt sich hier eben nicht nur um Artikulationsstörungen, sondern Olafs **grundsätzliches Kommunikationsverhalten** ist beeinträchtigt. Dies zeigt deutlich, dass seine Schwierigkeiten nicht bagatellisiert werden sollten. Denn zum einen gilt es, die Zeit des Spracherwerbs bis zum 6. Lebensjahr noch möglichst sinnvoll und impulsgebend zu nutzen, zum anderen zeigen sich schon jetzt Schwierigkeiten im Kontakt zu anderen. Gerade dies macht einen Handlungsbedarf notwendig, da sich seine sozialen Schwierigkeiten durch entstehende Teufelskreise stark vergrößern könnten.

8.2 Planen

Ziele formulieren

Um ihren Handlungsspielraum für die Unterstützung von Olaf zu nutzen, wird sich Regina, nachdem Olaf ihr in seinem Verhalten aufgefallen ist, die Zeit nehmen, sich ein Konzept für das weitere Vorgehen zu überlegen. Dafür formuliert sie zunächst ihre Ziele:

1. Mich durch Olafs spröde Art nicht abstoßen lassen, sondern ihm gegenüber offen und unterstützend werden.
2. Durch gezielte Beobachtungen von außen und im teilnehmenden Spiel konkrete Beobachtungen sammeln.
3. Die Ursache für Olafs Schwierigkeiten ergründen und daraus sinnvolle Fördermaßnahmen ableiten.
4. Die Eltern ggf. zu speziellen Fördermaßnahmen außerhalb der Kindertagesstätte, z. B. im Bereich der Psychomotorik, anregen, damit über die gezielten Wahrnehmungs- und Bewegungsangebote wichtige Hirnreifungsschritte „nachgeholt" werden können.
5. Für Olaf in der Kindertagesstätte sinnvolle Unterstützungsangebote entwickeln und durchführen.

Überlegungen zur Umsetzung

Zu 1.) Eigene Haltung verändern:

Regina fühlt sich von Olaf zurückgestoßen und er ist ihr ein wenig unsympathisch geworden. Auch sie kann seine Grobheit nur schwer nicht als gemein werten. Sie fühlt sich eher mit den anderen Kindern verbunden, die angefangen haben, Olaf auszuschließen.

Somit liegt für sie die erste Herausforderung darin, ihre Haltung dem ihr anvertrauten Kind Olaf gegenüber wieder dahingehend zu verändern, dass sie auch für ihn Partei ergreifen kann. Sie muss dazu versuchen, sich in seine Lage zu versetzen und mit ihm mitfühlen. Ihr Blick muss sich verändern von *„er kann das nicht"*, *„er ist anstrengend, schwierig, schwer von Begriff"* hin zu der Perspektive des überforderten Kindes: *„ich verstehe vieles nicht"*, *„ich kann das nicht"*, *„die anderen mögen mich nicht"*, *„ich trau mich nicht"*.

Denn durch den Schritt, wieder Empathie für das Kind zu empfinden, kann sie ihre eingeschränkte Kontaktbereitschaft und ihre Hilfsbereitschaft aktivieren. Regina könnte durch die Reflexion der entstandenen Situation also wieder zu Handlungsfähigkeit gelangen und fürsorgliche Entscheidungen für Olaf treffen.

Regina hat zwar Sorge, dass ihr eine Haltungsveränderung dem Jungen gegenüber nicht sofort gelingen wird, aber sie weiß, dass sie mit ihrer inzwischen konstruktiven Haltung den ersten Schritt schon bewältigt hat. Für den direkten Kontakt mit Olaf nimmt sie sich vor, sich selbst zur Geduld zu mahnen und sich ihm durch konkrete niedrigschwellige Spielangebote anzunähern, um ihm neue Kontaktformen anzubieten.

Kurzplanung I

Ziel	Handlungsschritte
wieder offen und konstruktiv werden	• sich Olafs Problem öffnen • professionelle Geduld entwickeln • Spielangebote machen (Varianten von Memory®, Sandkastenspiel)

Zu 2.) Gezielte Beobachtung:

Um Olaf von außen zu beobachten, spricht sie mit ihrer Kollegin Brigitte einen geeigneten Zeitraum am Vormittag ab. Sie möchte das Kommunikationsverhalten von Olaf gegenüber den anderen Kindern beobachten. Fragestellungen sollen dabei sein:

Wie nimmt Olaf Kontakt auf? Was zeigt Olaf an ver-

balen Äußerungen, was an nonverbalem Ausdruck? Wie sieht seine soziale Stellung in der Gruppe zurzeit aus?

Außerdem hat Regina vor, anhand von Beobachtungsbögen zur Sprachentwicklung Olafs Entwicklungsstand konkreter zu beschreiben. Für diese zweite Beobachtung greift sie folgende Gesichtspunkte heraus:

Hören und Verstehen: Um Olaf nicht zu überfordern, möchte sie dabei nicht nur die Altersstufe von Olaf (3–4 J.) als Grundlage verwenden, sondern auch die davor (30–38 Monate, s. Punkt 4.1). Sie möchte in diesem Zusammenhang eine Gelegenheit suchen, um mit Olaf zu flüstern – wenn es passt, in Verbindung mit Fragen zum Begriff „ein": *„Gib mir einen Stein", „gib mir einen Bauklotz."*

Sie möchte außerdem versuchen, in das Spiel mit Olaf Figuren einzubeziehen, um ihn zu fragen, ob eine der Figuren ein Mädchen oder ein Junge sein soll. Sie möchte damit herausfinden, ob er eine Vorstellung von diesem Unterschied hat. Außerdem möchte sie im Spiel Warum-Fragen einbauen („... *und warum macht der Dino das jetzt?"*). Auch Aufforderungen wie

„Komm, jetzt lass uns mal die grünen Klötze von den roten trennen, dann weiß der Dino, was er essen kann" möchte sie bei passender Gelegenheit einflechten.

In Bezug auf sein Sprachverhalten möchte Regina diese Situationen anschließend protokollieren. Sie möchte aufschreiben, wo es sich um verbale Äußerungen von ihm handelte, um ihre erste Beobachtung von außen zu ergänzen.

Mit den Ergebnissen der Beobachtungen möchte sie nach Gesprächen mit ihrer Kollegin anschließend Kontakt zu den Eltern aufnehmen. Sie hofft, durch die Beobachtungsergebnisse differenzierte Aussagen machen zu können.

Kurzplanung II

Ziel	Handlungsschritte
Olaf genauer einschätzen können	teilnehmende und externe Beobachtungen durchführen

Zu 3.) und 4.) Elterngespräch zur externen Diagnose und Förderung:

Sollten sich Reginas Vermutungen über Olafs Schwierigkeiten durch die Beobachtungen stützen und sollte er tatsächlich Hörschwierigkeiten haben, so muss sie die Eltern darüber informieren und diese bitten, einen differenzierten Hörtest mit ihm machen zu lassen. Dadurch wird abgeklärt, ob organisch alles in Ordnung ist. Denn sollten seine Schwierigkeiten hierauf zurückzuführen sein, so läge der erste sinnvolle Schritt im Bereitstellen eines geeigneten Hörgeräts.

Auch wenn es bei Olaf wahrscheinlicher ist, dass sein Gehirn langsamer reift, da nicht nur sein Sprach- und Kommunikationsvermögen, sondern auch seine motorischen Fähigkeiten eingeschränkt sind, ist es wichtig, Hörprobleme sicher ausschließen zu können. Denn sollte tatsächlich ein Hörproblem vorliegen, so wären dadurch entscheidende Schritte der Sprachentwicklung blockiert und (je älter Olaf wird) immer schwerer nachzuholen. Da die Erzieherin nicht selbst mit Olaf zu einem solchen Hörtest gehen darf, muss Regina mit den Eltern sprechen und sie zu diesem Handlungsschritt auffordern. Auch andere fördernde Maßnahmen außerhalb der Kindertagesstätte liegen in den Händen der Eltern. Regina kann sich aber dafür einsetzen, dass Olafs Eltern seine Schwierigkeiten ernst nehmen und den Handlungsbedarf erkennen.

Das Elterngespräch soll daraufhin ausgerichtet sein, dass die Eltern ein Problembewusstsein erlangen und die Entwicklungsverzögerungen ihres Kindes erkennen. Um hierfür einen geeigneten Rahmen zu schaffen, kann es sich nicht um ein „Zwischen-Tür-und-Angel-Gespräch" handeln, sondern es muss über eine Terminabsprache mit einem angemessenen zeitlichen Rahmen im ungestörten Raum ablaufen. Die Beziehung zwischen der Erzieherin und den Eltern sollte möglichst schon im Vorwege in der Art positiv gefärbt sein, sodass sie der Erzieherin als professioneller Ratgeberin vertrauen.

Folgende Inhalte sind für das Elterngespräch geplant:

1. Begrüßung, geplante Inhalte und Ziele des Gesprächs.
2. Schilderung von konkreten Beobachtungssituationen.
   - Beginn mit grundsätzlicher Wertschätzung des Kindes (*Wir freuen uns, dass Olaf bei uns ist. In den vergangenen Wochen hat er sich eingelebt und genießt vor allem das Spiel mit den großen Bauklötzen und den Kuscheltieren. Er schaut sich sehr gerne Bücher an und ist sehr folgsam und hilfsbereit ...*).
   - Signale dafür, dass einem das Kind wichtig ist und sein Wohl am Herzen liegt (*Weil mir aufgefallen*

ist, dass er sich von den anderen Kindern zurückzieht, habe ich angefangen genauer hinzuschauen, und inzwischen mache ich mir Sorgen um ihn ...).

- Anschließend Benennen von Sorgenpunkten, ggf. unterfüttert von Fachkenntnissen *(Seine motorischen Fähigkeiten sind nicht altersentsprechend und auch seine sprachlichen Fähigkeiten wirken inzwischen stark entwicklungsverzögert; z. B. hat er ..., macht er ... und vermeidet ...; Dies ist deswegen so ernst zu nehmen, weil es wichtig ist, so früh wie möglich Förderimpulse zu setzen, da sie ihm jetzt am meisten nützen können ...).*

3. Nach ähnlichen Beobachtungen der Eltern fragen.

4. Schließlich gilt es, im Anschluss an Nachfragen und Sachklärungen konkrete Wünsche an die Eltern zu formulieren: Hörtest und Vorstellen bei Einrichtungen für Psychomotorik.

5. Als Abrundung des Gesprächs kann es sich anbieten, nach entstandenen Gefühlen und/oder Befindlichkeiten der Eltern zu fragen. Denn eine Konfrontation mit (starken) Entwicklungsauffälligkeiten eines Kindes bedeutet eine Auseinandersetzung mit dem Thema „Behinderung" in Bezug auf das eigene Kind. Angestrebte Lebenswege sind möglicherweise infrage gestellt und Schuldgefühle können entstehen (bestimmte Entscheidungen vor, während oder nach der Geburt). Diese Probleme könnte Regina zwar nicht grundsätzlich aus der Welt schaffen, sie kann aber auch hier empathisch mit den Eltern umgehen und diese ggf. zu einer weitergehenden Beratung ermutigen. (s. **Kapitel 7**).

Kurzplanung III und IV

Ziel	Handlungsschritte
die Eltern für das Thema zu sensibilisieren, um den Ursachen für Olafs Schwierigkeiten auf den Grund zu gehen	• Terminvereinbarung • Ideen für die Gesprächsstruktur aufschreiben • das Gespräch führen und zu Vereinbarungen kommen • später nachfragen, um Ergebnisse zurückgemeldet zu bekommen

Zu 5.) Eigene Fördermaßnahmen entwickeln:

Für Regina kann es aufgrund ihrer Verantwortung für die gesamte Gruppe nicht darum gehen, umfassende Einzelprogramme für Olaf zu entwickeln und durchzuführen. Dazu muss eine Unterstützung von außen erfolgen. Sie kann aber dafür sorgen, dass unterstützende Impulse gesetzt werden, die zu seiner Integration und sprachlich-motorischen Förderung beitragen.

Olaf sprachlich fördern

Regina muss im Umgang mit Olaf viel Geduld entwickeln und dafür sorgen, dass auch die anderen Kinder diese Geduld lernen. Zum einen muss sie sich selbst also auf das Tempo von Olaf einlassen und zum anderen muss sie gemeinsame Situationen mit Kindern so gestalten, dass Olaf durch eine akzeptierende Atmosphäre geschützt ist. Im Morgenkreis beispielsweise gilt es zu etablieren, dass alle etwas sagen können und dass – wenn Olaf an der Reihe ist – auch bei ihm Aufmerksamkeit da ist und er nicht ausgelacht wird. Insgesamt sollten von ihr Impulse ausgehen, ihn zum

Sprechen zu ermutigen und Sprache und Ansprache zu erleben. Dies kann im gemeinsamen Spiel umgesetzt werden: *„Ich nehme jetzt das Tuch und das ist nun die Schlange, was ist denn dein Tuch? ... Gut, und was will dein Drache? ... Gut, sie gehen einkaufen ... was wollen sie denn einkaufen?"*

Regina möchte sich bei Gelegenheit auch das Memory® greifen und mit Olaf gemeinsam die Bilder benennen. Wenn sich andere Kinder durch die Aufmerksamkeit für Olaf angeregt fühlen, sich zu beteiligen, so wäre das gut. Wahrscheinlich muss dann auf das Einhalten von Reihenfolgen geachtet werden, aber auch so lassen sich soziale Verbindungen knüpfen.

Außerdem nimmt Regina sich vor, das Buch „Die Raupe Nimmersatt" von Eric Carle mit Olaf zu lesen. Es enthält wenig Text und viele sich wiederholende Passagen, die von ihm gut mitgesprochen werden können. Die Bilder findet sie eindrücklich und unkompliziert. Sie möchte das gleiche Buch so lange mit ihm lesen, bis er sich beteiligt, und erst danach zu anderen Büchern übergehen – vielleicht zu einem Kinderbuch, in dem es Wiederholungen und Reime gibt.

Olaf sensorisch fördern

Regina möchte außerdem Olafs auditive Wahrnehmung fördern und daher ein Ratespiel mit ihm spielen, in dem verdeckt Geräusche gemacht werden, die erraten werden müssen. Sollte dies zu schwer für ihn sein, so möchte sie durch ihre Stimme Tiere und Dinge nachahmen, die Olaf erraten soll, z. B. „Muh" (Kuh), „Mäh" (Schaf), „Wau-wau" (Hund) oder „Brummm" (Auto). Dann will sie mit der ganzen Gruppe ein Lied einführen, das sich mit Gefühlen beschäftigt und gleichzeitig Koordinationsaufgaben beinhaltet: das Lied „Wenn du glücklich bist, dann klatsche in die Hand" von Gerhard Schöne.

Sollte Olaf mit dem Lied Schwierigkeiten haben, so will sie es bei Gelegenheit allein mit ihm singen. Sie hofft, durch die grobmotorische Übung die Feinmotorik vorzubereiten. Um sein Gefühl in den Händen für den Umgang mit Stift und Schere zu verbessern, möchte sie verstärkt zum Matschen in der Sandkiste anregen. Sie plant, für die anstehenden warmen Tage die Wasserrinne im Außenbereich zu installieren. Gezielt möchte sie Olaf ins Spiel der anderen miteinbeziehen.

Wenn du glücklich bist

Melodie: trad. Schweden
dt. Text: Gerhard Schöne

2. Wenn du wütend bist, dann stampfe mit dem Fuß.
Wenn du wütend bist, dann stampfe mit dem Fuß.
Zeig mir, wenn du bei mir bist, wie dir so zumute ist.
Wenn du wütend bist, dann stampfe mit dem Fuß.

3. Wenn du traurig bist, dann seufze doch einmal.
Wenn du traurig bist, dann seufze doch einmal.
Zeig mir, wenn du bei mir bist, wie dir so zumute ist.
Wenn du traurig bist, dann seufze doch einmal.

8.3   Durchführen

Regina kann ihre Planungen weitgehend umsetzen. Durch den Kontaktaufbau zu Olaf fällt es ihr jetzt gar nicht mehr schwer, mit ihm umzugehen. Immer noch erscheint er ihr etwas spröde und hölzern, doch begegnet er ihr nach der Kontaktaufnahme zutraulich, und seine Freude über ihre Anwesenheit öffnet ihr das Herz.

In der genauen Beobachtung kann sie einige ihrer groben Einschätzungen zu seiner Auffälligkeit bestätigt finden, doch zeigt sich auch, dass seine feinmotorischen Fähigkeiten und auch sein sprachliches Verständnis nicht so erschreckend sind, wie sie zuerst angenommen hatte. Dennoch kann sie im Gespräch mit den Eltern die Notwendigkeit von genauer Diagnose deutlich machen. Der Hörtest zeigt, dass organisch alles in Ordnung ist. Inzwischen wird Olaf aufgrund ihrer Diagnose in einem Institut für Psychomotorik nun regelmäßig therapeutisch gefördert.

Die Eltern sind Regina sehr dankbar für ihr Engagement und kümmern sich jetzt sehr verantwortungsvoll um unterstützende Angebote für Olaf. So sorgen sie dafür, dass er regelmäßig mit anderen Kindern spielt, und auch das Kuchenbacken wird inzwischen zur Knet- und Schneideaufgabe für den Jungen.

Die Förderungsangebote von Regina werden von Olaf gut angenommen, allerdings gibt es auch einige Eifersüchteleien in Bezug auf ihre Aufmerksamkeit für ihn und auch die Gesprächsrunde im Morgenkreis ist am Anfang sehr anstrengend. Beim Geräuschespiel will er, dass sie sich mit dem Vormachen abwechseln, und Regina findet seine Idee sehr gut. Warum ist sie nicht selbst darauf gekommen?! Denn Olaf ist dadurch in einer viel aktiveren Rolle und setzt seine Stimme so auf andere Art und Weise ein.

8.4   Reflektieren und bewerten

Nach einigen Wochen setzen sich Regina und ihre Kollegin zusammen, um über ihre Arbeit zu sprechen, dabei nehmen sie sich auch den „Fall" Olaf vor. Insgesamt kommen sie zu dem Schluss, dass erfolgreiche Impulse gesetzt werden konnten. Besonders zufrieden sind sie mit den Ergebnissen in Bezug auf die Eltern. Hier ist es ihnen gelungen, diese „mit ins Boot" zu holen, und jetzt haben sie ein gutes Gefühl in Hinblick auf Olafs Förderung. Sie selbst merken, dass die zeitlichen Möglichkeiten zur Förderung eines einzelnen Kindes sehr eingeschränkt sind. Nun wollen sie überlegen, wie sie sich hier strukturell verbessern können, um auch den anderen mehr Möglichkeiten anzubieten.

8.5   Dokumentieren und präsentieren

Wie für jedes Kind ihrer Gruppe hat Regina für Olaf ein **Entwicklungsberichtsheft** angelegt. In dieses Heft schreibt sie ihre Beobachtungen, von denen sie den Eltern berichtet. Um den Eltern darüber hinaus Informationen zu bieten, hat sie eine ihrer Beobachtungstabellen kopiert, um anhand dessen zu erklären, was ihr durch die Beobachtung von Olaf deutlich geworden ist.

Da sie Olaf – wie auch den anderen Kindern – für die Zeit nach dem Kindergarten eine Erinnerung mitgeben möchte, sammelt sie schon jetzt Lieder und Spielangebote, die er besonders gern mag, Mal- und Bastelergebnisse, Erinnerungen in Form von kleinen Geschichten (*„und da hattest du selber die Idee, auch mich raten zu lassen …"*) sowie mehrere Fotos aus dieser Zeit. Dieses **Portfolio** wird sie ihm an seinem Abschlusstag schenken.

1 Weitere Lernsituationen

Lernsituation A

Jacqueline ist ein Vorschulkind von 5;6 Jahren. Sie ist recht klein für ihr Alter und auf den ersten Blick wirkt sie mit ihrer Stupsnase und den blonden Zöpfen zart und zerbrechlich. Doch Jacqueline ist körperlich sehr stark, geschickt und mutig. Nur selten vermag ein anderes Kind der Gruppe sie beim Laufen einzuholen, sie kann gut klettern und ist auch insgesamt motorisch gut entwickelt. Malen und Basteln bringen ihr Spaß, gerne gesellt sie sich zu anderen an den Basteltisch und tuscht und schneidet eifrig an eigenen Werken herum. Jacqueline wird von allen Kindern in der Gruppe schnell gemocht und akzeptiert. Sie hat gute Ideen und traut sich, ihre Stimme zu erheben.

Die Grundschule, die für Jacqueline zuständig ist, bietet seit zwei Jahren eine mögliche Schwerpunktwahl an: Französisch ab der ersten Klasse. Für alle Eltern des Einzugsgebiets stellt sich nun die Frage, ob ihr Kind in diese Schwerpunktklasse gehen soll oder ob sie einen „normalen" Werdegang vorziehen.

Jacquelines Mutter ist sich unsicher, ob sie ihrer Tochter schon jetzt eine zweite Sprache zumuten soll. Denn Jacqueline kann mehrere Lautkombinationen nicht korrekt aussprechen: „k" und „sch" sowie „dr" bereiten ihr große Schwierigkeiten.

Sie wendet sich mit ihrem Problem an die Erzieherin, Frau Hagemuth.

Lernsituation B

Markus und Mimmi sind Zwillinge. Mit ihren 3;5 Jahren sind sie gerade in den Kindergarten gekommen, auf Wunsch der Eltern in zwei verschiedene Gruppen. Mimmi lebt sich in ihrer Gruppe gut ein. Sie knüpft schüchtern Kontakte und schafft es, sich in Spielgruppen zu integrieren. Markus hingegen wirkt sehr verschlossen und unglücklich, selbst nach einem halben Jahr. Er traut sich kaum, den Mund aufzumachen, und wenn er spricht, so kann man ihn fast nicht verstehen – nicht nur, weil er so leise spricht, sondern weil er im Prinzip alle Laute weit vorn im Mund bildet. Das „k" wird zum „d", er lispelt und die Vokale sind schwer voneinander zu unterscheiden. Sobald Markus sich wehgetan hat, eilt Mimmi aus ihrer Gruppe herbei und weicht nicht mehr von seiner Seite. Andersherum ist es ähnlich.

Immer häufiger werden die Situationen, in denen

man die Zwillinge miteinander sieht, oftmals auch in kleineren Kindergruppen. Schließlich ist es so, dass, wenn Markus von den Erzieherinnen nicht verstanden wird, Mimmi zu Hilfe gerufen wird und sie für ihn „übersetzt".

Bei der nächsten Teambesprechung kommt das Thema zur Sprache.

AUFGABE Bearbeiten Sie eine dieser Lernsituationen nach den folgenden Schritten:
- Analysieren
- Planen
- Durchführen
- Reflektieren und bewerten
- Dokumentieren und präsentieren

2   Anregungen zur Selbstreflexion

AUFGABE
1. Kopieren Sie das Kompetenzrad zum Zweck des Ausfüllens.

2. Tragen Sie für jede der aufgeführten Kompetenzen auf der zugehörigen Linie einen Punkt ein, der für Sie selbst deutlich macht, wie stark ausgeprägt Sie diese Kompetenz bei sich einschätzen.
   Je größer Sie diese Kompetenz einschätzen, desto näher am Außenrand bringen Sie den Punkt an. Falls bestimmte Kompetenzen im Rad nicht auftauchen, die Sie selbst darüber hinaus noch einbringen können, notieren Sie diese unten.

3. Tauschen Sie sich mit einem Partner Ihrer Wahl über die Inhalte Ihres „Rades" aus und benennen Sie jeweils eine besondere Stärke von sich, an die Sie in Bezug auf Sprachförderung im Kindergarten gut anknüpfen könnten. Umkreisen Sie diese in der Grafik.

4. Nennen Sie reihum im Plenum entweder eine deutliche Stärke von sich oder einen Themenbereich, in dem Sie sich noch entwickeln möchten.

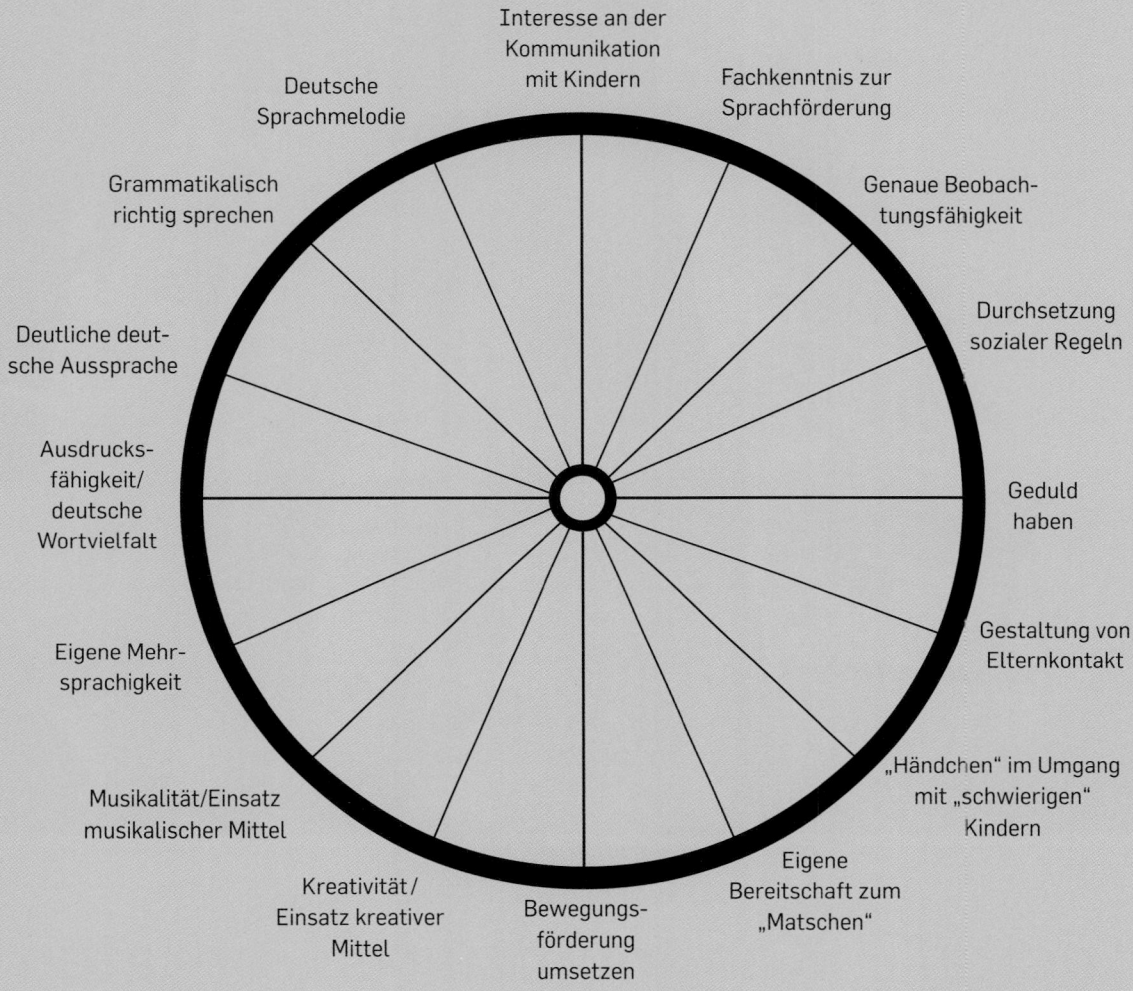

Das Kompetenzrad: „Je weiter am Außenrand, desto größer die Kompetenz"

Interesse an der
Kommunikation
mit Kindern

Deutsche
Sprachmelodie

Fachkenntnis zur
Sprachförderung

Grammatikalisch
richtig sprechen

Genaue Beobach-
tungsfähigkeit

Deutliche deut-
sche Aussprache

Durchsetzung
sozialer Regeln

Ausdrucks-
fähigkeit/
deutsche
Wortvielfalt

Geduld
haben

Eigene Mehr-
sprachigkeit

Gestaltung von
Elternkontakt

Musikalität/Einsatz
musikalischer Mittel

„Händchen" im Umgang
mit „schwierigen"
Kindern

Kreativität/
Einsatz kreativer
Mittel

Eigene
Bereitschaft zum
„Matschen"

Bewegungs-
förderung
umsetzen

Weitere persönliche Kompetenzen, die ich zur Sprach- und Zeichenkompetenzförderung einsetzen könnte:

_____

_____

_____

_____

_____

Kapitel 7 Kommunizieren, beraten und kooperieren

1 Lernsituation

Franz, Max und Jonas spielen auf dem Fußboden mit Autos. Nach einiger Zeit hat sich so etwas wie ein Autorennen entwickelt. Beim großen Finale flutschen die Autos über den Boden bis über die Ziellinie und unter den nahen Tisch. Jonas schreit auf „Gewonnen! Gewonnen!" und rennt zum Tisch. Dabei stürzt ein Stuhl um. Eine auf ein Gespräch wartende Mutter sagt empört zu den Kindern: „Immer müsst ihr so laut sein. Ich kriege gleich Kopfschmerzen von eurem Lärm."

Die Sozialassistentin Sara sieht es und zieht die Augenbrauen hoch. Max bemerkt dies, dreht sich zu seinen Freunden und tippt sich leicht mit dem Finger gegen die Stirn. Die Praktikantin Suse, die den Ausruf der Mutter gehört hat, wendet sich an die Jungen und meint: „Ihr müsst Frau Stein nicht ärgern." Daraufhin raunt Sara ihr zu: „Na, das war ja mal wieder eine deiner bemerkenswerten Erkenntnisse. Bravo!"
Die Erzieherin Ines hat die Situation beobachtet.

2 Angestrebte Kompetenzen

Diese oder ähnliche Situationen im Hort passieren immer wieder. Die Reaktionen der pädagogischen Kräfte sind jedoch unterschiedlich. Der freudige Aufschrei des Jungen stößt eine Reihe von Äußerungen und Interaktionen an, die zunächst nicht zu erwarten waren und eine Eigendynamik entwickeln.

Um die unterschiedlichen Äußerungen zu verstehen und einordnen zu können, ist ein Basiswissen über Kommunikation erforderlich. Sowohl die Erkenntnis, dass jedes Verhalten Kommunikation ist, als auch die Bedeutung der Beziehung zwischen den Gesprächspartnern gehört zum Verständnis von Kommunikation. Die notwendigen Erkenntnisse hierzu vermittelt die Theorie über Kommunikationsabläufe, wie sie P. Watzlawick anbietet. F. Schulz von Thun entwickelte diesen Ansatz weiter und verdeutlicht, wie Nachrichten zu verstehen sind. Hiermit beschäftigt sich **Punkt 3**.

In der Lernsituation wird deutlich, dass jede Äußerung der Erwachsenen wenig mit der Situation zu tun haben scheint, auf die sie sich bezieht. Kommunikationsstörungen treten auf und finden sowohl in den Theorien von Watzlawick als auch bei Schulz von Thun ihre Erklärung.

Über die Diagnose der Kommunikationsstörung hinaus ist zu fragen: Unter welchen Bedingungen lassen sich die schwierigen Äußerungen klären? Auch hätte sich die Sozialassistentin Sara in dieser Situation klarer zu ihrem Anliegen stellen können. Dazu gibt **Punkt 4** Auskunft.

Zwischen den Teamkolleginnen Sara und Suse scheint etwas nicht in Ordnung zu sein, denn die Bemerkung von Sara ist bissig. Gibt es hier einen schwelenden Konflikt oder geht es lediglich um die Frage, wie Kolleginnen konstruktiv im Team zusammenarbeiten? Hier setzt der **Punkt 5** an, der Vorschläge zur Konfliktvermeidung und Konfliktlösung macht.

Die Bemerkung der Assistentin verdeutlicht auch, dass es nicht ganz klar ist, ob sie anleitende Aufgaben für Suse übernehmen darf. Suse ihrerseits ist sich nicht ganz über ihre Rolle als Praktikantin im Klaren. Hier hilft das Material des **Punkts 6** weiter.

Eltern im Hort sind ein fester Bestandteil im Konzept. Jedoch treten sie im Hort seltener auf als im Kindergarten bei täglichen Situationen: Bring- und Abholsituationen sowie Elterngespräche gelten als Selbstverständlichkeit. Darüber hinausgehende Partizipation am pädagogischen Alltag oder institutionellen Geschehen ist uneinheitlich. Wie wird die Anwesenheit der Mutter und ihr Kommentar zum pädagogischen Alltag gesehen? Welche Rolle wird ihr zugewiesen? Welches Selbstverständnis im Miteinander besteht? Diese Fragen werden auf andere beteiligte Institutionen wie Dienste, Schulen oder Einrichtungen im **Punkt 7** erweitert.

Eltern kommen mit einem Beratungsbedürfnis, das im Elterngespräch befriedigt werden kann, jedoch auch darüber hinausgehen könnte. Sieht sich der Hort/die Kindertagesstätte in dieser Aufgabenstellung? Oder sollte die Erzieherin nur über weitere Beratungsmöglichkeiten Kenntnis haben und die in Punkt 7 genannte Zusammenarbeit mit anderen Einrichtungen weitervermitteln können? **Punkt 8** setzt sich hiermit auseinander.

3 Grundlagen der Kommunikation

3.1 Das Prinzip sozialer Kommunikation

Der Grundvorgang menschlicher Kommunikation kann damit beschrieben werden, dass ein Sender eine – wie auch immer geartete – Nachricht von sich gibt und ein Empfänger diese Nachricht auf verschiedene Weise aufnimmt. Der Empfänger seinerseits reagiert auf die empfangene Nachricht. Damit wird er selbst zum Sender, der nun eine Mitteilung zum ehemaligen Sender, nun Empfänger schickt. Und so setzt sich dieser Vorgang fort.

Für die Lernsituation heißt dies:
Jonas als Sender ruft: „Gewonnen! Gewonnen!"

Als Empfänger angesprochen fühlt sich die Mutter, Frau Stein. Sie erwidert: „Immer müsst ihr so laut sein. Ich kriege gleich Kopfschmerzen von eurem Lärm."

Durch diese Äußerung wird Frau Stein vom Empfänger zugleich zum Sender. Sie sendet eine Botschaft an den vorherigen Sender, Jonas und die zwei anderen Kinder. Diese werden nun ihrerseits vom Empfänger zum Sender: Max tippt sich an die Stirn. Zuvor hat er jedoch noch eine weitere Nachricht empfangen: Sara hatte die Augenbraue hochgezogen.

Kompliziert wird dieser Kommunikationsvorgang, weil ein Sender seine Mitteilung verschlüsselt. Er benutzt dazu ihm bekannte und (wenn es ein Mitglied derselben Kultur/Gesellschaft ist) meist auch dem Empfänger bekannte Codierungen wie Worte, Mimik, Gesten, Tonfall.

Der Empfänger seinerseits muss die angekommene Nachricht „decodieren". Dazu benutzt er seine verschiedenen Sinnesorgane (= Kanäle). Wurde die Botschaft verstanden, sendet der Empfänger seinerseits eine Rückmeldung. So entsteht ein Regelkreislauf.

In vielen Fällen gelingt der Kommunikationsprozess und das Wesentliche der Botschaft wird richtig verstanden. Die beiden Menschen, die miteinander kommunizierten, haben ihr Ziel erreicht. Man kann also von einer erfolgreichen Kommunikation sprechen.

Jedoch kommt es auch vor, dass einer (oder beide) der beteiligten Kommunikationspartner sein Ziel nicht erreicht, sich nicht verstanden fühlt oder sich mit Reaktionen konfrontiert sieht, die er nicht erwartet hat. Diese Störung in der Kommunikation kann zu weiteren Ärgernissen, Schwierigkeiten in der Erziehung oder Beziehung, Streit oder Aggression führen.

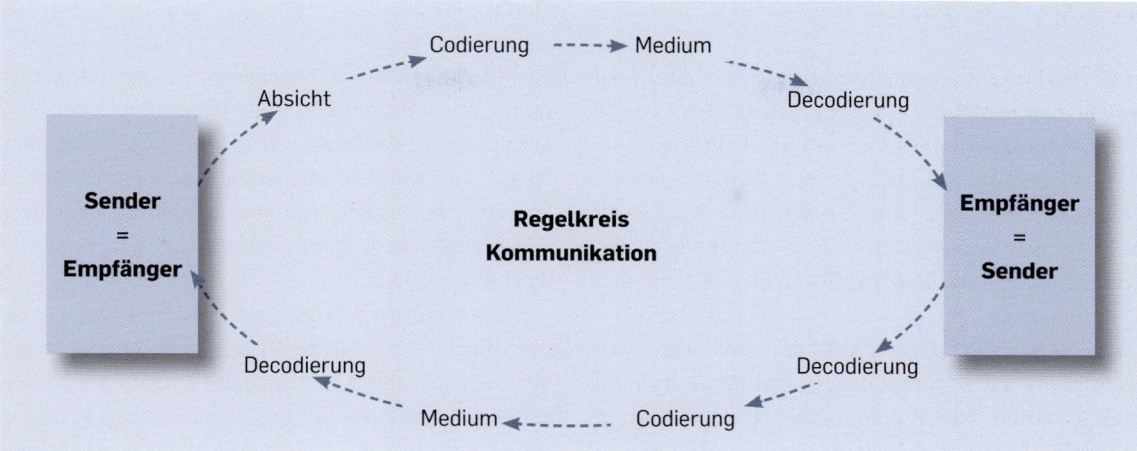

Bedingungen:
- Situation
- Bedürfnisse, Gruppendruck
- Wünsche, Werte
- Merkmale der Kommunikationspartner (Persönlichkeit, Rolle, Geschlecht u. a.)
- Beziehung zueinander

3.2 Kommunikationspsychologische Grundlagen nach Watzlawick

Paul Watzlawick (1921–2007), ein aus Österreich in die USA emigrierter Professor für Psychologie, hat mit seinen Mitarbeitern eine Darstellung menschlicher Kommunikation erarbeitet, die das Verständnis hierfür sehr erweitert hat.

Grundlegende Ausgangssituation ist für ihn folgende Erkenntnis: Bestimmte Phänomene bleiben unerklärlich, solange sie nicht in genügend weitem Kontext gesehen werden, oder es werden dem betreffenden Organismus Eigenschaften zugeschrieben, die er nicht besitzt.

Als Beispiel nennt Watzlawick die Ansicht amerikanischer Soldaten während des 2. Weltkrieges, Engländerinnen seien leicht zugänglich. Dasselbe behaupteten diese von den amerikanischen Soldaten.
Eine Untersuchung ergab, dass das Paarungsverhalten vom Kennenlernen der Partner bis zum Geschlechtsverkehr verschiedene Stufen durchlief, die jedoch bei Engländern und Amerikanern in unterschiedlicher Reihenfolge stattfanden.
Der Kuss z.B. fand bei Amerikanern relativ früh, bei den Engländern dagegen spät, nahe vor dem Geschlechtsverkehr statt. Gaben sich die Engländerinnen nach einem Kuss nun dem Amerikaner hin, obgleich sie sich um wichtige Stufen des Kennenlernens betrogen fühlten, so sahen die Amerikaner dies als viel zu frühes und schamloses Verhalten.

An diesem Beispiel wird deutlich, dass dem einzelnen Menschen, isoliert betrachtet, Eigenschaften zugeordnet werden, die sich anders erklären ließen, würde man die Wechselbeziehung zwischen den Menschen betrachten. „Wenn aber die Grenzen dieser Untersuchung weit genug gesteckt werden, um die Wirkung eines solchen Verhaltens auf andere, die Reaktionen dieser anderen und den Kontext, in dem all dies stattfindet, zu berücksichtigen, so verschiebt sich der Blickpunkt von dem Einzelnen auf die Beziehung zwischen den Einzelelementen größerer Systeme. Das Studium menschlichen Verhaltens wendet sich dann ... den beobachtbaren Manifestationen menschlicher Beziehungen zu. Das Medium dieser Manifestationen ist die menschliche Kommunikation" (Watzlawick, 2000).

Daraus entwickelte der Psychologieprofessor **Axiome** (als richtig anerkannte Grundsätze), die die Eigenschaften der Kommunikation, die im Bereich des Zwischenmenschlichen wirksam sind, verdeutlichen:

1. Axiom: Die Unmöglichkeit, nicht zu kommunizieren

Unter Kommunikation versteht man eine hier noch nicht näher begrenzte Verhaltenseinheit. Das Material von Kommunikation sind nicht nur die Worte selbst, sondern ist auch die Art, wie sie gesprochen werden (langsam, hoch, mit Pausen u. a.), wie auch Körperhaltung und Körpersprache, also Verhalten jeder Art. Diese Annahme verdeutlicht, dass man sich nicht nicht verhalten kann.

Wenn Verhalten zugleich Mitteilungscharakter hat, so folgt, dass man nicht nicht kommunizieren kann. Das bedeutet, dass in jedem menschlichen Beisammensein, ob nun beabsichtigt wie bei einer Verabredung oder unbeabsichtigt beim Warten auf den Bus menschliche Kommunikation stattfindet. Das Schwei-

gen oder Wegsehen hat ebenso einen Mitteilungscharakter wie Worte, die nur aus Höflichkeit oder aber aus Interesse gewechselt werden. All diese Verhaltensformen beeinflussen den anderen in seinem Verhalten. Dieser wiederum kann seinerseits nicht nicht auf diese Kommunikation reagieren, womit auch er zwangsläufig kommuniziert.

In der Eingangssituation des Kapitels wird deutlich, dass sowohl die hochgezogenen Augenbrauen (Was soll das denn?) als auch das abwartende, beobachtende Verhalten der Erzieherin (mal sehen, wie sie jetzt reagieren ...) Mitteilungscharakter hat, auf den Max seinerseits reagiert.

Der Gesichtsausdruck von Kindern zeigt oft noch nahezu unverfälscht, was in ihrem Inneren vor sich geht

AUFGABE Suchen Sie aus Ihrem pädagogischen Alltag Situationen heraus, die darauf angelegt waren, nicht zu kommunizieren. Achten Sie verstärkt auf Situationen, in denen Kinder anwesend waren. Welches Kommunikationsverhalten fällt Ihnen dabei auf?

Störungen des 1. Axioms

Die Unmöglichkeit, nicht zu kommunizieren, wird dann zu einem Problem, wenn die Umwelt diesen verbal oder meist nonverbal gezeigten Wunsch nicht respektiert. Dann wird derjenige, der diesen Wunsch hegt, in eine Situation gezwungen, die er zu umgehen wünscht. Seine körperliche Mitteilung wurde bereits ignoriert. Nun kann er auf digitale (= sprachliche, s. 4. Axiom) Weise sehr deutlich machen, dass er nicht reden möchte (z. B. seinem Nachbarn im Zugabteil). Dies ist nicht nur unhöflich, sondern bringt ihn bereits in die Situation zu kommunizieren.

Um einem weiteren Gespräch zu entgehen, kann er die Äußerungen seines Gesprächspartners entwerten,

verharmlosen, selbst unvollständig oder ungereimt reden, sodass sein Gegenüber bald kein Interesse mehr zeigen wird.

Vorgetäuschte Symptome wie Müdigkeit, Kopfschmerzen, Unkenntnis der Sprache oder des Themas helfen, sich zu entziehen.

In allen Punkten gerät derjenige, der nicht kommunizieren möchte, jedoch in die Situation, sich entgegen seinem Wunsch und Echtheitsbedürfnis verhalten zu müssen, wenn seine Umwelt nicht auf die analog (= nicht sprachlich, s. 4. Axiom) geäußerte Mitteilung eingeht.

Eine weitere Problematik entsteht, wenn es zu einer paradoxen Kommunikationsform kommt, in der in einer Aussage zwei sich widersprechende Handlungsaufforderungen stehen. Dies ergibt sich zum Beispiel, wenn man eigentlich für ein Gespräch zu viel zu tun hat und dies auch nonverbal äußert, verbal aber darauf besteht, sich auf ein Gespräch einlassen zu wollen.

2. Axiom: Jede Kommunikation hat einen Inhalts- und einen Beziehungsaspekt, derart, dass letzterer den ersteren bestimmt und daher eine Metakommunikation ist.

Jede Mitteilung vermittelt eine Information. Dies ist zunächst der Inhalt dieser Mitteilung. Dabei ist es unerheblich, welchen Charakter diese Information hat – falsch, wahr, gültig oder unentscheidbar.

Zugleich wird diese Information auf eine bestimmte Weise vermittelt, nämlich so, wie der Sender der Mitteilung sie vom Empfänger verstanden wissen möchte. Damit drückt er zugleich seine Beziehung zum Empfänger aus. Die Art der persönlichen Stellungnahme zum anderen kann so prägnant sein, dass darunter die verbal geäußerte Information zurücktritt.

Dies wird in der Eingangssituation deutlich, als Sara zu Suse sagt: „Na, das war ja wieder einmal eine deiner bemerkenswerten Erkenntnisse." Hier tritt der Informationsgehalt der Mitteilung völlig zurück, da die Art und Weise verdeutlicht, dass sie es nicht so meint, sondern eigentlich das Gegenteil ausdrücken will. Dass sie dies nicht direkt ausdrückt, macht deutlich, dass hier eine Störung in der Kommunikation vorliegt. So wird Suse stärker das Wie als das Was dieser Mitteilung aufnehmen, obgleich dies nur indirekt übermittelt wird. Der Beziehungsaspekt stellt also eine Kommunikation über eine Kommunikation dar und ist daher eine Metakommunikation.

AUFGABE Suchen Sie Beispiele aus der Praxis (z. B. zwischen Erzieherinnen, zwischen Kind und Erzieherin, zwischen Eltern und Erzieherin) und klären an diesen den Inhalts- und den Beziehungsaspekt der jeweiligen Kommunikationssituation.

Störungen des 2. Axioms

Im Idealfall stimmen die Inhalts- und die Beziehungsebene überein. Ist die Beziehungsebene gestört, hat dies Einfluss auf die Inhaltsebene, sofern nicht auch hier bereits Uneinigkeit besteht. Zwischen diesen beiden Polen gibt es verschiedene Mischformen.

Eine gute Beziehungsebene erträgt Uneinigkeiten auf der Inhaltsebene. Dann hätte die Assistentin Sara der Praktikantin Suse gesagt: „Du, lass mal, die Jungen wollten Frau Stein gar nicht ärgern." Da es jedoch eine Beziehungsstörung gibt, bekam Suse eine

> **Exkurs: Metakommunikation**
>
> „Wenn wir Kommunikation nicht mehr ausschließlich zur Kommunikation verwenden, sondern um über die Kommunikation selbst zu kommunizieren, so verwenden wir Begriffe, die nicht mehr Teil der Kommunikation sind, sondern (im Sinne des griechischen Präfix meta) von ihr handeln. In Analogie zum Begriff der Metamathematik wird dies Metakommunikation genannt."
>
> Es gibt jedoch einen Nachteil zur Mathematik: Während diese über zwei Begriffssysteme verfügt (Zahlen und Symbole für die Mathematik, Sprache für die Metamathematik), „besitzt die menschliche Kommunikationsforschung nur die natürliche Sprache als Medium der Kommunikation und der Metakommunikation" (Zitate: Watzlawick, 2000). Fragt z. B. eine Erzieherin ein Kind: „Hast du dieses Bild gemalt?", so kann dieser Inhalt des Satzes eine jeweils unterschiedliche Bedeutung erhalten, je nachdem, wie der Beziehungsaspekt ausgedrückt wird – z. B. misstrauisch oder bewundernd. Somit wird gleichsam anhand dieser Kommunikation, wer das Bild gemalt hat, metakommuniziert, wie die Beziehung dieser beiden zueinander ist (misstrauisch: „ich glaube dir nicht" oder „du kannst so etwas nicht"; bewundernd: „du hast dich toll weiterentwickelt, ich habe dich unterschätzt").

Rückmeldung, die ihr in der Sache nicht weiterhelfen konnte.

Fällt die Einigkeit auf der Inhaltsebene fort, kann es aufgrund einer gestörten Beziehungsebene zum Auseinanderbrechen der Beziehung führen. Dieser Mechanismus wird zum Beispiel in Familien mit der Sündenbockrolle eines Kindes deutlich. Bessert sich die Problematik des Kindes, laufen die Ehen Gefahr zu zerbrechen. Dies gilt z. B. auch, wenn äußere Schwierigkeiten die Ehe zu gemeinsamem Kampf zusammengehalten haben. Ist das Problem beseitigt, fehlt auch die Grundlage für weitere Gemeinsamkeit.

Eine weitere Schwierigkeit ergibt sich, wenn sich ein Beziehungspartner in einer Weise definiert, die der andere nicht bestätigt, also verwirft. Dies kann jedoch auch eine klärende Wirkung haben. Z. B. verdeutlicht die Sozialassistentin der Praktikantin, dass sie Suse als Lernende und nicht als gleichwertig Verantwortliche sieht wie sich selbst.

Problematisch wird es, wenn die Selbstdefinition des anderen entwertet wird, wie der folgende Satz zeigt: „Nichts wäre unmenschlicher, als dass man in der Gesellschaft losgelassen und von all ihren Mit-

gliedern völlig unbeachtet bleiben würde" (William James). Würde dem Menschen diese Möglichkeit des Austausches genommen und sein Selbst keine Beachtung durch andere erfahren, würde diese Situation zum Selbstverlust führen; dann hätte sie nichts mehr mit „du siehst dich richtig/falsch" zu tun, sondern die Aussage wäre „du existierst nicht".

3. Axiom: Die Natur einer Beziehung ist durch die Interpunktion der Kommunikationsabläufe seitens der Partner bedingt.

Das bisher Gesagte verdeutlicht, dass Kommunikation ein Regelkreislauf ist: das Gesagte/das Verhalten des einen löst eine Reaktion des anderen aus, die wiederum zum Auslöser einer Reaktion des Ersten wird. Von außen betrachtet sieht dies wie ein ununterbrochener Austausch von Mitteilungen aus. Die Beteiligten dieser Interaktion legen jedoch jeweils für sich eine Struktur fest – jeder Kommunikationspartner definiert für sich, was Ursache und was Wirkung ist.

Indem man eigenes Verhalten als Reaktion auf das Verhalten des Partners zurückführt, wird eine **Interpunktion** vorgenommen. „Ob die Interpunktion gut oder schlecht ist, steht hier nicht zur Debatte, da es ohne Weiteres klar sein sollte, dass sie Verhalten organisiert und daher ein wesentlicher Bestandteil jeder menschlichen Beziehung ist" (Watzlawick, 2000).

Am o. g. Beispiel der amerikanischen Soldaten und der Engländerinnen wird deutlich, dass jede Kultur ihre eigene Interpunktionsweise mit sich bringt, die festlegt, was „richtiges" Verhalten ist.

Die gängige Frage bei einem Streit zwischen Kindern, wer denn angefangen hat, verstößt im Grunde gegen dieses Axiom, da Kommunikation kreisförmig ist. Streit zwischen zwei Menschen hat auch diesen **kreisförmigen** Verlauf, bei dem jedes Verhalten zugleich Ursache und Wirkung ist.

Auslöser für Beziehungskonflikte sind häufig unterschiedliche Interpunktionen der Kommunikationspartner. Ein typisches Beispiel sind Partnerschaftskonflikte, in denen Partner A sich zurückzieht, weil Partner B immer nörgelt. B hingegen nörgelt, weil A sich immer zurückzieht.

> *A (zieht sich zurück): Weil B immer nörgelt, gehe ich.*
>
> *B (nörgelt): Weil A immer weggeht, schimpfe ich.*

Diese Art von Konflikt lässt sich, wie schnell einzusehen ist, kaum lösen, solange auf der Kommunikationsebene mit der jeweiligen Interpunktion verblieben wird. Erst eine Metakommunikation über die individuelle Beziehungsdefinition ließe dieses Muster der Interpunktion neu entstehen und möglicherweise für beide befriedigender werden.

AUFGABE Stellen Sie (entsprechend der Situation des amerikanischen Soldaten und einer Engländerin) eine Szene aus heutiger Zeit nach, z. B. die Begegnung zwischen einem türkischen jungen Mann und einer deutschen jungen Frau. Versuchen Sie die jeweilige Interpunktion ihrer Sichtweise von Dingen nachzuvollziehen. Wie können sich beide so verständigen, dass sich ihre Sichtweise des anderen ändert?

Störungen des 3. Axioms

Eine Praktikantin äußert Kritik in ihrer Einrichtung, ist sich aber im Nachhinein unsicher, ob das richtig war. Daraufhin reagiert sie nun genau auf jegliche Änderung im Verhalten ihrer Anleiterin und stellt fest, dass diese harscher im Ton und weniger rücksichtsvoll ist, was bei ihr zu Unsicherheit und Rückzug führt. Die Anleiterin ihrerseits hat eine selbstbewusste Praktikantin wahrgenommen, der sie einiges zutrauen kann, daher auch einmal Kritik an ihrem Verhalten äußerte und sie weniger vorsichtig behandelte. Da die Praktikantin zurzeit einige Fehler machte, wurden diese von der Anleiterin vor dem o.g. Hintergrund kritisiert.

Hier sind beide Kommunikationspartner von unterschiedlichen, aber aus der jeweiligen Sicht logisch wirkenden Einschätzungen derselben Situation ausgegangen. Eine frühzeitige Verständigung kann weiter gehende Konflikte verhindern.

Sich selbst erfüllende Prophezeiungen verstoßen ebenfalls gegen die Interpunktion.

Bei einer sich selbst erfüllenden Prophezeiung handelt es sich um einen psychischen Mechanismus, durch den eine bestimmte Erwartungshaltung an den Kommunikationspartner (indirekt) zum Ausdruck gebracht wird. Die Wahrscheinlichkeit, dass sich der Kommunikationspartner dann so verhält, ist erhöht.

Beispiel: Eine Frau begegnet ihrer Nachbarin und nimmt an, dass diese sie nicht respektvoll genug gegrüßt hat. Misstrauisch sucht sie nach Bestätigung des Eindrucks. Dies führt bei der Nachbarin ebenfalls zu abweisendem Verhalten.

4. Axiom: Menschliche Kommunikation bedient sich digitaler und analoger Modalitäten.

Es gibt zwei grundsätzliche Kommunikationsmodalitäten, derer sich der Mensch bedient. Die Sprache ist eine **digitale** Kommunikationsform. Sie arbeitet nach dem Alles-oder-Nichts-Prinzip, d. h., sie benennt Gegenstände aufgrund einer semantischen Vereinbarung, z. B. mit der Buchstabenfolge T-i-s-c-h. Warum der Tisch Tisch heißt, ist eine typische Frage von Kindern und verdeutlicht, dass diese semantische Vereinbarung nichts Tischähnliches hat, sondern lediglich eine Festlegung für diese Beziehung zwischen Wort und Objekt ist.

Die **analoge** Kommunikationsform hingegen, wie sie in einer Zeichnung zum Ausdruck kommt, hat durchaus eine Beziehung zum bezeichneten Gegenstand: Der Tisch ist als solcher zu erkennen. Diese ältere und archaischere Ausdrucksform erleichtert Kindern, die ja im Aufbau ihres Wortschatzes sind, das Verständnis.

Geht es jedoch darum, aus welchem Material dieser Tisch ist (also um detailliertere Eigenschaftsbeschreibungen), wird deutlich, dass die analoge Kommunikationsform sehr hoch entwickelte Ausdrucksmöglichkeiten haben muss und dennoch irgendwann scheitert. Die digitale Kommunikation hingegen kann relativ einfach bestimmen, dass dieser Tisch aus Holz ist, mit einer abwischbaren Kunststoffplatte versehen.

An diesem einfachen Beispiel wird deutlich, dass menschliche Kommunikation beide Ausdrucksformen verwendet. Sie haben jedoch ihre eigenen spezifischen Anwendungsschwerpunkte. So geschieht die Übermittlung von Wissen (**Inhaltsaspekt**) und damit die Weiterleitung menschlicher Errungenschaften mithilfe digitaler Kommunikation. (Dies könnte nur rudimentär geschehen, wenn es die Entwicklung digitaler Kommunikation nicht gegeben hätte und der Mensch in der Verwendung analoger Ausdrucksformen stehen geblieben wäre.) Andererseits wurde oben bereits festgehalten, dass in jeder Mitteilung nicht nur ein Inhalts-, sondern auch ein Beziehungsaspekt liegt.

Die Vermittlung dieses **Beziehungsaspekts** geschieht weitgehend auf analoge Weise: In Tonfall, Ausdruck und Körpersprache erhält die Mitteilung ihre beziehungsmäßige Einfärbung. Hier werden keine digitalen Vereinbarungen benutzt, sondern der Ausdruck des Körpers/Gesichts steht in Ähnlichkeit bzw. Beziehung zu dem, was gemeint ist. Der andere kann daran „ablesen", wie sein Gesprächspartner die Beziehung zu ihm definiert.

So signalisiert das Hochziehen der Augenbrauen der Sozialassistentin Sara im o. g. Beispiel, wie wenig einverstanden sie mit den Worten der Mutter ist. Diese Reaktion ist recht spontan und verdeutlicht, dass die Körpersprache nicht lügt. Eine digitale Umsetzung unterlässt sie, vielleicht aus Unsicherheit, was sie sagen soll, oder der Befürchtung, unhöflich zu werden. Das Unglück in diesem Beispiel ist, dass Max das Hochziehen der Augenbrauen für sich interpretiert und darauf reagiert.

AUFGABE
Versuchen Sie Situationen, die Sie im angesprochenen Sinne widersprüchlich fanden, nachzuspielen. Oder denken Sie sich Beispiele aus, in denen die digitale Aussage eine andere ist als die analoge, und spielen diese in einem Rollenspiel nach.

Störungen des 4. Axioms

Die Übersetzung von analogen Kommunikationsformen, z. B. einem Geschenk, in digitale Entsprechungen kann zu Konflikten führen. Dies ist der Fall, wenn die Beziehungspartner dazu neigen, jeweils die digitale Entsprechung als den für sich gültigen Ausdruck zu wählen, der ihrer eigenen Sichtweise entspricht, ohne die Entsprechung des Partners zu berücksichtigen: Ein Geschenk kann eine freundliche Geste oder ein Bestechungsversuch sein.

Analoge Kommunikation kann mehrdeutig sein und damit im Sinne des Kontextes falsch interpretiert werden. Ein Kuss auf die Wange lässt sich als Zuneigung oder Abschiedsritual deuten.

Zudem kann ein analoger Ausdruck nicht „nicht" ausdrücken, ebenso keine logischen Sinnzusammenhänge oder abstrakten Begriffe benennen.

Andererseits ist es fast unmöglich, in digitaler Form Beziehungen zu definieren. Jede noch so genaue und feinfühlige Beschreibung einer guten Beziehung gilt nichts, wenn nicht ein analoger Ausdruck wie ein freundliches Gesicht oder eine herzliche Geste dazukommt.

Stimmen digitaler und analoger Ausdruck nicht überein, kann dies zu Störungen führen:

„Na, das war ja mal wieder eine deiner bemerkenswerten Erkenntnisse. Bravo!"

5. Axiom: Zwischenmenschliche Kommunikationsabläufe sind entweder symmetrisch oder komplementär.

Die Beziehung zwischen zwei Menschen kann entweder auf Gleichheit oder auf Ungleichheit basieren. Wenn man versucht, einander möglichst gleich zu sein, so spricht man von einer symmetrischen Beziehung. Ist die Unterschiedlichkeit der Partner die Grundlage, so handelt es sich um eine komplementäre Beziehung.

In einer **komplementären Beziehung** gibt es zwei unterschiedliche Positionen: zum einen die vorherrschende, übergeordnete und zum anderen die kleinere, schwächere, untergeordnete. Damit ist jedoch kein Werturteil – gut oder schlecht – gefällt. In der Regel treten diese Beziehungen als durch den gesellschaftlichen oder kulturellen Kontext gegeben auf, wie dies bei Arzt und Patient, Mutter und Kind, Lehrer und Schüler der Fall ist. Die Verhaltensweisen sind unterschiedlich, ergänzen sich aber.

In einer **symmetrischen Beziehung** gehen beide Seiten von einer ebenbürtigen Beziehung aus, in der das Verhalten spiegelbildlich, z. B. hinsichtlich Stärke, Schwäche, Güte, und damit symmetrisch ist.

Am Beispiel von Lehrer und Schüler lassen sich Verständnis und Missverständnis an der Interpretation der Beziehung ablesen. Das Lehrer-Schüler-Ver-

hältnis wird gesellschaftlich bedingt überwiegend als komplementäre Beziehung gesehen. Infolge der 68er-Jahre sollten gesellschaftliche Bedingungen verändert werden, Lehrer definierten das bisherige Verhältnis als schlecht und versuchten ein symmetrisches Verhältnis zu etablieren. Die aufgrund dieses Werturteils veränderte Beziehung konnte zur Diffusion führen, wenn Schüler dieses Urteil für die Art der Beziehung nicht zugrunde legten.

Dennoch kann es eine Ebene der Beziehung geben, die **zugleich** symmetrisch und komplementär ist. Dies gilt zum Beispiel bei der Erzieherin und der Mutter aus der Eingangssituation:

So kann die Beziehungsebene symmetrisch sein, nämlich gleich als Menschen, jedoch komplementär in Bezug auf unterschiedlichen Wissensstand und die Richtung des Informationsflusses (Mutter als Ratsuchende).

In der Situation liegen verschiedene Beziehungsdefinitionen vor. Die Mutter sieht sich gegenüber den Kindern klar in einer komplementären Beziehung, die auch von den Kindern als solche verstanden wird. Unklarheit herrscht bei der Beziehung der Assistentin zur Mutter. Ist sie ihr nun gleichwertig und kann sie auf die unangemessene Bemerkung reagieren oder liegt doch ein Abhängigkeitsverhältnis, also eine komplementäre Beziehung, vor? Diese Unsicherheit drückt sich in ihrer Mimik bei gleichzeitiger Unterlassung eines Kommentars aus. Auch zwischen Assistentin und Praktikantin ist die Beziehungsform unklar. Die Praktikantin versteht sich in einer eher komplementären Beziehung, in der die andere sie auffordern kann zu handeln. Für die Sozialassistentin ist dies nicht klar – dies drückt sich auch in ihrem zweideutigen Feedback aus. Bei der Erzieherin kann man annehmen, dass sie sich in symmetrischer (Beziehungsebene) und komplementärer (Anleitung, Wissen) Beziehung zu den Anwesenden sieht.

AUFGABE Beschreiben Sie die Beziehungsstrukturen von sich zu Kindern aus Ihrer Praxisstätte, zwischen Erzieherin und einem Kind, zwischen Eltern und ihrem Kind. Fallen Ihnen weitere Beispiele ein?

Störungen des 5. Axioms

Eine Störung in symmetrischen Beziehungen liegt vor, wenn beide Partner dazu neigen, etwas „gleicher" als der andere sein zu wollen. Dies ist zu beobachten in internationalen Beziehungen zwischen Nationen (Wettrüsten), aber auch in zwischenmenschlichen Beziehungen. Wenn befreundete Kinder immer das haben wollen, was das andere hat, und dabei in ein Wetteifern geraten, spricht man von „symmetrischer Eskalation".

Störungen in komplementären Beziehungen liegen vor, wenn diese keiner natürlichen Entwicklung unterliegen, sondern in ihrem einmal festgelegten Zustand belassen bleiben. Beispiel kann hier sein: das Kind, dem ein Selbstständigwerden nicht zugestanden wird, oder der Praktikant, der in seine alte Kindertagesstätte zurückkehrt und von der ehemaligen Erzieherin nicht als entwickelter gleichwertiger Erwachsener gesehen wird.

Die Störung der komplementären Beziehung ist insofern gravierender, da sie eine Entwertung der Selbstdefinition des Beziehungspartners bedeutet, was wiederum zu pathologischen Problemen führen kann.

3.3 Grundregeln für das Verständnis von Nachrichten nach Schulz von Thun

Friedemann Schulz von Thun (*1944), ein Hamburger Psychologieprofessor, hat den Ansatz von Watzlawick mit seinen Mitarbeitern weiterentwickelt. Ausgehend von dessen Erkenntnis, dass man nicht nicht kommunizieren kann sowie dem Axiom, dass jede Kommunikation einen Inhalts- und Beziehungsaspekt aufweist, war es ihm wichtig, auch andere wesentliche Erkenntnisse der Psychologie (von Rogers, Adler, Cohn u. a.) für eine praktische Kommunikationspsychologie dienlich zu machen. So entwickelte sich in ihm die Erkenntnis, dass Kommunikation von vier Seiten zu beleuchten ist:

1. Zum einen soll ein Sachverhalt klar und verständlich mitgeteilt werden.

2. In der Art, wie der Redner spricht, wird dem Gesprächspartner zugleich vermittelt, was er von ihm hält. Der Gesprächspartner stellt fest, ob er akzeptiert oder nicht ernst genommen wird.

3. Die bisherigen zwei Aspekte sind nicht nur Mitteilung an jemanden, sondern teilen auch etwas von dem Sprechenden selbst mit. Er gibt etwas von seiner Persönlichkeit zu erkennen, gleichgültig wie stark das Bemühen ist, sich hinter einer Fassade zu verbergen.

4. Die vierte Seite betrachtet das Ziel des Gesagten, denn wenn jemand etwas von sich gibt, möchte er auch Einfluss nehmen bis hin zur Manipulation, und dies nicht nur in der Werbung, sondern im täglichen Miteinander.

Hierauf baut Schulz von Thun seine Grundregeln zum Verständnis von Nachrichten auf. Ein Sender teilt etwas mit, das er in erkennbare Zeichen verschlüsselt, also in Sprache, Ausdruck, Mimik. Diese Nachricht muss nun vom Empfänger entschlüsselt werden. Je nachdem, wie dieser Decodierungsprozess verläuft, sieht die Reaktion des Empfängers aus. Im Decodierungsprozess selbst liegt die Wurzel für Verständigungsprobleme (siehe Punkt 3.4).

Es gibt Methoden, die zur Minimierung von Kommunikationsproblemen beitragen, wie Punkt 4 zeigen wird.

7

A

Die Nachricht eines Senders hat grundsätzlich vier Seiten, die es zu decodieren gilt:
- den **Sachinhalt** oder worüber ich informiere
- die **Selbstoffenbarung** oder was ich von mir selbst kundtue
- den **Beziehungsaspekt** oder was ich von dir halte und wie wir zueinander stehen
- den **Appell** oder wozu ich veranlassen möchte

„Immer müsst ihr so laut sein." Am Beispiel der Mutter lässt sich Folgendes entschlüsseln:

- Die **Sachinhalt** hierzu lautet: Es ist laut. Immer, wenn es um die Sache geht, es also vor allem auf den Informationsgehalt ankommt, sollte diese Seite im Vordergrund stehen. Dies ist hier nicht der Fall, da es ja nur einen Moment lang (bei den Siegesrufen und dem Umfallen des Stuhls) laut war.

- Auf der **Selbstoffenbarungsseite** teilt die Mutter mit, dass es ihr zu laut ist. Dies wird noch deutlicher, da sie gleich anfügt, dass sie von dem Lärm Kopfschmerzen bekommt. Doch auch der kleine Satz selbst sagt dies bereits aus durch das Wörtchen „so laut". Sie vermittelt dem Empfänger die Nachricht, dass es ihr nicht gut geht. Da sie noch hinzufügt, dass sie von dem Lärm Kopfschmerzen bekomme, wird deutlich, dass hier eine wichtige Seite der Nachricht zu finden ist.

Das Bedeutende an dieser Seite der Selbstoffenbarung ist, dass sie nicht zu vermeiden ist. In allem, was der Sender von sich gibt, verdeutlicht er auch etwas über sich selbst. Am Beispiel der Mutter ist dies recht schnell zu entdecken, womöglich auch Absicht der Mutter gewesen, von sich zu berichten. (Sie wartet auf ein Gespräch mit der Erzieherin, in dem vielleicht ihre schwierige Situation zur Sprache gekommen wäre. Oder sie hatte dringend das Bedürfnis, mit ihren Problemen wahrgenommen zu werden.) Oft versuchen die Menschen jedoch diese Seite zu verstecken und verwenden allerhand Techniken, um möglichst nicht so schnell „erkannt" zu werden.

- Auf der **Beziehungsseite** sind im Grunde zwei Botschaften zu finden. Es wird mitgeteilt, was der Sender von dem Empfänger hält. Hierzu wird im Satz der Mutter deutlich, dass sie die Kinder für störend (zu laut) und rücksichtslos hält. Zugleich teilt sie aber auch mit, wie sie zu den Kindern steht. Sie hält sich für berechtigt, den Kindern die-

sen Hinweis zu geben. Als Alternative ist ja durchaus denkbar, dass die Mutter solche Hinweise den Erzieherinnen überlässt und es nicht als ihre Aufgabe ansieht einzugreifen. Dies ist in diesem Fall nicht so.

„Allgemein gesprochen: Eine Nachricht senden heißt auch immer, zu dem Angesprochenen eine bestimmte Art von Beziehung auszudrücken. Streng genommen ist dies natürlich ein spezieller Teil der Selbstoffenbarung. Jedoch (ist) die psychologische Situation des Empfängers verschieden. Beim Empfang der Selbstoffenbarung ist er ein nicht selbst betroffener Diagnostiker (Was sagt mir deine Äußerung über dich aus?), beim Empfang der Beziehungsseite ist er selbst ‚betroffen' (oft im doppelten Sinn dieses Wortes). ... Während also die Selbstoffenbarungsseite (vom Sender aus betrachtet) Ich-Botschaften enthält, enthält die Beziehungsseite einerseits Du-Botschaften und andererseits Wir-Botschaften" (Schulz von Thun, 2007).

- Es bleibt schließlich noch die Seite, die etwas bewirken möchte, Einfluss nehmen will: der **Appell**. In den Dienst des Appells werden durchaus auch die drei anderen Seiten der Nachricht gestellt. Damit umgeht man die Situation, deutlich zum Ausdruck zu bringen, was man bewirken möchte. Im Beispiel der Mutter ist diese Funktionalisierung der Selbstoffenbarungsseite sehr deutlich. Ihr Appell lautet nicht nur „seid weniger laut", sondern aufgrund des nachgeschobenen Satzes „ich kriege gleich Kopfschmerzen" appelliert sie an die Empfänger (und nicht nur an die Kinder): „Bitte kümmert euch um mich." Hieran wird letztlich deutlich, dass die Situation der Kinder (umgeworfener Stuhl) nur der Anlass für die Mutter war, über die Selbstoffenbarung („es geht mir schlecht") ihre eigentliche Botschaft („kümmert euch um mich") anzubringen.

Die vier Seiten einer Nachricht lassen sich in folgendem Schema zusammenfassen:

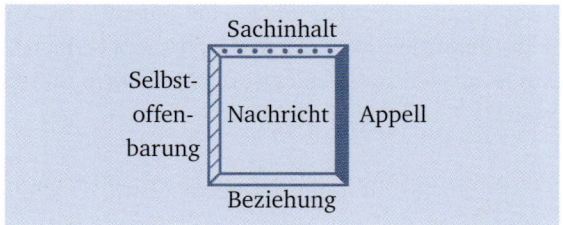

AUFGABE Analysieren Sie folgende Beispiele nach dem Modell der vier Seiten einer Nachricht.

a) Die Erzieherin sagt zur Praktikantin: „Jan hat in die Hose gemacht."
b) Die Praktikantin stöhnt: „Nie informiert mich jemand."
c) Die Mutter sagt zu ihrem Kind: „Toll, dass du die Hausaufgaben schon fertig hast."

Das Verhältnis der vier Seiten einer Nachricht zueinander

Die vier Seiten einer Nachricht erschließen sich dem Empfänger nicht immer sofort und schon gar nicht durch das Wort. Die Nachricht wird transportiert

1. durch das gesprochene Wort,
2. zugleich durch die Art und Weise des Ausdrucks, des Tonfalls, des Kontextes, in dem etwas gesagt wird.

Zum Beispiel kann ein gesprochenes Lob durch Tonfall und Kontext in das absolute Gegenteil verkehrt werden. Wenn eine Erzieherin zu einem Kind, dass gerade ein Glas Wasser über sein Bild gestoßen hat, sagt „Das hast du ja toll gemacht ..." – dies noch in einem genervten Ton – wird deutlich, dass sie genau das Gegenteil ihrer Worte meint. Hatte das Kind das Tuschbild mit Absicht mit Wasserschlieren verwandelt, so können die gleichen Worte der Erzieherin echte Bewunderung ausdrücken.

Schulz von Thun geht wie Watzlawick von der Unmöglichkeit, nicht zu kommunizieren, aus, da jedes Verhalten, eben auch Mimik, Gestik, einen Mitteilungscharakter hat.

Er unterscheidet dabei
• **explizite Nachrichten**, also Nachrichten, die ausdrücklich formuliert werden, und
• **implizite Nachrichten**, Nachrichten, die durch Mimik, Tonfall u. a. weitergegeben werden.

Die explizite Nachricht ist in der Situation mit dem Tuschbild das Lob selbst. Strahlt die Erzieherin dabei über das ganze Gesicht, drückt sie zugleich implizit aus, dass sie sich darüber freut, dass das Kind solch eine gute Idee hatte.

Wie Watzlawick bereits bei der digitalen und analogen Vermittlung von Nachrichten verdeutlichte, sieht auch Schulz von Thun, dass es bei der Übermittlung von expliziten und impliziten Nachrichten zu Kommunikationsverzerrungen kommen kann. Er führt dafür die Begriffe **kongruent** und **inkongruent** ein:

Weisen die expliziten und impliziten Anteile einer Nachricht in die gleiche Richtung, so heißt eine Nachricht kongruent. Die Nachricht ist in sich stimmig: Ein trauriges Gesicht, eine leise, weinerliche Stimme und der Satz „Mir geht es gar nicht gut" sind kongruent und vermitteln beide dieselbe Botschaft.

Sagt der traurig blickende Mensch nun mit derselben Stimme: „Mir geht es wirklich gut", so erhält der Empfänger zwei Botschaften, die sich widersprechen und ihn in die Verwirrung stürzen, welcher Botschaft er denn nun trauen soll. Wenn er auf die eine oder andere Seite der Botschaft reagiert, kann der Sender ihm daraus einen Vorwurf machen.

So ist der Satz von Sara in der Eingangssituation inkongruent: Ihre Worte drücken explizit etwas aus, was Tonfall und Satzbau implizit wieder aufheben. Für Suse ist es schwierig, darauf richtig zu reagieren, zumal, wenn sie sich als abhängig von Sara erlebt.

Erfährt das Kind in der Tuschbild-Situation bei einem Fehlverhalten (= umgestoßenes Glas) immer diese Art der Reaktion, kann es auf Dauer zu großer Verwirrung führen. In diesem Zusammenhang ist der Begriff „**Doppelbindung**" entstanden, der auch schon von Watzlawick benannt worden war.

Warum verhält sich der Sender inkongruent? Ein Aspekt kann sein, dass der Sender „zwei Seelen in seiner Brust" hat, also sowohl das eine als auch das andere möchte, sich noch nicht entschieden hat und dies nach außen transportiert. Solange diese Selbstklärung noch nicht erfolgt ist, führt es zu diesem inneren Zwiespalt. Ein typisches Beispiel hierfür können Eltern sein, die wohl wissen, dass sie ihr Kind in die Selbstständigkeit entlassen müssen, zugleich aber noch nicht verarbeitet haben, dass ihr Kind sie dann weniger braucht, sie eventuell stärker alleine sind.

Ebenso zerrissen könnte sich Sara fühlen: Darf sie der Praktikantin etwas sagen? Will sie ihr etwas sagen? Zugleich ist es einfach ungerecht, wie die Kinder in der Situation behandelt wurden. Ihr Klärungsprozess ist noch nicht abgeschlossen – da bietet sich die Gelegenheit, einen Kommentar loszuwerden.

Ein Vorteil von Doppelbotschaften besteht für den Sender darin, dass er sich zum einen nicht festlegen muss, wenn er dies (noch) nicht möchte. Zum anderen kann er auf „elegante" Weise eine Botschaft loswerden, die er aus Höflichkeitsgründen nicht hätte ausdrücken wollen.

„Natürlich freue ich mich, dass Sie gekommen sind", sagt der Gastgeber mit einem Blick auf seine Uhr, als nachts um 1:00 Uhr der letzte Gast eintrifft.

AUFGABE   Stellen Sie die Aussage „ich habe Stress" explizit und implizit sowie kongruent und inkongruent in einem kleinen Rollenspiel dar.

Die Entschlüsselung von Nachrichten

Für den Empfänger entsteht bei Erhalt einer Nachricht das Problem, dass er gleichzeitig vier Nachrichten aufnehmen muss. Er versucht, die Sachaussage zu verstehen. Zugleich ergründet er sein Gegenüber und versucht zu erkennen, was dies für ein Mensch ist oder wie diesem gerade zumute ist.

In der Art und Weise, wie mit dem Empfänger gesprochen wird, ist er selbst betroffen und erhält eine Botschaft, wie der Sender zu ihm steht. Hier werden oft die Gefühle des Empfängers angesprochen (*Die Lehrerin war ja total freundlich zu mir! Wie behandelt mich der Typ eigentlich, glaubt er, er wäre etwas Besseres?*). Schließlich muss er den Appell wahrnehmen und sich fragen, was er machen soll oder was ihm das Gesagte nützt.

Sinnbildlich gesprochen, benötigt der Empfänger eigentlich vier Ohren, um sich allen Seiten widmen zu können.

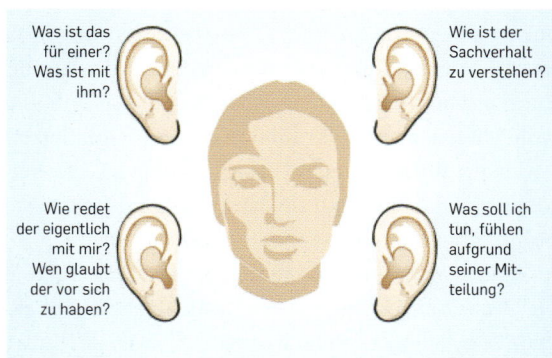

Der Empfänger einer Nachricht ist kein objektiv auswertender Computer, sondern ein Mensch mit seinen subjektiven Ansichten, Wünschen, Bedürfnissen und Gewohnheiten. Er hat prinzipiell die freie Auswahl,

welche der angekommenen Nachrichten er bevorzugt aufnimmt und auf welche er reagieren will. Dies ist oft ein Quell zwischenmenschlicher Missverständnisse, da der Empfänger nicht unbedingt auf die Seite der Nachricht reagiert, die dem Sender wichtig war, sondern was ihm, dem Empfänger als bedeutend erscheint. Wofür er sich dabei entscheidet, hat mit seinem Selbstkonzept oder dem Bild zu tun, das er sich von seinem Gesprächspartner gemacht hat, sowie mit der Beziehung zu seinem Gesprächspartner.

Schulz von Thun geht – ähnlich wie Watzlawick – davon aus, dass bei Störungen im Kommunikationsprozess nicht der Einzelne mit seinen Eigenarten der „Störfaktor" ist, sondern dass das gesamte Interaktionssystem zu betrachten ist. „Die systemtheoretische Betrachtungsweise ist die Annahme, dass ‚Störungen' nicht so sehr Eigenarten eines Individuums widerspiegeln, sondern sozusagen auf einer systematisch missglückten Form des Aneinandergeratens beruhen." Das bedeutet, in jeder Kommunikation entsteht eine Art Eigendynamik, die nicht aus den Anteilen der einzelnen Kommunikationspartner zu erklären ist. „Dabei kann es sich zum Beispiel erweisen, dass die ‚Störung' des einen ein ‚sinnvolles' Mittel zur Aufrechterhaltung der Beziehung darstellt" (Schulz von Thun, 2007).

Bei vielen Menschen gibt es einseitig ausgebildete Empfangsgewohnheiten:

Die vorrangige Wahrnehmung des **Sachinhalts** kann dazu führen, dass man sich auf die Sachauseinandersetzung stürzt, obgleich es um ein anderes Thema geht. Im Beispiel der Mutter aus der Lernsituation würde jetzt eine fruchtlose Auseinandersetzung über die Lautstärke erfolgen – fruchtlos deshalb, da es nur einen Moment lauter gewesen ist und dieser Moment bereits vorüber ist.

Hinter manchem Sachinhalt ist im Kern eine Beziehungsbotschaft versteckt, die bei dieser Empfangsgewohnheit vollkommen ignoriert würde. In der Regel haben die wenigsten Menschen es gelernt, „den eigenen Standpunkt mit dem Respekt vor dem Meinungsgegner zu verbinden." Den Sachstandpunkt auf der einen Seite und die Unterschiedlichkeit des Meinungsgegners auf der anderen Seite zu akzeptieren wäre Ziel einer guten Kommunikation.

Ist hingegen das „**Beziehungsohr**" empfindlicher ausgeprägt, wird jede Botschaft dahin interpretiert, wie der andere zum Empfänger steht oder was er von ihm hält. In der Aussage der Mutter (*immer müsst ihr so laut sein*) signalisiert sie, dass sie aufgrund ihrer Rolle hier für Ruhe sorgen darf, was auch die Praktikantin sofort so versteht.

Der Beziehungsaspekt ist von großer Bedeutung für die Kommunikation, da dieser nicht nur auf die momentanen Gefühle des Gesprächspartners wirkt, sondern auch langfristig zu seinem Selbstkonzept beiträgt, denn in der Art, wie sich der andere an ihn wendet und seine Beziehungsbotschaft vermittelt, ist der Empfänger direkt betroffen.

Ist die Zuwendung zum anderen wertschätzend und angemessen in der Art der Lenkung/Bevormundung, wirkt sich dies positiv auf die Beziehung aus. Anderenfalls erzeugt sie Widerstand. Hintergrund der Beziehungsinterpretation ist das Bild, das sich der Empfänger von sich selbst und vom anderen macht.

Der reflektierende Empfänger kann auf die angebotene Beziehungsdefinition unterschiedlich reagieren: Er kann sie akzeptieren, durchgehen lassen, zurückweisen oder ignorieren und damit entwerten. Einem Kind wird dies nicht ohne Weiteres gelingen. Es ist verstärkt dem Mechanismus ausgesetzt, dass die Beziehungsbotschaft vom Erwachsenen gesteuert wird und sein Selbstkonzept prägt.

Werden Beziehungsaussagen in Form von Du-Botschaften gesendet (*ihr seid viel zu laut*), tragen sie im Laufe der Zeit den Charakter einer sich selbst erfüllenden Prophezeiung.

Ein ausgeprägte Empfangsbereitschaft für die **Selbstoffenbarung** kann hingegen manchmal hilfreich sein. Hätte die Praktikantin aus der Lernsituation stärker diese Seite der Aussage der Mutter gehört, wäre ihr weiterer Ärger erspart geblieben: *„Mir geht es schlecht"* war die Selbstoffenbarung der Mutter.

Die negative Seite dieser Empfangsgewohnheit zeigt sich, wenn es darum geht, sich selbst darzustellen bzw. eine „guten" Eindruck zu hinterlassen. Die Angst davor, sein Selbst so zu offenbaren, wie es ist, dieses Selbst zugleich als unzureichend und zu wenig interessant einzuschätzen, führt zu Verhaltensweisen, die das Selbst anders darstellen oder verbergen.

Die Angst, in der Prüfung etwas zu sagen oder in einer neuen Klasse Fragen zu stellen (**Fassadentechnik**), ist wohl als Phänomen genauso bekannt wie das Drauflosreden oder Vorgeben von scheinbar interessanten Begebenheiten. Sich aufspielen, nur die besten Seiten seines Selbst bekannt geben oder in scheinbar unbedeutenden Nebensätzen Informationen über sich selbst einzustreuen (**Imponiertechniken**), dies alles dient dazu, sich in einem Licht zu zeigen, das aus eigener Sicht das Selbst besser dastehen lässt als das eigentliche Ich.

Sprachliche Hilfsmittel, um sich selbst zu verbergen, sind zudem die Vermeidung von Ich-Sätzen; lieber wird von *man, wir* oder *es* gesprochen oder werden Fragen gestellt, statt die eigene Meinung zu sagen.

Die Wirkung dieser Selbstverbergung verhindert, dass eine echte Beziehung aufgebaut wird. Eine zwischenmenschliche Distanz wird weiter ausgebaut. Die Inkongruenz der Botschaften wird dem Kommunikationspartner auf Dauer deutlich werden. Zugleich verhindert derjenige, der sich selbst so verleugnet, den Zugang zu seinen eigenen Gefühlen und damit Authentizität.

Menschen, die vor allem zunächst den **Appell** heraushören, fühlen sich aufgefordert, darauf zu reagieren und zu tun, was ihrer Ansicht nach an Aufforderung in der Botschaft liegt. Sie sind sozusagen „auf dem Appell-Sprung". Sie fühlen sich für alles und jedes verantwortlich und verlieren darüber oft ein Gefühl für das, was wirklich für sie wichtig ist. Andererseits hat ein für Appelle sensibler Zuhörer auch die Möglichkeit, sich die Aufforderung bewusst zu machen und sich dafür oder dagegen zu entscheiden: So hätte die Praktikantin sich entscheiden können zwischen *„Ich höre ihr zu – ihr geht es so schlecht"* und *„Was will sie von uns? Sollen wir uns schon wieder um sie kümmern?"*. Hätte sie eher den zweiten Appell gesehen, hätte sie sich bewusst entscheiden können, ob sie dazu jetzt bereit ist.

In der zuvor beschriebenen Situation aus dem Eingangsbeispiel geht es um einen Appell, der eher ausdrucksorientiert ist, dem es vor allem darum geht, den Istzustand zum Ausdruck gebracht zu haben, und einen, der mehr darauf abzielt, eine Wirkung zu erreichen. Erst eine vertraute Beziehung lässt den Empfänger sicher einschätzen, welche Wirkungsabsicht der Sender mit seiner Botschaft verbindet.

Grundsätzlich gilt, dass jeder Appell dem anderen ein Stück Freiheit und Selbstbestimmung nimmt. Daher gibt es eine Reihe Appelle, die wenig oder keine Wirkung erzielen. Dazu gehören die „gut gemeinten" Appelle. Auch tief greifende Veränderungen lassen sich durch einen Appell nicht herbeiführen (*„Nun sei nicht eifersüchtig"*). Appelle verhindern spontanes Verhalten oder verhindern Urhebererlebnisse (z. B. *„Setz dich an die Hausaufgaben"*, wenn das Kind gerade im Begriff ist, dies zu tun).

Dagegen kommt ein sogenannter paradoxer Appell, der das Gegenteil dessen aussagt, was bewirkt werden soll, in der Erziehung durchaus an. Gerade weil es dem Kind wichtig ist, selbst zu bestimmen, was es tun darf, der Erwachsene aus seiner Sicht jedoch Gründe hat, dies nicht zu erlauben, kann ein paradoxer Befehl beiden die Möglichkeit geben, zum Ziel zu gelangen:

Beispiel: Ein 3-jähriges Kind klettert auf den Tisch. Die Aufforderung *„bleib oben"* führt sicher eher dazu, dass das Kind herunterklettert, als der Appell *„komm herunter"*.

„Wir hatten schon erörtert, dass der um seine Selbstachtung besorgte Empfänger sich unter Umständen einem Appell nicht deshalb widersetzt, weil er ihm ungelegen kommt, sondern weil er ihn als unzulässigen Eingriff in sein ‚Königreich' erlebt und die Befolgung als Eingeständnis einer persönlichen Niederlage. Umgekehrt kann die Nichtbefolgung als Beweis der eigenen Unabhängigkeit erlebt werden und somit als Gelegenheit, die eigene ‚Größe zu fühlen'"(Schulz von Thun, 2007).

AUFGABE Bilden Sie Zweiergruppen. Eine sagt einen Satz, worauf die andere mit einer einseitigen Empfangsgewohnheit reagiert. Berücksichtigen Sie alle vier Seiten einer Nachricht nacheinander. Wechseln Sie nach einiger Zeit die Rollen.

4 Bedingungen für eine gelingende Kommunikation

4.1 Kommunikation und Beziehung

Kommunikation lebt davon, eine gute Beziehung zum Gesprächspartner zu entwickeln. Dazu gehören nicht nur Wissen über kommunikationstheoretische Inhalte, sondern auch eine eigene Haltung und zu berücksichtigende Bedingungen.

Förderliche Aspekte

Grundsätzlich sollte die Erzieherin in einem Gespräch bereit sein, das zu hören, was der Gesprächspartner sagt (was nicht heißt, dass sie seiner Meinung sein muss). Dazu gehören eine innere Bereitschaft und Aufgeschlossenheit. Verdeutlicht werden kann dies durch die Maßnahmen der Abbildung:

Ein konstanter und freundlicher Blickkontakt signalisiert dem anderen, dass er wahrgenommen wird. Für ein Kind ist dies oft bereits ein Teil seines

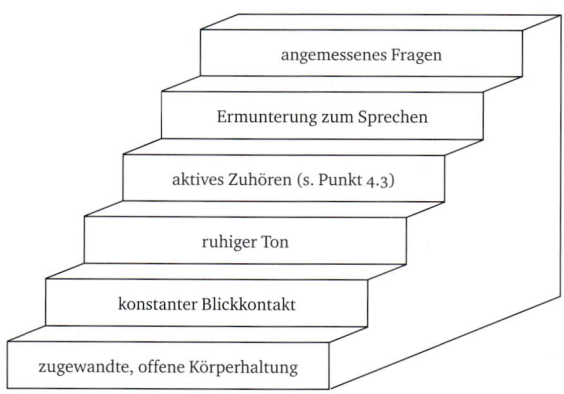

Aufgeschlossenheit signalisieren

Anliegens. Insgesamt sollte die Erzieherin eine wertschätzende Haltung einnehmen, die minimal lenkt und dem anderen Zeit gibt, ohne Unterbrechung sein Anliegen vorzutragen. Dabei kann die Erzieherin Positives betonen.

Hier hilft es, wenn sie für ein längeres Gespräch

einen ungestörten Ort aufsucht und sich Zeit nimmt für das Gespräch.

Hindernde Aspekte

Ein Gespräch wird negativ beeinflusst, wenn die Erzieherin als Gesprächspartnerin Unruhe ausstrahlt, den Blick abwendet, Langeweile zeigt. Auch das Beschäftigen mit anderen Dingen während des Gesprächs lässt keine gute Beziehung aufkommen und führt zur Verkürzung oder zum Abbruch des Gesprächs.

Neben der Körperhaltung, die eine innere Haltung dokumentiert, sollte sie sich bewusst sein, wie sie in dem Gespräch interagiert.

So können abrupter Themenwechsel, Kritik, Vorwürfe, Besserwissen und Ähnliches den Gesprächsfluss ebenfalls stoppen. Befehlen, Drohen und Moralisieren sind einleuchtende Kommunikationssperren. Aber auch Ratschläge erteilen, belehren, loben oder trösten sowie ablenken und verhören lenken das Gespräch zu stark in eine Richtung, die mit dem Anliegen des Gesprächspartners gar nichts zu tun haben mag.

Kommunikationssperren

Diese sprachlichen Mitteilungen haben alle ein hohes Maß an Lenkung und Geringschätzung in sich und belasten damit die Beziehungsebene des Gesprächs. Thomas Gordon (s. Punkt 5.2) wertet sie entsprechend negativ und bezeichnet sie als Kommunikationssperren. Der Sprechende drängt sein Gegenüber in eine Verteidigungshaltung. Er hat keine Möglichkeit mehr, sich angstfrei und ohne Druck mit seinem Thema auseinanderzusetzen.

AUFGABE Spielen Sie in einem Rollenspiel eine Gesprächssituation durch. Berücksichtigen Sie dabei die förderlichen Aspekte für ein Gespräch. Lassen Sie sich beobachten.

4.2 Empfangsvorgänge auseinanderhalten

Die Erzieherin ist oft die Zuhörende, die sowohl kindliche Botschaften als auch Mitteilungen von Eltern und Kollegen aufnimmt. Aus der Auseinandersetzung mit den vier Seiten einer Nachricht wurde deutlich, dass das Resultat der Nachricht ein Produkt des Entschlüsselungsprozesses des Empfängers, also hier der Erzieherin, ist. Um dem Sender – dies gilt vor allem auch für das Kind, das erst dabei ist zu lernen, alle seine Bedürfnisse zu formulieren – gerecht zu werden, ist das Zuhören eine zentrale Aufgabe für die Erzieherin. Ist es bereits eine schwierige Aufgabe, bewusst alle vier Seiten wahrzunehmen, so kommen noch zwei weitere Aufgaben dazu:

- Die aufgenommene Nachricht wird interpretiert und
- sie löst beim Empfänger selbst Gefühle aus.

Um diesen Vorgang bewusster zu erkennen und adäquater damit umgehen zu können, soll er hier entzerrt werden.

> Drei Bearbeitungsstufen muss eine Nachricht durchlaufen, bevor es zu einer Reaktion kommt. Für die Nachricht gilt:
> - etwas wahrnehmen
> - etwas interpretieren
> - etwas fühlen

Wahrnehmen heißt: etwas sehen oder hören. Beispiel aus der Lernsituation: *Gewonnen! Gewonnen!*

Interpretieren heißt: Das Wahrgenommene bekommt eine Bedeutung. Beispiel: *Jonas freut sich, er hat das Spiel für sich entschieden. Das klingt ja sehr auftrumpfend.*

Die Interpretation kann richtig oder falsch sein. Jedoch erst die bewusste Interpretation ermöglicht die Chance, das Eigentliche der Nachricht zu verstehen oder aber zu klären, ob die eigene Interpretation der Situation oder der Intention des Senders entspricht.

Fühlen heißt: auf das Wahrgenommene und Interpretierte mit einem Gefühl reagieren. Beispiel: *Ich freue mich, dass die drei miteinander spielen. Ich ärgere mich, dass es immer gleich so laut werden muss.*

Auch hier geht es nicht um richtig oder falsch (die

gefühlsmäßige Reaktion ist Tatsache), sondern eher um Wahrnehmung der eigenen Reaktion. Diese liegt nicht nur im Inhalt der Sendung, sondern hängt auch von der momentanen Beschaffenheit ab.

Normalerweise werden diese drei Vorgänge nicht auseinandergenommen, sie verschmelzen zu einem und führen dann zu unreflektierten Reaktionen, die Störungen in der Kommunikation hervorrufen. Macht sich der Empfänger stärker bewusst, dass er eine Mimik oder andere Nachricht in bestimmter Hinsicht interpretiert, kann er besser nachfragen, ob diese richtig verstanden wurde. Seine Interpretation kann nun bestätigt oder korrigiert werden. Schulz von Thun weist darauf hin, dass dem Empfänger erst auf diese Weise deutlicher wird, dass seine Reaktion auf den anderen viele eigene Anteile enthält, die nicht ursprünglich mit der empfangenen Nachricht zusammenhängen. Wird die angekommene Botschaft hinreichend auf ihre Interpretation geklärt, wird deutlich, dass manche Reaktion eher etwas mit Fantasievorstellungen zu tun hat, die der Empfänger vom anderen hat, als mit der realen Situation.

AUFGABE Üben Sie zu zweit mit einfachen Sätzen und Situationen den Dreischritt: wahrnehmen – interpretieren – fühlen.

4.3 Aktives Zuhören

Zu hören, was der Gesprächspartner mitteilt, dieses aufzunehmen, zu verstehen und daraus resultierend eine Antwort und ein Verhalten zu entwickeln, die stimmig sind, ist eine entscheidende Komponente im Kommunikationsprozess. Dies trägt dazu bei, dass die sprechende Person sich selbst versteht und von allein erkennt, was das Beste für sie ist.

Was genau ist nun aktives Zuhören?

Unter Zuhören kann sich jeder etwas vorstellen. Man lässt seine Gedanken bei der redenden Person und schweift nicht ab, sondern konzentriert sich auf sein Gegenüber.

An dieser Stelle setzt das aktive Zuhören an. „Aktives Zuhören bedeutet, dass der Zuhörende sich ganz auf die Empfindungen und Gefühle des Ratsuchenden konzentriert, sie heraushört und versprachlicht. Er spricht dabei die Selbstoffenbarungsseite des Spre-

chenden an und versucht damit, ihn auf dieser Ebene wirklich zu verstehen" (Bröder, 2004).

Die zuhörende Erzieherin nimmt also nicht nur die Worte auf, die der andere sagt, sondern versucht wahrzunehmen, in welcher gefühlsmäßigen Verfassung der Gesprächspartner ist – vor allem die nonverbalen Kommunikationssignale wie Stimmung, Tonlage, Wortwahl sowie die Ausstrahlung des Gegenübers sagen etwas darüber aus, wie er sich fühlt. Diese Gefühle sind mindestens so wichtig wie das, was er informativ zum Ausdruck bringen möchte. Die Gefühle werden in der Regel nicht genannt, sagen aber viel über den Gesprächspartner aus.

Als aktiv Zuhörende nimmt die Erzieherin diese unausgesprochenen Gefühle auf und verbalisiert sie: Sie agiert als „Spiegel" des anderen und nennt seine Gefühle, wie sie sie wahrnimmt, jedoch ohne sie zu kommentieren oder zu bewerten. Beispiel:

Jan: „Ich spiele nie wieder mit Timo. Er ist so gemein."
Erzieherin: „Du bist ärgerlich auf Timo."
Jan: „Ja, ich bin so sauer. Er hat ..."

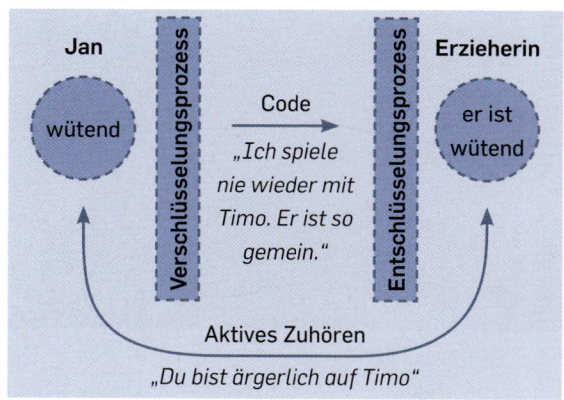

Durch das Benennen des Gefühls wird einem Tatbestand Raum gegeben, der im Gespräch vorhanden ist, aber bisher unbenannt war und somit kein Gesprächsgegenstand sein konnte. Der Gesprächspartner konnte oder wollte diese Seite nicht ansprechen, brachte sie aber in den Kommunikationsprozess mit ein.

Viele Menschen haben nicht gelernt, über ihre Gefühle offen zu sprechen. In der Eingangssituation spricht die Mutter nicht ihre Gefühle an (*mir geht es schlecht*), sondern verpackt diese Mitteilung in eine Beschwerde über die Lautstärke. An einem ungestörten Ort hätte die aktiv zuhörende Erzieherin jetzt die Möglichkeit zu sagen: *„Ich habe den Eindruck, dass Sie sich nicht wohlfühlen und es Ihnen schlecht geht."*

Die unmittelbare Wirkung auf den Gesprächspartner

Durch die Entschlüsselung des Gefühls und seine Versprachlichung wird dem Gesprächspartner nun Folgendes möglich:

- Er kann auf dieses Angebot, das Gespräch zu erweitern, eingehen; damit wird das aktive Zuhören zu einem „Türöffner" für eine weitere Dimension des Gesprächs.
- Trifft das verbalisierte Gefühl nicht den eigentlichen Gefühlszustand, so kann er diesen korrekt benennen; damit können Missverständnisse aus dem Weg geräumt werden.
- In jedem Fall merkt er, dass ihm jemand gegenübersitzt, der ihn verstehen und annehmen will und damit die wichtigste Voraussetzung schafft, dass man sich öffnet.
- Durch aktives Zuhören wird ihm Gelegenheit gegeben, seine eigenen Gefühle besser zu verstehen und mögliche Probleme ausführlicher zu besprechen.
- Durch aktives Zuhören kann sich herausstellen, dass das eingangs genannte Thema nicht das eigentliche Thema ist – er tastet sich an den Kern der Sache heran oder ist sich selbst noch nicht sicher, worum es geht, oder er möchte testen, wie weit er seinem Gesprächspartner vertrauen kann, um dann erst zum Kern der Sache zu kommen.
- Durch aktives Zuhören wird seine Beziehung zu seinem Gesprächspartner verbessert, da er merkt, dass dieser ihn versteht und nicht kritisiert.
- Letztlich hilft ihm aktives Zuhören, über sein Problem oder Verhalten selbst nachzudenken und damit selbst auf eine Lösung zu kommen.

Frau Stein hätte die Möglichkeit zu bestätigen, dass sie sich nicht gut fühlt, sie aber eher traurig ist, als dass sie sich schlecht fühlt. Nun kann sie entscheiden, ob sie den Grund nennen möchte oder es bei dieser Einschätzung belassen will.

Die mittelbare Wirkung von aktivem Zuhören auf den Gesprächspartner

Über das unmittelbare Gespräch hinaus trägt aktives Zuhören dazu bei, Authentizität seiner selbst und des Gesprächspartners zu bewirken.

Authentizität bezeichnet die Echtheit, die bejahende Wahrnehmung der eigenen Gefühlswelt und

damit eine geringere Sorge um die den anderen gezeigte Selbstdarstellung. Damit wird stärker die Frage nach dem „Wer bin ich?" in den Raum gestellt. Es findet eine echte Auseinandersetzung mit dem Selbstbild statt, was langfristig zu mehr Zufriedenheit führen kann.

Bei der Auseinandersetzung mit der eigenen Gefühlswelt wird deutlich, dass das eigene Verhalten nur dann zufriedenstellend ist, wenn die Innen- und die Außenseite des Verhaltens stimmen, also wenn das eigene Verhalten sowohl die Gefühle als auch die sich aus dem Alltag/der Situation ergebenden Notwendigkeiten berücksichtigt.

„Aktives Zuhören bestärkt diesen Prozess: Ich fühle mich verstanden, weil ich aufgrund des entgegengebrachten Interesses positive Wertschätzung erlebe. Diese positiven Gesprächsmerkmale verstärken sich gegenseitig" (Perras-Emmer, o.J.).

Diese Erfahrung ermuntert den Sprechenden, sich mit allen seinen Seiten auseinanderzusetzen und dadurch zunehmend zu einem realistischeren Selbstbild mit für sich passenderem Verhalten zu gelangen.

Voraussetzungen für die Anwendung von aktivem Zuhören

Einfühlungsvermögen ist die wichtigste Voraussetzung, die man mitbringen muss, wenn man mit einem anderen Menschen ein hilfreiches Gespräch führen will. Es beinhaltet eine respektvolle Haltung zum Gegenüber, ist damit mehr als eine Methode und darf nicht zum Aushorchen eines anderen Menschen missbraucht werden.

Die erhoffte o. g. Wirkung von aktivem Zuhören zu authentischem Verhalten sich selbst gegenüber muss auch für die Zuhörenden gelten – die echte Auseinandersetzung mit den eigenen Gefühlen trägt dazu bei, wirkliches Interesse am Gesprächspartner zu haben.

Dazu gehört auch die Bereitschaft, ihm ein Stück weiterzuhelfen sowie bereit zu sein, ihn seine Lösungen selbst finden zu lassen, statt mit Ratschlägen zu lenken.

> Das heißt, die Erzieherin muss trennen können zwischen der eigenen Person und der Person des Gesprächspartners, ihren eigenen Gefühlen und denen des Gegenübers.

Erst durch aktives Zuhören kann die eigentliche Bedeutung des Gesagten erfasst werden. Eigene Vorschläge können an geeigneter Stelle genannt werden, müssen sich aber nicht als die richtigen für den Gesprächspartner erweisen, sie können sogar – zu früh genannt – den Gesprächsfluss zerstören.

Die oben genannte Auseinandersetzung mit den eigenen Gefühlen ist zudem auch deshalb wichtig, weil alle Gefühle erlaubt sein müssen, auch diejenigen, die in der Gesellschaft weniger akzeptiert sind. Nur dann ist es möglich, den anderen ganz zu verstehen und mit seinen Gefühlen umzugehen.

Eng damit verbunden ist die Haltung, eigene Wertmaßstäbe und Haltungen zurückzustellen und denen des Gesprächspartners Raum zu geben. Durch aktives Zuhören werden diese unterstützt und geben dem Gesprächspartner damit die Möglichkeit, sich aktiv mit seinen eigenen Haltungen auseinanderzusetzen und zu einer Lösung zu kommen.

Für diesen ganzen Prozess muss dem anderen Zeit gelassen werden, was manches Mal ein hohes Maß an Geduld erfordert.

Schwierigkeiten bei der Anwendung von aktivem Zuhören

Wenn man ungeübt in der Anwendung des aktiven Zuhörens ist, treten einige typische Schwierigkeiten auf.

Oft besteht Unsicherheit, das **Gefühl** eines Gesprächspartners anzusprechen. Hinzu kommt die Unsicherheit (und auch Ungeübtheit), ein Gefühl zu erkennen und es richtig zu deuten. Dabei entsteht oft das Gefühl: *„Wenn ich schon ein Gefühl benenne, muss es auch unbedingt das richtige sein."* Dabei wird nicht gesehen, dass das ehrliche Verstehen des anderen mehr zählt als richtiges oder falsches Benennen seines Gefühlszustands. Die nicht getroffene Benennung eines Gefühls kann korrigiert werden. Der Zuhörende findet es meist angenehm, dass etwas in Worte gefasst wird, was er gefühlt, aber nicht ausgesprochen hat. Die dadurch entstehende authentische und ruhige Atmosphäre hilft ihm, seinem Ich auf die Spur zu kommen.

Eine weitere Schwierigkeit besteht darin, dass die zuhörende Person oft meint, sie werde gefragt, um einen **Rat** abzugeben. Bekommt man einen schnellen Rat, besteht nicht die Möglichkeit, der ganzen Vielschichtigkeit der eigenen Gedanken (die ja nicht immer ganz klar sind) nachzugehen.

Dennoch heißt dies nicht, dass gar kein Rat erwünscht ist. Wurde im Lauf des Gesprächs die eigentliche Bedeutung des Gesprächs bewusst, kann ein Rat

hilfreich sein und sich dann erheblich von dem eingangs spontan geäußerten Gedanken unterscheiden. Außerdem hat der Gesprächspartner im Lauf des Gesprächs die Möglichkeit, selbst eine Lösung herbeizuführen. Gelingt ihm dies nicht oder ist er unsicher in Bezug auf die gefundene Lösung, wird er so viel Vertrauen durch aktives Zuhören aufgebaut haben, dass er die Erzieherin nun auffordert, einen Rat zu geben oder Stellung zu seinem Lösungsvorschlag zu nehmen.

Ein Gespräch bringt auch **Pausen** mit sich. Hier ist es wichtig, Pausen und Stille aushalten zu können. Pausen sind sinnvoll, um über das vorher Gesprochene nachdenken zu können. Dies kann benannt werden: *„Ich muss erst mal darüber nachdenken, was wir gerade besprochen haben."* Die aktiv Zuhörende kann dies ebenfalls tun: *„Ich habe den Eindruck, du musst erst mal nachdenken."* So erhält man Rückmeldung, an welcher Stelle des Gesprächs man sich befindet. Braucht der Gesprächspartner Zeit zum Überlegen oder einen Impuls, weil er nicht weiterweiß?

Das Paraphrasieren – unterstützende Haltung für ein Gespräch

Das aktive Zuhören in einem Gespräch kann begleitet werden durch das Paraphrasieren. Nicht immer muss ein Gefühl benannt werden. Oft hilft es auch, durch zustimmende kleine Bemerkungen wie „hm, ja, erzähl" etc. den Gesprächsverlauf in Gang zu halten. Beim eigentlichen Paraphrasieren wiederholt man den Gesprächsinhalt, ohne eine Wertung einfließen zu lassen. Beispiel:

Jan: „Morgen früh gehe ich nicht mit Timo zur Schule."
Erzieherin: „Morgen früh willst du nicht mit Timo zur Schule gehen."
Jan: „Genau. Weißt du, ..."

Damit führt die Erzieherin dem anderen den Inhalt seiner Worte noch einmal vor Augen. Er hat dadurch die Möglichkeit zu korrigieren, falls er es eigentlich etwas anders gemeint hat. Ebenfalls kann das Paraphrasieren dazu genutzt werden, wenn man sich nicht sicher ist, ob man das Gesagte richtig verstanden hat. Auch dann besteht die Möglichkeit für den Gesprächspartner, klarzustellen, ob das Gehörte richtig verstanden wurde.

Der Unterschied zum aktiven Zuhören besteht darin, dass das Paraphrasieren nur bereits Gesagtes wiederholt, während das aktive Zuhören eine weitere, bisher nicht verbalisierte Ebene – die Gefühlsebene – erschließt. Beide Gesprächsführungsformen bedeuten einen Kompetenzzuwachs, nicht nur für die Erzieherin, sondern auch für Eltern im Umgang mit ihren Kindern.

AUFGABE Üben Sie zu dritt. Zwei von Ihnen unterhalten sich über eine als schwierig empfundene Situation mit einem Kind aus der Praxis. Die Dritte von Ihnen beobachtet Sie bei diesem Gespräch. Für die Gesprächspartnerinnen gilt folgende Aufgabe:
Zunächst versuchen Sie Ihre Partnerin mit Paraphrasieren zu begleiten. Nach einigen Minuten tauschen Sie sich zu dritt über das Beobachtete und Empfundene in dieser Gesprächssituation kurz aus. Nun führen Sie das gleiche Gespräch unterstützt durch aktives Zuhören. Auch hierüber tauschen Sie sich nach einigen Minuten aus.
Stellen Sie Unterschiede fest.
Anschließend wechseln Sie die Rollen.

4.4 Effektive Ich-Botschaften

Bisher sind eine Reihe von Bedingungen beschrieben worden, die der Erzieherin als derjenigen, die das Gespräch führt und zuhört, die Kommunikation erleichtern und dazu beitragen helfen, dass möglichst wenig Störungen auftreten.

Ebenso haben Watzlawick und Schulz von Thun deutlich gemacht, dass vieles von dem, was in einem Gespräch verstanden wird, Ergebnis des Decodierungsprozesses des Empfängers ist.

Dennoch ist es wichtig, dass die eigentliche Botschaft möglichst klar und eindeutig formuliert wird. Dies ist umso wichtiger, wenn es um Verhalten geht, das störend und frustrierend wirkt, und daher zur Veränderung angeregt werden soll. Häufig greift der Erwachsene dann zu indirekten Botschaften, die die Kinder verwirren, weil sie die doppelte Botschaft nicht herauslesen können oder sich in eine Verteidigungshaltung gebracht fühlen.

Auch für die Praktikantin aus der Lernsituation ist jene Botschaft verwirrend:

„Na, das war ja mal wieder eine deiner bemerkenswerten Erkenntnisse. Bravo!"

Sie hört heraus, dass sie wohl etwas falsch gemacht hat, weiß aber nicht, was genau die Kollegin kritisieren will.

Anders formuliert ist dieser Satz auch eine Du-Botschaft: Du hast wieder etwas falsch gemacht. Schulz von Thun wies bereits darauf hin, wie leicht diese Du-Botschaften das Selbstkonzept prägen können. In diesem Fall könnte es dazu beitragen, dass sich die Praktikantin sagt:

„Ich kann das nicht. Immer mache ich etwas falsch. Ich bin eine schlechte Pädagogin."

Diese Du-Botschaften kommen in unterschiedlicher Gestalt daher, eines ist ihnen aber gemeinsam – sie schränken die Selbstachtung des anderen ein, setzen ihn herab in seinem Sein oder seiner Fähigkeit, selbst das notwendige Verhalten zu erkennen. Sie treffen in der Regel weder das Bedürfnis des Angesprochenen noch das Anliegen des Senders.

Beispiele verschiedener Du-Botschaften

Du-Botschaften haben die Eigenart, dass sie über den anderen reden: *Gesprächsblocker*

„Geh, such dir etwas zu spielen." (anordnen)
„Spiel bitte woanders." (zureden)
„Schon gut, Herr Neunmalklug." (verhöhnen)
„Warum gehst du nicht in den Hof und spielst?" (Vorschläge machen)
„Ich finde, du bist frech." (urteilen)
„Du willst nur Aufmerksamkeit erregen." (diagnostizieren)
„Wenn du nicht aufhörst, fang ich an zu schreien." (warnen)
„Was würdest du sagen, wenn ich das mit dir machen würde?" (belehren)

Nicht immer geht es bei diesen Sätzen um ein fehlerhaftes Verhalten des Kindes, sondern oft ist der Sachverhalt für den derart Sprechenden störend aufgrund der eigenen Bedürfnislage.

Thomas Gordon hat die Unterscheidung zwischen Du-Botschaften als unwirksame Botschaften und effektiven Ich-Botschaften als wirksame Botschaften erkannt. Ein mit „ich" beginnender Satz ist jedoch nicht immer eine Ich-Botschaft, sondern häufig eine verkappte Du-Botschaft.

Charakterisieren einer effektiven Ich-Botschaft

Eine effektive Ich-Botschaft verdeutlicht, wie ich als der Sprechende die Situation für mich erlebe. Damit wird der Gesprächspartner nicht verurteilt oder herabgesetzt, sondern es wird von dem eigenen Empfinden gesprochen, das sich aus einem bestimmten Grund gestört fühlt. Eine Ich-Botschaft sollte drei Komponenten enthalten:

1. Das störende Verhalten des anderen wird kurz beschrieben, ohne es zu werten.
2. Die dadurch ausgelösten Gefühle werden ehrlich benannt.
3. Die konkrete Wirkung dieses Verhaltens, also die Konsequenz des Verhaltens, wird genannt.

Bezogen auf das o. g. Beispiel der Du-Botschaft *„geh, such dir etwas zu spielen",* hieße dies:

„Ich merke, dass du dich langweilst. Das macht mich unruhig, weil ich gerade so viel zu tun habe."

„Wenn du so an mir zerrst, werde ich ganz kribbelig, weil ich das Gefühl habe, den ganzen Tag haben schon Menschen an mir gezerrt. Ich brauche einen Moment Ruhe."

AUFGABE Formulieren Sie die weiteren Du-Botschaften in effektive Ich-Botschaften um.

In der Lernsituation wäre es für die Praktikantin hilfreicher gewesen, wenn ihre Kollegin Folgendes gesagt hätte: „Ich hatte den Eindruck, dass die Jungen Frau Stein nicht ärgern wollten. Daher hat deine Kritik an den Jungen bei mir großes Unbehagen ausgelöst. Denn daraufhin sind sie zu Frau Stein erst recht unhöflich gewesen – haben sich mit dem Finger an die Stirn getippt."

Für die Praktikantin wäre einerseits deutlich gewesen, warum ihre Kollegin unwirsch ist, andererseits hätte sie einen konkreten Hinweis zum Nachfragen erhalten: „Warum war dieser Satz ungerecht für die Jungen?"

Um noch einmal auf das Sender-Empfänger-Modell zurückzugreifen: Der Sender verschlüsselt seine Nachricht in der Ich-Botschaft so eindeutig, dass der Empfänger besser in der Lage ist, zu verstehen, worum es dem Sender geht.

In der Du-Botschaft ist diese Codierung weniger deutlich, die Decodierung kann dann in eine völlig falsche Richtung laufen und zu weiteren Kommunikationsproblemen führen.

Auch für ein Kind ist die Ich-Botschaft wirksamer. Es fühlt sich weniger bedroht in seinem Autonomiewunsch und wird nicht in die Verteidigung gedrängt.

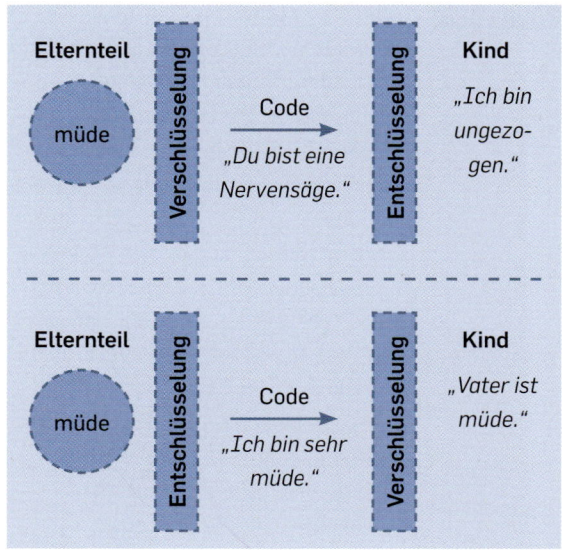

Eindeutigkeit / Mehrdeutigkeit

Das Kind erfährt von seiner Erzieherin oder einem Elternteil, dass sein Verhalten bei dem anderen Wirkung gezeigt hat, möglicherweise eine Wirkung, die das Kind gar nicht beabsichtigt hatte (*das hat mir wehgetan; ich fühle mich völlig erschöpft und zu nichts mehr in der Lage*). Das Kind kann nun von selbst erkennen, dass es sein Verhalten ändern muss, da es die Wirkung seines Verhaltens nicht möchte. Es erhält die Verantwortung für sein Handeln und erfährt, dass es in der Lage ist, etwas zu bewirken – ein wichtiger Aspekt in der Autonomiegewinnung. Letztlich ist eine Ich-Botschaft das Angebot, eine als (für mindestens einen Gesprächspartner) störend empfundene Situation kooperativ zu lösen.

AUFGABE Charakterisieren Sie die nachfolgenden Du-Botschaften. Formulieren Sie daraus anschließend Ich-Botschaften.
1. Die Mutter kommt nach einem anstrengenden Tag nach Hause und sagt zu der Tochter: „Du hättest wenigstens dein Zimmer aufräumen können."

2. Die Erzieherin sieht zwei Jungen streiten, geht auf sie zu und sagt zu Torben: „Du musst nicht immer Streit anfangen."

3. Die Mutter lässt ihre Tochter am Eingang stehen und will gehen, da sagt die Erzieherin zu ihr: „Ich finde, Sie hätten freundlicher zu Ihrer Tochter sein sollen."

5 Kommunikation im Team

Ein erfolgreiches Team zeichnet sich aus durch
* klare Zielorientierung,
* genaue Aufgabenverteilung,
* gegenseitige Unterstützung und
* eine offene Kommunikationskultur.

Ein besonders gutes Team unterscheidet sich vom normalen Team vor allem auch durch die **Qualität der Beziehungen**. Die Qualität der Beziehungen wird mitgetragen von der Qualität der Kommunikation. Die sich daraus ergebende funktionierende Zusammenarbeit im Team ist eine wichtige Voraussetzung für den Erfolg der pädagogischen Arbeit. Sich auf eine gemeinsame Grundlage der Arbeit zu verständigen bzw. ein vorhandenes Konzept derart zu konkretisieren, dass alle Teammitglieder sich daran halten können, ist eine Herausforderung für ein gutes Team.

Gelingt einem Team diese Aufgabengestaltung, kann es für das einzelne Mitglied einen hilfreichen Rückhalt bieten, um Probleme aus dem Alltag aufzufangen, und trägt damit wesentlich zur Berufszufriedenheit und auch Leistungsfähigkeit des Einzelnen bei.

5.1 Konflikt und Konfliktangst

Ein gut funktionierendes Team ist jedoch nicht ein Team ohne Konflikte. Ein Team besteht aus Individuen, die sich mit ihrer jeweils eigenen Geschichte, unterschiedlichen beruflichen Erfahrungen und pädagogischen Vorstellungen sowie differentem Lebensalter zu einer gemeinsam agierenden Gruppe zusammenfinden sollen, was sich in der Regel nicht ohne Konflikte entwickeln kann.

Diese Selbstverständlichkeit wird jedoch in der Praxis eher nicht so gesehen. Hier ist vielfach eine regelrechte Angst vor Konflikten anzutreffen. Als wünschenswert wird dabei angenommen, möglichst keine Konflikte im Team (und auch sonst nirgendwo) zu haben. Doch das Fehlen von Konflikten sollte man eher als Warnsignal nehmen, denn das würde heißen, dass diese „unter den Teppich gekehrt" sind oder dass nicht konstruktiv mit Konflikten umgegangen wird.

Unter Konflikt versteht man das Austragen unterschiedlicher Ansichten, Vertreten divergierender Interessen, Abweichen von gemeinsam empfundenen Grundlagen oder Regeln. Konflikt wird assoziiert mit Wut, permanentem Kampf und Unverständnis seitens anderer. Die wenigsten haben angemessene Konfliktlösungsstrategien gelernt, sondern verknüpfen Konflikte seit frühester Kindheit mit Ärger, Liebesentzug, oft auch Ohnmacht gegenüber mächtigeren Personen, wie es Eltern oder Lehrer gewesen sind.

Ignoranz oder Verdrängung sind kein angemessener Umgang mit Konflikten. Zudem führt die Vermeidung von Konflikten im Team zu einer distanzierten, wenig offenen Atmosphäre, in der Ärger unterdrückt wird und wo Frustration sich in Krankheit, Flucht in die Schwangerschaft oder Kündigung niederschlagen kann. Dennoch überwiegt oft die Angst, sich dem Konflikt zu stellen.

Zwar ist es nicht gesagt, dass es einfacher ist, Probleme zu lösen, als mit ihnen zu leben, jedoch sollte deutlich geworden sein, dass das Unterdrücken von

Konflikten eine ganze Menge Energie bindet, die besser für den Versuch eingesetzt werden kann, den Konflikt zu lösen.

AUFGABE Schließen Sie für einen Moment die Augen und erinnern Sie sich an einen noch andauernden oder vergangenen Konflikt aus Ihrem Leben. Versuchen Sie sich auf die Bilder und Gefühle, die Ihnen nun begegnen, einzulassen. Anschließend versuchen Sie diese Gefühle durch Farben und Formen auf einem Blatt Papier festzuhalten. Besprechen Sie Ihre Ergebnisse zu zweit.

5.2 Möglichkeiten der Konfliktvermeidung und Konfliktlösung

Vorab sollen typische Konfliktquellen in pädagogischen Teams genannt werden. Hierzu gehören:

Konflikte mit hierarchischen Strukturen
- Strukturen innerhalb des Teams sind nicht klar genug oder die Absprachen zwischen Leitung und Team werfen Fragen auf; innerhalb dieser Strukturen sind die Erwartungen aneinander nicht ausreichend geklärt
- Entscheidungsfreiräume sind zu eng bemessen
- es bilden sich Koalitionen im Team (u. a.)

Individuelle Unterschiede
- Berührungsängste zwischen unterschiedlichen Teammitgliedern
- Neid, Eifersucht, Antipathien
- mangelnde Berufseignung
- persönliche Probleme (u. a.)

Veränderungen
- eine neue Leitung bringt neue Ideen ein und stellt Bewährtes infrage
- ein neues Teammitglied hält sich nicht an Gepflogenheiten, die in der Gruppe herrschen (u. a.)
  (nach Leupold, 2002)

Ziel der Konfliktbearbeitung sollte es sein, dass im Team ein Klima des Vertrauens und der Offenheit geschaffen wird, um auftretende Konflikte ansprechen zu können. Hierzu können die oben ausgeführten Kommunikationsregeln sowie das Verständnis für Kommunikationsprozesse wesentlich beitragen.

> Eine partnerschaftliche Grundhaltung, aktives Zuhören und das Reden in effektiven Ich-Botschaften tragen vor allem dazu bei, das Klima innerhalb eines Teams günstig zu beeinflussen.

Das aktive Zuhören begünstigt das gegenseitige Verständnis und hilft dadurch im Vorwege, Konflikte gar nicht erst entstehen zu lassen. Sind dennoch divergierende Ansichten entstanden, kann die eigene Ansicht oder Kritik in effektiven Ich-Botschaften formuliert werden und nimmt einem sich anbahnenden Konflikt die Schärfe. Zudem sollte vorhandene Kritik konkret und möglichst bald benannt werden. Die Analyse des Problems und das Verstehen der Sichtweise des anderen kann oft schon zu einer Entspannung führen und ist manchmal wichtiger, als dass sofort eine Problemlösung auf dem Tisch liegt.

In der Lernsituation ist ein Konflikt im Team nur im Ansatz erkennbar. Sichtbar wird, dass die Rollen- und Aufgabenverteilung zwischen den agierenden Teammitgliedern nicht ganz klar ist: Suse reagiert auf eine Bemerkung der Mutter unsachgemäß, was von ihrer Kollegin Sara mit schnippischen und für Suse wenig hilfreichen Bemerkungen kommentiert wird. Die Erzieherin Ines hat dies bemerkt und sollte es zum Anlass nehmen, ein entsprechendes Teamgespräch zu führen. Sie kann dabei verschiedenen Ansätzen folgen.

Themenzentrierte Interaktion (TZI) nach Ruth Cohn

Die Themenzentrierte Interaktion wurde von **Ruth Cohn** (*1912) gegründet und aus der psychoanalytischen Theorie, gepaart mit gruppendynamischen Erfahrungen, entwickelt. TZI hilft, eine Balance zu erzeugen zwischen der Autonomie des Menschen und seiner Verbundenheit zu seinen Mitmenschen. Dies beinhaltet Verantwortung für sich selbst sowie Wertschätzung gegenüber dem anderen.

In der TZI stehen sich drei Elemente gegenüber, die sowohl ihre eigene Bedeutung haben als auch in Interaktion in einem bestimmten sozialen Umfeld miteinander verbunden sind:

- das **Ich** als individuelle Persönlichkeit,
- das **Wir** als Gruppe und
- das **Es** als das Thema.

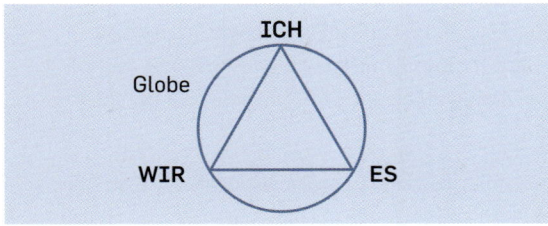

Übertragen auf die Lernsituation sieht dies so aus:

Die Praktikantin und die Sozialassistentin sowie die Erzieherin stehen mit ihrer jeweiligen individuellen Persönlichkeit und auch Ansicht in der beschriebenen Situation für das Ich. Sie bilden zusammen ein Arbeitsteam, das zusammenarbeitet und für einen harmonischen und konstruktiven Verlauf sorgen soll,

sind damit das Wir. In ihrer Arbeit sind sie mit verschiedenen Themen konfrontiert, die sie zum Wohl ihrer pädagogischen Arbeit lösen und weiterentwickeln sollen. In diesem Fall wäre das Es das Thema: Wie gehen wir mit Eltern in der Hortarbeit um bzw. welche Rolle sollen Eltern bei uns einnehmen dürfen?

Um zu einem ausgewogenen Ergebnis zu kommen, mit dem sich alle identifizieren können und das der Sache gerecht wird, drückte es Ruth Cohn so aus: Um zu lebendigem Lernen zu gelangen, müssen alle drei Elemente ausreichend und in guter Balance zueinander beachtet werden. Schule beachtet häufig zu stark das Sachthema, während z.B. Selbsthilfegruppen verstärkt den Einzelnen und die Gruppe bedenken, die das Thema darstellen. Damit diese Balance gelingt, gibt es einige Regeln zur Unterstützung.

Die zwei wichtigsten Regeln lauten:

1. **Sei dein eigener Chairman.** Dies bedeutet, dass jeder für sich selbst spricht und verantwortlich ist für das, was er sagt und tut. Zugleich weiß er um die Eigenverantwortlichkeit der anderen, spricht also nicht für sie. Er ist sich seiner selbst bewusst und entscheidet selbst, wann und ob er spricht.

2. **Störungen haben Vorrang.** Unterdrückter Ärger, Langeweile, Unverständnis oder andere Gefühle, die den Einzelnen lähmen und verhindern, dass er sich offen in das Gespräch begibt, sollen nicht unausgesprochen bleiben, sondern im Gegenteil benannt werden. Sie blockieren den weiteren Prozess der Konfliktklärung und wirken damit kontraproduktiv.

Die Konfliktlösungsstrategie TZI stellt die drei Elemente Ich, Wir und Es gleichberechtigt nebeneinander, wobei das Es nur befriedigend zu lösen ist, wenn Ich und Wir miteinander im Einklang sind, gleichzeitig jedoch Es nicht aus dem Blick gerät. Hierbei muss deutlich sein, dass tiefer sitzende persönliche

Probleme nicht durch TZI zu lösen sind und in einer Teamsitzung auch nicht ihren Platz haben.

Die folgenden Regeln verdeutlichen noch einmal, dass es um Klärung geht und weitere Verletzungen oder Machtkämpfe ausgeschlossen werden sollen:

Themenzentrierte Interaktion TZI

1. **Mache persönliche Aussagen.** Die Bedeutung, die Aussagen in Ichform haben, kann nicht genug betont werden. Damit wird der eigene Standpunkt klar vorgestellt und zugleich die Verantwortung dafür selbst übernommen.

2. **Sei zurückhaltend mit Fragen.** Fragen können unterschwellig den Machtkampf weiterführen und umgehen eigene Stellungnahmen. Begründete Informationsfragen, die verdeutlichen, dass dem Fragenden etwas unklar ist, bringen das Gespräch weiter. Scheinfragen, die verkappte Ratschläge oder Kritik enthalten, sollten unterlassen werden.

3. Vermeide Interpretationen. Auch Interpretationen lenken ab von der eigenen Person und können den Gesprächsverlauf unterbrechen. Hier gilt ebenso, dass Interpretationen nur hilfreich sind, solange sie von der eigenen Person sprechen. → *Aktives Zuhören*

4. Feedback begründen. Rückmeldung zum Verhalten anderer Teammitglieder sollte sich wie Fragen und Interpretationen auch an der eigenen Person orientieren - die effektive Ich-Botschaft verdeutlicht, wie ich das Gesagte für mich empfunden habe, und trägt damit dem Element Ich des TZI Rechnung. Du-Botschaften werden zu Beschuldigungen und wirken damit nicht klärend.

5. Seitengespräche haben Vorrang. Seitengespräche verdeutlichen, dass ein Gesprächsaspekt weiteren Klärungsbedarf hat. Unsicherheit der Gruppenmitglieder lässt diesen Aspekt jedoch nicht in den Gruppenprozess fließen. Auch Langeweile kann zu Seitengesprächen führen. Hier ist es Aufgabe der Gesprächsleiterin, die Ursache von Seitengesprächen zu klären und den Gruppenmitgliedern Möglichkeit zur Rückkehr auf die Wir-Ebene zu bieten.

6. Es spricht immer nur einer. Geht es um Eigenverantwortung und Achtung vor dem Nächsten, so versteht es sich von selbst, dass immer nur einer zurzeit spricht. Bei starkem Diskussionsbedarf sollte eine Reihenfolge der Redebeiträge festgelegt werden.

Die Anwendung der Regeln von TZI will geübt sein und wird nicht unbedingt sofort gelingen. Das Besondere an dieser Konfliktlösungsstrategie ist die Betonung der Eigenverantwortung jedes Einzelnen für sich selbst und in der Interaktion zu anderen. Sich selbst immer wieder bewusst zu machen, welche Bedürfnisse und Gefühle hinter Handeln und Sprechen liegen, ist nicht einfach und erfordert ein Bewusstsein für Verantwortung. Diese Authentizität und die bewusste Wahl dessen, was in die Interaktion mit anderen hineingetragen wird, verhelfen zu einer offenen Atmosphäre und klärendem Gesprächsklima mit anderen. Auf dieser Basis lassen sich Sachthemen konstruktiv für alle Seiten lösen.

AUFGABE Setzen Sie sich zu dritt oder viert in einer Gruppe zusammen und üben Sie die Regeln der TZI anhand eines Gesprächs zu einem einfachen Sachthema (z. B. Pausengestaltung).

Das Konfliktlösungsmodell von Thomas Gordon

Thomas Gordon (1918 – 2002) versucht, in seinem Modell zur Konfliktlösung einen Weg anzubieten, der dem häufig autoritären (ich gewinne, du verlierst) oder permissiven (ich verliere, du gewinnst) Muster einer Konfliktlösung entgegentritt. Gordons Auseinandersetzung mit Konflikten in Familie, Schule, Partner-

schaft und Arbeitswelt schuf die Erkenntnis, dass erst partnerschaftliche Konfliktlösungen längeren Bestand haben und zur Zufriedenheit aller Beteiligten führen.

Bei diesem Modell soll unter Berücksichtigung aller Informationen, Bedürfnisse, Wünsche und Fakten eine Lösung erarbeitet werden, die von allen akzeptiert und mitgetragen werden kann. Ein wichtiger Aspekt ist dabei, dem anderen das Recht auf eigene Gefühle, Wünsche und Bedürfnisse zuzugestehen. Auf dieser Basis zeigt sich dann oft, dass die Menschen zu Kompromissen durchaus bereit sowie willens sind, ihr Verhalten zu ändern, wenn sie in ihrer Person und ihren Bedürfnissen akzeptiert und nicht abgewertet werden.

Damit verschiebt sich auch der Punkt der Auseinandersetzung. Nun geht es nicht mehr um Recht oder Unrecht, sondern um unterschiedliche Ansichten und Interessen. Steht der eigene Standpunkt als einer von mehreren möglichen gleichberechtigt neben den anderen ohne das subjektive Gefühl der Abwertung, lässt sich offener über das Sachthema diskutieren, weil nun möglicherweise verletzte Gefühle nicht mehr in die Auseinandersetzung hineinwirken.

Gordon schlägt ein Vorgehen in vier Schritten vor, das ausgeht von der Feststellung: Ich sehe/habe ein Problem – was können wir tun?

Diese einfache Ausgangsfrage ist für unterschiedliche Gruppen anwendbar. Es beinhaltet den Aspekt, dass ein Problem aus eigener Sicht wahrgenommen wird und Vorwürfe und Verletzungen des Selbstwertgefühls des anderen nicht Ausgangspunkt sein können. Es setzt einen gewissen Grundkonsens im Team voraus. Schwerwiegendere Konflikte und tiefer sitzende Probleme lassen sich hiermit nicht lösen. Eine wichtige Rahmenbedingung für dieses Modell sind ausreichend Zeit und ein ruhiger Ort.

Schritt 1: Das Problem erkennen und klären
Dieser Schritt ist insofern der entscheidende, da er die Ebene des Selbstwertgefühls klären hilft. Jeder Konfliktpartner erhält die Gelegenheit, das Problem aus seiner Sicht darzustellen. Wichtige kommunikative Elemente sind hierbei effektive Ich-Botschaften für den Sprechenden und aktives Zuhören bei den anderen Teilnehmern des Gesprächs. Das aktive Zuhören hilft dabei, die möglicherweise starke emotionale Verstrickung des Sprechenden wahrzunehmen und sichtbar zu machen. Das gezeigte Interesse macht dem Konfliktpartner deutlich, dass seine Sicht der Dinge ihre Relevanz hat, er also nicht um Wahrnehmung seiner Person oder Recht und Unrecht kämpfen muss. Wichtig ist in dieser ersten Runde auch, den wahren Kern des Konflikts zu ermitteln und nicht in Folgeerscheinungen hängen zu bleiben.
Für die Lernsituation könnte dies heißen: Sara äußert ihr Befremden darüber, wie Suse auf die Mutter reagiert hat und sich gegen die Kinder gestellt hat. Möglicherweise liegt dem aber zugrunde, dass sich die Rolle von Sara seit Anwesenheit der Praktikantin verändert hat oder für sie selbst unklarer geworden ist (als ein mögliches Problem).
Am Ende dieser ersten Runde sollte jeder Konfliktpartner seine Klagen gegenüber dem anderen in Wünsche umformulieren. Damit ist der Übergang zum nächsten Schritt vollzogen.

Schritt 2: Lösungsmöglichkeiten entwickeln
In dieser Phase geht es darum, Ideen für Lösungsmöglichkeiten zu entwickeln, ohne dass der Anspruch besteht, dass diese bereits die endgültige Lösung sind. Jeder soll hierbei zu Wort kommen und auch unkonventionelle Vorschläge sollen beachtet werden.

Schritt 3: Bewertung der Lösungsvorschläge und Einigung
In dieser Runde werden die vorgebrachten Lösungsideen auf ihre Durchführbarkeit, Akzeptanz und notwendige Änderung hin bewertet und untersucht. Wichtig ist hierbei, dass offen mit allen Bedenken umgegangen wird, da das Ziel sein soll, eine Lösung zu finden, die alle akzeptieren können – nach dem Motto: Jeder ist Gewinner.
Da bereits jeder mit seinem Standpunkt zu Wort kommen konnte und auch Ideen zur Lösung vorgestellt hat, ist es nun einfacher, zu einer von allen akzeptierten Lösung zu gelangen. Diese sollte möglichst konkret auf der Verhaltensebene ausformuliert sein, um die Durchführung und Überprüfung zu erleichtern.

Schritt 4: Durchführung der Entscheidung und abschließende Bewertung
Je mehr ein Team an dieses Konfliktlösungsverfahren gewöhnt ist, desto einfacher wird es sein, sich an die verabredeten Verhaltensregeln zu halten. Ich-Botschaften helfen, wenn der reibungslose Ablauf hakt. Wichtig ist es, nicht wieder in Kritik und Beschuldigung zu verfallen. Abschließend sollte die Lösung einer gemeinsamen Bewertung unterzogen werden, um zu klären, ob dies ein befriedigendes Vorgehen war oder ob - bei Misserfolg – der Kern des Problems noch nicht erfasst worden ist.

AUFGABE Üben Sie in einer Kleingruppe die verschiedenen Schritte nach Gordon. Zur Übung bietet sich ein einfaches organisatorisches Thema (Sitzordnung, Klassendienst etc.) an.

Konflikte gehören zu unserem Leben und damit auch zur Arbeit in einem Team. Jedoch muss bei der Konfliktbearbeitung darauf geachtet werden, wie tief liegend das Problem ist. Unterschiedliche Standpunkte zu verschiedenen Themengebieten der pädagogischen Arbeit im Kindergarten, Hort oder Heim können mit diesen Modellen bearbeitet werden. Ebenso eignen sie sich für Interessengegensätze oder Meinungsverschiedenheiten oder auch eng umschriebene störende Verhaltensschwierigkeiten eines Teammitglieds. Passt jedoch die Gesamtpersönlichkeit eines Teammitglieds nicht in die Gruppe, lässt sich dies nicht mit den vorgestellten Konfliktlösungsstrategien ändern. Auch lange unterschwellig schwelende Teamkonflikte oder tiefer gehende persönliche sowie Drogen- oder Suchtprobleme im Team sollten mit Hilfe von außen thematisiert werden. Supervision kann hier ein möglicher Ansatz sein (s. Kapitel 5).

> Die vorgestellten Konfliktlösungsmodelle setzen bei der Stärkung der eigenen Persönlichkeit an und versuchen, positives Kommunikationsverhalten und Vertrauen in offene Gespräche zu stärken. Gelingt dies, ist der Weg zum Umgang mit Konflikten leichter und mutiger geworden, sodass die Basis für die Teamarbeit optimaler wird und tief gehende Konflikte vermindert werden.

6 Anleiten im Praktikum

In der Lernsituation wird deutlich, dass die Praktikantin kein genaues Bild von der Rolle der anwesenden Mutter hat. Auch ihre eigene Rolle ist ihr noch nicht ausreichend klar in dieser Situation. Sie begibt sich in eine einer anderen erwachsenen Person untergeordnete Rolle, die sie auch von den Kindern verlangt. Das Einnehmen der Rolle einer (professionellen) Pädagogin, die ihrer Zielgruppe verpflichtet ist, gelingt ihr noch nicht.

Als Praktikantin ist sie im Anleitungsgeschehen zwar die Hauptperson, in der Praxiseinrichtung ist sie jedoch schwächstes Glied mit begrenzter Autonomie durch ihren Status, ihr Lernstadium und die daraus resultierenden Teilverantwortungsbereiche. Die Aufgabe der Anleitung ist es nun, die Entwicklung einer professionellen Haltung zu begleiten. Hierbei hilft eine wertschätzende Haltung, die konstruktive Rückmeldung gibt.

Feedback geben

Feedback ist eine Rückmeldung an den Partner, die mitteilt, welche Wirkung eine Person durch ihr Handeln beim anderen ausgelöst hat. Diese Art der Rückmeldung ist grundlegend für soziales Lernen. Sie ist in jedem Prozess sozialen Miteinanders unter Berücksichtigung bestimmter Regeln einsetzbar, also nicht nur im Zusammenhang des Praktikums. Hier kann sie den Reflexionsprozess über eigenes Verhalten anstoßen und den Boden für die notwendige Beurteilung am Ende des Praktikums bereiten.

Feedback muss sensibel gegeben werden, damit es aufbauend und nicht destruktiv oder entmutigend wirkt. Im Praktikum bedeutet dies, dass vor allem zu Beginn, wenn die Unsicherheit der Praktikantin noch

groß ist, verstärkt positive Rückmeldung gegeben wird, um vorhandene Stärken zu betonen und Sicherheit und Selbstbewusstsein zu untermauern.

> **Regeln für das Annehmen des Feedbacks**
> 1. Der Gesprächspartner sollte ausreden können. Dazu sollte sich die Zeit genommen werden.
> 2. Wichtig ist, sich nicht zu verteidigen oder geradezurücken, da der andere nur die Wirkung auf sich selbst beschreiben kann, nicht die beschriebene Person in seinem Wesen selbst.
> 3. Feedback ist ein Angebot, von dem man sich nehmen kann, was einem möglicherweise weiterhilft (nach: Becker und Langlosch, 1986).

In der Lernsituation wurden diese Regeln von der Kollegin Sara der Praktikantin Suse gegenüber nicht berücksichtigt. Ihre Rückmeldung wirkt destruktiv und spöttisch und trägt vor allem zur Verunsicherung bei. Sie berücksichtigt nicht, ob Suse überhaupt im Augenblick bereit ist, eine Rückmeldung aufzunehmen. Zudem klärt die Bemerkung die Situation keineswegs, sondern macht sie komplizierter.

AUFGABE Suchen Sie einen Gesprächspartner in der Klasse und üben Sie gemeinsam das Feedbackgeben.
Beginnen Sie damit, Ihrem Gegenüber zu sagen, was Ihnen heute an ihm aufgefallen ist. Nach einer Weile tauschen Sie sich darüber aus, wie es Ihnen damit ging, Feedback zu geben und zu bekommen. Wechseln Sie anschließend die Rollen.

Regeln für Feedback, um eine konstruktive Wirkung zu erzielen:

konkret	Die wahrgenommenen Verhaltensweisen müssen möglichst konkret, d.h. nicht verallgemeinernd und pauschal geäußert werden. Dabei gilt es, konkrete Beobachtungen zu äußern, die auf einen überschaubaren Bereich begrenzt sind. Es geht dabei um die Äußerung wahrgenommener Verhaltensweisen.
kurz	Das unmittelbar Erlebte sollte knapp geäußert werden und sich auf wenige Aspekte beschränken. Dabei muss die Aufnahmekapazität des anderen bedacht werden.
kurzfristig	Feedback sollte möglichst unmittelbar und nicht verspätet oder rekonstruierend gegeben werden.
konstruktiv	Hierunter sind mehrere Aspekte zu verstehen: • Die „innere Haltung" sollte so ausgerichtet sein, dass der andere das Feedback aufnehmen kann und nicht umgeworfen wird. • Es erfolgt nur, wenn der andere es wünscht. • Positives und negatives Feedback sollten sich die Waage halten. • Das Feedback soll in Ich-Botschaften formuliert sein. Damit vertritt man seine eigene Meinung und verallgemeinert nicht. • Die Ich-Botschaften verknüpfen beobachtete Tatsachen mit der Wirkung auf die eigenen Gefühle. Damit werden Bewertungen des anderen vermieden.

7   Partizipation

Bildungs- und Betreuungseinrichtungen wie Kindertagesstätten, Horte oder Heime sollten sich als ein Interaktionspartner im Verbund mit vielen anderen begreifen. Dabei muss man sich verdeutlichen, wer alles in der Region für die Zielgruppe Kinder und Jugendliche arbeitet und wie man einander unterstützen und miteinander im Interesse der Zielgruppe interagieren kann.

Ärzte, Polizei, Schulen, Beratungsangebote in therapeutischer sowie kultureller Sicht privater und behördlicher Träger, familiäre Unterstützung, Hilfe bei Missbrauch und Gewalt sowie Eltern sollten Teil einer gemeindenahen sozialen Zusammenarbeit sein, an deren Vernetzung untereinander z. B. dem Hort in der

„Vernetzung"

Kindertagesstätte gelegen ist und die er mitentwickelt. Das bedeutet Wertschätzung gegenüber der Arbeit und Haltung des Interaktionspartners und Kenntnis dessen, was man selbst zu leisten in der Lage ist und welche Unterstützung vom anderen notwendig ist.

7.1   Partizipation von Sorgeberechtigten

Notwendigkeit zur Zusammenarbeit mit Sorgeberechtigten

Die Zusammenarbeit mit den Erziehungsberechtigten ist in allen Gesetzen zur Kindertagesbetreuung festgeschrieben. Erziehungsberechtigte sollen informiert, beraten und unterstützt werden in ihrer erzieherischen Tätigkeit sowie in Form von Mitbestimmung in die pädagogische Arbeit der Kindertagesstätten/ Horte einbezogen werden. Damit schlägt sich ein aus pädagogischer Sicht sinnvolles und notwendiges Ansinnen im Gesetzestext nieder.

Mit dem Eintritt in die Kindertagesstätte betritt das Kind in der Regel zum ersten Mal einen kontinuierlichen Rahmen, in dem es sich mit anderen Anforderungen, Ritualen, Gewohnheiten und Beziehungen als innerhalb seiner Familie auseinandersetzen muss. Diese

Aspekte sollen in der Kindertagesbetreuung aufgenommen, vertieft, erweitert werden und das Kind auf seinem Lebensweg positiv begleiten. Gleichzeitig sehen sich die Eltern – vor allem beim ersten Kind – u. U. mit erzieherischen Fragen konfrontiert, die in ihrem bisherigen Leben anders oder gar nicht eine Rolle spielten. Ihre Absicht, dem Kind eine möglichst gute bis optimale Betreuung und Erziehung zu ermöglichen, wird konfrontiert mit neuen Erfahrungen:

- Erfahrungen des Umgangs mit dem Loslassen des Kindes
- Erfahrungen mit einer eventuell neuen Interpretation von Fragen des Alltags
- Erfahrungen mit Bildungsanforderungen ungeahnten Ausmaßes an das Kind

Aus diesem kurzen Einblick wird deutlich, dass die Information der Eltern über pädagogische Ziele und Umsetzung seitens des Kindergartens notwendig ist. Damit sich für das Kind eine stimmige Linie der Erziehung zwischen Elternhaus und Kindertagesstätte ergibt, bedarf es eines kontinuierlichen Informationsflusses, einer Abstimmung mit oder Beratung von verunsicherten Eltern und Unterstützung, wenn dieser Abstimmungsprozess schwierig verläuft. Besuchen Kinder den Hort, ergänzt sich die Informationsarbeit zu den Eltern um den Aspekt Bildungsanforderungen. Einerseits formuliert der Hort im Rahmen der Kindertagesstättenkonzeption eigene Anforderungen, andererseits hilft der Hort den Kindern, die schulischen Anforderungen zu erfüllen. Dies kann er nicht alleine, sondern muss Hand in Hand mit dem Elternhaus arbeiten. Es sind Absprachen nötig über Hausaufgaben, Probleme mit Lehrern oder Klassenkameraden, denn Kinder, die den Hort besuchen, lassen Ärger oder Frustration über die Schule hier raus. Gleichzeitig kann dies auf keinen Fall ein einseitiger Prozess sein, sondern auch Eltern müssen die Möglichkeit haben, ihre Ideen, Anregungen und Meinungen in die pädagogische Einrichtung zu transportieren. Die hierzu vom Gesetzgeber festgeschriebenen Formen werden unten ausgeführt.

Deutlich sollte geworden sein, dass die gesetzliche Vorgabe nicht eine formale Notwendigkeit der Elternarbeit beschreibt, sondern dass dies zum Wohle des Kindes geschehen muss. Das Kennenlernen der Persönlichkeiten seitens des Elternhauses sowie der Kindertagesbetreuung hilft dabei, möglichst an einem Strang zu ziehen. Es bereichert den Beziehungsrahmen Eltern–Kind–Kindertagesstätte/Hort und auch

den Alltag in beiden Institutionen: Eltern haben z.B. Ideen und Fähigkeiten, die ein gerade laufendes Projekt wunderbar ergänzen; andererseits können zu Hause übernommene Regeln des Kindergartens helfen, Alltagssituationen besser zu strukturieren u. a.

AUFGABE Informieren Sie sich über die entsprechenden gesetzlichen Grundlagen in Ihrem Bundesland.

Verständnis von Arbeit mit Sorgeberechtigten

Das Verständnis von Arbeit mit Sorgeberechtigten, gemeinhin Elternarbeit genannt, war in den letzten Jahren verstärkt in der Diskussion und hat sich verändert. Eltern wird vom Gesetzgeber ein deutlich partizipierender Platz eingeräumt, der sich durch Elternvertreter, Elternbeirat und Elternversammlung manifestiert.

Doch auch die Änderung der Arbeits- und Lebensbedingungen haben zur Veränderung dieses Verständnisses geführt. Zum Wohl des Kindes mussten sich Kinderbetreuungsstätten zunehmend den Familienbedürfnissen nach veränderten Öffnungszeiten, Angeboten zur Bildung der Kinder und Angeboten zur Unterstützung der Eltern anpassen. Der Begriff „Elternarbeit als Kundenorientierung" tauchte auf und irritierte. Das Wort „Kunde" im pädagogischen Zusammenhang entstand vor dem o. g. Hintergrund sowie durch die Situation, dass durch den Ausbau des Platzangebots bei Kindertagesstätten und die damit verbundenen größeren Wahlmöglichkeiten der Einfluss der Eltern deutlich zugenommen hat. Nur bei attraktivem Betreuungsangebot sowie familientauglichen Betreuungszeiten kann der Dienstleister Kindertagesstätte dauerhaft und wirtschaftlich tragbar bestehen. Diese an sich positive Konkurrenzsituation ist in einigen Gebieten verschärft worden, da neben abnehmender Geburtenzahl auch Arbeitslosigkeit zur Abnahme der Anmeldungen von Kindern führte, was vor allem für ländlichere Regionen gilt.

> Es sollte ein Verständnis der partnerschaftlichen Zusammenarbeit herrschen, in dem jeder um seine Kompetenzen weiß und dem anderen seine pädagogischen Möglichkeiten auch zubilligt. Gelingt dieses Verständnis, kann es in optimaler Weise zur gegenseitigen Bereicherung im Interesse des Kindes sowie aller Beteiligten führen.

Dieses positive Verständnis ist nicht immer leicht umzusetzen. Verstärkte und divergierende Wünsche von Eltern sowie Verständigungsprobleme und unterschiedliche pädagogische Ansichten, z. T. durch unterschiedlichen kulturellen Hintergrund geprägt, lassen Elternarbeit bei mancher Erzieherin als schwierig erscheinen, als etwas, „das man schnell hinter sich bringt" oder bei dem man „nicht auch noch diese Aufgabe übernehmen will".

Aus dem Bündel für mögliche Ursachen der Schwierigkeiten sollen drei Aspekte herausgegriffen werden:

1. Gerade junge Erzieherinnen fühlen sich von Eltern eher argwöhnisch beobachtet und projizieren ihre eigene Unsicherheit auf die Eltern. Hier gilt es, sich mit der eigenen Professionalität auseinanderzusetzen – in Aus- und Fortbildung als auch im Team.

2. Weiter haben Erzieherinnen immer noch ein weniger positives Image als z. B. Grundschullehrerinnen. Eltern wissen oft nicht, wie lang die Ausbildungszeit für diesen Beruf ist und was sich hinter der pädagogischen Haltung des z.B. passiv wirkenden Beobachtens verbirgt. Hier muss gute Öffentlichkeitsarbeit zum gegenseitigen Verständnis beitragen.

3. Gerade in städtischen Kinderbetreuungseinrichtungen, aber nicht nur dort, entspricht es der Normalität, eine Vielzahl von Familiensprachen unterschiedlichster kultureller Herkunft vorzufinden. Die Schwierigkeit der Elternarbeit beginnt mit der Verständigung und erschöpft sich hier manches Mal bereits. Oft gelingt gar nicht erst die Erkenntnis, auf Eltern zu treffen, die trotz unterschiedlicher Herkunft interessante Aspekte zum Leben in der Kindertagesstätte beitragen könnten. Da Eltern mit Migrationshintergrund oft selbst diese Einstellung mitbringen, bleiben beide Seiten im Verständigungsprozess stecken. Hier können veränderte Formen und Methoden der Elternarbeit zu einer verbesserten Zusammenarbeit führen. In der Lernsituation wird deutlich, dass das Verständnis von Elternarbeit und die Elternrolle im Hort ungeklärt sind.

AUFGABE

1. Klären Sie das Verständnis von Elternarbeit in Ihrer Praxiseinrichtung. Führen Sie dafür Gespräche mit Kolleginnen, Leitung und Eltern.
2. Erarbeiten Sie mit Ihren Mitschülern, was Ihnen an Elternarbeit wichtig erscheint.

Formen und Methoden der Arbeit mit Sorgeberechtigten

Grundsätzlich ist Elternarbeit ein Kommunikationsprozess, der in unterschiedlichen Formen und gestützt durch vielfältige Methoden verläuft. Daher gilt als Basis der im Folgenden genannten vielfältigen Möglichkeiten praktizierter Elternarbeit alles, was sich im Punkt 3 „Grundlagen der Kommunikation" findet.

◆ Erstkontakt zwischen Eltern und Kindertagesstätte

Wenn ein Kind im Kindergarten angemeldet wird, findet der erste Kontakt zwischen Eltern und Einrichtung statt. Dieser erste Kontakt ist oft entscheidend für die weitere Zusammenarbeit: Hier wird nicht nur entschieden, ob das Kind überhaupt angemeldet wird, sondern auch ob eine Basis für zukünftige Zusammenarbeit möglich erscheint.

Daher ist es wichtig, sich hierfür Zeit zu nehmen, um alle Fragen der Eltern hinsichtlich organisatorischer und konzeptioneller Abläufe beantworten zu können. Zugleich sollte sich die Erzieherin bewusst machen, dass nicht immer Fragen über den Kindergartenalltag vorhanden sind, weil dies z. B. die Ersterfahrung damit ist. Daher sollten vom Kindergarten auch ohne entsprechende Aufforderungen seitens der Eltern inhaltliche Angebote angesprochen werden. Dazu gehört auch eine praktische Vorstellung des Angebots durch Zeigen der Räumlichkeiten, der Arbeitsergebnisse und – wenn möglich – direkter Einblick in einen Gruppenalltag. Nicht zu vernachlässigen sind etwaige Unsicherheiten der Eltern, die umfassend, aber nicht erschlagend und von „oben herab" behandelt werden sollten. Wichtig ist es, bereits zu diesem Zeitpunkt schon auf die Mitwirkungsmöglichkeiten der Eltern zu verweisen und ein echtes Interesse daran zu verdeutlichen.

◆ Eine klassische Form der Zusammenarbeit zwischen den Erziehungspartnern sind die „Tür-und-Angel-Gespräche". Dies sind Gespräche, die in der Bring- und Abholsituation entstehen und vor allem zwei Aspekten dienen: Hier werden organisatorische Notwendigkeiten ausgetauscht (heute Mittag wird Max von seiner Babysitterin abgeholt) und wird ein Kontaktklima geschaffen, das eine freundliche

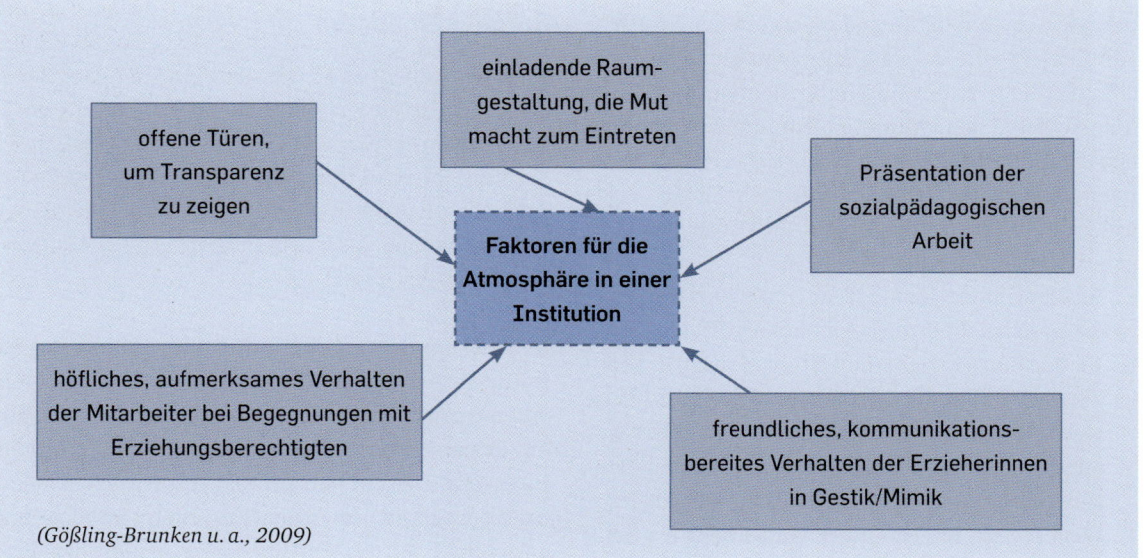

offene Türen, um Transparenz zu zeigen

einladende Raum-gestaltung, die Mut macht zum Eintreten

Präsentation der sozialpädagogischen Arbeit

Faktoren für die Atmosphäre in einer Institution

höfliches, aufmerksames Verhalten der Mitarbeiter bei Begegnungen mit Erziehungsberechtigten

freundliches, kommunikations-bereites Verhalten der Erzieherinnen in Gestik/Mimik

(Gößling-Brunken u. a., 2009)

Zugewandtheit und Interesse sowie Wahrnehmung der Eltern signalisiert.

Nicht geeignet sind diese Gespräche zur Klärung größerer und schwerwiegender pädagogischer Absprachen.

◆ Ein regelmäßiges Elterngespräch ein- bis zweimal im Jahr dient dem Austausch über den Entwicklungsstand des Kindes und der Abstimmung über erzieherisches Verhalten bzw. Regeln. Dies ist zudem der Ort, wo tiefer gehende Probleme angesprochen werden können. Hier kann die Erzieherin nachfragen, um Verhaltensweisen des Kindes zu verstehen, vielleicht verursacht durch familiäre Änderungen oder Probleme. Auch Eltern können in diesem Rahmen Sorgen loswerden, die das Wohl des Kindes beeinträchtigen oder momentane Unruhezustände erklären. Weiterführende Nachfragen nach Unterstützung oder Beratung können hier angesprochen und gemeinsam weitere Schritte überlegt oder Beratungsangebote gesucht werden.

• Um dieses Gespräch gut vorzubereiten, sollte sich Zeit genommen werden.

• Es muss in einem Raum stattfinden, in dem ungestört gesprochen werden kann.

• Der Termin wurde von den Gesprächspartnern gemeinsam vereinbart.

• Der Raum wurde gastlich vorbereitet mit Getränk und kleiner Verköstigung.

• Zudem sollte vorab kurz geklärt werden, um wel-

chen Themenbereich sich dieses Gespräch handeln wird, damit sich beide – Eltern wie Erzieher – darauf vorbereiten können.

◆ Leider ist es manchmal so, dass ein dringendes Gespräch mit Eltern ansteht, diese aber kaum zu erreichen sind. Ein angekündigtes Elterngespräch kann dann sogar zum Fernbleiben der Eltern aus Unsicherheit oder Angst vor dem Vorwurf eigenen Versagens führen. Auch Eltern mit Migrationshintergrund haben manchmal aufgrund von vielfältigen Behördenkontakten kein ungetrübtes Verhältnis zu offiziellen Gesprächen. Und eine Einladung zum Gespräch seitens der Kindertagesstätte ist dann ein offizielles Gespräch. Hier muss mit viel Sensibilität Vertrauen aufgebaut werden und das Klima für die Basis eines fruchtbaren Elterngesprächs vorbereitet werden.

◆ Elternabende als Elternversammlung sind gesetzlich vorgeschrieben und finden mindestens einmal im Jahr statt. Aus ihrer Runde werden Elternvertreter/-innen gewählt. Dies geschieht auf Gruppen- und Einrichtungsebene. In größeren Einrichtungen entsteht aus diesen Vertretern der Elternrat, der mit dem Kindergartenrat (Träger und pädagogische Mitarbeiter) zusammenarbeitet und bei wichtigen Entscheidungen einbezogen wird.

◆ Auf dem Elternabend soll darüber hinaus über den pädagogischen Alltag informiert werden. Oft gibt es ein Thema, zu dem vertiefend berichtet wird und mit dem man sich auseinandersetzt. Die Art der Gestaltung ist sehr unterschiedlich: Vorträge von Erzieherinnen oder Gastreferenten, offene Gespräche in der Runde oder Mitgestaltungsangebote sind möglich. Häufig steht nur eine begrenzte Zeit zur Verfügung, in der eine Vielzahl von Themen behandelt werden soll. Das führt oft zur Methode des Vortrags, die zwar weniger zeitintensiv, dafür ermüdend ist. Sicher ist es nicht möglich, immer alle Eltern zufriedenzustellen. Doch es ist sinnvoll, sich Beteiligungsformen für die Eltern zu überlegen, um über deren aktive Mitgestaltung den Abend anregend wirken zu lassen, manches pädagogische Thema nachhaltiger zu vermitteln und damit zu mehr Interesse anzuregen. Gelingt dies, wird ein Elternabend stärker akzeptiert, da der Eindruck bleibt, dass man als Eltern profitiert hat. Dazu gehören ein möglichst klares Bild der Elternschaftsstruktur, Klarheit über die eigenen Ziele für den Abend und Kenntnis über vielfältige Methoden. Herz und Kopf, Hand und Fuß, Anschaulichkeit und Lebensnähe sowie der Mut, die intellektuell wirkende Ebene des Referats zu verlassen und Lebendigkeit in den Abend zu bringen, tragen zu einem gelungenen Abend bei.

◆ Klassisch in der Elternmitarbeit ist das gemeinsame Feiern von Festen, z. B. Erntedank, in der Vorweihnachtszeit, Laternenfest und andere. Nicht vergessen sollte man dabei Feste anderer Religionen, z. B. das Fastenbrechen zur Beendigung des Ramadan bei den Moslems. Bei der Gestaltung dieser Feste wird i. d. R. die Planung von der Kindertagesstätte erledigt, die Eltern werden zu Beiträgen für das Büfett gebeten. Hier ist zu überdenken, ob Eltern nicht verstärkt in die Gesamtplanung einzubeziehen sind.

◆ Zur Elternarbeit zu zählen sind gemeinsame Aktionswochenenden oder –tage. Hier werden in der Kindertagesstätte geplante Änderungen der Haus- oder Gartengestaltung gemeinsam umgesetzt, manches Mal mithilfe des Know-hows eines Elternteils (z. B. Gartenarchitektur).

◆ Vor dem Hintergrund der oben besprochenen Kundenorientierung der Kindertagesstätte gibt es Einrichtungen, die dem Bedürfnis der Eltern nach Kontakt zu anderen Eltern sowie dem Bedürfnis nach Orientierungshilfen für ihr eigenes Leben nachkommen.

Dazu zählen Sitzecken für Eltern, in die sie sich zur Unterhaltung mit einem Getränk zurückziehen können. Hier liegen Broschüren und Hinweise auf Beratungseinrichtungen aus, die den Eltern unverfänglich ermöglichen, sich nach Hilfe umzusehen. Dazu zählen auch Angebote, die Eltern mit Migrationshintergrund Sprachkurse anbieten, um die Einstiegsbedingungen für die Elternarbeit zu erleichtern (nach Dahlke-Quade/Höfelmeyer, 2002).

◆ Eltern können in der Einrichtung (nicht eingreifend) hospitieren, um Verhaltensweisen des Kindes in der Einrichtung konkret zu erleben. Dies ist manches Mal förderlicher als das rein theoretische Gespräch.

◆ Inwieweit Eltern in den Alltag der Tagesstätte unterstützend, nicht nur hospitierend, einbezogen werden, bedarf einer genauen Absprache über Aufgabe und Rolle. In der Eingangssituation hat die anwesende Mutter ein offensichtlich nicht abgesprochenes Verständnis von ihrer Rolle in Bezug auf die Kinder.

Sprachcafé

◆ Auch Öffentlichkeitsarbeit ist Elternarbeit. Dies beginnt mit den schriftlichen Mitteilungen (auch Elternbriefe genannt), die die Kinder aus der Einrichtung mit nach Hause nehmen, um z. B. über Termine oder das Mitbringen von Regenkleidung zu informieren. Diese werden ergänzt oder zum Teil ersetzt durch deutlich angebrachte größere Notizen in der Einrichtung selbst, die auf Krankheiten im Haus oder das nächste Fest verweisen und um Mithilfe bitten. Häufig endet die Öffentlichkeitsarbeit hier. Dabei ist die Mitteilung über Abläufe des Kinderalltags, die Beteiligung der einzelnen Kinder an Angeboten, das Präsentieren ihrer Ergebnisse als Plakate, als Aufführung, als Mitteilung über soziale Prozesse, mindestens ebenso wichtig (wenn nicht wichtiger), um das eingangs monierte, manchmal fehlende Verständnis für die Arbeit in der Einrichtung zu vermitteln.

AUFGABE

1. Informieren Sie sich über die Angebote für Elternarbeit in Ihrer Praxisstätte.
2. Vergegenwärtigen Sie sich dann die verfolgten Ziele dieser Angebote. Verfahren Sie ebenso bei den Angeboten von Öffentlichkeitsarbeit.
3. Überlegen Sie mit Ihren Mitschülern einrichtungsorientierte Verbesserungen.

Arbeit mit Eltern von Kindern mit Behinderung

Für Eltern, deren Kind eine Behinderung hat, gelten alle bereits angesprochenen Aspekte von Elternarbeit. Zusätzlich muss eine individuellere Arbeit unter gezielter Berücksichtigung der Familiengeschichte stattfinden.

Mit dem medizinischen Fortschritt, der es erlaubt, bereits vor der Geburt eine Entscheidung für oder gegen ein Kind treffen zu können, ist Eltern eine große Verantwortung auferlegt worden. Eine Entscheidung für ein voraussichtlich behindertes Kind ist eine schwierige und schwerwiegende Entscheidung. Trotz aller Untersuchungen kann es eine Garantie für ein gesundes Kind niemals geben. Komplikationen bei der Geburt können zu einer Behinderung führen und sind eine große psychische Belastung für die Eltern. Eltern dieser Kinder sind daher mit einer Reihe schwieriger Gefühle konfrontiert, wie Enttäuschung, Verzweiflung, Unsicherheit. Die Unsicherheit bleibt insofern, da unklar ist, was durch Therapien zu erreichen ist. Zudem sind die eigenen Sozialisationserfahrungen nicht oder nur wenig auf den eigenen Nachwuchs zu übertragen. Gleichzeitig entwickeln sich die Eltern zu Experten über die Behinderung ihres Kindes, da sie sich oft mit hohem Zeitaufwand bemühen, den Zustand des Kindes zu bessern.

Vor diesem Hintergrund ist der erste Kontakt mit einer institutionellen Einrichtung zu sehen, sei es die Frühförderung oder die Kindertagesstätte.

Oft fällt es den Eltern schwer, ihre überbehütende Sorge jemand anderem zu überantworten. Daher ist hier eine sorgfältige, vertrauensbildende Zusammen-

arbeit erforderlich. Erst wenn eine transparente, sich gegenseitig respektierende Atmosphäre geschaffen wurde, kann ein allmähliches Loslassen der Eltern gelingen. Das Einbeziehen der Eltern in den Alltag der Kindertagesstätte sollte so gestaltet sein, dass die Arbeit den Eltern verständlich ist und eine Vertrauensbasis entsteht.

Auch über die Eingewöhnung hinaus sollte ein regelmäßiger Informationsaustausch die Zusammenarbeit positiv fördern. Das können neben Gesprächen auch Hausbesuche oder Zusammenkünfte aller an der Erziehung und Therapie des Kindes beteiligten Fachkräfte sowie der Eltern sein. Es gilt, wie für alle Eltern, eine vertrauensvolle Basis für gelungene Erziehungspartnerschaft zu gestalten.

7.2 Partizipation von Diensten

Kindertagesstätten sind ebenso wie die Schule abgegrenzte Systeme gegenüber den sozialen Diensten. Dabei ist eine Zusammenarbeit beider Systeme notwendig. Die meisten Erzieherinnen in Kindertageseinrichtungen versuchen, selbst mit auffälligen Kindern fertig zu werden und Eltern mit Problemen zu beraten. Diese Ansprüche können zu einer Überforderung der Erzieherin führen. Hier gilt es, eine Balance zu finden zwischen dem, was in der Kindertagesstätte zu leisten ist, und dem, wo Hilfe anderer Einrichtungen angeraten erscheint. Vor dem Hintergrund, dass Kinder zunehmend als „auffällig" erscheinen und deutlich wird, dass sie ein spezielles Beratungs- oder therapeutisches Hilfsangebot benötigen, muss eine Zusammenarbeit auch in diesem Bereich intensiviert werden.

Die Zusammenarbeit mit Einrichtungen und Personen außerhalb der Kindertagesstätte ist nicht unbekannt: Ob Musikangebot oder Sport, oft kommen Angebote von draußen. Einrichtungen mit Integrationsgruppen sind zusätzlich darin erprobt, externe therapeutische Hilfeleister für einige Kinder im Haus zu haben. Darüber hinausgehende Zusammenarbeit scheitert auch an Kompetenzfragen: Was ist noch Aufgabe der Kindertagesstätte, was nicht mehr?

Die Zusammenarbeit mit psychosozialen Diensten sollte grundsätzlich üblich sein, so sieht es Martin Textor: „Frühzeitige Interventionen bei Kindern oder eine frühzeitige Beratung von Eltern sind in der Regel nur möglich, wenn auffällige Kinder oder durch Probleme belastete Familien an die entsprechenden psychosozialen Dienste weitervermittelt werden – und zwar von den Institutionen, in denen Auffälligkeiten, Behinderungen, Entwicklungsverzögerungen, Erziehungsschwierigkeiten, familiale Belastungen u. Ä. erstmals offensichtlich werden." Damit lassen sich bereits verfestigte Entwicklungsverzögerungen frühzeitig zum Wohl des Kindes verhindern.

Damit dies möglich ist, sind einige Fragen in der Einrichtung zu klären:

- Was bedeutet es für die Erzieherinnen, sich einzugestehen, ein „schwieriges" Kind abgeben zu sollen? Heißt dies Versagen der Einzelnen?
- Woran wird erkannt, dass die Grenzen der pädagogischen Mitarbeiterinnen der Kindertagesstätte erreicht sind?

Diese Klärung sollte intern stattfinden, aber auch in Zusammenarbeit mit möglichen Partnern der sozialen Dienste. Ziel sollte es sein, eine Zusammenarbeit anzustreben,

- um im Einzelfall gemeinsam nach Lösungen für ein Kind zu suchen,
- um Eltern über Beratungsangebote zu informieren,
- um für sich selbst fallbezogene Unterstützung zu erhalten.

Um diese Ziele zu erreichen, bedarf es der Kenntnis über die möglichen Angebote sozialer Dienste im Umfeld der Kinderbetreuungseinrichtung. Bereits dann kann im Problemfall weitervermittelt werden. Besser ist es, mit entsprechenden Einrichtungen zu kommunizieren und die Absicht der verstärkten Zusammenarbeit bei Notwendigkeit zu verdeutlichen. Hier gibt es zunehmend Vorbilder, wie Vernetzung zwischen Kindertagesstätte und sozialen Diensten funktionieren kann (s. dazu M. Textor und M. Hillenbrandt). Wichtig ist es, die möglicherweise vorhandene Hemmschwelle durch gegenseitige Besuche und Informationen zu verringern. Bei Bedarf kann auch zu einem Elternabend zum Thema „Kennenlernen verschiedener Beratungsangebote" eingeladen werden. Mindestens sollte Informationsmaterial ausliegen, zu dem auch die Erzieherin kurz Stellung nehmen kann.

AUFGABE

1. Suchen Sie das Gespräch mit Ihrer Anleiterin und finden Sie gemeinsam heraus, welche Aufgaben mit den Ihnen anvertrauten Kindern in andere Hände als die von Erzieherinnen gehören.

2. Mit welchen Einrichtungen arbeitet Ihre Praxisstätte zusammen? Welche weiteren Angebote gibt es im Einzugsgebiet der Praxisstätte?

7.3 Partizipation mit Grundschulen

Um die Zusammenarbeit von Kindertagesstätte und Grundschule etwas näher zu beleuchten, muss der bildungspolitische Kontext betrachtet werden. Die Ergebnisse der PISA-Studien in den letzten Jahren haben auch Einfluss auf das Miteinander (oder eher Nebeneinander) von Grundschule und Kindertagesstätte. Es stehen zwei Systeme nebeneinander, die in ihrem Verständnis von Bildung, Lernprozessen und institutionellen Rahmenbedingungen scharf unterschieden sind. Der Übergang der Kinder von einem zum anderen System hat fast den Charakter eines Initiationsritus, der durch das Wort Einschulung entsprechend markiert ist. Eine Zusammenarbeit beider Systeme findet wenig statt, meist eher ausgehend von Kindertagesstätte und Hort als von der Grundschule. Maßgeblich dafür ist das oben genannte unterschiedliche Verständnis.

Grundschule

Da die Vorschulerziehung der 1970er-Jahre mit dem curricularen Ansatz als Misserfolg zu werten ist, hat sich bei Erzieherinnen eine Zurückhaltung zu inhaltlichen Lernprozessen entwickelt. Bildung bezieht man vorwiegend auf die Förderung der Sprachentwicklung sowie des sozialen Lernens. Bevorzugt wird ganzheitliche Förderung von Kompetenzbereichen. Dem steht ein relativ festgefügter Bildungskanon der Grundschule gegenüber.

Auch die Organisation von Lernprozessen ist in der Kindertagesstätte deutlich informeller, um der Individualität von Lerntypen und Lernstilen entgegenzukommen. Lernmethodische Kompetenzvermittlung kommt dabei zu kurz.

Für Kinder im Übergang zur Grundschule kommt es so zu Brüchen, die einerseits als Herausforderung zur Bewältigung dieser Übergangssituationen zu sehen sind, aber auch Überforderung und Rückschlag für die intellektuelle Entwicklung darstellen können.

Der Entwicklungspsychologe **Urie Bronfenbrenner** sieht dann eine Lösung des Konflikts, wenn verstärkt auf die Übergänge zwischen den beiden Systemen gesehen wird. Diese könnten gelingen, wenn die Rollenanforderungen vereinbar und Ziele besser abgestimmt im Sinne des sich entwickelnden Kindes sind. Hierzu sollten Verbindungen zwischen beiden Systemen entstehen, die bis in die Lebensbereiche des Kindes wirken und ihm bessere Orientierung und Vertrauen für den Übergang zur Grundschule ermöglichen.

Lösungen sind schwierig, wenn starr an herkömmlichen Definitionen von Bildung, Schulfähigkeit, Einschulung und Lernmethoden festgehalten wird. Bei aller institutionellen Unbeweglichkeit tragen einige Modellversuche zu langsamer Veränderung bei. Die Kindertageseinrichtungen sind zunehmend aufgefordert, sich mit Bildungsbereichen auseinanderzusetzen und sich als Bildungseinrichtung für die Kinder zu verstehen. Lernmethoden in Grundschulen haben sich mancherorts individuelleren Lernstilen zugewandt, zumindest in der ersten Klasse. Darüber hinaus gibt es Modellversuche, die Kinder bei entsprechender Vorbereitung im Kindergarten direkt in die zweite Grundschulklasse einschulen oder Möglichkeiten anbieten, die Grundschule in drei Jahren zu durchlaufen.

Schritte zur Lösung und damit zur Erleichterung des Übergangs für das Kind sind zu finden, wenn Schulfähigkeit nicht mehr als personenbezogenes Einschulungskriterium, sondern als Ziel betrachtet wird, an dessen Erreichung alle an der Erziehung und Bildung des Kindes beteiligten Personen mitwirken.

Dann kann Bildung auch nicht mehr nur stoffbezogen verstanden werden, sondern muss ein kompetenzorientierter Bildungsbegriff sein, den es mit unterschiedlichsten Lernmethoden und individuali-

sierten Lernprozessen umzusetzen gilt. Zudem ist es erforderlich, eine diagnostische Kompetenz zu entwickeln, die die Bildungsnotwendigkeiten des Kindes besser erkennen lässt. Nicht zuletzt ist eine Stärkung der Elternrolle in diesem Prozess zu nennen.

> Vor diesem Hintergrund müsste die Zusammenarbeit beider Systeme ritualisiert sein und nicht als ein Zwang, sondern als eine gegenseitige Unterstützung verstanden werden.

Leider ist dieser Zustand noch nicht erreicht, sondern wird eher punktuell angestrebt – abhängig von Modellversuchen und engagierten Einzelnen. Dies setzt nicht nur hier die genannten Begriffe Bildungsverständnis, Lernprozesse, institutionelle Rahmen, sondern darüber hinaus aufseiten beider Systeme ein Überdenken voraus. Daraus folgernd kann dann eine Zusammenarbeit vor Ort entstehen. Nach Knauf/Schubert könnten diese folgende Kriterien umsetzen:

- Schul- und Jugendhilfeträger formulieren auf kommunaler Ebene Leitbilder für eine gemeinsame Entwicklungsförderung jüngerer Kinder durch Familie, Kindertagesstätte und Schule.
- Kindertageseinrichtungen, Grundschule und Elternvertreter entwickeln Kontrakte für einen formalen Rahmen und eine inhaltliche Gestaltung von wechselseitiger Kommunikation und Kooperation.
- In Kindertageseinrichtung und Grundschule werden regelmäßig Räume, personelle und sächliche Ressourcen entsprechend den Vereinbarungen wechselseitig zur Verfügung gestellt. Die hierdurch konzentrierten Erfahrungen können für entwicklungsfördernde Aktivitäten der Kinder genutzt werden.
- Die pädagogisch dysfunktionalen Grenzen zwischen Überzeugungen, Haltungen und professionellen Praktiken von Erzieherinnen und Grundschullehrkräften werden durch gemeinsame Planung und Gestaltung pädagogischer Situationen abgebaut.
- In Kindertageseinrichtung und Grundschule werden die Instrumente pädagogischer Diagnostik aufeinander abgestimmt, gemeinsam ausgewertet und als Grundlage für die individuelle und gemeinsame Förderung der Kinder in der Schuleingangsphase verwendet.
- Die Erziehungspartnerschaft zwischen Eltern, Erzieherinnen und Grundschullehrkräften wird in-

tensiviert und durch informative, beratende und partizipative Elemente gestärkt.

Damit werden die schulischen Lernvoraussetzungen gestärkt und bei den Kindern wird die Fremdheit vor dem neuen System Schule abgebaut. Eine verbesserte, aufeinander abgestimmte Diagnostik in Kindertagesstätte und Schule ermöglicht eine individuelle Einschulung und bessere Förderung.

AUFGABE

1. Informieren Sie sich, welche Grundschulen im Bereich der Kindertagesstätte liegen, in der Sie Ihr Praktikum absolvieren.

2. Klären Sie, welche Formen der Zusammenarbeit zwischen beiden Institutionen existieren.

3. Überlegen Sie in einer Arbeitsgruppe Ihrer Klasse, welche weiteren Hilfen die Vorschulkinder Ihrer Einrichtungen benötigen, um einen guten Übergang zur Grundschule zu erhalten. Bedenken Sie dabei mögliche Formen der Zusammenarbeit mit der Schule.

8 Beratung

Kommt es zu einem Elterngespräch mit einer Erzieherin, kann dies bereits ein Beratungsgespräch sein.

Im Gespräch mit Eltern

Das Beantworten von Fragen zu allgemeiner Erziehung und Entwicklung junger Menschen ist eine Aufgabe, die alle pädagogischen Kräfte in der Kinder- und Jugendhilfe erfüllen sollten, solange sie sich dafür ausreichend qualifiziert und kompetent fühlen.

Da eine Erzieherin keine spezialisierte Fachkraft ist (wie z. B. für die Drogen- oder Eheberatung erforderlich), handelt es sich bei dieser allgemeinen Form von Beratung um **funktionale Beratung**. Die funktionale Beratung soll dazu beitragen, durch Beratungsgespräche Mütter, Väter und andere Sorgeberechtigte zu befähigen, ihre Erziehungsverantwortung besser wahrzunehmen und die Klärung von vorgebrachten

Fragen oder auftretenden Problemen herbeizuführen. In kurzfristig angesetzten Gesprächen wird auf die gewünschte Thematik eingegangen, sie umfassen also keine Anamnese, Diagnose oder gar Therapie. Manchmal ist die Beratung auch nur ein Teilaspekt der Interaktion mit Eltern oder Jugendlichen bzw. Heranwachsenden. Die Beratung kann in Einzelgesprächen in der Einrichtung, aber auch bei Hausbesuchen oder im Kontext von Gruppenarbeit mit Eltern stattfinden. Oft reicht es aus, durch relevante Informationen oder handlungsorientierte Ratschläge weiterzuhelfen. Gelegentlich ist es jedoch erforderlich, den Ratsuchenden durch einen Problemlösungsprozess zu begleiten. Hierbei müssen folgende Aspekte beachtet werden:

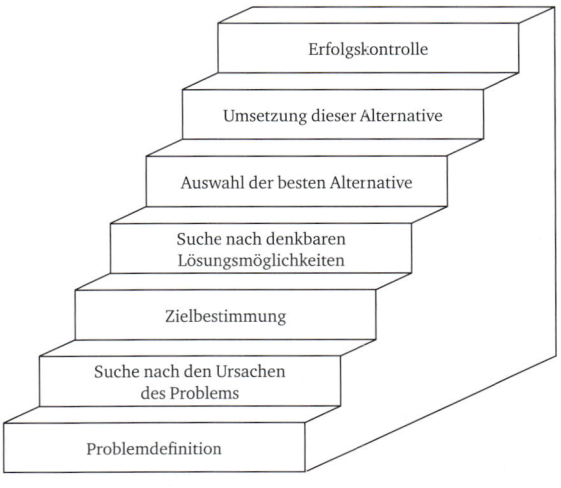

Problemlösungsprozess

Die Erzieherin beschränkt sich dabei auf die Unterstützung und Beratung der Rat suchenden Person. Dabei berücksichtigt sie alle Kriterien, die Kommunikation unterstützen, wie Empathie, Wertschätzung, Vertrauen, Offenheit, Geduld und Achtung vor der Eigenständigkeit des Gesprächspartners. Wird dieser Problemlösungsprozess beschritten, kann sich oft herausstellen, dass ein funktionales Beratungsgespräch nicht ausreicht. Dann müssen andere Hilfsangebote vermittelt werden, die sich tiefer mit der Problematik auseinandersetzen können (nach Textor, o. J.).

Systemische Sichtweise – das Kind im Beziehungsgeflecht von Familie und Institution

Wie bereits in Punkt 3 angeklungen, ist es für die Arbeit und Beratung im Zusammenhang mit Kindern (aber auch Jugendlichen) entscheidend, sich zu vergegenwärtigen, dass die Heranwachsenden sich in verschiedenen Systemen bewegen. Neben das Familiensystem tritt mit 3 – 4 Jahren das System Kindertagesstätte, dem das Schulsystem folgt. Ein eventueller Aufenthalt in der Heimerziehung ergänzt diese Systempalette noch. In allen Systemen hat der Heranwachsende seinen Platz (bzw. soll ihn finden), geht Bindungen ein, sucht und findet Beziehungen und ist systembedingten Regeln, Ritualen und Anforderungen unterworfen, die selten aufeinander aufbauen. Am Beispiel des Übergangs vom Vorschul- zum Schulkind wurde dieses bereits verdeutlicht.

In den meisten Fällen tritt erster Beratungsbedarf auf, wenn das Kind in das neue System Kindertagesstätte und/oder System Schule eintritt. Um das Beratungsgespräch konstruktiv und gewinnbringend zu gestalten, sollten alle Systemzusammenhänge, in denen sich der zu Erziehende bewegt, berücksichtigt werden.

Wesentliches Element des Familiensystems ist die **Fähigkeit, Bindungen zu entwickeln**, die als Basis für vertrauensvolle Beziehungen in späteren Bildungs- und Erziehungsprozessen dienen. Eine weitere zunächst in der Familie zu erwerbende Kompetenz, die für den Übergang in die nächsten Systeme von Bedeutung ist, ist die **Adaptabilität**. Sie bezeichnet die Fähigkeit der Familie, sich an entwicklungsbedingte und situative Anforderungen und Veränderungen anzupassen. Ebenso spielen Unterschiede in der Machtstruktur, den Rollenbeziehungen und Regelungen bei der Anpassung an Veränderungen eine Rolle. In all diesen Prozessen sind Kinder und Eltern aktiv beteiligt. Die hier entwickelten Kompetenzen oder Unzulänglichkeiten sind die Basis, die das Kind beim Übertritt zum nächsten System mitbringt und mit der es diesen Übergang gestaltet.

In die Kindertagesstätte kommt das Kind mit den in der Familie gelernten Kompetenzen, die es nun in unbekannte Zusammenhänge einbringt. Hier muss es sich in einer Gruppe einen Platz erarbeiten, Regeln gerecht werden, die zum Teil anders als in der Herkunftsfamilie sind, und Anforderungen bewältigen, die sein Verständnis und seine Selbstständigkeit fordern und fördern. Seine Fähigkeit, Beziehungen aufzubauen, kommt hier zum Tragen ebenso wie die Kompetenz, Veränderungen konstruktiv zu bewältigen. Gelingt dies nicht im gewünschten Maße und entsteht Beratungsbedarf für die Eltern, sind alle in beiden Systemen beteiligten Interaktionspartner und Systemzusammenhänge zu berücksichtigen. In dieser Unterschiedlichkeit der Systeme liegt die Notwendigkeit, dass Kinder, Eltern und alle anderen am Erziehungsprozess Beteiligten miteinander partizipieren. Zudem sollte deutlich geworden sein, dass die Berücksichtigung beider Systeme, also der Familie und der Kindertagesstätte, nicht erst bei Beratungsbedarf zu bedenken ist. Wird das Kind im Beziehungsgeflecht von beiden – und wenn die Schule hinzukommt, von allen drei – Systemen gesehen, wächst das Verständnis für den Heranwachsenden und Unterstützung sowie Beratung werden effektiver.

AUFGABE

1. Informieren Sie sich über die Formen und Angebote von Beratung in Ihrer Praxiseinrichtung.
2. Besprechen Sie mit Ihrer Anleitung das Verständnis von Beratung .

9 Durchspielen einer vollständigen Handlung

9.1 Analysieren

In der eingangs beschriebenen Spielsituation (Seite 252) von Franz, Max und Jonas entstand eine kleine durch das Spiel bedingte Turbulenz, die jedoch von den Kindern schnell wieder hätte geklärt oder durch einen der Situation angemessenen Hinweis einer Erzieherin hätte gelöst werden können. Die Probleme tauchen durch die Unklarheit des jeweiligen Rollenverständnisses der Erwachsenen und ihr nicht angemessenes Kommunikationsverhalten auf. Die Art der Verständigung gibt zudem einen Hinweis auf einen Teamkonflikt.

Zunächst reagiert die anwesende Mutter. Sie negiert, dass sie keine pädagogische Funktion hat, und reagiert wie bei sich zu Hause. Mit dem Hinweis auf ihre Kopfschmerzen appelliert sie zudem an die Anwesenden, sie wahrzunehmen.

Die Rollenunklarheit seitens der Mutter findet Widerhall bei der Sozialassistentin und der Praktikantin. Auch ihnen ist die Rolle der Mutter hier nicht ganz klar, zumindest reagieren sie nicht eindeutig. Die Praktikantin sieht die Mutter sogar als ihrer eigenen Rolle übergeordnet und verteidigt die Mutter gegenüber den Kindern.

Der bis dahin gelaufene Kommunikationsprozess besteht aus drei Sätzen und einer Anzahl von nonverbalen Hinweisen, die die unausgesprochene Ansicht über den Kommentar der Mutter verdeutlichen. In der abschließenden Bemerkung von der Assistentin Sara zur Praktikantin Suse wird deutlich, dass das Verhältnis der beiden nicht entspannt ist. Ursache könnten auch hier unklare Rollenstrukturen sein. Zusätzlich spielt die Unsicherheit über das Verständnis von Elternarbeit hinein, die von beiden in dieser Situation unterschiedlich interpretiert wird. Suse billigt der Mutter eine Rolle zu, Sara kritisiert sie nonverbal bzw. über die Bemerkung zu Suse.

Letztlich scheint es dringend geboten, sich noch einmal die verschiedenen Kommunikationstechniken zu verdeutlichen, z. B. effektive Ich-Botschaften oder Feedbackregeln.

9.2 Planen

Ziele formulieren

Um die Arbeit mit den Kindern zu verbessern (in diesem Fall, um sie nicht ungerechtfertigten Beschuldigungen auszusetzen) sowie um ihr Kommunikationsverhalten konstruktiv zu stärken, ist die Bearbeitung folgender Ziele notwendig.

Die Situation umfasst mehrere Ebenen, sodass die angestrebten Ziele auch auf verschiedenen Ebenen betrachtet werden müssen:

1. Grundsätzlich muss eine Absprache über den Umgang mit anwesenden Eltern im Team erfolgen. Eventuell muss sogar die Konzeption diesbezüglich neu überarbeitet werden.
2. Mit Suse sollte über die Rolle einer Praktikantin nachgedacht sowie geklärt werden, wie sie sich in für sie unklaren Situationen verhalten kann.
3. Zu klären ist, ob es einen tiefer liegenden Konflikt im Team gibt.
4. Grundsätzlich sollte im Team über Kommunikationsprozesse und -regeln nachgedacht werden.

Überlegungen zur Umsetzung

Die Erzieherin Ines hat die Situation von Weitem beobachtet. Aus der Beobachtung wurden ihr die Problempunkte deutlich und sie fragt sich, was sie zu diesen Unklarheiten beigetragen hat. Nach einigen Überlegungen wird ihr klar, dass die Anleitungsgespräche mit Suse in letzter Zeit oft ausgefallen sind, weil einfach die Zeit fehlte. Hier will sie wieder regelmäßige Termine mit Suse vereinbaren. Zudem wird sie gegenüber der Leitung nachdrücklich einfordern, dass sie sich dafür die Zeit nehmen kann.

Auch die Teambesprechungen waren in letzter Zeit vor allem von organisatorischen Fragen beherrscht. Ein Austausch über die Arbeit oder Verständigung über das jeweilige erzieherische Verhalten hat lange nicht mehr stattgefunden. Den nächsten Termin will sie mit den Kolleginnen bewusst in dieser Richtung vorbereiten. Die Unklarheit hinsichtlich der Elternarbeit schwelt schon lange. Dies muss mit allen Kolleginnen im Haus endlich thematisiert werden. Ines will diese Situation zum Anlass nehmen, um im

Gesamtteam einen Klärungsprozess zum Verständnis zur Elternarbeit anzustoßen. Sie hofft, dass bei allen drei Vorhaben verstärkt konstruktive Kommunikationsprozesse geschaffen werden.

Die Erzieherin Ines will nach dem Dienst zu Suse gehen und einen festen Termin vereinbaren.

Sie möchte dann mit Suse klären, in welchen verschiedenen Rollen sie sich im Kindergarten sieht. Dabei will sie bewusst eine effektive Ich-Botschaft einsetzen, die zu der beobachteten Situation passt. Sie will ihr sagen, dass es bei ihr ein merkwürdiges Gefühl ausgelöst habe, ein Gefühl von Mitleid für die Kinder und Ärger über die Frau. Und sie habe sich gefragt, wie Suse sich in ihrer Beziehung zu den Eltern und Kindern sieht. Als Öffner für das Gespräch will sie Suse fragen: „Wie hast du die Situation heute morgen mit Frau Stein erlebt?"

Sie nimmt an, dass Suse dann ihre Unsicherheit im Verhältnis zu den Eltern äußern wird. Möglicherweise ist sie sich auch noch nicht ganz ihrer Position gegenüber den Kindern klar, sieht sich noch eher als große Schwester denn als pädagogische Kraft.

Ines vermutet ebenfalls eine Unsicherheit in ihrer Rolle als Praktikantin gegenüber den anderen Mitarbeitern. Die Rolle als Mitarbeiterin des Hauses will sie ebenfalls thematisieren, da hier auch ein korrektes Verhalten den Eltern gegenüber erwartet wird. In diesem Zusammenhang kann sie Suse auch verdeutlichen, dass die Rolle der Eltern zurzeit im ganzen Haus ungeklärt ist, dies also nicht allein ein Problem von Suse ist.

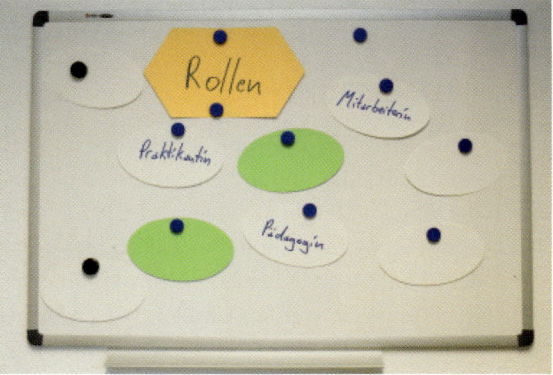

Moderation mit Metaplan-Technik

Sie wird diese Rollen auf Metaplan-Kärtchen schreiben und an eine Wand pinnen. Anschließend will sie mit Suse zusammen die jeweiligen Erwartungen an die Rollen erarbeiten. Besonders wichtig erscheint ihr, dass Suse sich zunehmend in die Rolle der Erzieherin einfühlt, die den Kindern Orientierung und Unterstützung gibt. Der Umgang mit anderen Mitarbeiterinnen wird umso sicherer werden, je mehr die Kompetenz und Erfahrung der Praktikantin wachsen.

Ines wird mit Suse über effektive Ich-Botschaften reden, die ihr ermöglichen werden, Unsicherheiten so zu formulieren, dass sie für den Gesprächspartner verständlich sind und sie sich weniger angreifbar macht. Sie nimmt sich vor, im Lauf der Gespräche verstärkt mit Feedback zu arbeiten, damit Suse zur Eigenreflexion angeregt wird.

Kurzplanung I

Ziel	Handlungsschritte
Klärung der eigenen Rolle als Praktikantin	• Bewusstmachen der verschiedenen Rollen von Suse • Verdeutlichen, welche Erwartungen sich an die Rollen in der Kindertagesstätte knüpfen • Kommunikationsregeln klären

Ines bereitet eine Einladung zum nächsten Kleinteamtreffen vor und bittet ihre Kollegin Sara und die Praktikantin Suse, sich vorbereitend Gedanken über ihre eigene Rolle im Team und ihr Verständnis von Elternarbeit zu machen.

Zu Beginn des Treffens möchte sie die beobachtete Situation ansprechen und ihre Schlussfolgerung darlegen, über das Selbstverständnis des Teams und erst anschließend über das Verständnis von Elternarbeit zu sprechen. Sie wird sich das Einverständnis der Kolleginnen holen, nach den TZI-Regeln zu verfahren. Anschließend will sie die Regeln in Erinnerung rufen: Sie wird diese auf Plakatpapier aushängen, um jederzeit darauf zurückgreifen zu können.

TZI-Regeln visualisiert

In der ersten Runde möchte ihre Rolle als Gruppenleitung, Erzieherin und Anleiterin verdeutlichen. Sie wird selbstkritisch darlegen, wo sie in letzter Zeit eigene Klarheit vermissen ließ. Sie vermutet, dass diese Herangehensweise die Kolleginnen ihrerseits ermutigen wird, Unsicherheiten zu verdeutlichen. Da sie mit Suse bereits ein Gespräch hatte, kann sie deren Position einigermaßen einschätzen. Interessant wird es sein, ob Suse sich zutraut, den eigenen Findungsprozess hier im Kleinteam zu verdeutlichen. Ines traut es ihr zu.

Bei der Assistentin Sara vermutet sie eine Unsicherheit ihrer eigenen Position. Sara ist noch nicht so lange im Team und muss noch ein klareres Verständnis als professionelle Kraft entwickeln. Ihre Unsicherheit merkt sie vermutlich selbst und versucht sich daher, gegenüber der Praktikantin abzugrenzen. Wenn Sara sich der TZI-Regeln bedient, wird ihre eigene Haltung deutlicher und weniger verletzend für andere hervortreten.

In einem zweiten Schritt will Ines über das Selbstverständnis als Kleinteam sprechen. Dazu will sie der Frage nachgehen: „Was ist uns wichtig in unserer Arbeit in der Gruppe und wo gibt es Unklarheiten?" Sie nimmt an, dass eine ganze Reihe an Gemeinsamkeiten deutlich wird. Die vorhandenen Unklarheiten werden sicherlich an einem neuen Termin diskutiert werden müssen. Dazu wird das Verständnis von Elternarbeit gehören. Hierzu möchte sie im Kleinteam ein eigenes Meinungsbild vorbereiten, um die Diskussion im ganzen Team zu erleichtern.

Kurzplanung II

Ziel	Handlungsschritte
Vorhandene Konflikte sollen beigelegt werden	• Nach dem TZI-Verfahren soll jede Gelegenheit haben, eine eigene Sichtweise zu formulieren • TZI-Regeln sollen helfen, gegenseitige Angriffe zu minimieren

Ines bringt den Wunsch, über Elternarbeit nachzudenken, in das nächste Team ein. Ihr Vorschlag wird sein, dass jedes der drei Kleinteams sich zu vorbereiteten Fragen in Bezug auf Elternstruktur, Bedürfnisse und teaminterne Wünsche an Eltern Gedanken macht. Aus jeder Gruppe soll dann eine Kollegin mit der Leitung zusammen ein entsprechendes Teamtreffen zum Thema Elternarbeit vorbereiten.

Ihr Team wird den Wunsch äußern, verstärkte **Kommunikationsangebote** im Hort vorzubereiten, um Eltern noch gezielter anzusprechen und für die Hortarbeit begeistern zu können. Man könnte eine Ecke in der Eingangshalle, die sich dafür eignet, als **Elterncafé mit kleinem Snack** einrichten. Wichtig wird sein, dass die Eltern etwas abgeschirmt vom pädagogischen Alltag sind, um sich von diesem abgrenzen zu können. Sie sollten nicht als pädagogische Hilfskräfte in den Einrichtungsalltag einbezogen werden.

Diese Haltung würde bisherige Vorhaben wie gemeinsame Veranstaltungen zu Weihnachten oder Gartengestaltung nicht ausschließen. Ines wird zudem den Wunsch ihres Teams einbringen, dass sich die

Leitung verstärkt über Beratungsangebote im Stadtviertel informiert und entsprechende Informationsbroschüren auslegt. Die Kolleginnen wollen auf einer

Teamsitzung ebenfalls über diese Beratungsangebote informiert werden, vielleicht ergänzt durch einen Besuch eines Referenten oder vor Ort.

Kurzplanung III

Ziel	Handlungsschritte
Verständnis von Elternarbeit soll geklärt werden Die vorhandene Konzeption soll daraufhin geprüft werden	• Vergegenwärtigen der Situation der unterschiedlichen Familien • Elternbedürfnisse klären • berücksichtigen, dass Eltern wenig Zeit haben und Kinder nur selten abholen • eigene Wünsche an Eltern besprechen • bisherigen Umgang mit Eltern kritisch beleuchten (nicht nur Haltung, auch Methoden ansehen) • Ideen sammeln und auf Umsetzbarkeit (Raum, Zeit, Arbeitskraft) hin überprüfen • evtl. das Vorhaben mit dem Träger abklären und die Konzeption ändern

9.3 Durchführen

Alle Termine finden wunschgemäß statt. Durch die genaue Vorbereitung hat Ines das meiste wie geplant durchführen können. Es zeigt sich, dass Suse zunächst zögernd auf die Mehrarbeit der Anleitungsgespräche reagiert, dann aber gerne auf die Chance der allmählich aufgebauten Reflexion eingeht.

Der Teamkonflikt erweist sich nicht ganz so tief gehend, wie Ines befürchtet hat, sondern macht sich vor allem an den unklaren Äußerungen fest, die sich Suse und Sara zuspielen. Als ihnen im Zusammenhang mit den TZI-Regeln die Feedbackstruktur und die effektiven Ich-Botschaften deutlich werden, verbessert sich das Klima wesentlich. Der Wunsch, über Elternarbeit zu sprechen, ist bei allen Kolleginnen vorhanden, da alle eine veränderte Elternstruktur und andere Bedürfnisse wahrgenommen haben.

Bereits das erste Treffen des Gesamtteams verdeutlicht, dass die Konzeption überarbeitet werden wird, wenn der Träger zustimmt (s. auch Kapitel 8).

9.4 Reflektieren und bewerten

Der Prozess der Reflexion ist ein kontinuierliches Moment in den Anleitungsgesprächen zwischen Ines und Suse geworden. Nach einigen Wochen stellt sie zusammen mit Suse fest, dass Suse wesentliche Kommunikationsregeln verinnerlicht hat.

Im Kleinteam ist eine andere Besprechungskultur entstanden. Organisatorisches wird am Anfang in einer festgelegten Zeit erledigt. Danach bleibt Zeit, über Inhalte zu sprechen. Immer noch ist es schwierig, die Gespräche angemessen zu protokollieren, da dies ein weiterer Mehraufwand ist.

Die Bearbeitung der Elternarbeit hat sich über Monate hingezogen. Es wurde deutlich, dass nicht viel Zeit für diese zusätzliche Arbeit vorhanden ist. Dennoch ist ein anderes Verständnis von Elternarbeit entstanden. Eine „kleine" Lösung des Elterncafés wurde umgesetzt: Es gibt ein Beratungsangebot in Form von Broschüren. Die Eltern haben dieses Angebot inzwischen angenommen. Am Anfang geschah es nur zögerlich, dass dort eine Mutter saß und Kaffee trank. Offen ist noch die Neubearbeitung der Konzeption. Als Wunsch steht noch im Raum, mehr Personal zu erhalten, um die Elternarbeit besser begleiten zu können.

Die größere Klarheit im Team und die geänderten Kommunikationsprozesse haben sich auch auf die Arbeit mit den Kindern ausgewirkt. Allen Kolleginnen ist deutlicher bewusst, wie sie mit den Kindern sprechen wollen und welche Impulse sie ihnen diesbezüglich geben wollen. Vorsichtig haben sie begonnen, die Kinder zu angemessener Rückmeldung im Stuhlkreis anzuleiten. Sie achten darauf, dass dies bei positiven wie bei kritischen Handlungen und Äußerungen geschieht.

Kommunikation im Stuhlkreis

9.5 Dokumentieren und präsentieren

Die Dokumentation der Ergebnisse geschieht in unterschiedlicher Form. Suse hat begonnen, ein Reflexionsheft zu führen, in dem sie ihre Vorbereitung der Anleitungsgespräche sowie die dort besprochenen Fragen und Impulse festhält.

Im Team werden die wesentlichen Kommunikationsregeln deutlich für alle aufgehängt. Dies erfolgt in übersichtlicher und ansprechender Form, sodass sie als Bereicherung der Teambesprechungen angesehen werden können. Eine Kollegin achtet auf die Einhaltung der Regeln im Team. Die Teamgespräche werden als **Protokoll** festgehalten. Zwar war es zunächst mühsam, jedes Mal eine Person für die Protokollführung zu finden, da es als zusätzliche Arbeit empfunden wird. Inzwischen ist der Nutzen sichtbar, da bei mancher Uneinigkeit über Besprochenes im Protokoll nachgeschaut und die Angelegenheit schnell geklärt werden kann.

Die Ergebnisse der Neukonzeption zur Elternarbeit werden anschaulich dokumentiert, um alle Aspekte, die die Eltern interessieren, aushängen zu können. Die Resonanz ist noch zurückhaltend: Da nach wie vor wenige Eltern zum Hort kommen, muss hier weitergedacht werden, wie Zusammenarbeit zwischen dem Elternhaus der Hortkinder und dem Hort intensiviert werden kann. Die schriftliche Ausarbeitung der Konzeption muss noch folgen.

1 Weitere Lernsituationen

Lernsituation A

Die Praktikantin Jana ist seit drei Wochen in einer Kindertagesstätte. Sie merkt, dass sie sich zunehmend unwohl fühlt, da die Zweitkraft Karin in ihrer Gruppe sehr starre Vorstellungen hat. Auch hat Jana das Gefühl, dass weder sie noch die Kinder viel selbstständig tun dürfen. Sie ist ständig für den Restaurantdienst eingeteilt, möchte sich aber lieber mit den Kindern beschäftigen. Eines Tages beklagt sie sich darüber bei ihrer Anleiterin Birte. Da Birte häufig außerhalb der Gruppe zu tun hat, wird das meiste von der pädagogischen Arbeit durch Karin geregelt.

Birte ist erstaunt über Janas Äußerung und meint: „Natürlich kannst du dich mit den Kindern beschäftigen. Nur ab und zu ist jede mal mit dem Restaurantdienst dran." In den Tagen darauf hat Jana das Gefühl, dass Karin sie nicht mehr grüßt. Sie ist sehr verunsichert und denkt, dass dies bestimmt mit ihrer Kritik zu tun hat. Durch ihre Verunsicherung wird sie auch im Alltag unsicher und wird von Karin getadelt, als sie einen Teller fallen lässt: „Nun pass doch endlich mal auf. Nie bist du bei der Sache." Jana fängt an zu weinen. Am nächsten Tag meldet sie sich krank.

Lernsituation B

Max ist ein aufgeschlossener und sehr wissbegieriger kleiner Junge, der im September 6 Jahre alt wird. Jedoch fällt es ihm schwer, sich in eine Gruppe einzufügen, da er immer gerade mit etwas beschäftigt ist, das ihn mehr interessiert. Seine Mutter, Frau Hahn, sucht im Januar das Gespräch mit der Erzieherin Monika, weil sie gerne wissen möchte, ob sie ihn vorzeitig einschulen sollte. Die Erzieherin befürchtet, dass die Mutter zu ehrgeizig ist, weiß aber nicht, wie sie ihr das mitteilen soll. Sie möchte vielmehr die Sozialkompetenz von Max stärken. Ihr ist unwohl vor dem Gespräch.

Als Frau Hahn zum vereinbarten Termin erscheint, ist Monika noch mitten im Geschehen mit den Kindern. Sie ruft Frau Hahn zu: „Ich komme gleich." Und dann fügt sie seufzend und leiser hinzu: „Nützt ja eh nichts, das Gespräch." Leider hat Frau Hahn dies mitbekommen. Und so fragt sie später auch leicht verärgert, warum dieses Gespräch unnütz sein solle. Erzieherin Monika fühlt sich überrumpelt und antwortet: „Ich glaube, Sie sind zu ehrgeizig und wollen Max deshalb einschulen. Sie sehen gar nicht, dass er nicht in der Gruppe zurechtkommt." Frau Hahn ihrerseits fühlt sich nun überrumpelt und giftet zurück: „Ja, das hätten Sie mir wohl auch früher sagen können. Sie haben recht, das Gespräch nützt wirklich nichts. Auf Wiedersehen."

Lernsituation C

Ben kommt nachmittags ins Jugendhaus und setzt sich an das Schlagzeug. Er hat einfach einen fürchterlichen Tag hinter sich: Die Mathearbeit ist nur eine 4 geworden, zu Hause gab es Stress mit seinem Vater, der wieder einmal den kleinen Bruder wegen dessen guter Leistungen gelobt hat. Nun sitzt Ben am Schlagzeug und schlägt wie der Teufel drauflos. Langsam findet er einen Rhythmus und beginnt sich etwas zu entspannen. Im Nebenraum sitzt der Erzieher Frank und macht mit einigen Schulkindern Hausaufgaben. Das Schlagzeug ist im Moment einfach zu laut. Er geht

hinüber und sagt zu Ben: „Mensch, Benni, das nervt. Es ist zu ..."

Weiter kommt er gar nicht. Ben haut die Stöcke hin, brüllt: „Lass mich in Ruhe! Hierher komme ich nie wieder", und stürmt wütend davon. Frank bleibt verdutzt stehen und fragt seine Kollegin, die Erzieherin Sabine: „Was ist denn mit dem los?" Sabine hatte bereits über den kleinen Bruder von Ben gehört, dass es bei ihnen zu Hause ungemütlich war. Sie hat eine Ahnung und erzählt es Frank.

AUFGABE   Bearbeiten Sie eine dieser Situationen nach den folgenden Schritten:
- Analysieren
- Planen
- Durchführen
- Reflektieren und bewerten
- Dokumentieren und präsentieren

2   Anregungen zur Selbstreflexion

1. Beginnen Sie, ein Ausbildungstagebuch zu führen. Tragen Sie an jedem Praxistag ein,
   - wie Sie sich fühlen;
   - welche Beobachtungen, Wahrnehmungen, Gefühle Sie im Zusammenhang mit den Kindern gemacht haben;
   - welche Beobachtungen, Wahrnehmungen, Gefühle Sie im Zusammenhang mit Eltern und mit Ihren Kolleginnen gemacht haben;
   - welches Verhalten von Ihnen selbst Sie als gelungen empfanden, welches Sie kritisch beurteilen.

2. Nehmen Sie sich nun von Zeit zu Zeit (alle zwei Wochen oder vor jedem Anleitergespräch) die festgestellten Gefühle, Beobachtungen und Wahrnehmungen vor, die Ihnen besonders wichtig sind, und teilen Sie diese in Ich-Botschaften mit: entweder für sich selbst in schriftlicher Form oder/und später im Anleitungsgespräch.

3. Nehmen Sie sich von Zeit zu Zeit Ihr eigenes Verhalten vor und erteilen Sie sich selbst ein ausgewogenes Feedback. Bedenken Sie dabei alle Regeln und achten Sie darauf, dass Sie sowohl die positive als auch die veränderungswürdige Seite bedenken.

Kapitel 8 Qualität entwickeln

1   Lernsituation

Frau Kerger ist die Leiterin und Gruppenleiterin in einer Einrichtung, die eine Kindertagesstätte mit einem Hort führt. Sie und die sozialpädagogischen Fachkräfte, Frau Dubs, Frau Dammann, Frau Neuberg und Herr Retzer, möchten die Arbeit im Bildungsbereich – besonders die Förderung der Sprachkompetenz der Kinder – verstärken und damit eine andere Akzentuierung als bisher organisieren. Der bisherigen pädagogischen Arbeit in der Einrichtung lag bereits eine Konzeption zugrunde, die in Teilen auch die Förderung des Spracherwerbs umfasste. Zum Beispiel wurden neben dem Erzählen und Vorlesen zahlreiche

Kinderverse eingeübt und verschiedene Sprach- und Sprechspiele durchgeführt.

Frau Kerger hat zu dem Träger der Einrichtung Kontakt aufgenommen und ihn darüber informiert, dass sie selbst die Leitung des Vorhabens übernehmen wird. Um das Projekt mit allen Mitarbeiterinnen und Mitarbeitern – auch denen, die keine Gruppe leiten – zu erörtern, wird Frau Kerger zu einem Gespräch einladen. Beabsichtigt ist, eine weiterentwickelte Konzeption verbunden mit einem Konzept zur Qualitätsentwicklung für die Einrichtung zu erarbeiten und damit anschließend in der Region zu werben. Dazu

sollen die Kindergruppen im Rahmen der gegebenen Möglichkeiten neu organisiert und die vorhandenen personellen, sächlichen und finanziellen Ressourcen entsprechend angepasst werden.

Die Kindertagesstätte wird vormittags von zwei Kindergruppen von 8:00–13:00 Uhr besucht sowie von zwei weiteren Kindergruppen ganztags (Gruppe 1 bis 16:00 Uhr, Gruppe 2 bis 17:00 Uhr). Der Hort ist von 12:00–17:00 Uhr geöffnet.

Zwischen 12:00 und 13:30 Uhr können die Kinder eine Mahlzeit einnehmen, wobei die Kindergartenkinder in zwei Gruppen von 12:00–13:00 Uhr, die Hortkinder von 13:00–13:30 Uhr essen.

Die Kindertagesstätte umfasst vier Regelgruppen, in denen jeweils etwa 25 Kinder zusammengefasst sind. In allen Gruppen befinden sich zu rund einem

Viertel Kinder aus Migrantenfamilien. Frau Dubs, Frau Dammann und Frau Neuberg sind Erzieherinnen und leiten jeweils eine Gruppe, Frau Kerger ist die Leiterin einer vierten Gruppe. Eine Sozialassistentin (Frau Barth oder Frau Stange) oder eine Kinderpflegerin (Frau Leber oder Frau Drewes) stehen jeweils als Zweitkraft zur Verfügung.

Der Hortbereich umfasst derzeit 21 Kinder. Er wird von dem Erzieher Herrn Retzer geleitet, dem eine Sozialassistentin (Frau Möllner) als Zweitkraft zugeordnet ist.

Frau Kerger ist Erzieherin mit entsprechender Fortbildung für die Leitung einer sozialpädagogischen Einrichtung, sie bietet einzelne pädagogische Projekte im Musikbereich an.

Als zusätzliches Personal für die direkte Arbeit mit den Kindern gibt es noch Herrn Schuhmann, einen

Zivildienstleistenden, der Randaufgaben wahrnimmt, sowie Frau Abert, eine Praktikantin. Gelegentlich kommt auch Unterstützung von Herrn Liebig, der ehrenamtlich tätig ist und mit den Kindern Spiele durchführt, die ihr naturwissenschaftliches Verständnis fördern können.

In der Kindertagesstätte wird montags, mittwochs und freitags zwischen 10:00 und 12:00 Uhr ein vorbereitetes Programm wechselnden Inhalts (vorrangig aus dem künstlerisch-kreativen Bereich) entweder allen Kindern gemeinsam oder einzelnen Gruppen angeboten. Bei den Gruppenangeboten können ein-

zelne Kinder aus pädagogischen Gründen zeitweise von ihrer Gruppe in eine andere wechseln. Zu den übrigen Zeiten überwiegt das Freispiel in den Räumen der Einrichtung oder außerhalb auf Spielplätzen, im Wald oder an sonstigen geeigneten Orten. Die Erzieherinnen nutzen die Freispielzeit auf der Basis ihrer Beobachtungen zur Förderung einzelner Kinder oder kleiner Kindergruppen.

Im Hort wird den Kindern Gelegenheit zur Hausaufgabenerledigung gegeben, darüber hinaus können vorwiegend Sportspiele auf einem 1.500 m² großen Rasenstück durchgeführt werden.

2 Angestrebte Kompetenzen

> Wer untätig in der Ecke sitzt, dem wird kein Brot ins Haus gebracht.
> (Ägyptische Weisheit)

Allen Beteiligten an der bevorstehenden neuen Konzeptions- und Qualitätsentwicklung in der Einrichtung ist die Aufteilung der Verantwortung für die Durchführung und das Gelingen des Vorhabens bekannt. Sie ist nicht abhängig von einem gewählten Qualitätsmodell, sondern gilt für diese Aufgabe generell: Frau Kerger hat als Leiterin der Einrichtung die Gesamtverantwortung. Sie wird sich hinsichtlich aller Maßnahmen eng mit dem Träger, ihren Mitarbeiterinnen und Mitarbeitern sowie den externen Interessierten, vor allem den Eltern, abstimmen. Frau Dubs, Frau Dammann, Frau Neuberg und Herr Retzer sind kompetent, um eventuell als Mitglied einer Projektgruppe oder durch ihre Antworten im Rahmen einer Fragebogenaktion sowie der Bewertung der Antworten zur umfassenden Qualitätsentwicklung gemäß der vereinbarten Konzeption ihren fachlichen Beitrag zu leisten. Nach Abschluss der Qualitätsentwicklungsarbeit werden sie alle als Erzieherinnen und Erzieher bei ihrer täglichen pädagogischen Tätigkeit Verantwortung für die Erreichung der Qualitätsziele übernehmen.

Zur Vorbereitung auf das anstehende Gespräch in der Einrichtung sollten Frau Dubs, Frau Dammann, Frau Neuberg und Herr Retzer zunächst die Einbettung der bisherigen Konzeption in die sozialpädagogische und organisatorische Arbeit in allen Abteilungen und auf

allen Ebenen der Einrichtung feststellen. Dazu können sie sich die Fragen stellen: *Was machen wir? Was brauchen wir? Was soll dabei herauskommen?* Über die Auseinandersetzung mit den Inhalten der Begriffe Prozessqualität, Strukturqualität und Ergebnisqualität können sie deren konkrete Ausformung und Vernetzung in ihrer pädagogischen Einrichtung gliedern. Sie informieren sich darüber, an welchen Stellen vor allem ihre pädagogische Kompetenz gefragt ist. Hiermit beschäftigt sich **Punkt 3**.

Die Sprachförderung, aber auch die Musikförderung durch Frau Kerger, die in der Einrichtung sehr geschätzt wird, sind schon länger nicht mehr systematisch evaluiert worden. Niemand könnte deshalb auch die Fragen beantworten, ob die Sprachförderung in allen Kindergruppen gleich gut durchgeführt wird und nach welcher Systematik welche genau definierten Ergebnisse erreicht werden sollen. Das Gleiche trifft auch auf die anderen pädagogischen Arbeitsfelder zu. Frau Dubs, Frau Dammann, Frau Neuberg und Herr Retzer sollten unterschiedliche Modelle der Qualitätsentwicklung und Qualitätskriterienkataloge studieren sowie deren Vor- und Nachteile bei einer Übertragung auf sozialpädagogische Dienstleistungen überprüfen. Als Erzieherinnen und Erzieher sind sie besonders angesprochen bei der Feststellung der Stärken und Verbesserungspotenziale sowie bei deren Bewertung. Das heißt, sie müssen die Vorteile und Schwächen ihrer Einrichtung und deren pädagogischer Arbeit benennen können. Dies wird in **Punkt 4** näher erläutert.

Im Rahmen qualitätsentwickelnder Maßnahmen können Stärken und Verbesserungspotenziale in einer Einrichtung vor allem durch die Befragung aller Mitarbeiter, Eltern, Kinder, Träger sowie auch nachfolgender Institutionen (vor allem der Grundschule) festgestellt werden. Die Erzieherinnen und Erzieher brauchen also die Kenntnis unterschiedlicher Fragetechniken und deren Auswirkungen auf die Antworten, sie müssen die Techniken je nach Erfordernis anwenden können. Sie sollten auch wissen, welche Regeln bei Befragungen eingehalten werden sollten. Es gilt also, Fragebögen entwickeln, einsetzen und auswerten zu können, siehe dazu **Punkt 5**.

Von den Besprechungen erwarten die Fachkräfte als Ergebnis Entscheidungen über Inhalte, Methoden und Organisation, z. B. wie

- das Qualitätsentwicklungsprojekt analysiert und vorbereitet, geplant, durchgeführt, reflektiert und bewertet sowie
- in welcher Form der Qualitätsentwicklungsprozess dokumentiert und präsentiert werden soll.

Alle Mitarbeiter sollten schließlich Absprachen und Vereinbarungen treffen, die die neuen Zuständigkeiten und die Verantwortungen genau festlegen und wie die vorhandenen Ressourcen gemäß den vereinbarten Arbeitsschwerpunkten aufzuteilen sind: **Punkt 6**.

Die Erzieherinnen und Erzieher konnten durch die intensive Vorbereitung auf die Besprechung mit Frau Kerger feststellen, welche gewinnbringenden Anstöße zu Diskussionen und Verständigungen sie dadurch bereits erhielten:

Sie werden Verantwortung für eine weiterentwickelte Produktqualität übernehmen können, diese ergibt sich aus:

- dem Netzwerk aus Strukturqualität, Prozessqualität und Produktqualität
- dem Vergleichen und Nutzen unterschiedlicher Modelle
- dem Herausfinden und Bewerten von Schwächen und Verbesserungspotenzialen
- dem Wert einer Prozessklärung, in die alle Betroffenen einbezogen sind
- dem Vergleich mit anderen sozialpädagogischen Einrichtungen

3 Strukturierung der Qualität pädagogischer Dienstleistungen

Für die Entwicklung und Beurteilung von Qualitätsmodellen und Konzepten ist es wichtig zu wissen, in welchen Konzeptionen und Strukturen die Vorgänge in einer sozialpädagogischen Einrichtung ablaufen, welche Rahmenbedingungen bestehen und welche Ergebnisse erwartet werden.

Konzeptionsentwicklung und Weiterentwicklung

- Worin sind wir eingebunden
  - organisatorisch,
  - rechtlich?
- An welchem Menschenbild orientieren wir uns?
- Wie beschreiben wir unser Erziehungs-, Bildungs- und Betreuungsangebot?

- Wie arbeiten wir miteinander und wie gehen wir miteinander um?
- Wie wirtschaften wir, um künftige Herausforderungen bestehen zu können?

Die Aufgabenverteilung auf die Mitarbeiter legt die Verantwortlichkeiten fest, die Einrichtung erstellt das Netzwerk der Kooperation und der Abhängigkeiten, die Finanzierung markiert die ökonomischen Möglichkeiten und Grenzen. Die Ergebnisqualität zeigt, ob bei Prozess- und Strukturqualität die richtigen Entscheidungen getroffen wurden.

Teilschritte gehen, aber das Ganze sehen.

Trotz der begrifflichen Aufgliederung des Geschehens in den Einrichtungen ist leicht zu erkennen, dass damit keine Trennung von Bereichen markiert werden soll. Ganz im Gegenteil wird deutlich, dass die Abläufe nur dann zum Ziel führen, wenn sie aufeinander abgestimmt und miteinander verwoben sind. Für die Qualitätsentwicklung findet sich hier die sichtbare Begründung, warum alle Mitarbeiter sowie extern Betroffenen und Beteiligten in die Qualitätsentwicklung einzubeziehen sind.

Prozessqualität
Wie machen wir etwas?

Die Prozessqualität umfasst das gesamte Verfahren der pädagogischen Arbeit mit den Kindern und Jugendlichen. Dazu zählen:
- eine Erwartungsanalyse der am Erziehungs- und Bildungsprozess beteiligten Gruppen
- die Orientierung an einer vereinbarten Konzeption für die Einrichtung
- die Art der Erbringung der pädagogischen Dienstleistung
- die Organisation und Gestaltung der pädagogischen Prozesse
- die Einrichtung von pädagogischen Steuerungsgruppen, Problemlösungsgruppen, Supervisionsgruppen, Qualitätszirkeln u.a.
- die Gestaltung der Räume und die Auswahl der Materialien
- die Führung und das Management der sozialpädagogischen Einrichtung
- Strategien für eine adäquate Personalentwicklung und Personalführung
- der kontinuierliche Prozess der Weiterentwicklung der pädagogischen Arbeit

Strukturqualität
Was brauchen wir?

Die Strukturqualität umfasst die Rahmenbedingungen der Einrichtung für die pädagogische Arbeit, also die Organisationsform, das Ausbildungsniveau der Mitarbeiter, den Personalschlüssel sowie die Verfügbarkeit von Ressourcen:
- die Art und Größe der Einrichtung
- die Anzahl und Ausbildung der Mitarbeiter
- die vorhandenen Räume und Freiflächen
- die Ausstattung
- die Anpassung der Ablauf- und Aufbaustruktur

der Einrichtung an den jeweils neuen Stand der Konzeption
- die Festlegung von Zuständigkeiten und Verantwortungen
- die Klärung von Verwaltungsfragen in Bezug auf die Räume
- Entscheidungen zum Personalschlüssel
- die Klärung der Weiterbildung des Personals
- die Verwaltung der finanziellen Ressourcen
- Entscheidungen über die zeitlichen Ressourcen

Ergebnisqualität
Was soll dabei herauskommen?

Die Ergebnisqualität orientiert sich an der Persönlichkeitsentwicklung und den Kompetenzen der Kinder und Jugendlichen im Rahmen des Erziehungs- und Bildungsprozesses, nämlich:
- die Sicherung der Zielerreichung durch die Kinder und Jugendlichen gemäß der pädagogischen Konzeption der Einrichtung
- die Zufriedenheit der Kinder und Eltern
- die Förderung der beruflichen Zufriedenheit des Personals durch Kompetenzerweiterung
- die Zufriedenheit des Trägers und die Anerkennung im regionalen Umfeld
- die Persönlichkeitsentfaltung aller am pädagogischen Prozess Beteiligten
- die Finanzierbarkeit der Einrichtung
- die Zufriedenheit der aufnehmenden Grundschule

AUFGABE

1. Notieren Sie, welche Informationen zur Strukturqualität Sie der Beschreibung der Lernsituation entnehmen können.
   Was fehlt in der Beschreibung, um über die Prozessqualität der Einrichtung ebenso genau informiert zu sein?
2. Informieren Sie sich über die Konzeption und die Ziele einer Einrichtung. Berücksichtigen Sie bei Ihren Aufzeichnungen der Ergebnisse auch die To-do-Liste (Wer macht was bis wann mit welchen Ressourcen mit wem?).

4 Qualitätsentwicklungsmodelle

Qualitätsentwicklung bringt Vorteile

- Die Konzeption der Einrichtung und die Qualitätskriterien vermitteln allen Beteiligten Orientierung.
- Der Qualitätsentwicklungsprozess wirkt motivierend und identitätsstiftend.
- Die Vereinbarungen schaffen Transparenz, klären Verantwortungen und ermöglichen eine Ressourcenverteilung gemäß den festgelegten inhaltlichen Schwerpunkten.
- Die neue Qualitätsentwicklung lässt Fortschritte feststellen.
- Die Ergebnisse des Prozesses können eine Grundlage für eine verbesserte Öffentlichkeitsarbeit werden.
- Die Einrichtung kann ihren externen Partnern gegenüber ihrer Rechenschaftspflicht nachprüfbar nachkommen.

4.1 Qualitätsentwicklung in der Sozialpädagogik nach Modellen

Die umfassenden Qualitätsentwicklungskonzepte der Wirtschaft sind dort inzwischen fest etabliert und zu Wettbewerbsvorteilen geworden. Mit der Einführung neuer Steuerungsmodelle auf kommunaler Ebene ist auch die Jugendhilfe – und somit ebenfalls die sozialpädagogischen Einrichtungen, die gemäß dem Kinder- und Jugendhilfegesetz KJHG der Jugendhilfe zuzuordnen sind – von der Qualitätsentwicklung betroffen. In §80 KJHG ist genau festgeschrieben, was die einzelnen Träger im Rahmen ihrer Planungsverantwortung zu leisten haben.

Erziehungs-, Bildungs- und Betreuungsarbeit für und mit Kindern und Jugendlichen basiert aber zunächst auf anderen Voraussetzungen und Rahmenbedingungen, als sie für die Wirtschaft oder für die Verwaltung gegeben sind. Denn das Lernen der Kinder und Jugendlichen ist weder ein Produkt noch eine Dienstleistung im eigentlichen Sinne, sondern das Ergebnis einer intersubjektiv begründeten Lernanstrengung eines Individuums.

Lernen wird nicht produziert, es ist vielmehr eine Aktivität des Lernenden selbst, es kann nur durch Kontextbedingungen, wie Raum, Zeit, Materialien sowie personelle Kompetenz, gefördert und unterstützt werden (s. **Kapitel 3**).

Experimente in der Kindertagesstätte

Qualitätsentwicklung in pädagogischen Einrichtungen zielt deshalb auf die Steuerung der **Kontextbedingungen** von Lernen und Entwicklung hin, die sich im Ablauf des Geschehens in der Einrichtung widerspiegeln.

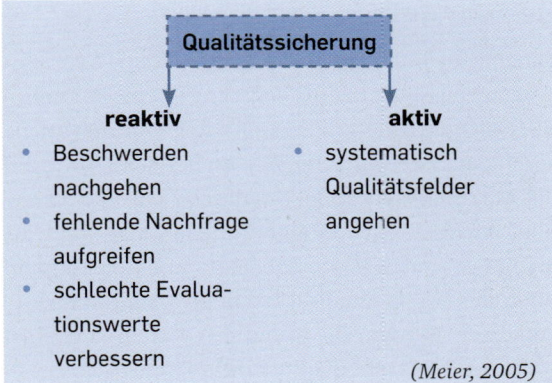

In der Sozialpädagogik steht – wie in vielen anderen ähnlichen Bereichen auch – die Aufarbeitung der Vorschläge der umfassenden Modelle noch am Anfang. Bisher wurden Qualitätssysteme eher auf den pädagogischen Kern der Tätigkeit bezogen, ohne das Gesamtsystem der Einrichtung zu sehen. Erst in den letzten Jahren wird die gesamte Einrichtung mehr und mehr ins Blickfeld genommen (vgl. z. B. Gerull, 2001). Darüber hinaus haben die meisten Projekte, die bisher realisiert wurden, Pilotcharakter mit den dafür besonderen Bedingungen. Zur Beruflichkeit, zur Professionalität zählte für die Erzieherinnen und Erzieher schon in der Vergangenheit das Bemühen um die Weiterentwicklung ihrer fachlichen Kompetenz und der Arbeitsprozesse. Allerdings war es sehr oft in die Verantwortung der einzelnen Fachkraft gelegt, ob und inwieweit sie Qualitätsfragen angeht. Sporadisches und individuelles Handeln kennzeichnen das Vorgehen, Auswertungsdaten – sofern solche überhaupt schriftlich gesammelt wurden – waren mehr oder weniger zufällig gewonnen und subjektiv allein interpretiert worden.

Allein geht's nimmer

Qualität ist heute aber nicht mehr nur eine Spezialistenaufgabe, sondern ihre Sicherung ist eine Führungsaufgabe geworden, weil sich die Qualitätsverbesserung auf alle wertschöpfenden Bereiche sowie auf alle Mitarbeiter erstreckt. Nur durch die Beherrschung aller Prozesse, einer Orientierung des Managements an den gesamten Prozessabläufen und den Kundenwünschen kann Qualität nachhaltig und innovativ verbessert werden. Die bisherigen Verfahren reichen nicht mehr aus, um die Entwicklungschancen sozialpädagogischer Einrichtungen auszuschöpfen.

Das neue Profil von Qualitätsentwicklung will einen **kontinuierlichen Prozess** initiieren, in den alle Beteiligten, auch die externen Kooperationspartner, eingebunden werden. Die Aktivitäten zur Qualitätsförderung sind deshalb nach einer Analyse des bisherigen Geschehens systematisch und umfassend zu planen, zu entwickeln, umzusetzen, zu dokumentieren und auf ihre Wirkung hin zu überprüfen. Wege und Mittel sind so zu wählen, dass sie, übertragen auf

die Sozialpädagogik, kontinuierlich nachhaltige Erziehungs- und Bildungsprozesse sichern – sichern im Sinne von ermöglichen.

Besonders hervorzuheben ist der konzeptionelle Rahmen und die darauf basierende Zielbildung für die Aktivitäten, die einer strukturierten Qualitätsentwicklung in einer Einrichtung zugrunde liegen. Eine solche Konzeption kann nicht von einer einzelnen Erzieherin oder einem einzelnen Erzieher erarbeitet werden. Vielmehr muss sie – von der Leitung und vom Träger gewollt und gesteuert – von und mit allen Mitarbeitern der Einrichtung vereinbart und konkret geschaffen werden, sie verlangt auch die Einbindung der Partner der Einrichtung. Erst die Einbeziehung aller ermöglicht auch bedarfsgerechte Auslastung, Arbeitserleichterung sowie individuelle und einrichtungsinterne und -externe Anerkennung.

Erfolgreiche Vereinbarung zwischen allen

Die Entwicklung von Qualität ist ein langwieriger und kontinuierlicher Prozess, der nie abgeschlossen werden kann. Immer wieder stellt sich die Aufgabe, sie gemäß neuen wissenschaftlichen Erkenntnissen und den Wandlungen in unserer Gesellschaft zu ändern und zu verbessern. Ziel dabei ist, nachhaltige Akzeptanz bei allen Beteiligten zu erreichen und Verantwortung für die Entwicklung, die Erstellung und den Erhalt von Qualität am sozialpädagogischen Arbeitsplatz sowie eine Motivation zur Zielerreichung aufzubauen.

Dieser Prozess kann nicht über Zufälligkeiten gelingen, vielmehr muss er mit dokumentierten Daten so professionell wie möglich immer wieder neu analysiert, bewertet, gestaltet und ausgehandelt werden.

AUFGABE Stellen Sie in einem Gespräch mit einer Erzieherin oder einem Erzieher in Ihrer Praktikumseinrichtung fest, welche Erwartungen die pädagogische Fachkraft dort an ein Qualitätsentwicklungskonzept hat. Gewichten Sie die Erwartungen, stellen Sie mit der Fachkraft eine Rangfolge auf und lassen Sie sich eine kurze Begründung für die Entscheidung geben, die Sie schriftlich festhalten sowie mit einem Mitschüler erörtern, s. Beispieltabelle unten.

Rang	Erwartung: Ein Qualitätskonzept ...	Begründung
	• stimmt mit der Konzeption der Einrichtung überein	
	• bringt eine Qualitätsverbesserung der pädagogischen Arbeit	
	• berücksichtigt die rechtlichen Anforderungen	
	• wird von einer Projektgruppe erarbeitet und schriftlich dokumentiert	
	• belastet mich zeitlich nicht über Gebühr	
	• vereinheitlicht die Qualität in der Einrichtung	
	• ermöglicht Qualitätsvergleiche mit anderen Einrichtungen	
	• gibt mir Hilfen bei der Außendarstellung meiner pädagogischen Arbeit	
	• beteiligt alle Mitarbeiter der Einrichtung	
	• erhöht die Zufriedenheit der Eltern, des Trägers, der Behörden etc.	
	• verursacht nicht übermäßig hohe Kosten	
	• gibt mir die Möglichkeit einer adäquaten Fortbildung	
	• gibt mir die Möglichkeit der Erörterung mit den Kolleginnen und Kollegen	
	• erlaubt eine Zertifizierung	
	• (eigene Ergänzungen)	

(s. auch Birner/Fexer, 1999)

4.2 Bestehende Modelle zur Qualitätsentwicklung

Nur der Erkennende lebt. (Christian Morgenstern)

Zur Qualitätsentwicklung in der Einrichtung kann im Team ein eigenständiges Konzept für die Stärken-Schwächen-Analyse und die Bewertung erarbeitet werden. Man kann aber auch auf ein schon entwickeltes Konzept oder Teilkonzept zurückgreifen. In der Regel werden Mischformen zustande kommen, indem aus verschiedenen Systemen einzelne Bestandteile ausgewählt werden, sodass daraus ein maßgeschneidertes Qualitätsentwicklungskonzept für die eigene Einrichtung entsteht. Je spezifischer die Konzeption einer Einrichtung ist, desto stärker werden Modifizierungen und Anpassungen an den bereits vorhandenen Modellen vorgenommen werden müssen.

Der Aufwand des Vorhabens hängt sehr stark von seinen Grenzen ab. So kann die Qualitätsentwicklung die ganze Einrichtung umfassen oder aber auch Schritt für Schritt vorgegangen werden: Es können also zunächst nur Teile der Einrichtung in das Vorhaben einbezogen werden, wobei der weitere Ausbau möglichst zeitnah verwirklicht werden sollte.

Für Qualität sind alle verantwortlich.

Im Folgenden werden drei Modelle und Bewertungsverfahren vorgestellt:

• DIN EN ISO 9000 ff. ist ein ganzheitliches Qualitätsmanagementsystem (Total Quality Management, TQM) mit dem Ziel der Zertifizierung durch Fremdbewertung nach Abschluss interner/externer Audits (= Befragungen und Anhörungen).

- EFQM ist ebenfalls ein ganzheitliches Qualitätsentwicklungsmodell vor allem mit dem Ziel der Selbstbewertung durch die Leitung der Einrichtung, die Mitarbeiter und andere Beteiligte.
- Der von Tietze/Viernickel herausgegebene Kriterienkatalog für pädagogische Qualität – im Folgenden wegen seines Untertitels jeweils als „nationaler" Kriterienkatalog zitiert – hat umfangreich und einrichtungsübergreifend Qualitätskriterien zusammengestellt, um einen pädagogischen Istzustand feststellen und bewerten zu können, wobei die Übertragung auf die einzelne Einrichtung von dieser selbst geleistet werden muss.

4.2.1 Total-Quality-Management-Systeme (TQM-Systeme)

Zu den TQM-Systemen zählen vor allem die Modelle DIN EN ISO 9000 ff. sowie EFQM. TQM zielt auf systematische und konsequente Anwendung einer **Managementmethode**, die

- die gesamte Einrichtung mit allen Mitarbeitern in die Qualitätsverbesserung einbezieht,
- die Qualität der Produkte und Dienstleistungen, aber auch deren Herstellungsprozesse in den Mittelpunkt stellt,
- durch die Zufriedenstellung der Kunden auf langfristigen Erfolg sowie Nutzen für die Mitglieder der Organisation und für die Gesellschaft zielt.

Alle TQM-Systeme gehen also weit über die bloße Endkontrolle der Spezialistentätigkeiten – hier der Erzieherinnen – hinaus. Sie erfassen alle Regelungen und Maßnahmen sowie deren Vernetzung, die gewährleisten, dass die Organisation den Erwartungen und Anforderungen gerecht wird und ihre Ziele erreicht (also Ziele nicht nur als bloße Handlungsphilosophie definiert).

Für alle TQM-Systeme wurde jeweils ein Modell von Qualitätskriterien und Teilkriterien entwickelt, auf die Organisationen bei ihren Bemühungen, ein Qualitätsentwicklungskonzept zu erstellen und einzusetzen, zurückgreifen können.

DIN EN ISO 9000 ff.

DIN EN ISO ist die Abkürzung für „Deutsches Institut für Normung e. V. – Europäische Norm – International Organization for Standardization".

Das Normenwerk wurde in den 80er-Jahren verabschiedet. Die ISO ist eine weltweite Vereinigung nationaler Normungsinstitute. Ziel ist es, eine höhere Produktqualität, aber auch eine höhere Qualität der Produktion zu erreichen. Das Normenwerk enthält Empfehlungen zu Aufbau, Aufrechterhaltung, Dokumentation, zur internen und externen Überprüfung sowie zur Zertifizierung eines Qualitätsmanagementsystems. Im Rahmen der Überarbeitung im Jahre 2000 wurden auch die Erwartungen und Anforderungen der Kunden, Lieferanten und anderer Externen in die Produktion und in die internen Prozesse stärker eingebunden.

Unter Qualität wird in der Normenreihe die mit dem Kunden vereinbarte Qualität oder die von dem Kunden erwartete Qualität eines Produkts oder einer Dienstleistung verstanden. Dazu soll der Herstellungsprozess so geplant und gesteuert werden, dass die in Aussicht gestellte Qualität garantiert werden kann. Die Unternehmen, die sich nach DIN EN ISO 9000 ff. zertifizieren lassen möchten, gehen die Verpflichtung ein, das Qualitätsmanagementsystem nach dieser Normenreihe zu entwickeln und einzuführen. Ziel der Zertifizierung ist, beim Kunden Vertrauen in die Qualität der Produkte des Unternehmens herzustellen und die Wettbewerbsfähigkeit gegenüber der Konkurrenz zu erhalten.

Die Hauptarbeit der Einrichtung beim Aufbau eines Qualitätsmanagementsystems nach den ISO-Normen liegt darin, den aufgrund der Qualitätsanforderungen interessierter Gruppen weiterentwickelten und nunmehr erreichten gewollten Istzustand bei den Qualitätsmerkmalen für die Produkte oder Dienstleistungen sowie bei der Aufbau- und Ablauforganisation in einem **Qualitätshandbuch** differenziert zu beschreiben und danach zu arbeiten. Sind die Qualitätsstandards in der Einrichtung einmal festgelegt worden, sind sie verbindlich. Qualität ist danach also allein das Ergebnis eines Soll-/Ist-Vergleichs. Die Zertifizierungsgesellschaft misst die Organisationen an deren eigenen Qualitätsvorgaben.

Bei ISO 9000 ff. liegt der Schwerpunkt auf der Fremdevaluation. Die internen Audits liegen zeitlich jeweils vor den regelmäßigen externen Audits. Die Fachkräfte bringen ihre Kompetenz in die Qualitätsentwicklung im Rahmen dieser internen Audits ein.

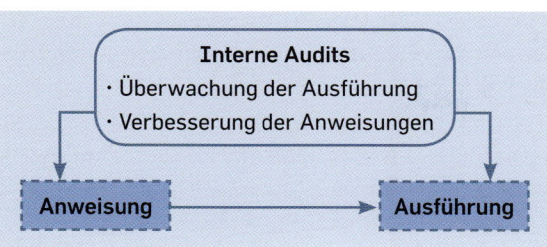

(Wuppertaler Kreis, 2000)

EFQM

EFQM ist die Abkürzung für „European Foundation for Quality Management". Die EFQM wird von der EU gefördert, ihren Sitz hat sie in Brüssel.

EFQM ist das europäische Modell für die Vergabe von Qualitätspreisen für Business Excellence. 1988 gründeten 14 führende europäische Unternehmen die Foundation. Mittlerweile gehören ihr mehr als 800 Unternehmen und Organisationen an, darunter auch solche des öffentlichen Dienstes, wie Schulen, Universitäten, Kliniken und Verwaltungen. Der Qualitätspreis der EFQM, der „European Quality Award" (EQA) orientiert sich an dem amerikanischen Preis, dem „Malcolm Baldrige National Quality Award" (MBNQA), der wiederum von dem japanischen „Deming Price" beeinflusst wurde.

Für die Auswahl der Preisträger war es erforderlich, anerkannte Kriterien zu entwickeln und diese der Vergabe des EQA zugrunde zu legen. Dieses „EFQM-Modell für Excellence" – kurz EFQM-Modell – wird inzwi-

schen nicht mehr nur im Rahmen des EQA, sondern auch für eine systematische Verbesserung der Arbeit in Organisationen verwendet.

Wie das ISO-Konzept stützt sich auch das EFQM-Modell auf die Eckpfeiler Ergebnisorientierung; Kundenorientierung; Führung und Zielkonsequenz; Management mit Prozessen und Fakten; Mitarbeiterentwicklung und -beteiligung; kontinuierliches Lernen, Innovation und Verbesserung; Aufbau von Partnerschaften; Verantwortung gegenüber der Öffentlichkeit.

Der Pfeil „Innovation und Lernen" im Schaubild unten verdeutlicht, dass eine Organisation aus ihren eigenen Ergebnissen sowie aus dem Vergleich mit Verfahren anderer Organisationen (sogenanntes Benchmarking) lernen kann, durch geeignete Maßnahmen in ihrem Befähiger-Bereich wirksame Verbesserungen zu erreichen, die wiederum zu verbesserten Ergebnissen führen. Innovation und Lernen sind also die Rückkopplung zwischen den Ergebnissen und den Befähigern.

Von besonderer Bedeutung bei dem EFQM-Modell ist also die **Selbstbewertung**, die kontinuierliche Verbesserungen ermöglicht. Im Rahmen einer kritischen und konstruktiven Selbstbewertung lassen sich Stärken und Verbesserungsbereiche in einer Organisation feststellen. Aus diesen können die Aktivitäten abgeleitet werden, um Verbesserungen zu erreichen. Die Umsetzung der Verbesserungsmaßnahmen führt zu einem höheren Qualitätsniveau im Sinne von Excellence nach den Kriterien von EFQM.

Kriterien des EFQM-Modells:

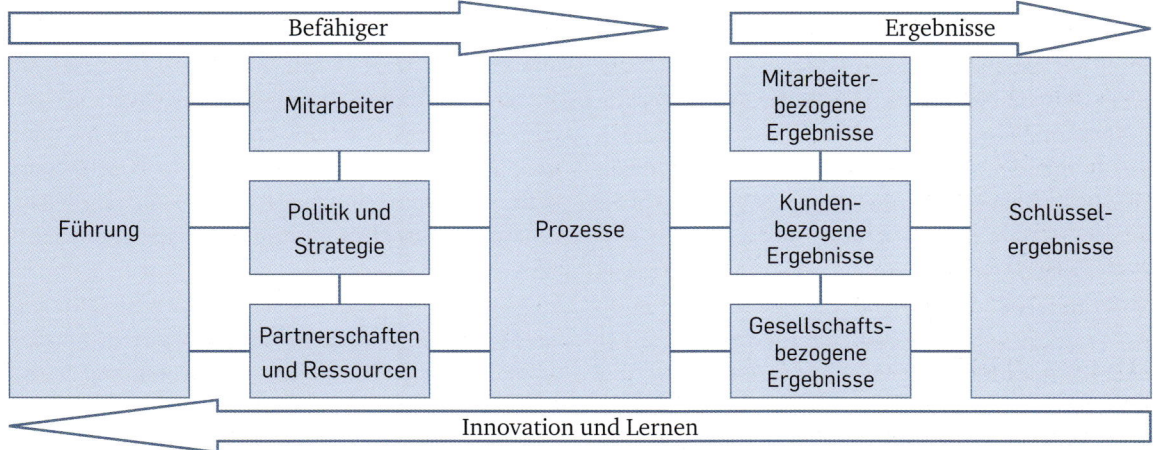

(EFQM, 1999-2003) (Formulierung von Teilkriterien sowie möglichen Orientierungspunkten für den pädagogischen Bereich: s. Kotter, 2004)

Die RADAR-Logik der EFQM besagt Folgendes: Die Organisation definiert zunächst die Ergebnisse (**Re**sult), die sie aufgrund ihrer Zielsetzungen erreichen möchte. Auf dieser Basis plant und entwickelt sie Vorgehensweisen (**A**pproach), um die Ergebnisse zu erzielen. Sie muss diese Vorgehensweise systematisch umsetzen (**D**eployment), um so deren Realisierung sicherzustellen. Durch die kontinuierliche Bewertung (**A**ssessment) und Überprüfung (**R**eview) der konkreten Vorgehensweisen und deren Umsetzung werden mögliche Verbesserungen identifiziert, geplant und eingeführt. RADAR kann eingesetzt werden, um über alle Kriterien des EFQM-Modells hinweg eine Selbstbewertung der Organisation vorzunehmen.

Grundlage für die Bewertung in den Einrichtungen sind in der Regel die Ergebnisse einer Fragebogenaktion oder von anderen Befragungen aller Mitarbeiter, Eltern, Kinder, Träger, externen Interessierten einschließlich der nachfolgenden Institutionen durch die Mitglieder einer internen Projektgruppe für Qualitätsentwicklung. Diese werden ergänzt – soweit erforderlich – durch zusätzliche Interviews u. a.

Frau Kerger ist von dem umfassenden Konzept der TQM-Systeme überzeugt, sie will deshalb in der anstehenden Besprechung vorschlagen, sich auf eine systematische Qualitätsentwicklung einzulassen, um nur punktuelle Verbesserungsbemühungen zu überwinden und mehr Kontinuität sowie Offenheit in der Qualitätsentwicklung der Einrichtung zu etablieren. Allerdings weiß sie, dass kein bestehendes TQM-Modell einfach auf ihre sozialpädagogische Einrichtung übertragen werden kann, vielmehr muss ein eigener Weg ausgestaltet werden. Es empfiehlt sich deshalb ihrer Ansicht nach auch nicht, bereits in der Aufbauphase der Qualitätsentwicklung die Zertifizierung durch eine externe Institution oder ein Unternehmen anzustreben – allerdings soll nach dem Vorliegen von Erfahrungen dieses Ziel durchaus erneut geprüft werden.

Frau Kerger möchte zumindest eine pädagogische Mitarbeiterin oder Herrn Retzer als Mitglied in einer Projektgruppe einsetzen, um für die Analyse der Schwächen und Verbesserungspotenziale in der Einrichtung durchzuführen. Die Analyse soll durch Mitarbeiterbefragungen vorgenommen werden. Im Anschluss daran werden im Rahmen der Selbstevaluation die erhaltenen Antworten bewertet und gewichtet.

Analyse des Istzustands und Zielbestimmung

- Sind die bisher gesetzten Ziele gemäß der Konzeption der Einrichtung erreicht worden?
- Sind die Ziele angemessen?
- Auf welchen nachweisbaren Stärken können wir aufbauen?
- Wo bestehen Verbesserungspotenziale? Wo müssen wir uns weiterentwickeln?
- Welche Herausforderungen gilt es künftig zu bewältigen?
- Welche kurz-, mittel- und langfristigen Ziele können wir erreichen?
- Können Vergleiche der Ergebnisse mit anderen pädagogischen Einrichtungen durchgeführt werden?
- Sind die Ergebnisse auf eigene Aktivitäten zurückzuführen?
- In welchem Umfang sind die Ergebnisse in allen Bereichen der Einrichtung feststellbar?

Der Beurteilung der Befragungsergebnisse in den einzelnen Bewertungsfeldern kann – so die Überlegungen von Frau Kerger – die EFQM-Vorgehensweise zugrunde gelegt werden, also: gewünschte künftige Ergebnisse bestimmen, Vorgehen entwickeln und planen, Vorgehen systematisch umsetzen, Vorgehen und Umsetzung auf Basis der Konzeption bewerten und dokumentieren und danach erneut überprüfen.

Um den Arbeitsaufwand für Frau Dubs, Frau Dammann, Frau Neuberg und Herrn Retzer bei den Mitarbeiterbefragungen nicht zu groß werden zu lassen, will Frau Kerger auf einen bereits bestehenden Kriterienkatalog verweisen. Ein Qualitätskriterienkatalog ist – das weiß Frau Kerger – noch kein TQM-System. Er lässt sich aber sehr gut als „Steinbruch" für die Entwicklung eines einrichtungsspezifischen Konzepts verwenden. Besonders gut einsetzbar für die Entwicklung eines Befragungsbogens stellt sich für Frau Kerger der im Folgenden beschriebene Kriterienkatalog dar. Für den Bereich „Sprache und Kommunikation", aber auch für weitere 19 Qualitätsbereiche beschreibt er ihrer Ansicht nach die wichtigsten Kriterien.

4.2.2 Pädagogische Qualität in Tageseinrichtungen für Kinder – ein nationaler Kriterienkatalog

Dieser erstmals im Jahre 2002 veröffentlichte Qualitätskriterienkatalog ist im Rahmen der Nationalen Qualitätsinitiative im System der Tageseinrichtungen für Kinder (NQI) des Bundesministeriums für Familie, Senioren, Frauen und Jugend erarbeitet worden. Er versteht sich als Kompendium, das die erforderlichen professionellen Kompetenzen der Fachkräfte im Bereich Bildung, Erziehung und Betreuung von Kindern von 0–6 Jahren und die räumlich-materiellen Bedingungen bester pädagogischer Fachpraxis umfassend und systematisch beschreibt. In den „nationalen" Qualitätskriterienkatalog sind sowohl fachlich-inhaltlich unterschiedliche Ansätze aufgenommen als auch Kriterien für organisatorisch-ablauforientierte Qualität formuliert worden. Für den „nationalen" Qualitätskriterienkatalog sind alle bis dahin auf nationaler und internationaler Ebene formulierten Qualitätskriterien für die institutionelle Tagesbetreuung von Kindern und deren pädagogische Gestaltung analysiert worden, u. a. auch das Verfahren der „Integrierten Qualitäts- und Personalentwicklung" (IQUE), die Veröffentlichung des Kronberger Kreises für Qualitätsentwicklung in Kindertageseinrichtungen sowie die Kindergarten-Einschätz-Skala. Die zusammengetragenen Kriterien wurden im Falle von inhaltsgleichen Aussagen zusammengefasst, auf Unterschiede hin analysiert und um nicht berücksichtigte Aspekte ergänzt. Darüber hinaus fand eine Fragebogenaktion mithilfe von zwei Fachzeitschriften statt, in deren Rahmen 1.550 pädagogische Fachkräfte über 60.000

Aussagen zur Qualität in Kindertageseinrichtungen einschickten (s. Tietze/Viernickel, 2007). Besonderen Wert legten die Fachkräfte auf Aspekte der Planung und Gestaltung der pädagogischen Arbeit. Zwischen den von den Fachkräften genannten Qualitätskriterien und den Qualitätsindikatoren aus der Fachliteratur bestanden deutliche Übereinstimmungen.

Der „nationale" Qualitätskriterienkatalog repräsentiert in 21 Qualitätsbereichen die zentralen Bereiche pädagogischer Arbeit in der Tageseinrichtung einschließlich der sie unterstützenden Prozesse wie Organisation und Verwaltung oder die Kooperation mit den Familien und der Grundschule: Raum für Kinder; Tagesgestaltung; Mahlzeiten und Ernährung; Gesundheit und Körperpflege; Ruhen und Schlafen; Sicherheit; Sprache und Kommunikation; kognitive Entwicklung; soziale und emotionale Entwicklung; Bewegung; Fantasie- und Rollenspiel; Bauen und Konstruieren; bildende Kunst, Musik und Tanz; Natur-, Umgebungs- und Sachwissen; Kulturelle Vielfalt; Integration von Kindern mit Behinderungen; Eingewöhnung; Begrüßung und Verabschiedung; Zusammenarbeit mit Familien; Übergang Kindergarten – Schule; Leitung.

Für die konkrete Gestaltung der Arbeit werden 6 Leitgesichtspunkte angesprochen: räumliche Bedingungen, Erzieherin-Kind-Interaktion, Planung, Nutzung und Vielfalt von Material, Individualisierung, Partizipation. Alle 21 Qualitätsbereiche sind nach einer kurzen Einleitung nach jenen 6 Leitgesichtspunkten untergliedert.

Das folgende Beispiel verdeutlicht das Konzept:

Kriterien für den Bereich „Sprache und Kommunikation" (Auszug):

Einleitung

Die Erzieherin organisiert den Tagesablauf so, dass eine Vielfalt von kommunikativen Situationen entsteht: Sie unterhält sich mit den Kindern bei alltäglichen Routinen, erzählt und spricht mit einzelnen Kindern und initiiert Gruppenaktivitäten wie Gesprächskreise, Erzählen und Vorlesen oder darstellendes Spiel. Die Kinder erhalten ausreichend Zeit und Raum, ihre Interessen mit selbst gewählten Spielpartnern zu verfolgen und ihre Erfahrungen mitzuteilen. Die Kinder erleben in der Einrichtung eine Gesprächsatmosphäre, die durch Akzeptanz, Offenheit, Vertrauen und Freundlichkeit gekennzeichnet ist. Die Erzieherin hört jedem Kind aufmerksam zu und bestärkt es darin, seine Erfahrungen und Vorstellungen auszudrücken. (...)

1 Räumliche Bedingungen

1.1 Die Gruppen- und Nebenräume sowie die Flurbereiche der Einrichtung sind so ausgestattet, dass sie Kindern und Erwachsenen vielfältige Gelegenheiten zum Verweilen und zum Gespräch bieten.

1.2 Spezielles Mobiliar (z. B. Hängekorb oder Wippe im Gruppenraum) ermöglicht Kleinstkindern, Gespräche aus der Nähe zu verfolgen oder sich an ihnen zu beteiligen.
(...)

2 Erzieherin-Kind-Interaktion

2.1 Die Erzieherin beobachtet regelmäßig und systematisch, wie jedes Kind spricht und sich mitteilt und wie es sich im Dialog mit anderen Kindern verhält. Sie nutzt dazu verschiedene Spiel-, Lern- und Alltagssituationen.
(...)

2.38 Die Erzieherin unterstützt das Bedürfnis der Kinder, sich sprachlich mit Gleichaltrigen auszutauschen, indem sie einerseits Gespräche zwischen den Kindern initiiert und sich andererseits bei Kindergesprächen zurückhält bzw. sich ganz zurückzieht.
(...)

3 Planung

3.3 Die Erzieherin organisiert den Tagesablauf so, dass sie sowohl mit einzelnen Kindern als auch mit Kleingruppen intensiven sprachlichen Kontakt hat.
(...)

4 Vielfalt und Nutzung von Material

4.4 Den Kindern steht im Gruppenraum eine breite Auswahl entwicklungs- und altersangemessener Bilderbücher aus den Bereichen Fantasie, Märchen, Natur- und Sachwissen sowie Geschichten über Menschen aus unterschiedlichen Lebensmilieus und Kulturen zur Verfügung.
(...)

5 Individualisierung

5.8 Sie wendet sich Kindern zu, die sich sprachlich wenig äußern, und knüpft an den persönlichen Stärken und Vorlieben der Kinder für bestimmte Materialien, Geschichten, Märchen, Bücher, Filme oder Spiele an, um ein Gespräch zu beginnen.
(...)

6 Partizipation

6.3 Die Erzieherin vereinbart mit der Kindergruppe Regeln für gemeinsame Gespräche und Diskussionen; zu den Regeln gehören wichtige Elemente angemessener Kommunikation wie das Zuhören und das Aussprechenlassen.
(...)

(Tietze/Viernickel, 2007)

Frau Kerger wird ihre Fachkräfte bitten, sich besonders mit dem „nationalen" Qualitätskriterienkatalog auseinanderzusetzen.

AUFGABE

1. Wählen Sie aus dem „nationalen" Kriterienkatalog mindestens fünf Kriterien aus einem Bereich aus und passen Sie die dortigen Formulierungen der pädagogischen Situation Ihrer Praktikumseinrichtung an. Beispiel: Formulierung aus dem „nationalen" Kriterienkatalog:
„3.4 Die Erzieherin organisiert den Tagesablauf so, dass sie sowohl mit einzelnen Kindern als auch mit Kleingruppen intensiven sprachlichen Kontakt hat."
Mögliche Formulierung, angepasst an Ihre Einrichtung:
„Die Erzieherin organisiert den Tagesablauf so, dass sie nach dem Vorlesen der einzelnen Abschnitte aus Kinderbüchern überdurchschnittlich häufig inhaltliche Fragen an die Kinder aus Familien mit Migrationshintergrund stellt und bei den Antworten auf ganze Sätze Wert legt."

2. Notieren Sie Stärken und Verbesserungspotenziale eines ausgewählten Qualitätsbereichs Ihrer Praktikumseinrichtung. Vergleichen Sie Ihre Arbeitsergebnisse mit den Kriterien dieses Qualitätsbereichs aus dem „nationalen" Kriterienkatalog.

3. Stellen Sie Vorteile und Nachteile von Selbstevaluation und Fremdevaluation aus der Sicht einer Erzieherin für die Qualitätsentwicklung in einer pädagogischen Einrichtung zusammen.

4. Zwei Schülerinnen diskutieren ihre Rolle in der Schule (siehe unten). Lesen Sie den Dialog und erläutern Sie, worin sich Produktion und Kunden der Wirtschaft von den Leistungen für die Abnehmer pädagogischer Einrichtungen unterscheiden. Übertragen Sie die Schulsituation auf eine Kindertagesstätte, einen Hort oder ein Heim. Inwiefern ist dort die Situation ähnlich, aber nicht ganz gleich (s. Dialogende)?

Zu Aufgabe 4.:

Schülerin 1: Hallo Sabine.

Schülerin 2: Hallo Christine. Du siehst müde aus. Bist du krank?

Sch. 1: Ich bin ganz geschafft von der Diskussion, die wir eben im Unterricht geführt haben. Und das alles, weil überdurchschnittlich viele in der Klasse bei der letzten schriftlichen Arbeit schlecht abgeschnitten haben. Frau L. hat deshalb gemeint, wir müssten einmal grundsätzlich unsere Rolle in der Schule überdenken.

Sch. 2: Warum denn das?

Sch. 1: Wir haben erörtert, ob wir Schüler Kunden oder Produzenten sind. Und was meinst du, was herauskam? Wir sind beides!

Sch. 2: Dass wir Kunden sind, verstehe ich. Wir erhalten von der Schule oder direkter von den Lehrkräften eine Dienstleistung. Und am Ende wird geprüft, was von der Dienstleistung bei uns angekommen ist. Dann sind wir entweder zufrieden mit der Dienstleistung oder nicht. Was soll daran falsch sein?

Sch. 1: Ganz so einfach ist es nicht, wie wir in unserer Diskussion feststellen konnten. Wir sind nicht nur „Produkte" der Dienstleistung, sondern auch „Koproduzenten".

Sch. 2: Aber wir haben doch keinen Einfluss auf die Unterrichtsinhalte!

Sch. 1: Das ist richtig. Du wirst mir aber darin zustimmen, dass wir den Unterrichtsprozess – ein neuer Begriff, den wir heute auch kennengelernt haben – mitgestalten. Je nachdem, wie wir uns vorbereitet haben auf das Thema, das gerade ansteht, und wie wir uns selbst im Unterricht einbringen, steigt die Qualität der Unterrichts- UND der Lernprozesse oder bleibt flacher.

Sch. 2: Leuchtet mir ein. Aber dennoch tragen ja die Lehrkräfte den größeren Teil der Verantwortung für das Lernergebnis bei uns.

Sch. 1: Das hängt ganz von der Gestaltung der einzelnen Unterrichtsstunde ab. Wenn Gruppenarbeit ansteht zur Lösung eines fachlichen Problems, sieht das schon ganz anders aus. Ganz dumm stehen wir da, wenn wir Material bekommen haben, mit dem wir die Lösung des Problems zu Hause vorbereiten sollten und dies nicht oder nur halb getan haben.

Sch. 2: Stimmt: Aber wir sind doch noch Schüler. Unsere Kompetenz und Urteilsfähigkeit sollen doch in der Schule erst ausgebildet werden. Wenn wir schon perfekt wären, müssten wir nicht mehr in den Unterricht kommen, sondern könnten uns gleich prüfen lassen.

Sch. 1: Ja. Wir sind eben Kunden und Produzenten ... oder umgekehrt; wie du willst. Das trifft auch zu, obwohl nie festgestellt werden kann, wo die Schnittstellen für die Verantwortung der beiden Partner liegen.

Sch. 2: Habt Ihr eigentlich auch darüber gesprochen, ob wir ebenfalls die Rolle von „Produzenten" haben, wenn es um die Kunden Eltern, Behörden, Öffentlichkeit weiterführende Bildungseinrichtungen, spätere Berufs- und Arbeitswelt etc. der schulischen Dienstleistungen geht?

Sch. 1: Nee, haben wir noch nicht.

Sch. 2: Und wie ist das mit den Kindern und Jugendlichen in den sozialpädagogischen Einrichtungen?

Sch. 1: Das ist sicher nicht ganz dasselbe, aber ähnlich ist es schon. Lass uns jetzt erst einmal essen gehen.

5 Grundregeln für Befragungen und Befragungstypen

5.1 Grundregeln

Um die Stärken und Verbesserungspotenziale in einer Einrichtung zu erfassen, sind schriftliche Befragungen der Mitarbeiter der übliche Einstieg in die Informationssammlung. Der Bedeutung angemessen sollten bestimmte Grundregeln eingehalten werden:

Grundregeln

1. Beginnen Sie den Fragebogen damit, dass Sie den Grund der Befragung nennen.
2. Ihre Fragen sollten der individuellen Situation angepasst sein. Fragen aus fremden Quellen können nur Anregungen bieten.
3. Die Fragen müssen klar und verständlich formuliert sein.
4. Ihre Fragen müssen die Zielgruppe angemessen ansprechen.
5. Vermeiden Sie Suggestivfragen, die den befragten Personen den Spielraum nehmen, ihre eigene Sichtweise einzubringen.
6. Ziehen Sie nicht mehrere Fragen zu einer zusammen, da sonst Aussagen der Befragten nicht eindeutig zugeordnet werden können. (Negativbeispiel: „Haben Sie die Vorgaben der Projektgruppe immer verstanden und konnten Sie sie bei Ihrer pädagogischen Arbeit umsetzen?")
7. Formulieren Sie Ihre Fragen so konkret wie möglich, um zu allgemeine Antworten zu vermeiden.
8. Die Fragen sollten sich in ihrem Umfang streng am Fragebedarf orientieren, um die Motivation der Befragten, Ihre Fragen zu beantworten, nicht zu beeinträchtigen.
9. Der Fragebogen sollte Raum bieten für zusätzliche Antworten und Kommentare der Befragten.
10. Geben Sie an, wohin und bis zu welchem Datum die Antworten zu senden sind.
11. Das Layout des Fragebogens sollte die Befragten optisch ansprechen.
12. Die Befragten sollten zeitnah über das Ergebnis der Befragung informiert werden.
13. Die Anonymität der Befragung ist zuzusichern und unbedingt einzuhalten.
14. Führen Sie eine Probebefragung mit einer Person durch, um einzelne Fragen evtl. noch überarbeiten zu können.

(nach Schratz/Iby/Radnitzky, 2000)

5.2 Befragungstypen

Die Wahl der Befragungsform steuert die Form der Auswertung der erhaltenen Informationen. Die Antworten auf geschlossene Fragen lassen sich leicht auszählen und grafisch meist einfach darstellen. Andererseits aber bedeutet dieser Modus eine Einengung der Aussagekraft. Offene Fragen lassen individuelle Antworten zu, erschweren aber die Auswertung, da sie eine nachträglich zu erarbeitende Kategorisierung und die anstrengende Zuordnung der Antworten erforderlich machen. Im Folgenden werden einige gängige Befragungstypen vorgestellt:

Alternativfragen

Zwischen zwei Möglichkeiten ist eine auszuwählen.

Beispiel: Sind Sie bereit, im Projektteam zur Qualitätsentwicklung in unserer Einrichtung mitzuarbeiten?

    ja ❑   nein ❑

Auswahlfragen

Aus mehreren vorgegebenen Aussagemöglichkeiten soll diejenige oder sollen diejenigen ausgewählt werden, die die befragte Person am ehesten als zutreffend einstuft.

Beispiel: Wie sind Sie von der Projektgruppe für die Qualitätsentwicklung über den Fortgang des Prozesses jeweils informiert worden?

regelmäßig	❑	höflich	❑
pünktlich	❑	unkompliziert	❑
zielführend	❑	herablassend	❑
geduldig	❑	hektisch	❑

Polaritätenprofil

Hier ist die Aussage vorgegeben, die Ausprägeform wird auf einer Skala zwischen zwei Polen gewichtet.

Beispiel: Die Förderung des Spracherwerbs bei den Kindern und Jugendlichen in unserer Einrichtung war bereits bisher exzellent.

    trifft vollständig zu ❑ ❑ ❑ ❑ ❑ ❑ trifft überhaupt nicht zu

Stimmungsbarometer

Damit soll die Stimmung der befragten Personen bei einer bestimmten Aussage festgestellt werden.

Beispiel: Wenn ich an die Wertschätzung meiner pädagogischen Leistungen durch die Einrichtungsleitung denke, werden meine Gefühle am besten ausgedrückt durch das Gesicht:

    ☺   😐   ☹

Offene Fragen

Diese werden meist verwendet, um zusätzliche Informationen zu den Antworten auf geschlossene Fragen zu erhalten.

Beispiel: Welche positiven und negativen Erfahrungen konnten Sie mit der Errichtung einer Projektgruppe zur Qualitätsentwicklung in Ihrer Einrichtung machen?

AUFGABE Formulieren Sie mindestens drei offene Fragen an mindestens fünf Ihrer Mitschüler zur Istsituation in einer sozialpädagogischen Einrichtung. Ordnen Sie die Antworten denjenigen aus geschlossenen Fragetypen zu.

AUFGABE Erarbeiten Sie exemplarisch Punkte mit Untergliederungen, die in der Einrichtung der Lernsituation vereinbart werden sollten, um ein gemeinsames Qualitätsentwicklungskonzept zu sichern. Wer muss mit wem etwas vereinbaren?

Beispiel für eine Zielvereinbarung:

Zielvereinbarung zwischen _____ und _____
Ziele für den Zeitraum von _____ bis _____ 1. pädagogische 2. methodische 3. organisatorische 4. im Rahmen der Konzeptionsentwicklung 5. persönliche
Welche Maßnahmen sind besonders vorzusehen?
Mit wem muss kooperiert und abgestimmt werden?
Wer prüft, ob die Ziele erreicht werden?
Welche Vorteile entstehen 1. für die Kinder/Jugendlichen? 2. für die Eltern? 3. für die Kolleginnen und Kollegen? 4. für die Einrichtung? 5. für mich?
Wann soll die Evaluation erfolgen?
(Datum, Unterschriften der Vereinbarungspartner)

AUFGABE Bereiten Sie eine adressatengerechte Präsentation der Konzeption einer sozialpädagogischen Einrichtung vor und führen Sie die Präsentation durch. Befragen Sie dazu auch Ihre Mitschüler, welche Form der Präsentation vorgesehen werden soll (s. Strichliste unten).

Beispiel für Vorschläge von Mitschülern:

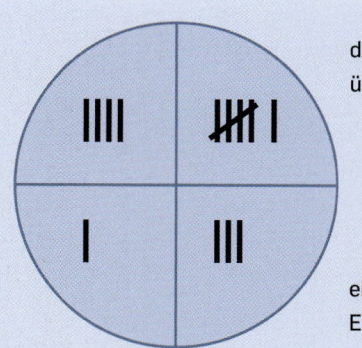

das Projekt gemeinsam mit dem Kooperationspartner Grundschule vorstellen (mit PowerPoint)

die Homepage der Einrichtung überarbeiten

ein neues Einrichtungslogo gestalten

eine Informationsbroschüre für die Einrichtung gestalten

6 Durchspielen einer vollständigen Handlung

Für den ersten Durchgang der Qualitätsentwicklung in ihrer Einrichtung hält Frau Kerger es nicht für angebracht, zu komplexe Analysen und Ziele auf Basis eines TQM-Modells ausarbeiten zu lassen. Die anstehende Entwicklung einer neuen Konzeption in ihrer Einrichtung in Verbindung mit einem Qualitätsentwicklungskonzept soll deshalb (so ihre Vorstellung) auf einer überschaubaren Ebene, aber dennoch systematisch erfolgen. Frau Dubs, Frau Dammann, Frau Neuberg und Herr Retzer wissen, dass sie (wenn auch in unterschiedlichen Rollen) an der Analyse – hier unter dem Begriff Selbstevaluation gefasst – und der Bewertung des Istzustands aus fachlicher Sicht beteiligt sind, einer Analyse und Bewertung, die in allen Qualitätsentwicklungsmodellen als unabdingbare Schritte vorgesehen sind. Besonders ist Frau Kerger an der vollen Zustimmung der pädagogischen Mitarbeiter interessiert, die die operativen Erziehungs-, Bildungs- und Betreuungsprozesse tragen und für jede Kindergruppe neu gestalten müssen. Individuelle Verantwortung soll in kollektive Verantwortung für das pädagogische Geschehen in der Einrichtung verwandelt werden.

Frau Kerger kennt ihre Mitarbeiter. Sie geht von einer breiten Zustimmung zu ihrem Projektvorhaben aus, obwohl die Projektplanung und -organisation ein zeitaufwendiges Unternehmen vor allem für die Mitglieder der dazu speziell einzurichtenden Projektgruppe sein werden. Für die Organisation des Vorhabens will sich Frau Kerger an den nachfolgenden Schritten orientieren.

> Literaturtipps: Schwan/Kohlhaas, 2002;
> Gonon, Hügli u. a., 2001

6.1 Analysieren

> Die Menschen wünschen nicht, dass man zu ihnen redet.
> Sie wünschen, dass man mit ihnen redet (Emil Oesch).

Die umfassenden Auswirkungen der Qualitätsentwicklung in einer Einrichtung erfordern die Information und Beteiligung aller Mitarbeiter.

Teambesprechung

Zu einer umfassenden Qualitätsentwicklung gehört, noch vor einer Entscheidung eine Informationsveranstaltung durchzuführen, auf der die rechtlichen Vorgaben, die Absichten, die Ziele (soweit bereits feststehend), die Methoden, die Maßnahmen, die Verwendung der Ergebnisse, der Nutzen für die Einrichtung, besonders aber die Vorteile für die Kinder und deren Eltern, von der Leitung der Einrichtung vorgetragen und diskutiert werden. Frau Kerger hat diese Informationsveranstaltung inzwischen durchgeführt und darüber das folgende Protokoll gefertigt (s. nächste Seite):

Protokoll

über die erste Informationsveranstaltung zur Qualitätsentwicklung am 10. Okt 20.. von 16:00 bis 19:00 Uhr.

Anwesende: Frau Kerger, Frau Dammann, Frau Dubs, Frau Neuberg, Herr Retzer, Frau Barth, Frau Möllner, Frau Stange, Frau Leber, Frau Drewes, Frau Abert, Herr Liebig, Herr Carron (Elternvertreter)
Entschuldigt fehlte: Herr Schuhmann

Verlauf:
Die Leiterin der Einrichtung Frau Kerger informierte die Anwesenden ausführlich über die Absicht, ein Qualitätsentwicklungsprojekt zu initiieren, in dessen Rahmen die derzeitigen Stärken und Verbesserungspotenziale der Einrichtung durch eine Befragung aller festgestellt und neu bewertet werden sollen. Anlass für die Überlegungen in diese Richtung war ein Vorschlag, die Arbeit im Bildungsbereich – besonders die Förderung der Sprachkompetenz – zu verstärken und damit eine andere Akzentuierung als bisher zu organisieren.
Um festzustellen, ob und ggfs. wie diesem Anliegen entsprochen werden kann, analysierte Frau Kerger die pädagogische Istsituation der Einrichtung zunächst aus ihrer Sicht. Die Ergebnisse ihrer Überprüfung insbesondere der Situation der Sprachförderung waren zusammengefasst die Folgenden:

• Die pädagogischen Mitarbeiter haben bereits in der Vergangenheit hier besondere Angebote gemacht, auf erste Erfahrungen mit ihnen können die Erzieherinnen und Erzieher zurückgreifen. Die Resultate der Bemühungen waren jedoch schon länger nicht mehr evaluiert worden.

• Der Schwerpunkt Musik im künstlerisch-kreativen Arbeitsfeld erhält intern wie extern Anerkennung.

• Die Fachkräfte der einzelnen Bereiche informieren sich zwar, schließen zur gleichmäßigen Qualitätssicherung jedoch keine Vereinbarungen ab.

• Die Qualitätskriterien der Einrichtung sind sehr allgemein gehalten und öffneten deshalb Nischen, für die jetzt Verbesserungspotenziale bestehen. Stärken machen sich vor allem an einzelnen Personen fest.

Auf der Grundlage dieser knappen Analyse schlug Frau Kerger vor:
1. Es soll eine Projektgruppe eingerichtet werden, die mithilfe einer Befragung aller Mitarbeiter, der Kinder, Eltern, des Trägers u. a. den Istzustand der pädagogischen Arbeit in der Einrichtung feststellt. Darüber hinaus soll sie die Ergebnisse bewerten und Vorschläge für eine ausdifferenzierte neue Konzeption der Einrichtung in Abstimmung mit allen Mitarbeitern, dem Träger, den Eltern und den externen Partnern erarbeiten.

2. Neben der Stärken-Schwächen-Analyse soll der Projektgruppe als Ziel mitgegeben werden, eine intensivere Förderung des Erwerbs vor allem der deutschen Sprache während des Aufenthalts der Kinder in der Kindertagesstätte in der Konzeption zu verankern, um alle Kinder in das Gruppengeschehen noch besser zu integrieren und sprachliche Rückstände möglichst nicht erst entstehen zu lassen. Die Schwerpunkte der Förderung sollen auf Wortschatz, Verständnis von Bitten sowie aktive Äußerungen gelegt werden. Im Bereich der musikalischen Förderung soll das Lied akzentuiert werden.

3. Die Projektgruppe sollte bestehen aus der Leiterin der Einrichtung, die auch die Projektgruppe leiten wird, Frau Dubs aus dem Erzieherteam und Herrn Carron als Vertreter der Eltern. Einem Vertreter des Trägers wird die Mitarbeit freigestellt.

4. Die Mitarbeiter sollten durch die Befragung nicht so stark belastet werden, dass sie ihrer täglichen Arbeit nicht mehr voll nachkommen können.

5. Der Projektgruppe wird gestattet, sich mit einem Experten für Qualitätsentwicklung fachlich auszutauschen.

Nach lebhafter und teilweise kontroverser Diskussion wurde mit Ausnahme von einer Gegenstimme und zwei Stimmenthaltungen den Vorschlägen von Frau Kerger zugestimmt.

Die Arbeit der Projektgruppe soll am 1. Feb. 20.. beginnen und bis zum 31. Dez. des gleichen Jahres abgeschlossen sein.
Frau Kerger wird bis zum Beginn der Projektgruppenarbeit mit dem Träger der Einrichtung einen arbeitszeitlichen bzw. finanziellen Ausgleich für die Mehrarbeit der Mitglieder in der Arbeitsgruppe aushandeln.

Ort, Datum   Unterschrift der Protokollführerin/des Protokollführers

Am Abend der Informationstagung notierte Frau Dammann noch für sich:

„Zwei Aspekte der Diskussion habe ich besonders verfolgt:

1. Gab es eine Tendenz bei den Diskussionsbeiträgen für eine neue inhaltliche Konzeption?
Ich denke, diese Frage ist zu bejahen. Die verstärkte Sprachförderung gemäß Protokoll wurde eindeutig favorisiert. Wenn möglich sollte – so meine pädagogischen Kollegen – auch die Musik weiter ausgebaut werden, da sie die Sprachförderung direkt unterstützt. Herr Liebig soll – so Tendenzaussagen – seine sehr beliebten naturwissenschaftlichen Spiele fortsetzen. Bei der Benennung von Problemfeldern waren die Beiträge der Anwesenden sehr zurückhaltend.

2. Wie ging die Leiterin mit Einwänden um?
Die Vorbehalte und Einwände wurden überzeugend beantwortet, sodass die Mitarbeiter sich besser mit der geplanten Aufgabe identifizieren können. Allerdings gelang es nicht, alle Mitarbeiter für die neue professionelle Qualitätsarbeit zu gewinnen, aber nur eine pädagogische Mitarbeiterin (Sozialassistentin Frau Barth) enthielt sich der Stimme. Für das Gelingen ist es jedoch wichtig, dass der überwiegende Teil des Einrichtungsteams das Projekt befürwortet. Ich denke mir, dass auch die Skeptiker eine wichtige Funktion einnehmen können, wenn sie vielleicht allzu euphorische Einschätzungen der Reformwilligen relativieren. Unerlässlich sind der gegenseitige Respekt und die dauerhafte Einbeziehung aller Beteiligten.

Die Diskussion hat mir auch signalisiert, dass es zwischen Leitung, Fachkräften, Verwaltung, Träger und Eltern wahrscheinlich manchmal zu Spannungen kommen wird, z. B. bei Entscheidungs- und Weisungsbefugnissen. Ich bin gespannt, wie die Projektgruppe damit konstruktiv umgehen wird."

6.2 Planen

> Gut überlegt ist schon halb gewonnen (ägyptische Weisheit).

Die Projektgruppe ist sich bewusst, dass sie für das gesamte Projektverfahren verantwortlich ist. Sie weiß, dass zur Qualitätsentwicklung die Qualität der ganzen Einrichtung gehört und nicht nur die einer oder weniger Abteilungen. Alle Fachkräfte möchten erfolgreich arbeiten und dafür die Unterstützung und Anerkennung der anderen Fachkräfte erhalten. Die Projektgruppe sieht sich auch gefordert, während des Projekts eventuell auftretende Probleme schnell und unkonventionell zu lösen.

Vor diesem Hintergrund einigt sie sich auf die nachfolgenden Planungspunkte.

Kurzplanung

Ziel	Handlungsschritte
Die Angebote im Bildungsbereich verstärken	• Festlegen der Inhalte und Methoden des Konzepts der Qualitätsbewertung • Planung eines Informationsverfahrens sowie der Beteiligung aller Mitarbeiter • Planung der Datenerhebung • Planung der Qualifizierung des Projektteams sowie der Mitarbeiterschulung • Bildung eines Bewertungsteams • Erarbeiten eines Projektplans unter Berücksichtigung der rechtlichen Vorgaben für sozialpädagogische Einrichtungen

Festlegen der Inhalte und Methoden des Konzepts der Qualitätsbewertung

Da die Einrichtung noch keine Erfahrungen mit TQM-Modellen für die Qualitätsentwicklung und Bewertung besitzt, plant die Projektgruppe, sich zunächst nicht von einem Anbieter eines fertig konzipierten Qualitätssystems evaluieren zu lassen. Vielmehr beschließt sie, mit einem eigenen Konzept in die Selbstbewertung einzusteigen. Mit einem eigenen Fragebogen und eigenen Bewertungskriterien auf der Grundlage des „nationalen" Qualitätskriterienkatalogs soll in der Einrichtung zunächst eine Evaluationskultur aufgebaut werden, die von Anfang an möglichst von allen getragen wird. Zur Qualifizierung der Leiterin in Projektmanagement für Qualitätsbewertung und entsprechender Moderationstechnik möchte sich Frau Kerger an einen externen Berater wenden, der schon Qualitätsprojekte durchgeführt oder begleitet hat und in der Lage ist zu moderieren, um latente Konflikte sichtbar werden zu lassen. Der Projektgruppe ist klar, dass sie mit ihrer Entscheidung die „Leitplanken" eines umfassenden Qualitätssystems verliert, nur noch einzelne Aspekte von dort können in das eigene System übernommen werden.

Neuer inhaltlicher Schwerpunkt soll die verbesserte Förderung der Kompetenz der deutschen Sprache für die Kinder in der Kindertagesstätte sein. Darüber hinaus soll die musikalische Kompetenz der Kinder – vor allem das Liedersingen – vertieft werden. Im Rahmen der Qualitätsentwicklung sollen alle pädagogischen Arbeitsfelder hinsichtlich ihrer Stärken und Verbesserungspotenziale evaluiert werden. Mit dieser Konkre-

tisierung der neuen Qualitätspolitik der Einrichtung, die in den wichtigsten Zügen bereits in der ersten Informationsveranstaltung vorgenommen wurde, sind – so die Auffassung der Projektgruppe – realistische und realisierbare Qualitätsziele genannt, die auch Aussicht auf Erfolg haben.

Planung eines Informationsverfahrens sowie der Beteiligung der Mitarbeiter

Nach Fertigstellung des Konzepts der Analyse und Bewertung der bisherigen pädagogischen Arbeit hinsichtlich von Stärken und Verbesserungspotenzialen will die Projektgruppe in schriftlicher Form die Mitarbeiter über das Kommunikationsverfahren zwischen Projektgruppe und Einrichtungsteam sowie den Eltern informieren. Der Informationsplan wird an einem Nachmittag erläutert und diskutiert. Er enthält:

• Art und Zeitpunkte des Informationsaustauschs
• Art der Einbeziehung der Mitarbeiter sowie der Eltern in den Entwicklungs- und Umsetzungsprozess
• einen besonderen Kommunikationsplan in Richtung Träger

Planung der Datenerhebung

Hinsichtlich der Datenerhebung entscheidet sich die Projektgruppe für eine schriftliche Umfrage in standardisierter Form. Für zusätzliche Anregungen und Informationen soll eine Schreibzeile auf dem Fragebogen vorgesehen werden.

Die Befragungsbögen sollen den Mitarbeitern sowie den externen Betroffenen (Eltern, Partner) am 31. Mai 2007 ausgehändigt und spätestens am 31. Juli 2007 wieder eingesammelt werden. Die Bearbeitung der Bögen im Team ist möglich. Zwischenergebnisse zum Ablauf der Befragung und deren Auswertung werden erstmals am 15. Oktober 2007 im Sekretariat der Einrichtung ausgelegt und danach jeweils erneut im Monatsabstand.

Planung der Qualifizierung des Projektteams sowie der Mitarbeiterschulung

Das Projektteam sieht es als vordringlich an, an einer Fortbildung teilzunehmen, die folgende Inhalte umfasst:

- allgemeine Grundsätze der Qualitätsentwicklung, vor allem der Bewertung der Antworten auf die Fragen in den Befragungsbögen
- eine praktische Einübung der Systematik anhand einer Fallstudie mit Musterlösung

Anschließend sollen die Mitarbeiter der Einrichtung einen Bericht über die Fortbildung erhalten. Die Unterlagen werden nach der mündlichen Berichterstattung im Sekretariat der Einrichtung ausgelegt.

Frau Kerger, die ja auch die Projektleitung übernommen hat, bemüht sich selbst um ihre Fortbildung in Projektmanagement und Moderationstechnik.

Die Teamsitzung zur Planung

Bildung eines Bewertungsteams

Aus Vereinfachungsgründen beschließt die Projektgruppe, für den ersten Durchgang der Qualitätsentwicklung kein eigenes Bewertungsteam (Assessoren) zu bilden, sondern selbst die Bewertung der Antworten vorzunehmen und den Bewertungsbericht zu erstellen. Die sozialpädagogische Einrichtung ist im Verhältnis zu einem Wirtschaftsbetrieb sehr klein. Für ein neues Bewertungsteam stehen nicht ausreichend neue Mitglieder zur Verfügung. Es soll versucht werden, die RADAR-Logik von EFQM den Bewertungen der einzelnen Kriterien zugrunde zu legen.

Erarbeiten des Projektplans

Der Projektplan der Projektgruppe wird zu Beginn der Durchführungsphase zwischen allen Beteiligten in der Einrichtung schriftlich vereinbart. Er enthält:

- das Konzept, nach dem gearbeitet wird
  - inhaltliche Schwerpunkte der künftigen Konzeption
  - rechtliche Vorgaben
  - eigene Befragungsbogen
  - eigene Bewertungskriterien
- alle durchzuführenden Maßnahmen
  - Organisation
  - Gespräche
  - Entscheidungen
- die Verantwortlichen
- einen Zeitplan

Die externen Partner der Einrichtung werden über den Projektplan in einem eigens dazu angesetzten Gespräch von Frau Kerger informiert.

6.3 Durchführen

> Der Sinn einer Idee ist ihre Verwirklichung, und taugt die Verwirklichung nichts, war die Idee für die Katz (Hans Kasper).

Qualifizierung des Projektteams sowie der Mitarbeiter

Die Inhalte der Schulungen waren bereits in der Planungsphase festgelegt worden. Für die Qualifizierung des Projektteams war ein Experte gefunden worden. Die Fortbildung fand noch vor der Befragungsaktion statt. Auch Frau Kerger als Leiterin des Projekts hat ihre besondere Qualifizierung erhalten. Über die Fortbildung berichteten die Projektmitglieder mündlich unmittelbar nach deren Abschluss allen Mitarbeitern. Die Einladung zu diesem Gespräch war rechtzeitig verschickt worden. Nach dieser Informationsveranstaltung wurden die schriftlichen Berichte im Sekretariat zum Nachlesen hinterlegt.

Um die Kosten der Qualifizierungen zu reduzieren, hatte die Projektgruppe Kontakt zu zwei weiteren sozialpädagogischen Einrichtungen in der Stadt aufgenommen und nachgefragt, ob auch dort Interesse an den geplanten Schulungen besteht. Beide Einrichtungen haben an den Fortbildungen teilgenommen.

Durchführung der Datenerhebung

Als Basis für die Datenerhebung galt das von der Projektgruppe erarbeitete Befragungskonzept, das die Besonderheiten der Einrichtung berücksichtigte. Die Mitarbeiter sowie die externen Partner orientierten sich für ihre Situationsberichte an dessen Struktur und Kriterien. Weitere Informationen erhielt das Projektteam durch zusätzliche Befragungen. Der Prozess der Datenerhebung war erst abgeschlossen, als alle als notwendig angesehenen Daten vorlagen und diese strukturiert dokumentiert worden waren.

Bewertung der gesammelten Daten und Berichterstellung

Die Projektgruppe führte die Bewertung in einem Workshop durch, der von Frau Kerger moderiert wurde. Der Bewertungsprozess begann mit der Individualbewertung durch jedes Mitglied des Projektteams, danach folgten die Konsensfindung und schließlich die Erstellung des Feedbackberichts. Im Rahmen der Konsensfindung wurde Einvernehmen hergestellt hinsichtlich der Stärken und der Verbesserungspotenziale der Einrichtung sowie der Maßnahmen, die ergriffen werden müssen, um bestehende Schwächen abzubauen und Stärken auszubauen. Schließlich wurden die möglichen Verbesserungsmaßnahmen nach Schwerpunkten und Prioritäten geordnet. Dabei berücksichtigte die Projektgruppe die beschlossene neue Konzeption der Einrichtung und deren Zielsetzungen. Die Projektgruppe wusste, dass diese Prioritätensetzung sicher jener Teil der Ergebnisse des Workshops ist, der anschließend in der Einrichtung am stärksten diskutiert würde. Die Erörterung zwischen allen Beteiligten und Betroffenen trägt aber in der Regel dazu bei, die Akzeptanz aller zu erhöhen und die Motivation zu stärken.

Es ist geschafft

> **Bewertung der gesammelten Daten durch die Projektgruppe**
>
> Individualbewertung
>
>
>
> Konsensfindung in der Projektgruppe
> * zu den Stärken und Verbesserungspotenzialen der Einrichtung
> * zu den zu ergreifenden Maßnahmen
> * zur Schwerpunktsetzung und Rangfolge der möglichen Verbesserungsmaßnahmen auf Basis der Konzeption
>
>
>
> Erstellung des Feedbackberichts mit den festgestellten Stärken und Verbesserungspotenzialen

Der Feedbackbericht wurde allen Mitarbeitern, den Eltern, dem Träger sowie den externen Partnern zugestellt. Dem Bericht konnten nicht nur die festgestellten Stärken und Verbesserungspotenziale entnommen werden, sondern auch Erklärungen dazu, wie das Projektteam zu seinen Ergebnissen gekommen war. Um eine möglichst große Akzeptanz zu erreichen, wurden die Ergebnisse leicht nachvollziehbar dargestellt.

Umsetzung der Verbesserungsmaßnahmen

Die Bewertung der Stärken und Verbesserungspotenziale einer Einrichtung ist noch nicht Garant dafür, dass die Ergebnisse des Qualitätsentwicklungsprozesses danach in die tägliche Arbeit und in die Planungen der Einrichtung einmünden. Daher wurde von der Projektgruppe für die Umsetzung des vorrangigen Maßnahmenkatalogs ein **Aktionsplan** erarbeitet, der zwischen allen Mitarbeitern vereinbart wurde (**Zielvereinbarung**). Er enthält Absprachen darüber,

* in welchen Zeiträumen welche Ziele gemäß den bestehenden Verantwortungen erreicht werden sollten und
* wer die Arbeitsschritte überwacht.

Auch ging es darum, zu einzelnen Bereichen, für die ein erhöhter Verbesserungsbedarf festgestellt wurde, die erforderlichen Entwicklungsmaßnahmen zu erarbeiten und Absicherungen vorzusehen.

6.4 Reflektieren und bewerten

> Wo keine Fragen mehr gestellt werden, beginnt die Verantwortungslosigkeit. (André Brie)

Die Projektgruppe wollte sowohl die positiven wie die negativen Erfahrungen während ihrer Arbeit festhalten. Sie überprüfte, ob sie für und während des Projektverlaufs die richtigen Entscheidungen getroffen und die jeweils angemessenen Maßnahmen ergriffen hatte. Sie betrachtete kritisch, ob alle wichtigen Bewertungsfelder in der Einführungsphase der Qualitätsentwicklung berücksichtigt wurden. Und natürlich beantwortete sie auch die Frage, welche Erfahrungen in künftige Qualitätsentwicklungsprozesse einfließen könnten.

Reflexionsfragen

- Wurden für die Analyse des Istzustands die richtigen Fragen gestellt? Waren Fragen missverständlich formuliert?
- War die Auswahl der Bewertungsfelder für die Einrichtung richtig?
- Waren die Bewertungskriterien richtig gewählt?
- Wurden die Auswirkungen auf die Strukturen der Einrichtung berücksichtigt?
- Werden nicht nur die Erziehungs-, Bildungs- und Betreuungsprozesse verbessert, sondern kommen gewollte Ergebnisse auch bei den Kindern an?
- Wurden alle relevanten Interessengruppen beteiligt? u. a.

6.5 Dokumentieren und präsentieren

Über den gesamten Projektverlauf, die Inhalte, die Ergebnisse, die Erfahrungen und seine Bewertung fertigte die Projektgruppe einen schriftlichen Bericht an. Er erleichterte die Nachvollziehbarkeit der Schritte und die Reflexion sowie die Planung der weiteren Maßnahmen. Die dokumentierten Auswirkungen der positiven und negativen Erfahrungen der Projektgruppe wurden im Rahmen einer Präsentation von allen Mitarbeitern der Einrichtung, den Eltern, dem Träger und anderen Interessierten und Betroffenen nach den gleichen Maßstäben bewertet wie die Abfrageergebnisse.

Nach Abschluss der Arbeiten des Projektteams und der notwendigen Anschlussabsprachen können die pädagogischen Mitarbeiter in der Einrichtung jetzt individuelle Konzepte für die Arbeit in ihren jeweiligen Gruppen entwickeln und durchführen. Sie werden neue Erfahrungen sammeln und können künftig regelmäßig Evaluationen durchführen.

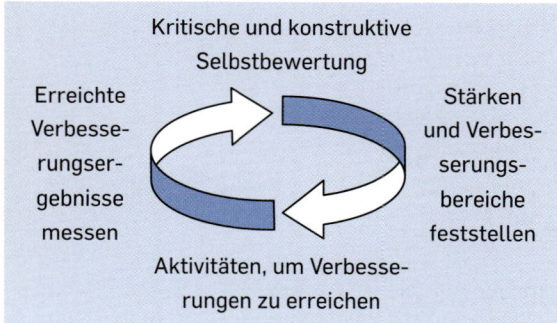

Das Prinzip des kontinuierlichen Verbesserungsprozesses (nach Böhm, 1999)

1   Weitere Lernsituation

Der Träger einer sozialpädagogischen Einrichtung mit einer Kindertagesstätte und einem Hort möchte nach der Sommerpause zusätzlich eine Kinderkrippe in sein Angebot aufnehmen. Er bittet die Leitung der Einrichtung, dafür die Konzeption der Einrichtung entsprechend neu zu gestalten. Die Leiterin möchte die angestrebte Erweiterung nicht nur mit der zuständigen Gruppenleiterin erörtern, sondern im Team.

Die Erzieherinnen und Erzieher, die Eltern und externe Partner sind bereit, sich gemeinsam auf die neue Aufgabe vorzubereiten und damit auch die bisherige Konzeption der Einrichtung zu überdenken. Sie schlagen vor, umfassend den Istzustand zu analysieren, die pädagogischen Stärken der Einrichtung in einer neuen Konzeption festzulegen und darauf ein einrichtungsspezifisches überzeugendes Qualitätsentwicklungskonzept aufzubauen.

Der derzeitige Schwerpunkt der Einrichtung liegt auf der Entwicklung der Motorik. Die Räume und die Ausstattung dafür wurden über Jahre hinweg entsprechend aufgebaut. Weiterbildungen für die pädagogischen Fachkräfte wurden angeboten und genutzt.

AUFGABE Beschreiben Sie die Handlungswege gemäß Punkt 6 „Durchspielen einer vollständigen Handlung" mit den Schritten Analysieren, Planen, Durchführen, Reflektieren und Bewerten, Dokumentieren und Präsentieren. Leitende Fragen für eine erste Analyse können sein:

- Welche Einrichtungskonzeption besteht?
- Welche Ziele und Normen sind in der Einrichtung handlungsleitend? Welche Auffassungen haben die Erzieherinnen zur pädagogischen Qualität ihrer Einrichtung?
- Wie werden die pädagogischen Ziele und Vorstellungen umgesetzt?
- Welche internen Informations- und Beteiligungsprozesse laufen wie ab?
- Wer ist wofür verantwortlich und auf welcher Basis?

- Welche Evaluationsstrategien bestehen und wie werden sie umgesetzt?
- In welcher Form und mit welchem Ziel findet Fortbildung statt?
- Liegen Dokumentationen über definierte Zeiträume aus der Vergangenheit vor?
- Wie sieht die Werbestrategie für die Einrichtung aus?

2   Anregungen zur Selbstreflexion

Für Ihre Selbstreflexion des Lernerfolgs sind die Dokumentation Ihrer jeweils angestrebten Lernziele, die Umsetzung der geplanten Ziele in konkretes Lernhandeln, die Reflexion über die gewählten Ziele und das dazu eingeschlagene Handeln Voraussetzung.

Die Ergebnisse der Selbsteinschätzung können gut in einem Lerntagebuch festgehalten werden. Es empfiehlt sich, die Lernleistung jeweils eines kurzen Lernabschnitts zu protokollieren, um die Ergebnisse in regelmäßigen Zeitabständen bewerten zu können.

Mittel- und langfristig kann durch diese Form der Dokumentation ein Wechsel von der extrinsischen zur intrinsischen Belohnung erreicht werden. Lehrkräfte, sofern sie die Lerntagebücher regelmäßig auswerten dürfen, können Einblicke in Ihr Lern- und Arbeitsverhalten bekommen und dadurch gezielter Anregungen zum effektiven Lernen geben.

Hilfreich für Ihre Strukturierung der Protokollabschnitte sind folgende Leitfragen:

Name der Einrichtung: _____   Ihr Name: _____
Dokumentationszeitraum: _____
Kinder-/Jugendlichengruppe: _____   Zahl, Alter, Geschlecht: _____

Zusammenfassung der Ergebnisse

Vorgehen

Hatte ich eine eigene Lernstrategie?

Hatte ich bestimmte persönliche Lernziele?

Welches waren meine Arbeitsschritte für den Lernabschnitt?
1. _____
2. _____
3. (usw.)

Habe ich jeweils den Zeitplan eingehalten?

Welche Schritte sind mir leichtgefallen?

Welche Schritte sind mir besonders gelungen?

Bei welchen Schritten hatte ich Schwierigkeiten?

Welche Fehler habe ich gemacht?

Wie bin ich mit meinen Fehlern umgegangen?

Was förderte mich beim Lernen?

Erhielt ich Unterstützung? Von wem?

Was hinderte mich am Lernen?

Meine Lernerfolge
z. B.:
Ich berücksichtige stärker als früher die Beiträge anderer.
Ich arbeite besser bei der Planung der Gruppenarbeit mit.
Ich achte mehr auf eine ausreichende Mitarbeit in der Gruppe.

Meine Überlegungen und Planungen für die künftige Arbeit
z. B.:
Ich muss noch besser auf die Arbeitsanweisungen achten.
Ich lasse mich noch zu schnell ablenken, wenn ich ohne Beaufsichtigung arbeite; das muss besser werden.
Ich möchte eine Projektaufgabe übernehmen und sie selbstständig fertigstellen.
Ich möchte selbstständig eine Präsentation meiner Dokumentationsergebnisse durchführen.

Die Führung eines Lerntagebuchs ist Teil Ihrer selbstständigen Tätigkeit. Es fördert die konzentrierte Mitarbeit im Unterricht. Indem Sie kontinuierlich Ihren Lernfortschritt festhalten, gelingt die Vorbereitung auf Prüfungen angstfreier und selbstbewusster. Die ständige Selbstreflexion des eigenen Lernverhaltens trägt gezielt zu dessen Weiterentwicklung bei. Auch Fragen an die Lehrkräfte und Vorschläge zur Gestaltung des Unterrichts werden von Ihnen durchdachter eingebracht werden können.

Glossar

Administration: Verwaltung

Ambiguitätstoleranz: Die Fähigkeit, Ungereimtheiten, Unterschiede und Widersprüche ertragen zu können

Antisemitismus: Die Feindseligkeit gegenüber Menschen mit jüdischer Abstammung

Anthropologie: Wissenschaft vom Menschen und seiner Entwicklung in natur- und geisteswissenschaftlicher Hinsicht.

antizipiert: Vorgedacht

Audit: Die kritische Überprüfung von Sachverhalten durch Personen, die außerhalb des geprüften Bereichs stehen. Die Prüfung erstreckt sich auf das gesamte Geschehen in der Einrichtung einschließlich der dazu angefertigten Aufzeichnungen und auf deren Ordnungsmäßigkeit, Zweckmäßigkeit und Richtigkeit.

Ausbildung der Erzieherinnen und Erzieher: „Ziel der Ausbildung ist die Befähigung, Erziehungs-, Bildungs- und Betreuungsaufgaben zu übernehmen und in allen sozialpädagogischen Bereichen als Erzieher oder Erzieherin selbstständig und eigenverantwortlich tätig zu sein (Rahmenvereinbarung über Fachschulen, Teil II).

Authentizität: Echtheit, Glaubwürdigkeit

autistisch: Mit schweren Verhaltens- und Kommunikationsstörungen behaftet, extrem selbstbezogen

autoaggressiv: Aggressiv gegen sich selbst

autoritär: Unterdrückerisch, absoluten Gehorsam verlangend

Autorität: Autorität zu haben bedeutet, echtes Ansehen zu genießen.
Beachte: Das Adjektiv zu „Autorität" ist „autoritativ", das bedeutet „maßgebend, entscheidend" (nicht „autoritär", was „diktatorisch" bedeutet). Das Nomen zu „autoritär" ist Autoritarismus (absoluter Autoritätsanspruch).

Benchmarking: Ein Managementverfahren, mit dem eine kontinuierliche Qualitätsentwicklung durch den systematischen Vergleich der eigenen Leistungen/Prozesse mit denen in vergleichbaren Einrichtungen sichergestellt werden soll. Ziel ist es, von den besten Ideen und Lösungen zu lernen.

Beobachtungsbericht: Ein meist frei formulierter, nach vereinbarten Kriterien angefertiger Bericht über eine Verhaltensbeobachtung (eines Kindes/Jugendlichen).

Beobachtungsverfahren: Ein Untersuchungsinstrument. Hierzu werden Verhaltensbeobachtungen angefertigt, weiterbearbeitet und in einen sinnvollen Kontext eingeordnet. Je nach pädagogischer Fragestellung wird ein passendes Verfahren gewählt. Es liegen unterschiedliche wissenschaftlich abgesicherte und erprobte Verfahren vor.

Berufsfachschulen: „Die Berufsfachschulen (in Baden-Württemberg auch Berufskollegs) haben das Ziel, Schülerinnen und Schüler in einen oder mehrere Berufe einzuführen, ihnen einen Teil der Berufsausbildung (z. B. berufliche Grundbildung) in einem oder mehreren anerkannten Ausbildungsberufen zu vermitteln oder sie zu einem Berufsausbildungsabschluss in einem Beruf zu führen. Sie erweitern die vorher erworbene allgemeine Bildung und können einen darüber hinausgehenden Bildungsstand vermitteln" (Rahmenvereinbarung BFS 2007).

Berufsvorbereitungsjahr (BVJ): Ein Bildungsgang an der Berufsschule für Schüler/Schülerinnen mit und ohne Hauptschulabschluss. Im BVJ (auch: Berufseinstiegsjahr, BEJ) werden die Schüler auf die Arbeitswelt vorbereitet. Z. T. besteht die Option auf einen Hauptschulabschluss.

Beziehungsdynamik: Die Entwicklung in der Kommunikation einer Beziehung

Bindung: Bedeutet nicht den Gegensatz zu Autonomie und Selbstständigkeit, sondern ein „Basisfüreinander-Sein" (Lothar Krappmann) im Sinne eines Füreinander-da-Seins, wenn man einander braucht. Bindung bedeutet die Unterstützung von Autonomie und Erkundung im Rahmen einer sicherheitsspendenden Beziehung.

biografisch: Die Lebensgeschichte eines Menschen betreffend

Controlling: Die zielorientierte Koordination von Aktivitäten zur Leistungserfassung

Corporate Identity: (Engl., „Unternehmensidentität") Darunter versteht man die „Persönlichkeit" bzw. den „Charakter" einer Organisation, die als Akteur mit quasi menschlichen Eigenschaften handelt und darüber ihre Identität bzw. ihr Erscheinungsbild prägt.

Curriculum: Der Rahmenplan eines Lehrprozesses, der die Lehrziele, Lehrinhalte, Lernprozesse und Lernorganisation beinhaltet. Dies geht über den alltagssprachlichen Gebrauch von „Lehrplan" weit hinaus.

Dealen: (Engl.) mit Drogen handeln

defizitär: Mit Defiziten behaftet, mangelhaft

depressiv: Traurig, niedergeschlagen

Didaktik: Die Theorie der Bildungsinhalte

Effektivität: Überprüft, ob die angestrebten Ziele angemessen umgesetzt und die gewünschten Ergebnisse erreicht werden.

Effizienz: Überprüft das Verhältnis von Aufwand und Erfolg. Sie bringt den Grad der Zielerreichung und den Wirkungsgrad der Leistungen (Effektivität) in ein Verhältnis zur Höhe der aufgewendeten Kosten.

Eingliederungshilfen: Werden angeboten, wenn Kinder bei unangepasstem Verhalten (Wut, Respektlosigkeit, Regelübertretung) Unterstützung benötigen, um wieder mit anderen in Kontakt zu kommen. Dies können sein Zureden, freundliche Gesten, Vorschläge zur Weiterarbeit u. a.

emotional: Das Gefühlsleben eines Menschen betreffend

Empathiefähigkeit: (Empathie: Einfühlung) Eine Grundkompetenz im sozialpädagogischen Berufsfeld. Sie bezeichnet die Fähigkeit, sich in die Gedanken- und Gefühlswelt eines Kindes/Jugendlichen hineinversetzen und sie von eigenen Gefühlen abgrenzen zu können.

Empfindungen: Das Ergebnis aufgenommener und verarbeiteter Sinnesreize. Beispiel: Der Eindruck von Wärme oder Kälte, der über Rezeptoren in der Haut geliefert wird.

Engagiertheit: Nach dem von F. Laevers entwickelten Beobachtungskonzept für Kindertagesstätten. Engagiertheit bezeichnet ein Maß für die Stärke der inneren Beteiligung und Freude, mit der ein Kind einer Tätigkeit nachgeht. Es liegen Kriterien für die Stärke nach einer fünfstufigen Skala vor.

Entwicklungsbedürfnis: Konstruktivistisch beeinflusste pädagogische und entwicklungspsychologische Konzepte gehen von einem menschlichen Grundbedürfnis nach Lernen und Wachstum aus. Kinder signalisieren demnach über ihr Handeln u.a. ihre Bedürfnisse nach Entwicklung.

Entwicklungsbereich: Der abgrenzbare Teil des kindlichen Handlungsspektrums (z. B. Motorik, Sprachverhalten), in dem sich seine Entwicklung beobachten lässt

Entwicklungsgefährdung: Die Umstände, die ein Kind daran hindern, sich seinem Alter gemäß weiterzuentwickeln. Das können neben chronischen Krankheiten vor allem die Lebensbedingungen sein, unter denen es aufwächst (z. B. soziale und ökonomische Armut, insuffiziente Bezugspersonen).

Equipment: Ausrüstung

ergebnisoffen: Eine bewusste Haltung bei pädagogischen Aktionen und Beobachtungen, bei der die sozialpädagogische Kraft sich entscheidet, einen sozialen Prozess zuzulassen und erst spät oder gar nicht einzugreifen. Sie dient dem möglichst vorurteilsfreien Erkenntnisgewinn.

Erleben: Alle inneren Prozesse (Gedanken und Gefühle), der Gegensatz zum „Verhalten"

Evaluation: Das systematische Sammeln und Analysieren von Daten und Informationen, um begründete Bewertungen vornehmen zu können. Evaluation ist also ein systematischer Prozess, der auf Dauer angelegt ist und in den die Perspektiven aller Beteiligten einfließen. Er dient nicht dazu, anzuprangern, sondern Schlussfolgerungen zu erreichen, die der Verbesserung/Weiterentwicklung zugute kommen.

explizit: Ausdrücklich, nachdrücklich, deutlich

Fachkompetenz: Die Bereitschaft und Befähigung, auf der Grundlage fachlichen Wissens und Könnens Aufgaben und Probleme zielorientiert, sachgerecht, methodengeleitet und selbstständig zu lösen und das Ergebnis zu beurteilen.

Fachschulen: Sind Einrichtungen der beruflichen Weiterbildung. Die Bildungsgänge in den Fachbereichen schließen an eine berufliche Erstausbildung und an Berufserfahrungen an. Fachschulen qualifizieren für die Übernahme von Führungsaufgaben und fördern die Bereitschaft zur beruflichen Selbstständigkeit (Rahmenvereinbarung Fachschule).

Fähigkeiten: Umfassen angeborene Bedingungen, eine gewisse Variationsbreite für Anreize der Umwelt sowie solche Bedingungen, die auf Lernprozesse zurückgehen.

fokussieren: Einen Teil des Ganzen genauer betrachten

formell: Bestimmte offizielle Regeln einhaltend

Fremdevaluation: Hierbei wird die Innenansicht der Einrichtung durch eine Bewertung von außen ergänzt. Träger der Evaluationsmaßnahme sind beauftragte Personen, Unternehmen oder Behörden.

Frustrationstoleranz: Die Fähigkeit, mit Enttäuschungen in sozialverträglicher Art und Weise umzugehen bzw. sie zu verkraften

Gender: Soziales oder psychologisches Geschlecht im Unterschied zum biologischen Geschlecht. (Geschlechtsrolle, soziale und kulturelle Geschlechtsmerkmale, Geschlechtsidentität)

Gender Mainstreaming: Bedeutet, bei allen gesellschaftlichen Vorhaben die unterschiedlichen Lebenssituationen und Interessen von Frauen und Männern von vornherein und regelmäßig zu berücksichtigen, da es keine geschlechtsneutrale Wirklichkeit gibt.

Generalisierung: Die menschliche Gewohnheit, eine Erfahrung oder die Bewertung einer Situation auf andere ähnliche Situationen/Verhaltensweisen zu übertragen. Sie dient neurologisch der schnelleren Orientierung, kann aber in die Falle von Vorurteilen oder Stereotypen leiten.

Genese: Entstehung, Entwicklung

Gestaltbildung: Die speziell menschliche Fähigkeit, unterschiedliche Wahrnehmungen zu einem sinnvollen Ganzen zusammenzufügen

Grobmotorik, Feinmotorik: Grobmotorik meint die Bewegungen von Kopf, Schultern, Rumpf, Becken, Armen und Beinen. Feinmotorik meint die Bewegungen von Fingern, Zehen und Gesicht.

Halo-Effekt: (Engl. Halo: Heiligenschein) Ein Beobachtungsfehler. Eine Eigenschaft eines Menschen „überstrahlt" andere Eigenschaften, die dann in der Beobachtung nicht mehr richtig wahrgenommen werden.

Handlungskompetenz: Die Bereitschaft und Befähigung des Einzelnen, sich in beruflichen, gesellschaftlichen und privaten Situationen sachgerecht durchdacht sowie individuell und sozial verantwortlich zu verhalten. Handlungskompetenz entfaltet sich in den Dimensionen Fachkompetenz, Humankompetenz und Sozialkompetenz.

Heilpädagogik: Ein Spezialbereich der Pädagogik, der sich sowohl theoretisch als auch praktisch mit der Erziehung und Ausbildung körperlich und/oder emotional bzw. geistig gestörter Kinder befasst.

Hilfe zur Erziehung: Die Leistungen der Jugendhilfe für Familien mit Kindern

Hilfeplan: Er dient in der Jugendhilfe dazu, eine geeignete Erziehungshilfe für Kinder, Jugendliche und Familien zu regeln.

Hirnreifungsprozesse: Die zunehmende Stärkung der Verbindungen zwischen Bereichen des Gehirns und einzelnen Nervenzellen des Gehirns.

Humankompetenz: Bezeichnet die Bereitschaft und Befähigung, als individuelle Persönlichkeit die Entwicklungschancen, Anforderungen und Einschränkungen in Familie, Beruf und öffentlichem Leben zu klären, zu durchdenken und zu beurteilen, eigene Begabungen zu entfalten sowie Lebenspläne zu fassen und fortzuentwickeln. Sie umfasst Eigenschaften wie Selbstständigkeit, Kritikfähigkeit, Selbstvertrauen, Zuverlässigkeit, Verantwortungs- und Pflichtbewusstsein. Zu ihr gehören insbesondere auch die Entwicklung durchdachter Wertvorstellungen und die selbstbestimmte Bindung an Werte.

Hypothese: Eine unbewiesene Annahme

Ich-Kompetenz: Die in einigen pädagogischen Veröffentlichungen verwendete Bezeichnung für Humankompetenz

implementieren: Einbinden

implizit: Inbegriffen, mit einbegriffen, mitgemeint

implizite Persönlichkeitstheorien: Unausgesprochene und häufig nicht bewusste Annahmen über die Persönlichkeit eines Kindes, die sich z. B. als (Vorab-)Bewertung in eine Verhaltensbeschreibung einschleichen.

informell: Ohne Formalitäten

inkongruent: Nicht übereinstimmend, nicht passend

inneres Geschehen: Das, was eine Personen über ihre eigenen Gedanken, Gefühle und Körperempfindungen wahrnimmt. Dies kann ein länger währender Prozess sein.

Instanz: Die für eine Entscheidung zuständige Stelle

Integration: Die Einbeziehung oder Eingliederung in ein größeres Ganzes

Integration: Eingliederung, Eingebundensein

interkulturelle Bildung: Bildung, die unterschiedliche kulturelle Hintergründe nicht nur mitberücksichtigt, sondern diese als Bildungschance für die gesamte Lerngruppe zu nutzen versteht.

interpsychisch: Psychische Vorgänge zwischen zwei Menschen

intrapsychisch: Innerhalb der eigenen Psyche

intuitiv: Auf dem Verstehen, Ahnen oder Fühlen von Zusammenhängen beruhend

Kinästhetik: Die Lehre von der Bewegungsempfindung. Das kinästhetische System ermöglicht es dem Menschen zu empfinden, in welcher Lage und Bewegung seine Körperteile sind, ohne dies zu sehen. Die Informationen liefern dem Menschen die Grundlage, um sich bewegen zu können. Die Sinnesorgane dieses Systems sind die Propriozeptoren, die sich in Muskeln, Sehnen und Gelenken befinden. Der kinästhetische Sinn wird auch als „Eigenwahrnehmung" bezeichnet.

Kompetenz: All das, was ein Mensch sicher beherrscht. In der Kompetenz sind theoretische Kenntnisse und praktische Erfahrungen zu einer sinnvollen Einheit verwoben, sodass auf diesem Gebiet eine bewusste Handlungsfähigkeit besteht.

Kompetenz: Befähigung zum Handeln

Kompetenzunklarheiten: Unklarheiten darüber, wer welche Entscheidungen treffen oder Anordnungen geben darf

Kommunikative Kompetenz: Meint die Bereitschaft und Befähigung, kommunikative Situationen zu verstehen und zu gestalten. Hierzu gehört es, eigene Absichten und Bedürfnisse sowie die der Partner wahrzunehmen, zu verstehen und darzustellen.

Konditionierung: Gelernte Verhaltensweisen, die sich so äußern, dass auf bestimmte Reize immer dieselben Reaktionen folgen.

Konfusion: Durcheinander

kongruent: Übereinstimmend, passend

Konstanzprinzipien: Die menschliche Fähigkeit, Dinge wiederzuerkennen, auch wenn sie in einem anderen Blickwinkel oder in einem anderem Sinnzusammenhang erscheinen.

Konstruktivismus: Unter Konstruktivismus versteht man die Theorie, dass jeder einzelne Mensch alles, was er wahrnimmt oder neu dazulernt oder neu erfährt, immer in seine bisherigen Erfahrungen, seine Erlebnisse und in sein bisheriges (Hintergrund-) Wissen einordnet. Auf diese Weise sind Wissen, Erkenntnisse, Zusammenhänge und Ideen nicht naturgegebene und objektive Wahrheiten, sondern immer nur individuelle und vom jeweiligen Individuum konstruierte.

Kontext: Zusammenhang

Konzentrationslager: Gefängnisähnliche Einrichtung zur massenhaften Internierung von politisch und weltanschaulich mißliebigen Personen

konzeptionelles Handeln: Planvolles Handeln

latent: Vorhanden, aber (noch) nicht sichtbar

Lernfelder: Sind durch Ziel, Inhalte und Zeitrichtwerte beschriebene thematische Einheiten, die an beruflichen Aufgabenstellungen und Handlungsfeldern orientiert sind und den Arbeits- und Geschäftsprozess reflektieren.

Lernkompetenz: Ist die Bereitschaft und Befähigung, Informationen über Sachverhalte und Zusammenhänge selbstständig und gemeinsam mit anderen zu verstehen, auszuwerten und in gedankliche Strukturen einzuordnen. Zur Lernkompetenz gehört insbesondere auch die Fähigkeit und Bereitschaft, im Beruf und über den Berufsbereich hinaus Lerntechniken und Lernstrategien zu entwickeln und diese für lebenslanges Lernen zu nutzen.

Lernsituationen: Sind exemplarische curriculare Bausteine, in denen fachtheoretische Inhalte in einen Anwendungszusammenhang gebracht werden; sie sollen die Vorgaben der Lernfelder in Lehr-/Lernarrangements weiter konkretisieren.

Literacy: (Engl.) Sammelbegriff für Erfahrungen mit Lese-, Erzähl- und Schriftkultur

Logopädie: Sprachheilkunde. Die Lehre von den Sprachstörungen und deren Heilung

Meilenstein: Begriff in der pädagogischen Diskussion. Ein wichtiger Entwicklungsschritt, der für ein Kind erkennbar eine neue Dimension der Weltaneignung eröffnet. Beispiel: Krabbeln zu können bedeutet für ein Kind eine neue Mobilität und die Erweiterung des Blickfelds.

Metakommunikation, Metaebene: In der Metakommunikation begeben sich die Gesprächspartner auf eine höhere Ebene und sprechen z.B. darüber, wie sie miteinander sprechen. Metaebene meint Entsprechendes: Man begibt sich aus der aktuellen Ebene des Gesprächs (der Handlung) hinaus und betrachtet dieses quasi von oben neu.

Methodenkompetenz: Bezeichnet die Bereitschaft und Befähigung zu zielgerichtetem, planmäßigem Vorgehen bei der Bearbeitung von Aufgaben und Problemen (zum Beispiel bei der Planung der Arbeitsschritte).

Methodik: Die Wissenschaft vom planmäßigem Vorgehen beim Unterrichten

Migration: Die Wanderung von Einzelnen oder Gruppen im geografischen oder sozialen Raum

Mikrokosmos: Eine begrenzte Vorstellungswelt, ein vom Gesamtzusammenhang gelöster Bereich

Mikrosystem: Ein kleines System

Mitarbeiterfluktuation: Häufiger Mitarbeiterwechsel durch Kündigung und Neueinstellung

Motivation: Die Beweggründe, die menschliches Handeln beeinflussen. Man unterscheidet extrinsische (von außen bewirkte) und intrinsische (von innen heraus kommende) Motivation.

Neue Armut: Durch die Wirtschaftskrise und Globalisierung ausgelöste Arbeitslosigkeit, die auch bei denjenigen auftritt, die einen Job haben. Dieser Job ist im Niedriglohnsektor und reicht manchmal nicht zur Deckung des Notwendigsten.

niedrigschwellige Angebote: Jene Angebote, die ein Mitmachen oder Sich-darauf-Einlassen leicht machen

nonverbal: Nicht sprachlich

Operationalisierung: Ein Vorgehen wird so beschrieben, dass es überprüfbar bzw. messbar wird.

Pädagogik: Die Bezeichnung für die Theorie, die Lehre und die Wissenschaft von Erziehung, Bildung und Unterricht sowie für die entsprechende Praxis

Pädophiler: Ein Erwachsener, der sich sexuell zu Kindern hingezogen fühlt

Patchworkfamilien: Neu zusammengesetzte Familien, z. B. aus einer Mutter mit ihren Kindern und einem Vater mit seinen Kindern bestehend

pathologisch: Krankhaft, krankhaft verändert

Persönlichkeitsentwicklung (auch: Persönlichkeitsentfaltung): Dies bedeutet, dass ein Mensch Raum, Anlass und Anregung bekommt, um innere Vorgänge durch Worte, Kreativität oder Bewegung auszudrücken.

Phänomen: Erscheinungsform; etwas Außergewöhnliches

phonologische Bewusstheit: Die Fähigkeit, einzelne Laute und Lautäußerungen differenziert wahrzunehmen und zuzuordnen

Primärbeziehungen: Die ersten Beziehungen eines Menschen, im Allgemeinen die Beziehung zur Mutter und zum Vater

Projektion: Die Zuschreibung eigener Empfindungen und Gefühle auf andere Personen

Protagonist: Die zentrale Person

Psychomotorik: Die Verbindung von psychischen und motorischen Vorgängen. Beispiele: Aufregung beim Rutschen, Spaß beim Hüpfen, Angst beim Balancieren, Stolz und Erleichterung bei bewältigten Bewegungsherausforderungen

Psychopathologie: Jene Richtung der Psychologie, bei der krankhafte Erscheinungen und deren Ursachen bzw. Auswirkungen auf das Seelenleben untersucht werden

Qualifikation: Der Lernerfolg in Bezug auf die Verwertbarkeit, d. h. aus der Sicht der Nachfrage in beruflichen, gesellschaftlichen und privaten Situationen

Qualität: Das Maß der Übereinstimmung zwischen Leistungsversprechen und Leistungserbringung

rational: Vernünftig

reaktivieren: Wieder aktiv werden lassen

Reflexion: Das vergleichende und überprüfende Betrachten. Die Auswertung pädagogischer Situationen und Handlungsweisen

Reformpädagogik: Pädagogik, die sich Ende des 19. und im ersten Drittel des 20. Jahrhunderts gegen Lebensfremdheit und Autoritarismus der vorherrschenden „Paukschulen" wendete.

relevant: Wichtig

Resozialisierung: Einer Person, die z. B. im Gefängnis war, helfen, ein normales Leben zu führen

Ritual: Ein nach genauen Regeln ablaufendes Geschehen

Ritzen: Eine Form der Selbstverletzung, indem ein Mensch sich die Haut (oft an den Unterarmen) aufritzt

Rolle: Die Summe aller Erwartungen von verschiedenen Gruppen und Personen, die Menschen in einer bestimmten sozialen Position beeinflussen

Rollenfeld: An die Position einer Person (z. B. Praktikantin) werden von unterschiedlichen Menschen (z. B. von Kindern, Eltern, Kollegen) Erwartungen herangetragen, die letztlich mitbestimmen, wie diese Position auszufüllen ist. Diese verschiedenen Erwartungen nennt man Rollenfeld.

Rooming-in: Das heute übliche Angebot in Krankenhäusern, das Neugeborene im Zimmer der Mutter schlafen zu lassen

Sanktionierung: Eine Zwangsmaßnahme als Reaktion auf nicht gebilligtes Verhalten (z. B. mit Tadel und Strafe)

Schulanfang: „In der Phase des Schulanfangs ist es wichtig, dass Schule, Elternhaus und vorschulische Einrichtungen aufeinander zugehen und verstärkt zusammenarbeiten. Geeignet sind z. B.
– gemeinsame Besprechungen sowie gegenseitige

Besuche von Erzieherinnen oder Erziehern und Lehrkräften,
– Besuche der Kindergartenkinder in der Grundschule,
– gemeinsame Unternehmungen und Veranstaltungen,
– die gemeinsame Elternarbeit und
– die beratende Tätigkeit vorschulischer Einrichtungen" (Empfehlungen der KMK zur Grundschule).

Selbstevaluation: Zur Qualitätsentwicklung/-verbesserung am Standort nehmen die in der sozialpädagogischen Einrichtung Tätigen eine datengestützte Selbsteinschätzung vor. Diese bezieht sich auf die Wirkungsweise, die Wirksamkeit und die Zusammenhänge der Handlungen. Selbstevaluation kann durch externe Bewertungen ergänzt werden.

Selbstkompetenz: Die in einigen pädagogischen Veröffentlichungen verwendete Bezeichnung für Humankompetenz

Sensomotorik (auch: Sensumotorik): Das Wechselspiel zwischen Sinneswahrnehmung und Bewegung

sensorische Integration: Das Entwicklungsziel „sensorische Integration" ist dann erreicht, wenn alle Abschnitte des Zentralnervensystems zusammenarbeiten. Man spricht bei solchen sensomotorischen Leistungen auch von „praktischer Intelligenz". Beispiele: Gleichgewicht halten, geschickt fallen, sich flüssig bewegen, tanzen u. a.

Setting: (Engl.: Umgebung) Rahmenbedingungen, in denen etwas stattfindet

situativ-reaktive Pädagogik: Pädagogik, die immer nur in der Situation und auf die Situation bezogen reagiert

Sorgerecht: Die Rechte der Eltern oder Sorgeberechtigten gegenüber ihren Kindern

Sozialisierung: Eine Person in eine Gesellschaft/Gemeinschaft einführen, jemanden gesellschaftsfähig machen

Sozialkompetenz: Die Bereitschaft und Befähigung, soziale Beziehungen zu leben und zu gestalten, Zuwendungen und Spannungen zu erfassen und zu verstehen sowie sich mit anderen rational und verantwortungsbewusst auseinanderzusetzen und zu verständigen. Hierzu gehört insbesondere auch die Entwicklung sozialer Verantwortung und Solidarität.

sozialökonomisch: Volkswirtschaftlich

Spielmittel: Im Gegensatz zu Spielzeug (industriell hergestellte Massenware) eher unspezifisches Material zum Spielen (Decken, Tücher, Bretter, Äste u. a.)

Stigmatisierung: Die Kennzeichnung eines Menschen in diskriminierender Weise

Stimm- und Sprechtherapie: Hierbei wird die differenzierte Wahrnehmung der Wechselwirkung von Atmung, Stimme, Sprache, Bewegung und psychischer Konstitution geübt und an einem besseren Zusammenspiel dieser Komponenten gearbeitet.

subjektive Potenziale: Möglichkeiten, die der einzelne Mensch hat

Subjekt-Subjekt-Begegnung: Die Begegnung zweier Menschen, die einander ernst nehmen

Suizid: Selbstmord

Symbolverständnis: Die Fähigkeit, Dingen einen weiterführenden oder übergeordneten Bedeutungszusammenhang zuzuordnen

Symptom: Anzeichen, Kennzeichen, Merkmal

Szene: Eine abgeschlossene, Bedeutung tragende Einheit innerhalb eines zwischenmenschlichen Geschehens, die beobachtet und erinnert wird

taktil-kinästhetisch: Die Kombination von Wahrnehmungen, die zum einen über die Haut (fühlen und tasten) und zum anderen über den Bewegungssinn gespürt werden. Fühlen und bewegen wird so kombiniert. Beispiele: kneten, matschen, formen, schwimmen, plantschen u. a.

Teamer: Das Mitglied eines Teams, das eine Unternehmung leitet

Teufelskreis: Ein in sich geschlossener Ursache-Wirkungs-Kreis, in dem Handlungsweisen sich aufeinander bezogen gegenseitig verstärken. Z. B.: Fettleibigkeit führt zu Bewegungsarmut und Bewegungsarmut verstärkt die Fettleibigkeit.

Thrill: Spannung

Total Quality Management (TQM): Eine auf die Mitwirkung aller ihrer Mitglieder gestützte Managementmethode einer Organisation, die Qualität in den Mittelpunkt stellt und durch Zufriedenstellung der Kunden auf langfristigen Erfolg sowie Nutzen für die Gesellschaft zielt.

Transaktion: (Hier) Bestandteil einer Kommunikation

traumatisch: Auf schlimme Ereignisse im Leben eines Menschen bezogen

Typisierung: Die Reduktion auf wenige prägnante Merkmale

Unbewusstes: Verdrängte Erlebnisinhalte, Wünsche, Erinnerungen, Ängste, Gefühle und Vorstellungen, die oft nur durch bestimmte (z. B. therapeutische) Methoden wieder ins Bewusstsein gehoben werden können

Verhalten: Alle beobachtbaren, d. h. der Sinneswahrnehmung zugänglichen Lebensäußerungen. Der Gegensatz zum „Erleben"

Visualisierung: Die bildliche Umsetzung

Vorbewusstsein: Ein Begriff aus der Psychoanalyse: Unbewusste Erlebnisinhalte, die man aber schnell wieder bewusst machen kann.

Wahrnehmung: Der Prozess und das Ergebnis der Informationsgewinnung und -verarbeitung von Reizen aus der Umwelt und dem Körperinneren

Wir-Gefühl: Das Zusammengehörigkeitsgefühl einer Gruppe

Wesentliche gesetzliche Regelungen des Bundes und der Länder sowie Tarifverträge

zu berücksichtigen in der jeweils gültigen Fassung
Abkürzung BGBl.: Bundesgesetzblatt

Gesetze des Bundes

Grundgesetz (GG)

Grundgesetz für die Bundesrepublik Deutschland vom 23. Mai 1949 (BGBl. S.1), zuletzt geänd. durch Artikel 1 des Gesetzes vom 19. März 2009 (BGBl. I S. 606);

Art. 1 (1) Die Würde des Menschen ist unantastbar. Sie zu achten und zu schützen ist Verpflichtung aller staatlichen Gewalt.

Art. 2 (1) Jeder hat das Recht auf die freie Entfaltung seiner Persönlichkeit, soweit er nicht die Rechte anderer verletzt und nicht gegen die verfassungsmäßige Ordnung oder das Sittengesetz verstößt.

Art. 2 (2) Jeder hat das Recht auf Leben und körperliche Unversehrtheit. Die Freiheit der Person ist unverletzlich. In diese Rechte darf nur auf Grund eines Gesetzes eingegriffen werden.

Art. 3 (3) Niemand darf wegen seines Geschlechtes, seiner Abstammung, seiner Rasse, seiner Sprache, seiner Heimat und Herkunft, seines Glaubens, seiner religiösen oder politischen Anschauungen benachteiligt oder bevorzugt werden. Niemand darf wegen seiner Behinderung benachteiligt werden.

Art. 6 (2) Pflege und Erziehung der Kinder sind das natürliche Recht der Eltern und die zuvörderst ihnen obliegende Pflicht. Über ihre Betätigung wacht die staatliche Gemeinschaft.

Bürgerliches Gesetzbuch (BGB)

Bürgerliches Gesetzbuch (BGB) in der Fassung der Bekanntmachung vom 2. Januar 2002 (BGBl. I S. 42, ber. S. 2909 und BGBl. 2003 I S. 738), zuletzt geänd. durch Art. 50 FGG-ReformG vom 17. Dezember 2008 (BGBl. I S. 2586);

§ 106 Beschränkte Geschäftsfähigkeit Minderjähriger

§ 107 Einwilligung des gesetzlichen Vertreters

§ 108 Vertragsschluss ohne Einwilligung

§ 110 Bewirken der Leistung mit eigenen Mitteln

§§ 611-630 Dienstvertrag

§ 823 Schadensersatzpflicht

§ 1666 Gerichtliche Maßnahmen bei Gefährdung des Kindeswohls

Kinder- und Jugendhilfegesetz (KJHG)

Achtes Buch Sozialgesetzbuch - Kinder und Jugendhilfe - (Artikel 1 des Gesetzes vom 26. Juni 1990, BGBl. I S. 1163) in der Fassung der Bekanntmachung vom 14. Dezember 2006 (BGBl. I S. 3134), zuletzt geänd. durch Art. 105 des FamFG vom 17. Dezember 2008 (BGBl. I S. 2586)

Tagesbetreuungsausbaugesetz (TAG)

Gesetz zum qualitätsorientierten und bedarfsgerechten Ausbau der Tagesbetreuung für Kinder vom 27. Dezember 2004 (BGBl. I, S. 3852)

Kinder- und Jugendhilfeweiterentwicklungsgesetz (KICK)

Gesetz zur Weiterentwicklung der Kinder- und Jugendhilfe vom 8. September 2005 (BGBl. I S. 2729)

Jugendschutzgesetz (JuSchG)

vom 23. Juli 2002 (BGBl. I S. 2730), zuletzt geänd. durch Art. 3 Abs. 1 Gesetz zur Umsetzung des Rahmenbeschlusses des Rates der Europäischen Union zur Bekämpfung der sexuellen Ausbeutung von Kindern und der Kinderpornographie vom 31. Oktober 2008 (BGBl. I S. 2149)

Jugendmedienschutz-Staatsvertrag (JMStV)

Staatsvertrag über den Schutz der Menschenwürde und den Jugendschutz in Rundfunk und Telemedien vom 10. September 2002, zuletzt geänd. durch Elfter Rundfunkänderungsstaatsvertrag vom 12. Juni 2008

Jugendarbeitsschutzgesetz (JArbSchG)

Gesetz zum Schutze der arbeitenden Jugend vom 12. April 1976 (BGBl. I S. 965), zuletzt geänd. durch Art. 3 Abs. 2 Gesetz zur Umsetzung des Rahmenbeschlusses des Rates der Europäischen Union zur Bekämpfung der sexuellen Ausbeutung von Kindern und der Kinderpornographie vom 31. Oktober 2008 (BGBl. I S. 2149)

Sozialhilfe

Sozialgesetzbuch (SGB) Zwölftes Buch (XII) – Sozialhilfe - vom 27. Dezember 2003 (BGBl. I S. 3022),

zuletzt geänd. durch Art. 4 FamilienleistungsG vom
22. Dezember 2008 (BGBl. I S. 2955)

Waffengesetz (WaffG)

vom 11. Oktober 2002 (BGBl. I S. 3970, ber. S. 4592 und
2003 I S. 1957), zuletzt geänd. durch Art. 1 ÄndG
vom 26. März 2008 (BGBl. I S. 426)

Bundesausbildungsförderungsgesetz (BAföG)

Bundesgesetz über individuelle Förderung der Ausbildung in der Fassung der Bekanntmachung vom 6.
Juni 1983 (BGBl. I S. 645, ber. S. 1680) zuletzt geänd. durch Art. 2a ArbeitsmigrationssteuerungsG
vom 20. Dezember 2008 (BGBl. I S. 2846)

Allgemeines Gleichbehandlungsgesetz (AGG)

vom 14. August 2006 (BGBl. I S. 1897), zuletzt geänd.
durch Art. 15 Abs. 66 G vom 5. Februar 2009 (BGBl.
I S. 160)

*Eine Einführung in die einzelnen Regelungen zum
Jugendrecht finden Sie zum Beispiel in:
Jugendrecht. Verlag C. H. Beck, München 2009*

Gesetze der Länder zur Kinderbetreuung

*hinzu kommen länderspezifische Ausführungsbestim-
mungen (Verordnungen und Erlasse)*

Baden-Württemberg: Gesetz über die Betreuung und
Förderung von Kindern in Kindergärten, anderen
Tageseinrichtungen und der Kindertagespflege
(Kindertagesbetreuungsgesetz – KiTaG)

Bayern: Bayerisches Gesetz zur Bildung, Erziehung
und Betreuung von Kindern in Kindergärten, anderen Kindertageseinrichtungen und in Tagespflege
(Bayerisches Kinderbildungs- und -betreuungs-
gesetz – BayKiBiG)

Berlin: Gesetz zur Weiterentwicklung des bedarfsgerechten Angebotes und der Qualität von Tagesbetreuung (Kindertagesbetreuungsreformgesetz) –
Artikel I Gesetz zur Förderung von Kindern in
Tageseinrichtungen und Kindertagespflege (Kindertagesförderungsgesetz – KitaFöG)

Brandenburg: Zweites Gesetz zur Ausführung des
Achten Buches des Sozialgesetzbuches – Kinder-
und Jugendhilfe – (Kindertagesstättengesetz –
KitaG)

Bremen: Bremisches Gesetz zur Förderung von Kindern in Tageseinrichtungen und in Tagespflege
(Bremisches Tageseinrichtungs- und Kindertages-
pflegegesetz – BremKTG)

Hamburg: Hamburger Kinderbetreuungsgesetz
(KibeG)

Hessen: Hessisches Kindergartengesetz (KigaG)

Mecklenburg-Vorpommern: Gesetz zur Förderung
von Kindern in Kindertageseinrichtungen und in
Tagespflege (Kindertagesförderungsgesetz – KiföG
M-V)

Niedersachsen: Gesetz über Tageseinrichtungen für
Kinder (KiTaG)

Nordrhein-Westfalen: Gesetz zur frühen Bildung und
Förderung von Kindern (Kinderbildungsgesetz –
KiBiz)

Rheinland-Pfalz: Kindertagesstättengesetz

Saarland: Saarländisches Ausführungsgesetz nach
§ 26 des Achten Buches Sozialgesetzbuch
Saarländisches Kinderbetreuungs- und -bildungs-
gesetz (SKBBG)

Sachsen: Sächsisches Gesetz zur Förderung von Kindern in Tageseinrichtungen (Gesetz über Kindertageseinrichtungen - SächsKitaG)

Sachsen-Anhalt: Gesetz zur Förderung und Betreuung von Kindern in Tageseinrichtungen und in
Tagespflege des Landes Sachsen-Anhalt (Kinder-
förderungsgesetz – KiFöG)

Schleswig-Holstein: Gesetz zur Förderung von Kindern in Tageseinrichtungen und Tagespflegestellen
(Kindertagesstättengesetz)

Thüringen: Thüringer Gesetz über die Bildung, Erziehung und Betreuung von Kindern in Tageseinrichtungen und in Tagespflege als Ausführungsgesetz
zum Achten Buch Sozialgesetzbuch – Kinder- und
Jugendhilfe;
Thüringer Kindertageseinrichtungsgesetz – Thür-
KitaG –

Tarifverträge und AVR

Tarifvertrag für den öffentlichen Dienst der Länder
(TV-L) vom 12. Oktober 2006 in der Fassung des
Änderungstarifvertrages Nr. 1 vom 13. März 2008
(gilt nicht für Berlin und Hessen)

Tarifvertrag für den öffentlichen Dienst (TVöD) vom
13. September 2005 (gilt für den Bund und die Kom-
munen)

Im kirchlichen Bereich gelten Arbeitsvertragsricht-
linien (AVR).

Sachwortverzeichnis

Literaturverzeichnis

Kapitel 1 Sich persönlich und beruflich entwickeln

Verwendete Literatur

3. Armuts- und Reichtumsbericht der Bundesrepublik Deutschland, Kurzfassung 9/2008; S. 4 ff.

12. Kinder- und Jugendbericht der Bundesregierung Deutschland 2006

Bürgerliches Gesetzbuch (BGB) vom 2. Jan. 2002, zuletzt geändert am 17. Dez. 2008

Büttner, Ch.: Berufsrolle und -auftrag von Erzieher/-innen im Wandel neuer Anforderungen? in: Kindergartenpädagogik Online-Handbuch v. M. Textor, S. 201, 2006

Büttner, Ch.: Berufsrolle und -auftrag von Erzieher/-innen. Vortrag anlässlich der Fachtagung der Katholischen Hochschule für Soziale Arbeit (Saarbrücken); „Professionalisierung im Bereich der Vorschulerziehung. Die Berufsrolle von Erzieher/-innen im Wandel neuer Anforderungen" am 27. Jan. 2006; in: Kindergartenpädagogik Online-Handbuch v. M. Textor, S. 2, 2004

Gößling-Brunken, A., Rüther, B., Waldhausen, B.: Methoden und Themen – Bausteine für die berufliche Praxis in Erziehung und Heilerziehung, S. 57, Hamburg 2009

Gudjons, H., Pieper, M., Wagener, B.: Auf meinen Spuren, S. 189 f. und S. 251, Hamburg 2008

Hofer, B., Schroll-Decker, I.: Anmerkungen zum „Privatvergnügen" Praxisanleitung, aus: KiTa Kindertageseinrichtungen aktuell, Ausgabe Bayern 2005, Jg. 17, Heft 7/8, S. 155 ff., in: Kindergartenpädagogik Online-Handbuch v. M. Textor, 2005

Krenz, A.: Kompetenz und Karriere, S. 15 ff., Freiburg 1994

Oberhuemer, P.: Ein neues Berufsprofil? Zur Berufsentwicklung (sozial-)pädagogischer Fachkräfte in Europa, in: Bildung, Erziehung, Betreuung in Bayern S. 13–15, Heft 1, 2000

Patzelt, H.: Erzieher/-innen in Heimen, in: Kindergartenpädagogik Online-Handbuch v. M. Textor, o. J.

Prang, Ch.: Stress lass nach! in: Kindergarten Heute, S. 22 ff./S. 27, 10/2002

Roosen-Nef, I.: Viel dazu gelernt – wenig umgesetzt? in: Kindergarten Heute, S. 26 ff., 5/2004

Schütt, B.: Anleiten im Praktikum, Freiburg 1997

Sozialgesetzbuch VIII (SGB VIII) Kinder- und Jugendhilfe vom 6. Juli 2009

Literaturempfehlungen

Brandauer, H.: Supervision aus systemischer Sicht, Salzburg 1996

Fthenakis, W., Oberhuemer, P.: Ausbildungsqualität. Strategiekonzepte zur Weiterentwicklung der Ausbildung von Erzieherinnen und Erziehern, Neuwied 2002

Klein, L., Vogt, H.: Leben in der Familiengruppe. Ein Praxisbuch über die große Altersmischung, Freiburg 1995

Laewen, H.-J., Andres, B.: Bildung und Erziehung in der frühen Kindheit – Bausteine zum Bildungsauftrag von Kindertageseinrichtungen, Weinheim 2002

Laewen, H.-J.: Alien Kind – das unbekannte Wesen. Neue Forschungen über das Kind und seine Aneignung der Welt, in: Klein und Groß, S. 6 f., 9/1999

Wild, R.: Lebensqualität für Kinder und andere Menschen. Erziehung und der Respekt für das innere Wachstum von Kindern und Jugendlichen, Weinheim 2001

Kapitel 2 Beobachten und analysieren

Verwendete Literatur

Beller, K., Beller, S.: Kuno Bellers Entwicklungstabelle, Berlin 2009

Bensel, J., Haug-Schnabel, G.: Kinder beobachten und ihre Entwicklung dokumentieren, in: Kindergarten Heute Spezial, Freiburg 2005

Bertelsmann Stiftung (Hrsg.): Guck mal! Bildungsprozesse des Kindes beobachten und dokumentieren, Gütersloh 2005

Gardner, H.: Die Sieben Intelligenzen, in: Der ungeschulte Kopf – wie Kinder denken, Stuttgart 2001

Hegger, S.: Die Leuwener Engagiertheitsskala, online-Ressource o. J

Infans: Anmerkungen zur Neufassung der „Grenzsteine der Entwicklung", 2003

Laewen, H.-J., Andres, B.: Forscher, Künstler, Konstrukteure, S. 172, Weinheim 2002

Leu, H.-R.: Bildungs- und Lerngeschichten von Kindern. Dossier im DJI-Bulletin, S. 8–12, München 2002

Mayr, T./Staatsinstitut für Frühpädagogik (IFP): Beobachtungsbogen zur Erfassung von Entwicklungsrückständen und Verhaltensauffälligkeiten bei Kindergartenkindern (BEK), München 2009

Michaelis, R., Niemann, G.: Validierte Grenzsteine der Entwicklung, in: Entwicklungsneurologie und Neuropädiatrie, Stuttgart 2004

Strätz, R., Demandewitz, H.: Beobachten, Anregungen für Erzieherinnen im Kindergarten, Weinheim 2000

Thiesen, P.: Beobachten und Beurteilen in Kindergarten, Hort und Heim, Weinheim 2005

Ulich, M., Mayr, T.: SISMIK Sprachverhalten und Interesse an Sprache bei Migrantenkindern in Kindertageseinrichtungen, S. 4, Freiburg 2008

Vandenbussche, E., Kog, M., Depondt, L., Laevers, F.: Die Leuwener Engagiertheitsskala. Beobachtung und Begleitung von Kindern. Centre for Experiential Education, Leuven, Belgien 1995

Viernickel, S., Völkel, P.: Beobachten und Dokumentieren im pädagogischen Alltag, Freiburg 2009

Literaturempfehlungen

Berger, M., Berger, L.: Der Baum der Erkenntnis für Kinder und Jugendliche im Alter von 1–16 Jahren, Bremen 2004

Michaelis, R.: Die ersten fünf Jahre im Leben eines Kindes, München 2006

Kapitel 3 Bildungsprozesse erkennen, unterstützen und anregen

Verwendete Literatur

Andres, B./Laewen, H-J.: Ohne Eltern geht es nicht: Die Eingewöhnung von Kindern in Krippen und Tagespflegestellen. Neuwied/Berlin 2006

Beller, K., Beller, S.: Kuno Bellers Entwicklungstabelle, Berlin 2009

Bundesministerium für Familie, Senioren, Frauen und Jugend (Hrsg.): Auf den Anfang kommt es an, S. 121, Weinheim 2007

Friedrich-Ebert-Stiftung, Landesbüro Berlin; WiR e.V. (Hrsg.): Dokumentation der Fachtagung: Kooperation Kita – Grundschule, Anforderungen und Erfahrungen in der Gestaltung der Zusammenarbeit, Berlin 18. Okt. 2005

Grossmann, K./Grossmann, K. (Hrsg.): John Bowlby, Mary Ainsworth und die Grundlagen der Bindungstheorie, in: Bindung und menschliche Entwicklung. Stuttgart 2003

Gudjons, H.: Handlungsorientiert Lehren und Lernen, Hamburg 2008

Hamburger Bildungsempfehlungen für Bildung und Erziehung von Kindern in Tageseinrichtungen, Hamburg 2005, S. 20

Kasten, H.: 0–3 Jahre, Entwicklungspsychologische Grundlagen, S. 34, 85, Weinheim 2007

Kasten, H.: 4–6 Jahre, Entwicklungspsychologische Grundlagen, Weinheim 2005

Kasten, H.: Entwicklung und Vermittlung von Wertorientierungen, in: www.familienhandbuch.de (Das Familienhandbuch des Staatsinstituts für Frühpädagogik FP), vom 15.07.2008

Laewen, H.-J., Andres, B.: Forscher, Künstler, Konstrukteure, Weinheim 2002

Pousset, R. (Hrsg.): Beltz Handwörterbuch für Erzieherinnen und Erzieher, Weinheim 2006

Preissing, Dr. Chr. (Hrsg.): Das Berliner Bildungsprogramm für die Bildung, Erziehung und Betreuung von Kindern in Tageseinrichtungen bis zu ihrem Schuleintritt, Berlin 2004

Preissing, Dr. Chr.: Hamburger Bildungsempfehlungen für die Bildung und Erziehung von Kindern in Tageseinrichtungen, Hamburg 2008

Schäfer, G.: Bildung beginnt mit der Geburt – Ein offener Bildungsplan für Kindertageseinrichtungen in Nordrhein-Westfalen, Weinheim 2004

Sozialpädagogisches Institut NRW, Zentrale wissenschaftliche Einrichtung der Fachhochschule Köln (Hrsg.): Den Übergang vom Kindergarten zur Grundschule gestalten – Bildungsarbeit im Kindergarten als Basis schulischen Erfolges, Tagungsdokumentation, Köln 2004

Strätz, R.: Zur Kooperation von Kindergarten und Schule; Vortrag an der FH Köln „Lebensort Kindertageseinrichtung. Bilden – Erziehen – Fördern" 27. März 2003, Hrsg.: Sozialpädagogisches Institut NRW, Zentrale wissenschaftliche Einrichtung der Fachhochschule Köln

Suess, G. J./Burat-Hiemer, E.: Erziehung in Krippe, Kindergarten, Kinderzimmer, Stuttgart 2009

Textor, M.: Projektarbeit im Kindergarten. Planung, Durchführung, Nachbereitung, Freiburg 2009

TPS Theorie und Praxis der Sozialpädagogik, Heft 1/2002, Darmstadt 2002

von Baeyer, H.-C.: Regenbogen, Schneeflocken und Quarks – Physik und die Welt, die wir täglich erleben, S. 61, Reinbek 1996

Wilde, D.: Die Neugestaltung der Bildungsstrukturen Kita und Grundschule in Berlin – Potenziale und Perspektiven für die Lernentwicklung der Kinder; Vortrag in der Friedrich-Ebert-Stiftung Berlin „Kooperation Kita – Grundschule" 18. Okt. 2005; Hrsg.: Friedrich-Ebert-Stiftung, Landesbüro Berlin; WiR e.V.

Zimbardo, P./Gerrig, R.: Psychologie. Eine Einführung, S. 453, 471, München 2008

Zimmer, R.: Handbuch der Sinneswahrnehmung, S. 44 f., 56 f., Freiburg 2009

Literaturempfehlungen

Pausewang, F.: Ziele suchen – Wege finden, Berlin 1995

Spitzer, M.: Lernen. Gehirnforschung und die Schule des Lebens, Heidelberg 2007

Kapitel 4 Pädagogisches Handeln strukturieren
Verwendete Literatur

Becker-Textor, I.: Friedrich Fröbel – Erst greifen, dann begreifen, in: Kindergarten Heute Spezial Pädagogische Handlungskonzepte, Freiburg 2005

Becker-Textor, I.: Maria Montessori, Erziehung zur Selbstständigkeit, in: Kindergarten Heute Spezial Pädagogische Handlungskonzepte, Freiburg 2005

Feuser, G./Diakonisches Werk Bremen e.V. (Hrsg.): Integration muss in den Köpfen beginnen. Gemeinsame Erziehung behinderter und nicht behinderter Kinder im Kindertagesheim, Bremen 1984

Finkenzeller, A., Kuhn-Schmelz, G., Wehfritz, R.: Praxis- und Methodenlehre Sozialpädagogik, Troisdorf 2009

Fischer-Buck, A., Haesner, M.: Situationen als Ursprung des Bildungsprozesses. Strukturen, Beispiele und Erfahrungen, in: Sozialpädagogik, Schulpädagogik, Familien und Behörden, Norderstedt 2000/2001

Fröbel, F.: Ausgewählte Schriften. Texte zur Vorschulerziehung und Spieltheorie, Stuttgart 1982

Haase-Bruns, W.: Der lange Weg zur Integration in unseren Köpfen, in: Kindergarten Heute, 6–7/2003

Jaszus, R., Büchin-Wilhelm, I., Mäder-Berg, M., Gutmann, W.: Sozialpädagogische Lernfelder für Erzieherinnen – iBKSP, S. 244, Stuttgart 2008

Oswald, P., Schulz-Benesch, G. (Hrsg.): Grundgedanken der Montessori-Pädagogik, Freiburg 1991

Projektgruppe Integration von Kindern mit besonderen Problemen: Gemeinsame Betreuung behinderter und nicht behinderter Kinder im Elementarbereich, S. 37, München 1981

Trost, F.: Die Erziehungsmittel, S. 21, Weinheim 1966

Literaturempfehlungen

Elschenbroich, D.: Weltwissen der Siebenjährigen, München 2002

Fthenakis, W., Textor, M. (Hrsg.): Pädagogische Ansätze im Kindergarten, Weinheim/Basel 2000

Kindergarten Heute Spezial: Pädagogische Handlungskonzepte, Von Fröbel bis zum Situationsansatz, Freiburg 2005

Montessori, M.: Kinder lernen schöpferisch. Die Grundgedanken für den Erziehungsalltag mit Kleinkindern (hrsg. von I. Becker-Textor), Freiburg 2001

Montessori, M.: Lernen ohne Druck. Schöpferisches Lernen in Familie und Schule, Freiburg 2007

Standing, E.M.: Maria Montessori. Leben und Werk, Oberursel/Taunus 1970

Suess, Dr. G.: Sicherer Halt für den Aufbruch ins Leben. Neueste Erkenntnisse der Bindungsforschung. in: Kindergarten Heute, 11–12/2005

Kapitel 5 Beziehungen aufnehmen
Verwendete Literatur

Ates, S.: Der Multi-Kulti-Irrtum, Berlin 2007

Berne, E.: Spiele der Erwachsenen, Reinbek bei Hamburg 2008

Bernstein, S., Lowy, L. (Hrsg.): Untersuchungen zur sozialen Gruppenarbeit in Theorie und Praxis, Freiburg 1982

Bettelheim, B.: Liebe allein genügt nicht, Stuttgart 1997

Bettelheim, B.: So können sie nicht leben, Stuttgart 1999

Bitzen, M./Daigler, C.: Eigensinn und Einmischung, Einführung in die Grundlagen und Perspektiven parteilicher Mädchenarbeit, Weinheim/München 2004

Böhnisch, L./Funk, H.: Soziale Arbeit und Geschlecht, Weinheim 2002

Cohn, R.: Von der Psychoanalyse zur themenzentrierten Interaktion, Stuttgart 2009

Gudjons, H., Pieper, M., Wagner, B.: Auf meinen Spuren, Hamburg 2008

Harris, T. A.: Ich bin O.k. – Du bist O.k., Reinbek bei Hamburg 2010

Heckmair, B., Michl, W.: Erleben und Lernen, Einführung in die Erlebnispädagogik, München/Basel 2008

Heiliger, A.: Mädchenarbeit im Gendermainstream, München 2002

Kelek, N.: Die fremde Braut, München 2006

Kelek, N.: Die verlorenen Söhne, Köln 2007

Klawe, W., Bräuer, W.: Erlebnispädagogik zwischen Alltag und Alaska – Praxis und Perspektiven der Erlebnispädagogik in den Hilfen zur Erziehung, Weinheim/München 2001

Klein, I.: Gruppen leiten ohne Angst, Donauwörth 2000

Knoll, M. (Hrsg.), Hahn, K.: Reform mit Augenmaß. Ausgewählte Schriften eines Politikers und Pädagogen, Stuttgart 1998

Kuntzsch, L.: Vom Autoknacker zum Stallburschen, in: Baltische Rundschau 2/2005

Luft, S.: Abschied von Multikulti, Gräfelfing 2006

Merkle, T./Wippermann, C./Henry-Huthmacher, C./Borchard, M.: Eltern unter Druck, Eine sozialwissenschaftliche Untersuchung von Sinus Sociovision im Auftrag der Konrad-Adenauer-Stiftung e.V., Stuttgart 2008

Nohl, H.: Die pädagogische Bewegung in Deutschland und ihre Theorie, S. 134, Frankfurt 1948

Pallasch, W.: Supervision, Weinheim/München 1997

Pollack, W. F./Parada-Schönleitner: Jungen – was sie vermissen, was sie brauchen, Weinheim 2009

Satir, V.: Kommunikation Selbstwert Kongruenz, Paderborn 2010

Schmidbauer, W.: Hilflose Helfer, Reinbek bei Hamburg 2008

Schmidbauer, W.: Helfen als Beruf, Reinbek bei Hamburg 1992

Schnack, D./Neutzling, R.: Kleine Helden in Not, Reinbek 2006

Sielert, U.: Jungenarbeit, Weinheim/München 2002

Spitz, R., Cobliner, W. G.: Vom Säugling zum Kleinkind, Stuttgart 1996

Steinebach, C.: Pädagogische Psychologie, Lehren und Lernen über die Lebensspanne, Stuttgart 2003

Trieschman, A. E., Whittaker, J. K., Brendtro, L. K.: Erziehung im therapeutischen Milieu, Freiburg, 1984

von Schlippe, A., Schweitzer, J.: Lehrbuch der systemischen Therapie und Beratung, Göttingen 2007

Walter, M.: Jungen sind anders, Mädchen auch. Den Blick schärfen für eine geschlechtergerechte Erziehung, München 2005

Ziegenspeck, J.: Lernen für´s Leben – lernen mit Herz und Hand. Ein Vortrag zum 100. Geburtstag von Kurt Hahn (1986–1974), Lüneburg 1993

Literaturempfehlungen

Adler, A: Praxis und Theorie der Individualpsychologie, Frankfurt 1920

Aichinger, A., Holl, W.: Psychodrama – Gruppentherapie mit Kindern, Mainz 2003

Bandler, R., Grinder, J., Satir, V.: Mit Familien reden – Gesprächsmuster und therapeutische Veränderung, München 2002

Beier, D./Pfeiffer, C.: Gewalttätigkeit bei deutschen und nichtdeutschen Jugendlichen. Befunde der Schülerbefragung 2005 und Folgerungen für die Prävention, Hannover Kriminologisches Forschungsinstitut Niedersachsen 2007

Bentheim/May/Sturzenhecker/Winter: Gender Mainstreaming und Jungenarbeit, Weinheim/München 2004

Feld/Freise/Müller: Mehrkulturalität im Jugendalter. Die Bedeutung des Migrationshintergrundes in der Sozialen Arbeit, Münster 2005

Freise, J.: Interkulturelle Soziale Arbeit. Theoretische Grundlagen – Handlungsansätze – Übungen zum Erwerb interkultureller Kompetenz, Schwalbach 2007

Fromm, E.: Die Kunst des Liebens, Berlin 2010

Geiger, R.E.: Ihr seid Deutschland, wir auch, Frankfurt a.M. 2008

Jung, C. G.: Die Archetypen und das kollektive Unbewusste, Olten 2002

Kleijwegt, M.: Schaut endlich hin! Wie Gewalt entsteht – Bericht aus der Welt junger Immigranten, Freiburg/Basel/Wien 2008

Perls, F., Hefferline, R., Goodman, P.: Gestalttherapie, München 2007

Pühl, H. (Hrsg.): Handbuch der Supervision Band 1/ Band 2, Berlin 2009

Reich, W.: Charakteranalyse, Köln 2010

Ziegenspeck, J. (Hrsg.): Zeitschrift für Erlebnispädagogik, Lüneburg

Kapitel 6 Sprach- und Zeichenkompetenz fördern

Verwendete Literatur

Affolter, F.: Wahrnehmung, Wirklichkeit, Sprache; Villingen-Schwenningen 2007

Böhm, D.: In meiner Sprache bin ich zu Hause. Muttersprache und Mehrsprachigkeit, in: Kindergarten Heute 7–8/2001

Ellneby, Y.: Entwicklung der Sinne, S. 129, Freiburg 1998

Fragebogen für Erzieherinnen: Arbeitspapier des IPTS (Institut für Qualitätsentwicklung Schleswig-Holstein, IQSH) Lehrerausbildung Sonderpädagogik, Kiel 1993

Götte, R.: Sprache und Spiel im Kindergarten, Berlin 2008

Hinz, A.: Heterogenität in der Schule. Integration – Interkulturelle Erziehung – Koedukation, Hamburg 2008

Kammermeyer, G.: Das Abenteuer mit den Buchstaben. Erste Schritte auf dem Weg zur Schriftsprache, in: Kindergarten Heute 1/2000

Largo, R.: Babyjahre. Die frühkindliche Entwicklung aus biologischer Sicht, München 2010

Montanari, E.: Mit zwei Sprachen groß werden. Mehrsprachige Erziehung in Familie, Kindergarten und Schule, München 2002

Oellerich, E. (Interview): Für die Schule bilden, nicht anpassen. Offene Arbeit im Hinblick auf Schulfähigkeit, in: Kindergarten Heute, S. 28 ff., Heft 7–8/2000

Pfluger-Jakob, M.: Wahrnehmungsstörungen bei Kindern – Hinweise und Beobachtungshilfen, Kindergarten Heute Spezial, Freiburg 2005

Prang, Ch.: Sprache ist mehr als Sprechen, in: Kindergarten Heute, S. 12, S. 27–29, Hefte 10/2000 und 11/12/2000

Rolff, H.-G., Zimmermann, P.: Kindheit im Wandel, S. 78, Weinheim/Basel 2001

Ruff, A.: Beurteilungskriterien für Schulfähigkeit, in: Lernsituationen zur Sprachförderung als Spiralcurriculum, Arbeitsgruppe Innovationsvorhaben Bildung/Sprachförderung, Hannover o. J.

Schäfer, G.: Bildungsprozesse im Kindesalter, Dortmund 2005

Schöne, G.: Wenn du glücklich bist, in: Das Kinderliederbuch, Busch Funk- und Musikverlag

Spitzer, M.: Lernen, S. 69 f., Heidelberg 2007

Toronto Preschool Speech and Language Services (www.tpsls.on.ca) in: Montanari, E., Mit zwei Sprachen groß werden, München 2002

Wendlandt, W.: Sprachstörungen im Kindesalter. Materialien zur Früherkennung und Beratung, Stuttgart 2006

Wiedenmann, M. (Hrsg.): Sprachförderung mit allen Sinnen, Weinheim 2000

Zimmer, R.: Handbuch der Sinneswahrnehmung. Grundlagen einer ganzheitlichen Erziehung, Freiburg 2010

Literaturempfehlungen

Barth, K.: Schulfähig? Beurteilungskriterien für die Erzieherin, München 2006

Böhm, D.: In meiner Sprache bin ich zu Hause. Muttersprache und Mehrsprachigkeit, in: Kindergarten Heute, Heft 7–8/2001

Ellneby, Y.: Entwicklung der Sinne, Freiburg 1998

Elschenbroich, D.: Weltwissen der Siebenjährigen, München 2002

Kammermeyer, G.: Das Abenteuer mit den Buchstaben. Erste Schritte auf dem Weg zur Schriftsprache, in: Kindergarten Heute, Heft 1/2000

Küspert, P.: Hören, lauschen, lernen – Sprachspiele für Kinder im Vorschulalter, Göttingen 2008

Monschein, M.: Spiele zur Sprachförderung, München 1999

Montanari, E.: Mit zwei Sprachen groß werden. Mehrsprachige Erziehung in Familie, Kindergarten und Schule, München 2002

Neumann, S.: Ganzheitliche Sprachförderung, Weinheim 2001

Pfluger-Jakob, M.: Wahrnehmungsstörungen bei Kindern – Hinweise und Beobachtungshilfen, in: Kindergarten Heute Spezial, Freiburg 2005

Zimmer, R.: Handbuch der Sinneswahrnehmung. Grundlagen einer ganzheitlichen Erziehung, Freiburg 2010

Kapitel 7 Kommunizieren, beraten und kooperieren

Verwendete Literatur

Becker, H., Langosch, I.: Produktivität und Menschlichkeit, S. 28, Stuttgart 2002

Bröder, M.: Gesprächsführung in Kita und Kindergarten, S. 54, Freiburg 2004

Dahlke-Quade, A., Höfelmeyer, A.: Mein Herz denkt arabisch – meine Ohren hören deutsch; S. 40 f., in: Kindergarten Heute 6/2002

Elternarbeit als Kundenorientierung, S. 6 ff, in: Kindergarten Heute 4/2000

Gordon, Th.: Familienkonferenz in der Praxis, München 1990

Gordon, Th.: Familienkonferenz. Die Lösung von Konflikten zwischen Eltern und Kind, München 2008

Gößling-Brunken, A., Rüther, B., Waldhausen, B.: Methoden und Themen – Bausteine für die berufliche Praxis in Erziehung und Heilerziehung, S. 254, Hamburg 2009

Griebel, W.: Übergänge zwischen Familie und Bildungssystemen als Herausforderung für die Familienbildung, in: Kindergartenpädagogik Online-Handbuch v. M. Textor, o. J.

Hense, M.: Eltern engagieren sich, München 2001

Hillenbrandt, M./Rietmann, S.: Frühzeitiges Auffangen von Entwicklungsproblemen in Kindergarten und Familienzentren. Vernetzung von Kindertagesstätten und Erziehungsberatung; 2007, in: Kindergartenpädagogik, Online-Handbuch, hrsg. v. M. Textor

Hofer, B., Schroll-Decker, I.: Anmerkungen zum „Privatvergnügen" Praxisanleitung; aus: Kita Kindertageseinrichtungen aktuell, Ausgabe Bayern 2005,

Jg. 17, Heft 7/8, S. 155–159. in: Kindergartenpädagogik Online-Handbuch v. M. Textor

Jaszus, R., Büchin-Wilhelm, I., Mäder-Berg, M., Gutmann, W.: Sozialpädagogische Lernfelder für Erzieherinnen – IBKSP, Stuttgart 2008

Knauf, T., Schubert, E.: Übergang vom Kindergarten in die Grundschule, in: Kindergartenpädagogik Online-Handbuch v. M. Textor, 2005

Leupold, E. M.: Handbuch der Gesprächsführung, S. 171 f., Freiburg 2002

Pausewang, F.: Ziele suchen – Wege finden, Berlin 1995

Perras-Emmer, B.: Lernziel Authentizität; in: Kindergartenpädagogik Online-Handbuch v. M. Textor, o. J.

Schulz von Thun, F.: Miteinander Reden Band 1, Hamburg 2010

Schütt, B.: Anleiten im Praktikum, Freiburg 1994

Textor, M.: Beratung in allgemeinen Fragen in der Erziehung und Entwicklung junger Menschen, in: SGB VIII Online-Handbuch, hrsg. von I. und M. Textor, 1990–2005

Textor, M.: Kindertagesstätten – psychosoziale Dienste – Schulen. Zusammenarbeit zum Wohle der Kinder, München 1999

Textor, M.: Kindertagesstätten – Schule – soziale Dienste. Zusammenarbeit zum Wohl von Kindern und Familien; 2000, in: Kindergartenpädagogik, Online-Handbuch , hrsg. v. M. Textor

Watzlawick, P., Beavin, J., Jackson, D.: Menschliche Kommunikation, Bern 2010

Literaturempfehlungen

Krenz, A.: Handbuch der Öffentlichkeitsarbeit, Freiburg 2002

Schulz von Thun, F.: Miteinander Reden Band 1 und 2, Hamburg 2004

Tausch, A., Tausch, R.: Wege zu uns und anderen, Reinbek 1999

Kapitel 8 Qualität entwickeln

Verwendete Literatur

Arnold, R., Faber, K.: Qualität entwickeln – aber wie? Qualitätssysteme und ihre Relevanz für Schule: Einführung und Überblick, Seelze/Velber 2000

Birner, U., Fexer, H.: Qualitätsmanagement für Soziale Einrichtungen – ein notwendiger Innovationsschub oder eine kostspielige Modeerscheinung? S. 113, Starnberg 1999

Bruhn, M.: Qualitätsmanagement für Dienstleistungen. Grundlagen, Konzepte, Methoden, Berlin/Heidelberg 2010

Bundesministerium für Familie, Senioren, Frauen und Jugend (Hrsg.): Kompendium Gesamtausgabe aller QS-Hefte (CD-ROM). Materialien zur Qualitätssicherung in der Kinder- und Jugendhilfe, Berlin 2002

Deutsches Institut für Normung e. V. (Hrsg.): DIN EN ISO 9004:2000 Qualitätsmanagementsysteme. Leitfaden zur Leistungsverbesserung, S. 8–10, Berlin 2000

European Foundation for Quality Management (Hrsg.): Das EFQM-Modell für Excellence. Version für Öffentlichen Dienst und soziale Einrichtungen, S. 12 und 27, Brüssel 2003

Gerull, P.: Qualitätsmanagement light. Beiträge zur ressourcenschonenden Professionalisierung, Münster 2001

Gonon, P., Hügli, E., Landwehr, N., Ricka, R., Steiner. P.: Qualitätssysteme auf dem Prüfstand. Die neue Qualitätsdiskussion in Schule und Bildung, Aarau/ Schweiz 2001

Gößling-Brunken, A., Rüther, B., Waldhausen, B.: Methoden und Themen – Bausteine für die berufliche Praxis in Erziehung und Heilerziehung, Hamburg 2009

Kotter, K.-H. (Hrsg.): Unsere Schule auf dem Weg in die Zukunft – Schulentwicklung nach dem EFQM-Modell, Wolnzach 2004

Kronberger Kreis für Qualitätsentwicklung in Kindertageseinrichtungen: Qualität im Dialog entwickeln. Wie Kindertageseinrichtungen besser werden, Seelze/Velber 1998

Meier, R.: Praxis Weiterbildung, S. 298, Offenbach 2005

Oser, F., Kern, M. (Hrsg.): Qualität der beruflichen Bildung – Eine Forschungsbaustelle, Bern 2006

Rustemeyer, R.: Einführung in die Unterrichtspsychologie, Darmstadt 2007

Schratz, M., Iby, M., Radnitzky, E.: Qualitätsentwicklung. Verfahren, Methoden, Instrumente, S. 165 und 176 ff., Weinheim/Basel 2000

Schwan, R., Kohlhaas, G.: Qualitätsmanagement in Beratungsstellen. Selbstbewertung nach dem EFQM-Excellence Modell am Beispiel Studienberatung. Ein Leitfaden für die Praxis, Weinheim/Basel 2002

Seifert, J. W.: Visualisieren Präsentieren Moderieren, Offenbach 2009

Strätz, R./Hermens, C./Fuchs, R./Kleinen, K./Nordt,

G./Wiedemann, P., unter Mitarbeit von Macha, K.: Qualität für Schulkinder in Tageseinrichtungen und Offenen Ganztagsschulen (QUAST), Berlin/Düsseldorf/Mannheim 2008

Tietze, W. (Hrsg.): Pädagogische Qualität entwickeln. Praktische Anleitung und Methodenbausteine für Bildung, Betreuung und Erziehung in Tageseinrichtungen für Kinder von 0–6 Jahren, Berlin/Düsseldorf/Mannheim 2007

Tietze, W., Schuster, K.-M., Grenner, K., Roßbach, H.-G.: Kindergarten-Skala, Feststellung und Unterstützung pädagogischer Qualität in Kindergärten (KES-R), Berlin 2007

Tietze, W., Schuster, K.-M., Roßbach, H.-G.: Kindergarten-Einschätz-Skala, dt. Fassung der Early Childhood Environment Rating Scale von Harms, T., Clifford, R. M., Neuwied/Berlin 1997

Tietze, W., Viernickel, S. (Hrsg.): Pädagogische Qualität in Tageseinrichtungen für Kinder. Ein nationaler Kriterienkatalog, S. 7f., 23–29, 102–112, Düsseldorf/Mannheim/Berlin 2007

Wuppertaler Kreis e. V. (Hrsg.): Qualitätsmanagement in der Weiterbildung nach DIN EN ISO 9000 ff., Köln 2000

Ziesche, U. (Hrsg.), Herrnberger, G., Karkow, C.: Qualitätswerkstatt Kita, Zusammenarbeit von Kita und Familie, Weinheim/Basel/Berlin 2003

Ziesche, U.: Werkstatthandbuch zur Qualitätsentwicklung in Kindertagesstätten, Neuwied/Berlin 1999

Zink, K. J.: TQM als integratives Managementkonzept. Das EFQM Excellence Modell und seine Umsetzung, München/Wien 2004

Literaturempfehlungen

Birner, U., Fexer, H.: Qualitätsmanagement für Soziale Einrichtungen – ein notwendiger Innovationsschub oder eine kostspielige Modeerscheinung? Starnberg 1999

European Foundation for Quality Management (Hrsg.): Das EFQM-Modell für Excellence. Version

für Öffentlichen Dienst und soziale Einrichtungen, Brüssel 2003. Als erste Informationen können die Broschüren „Die Grundkonzepte der Excellence" sowie „Excellence einführen" heruntergeladen werden unter www.deutsche-efqm.de

Gerull, P.: Qualitätsmanagement light. Beiträge zur ressourcenschonenden Professionalisierung, Münster 2001

Gonon, P., Hügli, E. u. a.: Qualitätssysteme auf dem Prüfstand. Die neue Qualitätsdiskussion in Schule und Bildung, Aarau/Schweiz 2001

Gößling-Brunken u.a.: Methoden und Themen – Bausteine für die berufliche Praxis in Erziehung und Heilerziehung, Hamburg 2009

Schratz, M., Iby, M., Radnitzky, E.: Qualitätsentwicklung. Verfahren, Methoden, Instrumente, Weinheim/Basel 2009

Seifert, J. W.: Visualisieren Präsentieren Moderieren, Offenbach 2009

Tietze, W., Viernickel, S. (Hrsg.): Pädagogische Qualität in Tageseinrichtungen für Kinder. Ein nationaler Kriterienkatalog, Düsseldorf/Mannheim/Berlin 2007

Sekretariat der Ständigen Konferenz der Kultusminister der Länder in der Bundesrepublik Deutschland: Rahmenvereinbarung zur Ausbildung und Prüfung von Erziehern/Erzieherinnen vom 28. Jan. 2000

Sekretariat der Ständigen Konferenz der Kultusminister der Länder in der Bundesrepublik Deutschland: Handreichung für die Erarbeitung von Rahmenlehrplänen der Kultusministerkonferenz für den berufsbezogenen Unterricht in der Berufsschule und ihre Abstimmung mit Ausbildungsordnungen des Bundes für anerkannte Ausbildungsberufe vom Sept. 2007

Bildquellenverzeichnis

Akg-images, Berlin: S. 113

Averhoff, Cornelia, Hamburg: S. 65; 122/2, 3; 124; 125;
126; 127; 129; 137/1; 138; 142; 144; 145/1; 236; 237;
238; 240; 241; 242

Bergmoser + Höller Verlag, Aachen: S. 182

Bundesministerium für Familie, Senioren, Frauen und
Jugend, Berlin: S. 18

Dammann, Elisabeth, Recklinghausen: S. 133/2

dpa Picture-Alliance GmbH, Frankfurt: S. 136; 140/1;
174; 185; 206/2

Eichhorn, Jutta, Hilden: S. 269

Elbe-Werkstätten, Hamburg Foto Axel Nordmeier:
S. 156

Escher, M.C.: S. 222

Escher, Thomas, Hamburg: S. 12; 23; 80/2; 122/1; 158;
169; 177; 187; 200; 202; 218; 221 224/1,2; 225; 237/1;
273

Ess, Gundula, Hamburg: S. 302/1; 313; 318

Ev.-luth. Kirchenkreis Göttingen, Göttingen: S. 63

Fotolia Deutschland, Berlin, © www.fotolia.de: S. 164
©MediaProductions; S. 203 © NataliaVintsik;
S. 249 ©Alfred Knapp; S. 302 ©YBond

dpa-infografik GmbH, Berlin: S. 11/2

Gotthard, Christoph, Frechen: S. 89

Henneberg, Rosy, Reinheim: S. 110; 112

Herkommer, Dr. Charlotte, Ronnenberg: S. 317

IBM Corporation 1994, 2006: S. 301

Institut für transpersonale Therapie und Psychodrama, Hamburg: S. 193

Jeannot, Godje, Hamburg: S. 252; 253

Enno Kapitza Photography, Gräfelfing: S. 16

Kindergarten Ritterhuder Straße, Osterholz-Scharmbeck: S. 283

Krausen, Scott, Mönchengladbach: S. 29; 264

Krüper, Werner, Bielefeld: S. 25, 32; 166; 167; 170; 209;
290; 294

Lahme-Schleger, Monika, Essen: S. 114

Langer, Prof. Dr. Inghard, Universität Hamburg Fachbereich Psychologie, Hamburg: S. 193/2

Melitta Beratungs- und Verwaltungs GmbH & Co. KG,
Minden: S. 49

Montessori-Hauptschule, Düsseldorf: S. 140/2

Pallotti Kindergarten, Stuttgart-Birkach: S. 84/1;
103/1; 104; 108/1

Rupp, Heiko W., Stuttgart: S. 81

Hartmut W. Schmidt – Fotografie, Freiburg: S. 8; 9; 27;
28/1; 37; 150

SJD Die Falken Rhein-Erft-Kreis, Frechen: S. 184

Steybe für Kinder, Weinstadt Endersbach: S. 143/2

Unilever Deutschland Holding GmbH, Hamburg:
S. 211

Universität Hamburg, Hamburg: S. 145/2

Vereinigung Hamburger Kindertagesstätten gGmbH,
Hamburg: S. 99; 101

Verlag am Goetheanum, CH-Dornach: S. 143/1

Verlag Handwerk und Technik GmbH, Hamburg: S. 13;
17; 22; 40; 41; 44; 47; 54; 62; 69; 74; 76; 77; 86/2; 87;
94/1; 104/2; 111; 116; 118;119; 146; 157; 164; 204 214;
215; 228; 235; 243; 256; 267; 285; 287; 291; 293

Waldhausen, Bärbel, Lörrach: S. 106

http://forum.hna.de: S. 206/2

http://wikipedia.org: S. 172

Sämtliche nicht im Verzeichnis aufgeführten Zeichnungen: Thomas Escher, Hamburg

Umschlaggestaltung: Harro Wolter, Hamburg
www.harrowolter.de